Das große Buch der Bäume

Ein Führer durch Wälder,
Parks und Gärten der Welt

Hugh Johnson

Das große Buch der Bäume

Hallwag Verlag
Bern und Stuttgart

Deutsche Übersetzung und Bearbeitung:
Dr. Jürgen Schwab, Frankfurt
Wissenschaftliche Beratung:
Professor Dr. Enrique Marcet, ETH Zürich
Übertragung und Bearbeitung des Registers
sowie der 3. Auflage:
Dipl. Forsting. ETH Christoph Wicki,
Eidg. Oberforstinspektorat, Bern
Das Kapitel ‹Tropische Bäume›
wurde von Professor Dr. Enrique Marcet verfaßt,
das Kapitel ‹Moderne Waldwirtschaft›
von Professor Dr. Fritz Fischer, ETH Zürich,
und das Kapitel
‹Baumschädlinge und -krankheiten›
von Dr. J. K. Maksymov und Dr. G. Bazzigher,
Eidg. Anstalt für das forstliche Versuchswesen,
Birmensdorf.

Autor und Verlag danken der International Paper
Company, durch deren Hilfe dieses Buch möglich
wurde.

Umschlagbild: Walter Studer
Umschlaggestaltung: Gerhard Noltkämper

3., verbesserte Auflage, 1976

Die englische Originalausgabe ist unter dem Titel
‹The International Book of Trees› im Verlag
Mitchell Beazley, London, erschienen.

Satz: Filmsatz Lehmann & Co. Thun
Printed in England
ISBN 3444 101538

Inhalt

Ginkgo und Nadelbäume

Die Laubbäume

Lexikalischer Teil und Register

Seit meiner frühesten Jugend, die ich in Schweden und Deutschland verbrachte, haben mich die Bäume interessiert, begeistert und beeindruckt. Auf dem Landsitz meines Vaters, der etwa 100 Kilometer westlich von Stockholm lag, habe ich vor allem die ehrwürdige Eiche und die Birke mit ihrem leuchtend weißen Stamm liebgewonnen.

Wenn ein alter Riese ausnahmsweise fallen mußte, war ich immer zur Stelle, um die Jahresringe zu zählen und das ungefähre Geburtsdatum festzustellen. Oft konnte meine Phantasie mehrere Jahrhunderte zurückschweifen.

Später wurden die vielen fremdländischen Gehölze, die im Mainauer Arboretum wachsen, meine liebsten Freunde, und ich war ständig bemüht, die besten Lebensbedingungen für sie zu schaffen und neue Gefährten aus aller Welt heranzuholen.

Der Baum blieb für meine Arbeit in der Öffentlichkeit bestimmend, und ganz besonders freue ich mich über das allgemein zunehmende Interesse für diesen unseren Lebenskameraden, der eine Hauptrolle im Drama unseres Daseins spielt.

Gute Bücher über Bäume tragen dazu bei, noch mehr Verständnis zu wecken und Wissenslücken zu schließen. Deshalb begrüße ich besonders herzlich «Das große Buch der Bäume» von Hugh Johnson.

Der Verfasser ist kein trockener Theoretiker. Er sammelte sein Material auf weltweiten Reisen und versteht es ganz vorzüglich, dem Leser lebendiges Wissen zu vermitteln. Gute Zeichner und Fotografen halfen ihm dabei, und das Ergebnis ist ein packendes und inhaltsreiches Buch über die vielfältigen Gestalten, in denen unser lieber Bruder Baum erscheint, und die Bedingungen, die er für seine Existenz braucht.

Laien und Fachleute werden ihre helle Freude an diesem Buch haben, und auch die Bäume werden dankbar sein, daß ihre Bedeutung mehr und mehr erkannt wird.

Lennart Bernadotte

Graf Lennart Bernadotte
Präsident der Deutschen Gartenbau-Gesellschaft
Sprecher des Deutschen Rates für Landespflege

Insel Mainau im Bodensee, im September 1974

Einführung

Wer reist,
sollte Botaniker sein,
denn Pflanzen
sind die größte Zierde
jeder Landschaft.
Charles Darwin

Ich erinnere mich an eine Gegenüberstellung zweier Fotos von der Hauptstraße eines kleinen Neuengland-Städtchens in der Zeitschrift *Time.* Vorher: anmutige cremefarbige Holzhäuser, übersät mit Lichttupfern aus den Kronen einer Allee mächtiger Ulmen. Nachher: die Ulmen verschwunden, statt Anmut nackte Leere. Das harmonische und friedliche Bild hatte sich in einen trostlosen Anblick verwandelt.

Darwin hätte genauer sein können: Nicht von allen, aber von den meisten Landschaften hätte er sagen können, daß ihre «größte Zierde» die Bäume seien. Sie sind die hervorstechendsten und ausdauerndsten aller Pflanzen, sie setzen die Hauptakzente, bestimmen Charakter und Stimmung der Landschaft.

Über diesen Aspekt der Bäume habe ich ein Buch geschrieben, weniger über ihren Wert als Produzenten der Luft, die wir atmen, oder als unser vielseitigster und universalster Rohstoff. Heute weiß ohnehin jeder, wie sehr das Leben auf unserem Planeten auf Bäume angewiesen ist.

In diesem Buch verfolge ich das Ziel, Menschen wie mich, der ich Bäume früher zwar kannte und liebte, aber so vage, daß es mir heute ziemlich beschämend vorkommt, mit der Welt der Bäume vertraut zu machen. Es ist ein persönliches Buch. Ich bin weder Botaniker noch Forstmann, nicht einmal (außer in meinem eigenen Garten) ein Gärtner, sondern ein Autor, der in Bäumen einen neuen Berührungspunkt mit der Schöpfung entdeckt hat, eine Quelle des Staunens und der Beglückung, die den unschätzbaren Vorteil hat, nahezu überall zu fließen. Ich hoffe, daß dieses Buch in Wort und Bild die wesentlichen Unterschiede zwischen den großen Gruppen der Bäume deutlich werden läßt, ihre Geschichte erzählt und den Leser empfänglich macht für die feinen, kunstvollen Baupläne in ihrer fast grenzenlosen Vielfalt – die Arten und Unterarten vertrauter Familien in allen gemäßigten Zonen der Erde.

Ein Thema mit zahllosen Variationen ist eine nie versiegende Quelle des Vergnügens. Das ist beim Wein so, und noch mehr trifft es auf die Bäume zu. Das Thema ist einfach eine Pflanze mit einem Stamm, Ästen, Zweigen, Blättern. Aber denken wir doch nur einmal an eine majestätische Ulme, einen in voller Blüte stehenden Kirschbaum und an eine harzige, mit Flechten behangene Fichte. Kann man sich eine faszinierendere Kollektion vorstellen? Aber man braucht sie gar nicht zu besitzen. Bäume sind in herrlichem Maße öffentliches Eigentum. Wo immer man hingeht, kann man sich an irgend jemandes Bäumen erfreuen, ohne daß es auch nur einen Pfennig kostete.

In der Frage, was ein Baum und was kein Baum ist, habe ich versucht, nicht allzu pedantisch zu sein. Es gibt da eine klassische Definition: ein Holzgewächs, das eine Höhe von über sechs Metern erreichen kann und zur einfachen Stammbildung neigt (wenngleich es auch mehrere Stämme haben kann). Was macht man aber nun mit einer Pflanze mit vorbildlichem Einfachstamm, augenfälligem Baumhabitus und langer Lebensdauer, die nie höher als drei Meter gewachsen ist? Oder mit einem Gewächs, das zwar zehn Meter erreicht, aber hoffnungslos und unheilbar buschig ist?

In solchen Fällen habe ich die Definition eher großzügig als eng ausgelegt. Denn es gehört ja mit zu den Wundern auf diesem Gebiet, daß der nächste Verwandte eines 60 Meter hohen Riesen ein Zwerg von 60 Zentimetern sein kann. Und diese Verwandtschaft macht einen Teil der Freude aus, die uns der Zwerg schenkt, wenn er in unserem Garten wächst, wo die meisten von uns ohnehin keinen Platz für große Bäume haben.

Lionel de Rothschild, einer der bedeutendsten Rhododendrenzüchter der Welt, meinte einmal in einem Vortrag vor Gartenexperten: «Zu jedem Garten, wie klein er auch sein mag, sollten 8000 Quadratmeter unkultiviertes Waldland gehören.» Die meisten Sterblichen müssen zwar auf solchen Besitz verzichten, aber welche Freude bereitet es uns und wieviel können wir über unseren Platz im Universum lernen, wenn wir aufmerksam und mit ein wenig Wissen ausgerüstet durch einen Wald gehen!

Ohne die außerordentliche Hilfsbereitschaft und den Enthusiasmus der professionellen Pflanzenexperten, die meine Fragen beantworteten und mich vor zu kühnen Schlußfolgerungen bewahrten, hätte ich dies Buch nicht schreiben können. Als erstem muß ich Sir George Taylor danken, weil er mich ermutigte, an diese Arbeit zu gehen. Alan Mitchell von der Forestry Commission war immer für mich da und hat mich von seinem immensen Wissen profitieren lassen. Ken Bekkett, der frühere Fachredakteur der *Gardener's Chronicle*, Roy Lancaster, der Leiter des Hillier's Arboretum in Hampshire, und Oscar Traczewitz, der Chefförster der International Paper Company, haben mir zahllose Fragen beantwortet und mich immer wieder korrigiert. Dame Sylvia Crowe, die ehemalige Präsidentin des Institute of Landscape Architects, war so freundlich, meine Kapitel über die Verwendung von Bäumen im Garten und in der Landschaft zu lesen und mir wertvolle Anregungen zu geben. Die Bibliothekare der Royal Botanic Gardens in Kew, der Royal Horticultural Society und der Universität Cambridge haben mir hervorragend geholfen. Weit über hundert Fotografen haben zu diesem Buch beigetragen. Stellvertretend für sie alle möchte ich hier einen der bemerkenswertesten Amateure der Welt nennen: Dick van Hoey Smith, Eigentümer des berühmten Trompenburg-Arboretums in Rotterdam. Etwa 150 der Aufnahmen seltener Bäume in diesem Buch stammen von ihm.

Der International Paper Company und dem Verlag ist es gelungen, gemeinsam das Geld aufzubringen, das erforderlich war, um das Buch so schön ausfallen zu lassen, wie es vor uns liegt. Sie können sich denken, wie dankbar ich ihnen bin.

Für die Mitarbeiter des Verlages, meine Kollegen und Freunde, kann ich nur hoffen, das Buch selbst werde sie für ihre weit über den üblichen Rahmen hinausgehenden Anstrengungen ein wenig entschädigen.

Links:
Hugh Johnson in seinem
Garten in Essex

Wie ein Baum wächst

Es ist Winter – die Zeit der Trockenheit und Saftruhe in der Pflanzenwelt. Die Kräuter haben sich ins Erdreich verkrochen. Das Gras, die Gänseblümchen und Veilchen kauern dicht am Boden und warten auf eine Schneedecke, die sie vor dem austrocknenden Wind schützt. Aber die Bäume ragen hinauf in die tieftreibenden Wolkenfetzen – unverwundbar, schlafend.

Was einen Baum von allen anderen Pflanzen unterscheidet, ist die holzige Struktur, die er weit aus dem Boden emportreibt. Von Jahr zu Jahr baut er ein immer höheres Gerüst auf, an das er seine Blätter, Blüten und Früchte hängt. Jeder neue Jahreswuchs besteht nur aus Zweigen. Doch in diesen Zweigen ist die Identität des Baumes im Kern enthalten: Mit der Zeit werden aus ihnen Äste, mächtige Hauptäste oder Nebenstämme.

Jeder Jahrestrieb entspringt einer Knospe und endet mit der Bildung neuer Knospen. Die Knospen sind das Ruhestadium der meisten Bäume in den gemäßigten Zonen, in denen Tageslängen und Temperaturen ausgeprägten jahreszeitlichen Schwankungen unterliegen. Jede Knospe enthält en miniature einen ganzen neuen Trieb – entweder für einen Zweig, für Blätter oder für Blüten. Noch bevor der diesjährige Trieb seine endgültige Form erreicht hat, bereiten sich die Knospen des nächsten Jahres vor. Im Juni oder Juli sind sie fertig – auch wenn sich das in ihnen verborgene embryonale Wachstum erst im folgenden März oder April entfalten wird.

An jedem Trieb unterscheidet sich eine Knospe von allen anderen. Es ist dies die Knospe, die am weitesten von den Wurzeln des Baumes entfernt ist, die letzte am Sproß: die Endknospe. Je mehr sich diese Knospe einer Position senkrecht über dem Zentrum des Baumes annähert, desto stärker wird sie dominieren. Man könnte sagen, daß sie von der Schwerkraft gesteuert wird. Ihre Dominanz behauptet sie mit Hilfe von Hormonen. In ihrer Spitze bildet sie u. a. das Hormon Auxin, und die Schwerkraft verteilt es an die hinter ihr liegenden Knospen. Auxin reguliert die Wuchsenergie so, daß die Terminalknospe mehr Saft bekommt, ihre Spitzenstellung ausbauen und die größte Knospe bilden kann, die dann im folgenden Jahr dominieren wird.

Dies ist das Bauprinzip eines sehr einfach gebauten Baumes, etwa einer Fichte. In einem Laubbaum wirkt die gleiche Chemie – doch mit der Ausweitung seiner Krone schon bald in einer Reihe von Spitzentrieben.

Was geschieht nun mit den anderen Knospen? Sie bilden kürzere Sprosse mit einer anderen Funktion: die Blatt- und Blütenträger. Ihre Aufgabe ist es, die Krone des Baumes auszufüllen, um das ganze Licht auszunutzen, oder seine Blüten und Früchte zu tragen.

Entfernt man den Gipfeltrieb, übernimmt der nächsttiefere Trieb die Führung.

So groß die Zahl der Knospen ist, sie entstehen nach einem festen Plan. Sie halten sich an das charakteristische Grundmuster ihrer Art, das dem ihrer Blattstellung entspricht. Jede Knospe wächst in der Achsel, die das Blatt mit dem Zweig bildet.

Unten: Teil eines Ginkgozweiges mit einem Kurztrieb, der jährlich nur einen Millimeter wächst, was aber ausreicht, neue Knospen für Blätter und Blüten zu bilden.

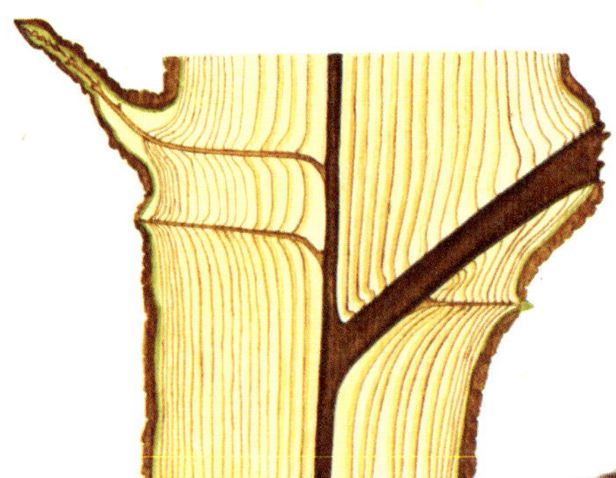

Links: Dieser Längsschnitt durch einen Stamm zeigt: Selbst «unterdrückte» und für einen Verlust der Endknospe in Reserve gehaltene Knospen wachsen jedes Jahr gerade um soviel nach außen, daß sie mit dem Jahresring Schritt halten. Die Knospe links unten am Stamm ist völlig unterdrückt, die darüber hat einen Kurztrieb wie am Ginkgozweig (siehe oben) entwickelt. Rechts hat der Baum einen ausgewachsenen Ast verloren, aber eine unterdrückte Knospe aus viel jüngeren Lebensjahren hat mit dem Dickenwachstum des Stammes Schritt gehalten und wird wahrscheinlich einen neuen Sproß bilden.

Unten: Diese vor zwei Jahren in den Blattachseln gebildeten Knospen sind noch unterdrückt. An der hufeisenförmigen Narbe unterhalb der Knospe stand das Blatt; die kleinen Höcker zeigen noch, wo seine Nerven endeten.

An diesem dreijährigen Ast einer Roßkastanie sind drei Jahresringe zu erkennen. Sein Zentrum besteht noch aus Mark, das mit dem Älterwerden zurückgeht und verschwindet.

Oben: Vor zwei Jahren war die große, klebrige Endknospe hier angelangt – ihre Schuppen sind noch an den Narben zu erkennen. Die Hormone dieser Endknospen nahm den Seitenknospen die Wuchsenergie. Sie sind in zwei Jahren kaum gewachsen; mit der Zeit werden sie wahrscheinlich abfallen.

Oben: Bricht ein Gipfeltrieb ab, so wird seine Fähigkeit zu dominieren und zu unterdrücken von dem stärkeren der nächsttieferen Seitentriebe übernommen. Am besten kann man dies bei Nadelbäumen wie der Fichte beobachten. Sobald ein Seitentrieb diese Rolle übernimmt und senkrecht wächst, ändert sich sein Knospungs- und Verzweigungssystem. Statt nur in einer Ebene Seitentriebe auszubilden, fängt er an, sich ringsherum quirlig zu verzweigen.

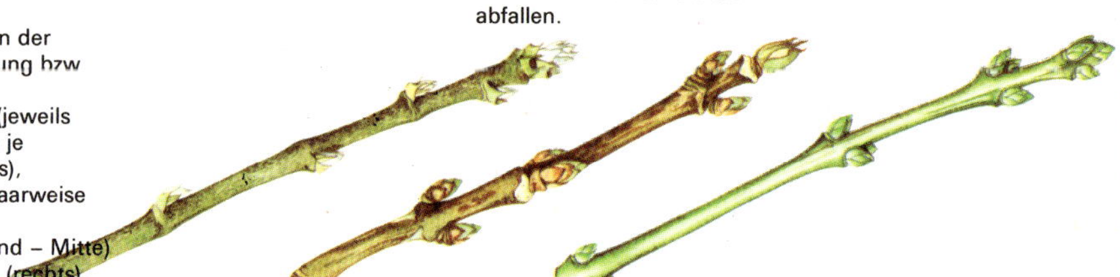

Es gibt drei Arten der Knospenanordnung bzw. Verzweigung: wechselständig (jeweils nur eine Knospe je «Knoten» – links), gegenständig (paarweise einander gegenüberstehend – Mitte) und quirlständig (rechts).

Die Knospe (ganz links) enthält schon den Sproß mit allen Blättern. Bereits im Mittsommer des Jahres vor ihrem Erscheinen sind sie vollständig angelegt. Daneben eine Blütenknospe derselben Pflanze, des Gemeinen Flieders. Dort ist das ganze Blütensystem mit Dutzenden von winzigen, ebenfalls fertig geformten Blättern in Schuppen verpackt, die modifizierte Blätter sind.

Das oberste Ziel des Baumes ist die Ausbildung einer Krone, die möglichst viel Licht einfängt. Im Wald ist das ganze Licht oben: Seitenzweige werden unterdrückt und sterben ab. Nur eine schmale Krone hochstrebender Äste kann unter dem Konkurrenzdruck der anderen Bäume das Licht erreichen. Freistehend bildet aber jeder Baum die für ihn typische Krone aus. Unverwechselbar ist dann der hochaufragende Fächer der Ulme oder die Zickzackkontur der Eiche: Ihr Habitus ist eine Großversion ihrer Zweigformen.

Man könnte meinen, daß ein Baum letztlich die Summe seiner Jahreszuwächse ist, lasse sich sein Alter nach der Zahl seiner Jahrestriebe bestimmen. Bis zu einem gewissen Alter ist das bei Koniferen (die jedes Jahr nur einen Quirl Zweige bilden) auch möglich. Ebenso wachsen manche Pappeln und Erlen. Aber bei den meisten Laubbäumen kommt man damit nicht sehr weit, denn es gibt Faktoren, die das Verzweigungsmuster vereinfachen und komplizieren.

Vereinfacht wirkt die enorme Absterbequote der Zweige. Die Mehrzahl der älteren Seitentriebe wird auf diese Weise abgestoßen. Denn wenn ein Zweig nur zwei Seitentriebe bildete und behielte, wäre deren Zahl schon nach zehn Jahren auf 19683 angewachsen. An einer zehnjährigen Birke wurden lediglich 238 gezählt. Wenn der Baum über sie hinwegwächst und sie in Schatten hüllt, fallen sie einfach ab.

Komplizierend hingegen wirken sich die äußeren Einflüsse aus, die dem Baum ein bestimmtes Verhalten aufzwingen oder nahelegen. Die wichtigsten dieser Faktoren sind die Schwerkraft, das Licht und der Wind.

Oben: Im Gegensatz zu den Roßkastanien, deren Endknospen die Seitenknospen meist unterdrücken, entwickeln sich bei der Fichte die Seitenknospen immer und werden schnell länger.

Der zwei Jahre alte Abschnitt des Zweiges (unten) liegt zwischen zwei Ringen alter Knospennarben. Aus einer der Knospen hat sich ein ein Jahr alter Seitentrieb entwickelt; die andere bleibt unterdrückt.

Der Vorjahreswuchs begann an den Knospennarben (links). Jedes Blätter- und Seitenknospenpaar steht im rechten Winkel zum vorausgehenden.

Der Vorjahrssproß ist noch ohne Seitentriebe, doch unmittelbar oberhalb der Stellen, wo die Blätter abgefallen sind, befinden sich schon Knospen. Eine oder beide Knospen oben links werden in diesem Jahr treiben und Blätter tragen. An der Oberfläche des Zweiges sind die Atemporen als sog. Korkwarzen zu erkennen, die die Arbeit der Blätter ergänzen.

Oben: Die klebrige Knospe, die den neuen Trieb des nächsten Jahres enthält, ist von Schuppen umschlossen, die selbst blattartig und mit Schutzharz (bei Nadelbäumen verbreiteter als bei Laubbäumen) bedeckt sind. Bleibt dieser Haupttrieb unversehrt, werden seine Seitenknospen wahrscheinlich nicht weiter kommen als die kleinen Sprosse ganz links.

Die Gestalt des vollentwickelten Baumes zeigt, wie er sich sein ganzes Leben lang verzweigt hat – aufgrund seines spezifischen Systems, unnötige Äste und Zweige abzustoßen, sowie infolge der Einflüsse der Elemente.

Eine Eiche (oben) bildet zunächst einen markanten Hauptstamm aus; nach zwanzig Jahren läßt sich aber kaum noch bestimmen, welches der Haupttrieb ist. In die Dominanz teilen sich alle Hauptäste, die das Licht erreichen können. Die Krone rundet sich bald und behält diese Form bei, um eine größtmögliche Blattfläche zu exponieren. Da bei den meisten Eichen jeweils die Seitenknospen treiben, bilden ihre Äste ein unruhiges Zickzacksystem.

Eine zwölfjährige Kiefer (der kleinere Baum oben) ist eine Pyramide nahezu regelmäßiger Astquirle: ein Quirl für jedes Lebensjahr. Beim Weiterwachsen unterdrückt sie allmählich ihre untersten Äste und stößt sie ab. Viel später als die Eiche fängt sie an, die Krone zu bauen: Der Spitzentrieb verliert seine Dominanz, tritt in Konkurrenz zu den oberen Ästen und bildet mit ihnen eine breite Krone.

Eine Weide produziert und verliert während ihres ganzen (verhältnismäßig kurzen) Lebens eine große Zahl von Ästen. Da jeder neue Zweig im spitzen Winkel zu seinem Mutterzweig wächst, erreicht er ebensogut wie dieser das Licht und tritt in starke Konkurrenz zu ihm.

Die Blätter

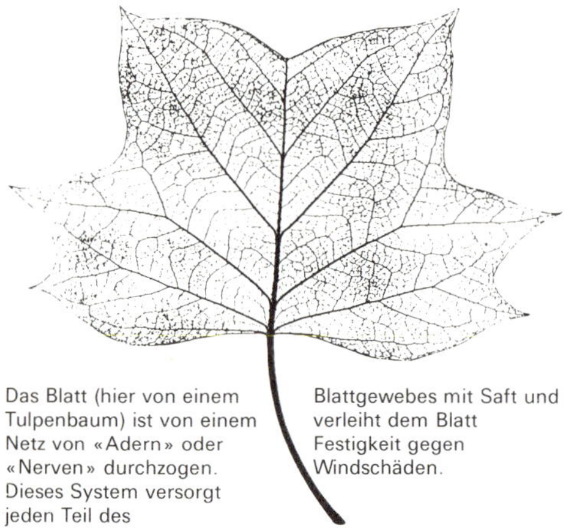

Das Blatt (hier von einem Tulpenbaum) ist von einem Netz von «Adern» oder «Nerven» durchzogen. Dieses System versorgt jeden Teil des Blattgewebes mit Saft und verleiht dem Blatt Festigkeit gegen Windschäden.

Charakteristisch für die Bäume ist ihr ausdauernder, holziger Stamm. Die ihn umhüllenden Organe – die vergänglichen Blätter, Blüten und Früchte – sind es nicht. Ihre Funktionen sind die gleichen wie bei allen anderen Pflanzen.

Das Blatt hat die Aufgabe, Nahrung herzustellen. Neunzig Prozent der Feststoffe, aus denen sich der Stamm, die Äste und die Wurzeln aufbauen, bestehen aus Kohlenhydraten, deren Bausteine von den Blättern aus der Luft geholt werden. Schon wenn ein Blatt erst halb ausgewachsen ist, fängt es an, Nahrung für den übrigen Baum zu exportieren.

Blätter gewinnen Nahrung aus der Luft und aus dem Boden – aus der Luft mittels Photosynthese: Sie halten dem Sonnenlicht mit Chlorophyll angereicherte und mit Wasser gefüllte feine Gefäße entgegen. Das Chlorophyll bewirkt einen Austausch von Wasserstoff (aus dem Wasser) gegen Kohlenstoff und Sauerstoff (aus dem Kohlendioxyd in der Atmosphäre). Kohlenstoff ist die Hauptnahrung des Baumes: Ihn kann er zu Zukker und Stärken aufbauen, die er braucht.

Die Blätter sind sehr leistungsfähige Verdunstungsorgane. Ihr Wasserumsatz ist viel größer als für die Photosynthese erforderlich. Denn von ihm hängt die gesamte Saftzirkulation des Baumes ab. Das Wasser, das die Blätter an die Luft abgeben, ziehen sie aus den Zweigen, Ästen, dem Stamm, den Wurzeln und letztlich aus dem Erdreich heraus. Zusammen mit dem Wasser – im Sommer können es pro Tag 900 bis 1350 Liter sein – entziehen sie dem Boden gelöste Mineralstoffe. Wasser ist also die zweite Nahrungsquelle des Baumes – und natürlich sein System, das die Stoffe überall dorthin transportiert, wo sie gebraucht werden.

Blätter haben ein kurzes Leben – von vielleicht durchschnittlich sechs Monaten. Während also sommergrüne Bäume ihre Blätter jedes Jahr erneuern, bleiben «immergrüne» Blätter zwei bis höchstens zehn Jahre am Leben. Sie sind so beschaffen, daß sie den Winter ohne Schaden überleben. Diese Anpassung besteht darin, daß ihr Verdunstungssystem sparsamer arbeitet: eine dikkere Haut, eine durchweg einfachere Form (da um so mehr Wasserdampf «abfließt», je größer die Oberfläche eines Blattes im Verhältnis zu seinem Volumen ist), und sehr häufig eine Wachsschicht, die den Blättern eine bläuliche Färbung verleiht.

Bei Bäumen derselben Art und selbst von Ast zu Ast und von Zweig zu Zweig findet man eine große Zahl von Varianten. Sehr viele Laubhölzer haben Abarten mit «eingeschnittenen» Blättern – Blätter mit gezackten, tief gebuchteten Rändern – entwickelt. Auch von vielen Nadelhölzern (s. S. 118–19) gibt es Varianten mit exzentrischen Blättern. Offenbar hat dies keinen Einfluß auf ihre Funktion am Baum.

Fast ebensosehr kann die Färbung der Blätter innerhalb einer Art variieren. Ein das Chlorophyll-Grün überlagerndes rotes Pigment ergibt eine «kupferfarbene» Wirkung. Manchmal färbt ein niedriger Chlorophyll-Spiegel die Blätter gelb oder goldfarben. Chlorophyll- Mangel bedeutet aber weniger Photosynthese und somit weniger Nahrung: Gelbblättrige Bäume wachsen langsamer.

Der letzte Akt vieler Blätter ist der farbigste. Bevor sie sterben, haben sie die Aufgabe, die Stärke in Zucker umzuwandeln, der in den Stamm transportiert wird, wo er in Speicherstärke zurückverwandelt wird. Kalte Nächte verhindern aber die Weitergabe des produzierten Zuckers an den Baum; deshalb lagert er sich im Blattgewebe ab. Bei vielen Blättern ist das Ergebnis eine Rotfärbung. Da das Chlorophyll gleichzeitig abgebaut wird, überlagert das Grün nicht mehr das im Blatt enthaltene Pigment (im beschriebenen Fall ist es rot, gewöhnlich aber gelb), so daß die verschiedenen Farben hervortreten.

Viele Bäume, vor allem Nadelhölzer, weisen unterschiedliche Blattmuster auf den verschiedenen Altersstufen auf. Hier hat ein Sämling *(Thuja occidentalis)* seine Samenblätter an der Basis des Stiels, dann Jugendblätter, dann Blätter im Reifezustand. Ein paar Bäume (zum Beispiel einige Wacholderarten) behalten ihr Leben lang die Jugendblätter.

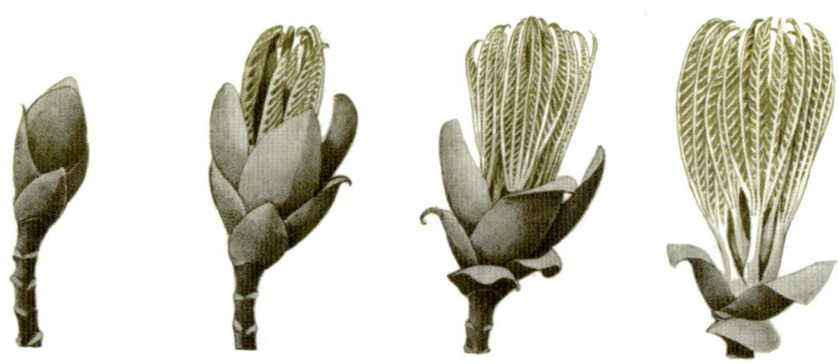

Im Frühjahr entfalten sich die fest in der Knospe verpackten Blätter. Sobald sie aus der Knospe hervorgetreten sind, beginnen sie Saft aus dem Stamm des Baumes zu ziehen. Welche Kraft den Saft steigen und die Blätter schwellen läßt, ist bis heute ein Geheimnis geblieben. Hier drücken die schwellenden Blätter einer Roßkastanie die sie umhüllenden Knospenschuppen (die selbst modifizierte Blätter sind) beiseite. Sobald sie sich von den Knospenschuppen befreit haben, entfalten sich die bereits fertig geformten Blätter (siehe Seite 224–225).

Es bedarf unendlich feiner Anpassungen von Sproß- und Stiellänge und -winkel (wie auch der Blattgröße), um eine größtmögliche Lichtausnutzung (und damit eine maximale Photosynthese-Leistung zu erreichen. Die Buche (links) versteht es besonders gut, ein fast geschlossenes Blättermosaik zu entwickeln, das einen tiefen Schatten wirft. Manche Ahornblätter müssen Blattstiele ausbilden, die ebenso lang sind wie sie selbst, um sich ans Licht zu manövrieren.

Sommergrüne Blätter sind entweder «einfach» – d. h. die Blattfläche besteht aus einem Stück – oder «zusammengesetzt» – d. h. sie besteht aus einer Anzahl getrennter Blattflächen.

Das Blatt ist das Ernährungs- und Atmungsorgan des Baumes. Unten rechts das sommergrüne (d. h. nach einer Wachstumsperiode abfallende) Blatt einer Eiche und die wintergrünen Blätter oder Nadeln einer Kiefer. Winter- oder immergrüne Blätter können einen mehr oder weniger wasserlosen Winter überleben und haben deshalb meist eine viel kleinere Blattfläche als sommergrüne Blätter. Die Gesamtblattfläche ist bei einer typischen Konifere nur ein Viertel so groß wie bei einem Laubbaum gleicher Größe. Eine große Eiche trägt rund 250 000 Blätter. Ihr Stiel verleiht ihnen Beweglichkeit, so daß sie Stürme überleben können. Der gebuchtete Rand läßt das Regenwasser schnell abfließen. Die Blattoberseite ist von einer Wachshaut überzogen, die eine übermäßige Transpiration verhindert. An der Unterseite befinden sich winzige Härchen, die die Entstehung einer Wasserschicht verhindern. Denn Wasser beeinträchtigt die Funktion der Spaltöffnungen und begünstigt Pilzbefall.

Das Blatt der Ulme ist ein Beispiel für ein einfaches Blatt mit einem gesägten Rand.

Die meisten Koniferen haben nadelförmige Blätter (viele Arten wie die Lebensbäume und Zypressen jedoch sehr kleine «schuppenförmige» Blätter).

Ahornblätter erinnern an eine Handfläche und werden deshalb als «handförmig gelappt» bezeichnet.

Die Roßkastanie hat «fingerförmig geteilte», zusammengesetzte Blätter.

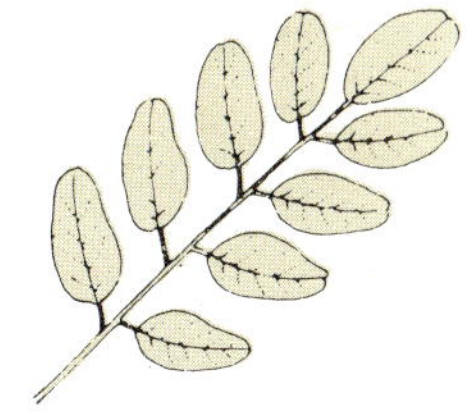

Die am meisten verbreitete zusammengesetzte Blattform ist die «gefiederte» Anordnung.

Unten links: Der vergrößerte Querschnitt zeigt die Zellenstruktur eines Blattes. Als oberste, hauchdünne Schicht die Kutikula, die platten Epidermiszellen der Oberhaut, darunter eine Schicht Epidermiszellen und dann eine Schicht mit Chlorophyllkörnern gefüllter «Palisaden»-Zellen, durch die die Adern des Gefäßbündels verlaufen; darunter eine lockere, schwammartige Schicht mit weiteren Chlorophyll führenden Zellen, zu denen das durch die Spaltöffnungen der unteren Epidermis aufgenommene Kohlensäuregas (Kohlendioxyd) Zutritt hat.

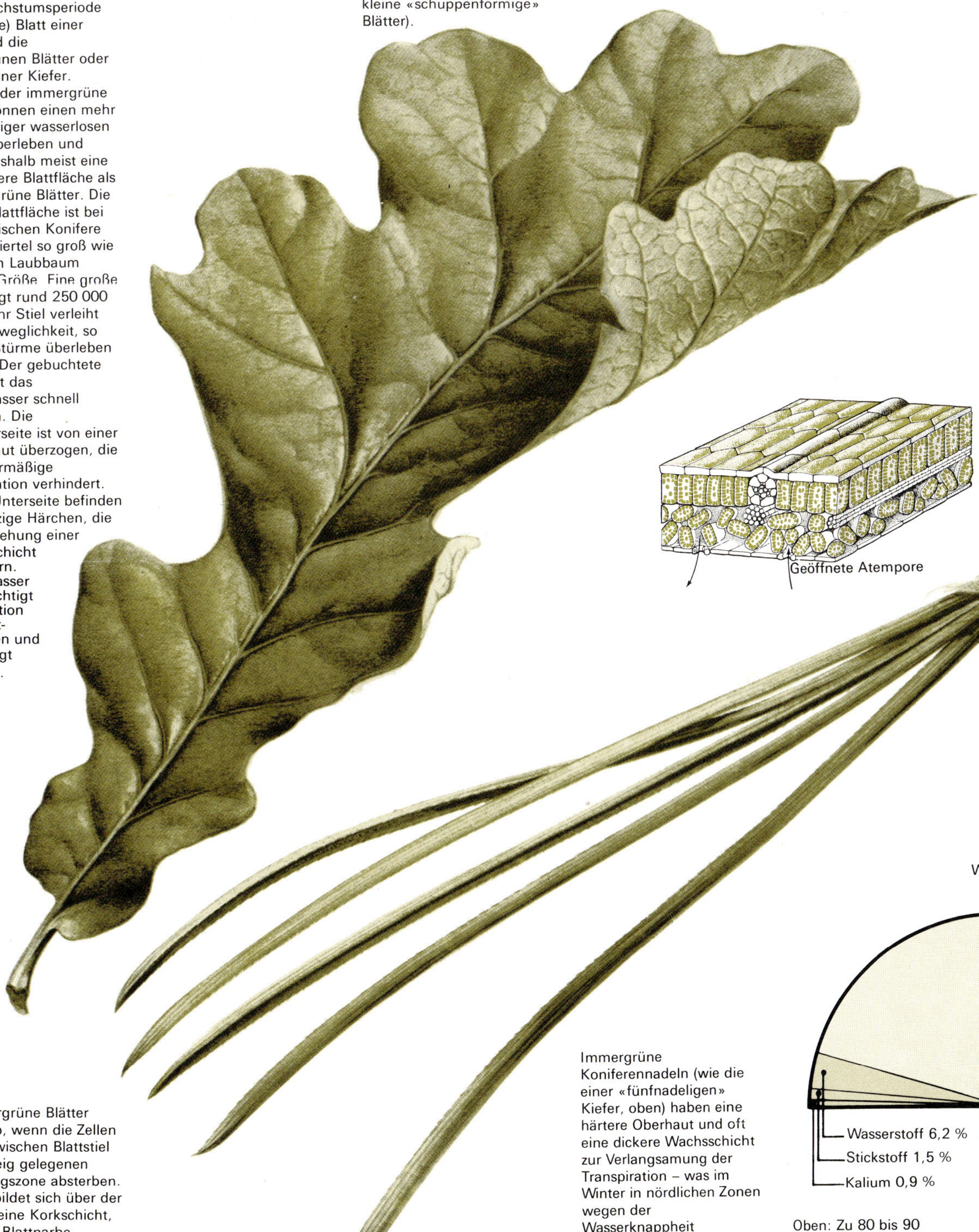

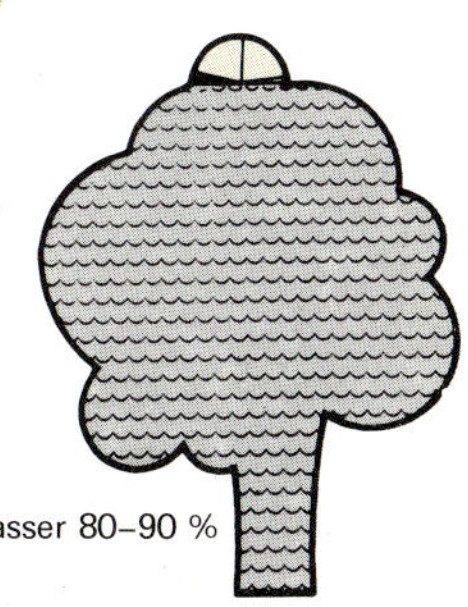

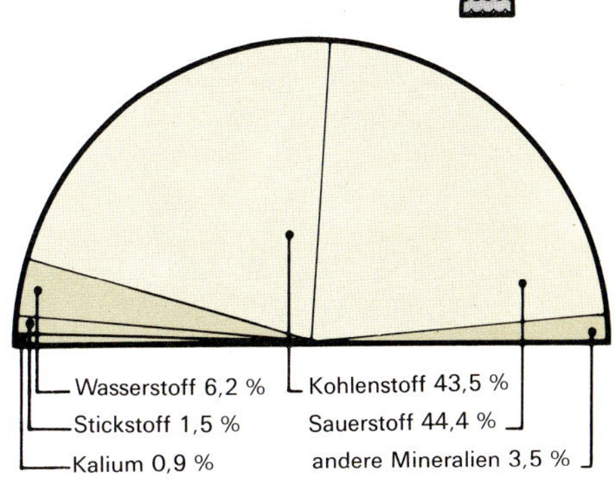

Sommergrüne Blätter fallen ab, wenn die Zellen in der zwischen Blattstiel und Zweig gelegenen Trennungszone absterben. Später bildet sich über der Wunde eine Korkschicht, die eine Blattnarbe hinterläßt. Manche Blätter (z. B. von jungen Buchen) haben keine Trennungsschicht: Sie sterben ab, können aber nicht abfallen und werden erst im Frühjahr von den neuen Blättern abgestoßen.

Kalte Herbstnächte verhindern den Abtransport des Zuckers aus den Blättern in die übrigen Teile des Baumes. Der in den Blättern aufgebaute Zucker verursacht die prächtige Laubverfärbung.

Immergrüne Koniferennadeln (wie die einer «fünfnadeligen» Kiefer, oben) haben eine härtere Oberhaut und oft eine dickere Wachsschicht zur Verlangsamung der Transpiration – was im Winter in nördlichen Zonen wegen der Wasserknappheit lebenswichtig ist. Ihre Spaltöffnungen sind in Reihen angeordnet, oft von Wachsansammlungen weiß gefärbt und befinden sich meist an der Unterseite (oder an der Innenseite des Nadelbündels).

Oben: Zu 80 bis 90 Prozent seiner Masse besteht ein lebender Baum aus Wasser, das er mit den Wurzeln aus dem Boden aufgenommen hat. Von den übrigen 10 bis 20 Prozent werden nicht weniger als 91 Prozent von den Blättern der Atmosphäre entnommen; sie sind deshalb die Haupternährungsorgane des Baumes und decken seinen gesamten Kohlenstoff- und Sauerstoffbedarf.

Die Blüten

Es fällt meist schwer, nicht in die Falle des Anthropomorphismus zu laufen, d.h. unbeseelten Objekten unsere eigenen Gefühle und Motive zuzuschreiben. Besonders schwierig ist dies, wenn man sich mit ihrem Geschlechtsleben beschäftigt. Warum eigentlich, fragen wir uns, müssen Pflanzen das ganze riskante Geschäft der geschlechtlichen Fortpflanzung besorgen, ihre Samen den Elementen oder Insekten anvertrauen, wenn sie kein Vergnügen dabei empfinden und diese Verfahren die Aussichten einer geglückten Vermehrung enorm verringern?

Schließlich können sich die meisten Pflanzen auch auf andere Weise fortpflanzen: entweder indem sie Wurzelschößlinge (= Wurzelbrut) treiben, Ableger durch Bewurzelung von bodenberührenden Ästen bilden oder einfach einen Körperteil ablösen, der dann ein neues, selbständiges Leben beginnt. Einige Arten sind auf Verfahren wie diese angewiesen: Ihr System der geschlechtlichen Fortpflanzung ist zusammengebrochen, und sie erzeugen keine fruchtbaren Samen mehr. Alle Pflanzen verfügen aber über Möglichkeiten, ihre eigenen Merkmale mit denen anderer Artgenossen zu «vermischen». Dies ist die Voraussetzung für die Evolution, also jene genetische Lotterie, in der aus einer neuen Kombination ein überlegeneres Ergebnis entstehen kann.

Und ebenso seltsam ist es, daß sie gerade dann die größten Anstrengungen unternehmen, sich zu vermehren und Blüten zu erzeugen, wenn sie (wiederum aus menschlicher Sicht) ihr Leben gefährdet sehen, weil sie alt sind oder es an Nahrung mangelt. Gut gedüngte Obstgärten tragen nicht viel Früchte. Gute Blüten- (und Frucht-) Jahre folgen auf warme und trockene Sommer, in denen die Nahrung (außer den mit Hilfe der Sonne gewonnenen Kohlenhydraten) knapp war.

Blüten sind die Geschlechtsorgane der Pflanze. Ihre Funktion ist es, Erbanlagen (Gene) mit Nachbarn derselben Art auszutauschen. So hoffnungslos gering die Aussichten zu sein scheinen, daß ein bißchen Staub auf einem Baum mit einem

Oben: In diesen vierzigfach vergrößerten Pollenkörnern einer Koreanischen Tanne sind die beiden ballonartigen Flugblasen zu erkennen, mit deren Hilfe sie in der Luft schweben können.

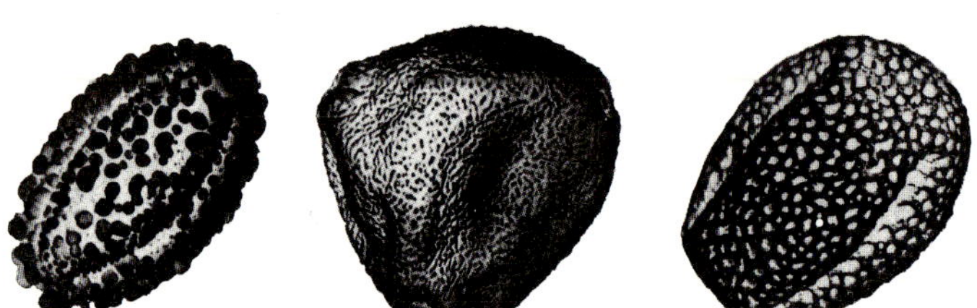

Links: Pollenformen, von links nach rechts: Stechpalme (800fach vergrößert), Birke und Esche (beide 1200fach vergrößert).

Oben: Die Zwitterblüten der Kanzan-Kirsche sind «vollständig», weil sie das männliche und weibliche Geschlecht enthalten, obwohl sie «halbgefüllt» sind (d.h. mehrere Blütenblätterringe haben). Die meisten gefüllten Blüten opfern ihre Geschlechtsteile den Blütenblättern.

Unten: Die Nadelhölzer haben meist zapfenartige Blütenstände. An der linken Triebspitze befinden sich weibliche, an der rechten männliche Blütenstände der amerikanischen Drehkiefer. Aus den weiblichen Blütenständen entstehen holzige Samenstände, die eigentlichen Zapfen.

Die beiden wichtigsten Bestäubungsmedien sind Insekten wie die Bienen (ganz oben), die vom Blütennektar angelockt werden, und der Wind. Auf dem unteren Bild ist zu erkennen, wie der Wind Pollen aus den männlichen Blüten einer Gemeinen Kiefer aufwirbelt. Die Blütenzäpfchen oder Strobili sitzen meist dicht gedrängt an bodennahen Trieben.

Unten: Die Merkmale der Eltern können sich zwar in der ersten Kreuzungsgeneration «mischen», von der zweiten Kreuzungsgeneration an aber immer wieder zu einem gewissen Prozentsatz rein auftreten. In der ersten Kreuzung erhalten die Nachkommen (F1 = Filialgeneration) von jedem Elternteil (P = Parentalgeneration) die Hälfte der Chromosomen (Träger der Erbanlagen). Wird die einheitlich rosa gefärbte F1-Generation mit sich selbst gekreuzt, entsteht eine zweite Kreuzungsgeneration (F 2), die zu je 25 % reine rote und weiße und zu 50 % rosa blühende Pflanzen enthält. In der gleichen Weise weitergekreuzt (F 3) würden die roten und weißen rein weiterzüchten, die rosafarbenen aber wieder aufspalten wie die F 2.

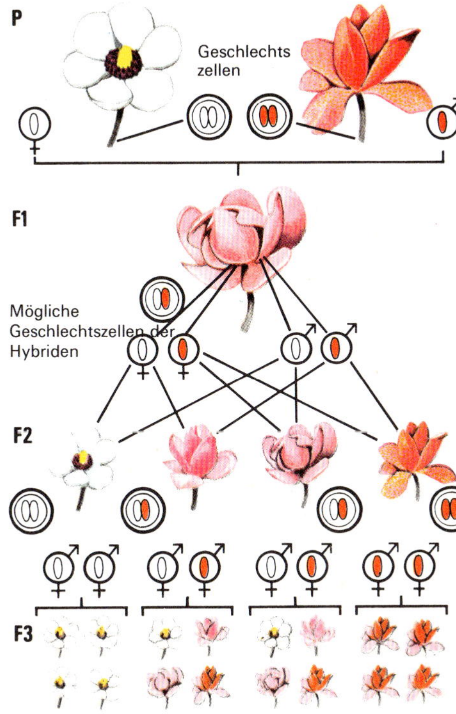

Kätzchen sind eine verbreitete Baumblütenform. Die Erle (oben) hat getrenntgeschlechtliche Blüten, nämlich lange männliche und kurze weibliche Kätzchen am selben Baum. Die weiblichen sehen den Blütenständen einer Kiefer merkwürdig ähnlich.

winzigen Ei auf einem anderen in physischen Kontakt kommt – genau das müssen sie erreichen.

Es gibt so viele Blütenformen, wie es Pflanzen gibt. Tatsächlich beruht unser System der Pflanzenklassifizierung und -benennung weitgehend auf Blütenbauplänen. Auch gibt es so etwas wie eine «perfekte» oder vollständige Blüte, die sogenannte Zwitterblüte. In ihr sind beide Geschlechter vorhanden, was die Sache eigentlich sehr vereinfachen sollte. Doch will (nach den Worten von Christian K. Sprengel, der 1793 die Insektenbestäubung entdeckte) «die Natur, daß Kreuzungen stattfinden». Deshalb sind alle möglichen Kontrollen und Barrieren eingebaut, die dafür sorgen, daß eine Blüte sich nicht selbst befruchtet.

Waldbäume befruchten sich in der Regel per Windbestäubung. Ihre Blüten sind deshalb nicht besonders ansehnlich und geruchlos. Bäume, die zum Übertragen ihrer Pollen auf Insekten angewiesen sind (häufig die Bäume am offenen Waldrand) haben dagegen viel kunstvoller gebaute Blüten. Zu dieser Kategorie zählen die Kirschbäume, Magnolien, Weiden, Linden und nahezu alle Zierbäume unserer Gärten.

Die meisten Waldbäume haben sogar getrennte Blüten für jedes Geschlecht, aber beide Blütentypen an jedem Baum; es sind «einhäusige» Bäume. Dieses System haben auch alle Nadelhölzer, ausgenommen die Eibe, die Araukariengewächse und der Wacholder, deren Bäume nur männlich oder nur weiblich blühen, also «zweihäusig» sind. Die meisten Zierbäume haben jedoch zweigeschlechtliche, zwittrige Blüten.

Bei den Koniferen nennt man die weiblichen Blütenstände Zapfen. Sie sind meist an den oberen Ästen, die Pollenblüten an unteren: ein einfacher Schutz dagegen, daß die Pollenkörner allzu leicht auf die Samenanlagen desselben Baumes fallen.

Mit Hilfe der Blüten kann ein Förster oder Baumzüchter die von ihm geschätzten Merkmale zweier Bäume kombinieren, indem er sie kreuzt und Hybriden züchtet. Doch müssen die beiden Bäume genetisch sehr eng verwandt sein. Eine Weide kann er ebensowenig mit einer Eiche kreuzen wie einen Hund mit einer Katze. Sieht er aber, sagen wir, zwei prächtige Kiefern, die eine größer und die andere gerader gewachsen als alle anderen, so kann er dafür sorgen, daß die eine die andere befruchtet. Er stülpt einen Sack über das Astende mit den (noch nicht reifen) Blütenzäpfchen und stäubt in diesen Sack Pollen des anderen Baumes. Wenn er Glück hat, werden die aus diesen Samen entstehenden Kiefern hoch- und geradwüchsig sein.

Links: Beispiel einer hybriden Kamelie mit zu überzähligen Blütenblättern umgewandelten Geschlechtsteilen. Sterile Formen wie diese lassen sich nur mit Ablegern vermehren.

Links: Die vollständige Blüte einer Magnolia x soulangiana. Alle Arten der Magnoliengewächse haben vollständige Blüten mit den Organen beider Geschlechter.

Die Früchte

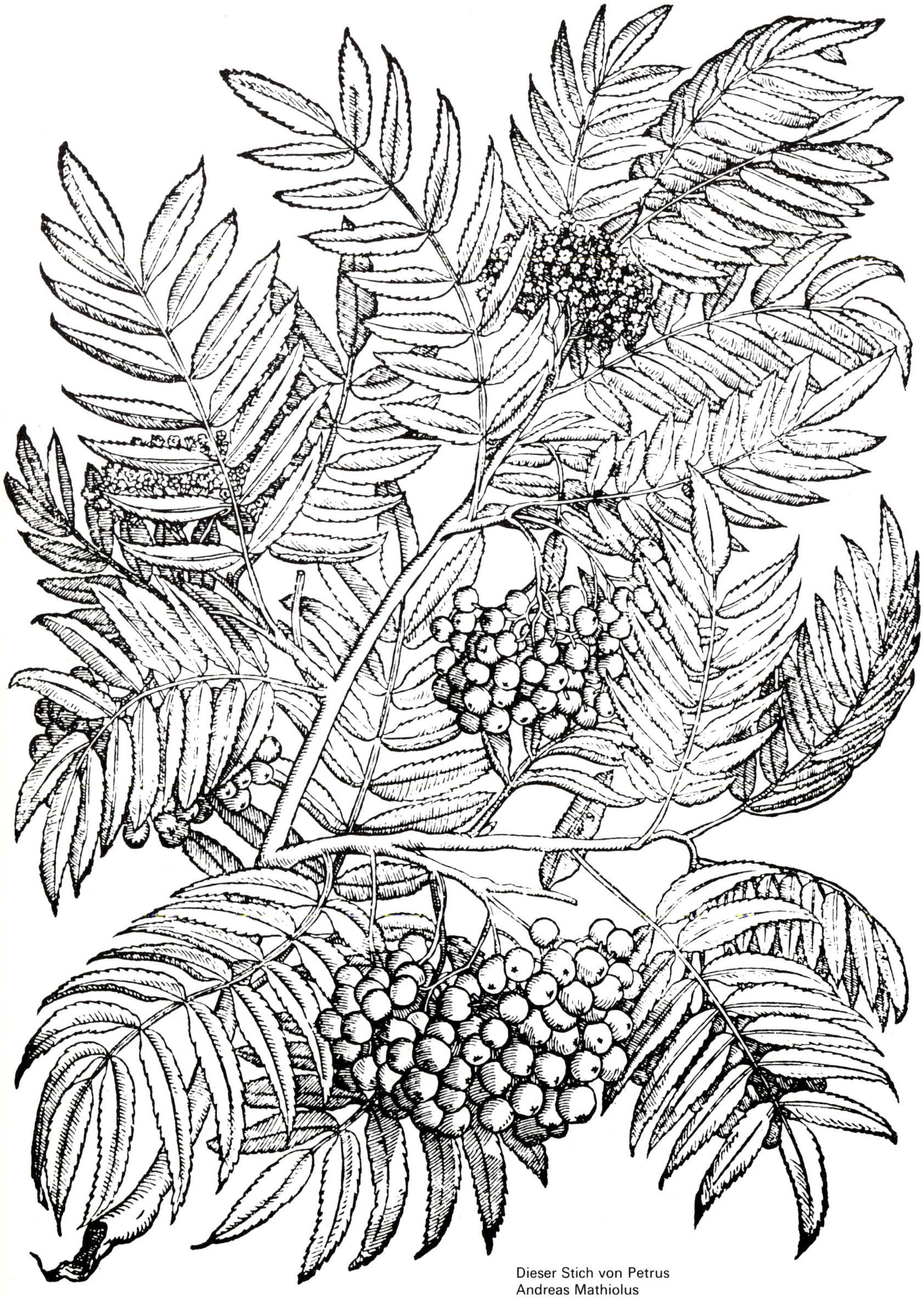

Dieser Stich von Petrus Andreas Mathiolus entstand 1565 in Venedig. Er zeigt einen Vogelbeerbaum (Eberesche) mit seinen schweren, korallenroten Fruchtständen. Mathiolus' ausgezeichnete Illustrationen wurden früher immer wieder in Pflanzenbüchern reproduziert.

Die Frucht der Laubgehölze entsteht aus dem befruchteten und ausgereiften weiblichen Teil der Blüte – also des Fruchtknotens und der darin eingeschlossenen Samenanlagen. Diese Gehölze gehören daher zu den Bedecktsamern (Angiospermen). Aus der Samenanlage entwickelt sich der Samen, aus dem Fruchtknoten die oft fleischigsaftige Umhüllung des Samens. Beim Pfirsich beispielsweise ist der Samen vom «Stein» oder «Kern» umschlossen, der aus der innern Fruchtknotenwand entsteht, während deren äußere Schicht das schmackhafte Fruchtfleisch bildet. Koniferen sind ganz anders gebaut: Als Nacktsamer (Gymnospermen) sind ihre Samenanlagen nicht von einem Fruchtknoten umschlossen, sondern unbedeckt.

Wenn ein Baum seinen Samen in einem dicken Paket süßen Fruchtfleisches, etwa in einer Pflaume, verpackt, so opfert er einen großen Teil seiner mühsam gewonnen Stärke, um die Vögel anzulocken. Hinzu kommt, daß schon seine als Anreiz für die Insekten herausgestellten Blüten eine Menge Stärke verbrauchen. Jemand hat ausgerechnet, daß die 200 000 Blüten eines Kirschbaums etwa 23 Pfund Stärke enthalten.

Fast alle Früchte werden von Tieren gefressen. Aber die Waldbäume sind so groß und so langlebig, daß wenn von hundert Eicheln nur eine nicht gefressen wird und von hundert dieser übriggebliebenen Eicheln wiederum nur eine keimt und von hundert dieser Keimlinge nur einer zu einer ausgewachsenen eicheltragenden Eiche heranwächst, die Eichenpopulation unverändert erhalten bleibt. Die meisten Samen reifen im Herbst – Kiefernsamen erst im zweiten Herbst nach der Befruchtung. Sie sind so gebaut, daß sie den Winter schlafend am Baum oder Boden verbringen können und dann im Frühling keimen. Die Winterkälte ist sogar notwendig, um sie zu aktivieren und ihre Winterruhe zu beenden: eine Vorkehrung dagegen, daß sie schon bald nach dem Abfallen keimen und dann im folgenden kalten Wetter umkommen. Manche Samen können ihre Keimfähigkeit viele Jahre erhalten.

Im reifen Samen sind schon die Anfänge einer kleinen Wurzel und eines winzigen Triebes angelegt, außerdem ein oder mehrere Keimblätter, die als Speicherorgane für die Nährstoffe und meist als die ersten Blätter der Pflanze dienen. Die Zahl der Keimblätter oder Kotyledonen spielt zudem eine Rolle im System der Pflanzenklassifizierung: Bäume mit zwei oder mehr Kotyledonen bilden Holz in konzentrischen Ringen: das klassische Baumwuchsmuster. Bäume mit nur einem Keimblatt dagegen bauen sich in Fasernbündeln auf, die hochwachsen, aber nachträglich nicht mehr in die Dicke wachsen. Die bekanntesten einkeimblättrigen Bäume sind die Palmen.

Oben: Ihrer Natur nach sind Schwarzerlen Uferbäume: Ihre Samen sind mit kleinen luftgefüllten Schwimmpolstern ausgerüstet, mit deren Hilfe sie flußabwärts treiben, um an einem feuchten Platz zu keimen.

Unten: Die Flügelfrüchte der Ahorne bewegen sich aerodynamisch und lassen sich vom Wind weit genug von ihrem Mutterbaum fortwehen, um die Verbreitung sicherzustellen.

Unten: Tausende von Laubholzarten lassen ihre Samen von Vögeln verbreiten, die sich von ihren Früchten ernähren. Bei Koniferen ist diese Verbreitungsart ungewöhnlich. Die Drossel unten frißt die Eibensamen wegen ihrer fleischigen Hülle; den sehr harten und giftigen Samen scheidet sie unverdaut wieder aus.

Oben: Die Eichhörnchen finden nicht alle Eicheln wieder, die sie für den Winter im Boden vergraben haben, so daß einige – richtig gepflanzt – überleben. Auch die besonders gierigen und vergeßlichen Eichelhäher zählen zu den besten Freunden der Eiche.

Oben: Pappeln und Weiden erzeugen sehr kleine, leichte Samen mit kleinen watteartigen Flaumsegeln, die sie mit dem Wind kilometerweit tragen können. Dies dürfte das wirksamste Verbreitungssystem sein.

Unten: Einige Arten wie die Zaubernuß haben einen Federmechanismus entwickelt, mit dem sie ihre Samen oft 13 Meter weit katapultieren.

Unten: Vier Stadien der Keimung – der Entwicklung von Samen zum Keimling. Zunächst, meist im Frühjahr nach der Aussaat, durchbricht die Wurzelspitze die äußere Samenhülle. Die kleinen Keimblätter (oder Kotyledonen) sind in diesem Stadium schon vollentwickelt, verbleiben aber noch in der Samenschale. Der Samen enthält genug Energie, um die kleine Wurzel so lange vorzutreiben, bis sie sich, von der Schwerkraft gesteuert, nach unten gebogen und ihre Spitze in der Erde vergraben hat. Von diesem Augenblick an kann sie die Nährstoffe im Samen ergänzen und den Keimblättern die zum Schwellen und Heraustreten nötige Energie zuführen.
Das Endstadium der Keimung ist dann erreicht, wenn sich der Stengel des Keimlings aufrichtet, die Keimblätter sich auffächern und der Prozeß der Photosynthese beginnt. Jetzt wächst die kleine Knospe in ihrer Mitte, die dann den Stamm und die ersten richtigen Blätter des Baumes erzeugt.

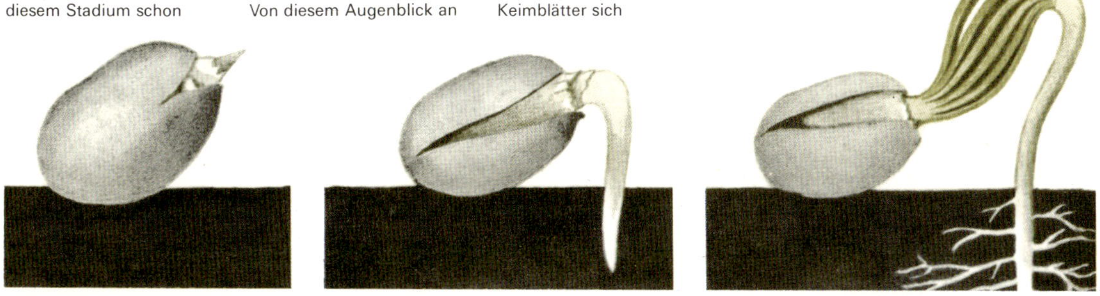

Wie ein Baum arbeitet

Das Herz eines Baumes ist tot. Sein ganzes Leben spielt sich unmittelbar unter seiner Oberfläche ab, in einem Zellengürtel, der nicht dicker als eine Folie ist und zwischen dem Holz und der Rinde liegt. Kratzt man die Rinde eines lebenden Zweiges auf, erkennt man eine dünne grüne Schicht. Unter dieser Schicht liegt das Kambium (lat. «Austausch»). Allein dieses Kambium kann neues Holz erzeugen. Zerstört man einen Kambiumstreifen um den Stamm herum, stirbt der Baum ab.

Die Kambiumschicht besitzt die erstaunliche Fähigkeit, gleichzeitig drei verschiedene Arten von Zellen zu erzeugen. Jedes Jahr lagert sie neue Holzzellen an ihrer Innenseite ab und vergrößert so den Umfang des Baumstamms. Dann muß sie selbst mitwachsen und außerdem immer mehr Phloem oder Innenrinde produzieren.

In dieser dünnen Zone von Rinde, Kambium und den neuen äußeren Holzringen ist das gesamte Kreislaufsystem des Baumes untergebracht. Der Saft steigt in dem jungen Holz auf und fließt im Phloem abwärts. Dank dem einfachen Ringelschnittexperiment weiß man das schon seit Jahrhunderten. Trennt man einen Streifen Rinde von einem Baum ab (und läßt dabei das Kambium intakt), wird der obere Teil des Baumes weiter mit Wasser und Nährsalzen versorgt – was leidet, sind die Wurzeln. Die von den Blättern abwärtswandernden Kohlenhydrate, das Produkt der Photosynthese, können sie nicht mehr erreichen. Sie verlieren ihre Fähigkeit zu wachsen und neues Erdreich auszubeuten. Schließlich fehlt dem ganzen Baum der Nachschub an Mineralsalzen und Stickstoff aus dem Boden, und er geht ein.

Es ist immer noch staunenswert, daß zarte Blätter, die hundert Meter oder noch höher über dem Boden transpirieren, die Kraft haben, eine Wassersäule so hoch hinaufzuziehen, um sich zu versorgen. Früher glaubte man, die Wurzeln drückten das Wasser nach oben – was natürlich ebenso geheimnisvoll wäre. Heute wissen wir, daß die Wurzeln im Frühjahr, bevor es Blätter zum Hochziehen gibt, zwar eine gewisse Schubkraft haben, die Blätter aber zu diesem Kraftakt des Hochsaugens durchaus fähig sind. Ermöglicht wird er durch die Zellstruktur des Holzes, die das Prinzip der Oberflächenspannung optimal ausnutzt. Wasserpartikel sind zwar hochgradig beweglich, trennen sich aber nur schwer voneinander. Es ist fast genauso schwer, sie auseinanderzureißen, wie sie zusammenzudrücken. Wird also an dem einen Ende eines langen dünnen Wasserfadens gezogen, so hat der Rest die Kraft, sich daranzuhängen und zu folgen.

Eine Holzstruktur mit langen, röhrenartigen Saftleitungszellen («Gefäße»), die den Saftdurchgang erleichtern, war eine der evolutionären Verbesserungen der «modernen» Laubhölzer gegenüber den altertümlichen Koniferen. Ein einfaches Experiment macht die Unterschiede deutlich. Reißt man einen schmalen senkrechten Rindenstreifen von einem Baum ab und ritzt mit einem Taschenmesser das nackte Holz quer zu den Fasern auf, so zeigt eine sich weiß verfärbende Zone ober- und unterhalb des Einschnitts an, wo sich die Zellen mit Luft gefüllt haben. Bei einem Laubbaum ist die Markierung viel breiter als bei einem Nadelbaum.

Der Preis für die größeren Zellen ist allerdings die Gefahr, daß Luftblasen den Saftstrom unterbrechen können. Verursacht wird diese Störung durch Eis. Wenn Wasser gefriert (wie es auch der Saft in einem sehr kalten Winter tut), bildet die in ihm enthaltene Luft Blasen. In kleinen Zellen (wie bei den Koniferen) verschwinden diese Blasen wieder, wenn der Saft auftaut. Aber was geschieht in den großen? Die einmal unterbrochene Wassersäule kann für immer zerstört sein.

Man hat entdeckt, daß der größte Teil des Saftes in Laubhölzern nur in den jüngsten Jahrringen aufsteigt. Dieser Umstand ist mit schuld am Niedergang der Amerikanischen Kastanie, und die Ulme kann durchaus dasselbe Schicksal erleiden. Die Pilze, an denen beide Arten zugrundegehen, blockieren die Gefäße des laufenden Jahres und damit den Hauptsaftstrom.

Die Graphik links zeigt den Kreislauf des Saftes (d.h. des Nährstoffe enthaltenden Wassers). Die roten Linien und Pfeile stellen das (von den Wurzeln dem Boden entzogene) Wasser mit den darin gelösten Nährsalzen dar, das in den äußersten Holzschichten zu den Blättern aufsteigt. Den größten Teil dieses Wassers geben die Blätter mittels Verdunstung an die Luft ab. Die blauen Linien und Pfeile stellen den absteigenden Saftstrom mit den in den Blättern gebildeten Kohlenhydraten in der inneren Rindenschicht außerhalb des Kambiums (siehe rechte Seite) dar. Dieses Kreislaufsystem wurde entdeckt, als man Rinde entfernte oder «ringelte» und feststellte, daß damit die Nahrungszufuhr zu den Wurzeln, aber nicht zur Krone unterbrochen war.

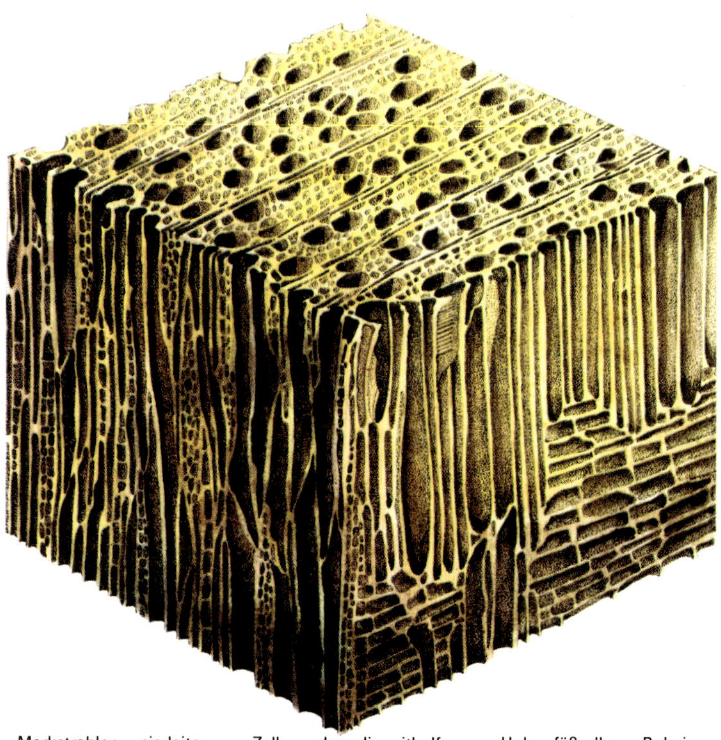

Dieser vergrößerte Ausschnitt aus einem Jahresring zeigt die langen vertikalen Gefäßzellen, in denen der Saft im Holzstamm hochsteigt; senkrecht dazu verlaufen in bestimmten Abständen aus kürzeren Zellen bestehende «Markstrahlen»; sie leiten Nährstoffe aus der Rinde radial in den Holzkörper. Wo die vertikalen Zellen unterbrochen zu sein scheinen, sind sie lediglich von Strahlenzellen verdeckt. Die einzigen Unterbrechungen der Gefäße sind die porösen Zellenenden, die mithelfen, den manchmal über 100 Meter hohen Wasserfaden zu tragen. Bei einem Vergleich zwischen im Frühling erzeugtem «Frühholz» und im Sommer gebildetem «Spätholz» würde man sehen, daß die frühen Holzgefäßzellen z.B. bei Eichen, Eschen, Ulmen und Robinien viel größer und auch zahlreicher sind: Der Wasserbedarf ist während der Blatt-, Knospen- und Sproßbildung viel größer als später.

Die Oberflächenstruktur der Rinde wird weitgehend vom Rinden- oder Korkkambium bestimmt, das bei vielen Bäumen in Form flacher, sich überlappender Segmente wächst; mit zunehmendem Dickenwachstum reißt die Rinde an den Segmenträndern (links).

Bei anderen (wie beim Eukalyptus, links) bildet sich eine dünne Schälhaut, die ständig erneuert wird.

Dieser Quer- und Längsschnitt durch einen Baumstamm zeigt seine fünf wichtigsten konzentrischen Schichten: Rinde, Innenrinde oder Phloem, Kambium, Splintholz und Kernholz.

Die Rinde ① ist eine Schutzschicht, manchmal (wie bei den Birken) eine bloße Haut, doch bei anderen Bäumen (den Redwoods etwa) eine 30 Zentimeter dicke Borke. Die Außenrinde wird kontinuierlich von ihrem eigenen Kambium gebildet. Die Fotos oben zeigen, daß die Lage dieses Kambiums darüber entscheidet, ob die Rinde sich schält oder aufreißt.

Die Innenrinde oder das Phloem ② ist eine schwammige Schicht, durch die der Saft leicht nach unten gelangt.

Könnte man die Kambialschicht ③ von Rinde und Holz lösen (wie unten dargestellt), so wäre sie praktisch unsichtbar, da sie nur wenige Zellagen stark ist. Trotzdem steckt die Lebens- und Wuchskraft des Baumes in dieser hauchdünnen Schicht. Das Kambium erzeugt ständig an seiner Innenseite Holz- (oder Xylem-) Zellen und an seiner Außenseite Rinden- (oder Phloem-) Zellen.

Als Splintholz ④ bezeichnet man das noch lebende Holz; es transportiert den Saft nach oben, speichert Nahrung oder leitet sie von einem Teil des Baums zum anderen. Der größte Teil des Saftes fließt innerhalb des im jeweiligen Jahr neugebildeten Jahresrings. Wird der Saftstrom durch parasitische Pilze blockiert, wie z. B. beim «Ulmensterben» durch den Schlauchpilz, so stirbt der Baum ab. Die älteren Ringe können ihn allein nicht versorgen.

Bei den sogenannten «Kernhölzern» stirbt der innere Holzteil, das Kernholz ⑤, ab und wird durch Einlagerung von Farb- und Selbstimprägnierstoffen dunkel, fester und widerstandsfähiger gegen Infektionen. Einen solchen Farbkern haben Eichen, Eschen, Ulmen, Kastanie, Robinie, Nußbaum, Eibe, Lärche, Kiefer (Föhre), und Arve.

Bei den sogenannten «Splinthölzern» besteht kein Unterschied zwischen Kern und Splint in Farbe oder Wassergehalt, und die Zellen im Kern sind noch lebend. Splinthölzer sind Aspen, Birken, Hagebuche, Berg- und Spitzahorn und die Erlen.

Bei den sogenannten «Reifhölzern» ist der innere Holzteil zwar tot, wasserarm und hart wie bei den Kernhölzern, aber nicht anders gefärbt als der Splint. Reifhölzer sind Fichte, Tanne, Buche, Linde und Feldahorn.

Die Geschichte in Bäumen

Beim Dickerwerden überwallt ein Baumstamm die angrenzenden Teile seiner Äste. Die Jahresringe der Äste verlaufen in einem Winkel zu denen des Stamms und bilden einen «Knoten». Förster versuchen die Knotenbildung dadurch zu verhindern, daß sie die Bäume dicht pflanzen, damit sich die Stämme im Schatten selbst reinigen.

Jedes Jahr begräbt der wachsende Baum seine Vergangenheit in einem neuen Jahresring. Der älteste Teil, der Kern, härtet sich nach dem Absterben und gibt dem Baum Rückgrat.

Solange ihn das lebende Gewebe um ihn herum gegen die Luft und holzzerstörende Mikroorganismen abschirmt, ist der Kern praktisch unverderblich. Jeder Jahresring bleibt so erhalten, wie er entstanden ist: eine getreue Jahreschronik der Geschichte des Baumes. An ihrer Zahl läßt sich sein Alter ablesen.

Während die Länge der Jahrestriebe bei einigen Baumarten mehr durch die Witterung des Vorjahres, bei anderen hauptsächlich durch das Wetter des laufenden Jahres bestimmt wird, hängt die Breite des Jahrringes allein von den äußeren Wuchsbedingungen ab, unter denen er sich bildet. Auch die Niederschlagsmenge im vorausgegangenen Winter ist wichtig, denn sie entscheidet über den Grundwasserspiegel im Frühjahr – und damit über den Saftstrom durch den wachsenden neuen Jahresring. Noch ausschlaggebender, weil variabler, sind aber Sonne und Regen im Frühjahr und Sommer seines Entstehungsjahres. Jahresringe sind deshalb eine Chronik des Wetters ihrer Wuchsperiode.

Jahresringe sind aber selten vollendete Kreise, sondern oft oval, wellig oder exzentrisch.

Ein von allen Seiten abgeschirmter und dem Licht entgegenstrebender Waldbaum kann am ehesten einen perfekten Zylinderstamm erreichen. Je freier ein Baum steht und je mehr er dem Wind ausgesetzt ist, desto mehr verjüngt sich sein Stamm nach oben.

Nadel- und Laubbäume reagieren unterschiedlich auf den Winddruck: Die Nadelbäume verstärken ihren Wuchs auf der Lee-, die Laubbäume auf der Luvseite. Ähnlich kompensieren sie die auf waagrechte Äste einwirkende Schwerkraft: Koniferen verstärken die Unterseite, Laubhölzer die Oberseite der Äste. Beides führt zu einem ovalen Querschnitt, der sich in der Achse der

Dieser Baum wurde im Alter von 47 Jahren gefällt. Das Alter der meisten Bäume läßt sich ungefähr mit der Faustregel bestimmen,

nach der 2,5 cm Umfang in Schulterhöhe einem Jahr entsprechen: Ein Baum mit einem Umfang von 3 m ist also etwa 120 Jahre alt.

1

2

3

4

1 Im Alter von fünf Jahren wurde der schlanke, geradstämmige Baum von einem gefällten Nachbarn zur Seite gedrückt. Darauf wuchs er in der unteren Hälfte (des Querschnitts oben) doppelt so stark, um die Seitenneigung zu korrigieren.

2 Als der Baum 14 Jahre war, ging ein Bodenfeuer durch den Wald und zerstörte Rinde und Kambium an der Windseite. In den folgenden Jahren bildeten sie sich neu, es dauerte aber 6 Jahre, bis die Wunde geschlossen war.

3 Umstehende Bäume nahmen dem Baum immer mehr Licht und Feuchtigkeit. Als er 27 Jahre alt war, wurde er bei einer Durchforstung freigestellt. Dies bewirkte eine starke Zunahme der Wuchsfreudigkeit (s. Jahresringe).

4 Nach sechs Jahren schnellen Wachstums folgte eine Trockenperiode, deren Auswirkungen die sechs schmalen Jahresringe zeigen. Die Wurzeln sind dabei stark geschädigt worden.

Diese Grannenkiefer in den kalifornischen White Mountains ist wahrscheinlich 3000 Jahre alt. Über die Hälfte des Baumes ist tot, und der lebende Teil wächst außerordentlich langsam. In der trockenen Luft vermodert das tote Holz nicht.

Schwerkrafteinwirkung oder vorherrschenden Windrichtung auswölbt.

Als man 1851 eine riesige Schwarte von einem 3000 Jahre alten Redwood nach Europa schaffte, war dies eine Sensation. In Europa wachsen keine prähistorischen Bäume, und alles staunte, daß etwas so lange leben kann.

Doch hundert Jahre später entdeckte man im amerikanischen Westen Kiefern, die noch viel älter (allerdings auch kleiner) als die Redwoods sind. Was sie so interessant macht, ist aber nicht allein ihr Alter, sondern die ungewöhnlichen Bedingungen, unter denen sie wachsen: 3000 Meter hoch in den kalifornischen White Mountains, wo chronische Trockenheit herrscht. Wo die Redwoods wachsen, regnet es regelmäßig: In jedem Jahr fügen sie einen etwa gleich großen Jahresring hinzu. Die Grannenkiefern dagegen bekommen so wenig Regen, daß sie überempfindliche Niederschlagsmesser sind. Jeder Jahresring ist anders, und die Geschichte, die sie erzählen, reicht (bislang) nicht weniger als 8200 Jahre zurück.

Einen so alten Baum gibt es allerdings nicht. Das älteste Exemplar ist 4900 Jahre alt. An der University of Arizona wurde aber ein Verfahren entwickelt, mit dem man Holzproben lebender und abgestorbener Bäume zu einer fortlaufenden Serie von Jahresringen zusammenfügen kann.

Diese Ringe sind mikroskopisch schmal. Bei einem der Muster sind 1100 Ringe nur 12,7 cm breit. Aber eine typische Sequenz bestimmter Ringbreiten wiederholt sich höchstens in ein, zwei Jahren. Jede hinreichend große Probe hat so viele Ringe, daß sie entweder einzigartig ist oder sich mit einer anderen überschneidet. Ein Computer findet schnell heraus, aus welcher Zeit sie stammt, und weist ihr ihren Platz zu.

Die Forscher in Arizona hoffen, auf diese Weise eine zehntausend Jahre, also bis zum Abklingen der letzten Eiszeit, zurückreichende Wetterchronik rekonstruieren zu können. Es leuchtet ein, welchen Wert diese Arbeit für die Meteorologie hat. Aber 1969 wurde noch eine aufregende Entdeckung gemacht.

Holz, dessen Alter genau bekannt war, wurde nach der Kohlenstoff-14-Methode, dem bewährten Verfahren zur Datierung vorgeschichtlicher Funde, geprüft. Das Ergebnis war aber falsch. Das Kiefernholz bewies, daß die Grundannahme der C 14-Datierung, wonach der Kohlenstoffgehalt der Atmosphäre konstant gewesen sein soll, nur auf die letzten 3500 Jahre zutrifft. Für die Zeit davor ergeben sich große Meßfehler: In den tausend Jahren bis 1500 v. Chr. wurde eine Abweichung um 700 Jahre festgestellt.

Grannenkiefern wachsen seit 10000 Jahren auf Ödland, das für jede andere Vegetation zu trocken ist. Dieser 3000 Meter hohe «Wald», Jahresniederschlag 30 cm, wurde 1955 entdeckt.

Oben: Für Datierungszwecke werden Gesamtquerschnitte benutzt, doch kann man auch von einem lebenden Baum eine «Bohrkern»-Probe entnehmen, ohne dem Baum zu schaden.

Rechts: Bauholz von einer mexikanischen Missionsstation aus dem 17. Jahrhundert wird zur vorgeschichtlichen Wetterbestimmung untersucht.

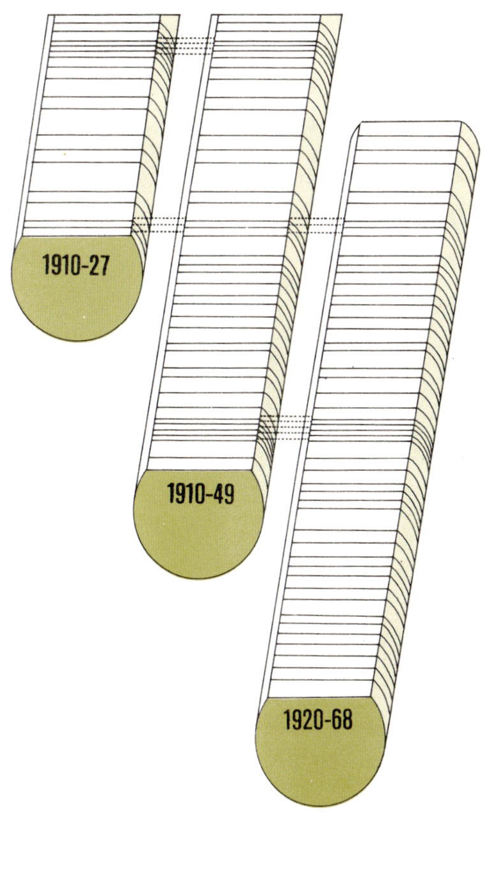

Dendrochronologie ist historische Forschung anhand von Baumringen. Die empfindlich auf Regen reagierende Grannenkiefer registriert in ihren dickeren oder dünneren Jahresringen die jährlichen Niederschlagsmengen. Charakteristische längere Ringfolgen wiederholen sich nie. Deshalb kann ein Computer alle «Probekerne» (wie die links abgebildeten) mit anderen Proben verketten, mit denen sie sich zeitlich überschneiden, und so einen Baumringkalender zusammenstellen, der immer weiter in die vorgeschichtliche Zeit zurückreicht. Die absolute Jahresringbreite ist zwar bei den einzelnen Proben unterschiedlich, aber die relativen Breiten eines jeden Jahres stimmen genau überein.

Wurzeln und Boden

Stamm und Krone eines Baums wachsen nach bestimmten Gesetzen, seine Wurzeln aber sind Opportunisten: Sie gehen dorthin, wo sie Wasser und Nahrung finden. Ein besonders üppig gediehener Efeustrauch an der Mauer des Oxforder Magdalen College soll sogar in den Keller vorgedrungen sein und dort ein ganzes Faß Portwein geleert haben.

Über die Wurzeln der Bäume wissen wir viel weniger als über ihre Äste, weil sie uns verborgen bleiben. Denn nur selten ist ein Baum mit seinen Wurzeln, wie auf unserem Bild auf der rechten Seite unten, freigelegt worden.

Die Wurzeln erfüllen drei Aufgaben. Sie verankern den Baum im Erdreich, sind seine Hauptwasserlieferanten und führen ihm die lebenswichtigen Nährstoffe aus dem Boden zu.

Die erste Wurzel, die jeder Baum aus dem keimenden Samen treibt, ist eine Pfahlwurzel. Ihre Wuchsrichtung wird von der Schwerkraft bestimmt; sie zeigt jedem Samen, wo der Boden ist. Die Pfahlwurzel ist eine Art Notorgan, das die Versorgung so schnell wie möglich sicherstellt. Danach konzentrieren sich die meisten Bäume auf die Ausbeutung der Bodenkrume, die normalerweise die meisten organischen Stoffe enthält. Die Mehrzahl der Nährwurzeln liegt in den ersten 15 Zentimetern unterhalb der Oberfläche.

Fichten, Buchen und Pappeln zählen zu den Bäumen, die auch in ihrer Jugend nur selten tief wurzeln. Tannen, die meisten Eichen und viele Kiefern dagegen kommen mehrere Jahre mit einer Pfahlwurzel aus, weshalb sie viel schwerer umzupflanzen sind. Was dann geschieht, hängt von der Bodenbeschaffenheit ab. Die tiefste Baumwurzel, die man bislang gefunden hat, war sieben Meter tief in den Boden vorgestoßen; sie gehörte einer Kiefer, die auf Sand, dem durchlässigsten aller Böden, wuchs. Meist trocknet aber die Pfahlwurzel aus, und Seitenwurzeln übernehmen die Versorgung.

Wurzeln suchen sich immer den einfachsten Weg. Wo immer möglich, folgen sie alten Wurmgängen oder Hohlräumen, die abgestorbene und verrottete Vorgängerinnen hinterlassen haben. Dabei brauchen sie nur auf den Grundwasserpegel zu achten, d.h. die Ebene, unter der das Erdreich ständig feucht ist. Hier müssen sie aufpassen. Denn sie brauchen zwar Wasser, aber auch Sauerstoff. Deshalb tauchen sie gern mit der Zehenspitze ins Wasser, bleiben sie längere Zeit unter Wasser, ertrinken die meisten Wurzeln.

Wenn sich die Krone des Baumes ausbreitet, wachsen die Wurzeln mit. Am aktivsten sind sie unter der Tropflinie, wo der auf die Krone fallende Regen abläuft.

Das Wurzelwachstum ist nahezu konstant und nur bei Frostwetter unterbrochen. Nur die jungen

Die Form des Wurzelsystems eines Baumes hängt weniger von dessen Art als von der Bodenbeschaffenheit ab. Bestimmte Bäume sind auf bestimmten Bodentypen vorherrschend, doch welchen Verlauf ihre Wurzeln nehmen, richtet sich danach, wie sie die Nahrungs-, Wasser- und Sauerstoffvorräte mit den geringsten mechanischen Hindernissen erreichen können. Auf diesen beiden Seiten sind vier verbreitete Waldbodentypen dargestellt.

Auf dieser Seite sehen wir die Wurzeln einer Eiche in «Braunerde»; dies ist der typische Laubwaldboden in verhältnismäßig niederschlagsarmen Gebieten, leicht sauer, aber reich an Bakterien und anderen Mikroorganismen, die die Pflanzenrückstände an der Oberfläche schnell zu Humus zersetzen. Die für solche Wälder typischen Pflanzen und Pilze sind etwa Waldrispengras, Heidelbeere, Kümmel, Tintling, Stinkmorchel, Sauerklee und Fingerhut. Der Boden ist etwa anderthalb Meter tief, gut entwässert, locker und fruchtbar. Die meisten Nährwurzeln liegen in den oberen 30 Zentimetern, der Oberbodenschicht mit dem größten Humusanteil. Darunter nehmen die Unterbodenmerkmale zu; «Senkwurzeln» finden darin noch bis zur Gesteinsschicht Nahrung. Die Rostfärbung des oberen Unterbodens verursacht durch Eisen, das bei guter Durchlüftung schnell oxydiert und deshalb der am besten zu erkennende Bodenbestandteil ist. In saureren Böden lösen sich die Eisenoxyde auf und sickern in tiefere Schichten, wie auf dem Bild gegenüber. Dort verteilen sie sich wie die anderen wichtigen Mineralien (Phosphor, Kalium, Stickstoff, Kalzium und Magnesium) gleichmäßig auf alle Ebenen.

Oben: Vertreter der Fauna des Braunerde-Waldbodens. Die **Assel** liebt feuchten Grund und lebt von Pflanzenrückständen und faulendem Holz. Die **Schnecke** ist besonders in üppiger Kräuterdecke zu finden. Der **Regenwurm** mit seinen für die Bodenbelüftung wertvollen Gängen zieht mit erstaunlicher Kraft abgefallene Blätter ins Erdreich. Der **Hundertfüßler** lebt unter Steinen oder Rinden; seine vordersten Beine haben Giftkrallen, mit denen er Larven tötet, um sie zu fressen. Die schalenlose graue **Nacktschnecke**, kriecht bei Trockenheit unter die Borke.

Eine Wurzel verlängert sich im Abschnitt hinter der Spitze. Die Spitze hat die Aufgabe, ständig neue Zellen abzusondern. Diese Zellen wirken als Gleitmittel und erleichtern der Spitze den Weg durch den Boden.

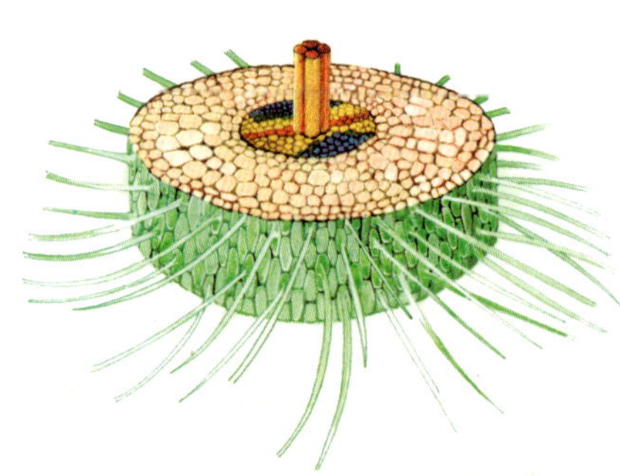

Die Wurzelhaare vergrößern das Absorptionsvermögen der Wurzeln. Wasser und Mineralsalze gelangen durch die Wurzelrinde in das Wasserleitsystem des Xylems; dort nimmt der Transpirationsstrom seinen Anfang.

Links: Pilze beherrschen die Kunst, Baumwurzeln leistungsfähiger zu machen. Waldbäume sind meist auf ihre spezifischen Mykorrhizen angewiesen. Sie ersetzen die Wurzelhaare des Baumes, ernähren sich von seinen Kohlenhydraten, verschaffen dafür aber den Wurzeln besseren Zugang zu bestimmten Nährstoffen im Boden.

Links: Die Wurzeln einer Kiefer in «Podsolboden», einem häufigen Bodentyp in niederschlagsreichen Gebieten, in denen die Netto-Wasserbewegung im Boden abwärts gerichtet ist (trockeneres Klima dagegen entzieht dem Unterboden Wasser durch Verdunstung). Das Kalzium in den oberen Schichten wird gelöst und in die tieferen Schichten gespült, weshalb der Oberboden sehr sauer ist. Da Bakterien in solcher Azidität nicht gut gedeihen, werden Blätter und andere organische Substanzen nur sehr langsam in Humus verwandelt. Auch Regenwürmer fehlen; deshalb ist der Boden ohne Belüftungsgänge und relativ sauerstoffarm. Zur typischen Pflanzendecke solcher Böden zählen Wurmfarn, Maronen-Röhrling, Moosglöckchen, Wintergrün, Echter Reizker, Heidelbeere, Glockenheide.
Unter sauren Bedingungen löst sich das im Boden enthaltene Eisen und Aluminium. Da sehr viel Wasser abwärts fließt, werden diese Metalle ebenfalls in tiefere Schichten verlagert und hinterlassen unterhalb des Oberbodens einen blassen, mineralarmen «Auswaschungshorizont». Darunter, unmittelbar über dem Gestein, befindet sich die «Anreicherungsschicht» mit den hinuntergespülten Nährstoffen. Als junger Baum trieb die Kiefer zunächst eine Pfahlwurzel, die reiche Nahrung fand, als sie die Anreicherungsschicht erreichte. Später durchdrangen auch die zur Verankerung gegen den Winddruck vorgetriebenen Senkwurzeln die ausgewaschene Schicht, verzweigten sich dort nur wenig, entwickelten aber eine große Zahl kleiner Faserwurzeln, als sie die abgelagerten Mineralien erreichten. Inzwischen verlaufen wie bei der Eiche die meisten Nährwurzeln in den oberen 30 Zentimetern (siehe oben).

Sogenannte «feuchte Eichenwälder» haben einen «Gleyboden». Gley findet sich dort, wo das Erdreich schlecht entwässert, wenig Sauerstoff enthält und das Eisen nicht oxydieren kann. Häufig bewirkt eine undurchlässige Lehmschicht einen hohen Wasserspiegel. Der luftlose, wasserreiche Boden darunter ist als dunkelgrauer «Horizont» zu erkennen. Eiche, Esche und Haselnuß wachsen gut, aber wurzeln nur flach.

Ein typischer Kalkboden («Rendzina») besteht aus einer sehr flachen, fruchtbaren Oberbodenschicht mit guter Humuszersetzung und Entwässerung. Darunter ist reiner Kalkstein. Die Oberfläche kann selbst wenige Zentimeter über reinem Kalzium (infolge Auswaschens) sauer sein. Buche und Esche sind typische Rendzina-Bäume; die meisten Nadelbäume gedeihen schlecht.

und wachsenden Wurzeln beteiligen sich aktiv an der Versorgung des Baumes. In ihrer aktiven Zone, unmittelbar hinter der Spitze, sind Wurzel, Wurzelhaare und Erdreich innig miteinander verbunden.

Die Wurzelspitze sondert nicht nur laufend Zellen als Gleitsubstanz ab, sondern auch Säuren (vor allem Kohlensäure) als Lösungsmittel für die von ihnen gebrauchten Mineralstoffe. Wurzeln beuten den Boden ebensosehr chemisch wie physikalisch aus: Ist kein freies Wasser mehr im Erdreich vorhanden, können sie sogar chemisch gebundenes Wasser freimachen.

Die Wurzeln aller Bäume haben Verbündete unter den Pilzen: die sogenannten Mykorrhiza-Pilze, mit denen sie in enger Symbiose leben. Die Wurzeln versorgen die Pilze mit Kohlenhydraten; die Pilze liefern ihnen bestimmte Mineralsalze, die die Baumwurzeln nicht selber aufnehmen können. Viele Bäume vertragen alkalischen Boden nicht, weil er diese wichtigen Partner abtötet.

Oben: Der Nadelwaldboden ist die Heimat der roten **Waldameise;** in ihren aus Nadeln gebauten Haufen können bis zu 100 000 Tiere leben. Die **Schwarzschnecke** stirbt bei Frost, ihre Eier aber überleben.

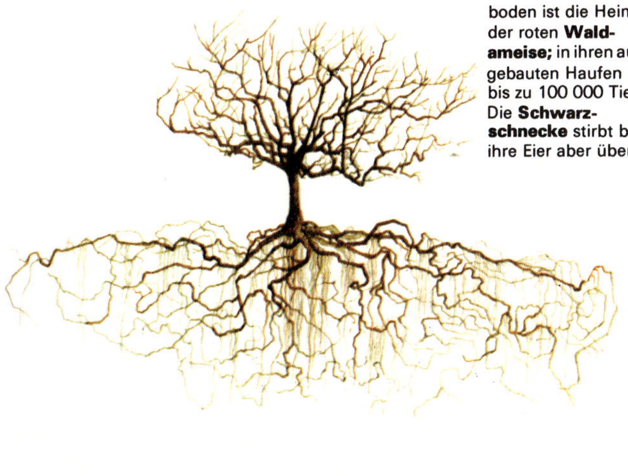

Links: Das Wurzelwerk eines Baumes kann sich viel weiter ausdehnen als seine Krone. Dieser 26jährige Apfelbaum wurde ausgegraben von der East Malling Research Station in Kent, die in der Wurzelsystem-Verkleinerung führend ist.

Die Azidität oder Alkalität eines Bodens wird als «pH-Wert» ausgedrückt. Seine Messung basiert auf der Konzentration freier Wasserstoffionen in Lösung: je höher die Konzentration, desto saurer der Boden. In einer neutralen Lösung beträgt die Wasserstoffionen-Konzentration 1:10 Millionen oder 10^{-7} (zehn hoch minus sieben). Die Zahl sieben ist der pH-Wert. Eine niedrigere pH-Zahl bedeutet somit eine stärkere Konzentration von sauren Ionen.

Die Benennung der Bäume

Wenn wir von einer Art sprechen, meinen wir eine Gruppe ähnlicher Pflanzen, die sich untereinander fortpflanzen und gleichartigen Nachwuchs erzeugen.

Unter einer Gattung verstehen wir eine Gruppe von Arten, die im Detail voneinander abweichen, sich normalerweise nicht kreuzen, aber meist recht augenfällige gemeinsame Merkmale haben. Die ersten europäischen Siedler, die nach Neuengland kamen, erkannten die Eichen als Eichen, obwohl die ihnen aus der Heimat bekannten Arten dort nicht vertreten waren. Seit alten Zeiten hat man die Lebewesen instinktiv in dieser Weise eingeteilt.

Bei gründlicher Erforschung der Natur wurde aber erkannt (zuerst von Aristoteles), daß es größere Gruppierungen und engere Verwandtschaften gibt. Es ist nicht schwierig, irgendein Klassifizierungssystem zu entwickeln. Man könnte beispielsweise Listen von Bäumen mit gelben Blüten oder Schälborke aufstellen und hätte schon eine Art System. Aber es würde überhaupt nichts beweisen, denn es beruhte auf einem willkürlich gewählten Merkmal. Nichts ließe sich daraus ableiten. Aristoteles glaubte an eine natürliche Ordnung der Verwandtschaften, in der alles seinen festen Platz habe. Allerdings fehlte ihm noch der Schlüssel dazu.

Selbst Linnè, der als der Vater der modernen Taxomonie (der Wissenschaft von der Klassifikation der Lebewesen) gilt, blieb diese «natürliche Ordnung» noch verborgen. Er ordnete die Pflanzen nach ihren Geschlechtsmerkmalen, der Zahl ihrer Staubblätter, Fruchtknoten usw. Intuitiv wählte er damit den richtigen Weg, auch wenn er sein System für künstlich hielt und meinte, es werde verworfen werden, sobald der Schlüssel gefunden sei.

Anhand der von ihm erkannten Ähnlichkeiten und Unterschiede der Geschlechtsmerkmale stellte er sein «Fragment eines natürlichen Systems» auf. Soweit er es fertigstellte, ist es heute noch brauchbar. Andere Taxonomen bauten es weiter aus, und Mitte des vergangenen Jahrhunderts war die Mehrzahl der Blüten- oder Samenpflanzengattungen zu «Familien» geordnet.

Der Schlüssel, das Gattung mit Gattung, Familie mit Familie Verbindende, war aber immer noch nicht gefunden. Ihn fand erst Charles Darwin: Die Ähnlichkeiten der Pflanzen beruhen auf gemeinsamen Vorfahren.

Darwin sagte: «Jede wahre Klassifikation ist genealogisch... Gemeinsamkeit der der Abstammung ist das verborgene Bindeglied, nach dem die Naturforscher unbewußt gesucht haben...»

Seit Darwin marschierten Taxonomie und Phylogenie (die Wissenschaft von der Abstammung) Seite an Seite – ohne allerdings sehr viel weiterzukommen. Beweise für die Verwandtschaften in der Zeit vor 100 Millionen Jahren sind nicht leicht zu finden. Fossilienfunde können da kaum jemals helfen: vor allem, weil die taxonomisch wichtigen Blütenteile selten deutliche Abdrucke hinterlassen haben.

Man hat die Stammesgeschichte mit einem Baum verglichen. Nur die allerjüngsten Triebe sind sichtbar, aber durch Öffnungen in der Krone kann man erkennen, daß zwei oder drei dieser Triebe von einem Zweig oder zwei, drei Zweige von einem Ast ausgehen. Die Hauptmasse des Baumes, der Stamm und die Haupttäste, also die Frühstadien der Evolution, sind unsichtbar. Die Aufgabe der Taxonomie ist es, sie anhand des Sichtbaren, der heute lebenden Pflanzen, zu rekonstruieren.

Am meisten hilft dabei die Aufdeckung verwandtschaftlicher Merkmale in der Blütenstruktur. Blüten zeigen die Mutationsmöglichkeiten

Theophrastus (gest. 287 v. Chr.), ein Schüler des Aristoteles, war der erste, der Pflanzen in «holzige» und «krautige» einteilte.

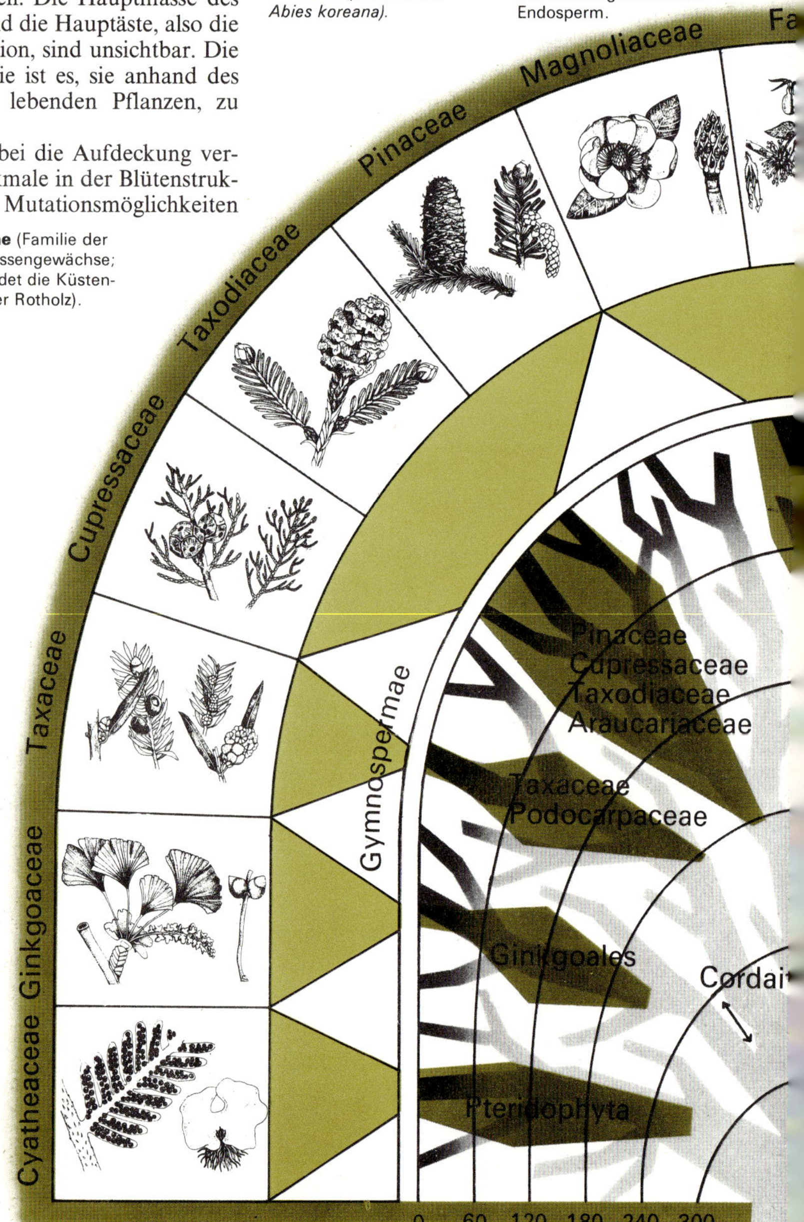

Pinaceae (Familie der Kieferngewächse): schmale Blätter in Spiralen, manchmal auch in Reihen oder Büscheln. Die Deckschuppen der Blütenzapfen sind oft noch am reifen Zapfen zu erkennen (wie hier bei *Abies koreana).*

Magnoliaceae (Familie der Magnoliengewächse): zweigeschlechtige oder zwittrige Blüten, deren Staubblätter und Blumenblätter sich unterhalb der hervorstehenden weiblichen Organe befinden; die weiblichen Organe entwickeln sich zu zapfenartigen Sammelfrüchten mit ölhaltigem Samennährgewebe oder Endosperm.

Taxodiaceae (Familie der Sumpfzypressengewächse; hier abgebildet die Küsten-Sequoie oder Rotholz).

Cupressaceae (Familie der Zypressengewächse): Die kleinen Zapfen sind zunächst fleischig und im reifen Zustand holzig oder wie bei den Wacholderarten beerenartige Samenstände. Die männlichen Blüten befinden sich an Zweigenden.

Taxaceae (Familie der Eibengewächse). Nach Blättern und Habitus typische Nadelbäume, aber von den eigentlichen Koniferen (=Zapfenträger durch ihre einzige, endständige Samenanlage und die eigenartigen «Beeren» deutlich verschieden.

Ginkgoaceae (Familie der Ginkgogewächse): älteste Gruppe der noch lebenden Bäume. Verwandte Formen bereits vor rund 300 Millionen Jahren nachweisbar und seit 100 Millionen Jahren unverändert. Die männlichen Blüten sind kätzchenförmig.

Cyatheaceae (Baumfarne). Vermehrung wie bei allen Farnen in zwei Phasen: Die Sporen an den Unterseiten der Blätter sind geschlechtlich nicht differenziert. Sie fallen ab und entwickeln sich zu kleinen, flachen Pflänzchen, den Prothallien, (rechts). Diese erzeugen männliche und weibliche Geschlechtszellen, aus denen eine neue, wiederum ungeschlechtliche Pflanze entsteht.

Die Stammesgeschichte der Bäume läßt sich graphisch nur andeutungsweise darstellen. Der symbolische Baum verzweigt sich hinter konzentrischen Kreisen, die jeweils 60 Millionen Jahren entsprechen. Die grünen Flächen zwischen seinen Ästen sollen die Entstehung der Pflanzenabteilungen andeuten; die breiteste Stelle kennzeichnet jeweils die Zeit ihrer größten Bedeutung. Beispielsweise entstand die Abteilung der Angiospermen oder Bedecktsamer vor 120 bis 60 Millionen Jahren. Am äußeren Rand werden Beispiele wichtiger aus den Abstammungsgruppen hervorgegangener Baumfamilien mit ihren Hauptmerkmalen vorgestellt und in den Legenden erläutert.

Charles de Lécluse (Clusius) (1526–1609) aus Flandern richtete den ersten echten Botanischen Garten (im Gegensatz zum Heilkräutergarten) im niederländischen Leyden ein.

Carl von Linné (Linnaeus) (1707–78), der große schwedische Naturforscher, gilt als Begründer der modernen Botanik. Er schuf das binäre System der Pflanzenbenennung, das jeder Pflanze eine lateinische Doppelbezeichnung aus Gattungsname und Artbezeichnung zuweist.

Fagaceae (Familie der Buchengewächse): männliche und weibliche Blüten getrennt, aber am selben Baum (einhäusig), die männlichen in Knäueln oder Kätzchen. Frucht von einem hohen holzigen Becher umgeben. Samen ohne Endosperm.

Salicaceae (Familie der Weidengewächse): einhäusige Bäume, männliche und weibliche Blüten kätzchenförmig.

Frucht eine Kapsel mit vielen behaarten Samen ohne Endosperm. Blätter wechselständig und einfach bis gelappt.

Rosaceae (Familie der Rosengewächse): Zwitterblüten mit 5zähliger Blütenhülle. Je nach Beteiligung des Blütenbodens und Zahl der Samenanlagen unterschiedliche Fruchtbildung (die hier abgebildete *Prunus* besitzt nur einen Samen). Kleine Nebenblätter.

und verraten, wie der genetische Würfel gefallen ist.

Die Korbblütler oder *Compositae* sind ein Beispiel dafür, zu welcher Vielfalt sich verwandte Pflanzen aufgrund ökologischer Anpassung entwickeln können. Zu ihnen zählen Bäume, Sträucher, Kletterpflanzen, Kräuter und sogar Sukkulenten – in jedem Klima, auf jedem Boden und mit den verschiedensten Bestäubungs- und Samenverbreitungssystemen. Aber ein einheitlicher Blütenbauplan ist das eindeutige Verwandtschaftsmerkmal aller Korbblütler: Von wenigen Ausnahmen abgesehen sind die Blüten 5zählig und stehen fast immer in Köpfchen, die von einem Hüllkelch umgeben sind.

Andererseits darf man aber nicht ausschließlich nach Blüten klassifizieren. So ließen sich die Ahorne wegen ihrer unterschiedlichen Blüten in eine Reihe von Gattungen aufteilen.

Die Art ist die Grundkategorie der Pflanzen, aber nicht die kleinste Einheit. Innerhalb einer Art kann es mehrere Unterarten, Varietäten oder Lokalformen geben, die aus einem ökologischen Grund (z.B. extremer Lichteinstrahlung) abgewandelt sind. Es ist eine botanische Ermessensfrage zu entscheiden, was eine Art und was eine Varietät ist.

Der Brauch wurde jedoch von einer internationalen Nomenklaturregel zementiert, der zufolge der erste, der anhand eines Exemplars eine genaue Beschreibung einer Art gab und diese in gedruckter Form benannte (selbstverständlich lateinisch), recht hat. Um Irrtümer zu vermeiden, wird dem vollen Pflanzennamen in botanischen Werken (in diesem aber nicht) der «Autorenname» in abgekürzter Form (z.B. L. für Linné hinzugefügt. Etwa eine Viertelmillion Samenpflanzen tragen heute solche Namen.

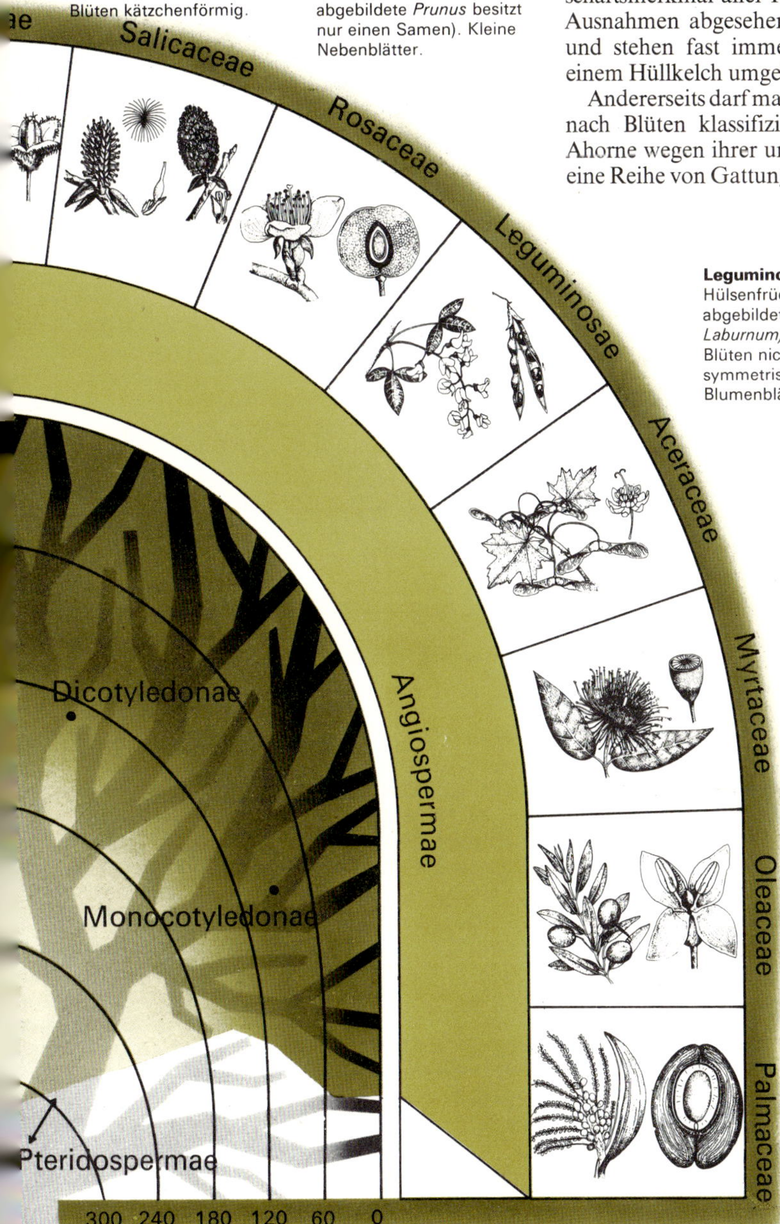

Leguminosae (Familie der Hülsenfrüchtler; abgebildeter Vertreter: *Laburnum*): die meisten Blüten nicht radiärsymmetrisch, mit fünf Blumenblättern.

Aceraceae (Familie der Ahorngewächse): Blätter gegenständig und zweiteilige Frucht mit einseitig geflügelten Teilfrüchten. Blüten mit fünf Blumenblättern, fünf Kelchblättern, aber acht Staubblättern.

Myrtaceae (Familie der Myrtengewächse; abgebildeter Vertreter: *Eucalyptus*): Zwittrige Blüten mit zahlreichen, oft auffallend gefärbten Staubblättern. Früchte kapsel-, beeren- oder steinfruchtartig.

Oleaceae (Familie der Ölbaumgewächse): gegenständige Blätter und zweigeschlechtliche (zwittrige) Blüten, meist mit vier Blumen- und zwei Staubblättern.

Palmaceae (Palmpflanzen; abgebildeter Vertreter: Kokospalme): Fast ausnahmslos unverzweigte Stämme von gleichmäßiger Dicke, mit meist endständigem Schopf wedelförmiger Blätter mit geteilter Blattspreite. Blüten klein, meist eingeschlechtlich.

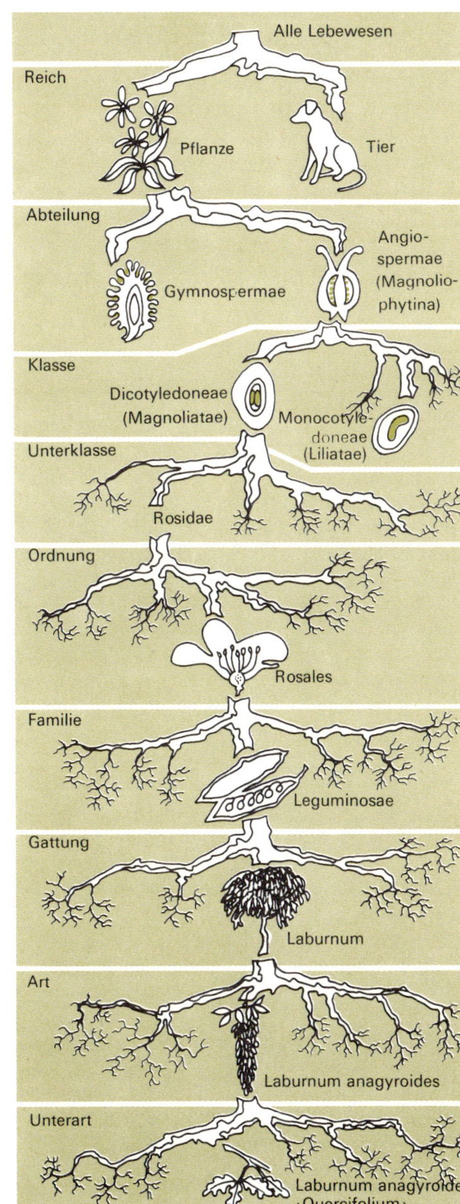

Rechts: Die Klassifizierung einer Gartenpflanze beginnt (unten rechts) mit der kleinsten Rangstufe: der Unterart (bzw. Kultursorte oder Varietät). Die aufsteigenden systematischen Einheiten umfassen immer größere Gruppierungen. *Laburnum* ist eine Gattung der Hülsenfrüchtlerfamilie der Ordnung *Rosales* oder Unterklasse *Rosidae* der Klasse *Dicotyledoneae* der Abteilung *Angiospermae* des Pflanzenreichs.

Die Bäume und das Wetter

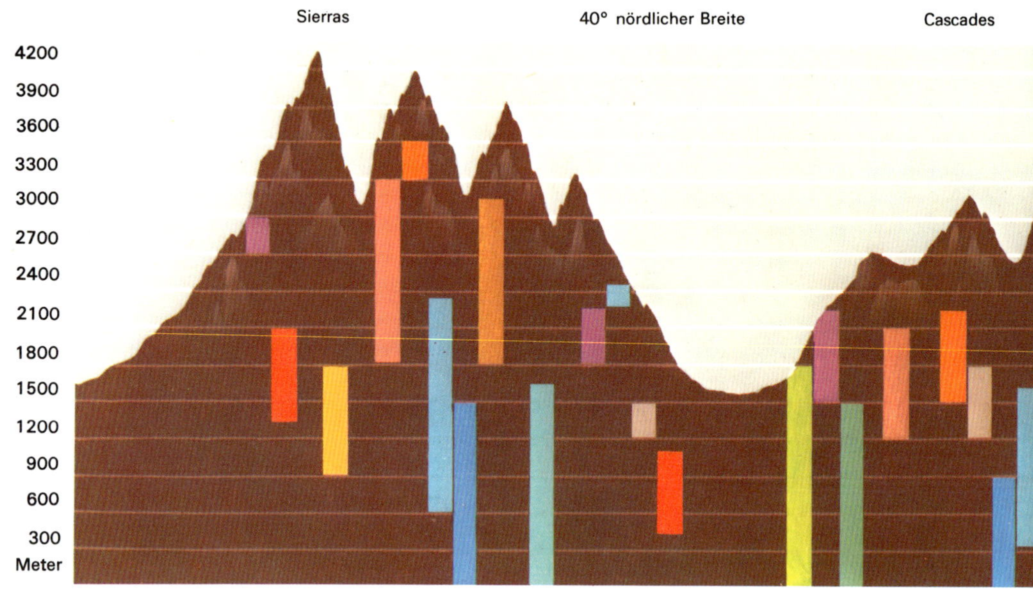

Welcher Baum wo wächst, bestimmt vor allem das Klima; in geologischer Zeit haben seine stärksten Veränderungen die Evolution der Baumarten regiert. Klimaänderungen in verhältnismäßig junger Zeit haben die heutige natürliche Verteilung dieser Arten über die Erdkugel verursacht.

Die Vorfahren aller unserer Bäume waren tropische Pflanzen. In den Tropen sind die jahreszeitlichen Temperaturunterschiede nicht sehr ausgeprägt: Wbrin sich die Jahreszeiten dort am meisten unterscheiden, ist die Niederschlagsmenge. Die Mehrzahl der Tropenpflanzen ist immergrün und kann entweder dauernd wachsen oder in Schüben, wenn immer es feucht genug ist, ohne daß Kälteschäden zu befürchten wären.

Den in den gemäßigten Zonen mit ihren harten Wintern lebenden Bäumen ist diese Anpassung gelungen, weil sie lernten, mit den Jahreszeiten zu leben. An ihren Standorten sind die Bäume der gemäßigten Zonen genau an die Wetterbedingungen angepaßt, denen ihre Eltern und Großeltern ausgesetzt waren. Einen solchen Baum nennen wir «winterhart», weil er gelernt hat, im richtigen Augenblick das Richtige zu tun und seine empfindlichen Wachstumsphasen nicht in eine Zeit zu legen, in der das Wetter gefährlich werden kann.

Er hat eine Uhr entwickelt, die ihm aufgrund früherer Erfahrungen sagt, wann es im Frühjahr sicher ist, den Anfang zu machen, und wann es Zeit ist, die Hörner für den Winter einzuziehen. Wie Bäume sich ihre Klimastufe (buchstäblich) suchen, zeigt am anschaulichsten eine nordsüdlich verlaufende Gebirgskette (Graphik oben). Bei allen Bäumen nimmt die Verbreitungshöhe von Süden nach Norden ab. In den Sierras finden sie noch in beträchtlicher Höhe ökologische Nischen. In den Cascades (und noch weiter nördlich) können sie die gleichen klimatischen Grundbedingungen wie Dauer der Schneedecke und Zahl der Tage mit Temperaturen über + 5° Celsius, an denen sie wachsen und Holz bilden können, jedoch fast nur noch in Meereshöhe finden.

Sobald man einen Baum (oder seine Samen) aus seiner angestammten Klimazone entfernt, ist er gefährdet. Es mag einem seltsam vorkommen, daß eine Lärche aus Sibirien alles andere als beglückt darüber wäre, wenn man sie in ein mildes Klima verpflanzte. Man könnte meinen, sie würde in der längeren Wuchsperiode prächtig gedeihen und trotzdem völlig «winterfest» bleiben. Tatsächlich aber geschieht dies: Höhere Temperaturen als gewohnt locken sie im Frühjahr zu früh aus ihrer sicheren Winterruhe. Sie fängt an zu wachsen und wird von Spätfrösten überrascht. Dies wiederholt sich ein paarmal, und sie stirbt ab.

Umgekehrt geht es einem Baum, den man von Süden nach Norden verpflanzt. Im Frühling ist er verhältnismäßig sicher: Er wartet das wärmere Wetter ab. Aber im Sommer wächst er zu lange weiter, und sein junges Holz ist noch weich und grün, wenn die ersten Herbstfröste kommen. Fehlende Winterhärte ist dasselbe wie Programmierung für ein falsches Klima.

Oben: Schnee kann ein wichtiger Überlebensschutz für Bäume sein, besonders für wintergrune in trockenen Gebirgszonen und starker Kälte. Hier sind Tannen in den Bergen der japanischen Nordinsel Hokkaido vollständig in Schnee eingehüllt.

Rechts: Ein typischer Spätfrost läßt diese Erlenblätter nur schlaff werden, weniger winterfeste Bäume können junge Blätter verlieren.

Noch erstaunlicher wohl sind die Schwierigkeiten der Bäume, die man von der Westküste in den Osten Nordamerikas oder von dort nach Europa bringt. Der Unterschied zwischen kontinentalem und ozeanischem Klima kann den Rhythmus noch mehr stören als eine einfache Nord-Süd-Verpflanzung.

Das extremste Beispiel aber ist ein Kaltklimabaum, den man in die Subtropen verpflanzt. Hier kann es passieren, daß sich seine Knospen überhaupt nicht öffnen. Denn sein Programm sieht vor, daß eine Kälteperiode (der Winter) seine Ruhezeit abschließt.

Im Forstwesen ist deshalb die Frage der Provenienz (d.h. der genauen Herkunft des Samens) von außerordentlicher Bedeutung. Forstleute sind bestrebt, die Wachstumsperiode ihrer Bäume möglichst zu verlängern, ohne sie aber der Gefahr von Frostschäden auszusetzen. Ihr Spielraum ist nicht sehr groß, doch wenn sie die Wuchsperiode nur um eine Woche verlängern, indem sie Samen aus einem 150 km weiter südlich gelegenen Gebiet verwenden, ohne daß die Bäume Schaden nehmen, können sie, sagen wir, in zwanzig Jahren einen zusätzlichen Jahreswuchs oder 5 Prozent Mehrzuwachs erzielen. In der Praxis werden allerdings noch weit bessere Ergebnisse erzielt.

Für Winterschäden sind Bäume aus anderen Zonen dagegen nicht so anfällig wie für Spät- und Frühfrostschäden. Viele, wenn nicht die meisten Bäume der gemäßigten Zonen vertragen es, wäh-

Vorherrschender Wind kann Bäume deformieren, weil er sie daran hindert, an der Windseite zu treiben. Neue Sprosse können nur im Schutz alter Sprosse wachsen; der Baum neigt sich zur Leeseite hin.

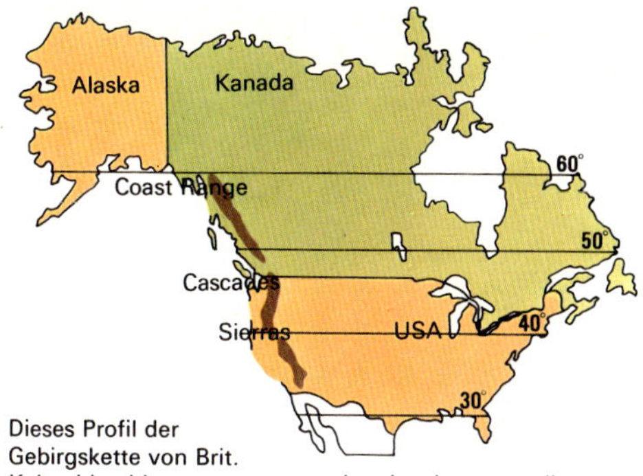

Dieses Profil der Gebirgskette von Brit. Kolumbien bis Südkalifornien (siehe Karte oben) zeigt die Höhen, in denen bestimmte Baumarten jeweils vorkommen. Im Süden (links) wächst die Westamerikanische Weymouths-Kiefer in 3000 m, im Norden (rechts) muß sie auf 500 m herabsteigen, um die gleichen Bedingungen zu finden – die sich vor allem in der Länge der Vegetationsperiode (oberhalb + 5° C) ausdrücken. Ausnahmen kommen dort vor, wo sich der Konkurrenzdruck anderer Arten aus lokalen Gründen verstärkt.

- Westamerikanische Gebirgstanne
- Großblättriger Ahorn
- Kalifornische Balsampappel
- Douglasie
- Engelmannfichte
- Große Küstentanne
- Berg-Hemlock
- Goldkiefer
- Zuckerkiefer
- Westamerikanischer Wacholder
- Riesenthuja
- Westamerikanische Weymouths-Kiefer

rend der Vegetationsruhe steinhart zu gefrieren (allerdings nur, wenn dies nicht plötzlich geschieht). Was ihnen viel häufiger schadet und sie oft eingehen läßt, ist die Wintertrockenheit.

Solange im Winter der Boden gefroren ist, bekommen die Wurzeln kein Wasser. Aber Stürme und häufig geringe Luftfeuchtigkeit bewirken, daß aus Ästen und Zweigen weiterhin Wasser verdunstet. Der Baum beginnt auszutrocknen. Bei den wintergrünen Bäumen zeigt sich dies schon nach einem normalen Winter an der Braunfärbung der Blätter. Eine längere Periode starken Frostes mit klarem Himmel und starken Winden kann sich leicht verhängnisvoll auswirken.

Das Arnold Arboretum in Boston dürfte über die größten Erfahrungen in der wissenschaftlichen Prüfung von Bäumen der gemäßigten Zonen in harten Wintern verfügen. Man ist dort der Auffassung, daß sich von allen Daten am ehesten die Tiefsttemperaturen zur Kartierung von Winterhärtezonen eignen. Die Niederschlagsmenge ist wichtig, der Boden spielt eine Rolle, und das Mikroklima (siehe rechts) hat einen entscheidenden Einfluß. Aber auf breiter Front entscheiden die tiefsten regulären Wintertemperaturen darüber, ob ein Baum überlebt oder nicht.

Auf den Seiten 30 und 31 ist der von Dr. Alfred Rehder vom Arnold Arboretum für Nordamerika entwickelten Karte der Winterhärtezonen eine nach den gleichen Prinzipien (zum erstenmal) für Europa gezeichnete Karte gegenübergestellt. Die Karten auf den Seiten 250 und 251 zeigen die natürlichen Waldvegetationen dieser beiden Regionen und lassen die Auswirkungen der Minimaltemperaturen auf die Selektion der wildwachsenden Arten erkennen.

Örtlicher Frost: Ursache und Wirkung
Oben: Isolieren Wolken oder ein Kronendach die Warmluftschicht über dem Boden gegen den freien Himmel, kann die Wärme (rot) nicht entweichen: keine Frostgefahr. In einer wolkenlosen Nacht gibt der Boden so lange Wärme ab, bis (oben rechts) die Bodentemperatur unter die Lufttemperatur absinkt. Dann entzieht der Boden (gelber Pfeil) der bodennahen Luft Wärme, was «Strahlungsfrost» verursacht.

Unten links: Die in Bodenhöhe entstandene dünne Kaltluftschicht fließt bergab und sammelt sich wie Wasser in Vertiefungen und Tälern, die somit zu «Frostlöchern» werden.

Unten rechts: Das Haus und der Garten sind frostgeschützt. Die oberhalb stehende Baumreihe hält die Kaltluft auf, und der Hang unterhalb des Grundstücks läßt sie abfließen. Die Talsohle aber ist ungeschützt: Vom Abhang im Bildvordergrund fließt Kaltluft in sie hinein.

Der Vormarsch des Frühlings

Unaufhaltsam nach Norden rollt im Frühjahr die Woge, die Knospen aufbricht, Bäume mit goldgelben Kätzchen oder weißen Blüten überschüttet und sie in das zarte Grün junger Blätter hüllt. Schon in der toten Zeit des Jahres wagen sich hier und da Knospen, frühe Weidenkätzchen und exzentrische Sträucher mit Winterblüten hervor. Aber erst wenn die letzten Fröste vorüber sind, verwandelt die Frühlingswoge die Wälder. In Florida und Neapel geschieht dies schon in der ersten Märzwoche, in Neuengland erst etwa acht Wochen später.

Der Temperaturanstieg ist der Hauptauslöser, der Blätter und Blüten aus ihren schützenden Knospen hervorlockt. In flacher und offener Landschaft wandert der Frühling mit vorhersagbarer Geschwindigkeit nach Norden. Auf dem gleichen Breitengrad können örtliche Faktoren aber große zeitliche Abweichungen verursachen. So hat die Breite in Europa und im Osten der USA wenig Einfluß auf den Zeitpunkt des Frühlingsbeginns.

Entscheidender ist die Höhe. Je 100 Meter sinkt die Temperatur im Mittel um 0,5 bis 0,7° C. Welche Auswirkungen dies auf den Baumwuchs hat, hängt zwar noch von anderen Umweltbedingungen ab, doch hat man festgestellt, daß ein um 100 Meter höherer Standort die Gesamtvegetationsperiode im Osten der USA um durchschnittlich fünf, in den Alpen um sechs und in Schottland um zwölf Tage verkürzt.

Städte haben die umgekehrte Wirkung. Ihre Wärme und der Schutz, den sie bieten, können den Frühlingseinzug beträchtlich vordatieren. In London blühen die Birnbäume drei Wochen früher als in einem nur 80 Kilometer entfernten Garten auf dem Lande. Schon eine schützende Hauswand kann einen Baum ein, zwei Wochen vor seinem ungeschützt und freistehenden Nachbarn blühen lassen.

Ein weiterer entscheidender Faktor ist die Tageslänge. Wie ungewöhnlich das Winterende oder wie miserabel kalt der Frühling sein mag, der Rhythmus der Bäume wird von der Licht- und Dunkelperiode regiert.

In den Tropen variieren die Tageslängen ebensowenig wie die Jahreszeiten: Tag und Nacht sind fast immer gleich lang, und die Bäume können zu beliebiger Zeit des Jahres wachsen. In Oslo aber gibt es im Januar nur sieben Stunden Tageslicht, im Juni dagegen 17. In der Zeit der März-Tagundnachtgleiche überholt der Norden den Süden in der Tageslichtzeit. Die längeren Tage sind dann für seine Pflanzen ein Ausgleich für die kürzere Vegetationszeit.

Die Tabellen auf diesen Seiten zeigen die Tageslichtdauer europäischer und amerikanischer Städte unterschiedlicher Breite in der Zeit von Januar bis Juni sowie den Zeitpunkt der Blüte und des Blattaustriebes von neuen Baumarten. Die Daten sind Mittelwerte aus zwanzig Jahren.

Die Wechselwirkung von Temperatur, Tageslänge und örtlichen Faktoren führt zu überraschenden Ergebnissen. So wartet eine in London Mitte März blühende Magnolie im schweizerischen Freiburg bis Mitte Mai, obwohl sie fünf Breitengrade südlicher steht; der Grund ist die Lage der Stadt auf den nördlichen Alpenausläufern. Die gleiche Magnolie blüht sowohl in Seattle als auch im acht Breitengrade südlicheren Washington D.C. Ende März – doch ist es hier das Kontinentalklima des Ostens, das sie zurückhält. Es ist interessant, diese Tabellen mit den Karten der Winterhärtezonen auf den folgenden Seiten zu vergleichen und Spekulationen über die jeweils ausschlaggebenden Einflüsse anzustellen.

Jahreszeitliche Schwankungen – das Phänomen des «frühen» oder «späten» Frühlings – sind

Nördl. Breite	Anfang	Mitte	Ende	Tageslänge
47°N				15h 53m
42°N				15h 14m
39°N				14h 55m
37°N				14h 42m
30°N				14h 5m

Mai

Nördl. Breite	Anfang	Mitte	Ende	Tageslänge
47°N				15h 4m
42°N				14h 34m
39°N				14h 16m
37°N				14h 11m
30°N				13h 39m

April

Nördl. Breite	Anfang	Mitte	Ende	Tageslänge
47°N				13h 32m
42°N				13h 17m
39°N				13h 6m
37°N				13h 5m
30°N				12h 51m

März

Nördl. Breite	Anfang	Mitte	Ende	Tageslänge
47°N				11h 53m
42°N				11h 55m
39°N				11h 55m
37°N				11h 56m
30°N				11h 58m

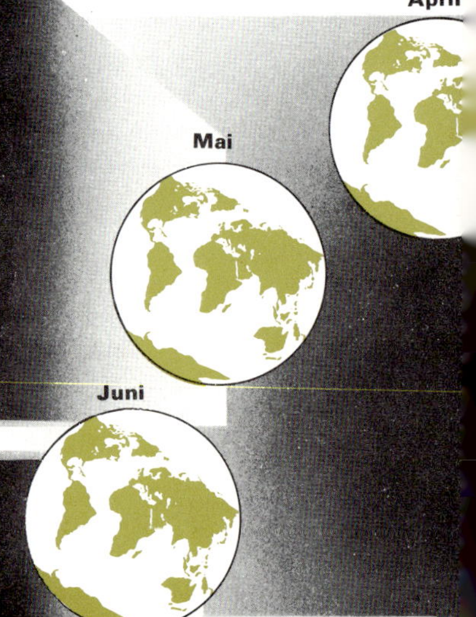

Februar

	Nördl. Breite	Anfang	Mitte	Ende	Tageslänge
Seattle	47°N				10h 21m
Cambridge	42°N				10h 36m
Washington D.C.	39°N				10h 47m
San Francisco	37°N				10h 53m
Baton Rouge	30°N				11h 10m

Januar

Nördl. Breite	Anfang	Mitte	Ende	Tageslänge
47°N				8h 53m
42°N				9h 25m
39°N				9h 42m
37°N				9h 52m
30°N				10h 25m

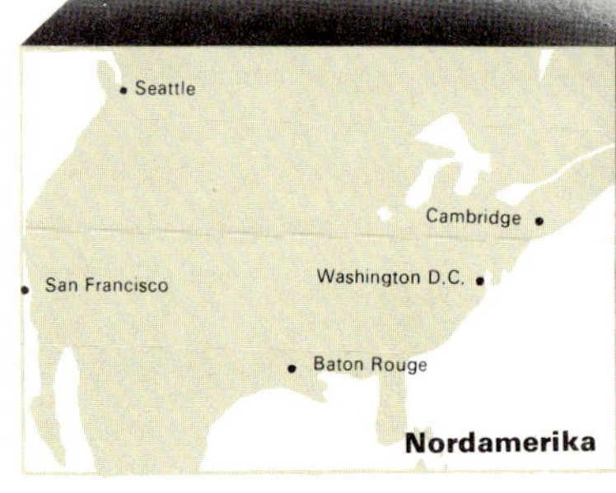

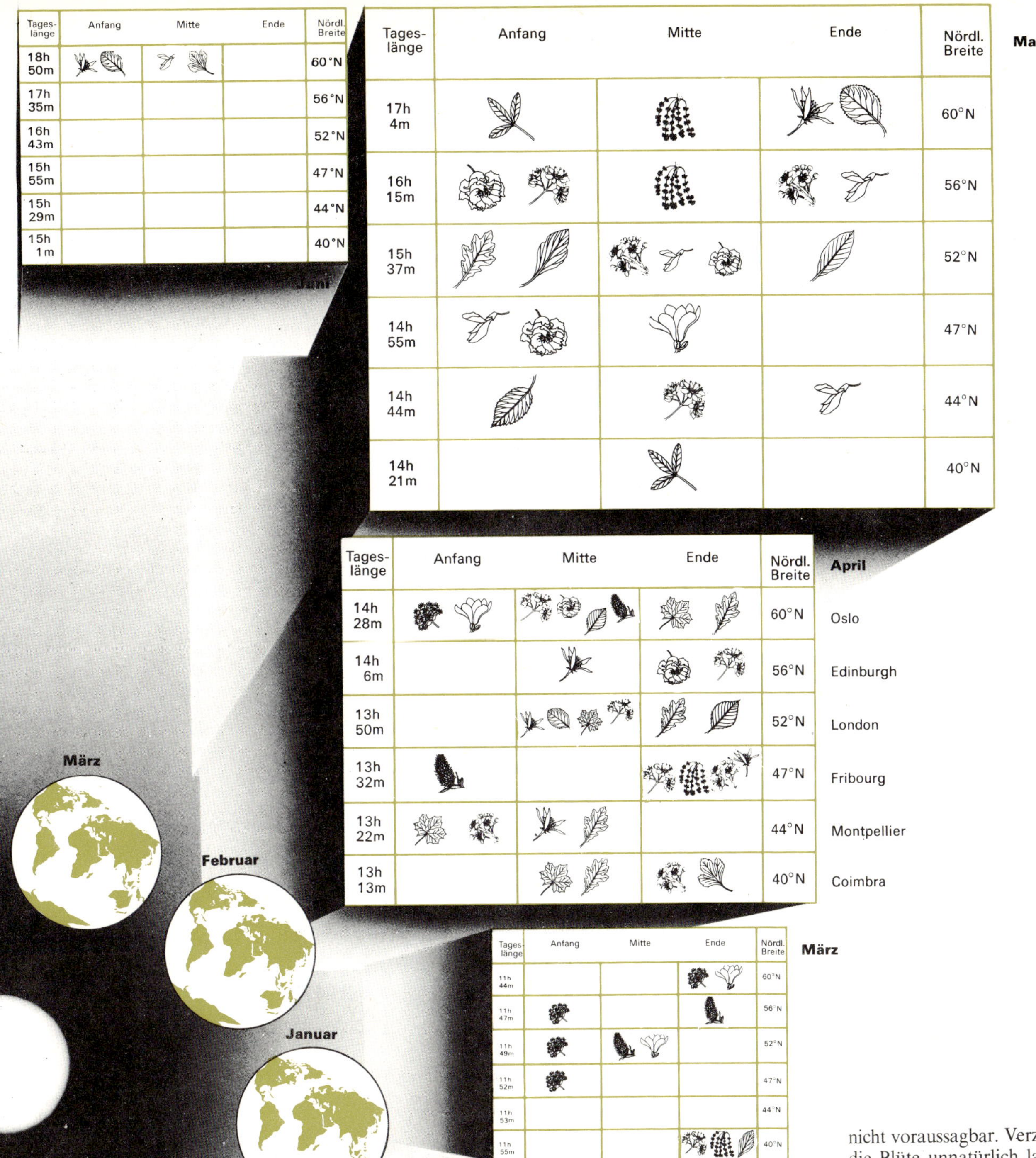

nicht voraussagbar. Verzögert eine Kälteperiode die Blüte unnatürlich lange, so kann dies dazu führen, daß normalerweise nacheinander blühende Bäume gleichzeitig blühen.

Was sich in den meisten Jahren aber voraussagen läßt, ist die Reihenfolge der Blüte und Belaubung. Dies ist die wichtigste Information für jeden, der Bäume pflanzt. Denn sie erlaubt ihm, seine Bäume so zu wählen, daß sie entweder alle gleichzeitig ihren Schmuck anlegen oder monatelang jeweils einer von ihnen in Blüte steht. Auch kann er sie zu Gruppen komplementärer Farben und Formen arrangieren, was Ziel eines jeden Gärtners sein sollte, der über Platz und Möglichkeiten verfügt. Der Jahresrhythmus der besonderen Merkmale (Blüte, Belaubung und Früchte) von 100 Arten ist auf den Seiten 252 und 253 angegeben.

Winterhärtezonen in Europa und Nordamerika

Ob ein Baum in einem bestimmten Gebiet leben und wachsen kann, wenn er geeigneten Boden und genug Feuchtigkeit bekommt, hängt von den niedrigsten Temperaturen ab, denen er dort ausgesetzt sein wird (vgl. S. 26–27). Die Karte unten zeigt die vom Arnold Arboretum auf der Basis der durchschnittlichen Jahrestiefsttemperaturen ermittelten Winterhärtezonen Nordamerikas – nach denen sich Gartenbau und Forstwirtschaft schon lange richten. Auf der Seite gegenüber eine nach denselben Prinzipien gezeichnete Karte Europas.

Was sagen diese Karten aus? Ein Vermerk «Zone 9» im Text dieses Buches (und in den Kulturanweisungen im allgemeinen Register) kennzeichnet einen Baum, der in den Temperaturzonen 9 oder südlich davon, aber nur unter außergewöhnlichen Umständen in den nördlich angrenzenden Zonen, auf unseren Karten die Zonen 8, leben kann. Selbstverständlich gibt es bei einer so pauschalen Einstufung viele Ausnahmen: In Höhenlagen kann das Temperaturniveau örtlich sinken, während große Seen die entgegengesetzte Wirkung haben.

Die Karte Nordamerikas zeigt den beherrschenden Einfluß der großen Land- (und Eis-) Masse im Norden. Nur die Gebirge (und in gewissem Maße auch der warme Golf von Mexiko) korrigieren dieses Kontinentalklima. Im übrigen steigen die Tiefsttemperaturen in konzentrischen Zonen von Norden bis zu den subtropischen Randgebieten Südkaliforniens und Floridas an.

Die Niederschlagskarte (oben auf der Seite rechts) zeigt, daß die meisten großen Ballungsgebiete Nordamerikas in Zonen liegen, deren durchschnittliche Niederschlagsmengen für die meisten Bäume ausreichen (jährlich über 75 cm) – allerdings bedeutet dies nicht, daß man die Bäume in trockenen Perioden nicht zu wässern brauchte. Aus den Jahresmengen geht beispielsweise nicht hervor, daß es in Kalifornien vor allem im Winter regnet und das Wässern im Sommer

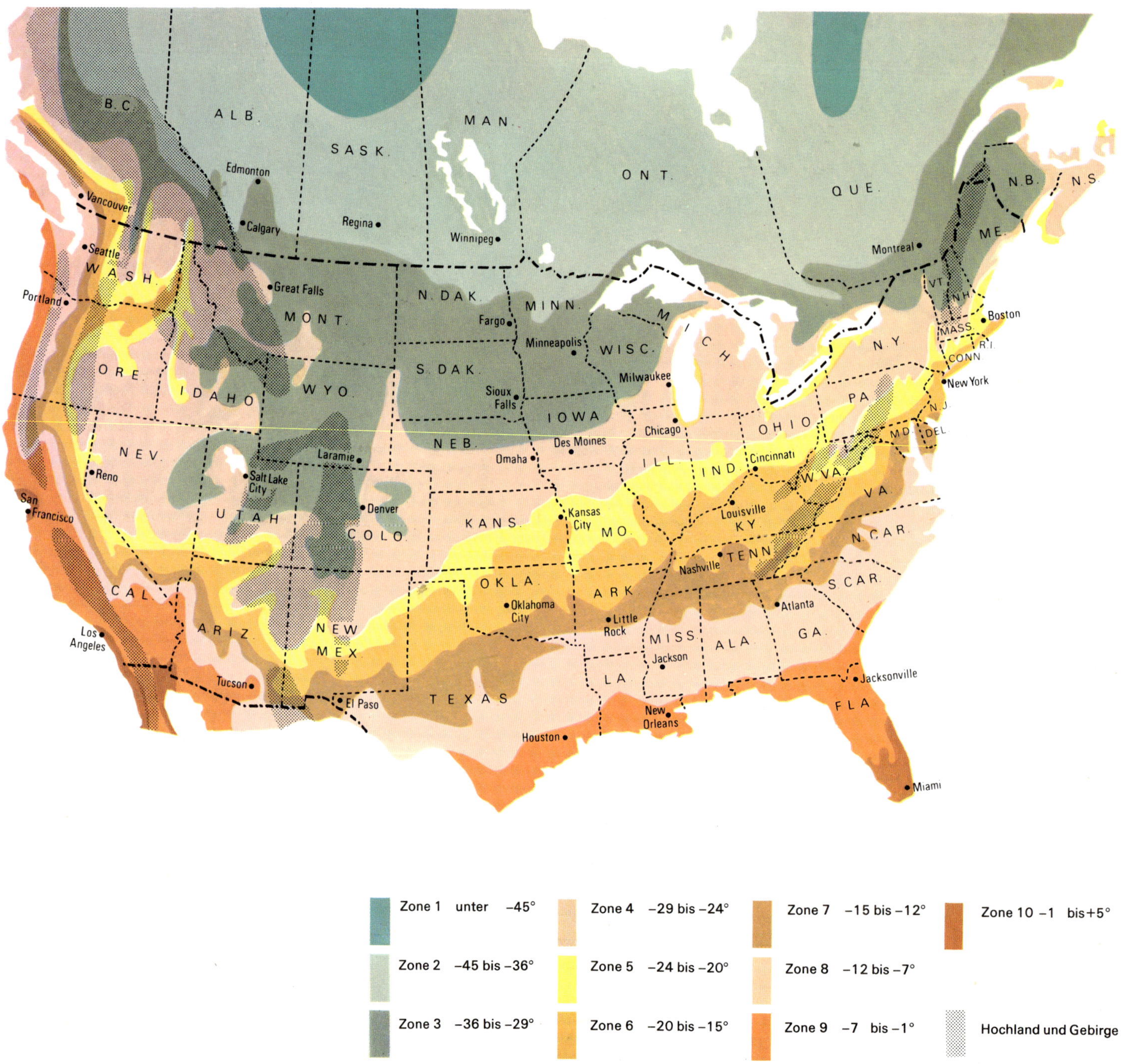

dort sehr nötig ist. In den meisten Teilen der USA fällt mehr Regen in der Zeit von Mai bis Oktober als von November bis April.

Europa steht vor allem unter dem Einfluß des Atlantiks, der kalten Landmassen Asiens und der Warmluftmasse über der Sahara. Der Golfstrom übt einen so mildernden Einfluß aus, daß die Winterhärtezonen auf den Britischen Inseln und in den meisten Gebieten Nordeuropas, von den Gebirgen abgesehen, nicht nordsüdlich, sondern von Westen nach Osten gestaffelt sind. In Südspanien, wo die Einflüsse des Atlantischen Ozeans und der Sahara aufeinandertreffen, sind die Wintertemperaturen so hoch wie in Florida, das zehn Breitengrade oder fast 1200 Kilometer weiter südlich liegt.

Auch die Niederschlagsmengen sind von Westen nach Osten gestaffelt, doch sind die jährlichen Durchschnittsmengen wie in Amerika in den meisten besiedelten Gebieten ausreichend.

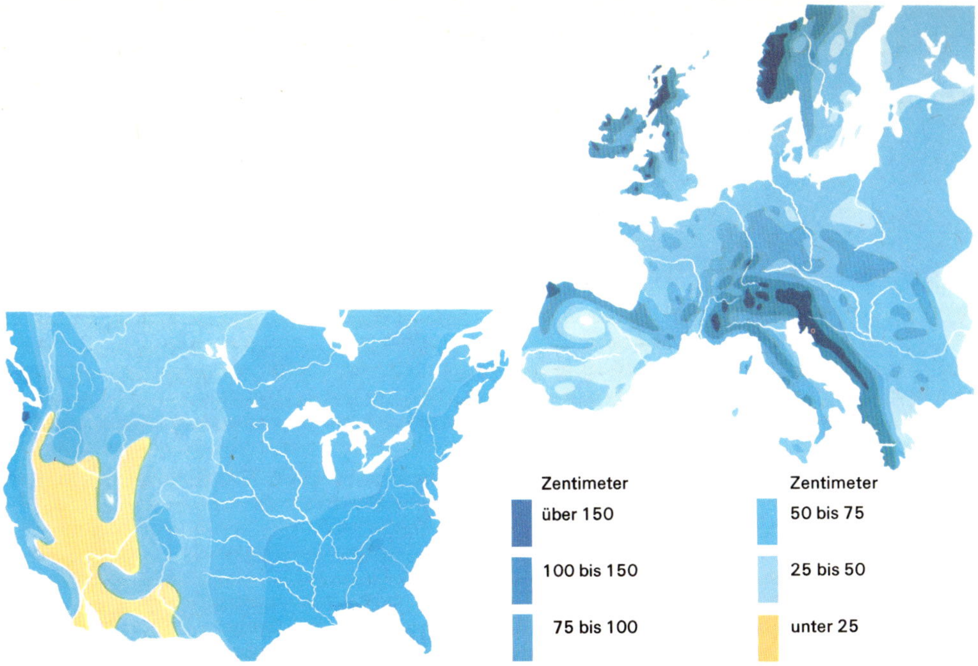

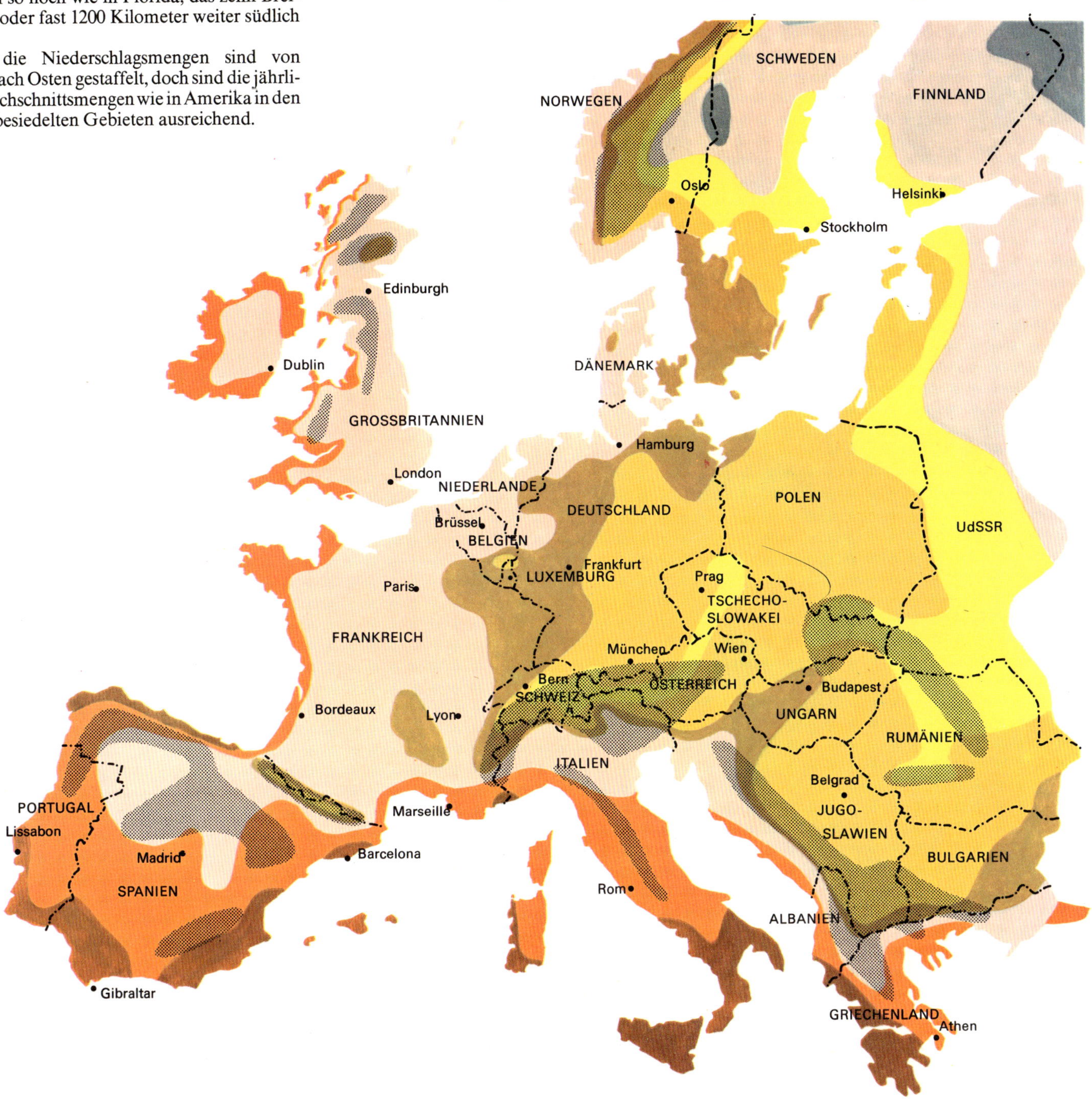

Bäume und Tiere

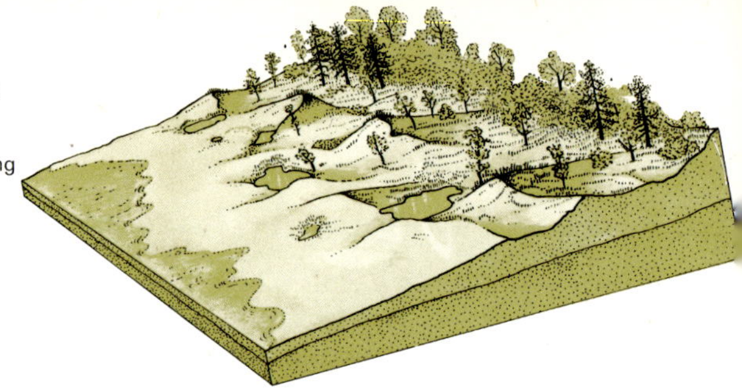

Ausschnitt aus der Dünenlandschaft des Michigansees, der das Zurückweichen des Wassers und die allmähliche Ausbreitung der Vegetation verdeutlicht.

Die Fauna einer Sanddüne ist dürftig, die eines Waldes aber reich, und zwar um so reicher, je mehr verschiedene Bäume in ihm wachsen.

An den Ufern des Michigansees kann man den Prozeß dieser Anreicherung verfolgen (beispielsweise im Nationalpark Indiana Dunes). Der See ist zurückgewichen und hat mit Sanddünen durchsetzte Teiche hinterlassen. Unter den Pflanzengesellschaften auf den Dünen findet man alle Entwicklungsstufen vom Sand zum Wald.

Die dem See nächstgelegenen Dünen haben nur eine karge Pflanzendecke aus Strandhafer und Beifuß. Nach einer gewissen Zeit binden sie mit ihren Wurzeln den Sand und reichern ihn mit ihren Rückständen an. Es entwickelt sich eine reiche Insektenfauna. Der See verlandet.

Auf den Dünen der zweiten Stufe gibt es schon genug Boden (Sand plus Humus von den Kräutern) für Büsche und Pionierbäume: Weide, Pappel, Sandkirsche und Wildpflaume. Die Insektenbevölkerung nimmt zu und zieht Vögel an. Eine üppige Vegetation überwuchert das Ufer. Bieber bringen Holz ins Wasser. In der vierten Stufe ist aus dem Teich Sumpfland geworden. Auf der Düne wachsen nun Kiefern und Wacholder, sogar ein paar junge Eichen. Die Wasserinsekten erreichen und überschreiten einen Höhepunkt und werden von Bienen, Fliegen, Ameisen und Käfern abgelöst. Eichhörnchen und Haselhühner siedeln sich an.

Im ehemaligen Teichbett baut sich Boden auf und wird chemisch verändert. Regenwürmer und Schnecken treten auf. Zunächst ist der Wald ziemlich licht; Eiche und Hickory sind die einzigen größeren Bäume, die aus einem dichten Gestrüpp aus Brombeere, Haselnuß, Judasbaum, Kirsche, Rosen und Heidelbeeren herausragen. Die zunehmende Artenvielfalt der Insekten zieht immer mehr Vogelarten an. Säugetiere siedeln sich an.

Die letzte Stufe des dichten Buchen- und Ahornwaldes kann Eiche und Hickory verdrängen, doch können beide Typen auch koexistieren.

Unten: Die Abbildungen zeigen die Entwicklung der Dünen vom unfruchtbaren Sandstrand zum Hochwald, die Tabelle das Anwachsen der verschiedenen Populationen.

Die Grasstufe Im Teich leben Barsche, auf den Dünen Gräser und Termiten.

Die Strauchstufe Die Gräser werden allmählich von Sträuchern und Pionierbäumen verdrängt. Am Teichrand wachsen Schilf und Binsen, und der Teich verlandet, wozu auch die Bieber beitragen. Pollensammelnde und holzbohrende Insekten ziehen Vögel an. Das amphibische Leben erreicht einen Höhepunkt; Am Ende dieser Entwicklungsstufe treten Reptilien auf.

Die Kiefernstufe Der Teich hat sich in Sumpf verwandelt, Wasserinsekten erreichen einen Höhepunkt. Es dominieren Koniferen: Bankskiefer und Wacholder auf den Dünen Lärche (Tamarak) im Marschland. Neue Insekten- und Fruchtarten locken weitere Vögel an. Als erstes Säugetier kommt das Eichhörnchen.

Die Eichen-Hickory-Stufe Eiche und Hickory beherrschen eine entwickelte Pflanzengesellschaft mit üppigem Unterholz. Das viele Licht läßt zahllose Pflanzenarten wachsen. Die Insekten-, Vogel-, Reptilien- (Schlangen) und Säugetierwelt wird reicher, Virginiahirsche treten auf.

Die Buchen-Ahorn-Stufe Mit der Zeit kann ein dichterer Buchen- und Ahornwald entstehen. Der Unterwuchs geht zurück, aber Flora und Fauna gedeihen in allen Formen weiter. Das Auftreten des Schwarzbären ist ein Zeichen für eine reichhaltige und hochentwickelte Fauna.

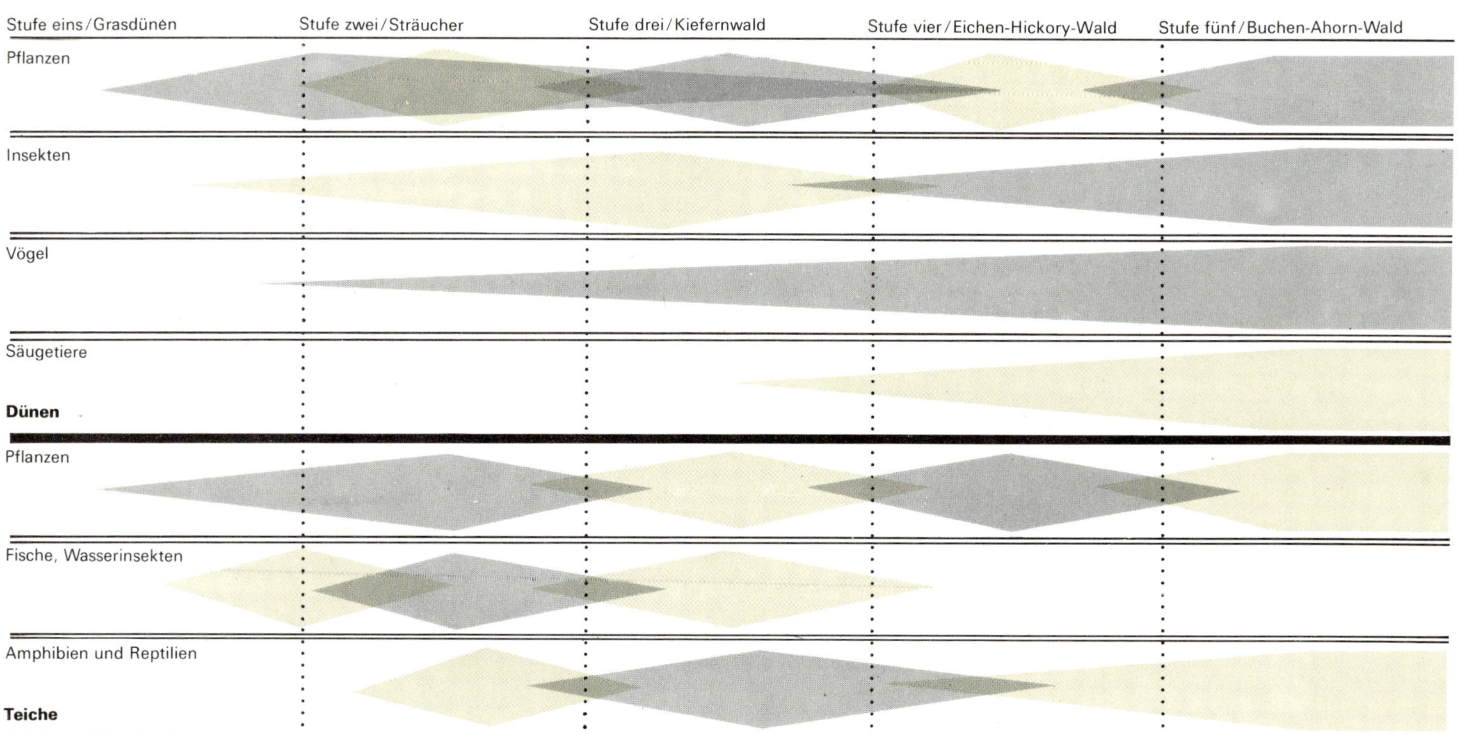

Welchen Tieren bietet eigentlich der Wald Schutz und Nahrung? Die folgende Doppelseite zeigt die größeren Bewohner des Schwarzwaldes, eines der ältesten und am ursprünglichsten erhaltenen Waldgebiete in Europa.

Der Fuchs wird leicht überall heimisch, selbst in Großstadtvororten. Im Wald übernimmt er gern einen alten Dachsbau. Er lebt vor allem von kleinen Nagetieren, die er im Sprung fängt, verschmäht aber weder Enten noch Hühner und frißt manchmal sogar Beeren. Da er vor allem ein Nachttier ist und seine scharfen Sinne ihn befähigen, dem Menschen auszuweichen, ist sein starker Geruch meist das einzige Anzeichen seiner Nähe.

Die Wildkatze, die am weitesten verbreitete europäische Raubkatze, ist heute nur noch in ungestörten Gebieten wie in einigen Bereichen des Schwarzwalds anzutreffen.
Wie der Fuchs ist sie ein Nachttier und lebt von kleinen Säugetieren und Vögeln. Am Tage hält sie sich meist in gut versteckten Erdhöhlen oder in hohlen Bäumen verborgen.

Der Baummarder ist ein seltenes Mitglied der Wieselfamilie. Er lebt in hohlen Bäumen, Eichhörnchenkobeln oder aufgegebenen Vogelnestern. Er jagt am Tage, fängt oft Eichhörnchen und Bilche in Baumwipfeln, frißt aber auch alles vom sehr jungen Rehkitz bis zum Hasen sowie Vogelbeeren und andere Früchte.

Der Iltis verbringt den Tag meist in seinem Bau und jagt bei Nacht: alles Getier bis zur Größe eines Kaninchens, auch Haushühner. Er ist ein schlechter Kletterer, aber guter Schwimmer. Wird er erschreckt oder angegriffen, sondert er eine fauligriechende Flüssigkeit ab.

Der Rothirsch ist der größte europäische Hirsch (1 bis 1,5 Meter Rückenhöhe, 1,5 bis 2 Meter lang). Gewöhnlich tritt er in nach Geschlechtern getrennten Rudeln auf, in der Fortpflanzungszeit jedoch in Gruppen, die aus einem männlichen und mehreren weiblichen Tieren bestehen. Alte Hirsche sind im allgemeinen Einzelgänger. Nur die Männchen (doch auch sie nicht immer) entwickeln ein Geweih. In der Brunstzeit signalisieren die Männchen ihre Anwesenheit durch «Röhren», meist in einem bestimmten Bezirk, aus dem sie alle herumliegenden Äste, Zweige usw. entfernt haben. Rothirsche fressen oft die unteren Zweige der Waldbäume kahl.

Das Wildschwein, die einzige wildlebende Schweineart Europas, ist heute selten geworden und nur noch in großen Waldgebieten wie dem Schwarzwald heimisch.
Die Sau baut ein «Nest» (einen runden Wall aus Zweigen und Erde), in dem die Jungen geboren und so lange gehalten werden, bis sie alt genug sind, die Mutter zu begleiten. Die Frischlinge sind zunächst gestreift, verlieren diese Tarnung aber im Herbst. Die ausgewachsenen Eber sind Einzelgänger, aber die Säue und Jungtiere bilden kleine Herden. Wie ihre Haustierverwandten wühlen sie gern im Boden und wälzen sich im Schlamm.

Das Eichhörnchen ist ein Baumbewohner, der meist als Haselnußfresser dargestellt wird, aber alle Arten von Nüssen, Beeren, Pilzen, Jungtrieben und Eiern frißt.
Die Tiere hamstern im Herbst Nahrung und halten sich im Winter meist in einem Kobel (großes kugelförmiges Nest aus Zweigen, mit Moos, feinen Gräsern und Wolle ausgekleidet) auf; nur an warmen Tagen (nur selten, wenn Schnee liegt) kommen sie heraus, um Nahrung zu suchen. In Menschennähe verhalten sie sich unauffällig und bewegen sich lautlos, sind aber weniger vorsichtig, wenn sie sich nicht beobachtet fühlen.
Das Eichhörnchen hält sich oft am Boden auf, aber immer in der Nähe eines Baumes, an dem es hochläuft, wenn es gestört wird; dabei stößt es häufig scharfe Stakkato-Schreie aus.

Die Waldohreule ist ein Nachtraubvogel in Nadelwäldern, der am Tage meist in Stammnähe auf einem Ast sitzt. Die Waldohreule lebt von Säugetieren – bis zur Größe eines Kaninchens –, von Vögeln und Insekten.
Zu Beginn der Brutzeit balzt das Männchen, indem es flügelschlagend durch die Kronen oder über den Wipfeln fliegt. Die Nester werden in aufgegebenen Nestern anderer großer Vögel oder am Boden gebaut.

Der Hühnerhabicht ist ein großer Raubvogel, der zwischen den Bäumen fliegen kann, um Beute zu suchen: gleichgroße und kleinere Säugetiere oder Vögel. Seine Beute trägt er gern an einen Rupfplatz in einem Baum, von den aus er die Umgebung gut überblicken kann. Sein großes und stabiles Nest baut er aus Zweigen und kleinen Ästen.

Die Waldschnepfe Dieses große Mitglied der Schnepfenfamilie ist gut an das Waldleben angepaßt: Sie hat einen langen, feinen Schnabel, mit dem sie Würmer aus dem weichen Waldboden holen kann, und ihr Gefieder ist ein hervorragendes Tarnkleid.
Während der Brutzeit sieht man häufig Männchen über den Wipfeln fliegen, die ihr Revier bewachen und eigentümlich krächzende Schreie ausstoßen. Das Nest wird aus dem Boden gescharrt und mit ein paar Blättern und Grashalmen ausgelegt. Die Augen sitzen so weit seitlich am Kopf, daß das Tier fast einen Blickwinkel von 360° hat: Man kann sich ihm nur schwer nähern. Scheucht man sitzende Vögel auf, so «himmeln» sie oft (d. h. fliegen senkrecht nach oben).

Der Schwarzspecht ist der größte Schwarzwaldspecht, etwa so groß wie eine Krähe. Im allgemeinen ist er in alten Laub- und Nadelwäldern recht zahlreich vertreten.
Zu Beginn der Brutzeit kann man das Männchen «trommeln» (d. h. seinen Schnabel an einen toten Ast schlagen) hören. Dies Geräusch ist in einem weiten Umkreis im Wald zu hören. Sein Nest ist eine Baumhöhle, die er sich mit seinem Schnabel zimmert. Nestmaterial verwendet er nicht, sondern legt die Eier auf die Holzspäne.
Der Schwarzspecht frißt die ausgewachsenen Tiere und Larven holzbohrender Insekten, die er mit seinem langen elfenbeinfarbenen Schnabel aus Bäumen oder faulenden Ästen herausmeißelt. Im Winter wühlt er sich gern durch die Schneedecke, um an Waldameisennester am Fuß faulender Baumstümpfe zu gelangen.

Der Große Auerhahn Der Hauptfeind dieses putergroßen Mitglieds der Waldhühnerfamilie ist der Jäger, denn natürliche Feinde hat er kaum. Wie bei allen Waldhühnern ist das Weibchen bräunlich und gut getarnt, wenn es auf seinem Bodennest sitzt. Ende April und Anfang Mai versammeln sich die Männchen auf einem Balzplatz und produzieren sich dort geräuschvoll vor den Weibchen.
Vom Herbst bis zum Frühjahr ernährt sich der Auerhahn fast ausschließlich von Koniferensprossen und -knospen und kann großen Schaden an Waldbeständen anrichten.

Die Ringdrossel ist in den offenen Gebieten des Schwarzwalds heimisch und sucht ihre Nahrung wie viele Drosselarten am Boden: im Erdreich lebende wirbellose Tiere. Im Herbst frißt sie Beeren.

Das Birkhuhn ist fast überall im Schwarzwald anzutreffen. Von Mitte März bis Mitte Juni beziehen mehrere Hähne einen gemeinsamen Balzplatz, den schon ihre Väter und Großväter benutzt haben. Sie versammeln sich dort gleich nach Sonnenaufgang oder am späten Nachmittag und bringen sich durch Schaustellung des Gefieders, Bewegungen und taubenähnliches Gurren in Erregung und Kampfstimmung.
Zwischen Ende April und Anfang Mai besuchen die Hennen den Balzplatz, suchen sich einen Partner und gehen dann an den Bau ihrer Nester (die sie unter schützenden Zweigen aus dem Boden scharren).
Das Birkhuhn ernährt sich überwiegend von Pflanzen und frißt nur in der Brutzeit gelegentlich kleine Wirbellose.

1 Stechpalme *Ilex aquifolium*
2 und 13 Bergkiefer *Pinus mugo*
3, 4, 6 und 12 Gemeine Fichte *Picea abies*
5 Weißbirke *Betula pendula*
7 Bergahorn *Acer pseudoplatanus*
8 Waldbuche *Fagus sylvatica*
9 Gemeine Hainbuche *Carpinus betulus*
10, 11 und 14 Weißtanne *Abies alba*
15 Großer Auerhahn
16 Waldschnepfe
17 Waldohreule
18 Ringdrossel
19 Baummarder
20 Wildschwein
21 Birkhuhn
22 Iltis
23 Rothirsch
24 Hühnerhabicht
25 Schwarzspecht
26 Fuchs
27 Eichhörnchen
28 Wildkatze

Bäume und Tiere

Wälder sind die Gebiete der Erde mit der reichsten Fauna. In dieser Schwarzwaldlichtung mitten im Winter sind die meisten der heute noch in Europa lebenden größeren Tiere des Waldes versammelt. Beschrieben sind sie auf der vorigen Seite.

Waldbewirtschaftung

Der planvolle Aufbau des Waldes, seine Pflege und geregelte Nutzung, die Forstwirtschaft, ist «ein Kind der Not». Wie heute noch Luft und Wasser leider häufig genug als eine Art herrenloses, in unbeschränktem Maß zur Verfügung stehendes Gut betrachtet werden, so verhielt es sich jahrtausendelang mit dem Wald; er war sogar ein Feind, dem in mühevoller Arbeit Weide- und Ackerland abzuringen war. Die große Rodungsperiode war in Mitteleuropa vor 600 bis 800 Jahren beendet. Vereinzelt setzten bereits im 14. Jahrhundert Waldschutzmaßnahmen ein, wie sie aus Bannbriefen (Bannwald von Altdorf vor 1366, Andermatt 1397) bekannt sind. Ähnlich findet man vereinzelt auch schon sehr früh Vorschriften für die geregelte Holznutzung in Wäldern, so etwa für den Sihlwald bei Zürich, der seit dem 14. Jahrhundert im eigentlichen Sinne des Wortes bewirtschaftet wird.

Der Holzmangel wurde allgemein und schwerwiegend mit der im 18. Jahrhundert rasch einsetzenden Bevölkerungsvermehrung. Sie war möglich dank verbesserten Verfahren der landwirtschaftlichen Nahrungsmittelproduktion, zunächst vor allem durch die Ausbreitung des Kartoffelanbaus. Gleichzeitig setzte die erste Industrialisierungswelle ein. Das später einen raschen Güteraustausch ermöglichende Eisenbahnnetz bestand aber noch nicht. Die Wälder müssen damals einen ähnlich trostlosen Anblick geboten haben, wie er heute noch aus tropischen und subtropischen Gebieten bekannt ist.

Den ersten Forstleuten schwebten Verfahren der Waldbewirtschaftung vor, die sich direkt an solche des landwirtschaftlichen Pflanzenbaus anlehnten. Baumbestände wurden mit oder ohne Bodenbearbeitung gepflanzt (oder angesät); den aufwachsenden Jungwald «verzog» man ähnlich einer Rübensaat durch Entfernen zurückbleibender oder abgestorbener Bäumchen. Schließlich, nach einer im voraus festgesetzten Zeit, der «Umtriebszeit», fand die Ernte über große Flächen statt. Dieses dem Wesen des Waldes, den auch kleinflächig auftretenden Unterschieden der Wuchsbedingungen (Bodenverhältnisse!) und den Ansprüchen vieler Baumarten keine Rechnung tragende Verfahren der Kahlschlagwirtschaft ist weltweit noch immer stark in Gebrauch. Es bietet den Vorteil technischer und organisatorischer Einfachheit.

Aus der Naturbeobachtung und aus den Ergebnissen einer reichen Fülle wissenschaftlicher Untersuchungen hat sich indessen immer deutlicher gezeigt, daß der Wald mehr ist als nur eine «Anhäufung von Bäumen». Bedingt durch die sich über lange Zeiträume erstreckende Waldentwicklung entstehen Lebensgemeinschaften, die äußerst dicht verwobene Beziehungsgefüge ausbilden. Jedes der in kaum übersehbarer Fülle vorhandenen Lebewesen, von den Bodenbakterien über die Gräser, Kräuter, Sträucher bis zu den mächtigen Bäumen, von den Bodenprotozoen, höheren Bodentieren, Vögeln bis zu großen Säugetieren, alle haben in dieser Sicht eine Funktion. Diese Funktionen vereinen sich zum «Ökosystem». Die Eigenart solcher biologischer Systeme, von denen der Wald eines der hervorragendsten Beispiele ist, liegt in ihrer Fähigkeit zur Selbsterneuerung und Selbstregulierung. Das heißt: Störungen, die sich bei allen Wachstumsprozessen zwangsläufig ergeben, werden selbsttätig korrigiert. – Eine gute Waldbewirtschaftung macht von diesen dem Wald innewohnenden Fähigkeiten Gebrauch.

Was in Berggebieten schon seit dem Beginn einer eigentlichen Forstwirtschaft selbstverständlich war, hat sich in dichtbesiedelten Regionen tieferer Lagen in den vergangenen Jahrzehnten ebenfalls aufgedrängt: Neben der Holzerzeugung sind dem Wald mannigfaltige Schutz- und Erholungsfunktionen zu übertragen. Die Waldbewirtschaftung, deren Aufgabe ja die Erfüllung der vom Menschen auf den Wald gerichteten Bedürfnisse ist, hat auf diese Ansprüche Rücksicht zu nehmen. Damit hat der Grundsatz, wonach die Leistungsfähigkeit des Waldes dauernd zu erhalten sei – das «Nachhaltigkeitsprinzip» – eine entscheidende Erweiterung erfahren: Nicht nur Holz, sondern alle Waldwirkungen sind dauernd zu produzieren. Die der Waldbewirtschaftung gestellte Aufgabe deckt sich deshalb mit dem erst in neuester Zeit entwickelten allgemeinen Ziel des Umweltschutzes.

Der Widerspruch zwischen den Aufgaben, Holz zu erzeugen und Erholungsfunktionen nachhaltig zu erfüllen, ist weit geringer als man zunächst annehmen möchte. Es muß sich darum handeln, den Wald als Ökosystem zu verstehen und dieses zweckmäßig und zielgerichtet zu pflegen. Waldpflege aber heißt, etwas pauschal ausgedrückt, Holznutzung, oder umgekehrt: Jede Nutzung soll ein Pflegeeingriff sein. Diese Eingriffe müssen schon recht früh im jungen Baumbestand, der meist nur eine recht geringe Fläche inmitten umgebender älterer Waldteile einnimmt, beginnen. Hier kommt es darauf an, unter den verschiedenen Baumarten, die sich zum großen Teil durch Selbstansamung (= Naturverjüngung) einstellen, schrittweise die zum Wuchsort passenden oder sonstwie erwünschten zu fördern – durch Aushauen der unerwünschten. Strenggenommen kann dabei noch nicht von einer «Nutzung» im finanziell-ökonomischen Sinne gesprochen werden. Das Fördern der vitalen und erwünschte äußere Formen aufweisenden Bäume, mit dem Fachausdruck «Durchforsten» genannt, setzt sich während der ganzen langen Zeit der Bestandesentwicklung fort bis zur endgültigen Hiebreife der zuletzt verbleibenden Bäume. Inzwischen hat sich die nächste Baumgeneration aber bereits wieder eingestellt.

Die in dieser Weise grob umrissene Idee der Waldbewirtschaftung erfordert vor allem ein ununterbrochen planvolles Vorgehen. Der technische Aufwand ist zwar nicht nebensächlich, aber er ist doch nur Hilfsmittel. Eine intensive Waldbewirtschaftung erfordert ein leistungsfähiges Erschließungsnetz von Waldstraßen und ein wohlüberlegtes System der Erschließung zweiter und dritter Ordnung: Der gefällte Baum ist von seinem ehemaligen Wuchsort auf eine Rückelinie und von hier auf Lagerplätze an befahrbaren Straßen zu bringen – zum weiteren Abtransport.

Die Anfänge der Forstwirtschaft gründen auf einer Imitation landwirtschaftlicher Anbauverfahren: nach rechnerisch festgesetztem Reifezeitpunkt wird der Wald flächenweise abgeerntet, das heißt kahlgeschlagen.

Unten: Im völlig ungepflegten Wald setzen sich die am raschesten wachsenden Individuen, die häufig schlecht geformt sind, durch. Ein zu dicht stehender Bestand ist instabil. Hier ein konsequent und sorgfältig gepflegter, «durchforsteter» Bestand.

Unten: Im vielschichtigen Wald stehen alle Alters- und Höhekategorien der Bäume auf kleiner Fläche in enger Nachbarschaft. Alle Waldwirkungen sind ununterbrochen, also mit höchster Nachhaltigkeit gewährleistet.

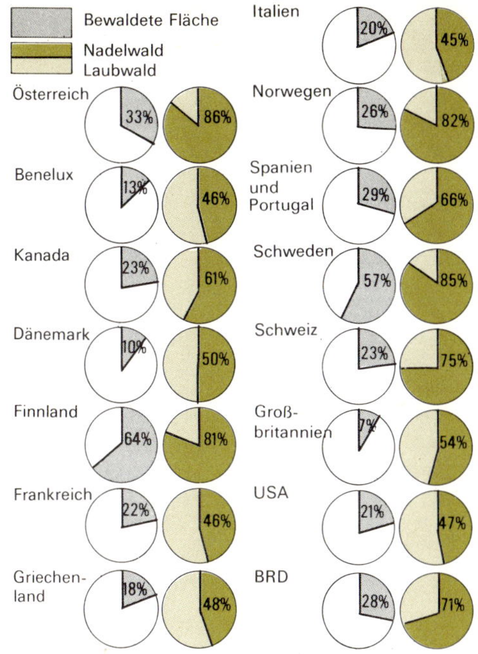

Die Graphik oben zeigt die Anteile der Waldflächen in 15 Ländern und das Verhältnis der Bestände mit (überwiegend) Nadel- bzw. Laubholz.

Oben: Nirgends ist der «Kampf ums Dasein» deutlicher zu beobachten als an der oberen Waldgrenze, hier bei rund 2100 Meter (Albulatal, Graubünden). Diese Waldformationen von Arven und Lärchen bieten den besten Schutz vor Lawinen.

Die Eiszeiten

Für einen Augenblick sollten wir in jene Zeit zurückblicken, in der die ersten Wälder entstanden sind. Als Bärlappgewächse immer höher aus den Sümpfen herausragten und Farne sich zu den ersten Bäumen entwickelten – vor vielleicht 300 Millionen Jahren –, lebten sie in einer wahren Kohlendioxydhülle.

Die Kohle, die wir heute fördern, ist der Kohlenstoff der Atmosphäre, des Karbons.

Überspringen wir nun viele dunkle Jahrtausende der Evolution, so gelangen wir ins Tertiär, das Zeitalter, das vor etwa 70 Millionen Jahren begann. In dieser Epoche entstanden die Bäume, wie wir sie kennen. Die Arten, weitaus zahlreicher als heute, waren viel gleichmäßiger über die Erde verbreitet als jetzt.

Im frühen Tertiär war das Klima beträchtlich wärmer als heute. Die Vegetation glich der des heutigen Südostasien. Im Pliozän (dem letzten Tertiärabschnitt) hatte die allmähliche Abkühlung die subtropischen Waldbestandteile in den heute gemäßigten nördlichen Zonen aussterben lassen oder sie zu bloßen Kräutern reduziert. Das Ergebnis ist die Mischung der zahlreichen Pflanzenfamilien, die wir heute in diesen Breiten finden. In Asien, Amerika und in Europa waren damals Sumpfzypresse, Magnolie, Küsten-Sequoie, Amberbaum, Ginkgo, Kalifornische Flußzeder und viele andere Bäume heimisch.

Dann trat vor etwa einer Million Jahren eine Klimaverschlechterung ein: Von Norden und von den Alpen her drang das Eis vor, Bäume starben, und auch ihre Nachkommen gingen zugrunde, wenn sie nicht gerade einen Platz fanden, der noch nicht vom Eis bedeckt oder von anderen Bäumen okkupiert war.

Es gab damals nicht nur eine, sondern vier Eiszeiten: die Günz-, Mindel-, Riß- und die Würm-Eiszeit. Sie folgten nicht dicht aufeinander. Zwischen der Günz- und der Mindel-Eiszeit (der kältesten, in der das Eis seine größte Ausdehnung erreichte) lagen rund 60 000 Jahre mit gemäßigtem Klima, in denen die Verhältnisse ähnlich wie heute gewesen sein dürften. Auch wir haben wahrscheinlich das Glück, in einer solchen Zwischeneiszeit zu leben.

Mit dem Vordringen der arktischen Kälte nach Süden starb eine gewaltige Zahl von Arten aus. Nur wo die Geographie Rückzugslinien, eine geschlossene Landmasse, bereithielt, konnten Arten vor dem Eis zurückweichen. In Amerika und Ostasien waren diese Voraussetzungen gegeben. An hohen ostwestlich verlaufenden Gebirgen und an Meeresküsten stand die Vegetation jedoch mit dem Rücken an der Wand. Die Alpen, Pyrenäen und das Mittelmeer schnitten den meisten europäischen Arten (unter denen damals genauso viele Bäume wie in den anderen Teilen der Erde vertreten waren) den Rückzug ab. Nur etwa 36 Gattungen mit jeweils nur sehr wenigen Arten haben das Eis überlebt und sind heute in Europa «heimisch»; in China dagegen fehlen nur sechs der in klimatisch vergleichbaren Gebieten der Welt vorhandenen Gattungen.

Die südliche Hemisphäre, vor allem Afrika, wurde früher als der Norden betroffen; ein riesiger Gletscher breitete sich schon im Erdaltertum, vor rund 250 Millionen Jahren, über Südafrika bis in die heutigen Tropen hinein aus. Den Rückzug nach Norden schnitt damals ein Ozean ab, der die heutige Sahara bedeckte. Deshalb ist Afrika bei weitem nicht so reich an Tieren wie Südamarika und Südostasien.

Doch gab es auch Nischen, in denen Tiere und Pflanzen die Kälte überleben konnten. So waren wahrscheinlich bestimmte sehr niederschlagsarme Stellen (an der Leeseite einer Hochgebirgskette) immer eisfrei. Manche Botaniker glauben, es habe sehr viele solcher Refugien gegeben, besonders in größeren Höhen, und dies sei die Erklärung für das Überleben der heute heimischen Arten. Andererseits gab es aber auch Bedingungen, die eine Art auslöschten, obwohl das Eis noch meilenweit entfernt war. Denn für Pflanzen gibt es keine schwierigere Barriere als eine geschlossene Gesellschaft anderer Pflanzen, die den gesamten vorhandenen Platz einnimmt. So kann es durchaus in Südfrankreich gewesen sein, das nie vereiste, aber trotzdem vielen aus dem Norden zurückweichenden Pflanzen kein Asyl bot.

Insgesamt hatten die Eiszeiten eine stark beschleunigende Wirkung auf die Evolution. Der Rückzug der Pflanzen über die Kontinente förderte den genetischen Austausch und begünstigte Mutationen, die vorher wertlos oder gar schädlich waren. Dieser Prozeß ist heute längst noch nicht abgeschlossen. So können wir beobachten, wie die Kiefern immer noch um die Wiedereroberung der Berge kämpfen.

Vor 14000 Jahren zog sich das Eis zum (bislang) letztenmal zurück. Seit dieser Zeit hat es nur relativ geringe Klimaschwankungen gegeben, die aber ausreichten, bestimmte Bäume zu bestimmten Zeiten zu begünstigen. Was zu welcher Zeit dominierte, verrät uns vor allem die Analyse der Pollenkörner in den Torfschichten, jüngeren Seeablagerungen und in Gletschereis.

In den unmittelbar auf die Eiszeiten folgenden «subarktischen» Perioden gab es in den vereist gewesenen Gebieten nur einen rohen Mineralboden, und der darüber hinwegfegende Wind sorgte dafür, daß nur den zähesten Bäumen – Zwergbirken und Weiden – die ersten Kolonisierungsversuche gelangen.

Die Folgezeit brachte ein kühles, dann ein mehr kontinentales und extremes Klima und schließ-

Vor 20 Millionen Jahren wuchsen in den Wäldern von Oregon dieselben Gattungen wie heute, zusammen mit anderen Bäumen, die wie die Buchen, Kastanien, Hickories, Ulmen, Hainbuchen heute nur noch in den amerikanischen Oststaaten heimisch sind oder wie Ginkgo und Götterbaum wild nur noch in Asien wachsen.

Oben: Vor einer Million Jahren, unmittelbar vor Beginn der ersten Eiszeit, zählten zur europäischen Waldvegetation nicht nur wie heute Eichen, Birken, Fichten usw., sondern Dutzende von Bäumen, die heute als amerikanisch oder asiatisch gelten: Magnolien, Mammutbäume, Hickories, Weymouths-Kiefern, Kalifornische Flußzedern, Steineichen und Ginkgos.

In der letzten Eiszeit erreichte die Vergletscherung vor 20000 Jahren ihre größte Ausdehnung; sie bedeckte den größten Teil Nordamerikas, ganz Skandinavien und Nordwestasien, Teile Nordeuropas und alle nördlichen Meere. Die Eisdecke türmte sich vor allem dort auf, wo

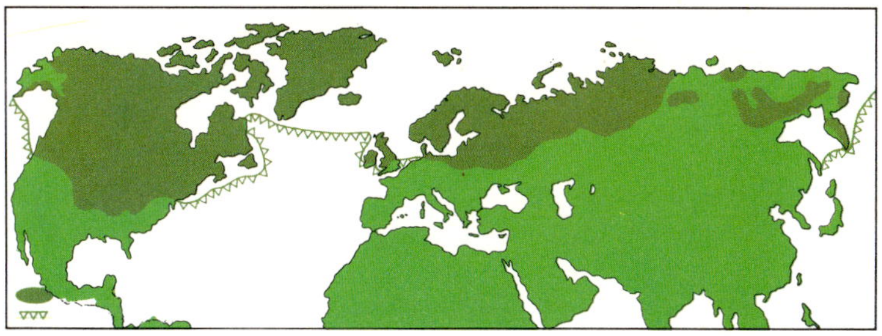

Westwinde Niederschläge brachten. Das überwiegend flache und von der asiatischen Landmasse völlig gegen Westen abgeschirmte Sibirien blieb größtenteils von der Vergletscherung verschont. Nach China drang keine geschlossene Eisfront vor. Ganz China wurde deshalb zu einem Asyl für solche Bäume, die der Kälte widerstehen konnten. In Amerika wichen die Bäume nach Süden zurück; in Europa starben die meisten Arten aus.

Links: Seit dem Ende der letzten Eiszeit vor etwa 12000 Jahren ist das Erdklima nicht statisch geblieben. Die Temperatur stieg während der Boreal-Zeit unregelmäßig und erreichte ihr Maximum im «Atlantikum» (rd. 5000 bis 2500 v. Chr.). Seither hat es sich, wiederum nicht stetig, wieder abgekühlt. Die Tabelle zeigt die Auswirkungen dieser Klimaveränderungen auf die Baumpopulationen Europas und der USA. Je belaubter sein Sproß (in der Tabelle), desto besser gedich der Baum in der jeweiligen Zeit. Das geht aus Pollenzählungen in datierbaren Schichten (meist Torf) hervor. Das allgemeine Bild zeigt eine gewisse Symmetrie mit dem «Atlantikum» als Achse. So gesehen bestätigt es die Theorie, nach der wir zwischen zwei Eiszeiten leben.

Die Karten rechts und darunter zeigen die Auswirkungen der Eiszeiten und anderer Klimaveränderungen auf die Verteilung zweier wichtiger Baumgruppen: der Küsten-Sequoie und der Magnolien. Sequoien-Fossilien wurden in den meisten Teilen der nördlichen Halbkugel gefunden – selbst in Grönland. Klima und Konkurrenz haben dazu geführt, daß die beiden Mitglieder der Gattung heute nur noch in zwei kleinen, getrennten Gebieten Kaliforniens (siehe Kartenausschnitte) heimisch sind.

Rechts: Fossilien beweisen, daß Magnolien vor den Eiszeiten an vielen Stellen der nördlichen Hemisphäre lebten und weitaus verbreiteter waren, als heute. Sie gehörten einer der Familien an, die von den Eiszeiten in Europa völlig ausgelöscht wurden. Unsere heutigen Magnolien stammen alle aus Amerika oder Asien.

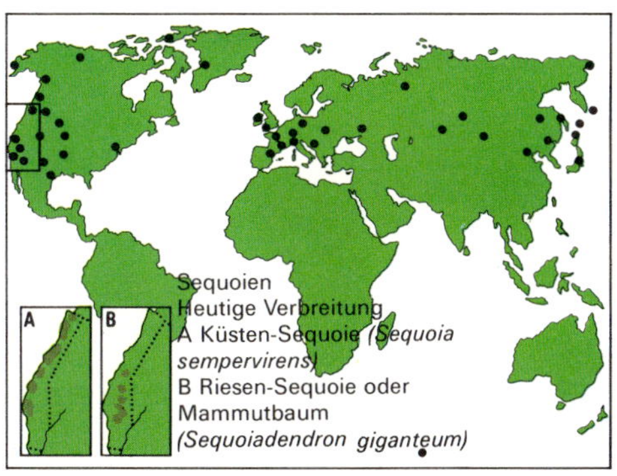

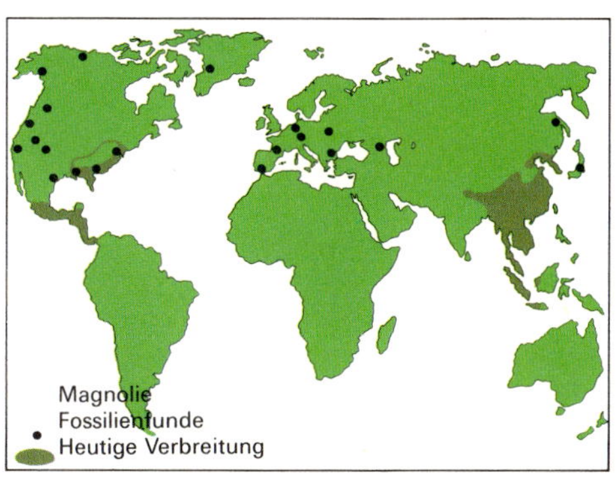

lich das «Atlantikum» vor 7500 bis 5000 Jahren – eine relativ warme und feuchte Zeit, in der einige der heute noch lebenden Grannenkiefern Sämlinge waren.

Diese Bäume erlebten dann eine umgekehrte Entwicklung: eine weitere trockene, kontinentale und extreme Periode, gefolgt von etwa 1500 kühleren und regenreicheren Jahren, der Zeit (für uns Menschen) des klassischen Altertums und des Mittelalters. Ungefähr seit dem Jahre 1000 macht sich ein neuer, von sehr vielen heute noch lebenden Baumexemplaren bezeugter Trend bemerkbar: die relativ warme und trockene Epoche, in der wir leben.

Bei so gewaltigen Zeitspannen kann man nur von allgemeinen Trends sprechen. Dabei darf man nicht übersehen, daß die Antwort auf einzelne Fragen nicht unbedingt in den großen Bewegungen der Erdgeschichte zu liegen braucht. Auch Überflutungen und andere Katastrophen machen Evolutionsgeschichte. Und darüber, ob oder wo eine Art existiert, kann schon ein starker Frost entscheiden – oder eine Heuschreckenplage. Die Bewegungen der Natur können Jahrtausende dauern oder sich mit einem Schlag vollziehen.

Links: Diese Aufspaltung der Kontinente soll nach Meinung von Geologen schon vor mindestens 200 Millionen Jahren stattgefunden haben: zu früh, als daß sie die heutige Pflanzenverbreitung erklären helfen könnte.

Die Alte Welt

Die Walnuß aus Persien ist einer der Nutzbäume, die seit der Antike in Europa gezogen werden. Stich aus einem schweizerischen Pflanzenbuch des 16. Jahrhunderts.

Die Verteilung der Bäume seit der letzten Eiszeit hat teilweise wiedergutgemacht, was Eis und Kälte angerichtet hatten. Zunächst ging dieser Prozeß unendlich langsam vonstatten: mit Hilfe der Evolution und der natürlichen Ausbreitung. Als dann später die Zivilisation herandämmerte und der Mensch anfing, Pflanzen anzubauen oder gar zu züchten, vollzog sich die Neuverteilung immer schneller – so daß in den Ländern und Regionen, die vom Eis bedeckt gewesen waren und inzwischen eine Reihe von Kulturen erlebt haben, die Frage, welcher Baum heimisch bzw. ursprünglich sei, heute nur noch von untergeordneter Bedeutung ist.

Wann heimisch? Als das Eis kam? Als es sich zurückzog? Bevor der Mensch daranging, die Wälder zu zerstören? Oder nach den ersten schriftlichen Überlieferungen?

Aus frühgeschichtlicher Zeit wissen wir nur wenig. Eigentlich nur, daß Pfirsich und Maulbeerbaum aus dem Orient kamen, die Walnuß aus dem Kaukasus, die Feige aus Persien.

Aber welche Pflanzen die Römer mitbrachten oder von einem Teil ihres Imperiums in den anderen verpflanzten, läßt sich heute nicht mehr feststellen.

Nutzpflanzen werden jedoch transportiert und angebaut, bevor sie als Zierpflanzen erscheinen: Wenn die Römer die Edelkastanie nach Deutschland, Frankreich und England brachten, dann gewiß wegen ihrer Früchte.

Aber die Römer waren ebensosehr Rosenliebhaber wie Feinschmecker. In Chichester (dem römischen Hafen Regnum) hat man einen Palastgarten ausgegraben, der genau nach Plinius' Empfehlungen gestaltet worden war. Es wäre also erstaunlich, wenn die Pflanzenzüchter Roms ihren Offizieren in der Fremde nicht auch die Pflanzen geschickt hätten, die sie zuhause schätzten.

Die ersten, die Pflanzen systematisch erforschten, waren die Griechen. Die Römer setzten dies fort. Die Botanik des Mittelalters dagegen war mehr eine Mischung aus Gärtner-Faustregeln, Kräuterdoktor-Hokuspokus und poetischem Symbolismus.

In der Renaissance wandte man sich wieder den klassischen Systemen zu. Gelehrsame Apotheker in Nordeuropa stellten fest, daß die Pflanzen der alten Griechen nicht mit ihrer heimischen Flora übereinstimmten. Mit ihren Herbarien und Pflanzenbüchern begann die Botanik der Neuzeit.

Die Gärten der nördlich Roms gelegenen Villa Lante wurden 1566 von Vignola begonnen. In solchen Renaissancegärten verwendete man Bäume lediglich als architektonische Elemente.

Albertus Magnus (1193–1280), ein deutscher Dominikaner, war Bahnbrecher des Aristotelismus im Mittelalter. Als vielseitigster und fruchtbarster Botaniker seiner Zeit lehrte er u. a. in Paris und Köln, wo Thomas von Aquino sein Schüler war.

John Gerard (1545–1612) war Autor der bekannten *Generall Historie of Plantes*, die 1957 erschien. Sie ist lebendig geschrieben, beschäftigt sich aber vor allem mit medizinischen Fragen.

John Parkinson (1567–1650). Pflanzensammler und Verfasser des Werks *Paradisus in sole Paradisus terristris*, eines Gartens voller herrlicher Blumen, wie es im Untertitel hieß.

John Tradescant (gest. 1637?) war Gärtner des englischen Königs Karl I., unternahm Reisen nach Rußland und Algerien und legte eine Pflanzensammlung im Londoner Stadtteil Lambeth an.

Den ersten Botanischen Garten Europas schuf der große niederländische Botaniker Clusius 1594 in Leyden. Nach seinen Plänen wurde der Garten kürzlich neu gestaltet.

Die Libanonzeder kam im 17. Jahrhundert aus der Türkei nach Europa. Dieser Stich stammt aus einem französischen Pflanzenbuch jener Zeit.

Das erste englische Pflanzenbuch war das 1546 erschienene Werk von William Turner. Gerards populäres und lesbares *Herbal,* weitgehend Plagiat eines von dem Holländer Dodoens verfaßten Buches, erschien 1597, John Parkinsons *Paradisus in Sole* 1629. Parkinson war ein eifriger Sammler und dürfte selbst eine Reihe von Arten kultiviert haben.

Zu jener Zeit stellte man besorgt fest, daß der bislang scheinbar unerschöpfliche Nutzholzvorrat alles andere als unbegrenzt war. Zu Beginn des 16. Jahrhunderts machten königliche Erlasse die Wiederbepflanzung zur Pflicht. Viele europäische Wälder waren damals ruiniert, und Lehrbücher für die Landwirtschaft gaben nun auch forstwirtschaftliche Ratschläge.

Auch wurden damals die ersten botanischen Expeditionen unternommen: in die gesamte Alte Welt, vor allem in das Türkenreich. Die Bestandesaufnahme der Bäume der Alten Welt, einschließlich der biblischen Länder, dürfte Mitte des 17. Jahrhunderts abgeschlossen gewesen sein. Um 1600 holte sich Europa die Roßkastanie aus Vorderasien, fünfzig Jahre später hatte es die Libanonzeder.

Eine umfassende Bilanz zog John Evelyn in seinem 1662 erschienenen Werk *Sylva.* In England herrschte damals ein größerer Mangel an Nutzholz als jemals zuvor – besonders an Eichenholz, ohne das die neuerrichtete Monarchie keine Schiffe bauen konnte. Die nationale Sicherheit hing damals buchstäblich von Eichen ab – was Frankreich im folgenden Jahrhundert erkannte. Evelyn wurde von der Royal Society beauftragt, einen Vortrag über die Holzproduktion zu halten. Dieser Vortrag war so gut, daß er in den hundert Jahren danach immer wieder abgedruckt wurde.

Während sich England Sorgen wegen des Kriegsschiffbaus machte, konzentrierte sich Frankreich darauf, seine Straßen in Alleen zu verwandeln. In dem Jahr, in dem Evelyns *Sylva* erschien, erreichte der französische Stil der Garten- und Landschaftsgestaltung seinen Höhepunkt: in Le Nôtres Entwurf für den Park von Vaux-le-Vicomte.

Diese Gartenkunst hatte sich in enger Anlehnung an den barocken Baustil entwickelt. Oberstes Gesetz war die Form: Pflanzen wurden weitgehend wie leblose Materie behandelt. Eine Allee mußte wie eine Kolonnade, eine Hecke wie eine Mauer aussehen. Unter der Hand von Meistern wuchsen Bäume wie Säulen, Pyramiden und Baldachine heran. Allerdings gab es mehr Gärten als Meister, und die Gartenkultur war von einem banalen Formalismus geprägt. Auch die ersten Botanischen Gärten wurden noch in diesem geometrischen Repräsentationsstil angelegt.

Dieser Stich von Vaux-le-Vicomte zeigt, daß die streng geometrischen französischen Gärten vor allem als Szenarium für feierliche Aufzüge und festliche Menschenansammlungen konzipiert wurden. Bäume dienten lediglich als Kulisse oder architektonisches Element.

Auf John Ray of Essex (1627–1705) geht die Einteilung der Pflanzen in Einkeimblättrige und Zweikeimblättrige zurück. In seiner in den Jahren 1686 bis 1704 erschienenen *Historia Plantarum* finden sich die ersten gedruckten Beschreibungen amerikanischer Bäume.

Der Schweizer Johann Bauhin (1541–1613) legte einen Botanischen Garten in Lyon an. Seine *Historia Historia Plantarum Universalis,* die erst 1650 veröffentlicht wurde, setzte neue Maßstäbe in der genauen Pflanzenbeschreibung; sein Bruder Caspar bahnte die binäre Nomenklatur an.

André Le Nôtre (1613–1700) war der unübertroffene Meister der majestätischen französischen Gartenkunst des «Grand Siècle»; er gestaltete die Gärten und Parks von Versailles und Vaux-le-Vicomte. Bis weit ins 18. Jahrhundert hinein blieb er maßgebend für ganz Europa.

John Evelyn (1620–1706), Tagebuchschreiber, Gelehrter und Freund Karls I., befaßte sich mit den verschiedenartigsten Fragen, darunter auch mit der damals aktuellen Wiederaufforstung Englands. Sein bedeutendes Werk *Sylva* erschien 1662.

Die Neue Welt

John Bartram (1599–1777), der erste in Amerika geborene Botaniker, war als Briefpartner Collinsons für die Einführung vieler amerikanischer Bäume in Europa verantwortlich.

Henry Compton (1632–1713) war der erste große Förderer der Botanik Nordamerikas. Er schickte botanisch ausgebildete Missionare zu den Indianern.

Peter Collinson, Londoner Kaufmann und Quäker, unterhielt eine berühmte Brieffreundschaft mit dem amerikanischen Botaniker John Bartram.

Zur Zeit des englischen Bürgerkriegs herrschte bereits ein reger botanischer Austausch. Der Hofgärtner Karls I. hatte Rußland (von wo er möglicherweise die Lärche nach England brachte), Spanien und Nordafrika bereist. Sein Sohn, der jüngere John Tradescant, besuchte Virginia. Mit den Tradescants beginnt die Einführung amerikanischer Bäume nach Europa.

Ob es nun tatsächlich der junge Tradescant, – der dreimal nach Virginia fuhr –, Freunde seines Vaters oder zurückkehrende Kolonisten waren, die die ersten Bäume mitbrachten, wissen wir nicht. Jedenfalls umfaßte die Pflanzenliste des «Museums», das die Tradescants in ihrem Londoner Garten unterhielten, schon viele der größten und eindrucksvollsten Bäume der amerikanischen Ostküste: die nach Tradescants Freund Jean Robin, Verwalter des Pariser Jardin des Plantes, benannte Gemeine Robinie oder «Falsche Akazie», den Tulpenbaum, die Sumpfzypresse und den Virginischen Wacholder.

Evelyn erwähnt den Tulpenbaum und den «Abendländischen» Lebensbaum und schreibt von der «guten Gelegenheit ..., die sich uns heute bietet, unsere Bestände mit vielen... Bäumen aus den amerikanischen Wäldern zu verbessern.»

Der Mann, der diese Gelegenheit voll ergriff, war Henry Compton, Bischof von London und früherer Söldner. Von seinem Palast in Fulham aus dirigierte er das kirchliche Leben in den Kolonien, schickte Missionare zu den Indianern und wählte diese Männer danach aus, ob sie eine unbekannte Pflanze erkennen und unversehrt nach England bringen konnten.

So wurde der Park seines Palastes zu einem bedeutenden Sammelpunkt der Pflanzen Amerikas. Unter anderem zog er dort die erste (von seinem Missionar John Bannister mitgebrachte) Magnolie in Europa: eine Sumpfland- Magnolie (M. virginiana). Ferner standen in seinem Park Schwarznuß, Eschenahorn, Balsamtanne, Balsampappel, Scharlacheiche und Blumenesche.

Der erste in Amerika geborene Botaniker war John Bartram, Sohn eines Quäkers aus Philadelphia. Er hatte einen Bauernhof am Schuykill River und lernte einen Londoner Tuchhändler namens Peter Collinson kennen, der ebenfalls Quäker war und dessen Steckenpferd Pflanzen waren, vor allem Bäume; deshalb suchte er einen Amerikaner, der für ihn Pflanzen und Samen sammelte. Ihre 1732 aufgenommene Korrespondenz brach erst drei Jahrzehnte später mit Collinsons Tod ab. Für Linné war Bartram damals «der bedeutendste lebende Botaniker der Welt».

Er entdeckte rund 200 Arten auf seinen Wanderungen, die er allein durch das Indianerland von den Großen Seen bis hinunter nach Georgia unternahm. Menschen, die neue Pflanzen suchten, mußten ebensosehr Mut wie gute Augen haben.

Die Liste der von Bartram entdeckten Bäume ist ehrfurchtgebietend: Zucker- und Silberahorn; die Amerikanische Weißesche, Ulme und Linde; die Amerikanische Färber-, Rot- und Weißeiche; die Großblättrige Magnolie; die Amerikanische

In seinem Schloßgarten am Fulhamer Themseufer ließ Bischof Compton die ersten Magnolien, Blumeneschen, Scharlacheichen und Balsampappeln Europas pflanzen.

Rechts: Im 18. Jahrhundert entstanden die ersten bedeutenden «natürlichen» Landschaftsgärten in England; die abgebildete Anlage Stowe von Brown ist ein typisches Beispiel aus jener Zeit.

John Stuart, der 3. Earl of Bute (1713–92) ein großer Amateurbotaniker, machte sich um die Einrichtung des Botanischen Gartens Kew verdient.

William Aiton, der erste Leiter des Königlichen Botanischen Gartens Kew.

Philip Miller gilt als der Vater des Gartenbau-Journalismus.

André Michaux führte eine Reihe von Bäumen, u.a. den Ginkgo, in Amerika ein und schrieb die erste Abhandlung über amerikanische Eichen.

Schwarzkirsche, Sumpfkiefer und Gelbkiefer. Aber Bartram war nicht nur Gebender. Collinson schickte ihm beispielsweise eine Libanonzeder (1746) und eine Roßkastanie (1753) für seine Sammlung, den ersten Botanischen Garten in Amerika.

Was als privater Austausch begonnen hatte, wurde fast zu einer öffentlichen Institution, als die Resultate sichtbar wurden. Collinson teilte sich die Unterhaltskosten mit Subskribenten wie dem jungen Lord Petre, den Herzögen von Richmond, Bedford und Norfolk sowie Frederick, dem Vater von König Georg III., der damals als Prinz von Wales im Kew Palace an der Themse lebte.

Dies waren die Anfänge der Kew Gardens, die heute zu den bedeutendsten Botanischen Gärten der Welt zählen. Prinz Frederick und seine Frau Augusta waren Mittelpunkt eines sich rasch vergrößernden Kreises von Liebhabern neuer Pflanzen. Sie beauftragten den Baumeister, Gartengestalter und Maler William Kent mit der Gestaltung der Parkanlagen und den schottischen Earl of Bute mit der Überwachung ihrer Bepflanzung. Der Prinz starb 1751, aber Prinzessin Augusta führte das Werk weiter und ernannte William Aiton 1759 zum ersten Kurator des Königlichen Botanischen Gartens.

Was der Baumflora aber noch mehr zugute kam, war das Interesse, das eine Reihe von Großgrundbesitzern an den Neueinführungen nahm. So wurden die Herzogin von Beaufort in Badmington, der Herzog von Argyll in Hounslow und der Herzog von Atholl in Pertshire zu leidenschaftlichen Baumpflanzern. Lord Weymouth in Longleat pflanzte so viele Exemplare des neuen, wenig später auch in Deutschland kultivierten Pinus strobus an, daß diese Art nach ihm benannt wurde. In diese Zeit reichen detaillierte biographische Aufzeichnungen über viele heute noch lebende Bäume zurück.

Merkwürdig und enttäuschend ist aber, daß sich die großen Landschaftsgestalter jener Zeit davon nicht beeindrucken ließen. Gartenkunst und Landschaftsbau in England erlebten damals ihre größte Revolution. Die alten Parks und Gärten wurden in großer Zahl zerstört und durch Anlagen im malerischen, die Natur idealisierenden Stil ersetzt.

Dieser neue Stil beeinflußte bald auch die deutsche Gartenkunst, und schon im 18. Jahrhundert entstanden der Park von Sanssouci und der Englische Garten in München.

Die Pagode im Botanischen Garten Kew im Westen Großlondons, der zu den hervorragendsten botanischen Einrichtungen der Welt zählt.

Diese Darstellung eines Blattes und einer Blüte des Tulpenbaums ist dem Hauptwerk von André Michaux entnommen: seiner 1803 erschienenen *Flora of North America*.

Die Welt wird größer

China ist die Mutter der Gärten. Fast fünf Jahrtausende lang liebten und sammelten die chinesischen Kaiser Pflanzen. Große Teile Chinas sind schon so lange kultiviert, daß man mit dem Begriff der wildwachsenden Pflanze nichts mehr anfangen kann: Alles Erwünschte ist kultiviert, alles andere ausgestorben. Die kostbarsten Pflanzenarten – Pfingstrosen, Chrysanthemen, Teegewächse – werden seit Jahrhunderten gehegt.

Aber China wollte die Barbaren nicht hereinlassen. Nach Marco Polos Besuch im 13. Jahrhundert ließ es über 300 Jahre verstreichen, bevor es, unter dem Druck einer neugierigen und handelswütigen westlichen Welt, den nächsten Kontakt erlaubte. Und erst im 18. Jahrhundert bekam ein Abendländer einen kleinen botanischen Stützpunkt zum Pflanzenstudium.

Dieser Stützpunkt war eine der Niederlassungen der Ostindischen Handelskompanie an der Küste, und der Abendländer war John Cunningham, ein Arzt der Gesellschaft, der 1698 die Hafenstadt Amoy an der Formosa-Straße und 1700 die südlich von Schanghai gelegenen Tschuschan-Insel besuchte. Er beschaffte sich Abbildungen chinesischer Pflanzen und Musterexemplare aus Gärtnereien und Baumschulen.

Die Franzosen waren geschickter – und erfolgreicher. Sie hatten zwar keine Handelsrechte, wurden aber ins Land gelassen, weil sie Missionare schickten, die über den Chinesen unbekannte Fertigkeiten verfügten: Glasbläserei, Uhrmacherei, Maschinenbau. Auf diese Weise gelangte Pater Pierre d'Incarville 1742 nach Peking und blieb dort 15 Jahre. Der führende Botaniker Frankreichs, Bernard de Jussieu, hatte ihn gebeten, für die königlichen Gärten und den Pariser Jardin des Plantes zu sammeln. Unter den von ihm nach Europa geschafften Bäumen waren der Götterbaum, die Seidenfäden-Albizzie (Albizia julibrissin), die Westindische Zeder, der Schnurbaum, der Morgenländische Lebensbaum, der Chinesische Wacholder und die Blaseneschc.

Rechts: Alexander von Humboldt (1769–1859) unternahm eine der großartigsten Forschungsreisen aller Zeiten nach Mexiko und Peru. Die Botanik war nur eines seiner vielen Interessengebiete. Die erste größere Baumsammlung im gemäßigten Südamerika legte William Lobb in den vierziger Jahren des 19. Jh. in Chile an.

Oben links: Duhamel du Monceau (1700–82) war ein bedeutender französischer Ingenieur und Agrarwissenschaftler. Der *Nouveau Duhamel,* sein posthum erschienenes Werk über Bäume, wurde hervorragend von Redouté illustriert.

Links: Engelbert Kaempfer, ein Arzt der holländischen Handelskompanie in Japan, nahm 1690 und 1691 an diplomatischen Missionen nach Tokio teil und brachte die ersten Blütenkirschen und Magnolien nach Europa. Er entdeckte auch den Ginkgo.

Rechts: Carl Peter Thunberg (1775–1828), in Uppsala ein Schüler von Linné, bekleidete 85 Jahre später den gleichen Posten wie Kaempfer. Er richtete eine Baumschule auf Deshina, der holländischen Insel im Hafen von Nagasaki, ein und sammelte u. a. Ahorne, Eichen, Kirschen und Koniferen. Die erste Auflage seiner *Flora Japonica* erschien 1784.

Philipp Franz von Siebold (1796–1866) stand wie Kaempfer und Thunberg in den Jahren 1823–30 und 1859–62 als Arzt im holländischen Ostindien-Dienst. 1830 wurde er als Spion aus Japan ausgewiesen. Er führte Azaleen, Kamelien, Hortensien und andere Gartenpflanzen sowie *Paulownia* und *Malus floribunda* ein.

Links: Im 18. Jahrhundert wurde der Ferne Osten in Europa große Mode. Viele Gärten wurden im «chinesischen» Phantasiestil angelegt.

Oben links: Kapitän Cook erklärte Neusüdwales 1770 an der Botany Bay zum britischen Besitz. An dieser Forschungsreise nahm auch Joseph Banks teil.

Oben: Bernard de Jussieu (1699–1777), Professor am Jardin des Plantes, schuf das Vorbild des «natürlichen» Systems der Pflanzen und legte für Ludwig XV. einen Botanischen Garten in Versailles an.

D'Incarville hatte Glück, nach ihm schloß sich das Tor wieder. Aber dieser kurze Einblick hatte genügt: Ganz Europa schwärmte für Chinoiserien, in der Malerei, Innendekoration, Möbel- und Textilkunst – sogar in der Gartenkunst.

Japan verhielt sich den Europäern gegenüber kaum anders. Es ließ sie einen knappen, verheißungsvollen Einblick nehmen und dann den Vorhang sofort wieder fallen.

Die erste Begegnung zwischen Japanern und Europäern hatte unter keinem glücklichen Stern gestanden. Daraufhin verwehrten sie Europäern den Zutritt ins Land und erlaubten nur den Holländern, Handel zu treiben; doch auch sie durften sich nur auf einer kleinen Insel im Hafen von Nagasaki aufhalten und diese nur einmal im Jahr verlassen, um dem Kaiser in Edo, wie Tokio damals hieß, ihre Geschenke zu überbringen.

Engelbert Kaempfer, ein Arzt und Botaniker im Dienst der holländischen Ostindienkompanie, nahm zweimal, 1690 und 1691, an dieser Reise nach Edo teil und berichtete als erster über japanische Bäume. Seine wichtigste Entdeckung war der Ginkgo (ein ursprünglich chinesischer Baum, wie die Gartenkunst in sehr früher Zeit von den Japanern übernommen); nach Holland schickte er außerdem Ahorne und Blütenkirschen. Es dauerte 80 Jahre, bis der nächste europäische Botaniker Japan besuchen durfte.

Dies war der schwedische Naturforscher und Linné-Schüler Carl Thunberg. Als er 1776 nach Edo kam, herrschte ein neuer Geist in Europa. James Cook hatte Australien besucht, Francis Masson (der erste professionelle Pflanzensammler) war vom Kap zurückgekehrt, der Botaniker William Roxburgh aus Kalkutta.

Besonders gut verkörperte diesen neuen Geist Sir Joseph Banks, Lord Butes Nachfolger in Kew und einer der gelehrsamsten und enthusiastischsten (auch reichsten) Mäzene, die jemals die Forschung gefördert haben. Nachdem er Cooks Australien-Expedition mitgemacht hatte, sorgte er dafür, daß an jeder Entdeckungsreise ein kompetenter junger Botaniker teilnahm. Und natürlich auch dafür, daß auf diese Weise die große Sammlung in Kew vervollständigt wurde.

Aus der Tabelle der Baum-Einführungen auf den Seiten 254 und 255 geht der Stand hervor, der Ende des 18. Jahrhunderts erreicht war. Seit Jahrhunderten waren ständig Bäume aus dem Mittelmeergebiet eingeführt worden. Die kolossale Baum-Welle aus dem nordamerikanischen Osten war zu einem stetigen Zufluß abgeebbt, für den vor allem der ebenfalls aus Kew entsandte John Fraser sorgte. Doch nun sollte bald die ungeahnt reiche Baumwelt der übrigen Welt – des Fernen Ostens, amerikanischen Westens und der südlichen Hemisphäre – durchforscht werden.

Der amerikanische Westen

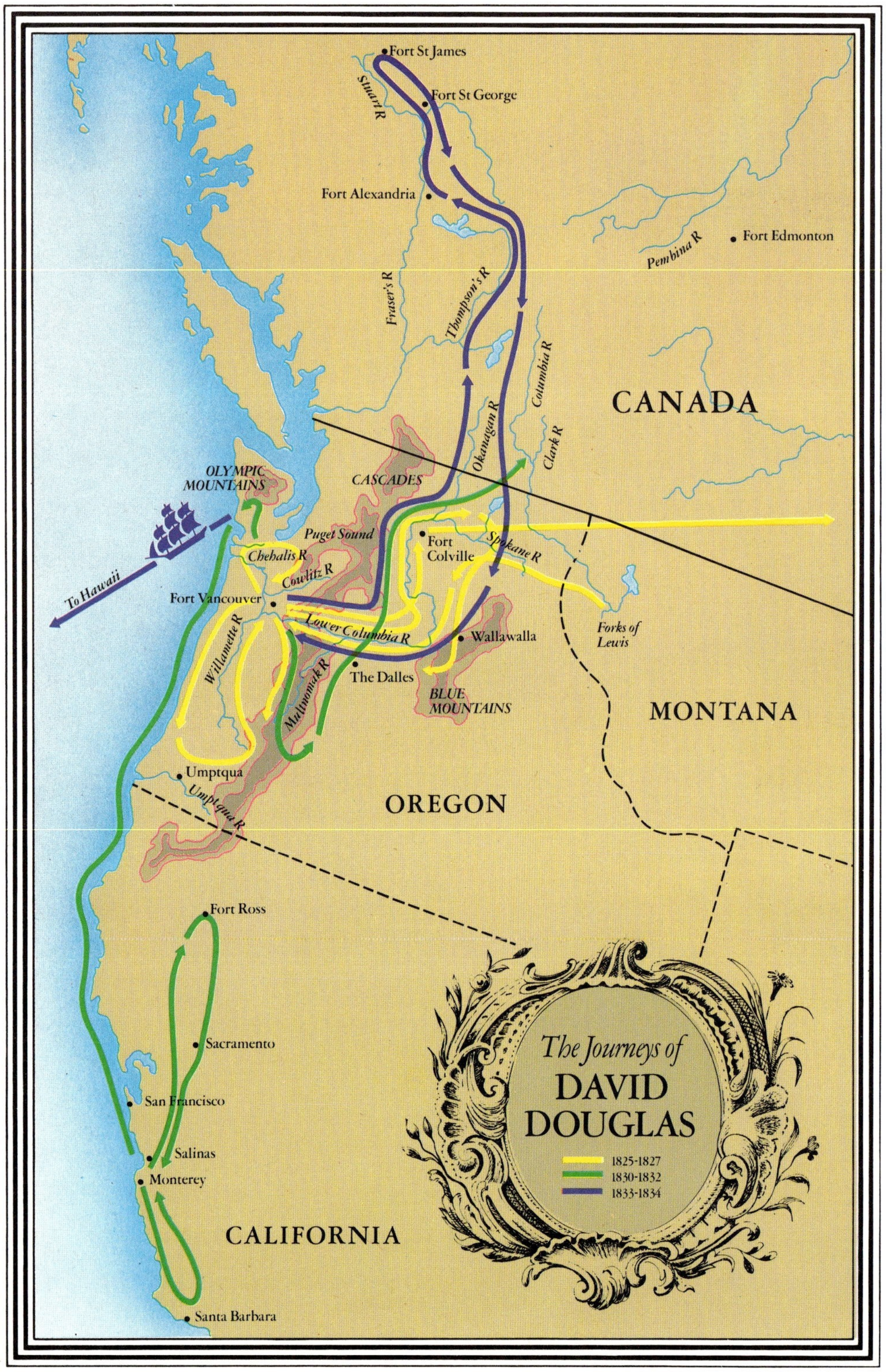

Die Reisen von David Douglas

Die ersten Nachrichten, daß die amerikanische Pazifikküste von außergewöhnlichem Interesse für den Botaniker sei, kamen von Kapitän Vancouvers Reise im Jahre 1792. Sein Bordbotaniker war Archibald Menzies. Begeistert beschrieb er die Douglasie, die Nutka-Scheinzypresse, die Sitkafichte und die Küsten-Sequoie – alles Bäume, die doppelt so hoch wuchsen wie alles, was er bislang gesehen hatte.

John Bartram hatte schon viele Jahre vorher von einer Entdeckungsreise in den Westen geträumt. Sein Plan wurde schließlich nach seinem Tode verwirklicht, als Thomas Jefferson die 40 Mann starke Lewis-und-Clark-Expedition organisierte. Aber diesem Team fehlte ein Bartram oder selbst ein weniger bedeutender Botaniker. Nach zweieinhalb Jahren kehrte die Expedition von der Küste zurück und brachte nur eine bescheidene Sammlung von Samen mit, offenbar ohne Menzies' Riesenbäume gesehen zu haben.

Als 1824 ein Sammler aus London geschickt wurde, lebte Joseph Banks nicht mehr, und Kew wurde (eine Zeitlang, aus politischen Gründen) finanziell nicht gefördert. Deshalb finanzierte die Horticultural Society diese Reise. Auf Empfehlung des späteren Kew- Direktors William J. Hooke fiel die Wahl auf David Douglas, den Sohn eines Maurers und botanischen Autodidakten, dessen außergewöhnliche Fähigkeiten Hooker beeindruckt hatten.

Mut ist unter Pflanzensammlern eine gängige Münze. Über ihre Heldentaten und ihr oft verhängnisvolles Schicksal sind viele spannende Bücher geschrieben worden. Dennoch war Douglas ein Sonderfall. Es war ein Hochlandschotte mit einer Obsession. Mit der Energie eines Fanatikers durchforschte er die Wildnis des amerikanischen Nordwestens. Die Indianer begegneten diesem seltsamen «Grasmann», wie sie ihn nannten, mit allergrößtem Respekt.

Im Tartanmantel und literweise Tee trinkend wanderte er Tausende von Meilen durch unwegsames Gelände, meist ganz allein, und trug dabei auf dem Rücken (und durch eisige Gewässer auf dem Kopf) eine gewaltige Last von Mustern, Samen, Zapfen – einmal sogar zwei lebende Adler. Auch wenn er bis auf die Knochen durchnäßt, verletzt oder ausgehungert war, setzte er seine Suche nach neuen Bäumen fort.

Seine erste Expedition an den Columbia River dauerte von April 1825 bis März 1827, als er die Heimreise mit dem «Expreß» der Hudson's Bay Company antrat. Von dieser Reise brachte er außer vielem anderen die folgenden Bäume mit: die Douglasie, die Sitkafichte, die Amerikanische Edeltanne, den Großblättrigen Ahorn, die Amerikanische Gold- und Coulters-Kiefer, die Zukkerkiefer und die Weymouths-Kiefer.

Archibald Menzies (1754–1842), Marinearzt und Botaniker, nahm in den neunziger Jahren des 18. Jahrhunderts an der Forschungsexpedition der «Discovery» in den Nordwesten Amerikas teil. Er war der erste Botaniker, der die riesigen Koniferen der Pazifikküste sah. Der Name der Douglasie *(Pseudotsuga menziesii)* wahrt sein Andenken.

Thomas Nutall (1786–1859) aus Liverpool versuchte mehrmals, den nordamerikanischen Kontinent zu durchqueren, bis es ihm schließlich im Alter von fünzig Jahren nach einer abenteuerlichen Reise über die Gebirge gelang. Von 1822 bis 1834 leitete er den Harvard Botanic Garden.

John Claudius Loudon (1783–1843), Journalist und Enzyklopädist, beschrieb in seinem siebenbändigen *Arboretum and Fructicetum Britannicum* zum erstenmal alle damals bekannten Baumarten. Er prägte den «gartenartigen» Stil.

A.J. Downing war der Loudon Amerikas: 1845 erschien sein Werk über die amerikanischen Früchte und Obstbäume. Außerdem war er einer der führenden amerikanischen Landschaftsgestalter seiner Zeit, der sich als erster für die Schaffung öffentlicher Parkanlagen in den Städten einsetzte.

Frederick Law Olmsted ließ sich bei seinem Entwurf für den New Yorker Central Park (1858) vom Liverpooler Birkenhead Park inspirieren. Er gewann den Wettbewerb und wurde der Vater der Nationalparks in den USA.

Seine zweite Expedition führe ihn 1830 wieder an den Columbia River. Diesmal durchforschte er aber auch Kalifornien und machte Monterey zu seinem Stützpunkt. Während dieser ganzen Zeit schickte er nicht Pakete, sonder ganze Kisten voller Samen nach Hause. Denn er sollte nicht nur Bäume entdecken, sondern ihre Einführung in England ermöglichen. Er schickte solche Mengen über den Atlantik, daß die von ihm entdeckten Pflanzen in großer Zahl von Sammlungen gezogen werden konnten. Während er noch in der Wildnis kampierte, wurden seine Bäume in Europa bekannt.

Auch der berühmte Botanische Garten in Petersburg gehörte zu seiner Klientel. Der Zar lud ihn ein, über Alaska und Sibirien zurückzukehren. Begeistert brach er 1832 in Fort Vancouver auf, gelangte aber nicht über Britisch Kolumbien hinaus. Entmutigt und auf einem Auge erblindet mußte er umkehren.

Anderthalb Jahre darauf starb Douglas auf Hawaii. Er fiel in einen Stierpferch und wurde von einem wilden Bullen getötet. Er war erst fünfunddreißig.

In den zwanzig Jahren nach Douglas' Tod bereisten viele Botaniker den amerikanischen Westen, und die Welt harrte gespannt ihrer Entdeckungen. Thomas Nuttall stieß von der Hudsonbai aus vor und fand den Hartriegel des Westens (Cornus nuttallii), den Douglas zufällig übersehen haben mußte. Thomas Hartweg schickte Samen der Küsten-Sequoie, Monterey-Zypresse und Castanopsis. Eine Gruppe schottischer Grundbesitzer gründete die Oregon Association und entsandte John Jeffrey, der die Jeffreys-Kiefer und die Westamerikanische Hemlocktanne entdeckte und die Große Küstentanne einführte. Die Baumschule Veitch in Exeter schickte William Lobb, der schon Chile bereist hatte, auf Entdeckungsreise; an neuen Bäumen brachte er den Mammutbaum, den Riesenlebensbaum (Thuja plicata), die Colorado-Tanne und die prächtige Santa-Lucia-Tanne (Abies bracteata) mit. Dies war im Jahre 1853, der Goldrausch war in vollem Gange, und es gab Hotels.

Wenn sich einer seiner Zeitgenossen mit Douglas vergleichen kann, so ist dies, allerdings auf einem anderen Feld, John Claudius Loudon. Er verfaßte das siebenbändige *Arboretum et Fructicetum Britannicum,* das erstmalig den Versuch unternahm, die gewaltige Zahl der damals verfügbaren, größtenteils neuen Bäume unter botanischen wie gärtnerischen Gesichtspunkten darzustellen. Außerdem gab er eine eigene Zeitschrift heraus und schrieb eine Reihe weiterer Bücher über Gartenkunst und Landschaftsbau.

Loudon teilte die Gärten in vier Kategorien ein – in erst- bis viertklassige. Die meisten Gärten unserer Zeit hätten ihn rasch noch eine achte oder neunte Kategorie hinzufügen lassen. Er gab eine Fülle guter praktischer Ratschläge. Doch während die Schule der «natürlichen» Landschaftsgestalter jede verfeinerte Gartenkunst ablehnten, neue Bäume ignorierten und sich nur für «Gesamtansichten» interessierten, vertrat Loudon einen noch gefährlicheren Standpunkt: daß nämlich der gute Geschmack verlange, in allen Gärten ausschließlich ausländische Bäume und Sträucher oder veredelte Formen einheimischer Arten zu pflanzen, und jeder Garten, ob er zu einer Hütte oder zu einem Herrensitz gehöre, zu einem Arboretum werden müsse.

Die erste Durchquerung des amerikanischen Kontinents unternahmen in den Jahren 1804–06 die Kapitäne Lewis und Clark. Für die Botanik hatte diese Expedition aber mehr symbolische als praktische Bedeutung.

Loudons 1838 erschienenes Buch *Suburban Gardener and Villa Companion* galt als Bibel der Gartenkunst, als die Entdeckungen der kühnen Botaniker eingeführt wurden. Als sich ihr die größten Möglichkeiten eröffneten, erreichte die englische Gartenkultur einen Tiefstand.

Die Entdeckung des Ostens

Rechts: **Pater Armand David** (1826–1900) war ein bedeutender französischer Zoologe und Botaniker. Außer den nach ihm benannten Davidia- oder Taubenbaumgewächsen entdeckte er zahlreiche Arten, deren lat. Epitheton *davidii* oder *armandii* lautet. 1 und 3 C

Zu Anfang des 19. Jahrhunderts herrschte überall in der Welt reger botanischer Reiseverkehr. Der einzige Bereich, in dem die Botaniker mit mehr als physischen Erschwernissen zu kämpfen hatten, war der Ferne Osten. Dort war ihre Arbeit außerordentlich erschwert. Ihre alleinigen Kontaktpunkte waren die Niederlassungen der Ostindischen Handelskompanie. Dort baten pflanzenhungrige Sammler (deren Zahl immer größer wurde) das Personal der Niederlassungen, sich bei Züchtern in Macao und Kanton für sie umzuschauen. Mitgebracht bekamen sie prächtig kultivierte Blumen, wußten aber immer noch nichts von den Bäumen im Landesinnern.

Dann trug 1823 ein Unternehmen des bayrischen Augenarztes Philipp von Siebold reiche Früchte. Dank seiner Kunst, den grauen Star zu kurieren, war es ihm gelungen, nach Japan einzureisen und als erster die dortige Flora genauer zu untersuchen. Doch blieben die Grenzen weiter dicht, bis China schließlich 1844 gezwungen wurde, sie zu öffnen, und amerikanische Kriegsschiffe 1853 den Japanern klarmachten, daß die USA durchaus entschlossen waren, sich zu holen, was man ihnen vorenthielt.

Die Geschichte der botanischen Erforschung dieses erstaunlichen Jagdreviers wird auf diesen beiden Seiten erzählt. Die Kette der Entdeckungen ist bis heute nicht abgerissen. So fehlt uns immer noch eine vollständige Bestandsaufnahme der herrlichen westchinesischen Flora, besonders des südwestlichen Himalajagebiets. Was sich aber schon klar abgezeichnet hat, ist die enge Verwandtschaft zwischen den Arten Ostasiens und Nordamerikas.

Mitte des vergangenen Jahrhunderts wurden auch Sikkim und die immens fruchtbaren Vorberge des mittleren Himalajamassivs botanisch erforscht. Die erste Expedition dorthin unternahm Joseph Hooker, der Sohn des Kew-Direktors, der später ebenfalls diesen Botanischen Garten leitete. Von seiner Ausbeute sind vor allem die Rhododendren zu nennen.

Pater Jean Marie Delavay, der erste europäische Botaniker in Westchina (1838–95), entdeckte Dutzende von Gartenpflanzen. Eine Magnolie und eine Weißtanne tragen seinen Namen. 3 C

Jean André Soulié (1858–1905) entdeckte den Schmetterlingsstrauch oder «Sommerflieder» und eine Reihe von Rhododendrenarten in Szentschuan. 3 C

Pater Paul Perny (1818–1907) fand die nach ihm benannte Stechpalme. 3 D

Paul Guillaume Farges (1844–1912) versorgte den Biologen und Samenzüchter Vilmorin, u.a. mit dem ersten Taubenbaum-Samen. Er entdeckte viele Rhododendren und die herrliche Tanne, die seinen Namen trägt. 2 D

Thomas Lobb (1809–63) sammelte für den Londoner Züchter Veitch (der auch William Lobb nach Chile und Kalifornien schickte). Eine *Cryptomeria* ist nach ihm benannt. 3 D

Links: **Sir Joseph Hocker** (1817–1911), der spätere Direktor der Kew Gardens, kehrte 1850 mit großartigen Rhododendren aus dem Himalajagebiet zurück. Er führte die Indische Birke ein und beschrieb u.a. die größte Magnolie, *Magnolia campbellii.* 3 A und B

Henry John Elwes (1846– 1922) unternahm 1870 eine Expedition nach Sikkim. 3 B

Victor Jacquemont (1801– 32) beschrieb die Himalaja- oder Deodar-Zeder. Eine Reihe von Pflanzen ist nach ihm benannt. 2 A

Nathaniel Wallich (1786–1854), ein dänischer Arzt, führte den *Rhododendron arboreum,* die Himalaja-Kiefer und den *Cotoneaster frigidus* ein; außerdem entdeckte er viele Gartenpflanzen. 2 A, 3 und 4 B

Frank Ludlow und *George Sherriff* unternahmen die bekannteste Tibet-Expedition der letzten Jahrzehnte und entdeckten dabei vor allem Rhododendren und Primelgewächse. 3 B

Engelbert Kaempfer (s.S. 33–45). 2 F

Rechts: **Frank Kingdom Ward** (1885–1958) forschte und sammelte über 40 Jahre in Asien. Pflanzen mit dem Epitheton *wardii* wurden von ihm eingeführt. 3 B, 4 B und C

Rechts: **Robert Fortune** (1812–80) war der erste Sammler, der sich einigermaßen frei in China bewegen durfte. Er führte viele Gartenpflanzen ein. Zu seinen Baumentdeckungen zählen die Goldlärche, die nach ihm benannte Chinesische Kopfeibe und die *Cryptomeria*, 2 und 3 D, 3 und 4 E, 2 F

Rechts: **Karl von Maximowicz** (1827–91) war in den 1860er Jahren die größte Kapazität für mandschurische und japanische Pflanzen. Er führte Magnolien, die *Stewartia pseudocamellia*, Eichen, Tannen, Kiefern und Ahorne ein. Eine später von Sargent eingeführte Birke trägt seinen Namen. 2 D, 1 und 3 E, 1 und 2 F

Rechts: **Ernest Henry Wilson** (1876–1930) stellte auf vier Reisen, die er u.a. für das Arnold Arboretum unternahm, die größte Einzelsammlung chinesischer Bäume zusammen. Zu seinen Bäumen zählen der Grauahorn, eine Kornelkirsche und die *Magnolia wilsonii*. 3 C, 3 und 4 D, 2 F

James Cunningham gab der Chinesischen Spießtanne ihren lat. Namen *Cunninghamia*. 4 D, 3 E

Carl Peter Thunberg (s.S. 45). 2 E

Pierre d'Incarville (1706–57), ein Jesuitenpater, führte von Peking aus u.a. den Götterbaum und den Schnurbaum ein. 2 D

Philip von Siebold (s.S. 45). 2 E, 2 F

William Kerr (gest. 1814) wurde von Kew nach China geschickt und lebte dort acht Jahre. Der wichtigste der von ihm eingeführten Bäume ist der Chinesische Wacholder.

Dr. Clarke Abel (1780–1826) besuchte Peking in diplomatischer Mission, beschrieb die Chinesische Ulme und führte die Japanische Aprikose ein. 2 und 4 D

Gregorij Nikolajewitsch Potanin (1835–1920) erforschte das Land der Tungusen (die Pflanzen von dort heißen «*tanguticus*» Die Chinesische Lärche trägt seinen Namen. 2 C und D

Links: **John Gould Veitch,** berühmtes Mitglied der Chelsea-Baumpflanzer-Dynastie, besuchte 1860 Japan. Er fand dort die *Magnolia stellata* und 17 neue Koniferen, u.a. die Japanische Lärche, die Japanische Tanne, die Veitch-Weißtanne sowie die Yeso-, Hondo- und Tigerschwanzfichte. Sein Sohn J.H. Veitch setzte sich sehr für die Popularisierung der Japanischen Blütenkirschen ein. 1 und 2 F

Alexander von Bunge (1803–90) sammelte für Petersburg in Nordchina und entdeckte *Pinus bungeana*. 1 D

Richard Oldham (1838–64), der letzte offizielle Sammler für Kew, führte den Japanischen Schneeglöckchenbaum ein. 2 und 3 E

Charles Maries (1851–1902) forschte im hohen Norden Japans und fand dort die Maries-Tanne. 3 D, 1 F

Frank Meyer wurde 1905 vom amerikanischen Landwirtschaftsministerium nach China geschickt und ertrank 1908 im Jangtsekiang. Er schickte Hirse, Reis sowie den *Acer ginnala*, die Chinesische Roßkastanie und *Juniperus squamata* «Meyeri» nach den USA. 1, 2 und 3 E

George Forrest (1873–1932) war der bedeutendste Rhododendren-Sammler und führte Hunderte von Arten ein, u.a. *Rhododendron giganteum* und *R. sinogrande*. Außerdem hatte er sich auf Primelgewächse spezialisiert. Er führte eine schöne Weißtanne und einen Schlangenhautahorn ein, die beide das Epitheton *forrestii* tragen. 4 C

Reginald Farrer (1880–1920) und **Euan Cox,** beide Verfasser botanischer Werke, besuchten 1919 Hunan und brachten *Juniperus coxii* mit 1, 2 und 3 C

Augustine Henry (1857–1930), fing in China aus Langeweile zu botanisieren an. Er entdeckte allein zehn neue Ahornarten sowie Kirschen, Ulmen und die Lindenarten *Tilia henryi* und *Tilia oliveri*. Im Ruhestand schrieb er zusammen mit Elwes ein Buch über die Bäume der Britischen Inseln. 4 C, 3 und 4 D

Charles Sprague Sargent (1841–1927), der Gründer des Arnold Arboretum in Boston, brachte die prächtige Sargent-Kirsche und Zieräpfel aus Japan mit. 1 und 2 F

Collingwood Ingram ist seit 1927 führender Sammler und Autorität auf dem Gebiet der japanischen Blütenkirschen (vgl. S. 198). 2 und 3 F

Rechts: **Joseph Rock,** ein geborener Wiener, sammelte im Tungusenland, das er als «einen Garten Eden» beschrieb. Eine schöne Eberesche ist nach ihm benannt. 2 und 43 C

Links: **Lady Amherst,** Frau des Generalgouverneurs von Indien, die hier auf einem Elefanten Bäume besichtigt, ist die einzige Frau in dieser Geschichte. Sie führte die *Clematis montana* und das Adonisröschen, aber keine Bäume ein. 2 A

Tropenbäume

Unser Baumbuch beschränkt sich aus praktischen Gründen im wesentlichen auf die Bäume der gemäßigten Breiten. Da aber die Tropen einen unvergleichlich größeren Reichtum an verschiedenen Baumarten aufweisen, wäre es ein höchst unvollkommenes Unterfangen, von Bäumen zu sprechen, ohne wenigstens auf einige Besonderheiten der Tropenbäume in Text und Bildern hinzuweisen.

Zwischen den Wendekreisen, wo 45% der Wälder der Erde liegen, gibt es an die 10000 verschiedene Baumarten, welche zumeist aus Familien stammen, die in unserer Flora nicht vertreten sind. Erstaunlicherweise erreicht aber trotz der idealen Wuchsbedingungen keine einzige Baumart die riesigen Dimensionen etwa der Eukalypten oder Sequoien der Subtropen und gemäßigten Breiten. Die größten Bäume des Tropenwaldes überschreiten meist die 60m- Grenze nicht. Höhen von 70 m wie z.B. bei Agathis alba auf Celebes oder gar 84 m bei Koompassia excelsa auf Borneo sind seltene Ausnahmen.

Besonders charakteristisch für viele Tropenbäume ist die geringe Verzweigung ihrer Sproßachse. Während das Kronengerüst unserer Laubbäume etwa 6 bis 8 Verzweigungsordnungen aufweisen kann, finden wir bei Tropenbäumen meist nur 3 bis 5. Diese Tendenz gipfelt im völlig unverzweigten Baum, an dem die Blätter zu einem großen Schopf an der Spitze der Stammachse gebüschelt stehen. Die bekanntesten Vertreter dieser Schopfbäume oder Blattkronenbäume – im Unterschied zu unseren Astkronenbäumen – sind wohl die Palmen.

Die Gunst des tropischen Klimas erlaubt den Schopfbäumen, die ganze Achsenbildung einer einzigen Endknospe anzuvertrauen, ein Risiko, das in unserem frostbedrohten Klima kein Baum eingehen könnte. Der Nachteil, daß in einem einzigen Blattschopf natürlich nur eine beschränkte Zahl von Einzelblättern Platz hat, wird durch die Größe der Blätter kompensiert. Der Schopfbaum als Baustil findet sich indessen nicht nur bei Palmen, sondern auch bei anderen Monokotyledonen, wie den Drachenbäumen (Dracaena), Cordylinen, Agaven und den Aloë- und Yucca-Arten, wenn auch auf die Dauer etwas weniger konsequent, indem diese Bäume sich von einem gewissen Alter an meist doch noch etwas verzweigen. Selbst für einige dikotyle Tropenbäume ist der unverzweigte Stamm mit endständigem Blattschopf mindestens in der Jugend charakteristisch. So beim Melonenbaum (Carica papaya), bei gewissen Aralien oder Arten der Leguminosen-Gattungen Albizzia und Schizolobium. Besonders graziöse Schopfbäume bilden schließlich die meist in höheren Lagen aller Tropen vorkommenden und an die Steinkohlenzeit der Erdgeschichte gemahnenden Farnbäume, deren unverzweigte, durch verholzte Gefäßbündel armierte Stämme bis zu 20 m hoch werden können.

Im Unterschied zu unseren meist windbestäubten Waldbäumen werden die tropischen Baumblüten fast ausschließlich durch Tiere bestäubt. Da die Tropenbäume längere Zeit – oft fast das ganze Jahr über – blühen, können nun auch solche Tiere als Bestäuber auftreten, die ständig auf Nahrungssuche sind und nicht nur während einiger Monate wie unsere Insekten. Häufige Bestäuber sind in den Tropen neben den Insekten die Vögel und Fledermäuse, aber auch fliegende oder kletternde Beuteltiere.

Eine Blütenspezialität, die wir meist nur vom Judasbaum her kennen, tritt in den Tropen häufig auf: die als Kauliflorie bekannte Erscheinung, daß sich die Blüten direkt am Stamm oder an älteren Ästen bilden, wo sie von Tieren bestäubt werden, die den Kronenraum meiden. Der Jackfrucht-Baum, der Kakao, der Kanonenkugel-Baum, der Durian und manche Ficus-Arten gehören dazu. Von bodenbewohnenden, meist größeren Tieren werden dann auch die leicht erreichbaren stammbürtigen Früchte gefressen. Andere Baumarten wie der Leberwurst-Baum, der Mango-Baum oder das Mangrovengehölz Sonneratia hängen ihre Blüten oder Früchte an «Schnüren» aus dem schwer durchfliegbaren Kronenraum heraus, wo sie den nektarsuchenden oder fruchtfressenden Fledertieren besser zugänglich sind (sog. Flagelliflorie).

Bizarr und fremdartig muten uns die Wurzelbildungen mancher Tropenbäume vor allem des Regenwaldes an. Bei vielen Arten wachsen die Oberseiten der Seitenwurzeln brettartig bis mehrere Meter hoch am Stamm hinauf und bilden ein richtiges Plankengerüst um den Stamm herum. Diese sogenannten Brettwurzeln erinnern an Stabilisierungsflügel einer aufgestellten Rakete. Andere Bäume bilden einige Meter oben am Stamm Seitenwurzeln, die bogenförmig zum Boden wachsen und später als mächtige Stelzen die Last des Baumes fast allein tragen und stützen. In der Mangrove im Gezeitenbereich der seichten Küstengewässer stehen die Rhizophora-Arten ausschließlich auf solchen Stelzwurzeln, die sogar an den Kronenästen entspringen können. Die

Der berühmte «Flamboyant» *(Delonix regia,* Familie: *Caesalpiniaceae)* aus Madagaskar wird in allen Tropengebieten besonders häufig kultiviert.

Unten: Im tropischen Regenwald sind Bäume mit «Brettwurzeln» sehr häufig. In extremen Fällen keilen die «Bretter» erst in einer Höhe von 8–9 m aus, was das Fällen und die Verwertung der Stämme stark erschwert.

Unten: Die Mangroven-Gattung *Rhizophora* bildet in der Gezeitenzone seichter Küstengewässer ausgedehnte Reinbestände auf Stelzwurzeln, die gleichzeitig das Wurzelsystem mit Sauerstoff versorgen (Pneumatophoren). Die fast undurchdringlichen Mangrovengehölze werden etwa zur Holzkohle- und Tanningewinnung genutzt.

Unten: Die in Gebieten mit ausgeprägten Trockenzeiten lebenden «Flaschenbäume» besitzen in ihren bauchigen Stämmen ein ausgezeichnetes Wasserreservoir, wie der hier abgebildete australische *Brachichiton rupestre (Sterculiaceae).*

Oben: Die Früchte des aus Südamerika stammenden Kakaobaumes *(Theobroma cacao,* Familie *Sterculiaceae)* sind kaulikarp, das heißt, sie entwickeln sich direkt aus dem Stamm. Zur Kakaoherstellung werden die großen, weißen Samen in den je nach Sorte roten oder gelben Früchten verwendet.

Oben: Die graziöse, palmenähnliche *Anthocleista nobilis* ist ein dikotyler, unverzweigter Schopfbaum Westafrikas aus der Familie der *Loganiaceae.* Er tritt hauptsächlich in Sekundärwäldern auf.

Die kurzen, dicken Stämme älterer Exemplare des bei uns als Zimmerpflanze beliebten indischen Gummibaumes *(Ficus elastica,* Familie: *Moraceae* sind «spannrückig» und bestehen weitgehend aus stammbürtigen Adventivwurzeln.

Die zähe, bleiche Masse der flächig sich ausbreitenden Luftwurzeln der Würger-Feige überzieht fast lückenlos den ursprünglichen Trägerbaum, auf dem der Würger einst gekeimt hat.

Stämme mancher Ficus-Arten bestehen zuweilen praktisch nur aus miteinander zu seltsamen Gebilden verwachsenen stammbürtigen Wurzeln, was natürlich ebenso wie die mächtigen Brettwurzeln eine forstliche Verwertung erschwert. Bei den zwei wohl berühmtesten Feigen-Arten, dem «Banyan» (Ficus bengalensis) und dem «Waringin-Baum» (Ficus benjamini) wachsen adventive Luftwurzeln an den sich horizontal ausbreitenden Ästen nach unten und verdicken sich nach Erreichen des Bodens zu ansehnlichen pfeilerartigen Wurzelstämmen, so daß mit der Zeit ein einziger Baum einen ganzen Waldbestand bildet. Dieser kann an seiner Peripherie weiterwachsen, auch wenn der ursprüngliche zentrale Baum längst abgestorben ist. Im botanischen Garten von Kalkutta besitzt ein solcher «Ein-Baum-Wald» 500 Wurzelstämme, und sein Kronenumfang mißt 530 m. Insgesamt bedeckt er 5600 m² Boden!

In der enorm artenreichen Gattung Ficus finden sich auch verschiedene berüchtigte «Würgerbäume», eine ebenfalls auf die Tropen beschränkte Baum-Lebensform. Ihre Samen keimen in den Kronen irgendwelcher Bäume, in Astlöchern oder -gabeln, wohin sie Tiere verschleppen. Die junge Pflanze schickt zunächst harmlos scheinende Luftwürzelchen dem Stamm entlang nach unten. Sobald diese aber den Boden erreicht haben, erstarken sie rasch, verzweigen sich und verwachsen seitlich miteinander zu einem Netz aus zähen und sich verbreiternden Holzmaschen. Das Wurzelkorsett überzieht schließlich den Stamm des Trägerbaumes völlig, so daß er nicht mehr in die Dicke wachsen kann. Zusätzlich wird auch seine Krone vom Würger überwuchert und sein Wurzelraum an Wasser und Nährstoffen geplündert, so daß er schließlich stirbt und vermodert. Übrig bleibt der hohle, röhrenartige Wurzelstamm des Würgers.

Überraschend und auch nicht einfach zu erklären ist der Wachstumsverlauf bei manchen immergrünen tropischen Bäumen. Trotz der z.B. im Regenwald herrschenden gleichmäßig günstigen Wuchsbedingungen wachsen zahlreiche Immergrüne nicht etwa kontinuierlich, sondern ebenso in periodischen Schüben wie wechselgrüne Bäume. Allerdings stimmen diese Wachstumsschübe nicht mit unserer Jahresperiodizität überein, denn sie können mehrmals pro Jahr einsetzen. In der Holzstruktur manifestieren sich diese Schübe in Form von Wuchszonen oder Wuchsringen, wobei letztere jedoch nicht echten Jahrringen entsprechen, wie sie im Jahresrhythmus des gemäßigten Klimas gebildet werden. Die kontinuierlich wachsenden, immergrünen Tropenbäume schließlich bilden ein völlig homogenes Holz.

Die moderne Baumschule

Botanischen Entdeckungsreisenden haben wir es zu verdanken, daß Tausende von wildwachsenden Arten aus fernen Ländern heute bei uns kultiviert werden. Aber fast ebensoviel haben die Baumschulen mit ihrer weniger dramatischen Zucht- und Auswahlarbeit zu dem gewaltigen Angebot von Gartenbäumen beigesteuert.

Ein Entdecker bringt eine neue Art oder eine neue Varietät einer bekannten Art mit. Ein Züchter kreuzt eine Art mit einer anderen, um uns eine für den Garten verbesserte Hybride – die entweder schneller wächst oder prächtigere Blüten hat – anzubieten. Auch kontrolliert er genau seine Saatbeete, damit ihm keine interessante Variante der Natur entgeht. Viele der heute häufig gepflanzten Bäume sind das Produkt menschlicher Züchtungs- und Kultivierungsbemühungen. Manche «Kulturvarietäten» lassen sich weiterhin mit Samen vermehren, doch kann bei sehr vielen von ihnen der Fortbestand allein durch die Verfahren gesichert werden, die die geschlechtliche Fortpflanzung umgehen: Stecklingsvermehrung und Pfropfung. Denn sonst gingen die besonderen Merkmale bei der Nachkommenschaft im genetischen Schmelztiegel unter.

Viele dieser Kultursorten tragen den Namen berühmter Pflanz- und Baumschulen, in denen sie einst gezüchtet oder ausgewählt wurden: Späth, Berlin; Vilmorin, Paris; Veitch, Chelsea. Diese Namen sind dem Gärtner ebenso vertraut wie die großen Namen von heute: Hesse, Bremen; Gulf Stream, Virginia; Hillier, Winchester usw.

Die Hauptarbeit einer Baumschule besteht jedoch darin, eine große Zahl verschiedenartiger Pflanzen zu erzeugen. Der Trend geht heute zwangsläufig dahin, das Programm auf die Sorten zu beschränken, die regelmäßig verlangt werden. Auf diesen beiden Seiten zeigen wir aber das stark vereinfachte Modell einer Baumschule, die sich diesem Trend entschieden widersetzt: Hillier in Winchester. Der Katalog dieser Firma enthält an die 8000 lieferbare Bäume und Sträucher. Keine andere Baumschule der Welt kann mit einem so reichhaltigen Programm aufwarten. Hillier ist ein kommerzieller Botanischer Garten, und wenn man Schwierigkeiten hat, einen der in diesem Buch vorgestellten Bäume zu finden – was bei vielen leider der Fall sein wird, – dann ist diese englische Firma womöglich die einzige in der Welt, die ihn liefern kann.

Von Zuchtsorten oder Kulturvarietäten, die sich nicht mit Samen vermehren lassen, müssen Stecklinge gezogen oder Reiser von ihnen auf leichter vermehrbare «Unterlagen» aufgepfropft werden. Stecklingsvermehrung und Pfropfung werden in einem besonderen «Haus» vorgenommen.

In einem Schuppen sind Traktoren und Geräte untergebracht.

Im Gewächshaus sind Sprühleitungen installiert, die für eine gleichbleibend hohe Luftfeuchtigkeit sorgen: ideale Bedingungen für das Wurzeltreiben. Die Lufttemperatur wird bei etwa 20 Grad gehalten.

Wenn von gängigen Bäumen Samen in ausreichender Menge zu haben sind, werden sie mit einem Traktor wie jedes andere Saatgut auf einem Feld ausgesät. Der Mann auf der Reihensämaschine kontrolliert den Fluß der Samen.

Größere Saatgutmengen und noch nicht gepflanzte Stecklinge werden in einem Kühlhaus bei etwa +4 Grad gelagert. Stecklinge lassen sich so meist monatelang aufbewahren. Nur in eine Kartoffel gesteckt haben sie schon Reisen um die ganze Welt überlebt.

Tunnelhäuser aus Polyester-Schalen brauchen kein Fundament und werden deshalb gern als kostensparender Kulturraum zur Anzucht von Jungpflanzen, d.h. frisch eingetopften Stecklingen, verwendet. Stecklinge brauchen eine Entwöhnungszeit in feuchter Atmosphäre.

In Kübeln gezogene Bäume werden in mit feuchtem Sand und Torf gefüllten Kübelbeeten gelagert. Diese und die größeren Bäume in Kübeln, die vor dem Gewächshaus stehen, sind zu jeder Jahreszeit lieferbar.

Bestimmte Gehölze wie Ahorne, Blütenkirschen und Malusgewächse bleiben bis zum Verkauf in ihren Baumreihen stehen. Erst dann werden sie von Hand ausgehoben und entweder mit entblößten Wurzeln oder in Leinen- oder Juteballen verschickt.

Ein Traktor mit einem Breitsprüher kann gleichzeitig mehrere Reihen Sämlinge mit Pflanzenschutz- oder selektiven Unkrautvernichtungsmitteln besprühen; die Düsen lassen sich so einstellen, daß entweder nur die Pflanzenreihen oder die Flächen dazwischen besprüht werden.

Es ist wichtig, das Wurzelwerk junger Bäume kompakt und dichtfaserig zu halten. Deshalb «unterschneidet» man sie mit einem scharfen Messer, das ein Traktor durch den Boden zieht.

Kleinere Samenmengen werden in Beeten mit festinstallierten Beregnungsanlagen von Hand ausgesät. In den hinteren «Tunneln» werden im Sommer Setzlinge, z.B. der Leyland-Zypresse, ausgepflanzt.

Eine Fläche ist für die Zuchtbäume reserviert, von denen Stecklinge (und manchmal auch Samen) entnommen werden. Zur Vermehrung der meisten Laubholzarten verwendet man im allgemeinen kurze Seitentriebe.

Für das Eintopfen gibt es heute Maschinen. Wenn die Stecklinge genug Wurzeln getrieben haben, werden sie aus dem Gewächshaus oder Anzuchtbeet geholt und eingetopft. In der Ecke des Topfhauses ein Haufen Komposterde.

Das Betriebsbüro. Verwaltung und Verkauf sind in einem größeren Gebäude an anderer Stelle untergebracht. Lieferprogramm und Kundenkreis sind so umfangreich, daß mit einem Computer gearbeitet wird.

Das chemische Arsenal einer modernen Baumschule ist gewaltig. Pflanzenschutzmittel und andere Chemikalien werden unter Verschluß gehalten und streng kontrolliert. In dem Raum daneben werden Düngemittel gelagert.

Die Auswahl der Arten

Das 18. Jahrhundert war die große Zeit der Landschaftsgestalter. Sie schufen neue Landschaftsbilder, versetzten Hügel, komponierten Baumgruppen, stauten Gewässer und leiteten Bäche um. Heute wird aber weitaus mehr Landschaftsbau getrieben als im 18. Jahrhundert. Erdbewegungen sind einfacher und nicht mehr so kostspielig. Auch wissen wir heute mehr von den Bäumen und haben eine größere Auswahl als Repton (den unser Bild, aus seinen 1803 erschienenen «Observations...on Landscape Gardening», bei der Arbeit zeigt).

Was tut man, wenn man vor seinem Haus gerade eben Platz für einen Baum hat? Das war auch mein Dilemma, als ich noch in London lebte. Ich suchte damals einen Baum, der alles in sich vereinigte, was Bäume überhaupt leisten können. Er sollte gold- oder silberglänzendes Laub tragen und sich im Herbst prächtig verfärben. Zugleich sollte er natürlich auch immergrün sein, damit ich auch im Winter etwas von ihm hätte. Und schließlich wußte ich, daß es Bäume mit einer herrlich rosafarbenen Schälrinde gibt – also sollte auch mein Baum so etwas haben. Seine Blüten sollten phantastisch gefüllt und dauerhaft sein und das ganze Haus mit ihrem Duft erfüllen – und gleich nach der Blüte sollte er große scharlachrote Früchte tragen, die von den Vögeln verschont bleiben, mir aber um so besser schmecken sollten. (Ich pflanzte eine Platane.)

Jeder Baumliebhaber mit einem Garten macht ein Stadium durch, in dem er sich die verschiedenartigsten Bäume aussucht: die eisblauen Pyramiden, die leuchtendgelben Turbane, die tellergroßen Blätter. In meinem Gemüsegarten habe ich eigens ein Beet für solche Bäume reserviert; dort warten sie dann, bis ich einen Platz für sie gefunden habe – aber meist passen sie nirgendwohin.

Fast überall, auch in unseren Vorstadtlandschaften, gibt es einen oder mehrere Baumarten, die vorherrschen. Wo dies, wie so oft, etwas so Nichtssagendes wie die Blutpflaume ist, sollte man etwas Charaktervolleres als Kontrapunkt setzen. Jeder wird sich freuen, in solcher Umgebung einen stattlichen Waldbaum wachsen zu sehen – es kann auch etwas Blühendes sein, etwa ein Tulpenbaum oder eine große Süßkirsche.

Was ist eigentlich von der Vorstellung zu halten, ein Baum sei nur dann richtig präsent, wenn er mit Blüten übersät ist? Unter Gärtnern, besonders solchen mit kleineren Gärten, ist diese Vorstellung verbreitet. Zunächst einmal stimmt es natürlich, daß uns nichts so gut in Frühlingsstimmung versetzen kann wie ein Baum in vollem Blütenschmuck. Doch selbst wenn man sich einredet, daß diese Blüte nicht zwei Wochen, sondern zwei Monate oder während des ganzen Frühjahrs anhält, so sind das auch nicht mehr als zehn Wochen. Damit allein aber kann sich kein Baum seinen Standort in einem Garten mit wenig Platz verdienen. Am dankbarsten in dieser Kategorie sind noch die Kirschen, die sich im Herbst hübsch verfärben, oder vielleicht die Malusarten, die noch lange Früchte tragen, wenn sie ihre Blätter schon verloren haben.

Dasselbe Bestreben, mehr als einfach nur einen Baum zu haben, drückt sich auch in dem Wunsch nach farbigen Blättern aus. Ein einzelner Baum mit rotem, silbergrauem oder goldgelbem Laub inmitten grüner Bäume kann durchaus deren Wirkung steigern und selbst gut zur Geltung kommen. Sind aber ganze Straßenzüge mit gelben oder roten Bäumen bepflanzt, haben sie genau die gegenteilige Wirkung – wie ein Festessen, bei dem jeder Gang eine Suppe oder Nachspeise ist.

Trifft dies auch auf exzentrisch geformte Bäume zu? Die Antwort hängt von der Umgebung ab. Steht im Nachbargarten nur sieben Meter weiter eine Trauerweide? Dann genügt diese eine. Wächst aber in der ganzen Straße keine und kann man seiner Trauerweide einen freien Umkreis von mindestens 15 Metern geben, dann ist sie einer der dankbarsten Bäume, die man pflanzen kann: mit ihren goldenen jungen Blättern einer der ersten im Frühling und einer der letzten, die sich im Herbst entlauben, noch frisch und grün im Oktober.

Hat man wirklich mehr von einem immergrünen Baum? Von bestimmten Funktionen einmal abgesehen (wenn er etwa einen Fabrikschornstein verdecken soll), ist der lebendige Rhythmus der laubwerfenden Bäume viel reizvoller. Mit den Skizzen, die meine kahle Platane gegen den Winterhimmel zeichnete, machte sie mir schon bald genausoviel Freude wie mit dem Aufbrechen ihrer prallen Knospen, der Bildung ihrer großen Blätter, dem Sprießen ihrer jungen Triebe und all den anderen Wundern, die sie vollbrachte.

Beim Militär unterscheidet man nur zwischen Weihnachtsbäumen und Bäumen mit buschiger Krone. Analysiert man aber als Zivilist die verschiedenen Baumcharaktere, so ergibt sich eine erstaunliche Zahl eindeutiger Kategorien. Allein schon nach ihrer Form oder den Konturen ihrer Krone unterscheide ich Turm-, Wolken-, Vasen-, Trauer-, Mehrstamm- (wie große Sträucher), Säulen-, Hügel-, Pyramiden- (genauer: Konus-), Hügel- und völlig unregelmäßige und pittoreske Formen, wie man sie etwa bei einer alten Kiefer findet.

Humphrey Repton (dessen Ende des 18. Jahrhunderts entstandene Schriften immer noch zu den Standardwerken der Landschaftsgestaltung zählen) meint, daß die gezackte Kontur eines – um bei den militärischen Kategorien zu bleiben – Weihnachtsbaumes streng und schroff, die wolkigen Umrisse der Bäume mit buschiger Krone dagegen heiter und friedlich wirken.

Die offeneren und charaktervolleren Formen gehören in den Bildvordergrund. Eine Weißbirke, ein Ölbaum oder eine Libanonzeder (auch die schlanke Säule einer Echten Zypresse) geben einen guten Rahmen für den Bildhintergrund ab, während die wuchtig ausladende Krone einer Abendländischen Platane oder Eiche oder die breite dunkle Pyramide einer Tanne den Eindruck erwecken können, daß sie den Blick versperren, auch wenn sie nicht mehr verdecken als die anderen Bäume.

1 Vasenförmig: Zelkova
2 Mehrstämmig: Felsenbirne
3 Pittoresk: Kiefer
4 Säulenförmig: Zypresse
5 Turmförmig: Englische Ulme
6 Wolkig: Esche
7 Konisch: Fichte
8 Trauernd: Weide

Bäume spenden entweder genau dort Schatten, wo er erwünscht ist, oder rauben einem das ganze Jahr das Tageslicht. Der entscheidende Faktor ist hier der Winkel des Lichteinfalls. Im Winter steigt die Sonne nur etwa ein Viertel so hoch wie im Sommer. Die Karte oben zeigt, in welchem Winkel sie in verschiedenen Breiten im Januar und Juni um 12 Uhr mittags über dem Horizont steht.

Boston
42° nördl. Breite

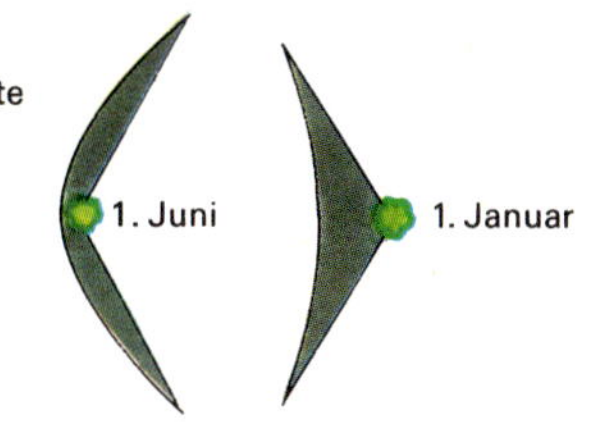

Miami
26° nördl. Breite

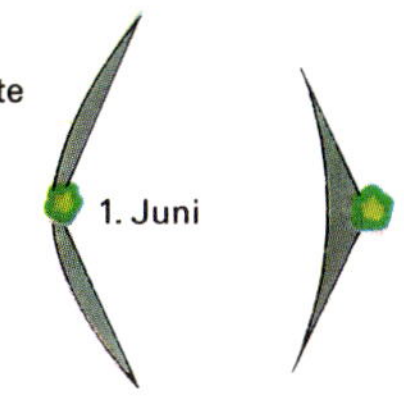

Auch die Sonnenbahn ist im Winter viel kürzer. Die Abbildungen (rechts) zeigen den Lauf der Januar- und Juni-Sonne auf zwei verschiedenen Breitengraden: in Boston (oder der Provence) und in Miami. Im Sommer durchläuft sie fast zwei Drittel der Windrose, geht im Nordosten auf, erreicht mittags einen hohen Stand (in Miami fast den Zenit) und geht im Nordwesten unter; im Winter durchläuft sie dagegen nur ein Kompaßdrittel, geht im Südosten auf und im Südwesten unter. Die kleineren Abbildungen zeigen den Gesamttagesschatten, den ein Baum an diesen Orten bei den jeweiligen Sonnenbahnen wirft. Ein genau westlich des Hauses stehender immergrüner Baum nimmt diesem Haus also im Winter überhaupt kein Licht, spendet aber Schatten an einem Sommernachmittag. Zwischen dem Haus und der tiefen Wintersonne stehende Laubbäume zeigen ihren Verzweigungshabitus im Winter und sind im Sommer sehr gut beleuchtet.

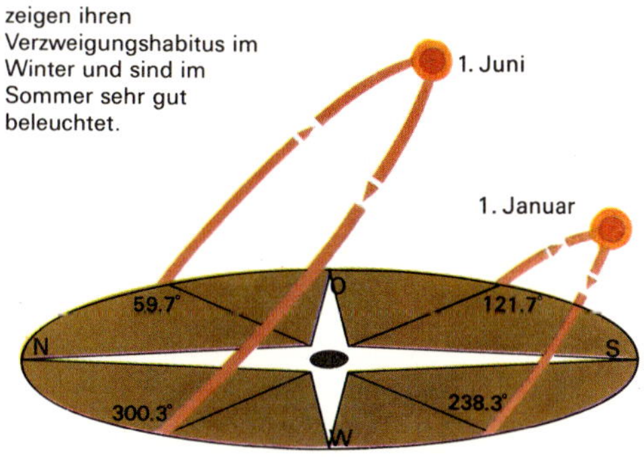

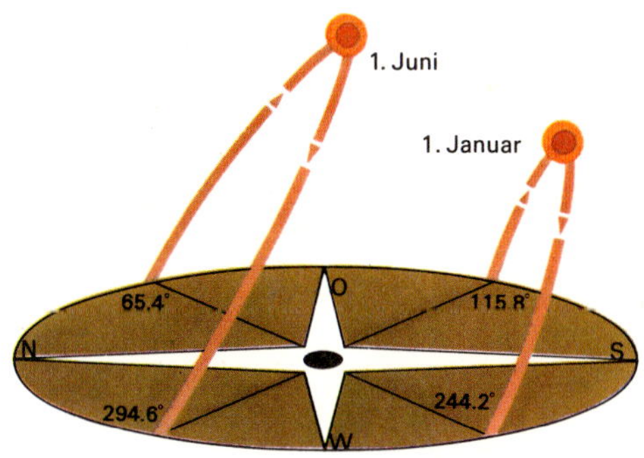

Die stärkste Wirkung erzielt man zweifellos, wenn man in einer Szenerie eine Form dominieren läßt und eine andere lediglich dazu benutzt, deren Wolken- oder Turmcharakter oder welches auch immer das Hauptthema ist, zu unterstreichen. Wenn man zuviel Verschiedenes pflanzt, erzielt man eine diffuse und unbestimmte Wirkung – die Repton als «flatternd» bezeichnete.

Eine solche unruhige Wirkung ergibt sich meist auch dann, wenn man gleich viele Bäume von zwei kontrastierenden Formen pflanzt, beispielsweise eine homogene Mischung aus Eiche und Lärche. Beide Arten kämen viel besser zur Geltung, wenn man von der einen doppelt so viele Exemplare wie von der anderen setzte. Diese Regel gilt natürlich nicht nur für Bäume. Auch gleich große Rasen- und Steinplattenflächen in einem Garten können einen ähnlich unruhigen Effekt hervorrufen.

Habitus und Textur sind kaum weniger wichtig als die Kronenform – aber vielleicht nicht so leicht zu kategorisieren. Am deutlichsten zeigt seinen Habitus ein laubwerfender Baum, wenn er im Winter kahl steht und die Ausgewogenheit, Kühnheit oder Anmut seiner Äste und Zweige das Bild bestimmen. Ein anderes Beispiel aber ist die positive Modellierung mancher Bäume: der Buche mit ihren hübschen Laubschichten, der Eiche mit ihren ausgreifenden Wölbungen oder der Palme mit ihren gebogenen Wedeln.

Auch sehr große Blätter (die des Götterbaums etwa) tragen zum Habitus bei; kleinere Blätter dagegen (wie die der Ulme oder vieler japanischer Ahorne) bestimmen mehr die Textur. Der Glanz der Stechhülse oder die matten Farben der Verschiedenblättrigen Buche sind weitere Beispiele.

Das Licht ist hier der entscheidende Faktor. Modellierung und Textur (wie auch die Farbe) werden unkenntlich, wenn das Licht von hinten kommt; hat der Betrachter dagegen die Sonne im Rücken, kann er die kahlen Aststrukturen nicht sehen. Die Frage, was schöner sei, hat schon große Geister bewegt. Leonardo da Vincis Antwort war eindeutig: «Die Bäume, die zwischen uns und der Sonne stehen, sind weitaus schöner als die, die wir mit der Sonne im Rücken betrachten!» Auch Repton war dieser Meinung und schrieb: «Alle natürlichen Objekte sehen am besten aus, wenn die Sonne hinter ihnen steht, die künstlichen Objekte dagegen, wenn sie von vorn beleuchtet sind.»

Beide dachten dabei allerdings an weiträumige Landschaftsbilder, in denen sich das Detail in der Ferne verliert und deren Färbung mehr von den Strahlen der Sonne und dem violetten Schleier am Horizont bestimmt wird als von den bunten Sträuchern und Blaufichten im Vordergrund.

Für den Garten gilt, daß man einen Blick nach Süden (auf der Nordhalbkugel) immer so behandeln sollte, als käme im Winter das Licht von hinten, im Sommer von hinten und von beiden Seiten. Einen Blick nach Norden dagegen so, als käme im Winter das ganze Licht von vorn und im Sommer von vorn und von beiden Seiten. Dabei muß man selbstverständlich berücksichtigen, daß die Sonne mitten im Winter nur etwa ein Viertel so hoch steht wie im Hochsommer, was die Schattenzonen enorm vergrößert.

Deshalb sollte man laubwerfende Bäume an der Südseite und immergrüne an der Nordseite seines Hauses pflanzen. Aber einen Baum, dessen Farbe, Textur oder Blüten man besonders schätzt, sollte man an der Südseite des Grundstückes setzen (wenn man ihn vorwiegend aus dem Fenster betrachten will). Soviel über das Licht in der Landschaft, ein Thema, das für Gärtner wie für Maler noch weiterbehandelt werden könnte.

In einem Riviera-Garten: ein Beispiel der schattenspendenden Wirkung von Baumformen. Die Platanen beschatten die Terrasse, während die Kugelkronen der Akazien dahinter kleine Schattentupfer auf den Rasen werfen.

Vom Planen des Pflanzens

Falling Water (in Bear Run, Pennsylvania), einer der bekanntesten Entwürfe Frank Lloyd Wrights, ist ein hervorragendes Beispiel für die Einbeziehung eines vorhandenen Baumbestandes in die architektonische Gesamtkonzeption.

Während die meisten Bauunternehmer die Birken entfernt hätten, verwendete Wright ihre Zartheit als Kontrapunkt zu seinen wuchtigen Betonflächen. In der Wintersonne spielt ihre feine Handschrift zusammen mit dem vom Wasser reflektierten Licht auf dem Beton.

«Es ist schwer, Regeln für das Pflanzen aufzustellen. Zeit, Nachlässigkeit und Zufall bringen zuweilen unerwartete Schönheiten hervor», meinte Repton. Allerdings besteht die Kunst darin, eine solche «Schönheit» auch zu erkennen.

Für die Gartenplanung und -bepflanzung gibt es tatsächlich kein Standardrezept. Man kann vom verfügbaren Pflanzenmaterial, vom Gestaltungsziel oder von den Techniken ausgehen. Und doch gibt es einen Schatz goldener Regeln, in denen sehr viel mühsam gewonnene Erfahrung steckt und die zu beachten sich lohnt.

Ein holländischer Landschaftsgestalter prägte dies Epigramm, das eine Menge Weisheit enthält: «Die Axt ist mein Bleistift.» Auch Repton hätte sich wohl dieser Formulierung bedient, wenn sie ihm eingefallen wäre, denn drei Viertel der großartigen neuen Effekte, die er für seine Klienten erzielte, nachdem er sie ihnen zuvor mit Vorher-Nachher-Darstellungen demonstriert hatte, beruhten einfach darauf, daß er bereits Vorhandenes selektiv abholzte. Das ist zwar ein schwacher Trost für jemanden, der einen neuen Garten mitten auf einem ehemaligen Flugplatzgelände übernimmt. Aber es ist erstaunlich, welche Möglichkeiten man oft in einem vorhandenen Garten oder Park entdeckt, sobald man ihn mit offenen und kritischen Augen betrachtet.

Außerdem bereitet das Bäumefällen und Sträucherausreißen eine eigentümliche Befriedigung, die jeder einmal erleben sollte, der bislang immer nur gepflanzt und alles Wachsende gehegt und gepflegt hat. Wenn ich einen neuen Garten übernommen hatte, kam für mich der großartigste Augenblick immer dann, wenn ein Baum fiel und ich buchstäblich fühlen konnte, wie der neue Ausblick das Vakuum füllte.

Dies soll aber bitte nicht so verstanden werden, als redete ich dem unterschiedslosen Roden das Wort. Diesen Fehler begehen oft Bauunternehmen, die dann später verärgert feststellen, daß ihre Bulldozer mit den Bäumen einen guten Teil des Wertes ihrer neuen Häuser zerstört haben. In der Welt von heute gibt es soviel Häßliches, das geradezu danach schreit, von Bäumen verdeckt zu werden. Die Bestandsaufnahme sollte man also sorgfältig vornehmen. Man muß sich bemühen, das Grundstück so zu «sehen», wie es nach Entfernung einiger Bäume aussehen würde. Man muß dies in allen vier Jahreszeiten prüfen und sich davon überzeugen, wie sich der Gesamteindruck nach dem Laubfall verändert. Auch wenn das Grundstück nur mit «Gestrüpp» bewachsen ist, muß man es gründlich untersuchen, denn es können Schößlinge und junge Bäume darin versteckt sein, die sich prächtig entwickeln, wenn man sie stehen läßt. Und schließlich darf man nur schrittweise vorgehen und muß bereit sein, seine Pläne zu revidieren, wenn man plötzlich einen unerwarteten Effekt feststellt. «Der Zufall bringt oft unerwartete Schönheiten hervor.»

Im 18. Jahrhundert nahm kaum einer Anstoß daran, wenn ein Gutsherr ein ganzes Dorf um ein oder zwei Kilometer verlegte, nur um einen schöneren Ausblick aus dem Fenster seiner Bibliothek zu haben. Man kann aber auch sehr viel erreichen, wenn man das Dorf nicht abreißt.

«Eine freie Fläche nahe dem Auge schenkt ihm eine Art Freiheit, die es liebt.» Dies schrieb Shenstone, ein englischer Dichter des 18. Jahrhunderts, dessen Garten (Leasowes bei Birmingham) mehr Berühmtheit als seine Verse erlangte.

Auch dies scheint dafür zu sprechen, daß man sein Grundstück rodet oder nicht bepflanzt. Aber

Vertikal erfaßt das menschliche Auge einen Bildausschnitt von 80 Grad. Aber nur 27 Grad davon liegen oberhalb der Ebene in Augenhöhe, die in unserem Beispiel 1,5 Meter oberhalb der Standfläche liegt. Die Abbildung (rechts) zeigt, daß ein Baum somit nur ca. 5,30 Meter hoch zu sein braucht, um uns in einer Entfernung von ca. 7,60 Metern das Gefühl völligen Abgeschirmtseins zu vermitteln. Erst in etwa 60 Meter Entfernung kann man einen 32 Meter hohen Baum in seiner ganzen Höhe sehen.

diese Regel gilt auf keinen Fall für einen kleinen Garten, in dem alles «nahe dem Auge» ist und den man halt bepflanzen muß, wenn man überhaupt etwas pflanzen will. Allerdings war es eine der Grundregeln der englischen Landschaftsbauer des 18. Jahrhunderts, ein Haus mit flachen Rasenflächen zu umgeben und ein freies Blickfeld bis an die Grundstücksgrenzen (und darüber hinaus) zu schaffen. Erst im späteren 19. Jahrhundert umgab man die Häuser mit Hochterrassen und Balkonen. So schön es ist, unter Bäumen ins Weite zu schauen, so ärgerlich ist es, wenn einem eine mächtige Krone nahe dem Haus den Blick versperrt. William Robinson ging allerdings zu weit, als er sagte: «In der Nähe eines Hauses sollte man nie einen Waldbaum pflanzen.» Ein Platz unmittelbar an der Hauswand ist oft ein hervorragender Standort für einen Baum – vorausgesetzt, man hat starke Grundmauern und ist bereit, die kleine Mühe auf sich zu nehmen, seine jungen Äste zu dirigieren. Ich werde nie das Haus in Connecticut vergessen, das um eine Kieferngruppe herumgebaut war und oben eine Galerie hatte, von der aus man die Wipfel berühren konnte.

Dicht pflanzen – diesen kostspieligen Rat hört man von fast jedem Garten- und Landschaftsgestalter (nicht nur von den Baumschulen). Bäume lieben die Gesellschaft anderer Bäume. Wenn man ein paar dürftige Jungbäume auf die Rasenfläche verteilt, braucht man sich nicht zu wundern, wenn sie nur langsam und kümmerlich wachsen. Brown und andere Landschaftskünstler pflanzten stets in dichten Gruppen – die ihre Klienten dann später meist auszulichten vergaßen, wie es eigentlich gedacht war. Damals war es nicht üblich, ein paar sehr teure Hochstammexemplare von einer Baumschule zu beziehen, sondern man pflanzte eine große Zahl kleiner Bäume, mit Sträuchern vermischt. Bäume dieser Größe brauchten keine Stützpfähle, was nicht nur die Kosten senkte, sondern auch besser aussah.

Heute dagegen wird meist empfohlen, große Exemplare zu setzen – mit der Begründung, daß sie nicht so leicht dem Vandalismus zum Opfer fielen. Soweit es sich um öffentliche Anlagen handelt, setzt dieses Argument natürlich alle anderen matt. Es ist aber fraglich, ob ein solcher Baum auch noch nach, sagen wir, den ersten fünf Jahren widerstandsfähiger ist. Sehr wahrscheinlich dürfte sich nämlich ein nur halb so groß gepflanzter Baum in zehn bis fünfzehn Jahren viel kräftiger entwickelt haben.

Mit der Bepflanzung seines Gartens will man zwar nicht unbedingt die Natur kopieren. Dennoch sollte man sich vor Augen halten, daß es in der Natur gewöhnlich drei Pflanzenebenen gibt: eine Baumebene über einer Strauchebene über einer Krautebene. Alles, was diese Ebenen auseinanderreißt, nennt man Gartenstil.

Gartenämter neigen allzu gern dazu, Bäume zu pflanzen und dann alles, was darunter wächst (mit hohen Kosten) abzumähen, weil sie der irrigen Auffassung sind, die Anlagen wären so leichter zu pflegen oder sähen ordentlicher aus – oder beides. Und viele Hausbesitzer geben sich unendlich viel Mühe mit der Pflege des Rasenteppichs vor ihrem Haus – mit dem Ergebnis, daß sie den Verkehr besser sehen und hören können. Dabei könnte ihnen die natürliche Regeneration ihres Grundstücks, mit ein wenig Nachhilfe und Düngerunterstützung, einen schönen Sicht- und Schallschutzgürtel mit einer besonders reichhaltigen Mischung wildwachsender heimischer Bäume und Sträucher bescheren.

Auch lohnt es sich, darüber nachzudenken, wie man mit Hilfe perspektivischer und anderer Kunstgriffe erreichen kann, daß der Garten größer – falls nötig, auch kleiner – wirkt, als er ist. Dies gelingt einem wiederum am besten mit Bäumen. Sie erfüllen die wichtige Aufgabe, Land und Himmel visuell miteinander zu verbinden. Wo sie fehlen, kommt es uns kahl und öde vor. Wer einmal mitten zwischen den ausgedehnten und baumlosen Rabatten in Versailles oder Vaux-le-Vicomte gestanden hat, kennt dies Gefühl, in eine Mondlandschaft versetzt zu sein.

Glücklicherweise ist der Blickwinkel des menschlichen Auges, der von links nach rechts 90 Grad beträgt, vom Horizont nach oben verhältnismäßig klein. Unsere Augenbrauen sorgen dafür, daß wir von Augenhöhe, also etwa anderthalb Meter oberhalb der Erdoberfläche, nach oben nur einen 27 Grad großen Ausschnitt sehen.

Repton beurteilte die Beziehung von Höhe und Entfernung mit Hilfe einer drei Meter großen, rotweiß gestreiften Geometer-Meßlatte. Auf sein Konto geht der Gemeinplatz: «Objekte erscheinen nur dann als groß oder klein, wenn man sie in Beziehung zu anderen setzt.» Die Japaner mit ihren «Distanzierungs-Kiefern» würden ihm lebhaft zustimmen. Wer die großen Bäume vorn im Garten und die kleinen in der hintersten Ecke pflanzt, merkt auch ohne Meßlatte, daß sein Garten nur noch halb so groß wie vorher wirkt.

Berücksichtigen sollte man auch die unterschiedliche Wirkung der Farben. Warme Farben (Gelb- und Rottöne) erscheinen dem Auge näher als kalte (Blau- und Grautöne). Ist der Garten groß genug für diese optische Täuschung, kann man also seine Tiefenwirkung noch steigern, wenn man die Laubfarben entsprechend gruppiert: zum Beispiel die rotblättrigen Ahorne nahe beim Haus und bläuliche Zypressen oder eine Silberlinde weiter hinten im Garten pflanzt.

Nach einer alten Regel soll man von einer Baumart jeweils nur eine ungerade Zahl Exemplare setzen: drei, fünf oder sieben, aber niemals zwei, vier oder sechs – es sei denn in einer Allee oder neben einem Tor. Diese Regel kann man vergessen. Wichtig dagegen ist, daß man entscheiden muß, ob der Garten einheitlich oder uneinheitlich wirken soll, und dann konsequent daran festhält. Uneinheitlich bedeutet, daß man Bäume verschiedener Größe pflanzt, an der einen Stelle in großen Abständen, an einer anderen dicht gedrängt. Ein einheitlicher Garten sollte exakt angelegt werden, sonst wirkt er schäbig. Mit der Zeit setzt sich allerdings, wie uns jede alte Allee zeigt, die Uneinheitlichkeit immer mehr durch.

Die Landschaftsgestalter des 19. Jahrhunderts waren sehr darauf bedacht, daß ihre Anpflanzungen natürlich wirkten. Diese beiden Illustrationen aus Reptons Buch **Art of Landscape** zeigen (links), daß selbst eine unregelmäßige Bepflanzung recht künstlich wirken kann, dagegen der Effekt einer Waldlandschaft (rechts) erzielt wird, wenn man einige Bäume sehr dichtgedrängt setzt, Bäume und Sträucher zu Gruppen kombiniert und manche schief pflanzt.

Bäume als Schattenspender, Wind-, Lärm- und Sichtschutz

Die Japaner mit ihrem formalisierten Stil der Gartengestaltung kämen nie auf die Idee (oder würden es nicht wagen), einen Baum einfach dorthin zu setzen, wo er nach ihrem Gefühl gut aussehen würde. Sie müßten dies erst rationalisieren – indem sie dem Baum einen Titel geben. Sie würden ihn zum Baum der Sonne zur Teezeit oder zum Gaskessel-Sichtblenden-Baum erklären.

Diese japanische Methode hat viel für sich. In einem kleinen Garten ist es geradezu unerläßlich, daß jeder Baum eine Funktion und Daseinsberechtigung hat. Und selbst in einem großen ist die Gesamtwirkung um so besser, je planvoller und überlegter er bepflanzt ist.

Bäume bieten Schutz vor dem Wetter. Fast immer ist das an mindestens einer Seite des Gartens erforderlich: der Seite der vorherrschenden Windrichtung. Und häufig zusätzlich an der Seite, von der zu Frühjahrsbeginn die kalten Winde kommen. Windschutzreihen sollten möglichst aus heimischen Bäumen bestehen, damit sie sich in das Landschaftsbild einfügen. In ihrem Buch über Landschaftsbau gibt Sylvia Crowe einen so guten Rat, daß es unfair wäre, ihn dem Leser vorzuenthalten: «Schutzgürtel sollten immer homogen sein: Zwei Arten sind schon reichlich... Ein Windschirm *kann nicht* zu hoch und zu dünn sein. Wenn Ihnen so etwas vorschwebt, pflanzen Sie eben nur eine Reihe Pyramidenpappeln. Seien Sie nicht inkonsequent. Alles auf eine Karte setzen ist die einzige Möglichkeit, mit einfachen Mitteln eine gute Wirkung zu erzielen.» Was hier für Windschutzreihen empfohlen wird, enthält auch manche Weisheit für die Gestaltung des übrigen Gartens, wenn man darüber nachdenkt.

Bäume spenden Schatten – der erklärte Zweck aller Straßenbäume in Amerika. In Südeuropa erfüllen diese Aufgabe vor allem Kiefern und andere Koniferen. In den USA dagegen sind Laubbäume beliebter, da ihre Blätter bei sehr heißem Wetter eine bessere Kühlwirkung haben – und auch mehr Schatten werfen. Ein großer

Nur wenige Gärten in der westlichen Welt sind mit der funktionalen Präzision des japanischen Stils angelegt. Überlegtes Bäumepflanzen bestimmt jedoch Charakter und Ausgewogenheit aller gut gestalteten Gartenanlagen. Die beiden Bilder oben zeigen zwei Ausblicke in einen alten Garten im ostenglischen Saling Hall, in dem große alte Exemplare der in dieser Gegend heimischen Eiche und Ulmen seit 35 Jahren den Hintergrund für originelle Neuanpflanzungen abgeben.

Ganz oben: Blick nach Südosten von der Frontseite des Hauses. Die einzigen immergrünen Gehölze sind eine kugelkronige *Thuja orientalis* und eine den Vorplatz begrenzende Eibenhecke. Ein einfacher Windschirm aus Pyramidenpappeln, der im Sommer gegen den vorherrschenden Westwind abschirmt, hat eine stark strukturierende und abgrenzende Wirkung und betont die Perspektive des Bildes, ohne die tiefe Wintersonne zu verdecken.

Unten links: Eine Süßkirsche *(Prunus avium* ‹Plena›) hebt sich mit ihren weißen Blüten von der hinter ihr stehenden dunklen Kalifornischen Zypresse (die gegen Nordwestwinde abschirmt) wirkungsvoll ab.

Oben: Diese Bäume sind Schattenspender, Windbrecher und Sichtblenden im Sommer. Eine 25 Jahre alte japanische Blütenkirsche («Shirofugen») setzt einen starken horizontalen Akzent neben den schlanken

Schattenbaum in unmittelbarer Nähe eines Hauses ersetzt fast eine Klimaanlage (kann allerdings mit seinen Wurzeln und Ästen auch manchen Schaden anrichten, wenn man nicht aufpaßt). In Nord- und Mitteleuropa werden nur wenige Bäume primär als Schattenspender gepflanzt – gleichwohl suchen wir uns gern in jedem Sommer ein schattiges Plätzchen auf dem Rasen.

Bäume schirmen ab oder dienen als Sichtblende – für einen ganzen Flughafen oder nur ein Badezimmerfenster. In den meisten Fällen können allein Bäume eine solche Aufgabe lösen. Dabei ist zu beachten, daß die Sichtblende um so größer sein muß, je weiter sie vom Blickpunkt entfernt gepflanzt wird. Mit einem Busch in Augennähe kann man ein ganzes Nachbarhaus verdekken, während man schon eine ganze Baumreihe braucht, wenn man die Sichtblende nahe an dieses Haus heranrückt.

Bäume strukturieren – was im kleineren Maßstab die Aufgabe von Hecken und Mauern ist, übernehmen in der Landschaft Bäume: die Abgrenzung von Räumen.

Bäume können den Maßstab korrigieren – eine Spezialität des japanischen Gärtners, der die Illusion erwecken kann, als läge hinter seinem Garten die halbe Küste Japans. Sein Distanzierungsbaum ist eine kleine Kiefer auf einem Hügelchen, die man, wenn man die Augen etwas zukneift, für eine mächtige Kiefer auf einem Berg halten könnte. Bäume bestimmen unseren Eindruck von der Größe eines Gartens.

Bäume können einen Rahmen für Ausblicke abgeben. Denken wir nur daran, wie Fotografen immer instinktiv einen Baum mit ins Bild bringen, wenn sie ein neues Hotel oder Kraftwerk aufnehmen. Ich habe den Verdacht, daß sie oft sogar einen Ast mitbringen, den sie dann vor die Kamera halten.

Und schließlich gibt es den Baum als Skulptur – triumphierender Mittelpunkt, der um seiner selbst willen bewundert werden soll.

Pyramidenpappeln. Der *Prunus padus* und der *Prunus* ‹Kanzan› dahinter haben schon eine Höhe von 9 Metern erreicht. Die das Dach überragende 20 Meter hohe Gemeine Kiefer wirkt wie ein pflanzlicher Ziergiebel.

Oben rechts: Der von einer Mauer begrenzte Blumengarten an der Westseite des Hauses ist gegen Norden von 15 Meter hohen Schwarzpappelhybriden abgeschirmt. Ihre Blätter sind im Frühling rosa- bis kupferfarben. Innerhalb der Mauer sind die Bäume systematisch angeordnet: an jeder Mauerseite eine regelmäßige Reihe säulenförmig geschnittener Zypressen und als Kontrast dazu auf dem Rasen eine Reihe Apfelbäume. Da sie kleingehalten werden, beschatten sie nur den Rasen, nicht aber die Blumenbeete. Alte Birnbäume in der Mitte dienen als Clematis-Klettergerüste, auch eine rotblättrige Pflaume ist säulenförmig geschnitten und im Sommer mit Clematis bedeckt. Zwei hohe, geschnittene Eiben flankieren ein Tor.

Ein kleiner Teich in einer Mulde, den man auf einem Plattenpfad erreicht, ist an seiner Nord- und Ostseite dicht mit üppigbelaubten Bäumen bepflanzt, um die Abgeschiedenheit dieses Winkels zu unterstreichen. Von rechts nach links erkennen wir dort Persische Parrotie, *Parrotia persica*, Sumpfzypresse, den Amberbaum, *Liquidambar* und einen Kaukasischen Ahorn. Ganz links eine graugrüne Lawson-Scheinzypresse ‹Pottenii›.

Wie man Bäume pflanzt

Wer bereit ist, die Mühe auf sich zu nehmen, kann Bäume nahezu jeder Größe versetzen, ohne daß sie eingehen. Allerdings nehmen die Schwierigkeiten von einer bestimmten Höhe an rasch zu, während die Erfolgschancen sinken.

Sir Henry Stewart war ein schottischer Grundbesitzer im 19. Jahrhundert, der voll ausgewachsene Bäume in seinem Park ständig wie Milchkannen in einer Molkerei hin- und herschob. Er behauptete stolz, nie einen Baum verloren und niemals mehr als ein paar Mark für einen Baumtransport ausgegeben zu haben. Tatsache ist aber, daß jeweils zehn seiner Leute zwei Wochen lang damit beschäftigt waren, auch die letzte Wurzelfaser freizulegen und dann den Baum wieder so einzupflanzen, daß er weder Pfähle noch Seile brauchte.

Wer einen großen Baum umsetzen will, braucht entweder eine Menge Leute oder eine große Maschine. Aber wie gewaltig diese Maschine auch sein mag, sie wird den Baum wahrscheinlich vernichten, wenn er nicht gründlich auf diese Operation vorbereitet worden ist. Und das bedeutet, daß man zuerst um die eine Hälfte des Stammes einen Graben aushebt und dann (ein Jahr später) um die andere; den Graben füllt man mit Komposterde. Der Baum reagiert darauf in der Weise, daß er die Komposterde mit faserigen Nährwurzeln füllt und so ein hinreichend kompaktes Wurzelsystem entwickelt, das sich transportieren läßt, ohne daß die Hälfte dabei verlorenginge. Deshalb werden bei den Baumschulexemplaren, die groß verkauft werden sollen, jährlich die Wurzeln unterschnitten. Wenn man dies nicht tut und den Baum auch noch in der falschen Jahreszeit transportiert, sind seine Überlebenschancen gering.

Die Bäume, die sich am leichtesten versetzen lassen und die auch ein Laie von der einen Ecke seines Gartens in die andere verpflanzen kann, sind die typischen Gartenkoniferen: die Zypressen und Lebensbäume mit ihrem flachen und dichten Wurzelwerk. Zu zweit kann man bequem an einem Tag eine neue Baumgrube schaufeln (der erste Schritt), dann einen bis zu sechs, sieben Meter hohen Baum ausheben und umsetzen, ohne sein Wurzelwerk nennenswert zu beschädigen. Unterstützt man ihn gut mit einem Pfahl oder Spannseil und wässert man ihn mindestens ein Jahr lang regelmäßig, dann dürfte es keine Schwierigkeiten geben.

Besser aber ist, kleine Bäume zu pflanzen. Dem Gefühl der Ungeduld, das kleine Bäume in den meisten Menschen hervorzurufen scheinen, kann ich nichts Besseres entgegenhalten als ein Zitat des unvermeidlichen Repton: «Kein Irrtum ist weiter

Auch früher schon hat man ausgewachsene Bäume verpflanzt; allerdings ist dies mit der heutigen Technik weit weniger mühsam. Doch selbst unter idealen Bedingungen und in der richtigen Jahreszeit (Herbst oder Frühjahr) ist das Risiko, daß der Baum eingeht, ziemlich groß.

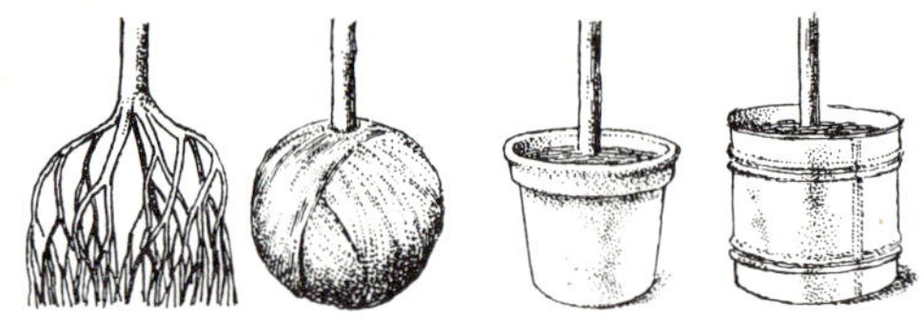

Baumschulen verkaufen Bäume: **mit entblößten Wurzeln,** die man sofort setzen oder in Erde «einschlagen» muß; **in Ballen verpackt** (d. h. mit dem durchwurzelten Erdballen ausgehoben, in Sackleinen oder Jutegewebe verpackt), auch diese Bäume müssen schnell gepflanzt werden; oder in **Töpfen oder Kübeln gewachsen** – sie lassen sich zu jeder Zeit einpflanzen.

Laubbäume kann man jünger oder älter sowie in verschiedenen Wuchs- und Erziehungsformen kaufen. Der **Buschbaum** (d.h. nicht erzogen), links, ist die beste Form für mehrstämmige Bäume oder alle Bäume, die man selbst erziehen will.

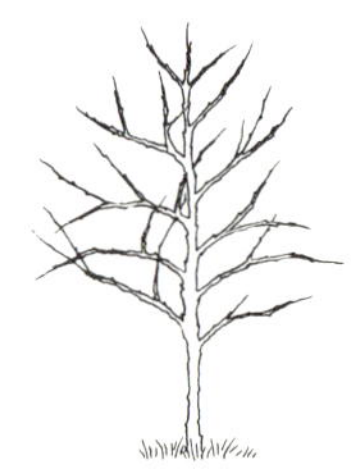

Der **Spindelbusch** (Stamm an der ganzen Länge mit Ästen bekleidet) ist meist die beste Form, in der man Einzelbäume kauft. Sie sind billiger und haben ihren natürlichen Charakter bewahrt. Man kann selbst entscheiden, ob man die unteren Äste abnehmen will.

Hochstamm, Halbstamm und Viertelstamm sind verschiedene Größen dieser Erziehungsform: ein Baum, dessen Äste unten entfernt und oben zu einer ausgeglichenen Krone mit einem mehr oder weniger eindeutigen Leittrieb erzogen sind.

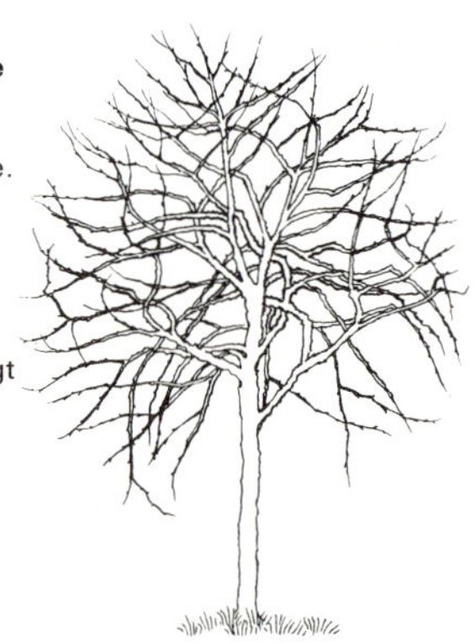

Halbentwickelte Bäume sind in der Baumschule 4 Meter oder höher gewachsene Hochstämme. Sie sind meist unverhältnismäßig teuer und sollten nur dann gekauft werden, wenn Gefahr besteht, daß kleinere Bäume beschädigt würden.

Der erste Schritt beim Baumpflanzen. Man hebt eine Grube aus, die groß genug ist, das voll ausgebreitete Wurzelwerk aufzunehmen. Die ausgehobene Erde sollte mit Dünger oder Komposterde vermischt werden. Den Boden der

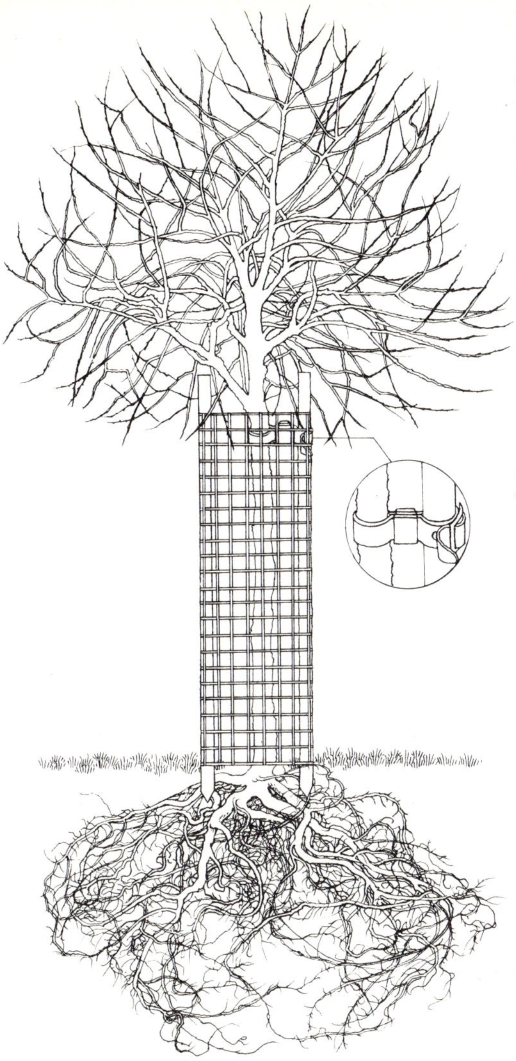

Viertelstämme und größere Exemplare müssen für die ersten beiden Jahre fest an einem Stützpfahl angebunden werden (links). Der vergrößerte Bildausschnitt zeigt eine praktische Baumband-Ausführung, die aus einem Kunststoffgürtel mit Schnalle besteht, der durch eine Spange geführt wird, die Baum und Pfahl auseinanderhält.

Den Baum (links) schützt ein hohes Welldrahtgitter, was gewöhnlich nur in öffentlichen Anlagen erforderlich ist. Kaninchen- (oder Rasenmäher-) Schäden kann man schon mit einer Spezial-Kunststoffmanschette verhüten, die die unteren 60 Zentimeter des Stammes umhüllt. In Gegenden mit heißen Sommern kann die Rinde junger Bäume nach dem Auspflanzen ausdörren; zu ihrem Schutz gibt es Wickelmaterial aus Papier.

Manchmal ist es schwierig, den Baum so dicht neben dem Pfahl zu pflanzen, daß er auf herkömmliche Weise angebunden werden kann. Bei Koniferen ersetzt man das Baumband durch zwei Äste.

Leicht vergißt man den genauen Namen eines Baumes und besonders den Zeitpunkt, zu dem man ihn gepflanzt hat. Als wetterfest haben sich die oben gezeigten kleinen Schilder aus Aluminiumblech bewährt, die man mit einer kleinen Prägemaschine selbst beschriften kann.

Ein breiter, flacher Gießrand über der Wurzelzone gewährleistet die Bewässerung der Wurzeln.

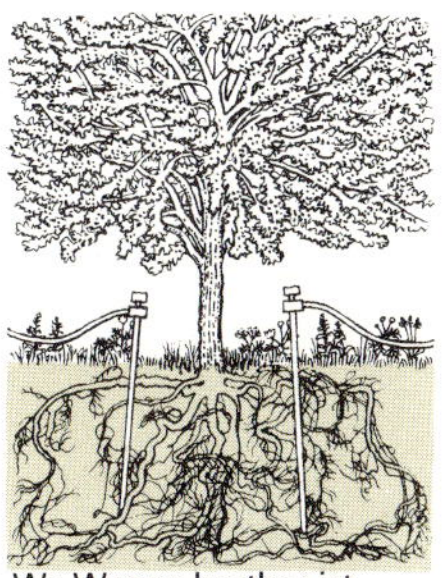

Wo Wasser kostbar ist, kann man mit perforierten Rohren die Wurzeln unmittelbar bewässern.

Der «Pflanzhügel». Selbst Sumpflandgehölze in sehr feuchtem Gelände auf einen Hügel setzen!

Das «Pflanzbecken». In sehr trockenen Gebieten kann man Bäume in kleine Vertiefungen setzen.

Pflanzgrube lockert man mit einer Hacke oder Grabgabel auf, um ihre Entwässerung zu verbessern. Alles, was größer als ein Spindelbusch ist, muß **gestützt** werden. An einer Seite der Grube rammt man einen starken Holzpfahl so tief ins Erdreich, daß er den Baum festhalten kann.

Nun prüft man mit dem Baum, ob die Pflanztiefe richtig ist. Dabei ist zu beachten, daß bei ballenlosen Bäumen die **Bodenlinie** am Stamm in derselben Höhe wie vorher verläuft.
Dann breitet man die Wurzeln aus und bringt sie in ihre natürliche (vorwiegend horizontale) Lage.

Wiederaufgefüllt wird die Grube zunächst mit der Hand, wobei die Erde sorgfältig in die Zwischenräume der Wurzeln und Wurzelnfasern verteilt und dann fest angedrückt wird. Wenn nötig, lockert man die Erde vor dem Einfüllen mit Komposterde oder Torf auf.

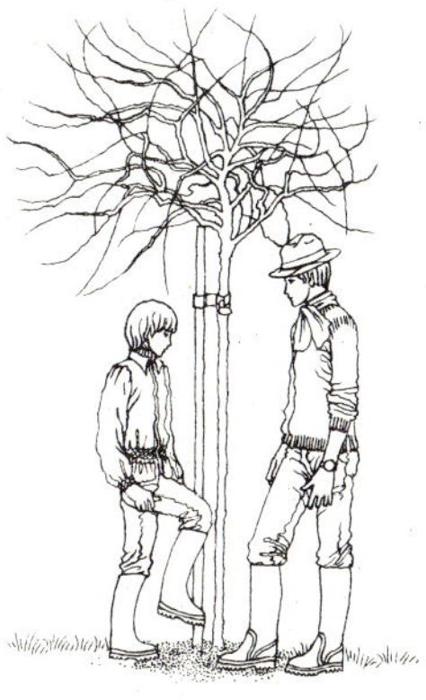

Ist die Grube gefüllt (von der ausgehobenen Erde darf nichts übrigbleiben), wird die Erde rund um den Stamm mit der flachen Schuhsohle **festgetreten.** Dann zieht man den Baum am Stamm nach oben: Ist er richtig gepflanzt, darf er sich dabei nicht bewegen.

verbreitet als der, daß der Pflanzer nur dann etwas von seinen Bäumen habe, wenn er die (raschwüchsigen) Tannen und Lärchen pflanze... Der Mensch überlebt jedoch die Schönheit seiner Anpflanzungen, wenn es sich nicht gerade um Eichen handelt.»

Da ich nicht über Reptons prophetische Gabe verfüge und keine Garantie für die nächsten 20, 30 Jahre übernehmen kann, möchte ich ein anderes Argument anführen: daß nämlich jeder Pflanzer, sobald er seinen kleinen Baum gesetzt hat, sehr viel Freude an ihm hat – mehr vielleicht sogar, als ihm der Baum schenken wird, wenn er groß ist.

Einen Baum zu pflanzen scheint eine einfache Sache zu sein. Man gräbt ein Loch und stellt ihn hinein. Tatsächlich werden so Zehntausende von Forstbäumen gepflanzt – denn da hat man keine Zeit, mehr Umstände zu machen. Bei Gartenbäumen (die ja normalerweise beträchtlich größer gepflanzt werden) macht es sich aber durchaus bezahlt, wenn man sich etwas mehr Mühe macht und einige Feinheiten beachtet. Einige dieser Regeln sind links erklärt.

Wo die Winter streng sind, wartet man mit dem Pflanzen am besten so lange, bis der Boden Anfang oder Mitte des Frühjahrs völlig aufgetaut und nicht mehr zu aufgeweicht ist. In Gegenden mit milderem Klima pflanzt man Laubbäume am besten in der Zeit ihres Laubfalls. Ihre Wurzeln können in mildem Winterwetter erstaunlich gut wachsen, und sie treiben besser, als wenn man sie im Frühjahr setzt. Auch können kalte Frühjahrswinde sie nicht so leicht ausdörren, wenn sie während des Winters neue Wurzeln treiben konnten. Immergrüne Bäume kann man in diesen Gegenden sowohl im Frühherbst als auch im Frühjahr pflanzen – im Frühjahr aber erst dann, wenn sich der Boden gut aufgewärmt hat und keine eisigen Winde mehr zu befürchten sind. Bei breitblättrigen Immergrünen schneidet man einen Teil des Blattwerks ab, um ihre Transpiration zu drosseln. Eine Alternative unseres Düsenzeitalters ist der «Umpflanz-Spray»: eine dünne Kunststoffschicht, welche die Verdunstung reduziert.

In Kübeln oder Töpfen gezogene Bäume kann man theoretisch zu jeder Zeit pflanzen, doch leuchtet ein, daß die beste Pflanzsaison für sie dieselbe wie für jeden anderen Baum ist. Setzt man sie im Hochsommer, muß man ausgiebig und oft wässern. In vielen Baumschulen aber sind die prächtig aussehenden Bäume viel zu lange im Kübel gewesen; ihre Wurzeln haben sich gewunden und verschlungen, um einen Ausweg zu finden. Ein solches Wurzelwerk muß man vor dem Pflanzen erst einmal entflechten (nachdem man vorher die Erde abgeschüttelt hat); sonst wachsen die Wurzeln weiter im Kreise und dringen nicht in den neuen Boden ein.

Baumpflege

Im amerikanischen Nordwesten erzählt man sich folgende Geschichte: Einst machte sich eine Kolonne Waldarbeiter daran, eine riesige Tanne zu fällen. Als sie eine Woche ihre Äxte geschwungen hatten, glaubten sie ein Echo ihrer Axthiebe zu hören. Daraufhin bestieg der Vorarbeiter sein Pferd, ritt um den Baum herum und traf auf der anderen Seite einen Trupp Arbeiter, die auf denselben Baum einhieben.
Seitdem wurden viele sinnreiche Hilfsmittel zur Erleichterung des Bäumefällens entwickelt, aber erst in der vorigen Generation hat die Kettensäge diese Arbeit revolutioniert.

Es ist eine Kunst, einen Baum sicher zu fällen und ihn genau an der vorgesehenen Stelle niedergehen zu lassen. Der erste Schritt ist der «Fällkerb»: Mit zwei Schnitten trennt man einen Keil aus dem Stamm; der eine Schnitt wird waagerecht, der andere schräg von oben auf ihn zulaufend angebracht. Der Fällkerb muß genau dorthin zeigen, wohin der Baum fallen soll. Der zweite Schritt, der Fällschnitt, wird an der gegenüberliegenden Seite angebracht, und zwar von einem Punkt etwas oberhalb des Fällkerbs ausgehend schräg auf ihn zuführend. So kann sich der Baum um eine «Angel» aus Holz in die gewünschte Fallrichtung neigen. Große Bäume mit hartem Holz lassen sich besser mit einem Eisenkeil und einem Spalthammer zu Fall bringen.

Ich weiß nicht, ob schon einmal jemand ausgerechnet hat, wie viele der als Zierbäume gepflanzten Exemplare überleben und ihre Aufgabe tatsächlich erfüllen. Die Forstbäume schneiden recht gut ab: Ihre durchschnittliche Überlebensquote beträgt 90 Prozent. Bei Zierbäumen aber, fürchte ich, dürfte die Ausfallquote wesentlich größer sein, trotz der weit größeren Mühe, die man sich mit ihnen macht, und trotz der kostspieligen Baumschulenanzucht. Ein im Alter von vier oder fünf Jahren verpflanzter Baum ist aber nun einmal anfälliger, und wenn man ihn vernachlässigt, kann das recht ernste Folgen haben. Bäume brauchen Pflege. Es besteht ein gewaltiger Unterschied zwischen einer Anlage, in der Baumpflege getrieben wird, und einer, in der man die Bäume sich selbst überläßt.

Was Bäume im ersten Jahr nach dem Pflanzen vor allem brauchen, ist Wasser. Wo weniger als 75 Zentimeter Niederschlag im Jahr fallen und sich diese Menge nach ausreichendem Frühjahrsregen einigermaßen gleichmäßig auf die Jahreszeiten verteilt, macht ein drei- oder viermaliges starkes Wässern im ersten Jahr und möglichst auch noch in den folgenden zwei oder drei Jahren einen enormen Unterschied. Starkes Wässern bedeutet, daß man mindestens 100 Liter langsam in den Bereich über den Wurzeln fließen läßt. Vier oder fünf Jahre nach dem Pflanzen ist eine Bewässerung meist nur noch in notorisch trockenen Gegenden nötig.

Die Wurzeln eines frisch gepflanzten Baumes liegen so dicht unter der Oberfläche und auf so engem Raum zusammengedrängt, daß über ihnen wachsendes Gras ihnen viel von ihren Rationen wegnimmt. Der Baum wehrt sich dagegen, indem er dem Gras mit seinen Ästen das Licht nimmt – in der Baumschulerziehung werden diese schattenspendenden Äste aber meist entfernt. Deshalb muß man einem solchen Baum helfen. In Botanischen Gärten und neueren Obstplantagen wird aus diesem Grund um jeden jungen Baum ein 90 bis 150 Zentimeter breiter grasund unkrautfreier Rand gehackt. Weil dies in einem normalen Garten recht mühsam ist und nicht besonders gut aussieht, zieht man meist einen anderen Weg vor: Man legt eine Bodendecke um den Baum, die das Gras und Unkraut unterdrückt und gleichzeitig den Boden frischhält. Ist das Gras kurz, liegt das ideale Material schon bereit: die über der Pflanzgrube ausgestochenen Rasenstücke, die man mit dem Gras nach unten um den Stamm legt und feststampft. Bei hohem Gras legt man eine 10 bis 15 Zentimeter dicke und 60 bis 90 Zentimeter breite Schicht aus geschnittenem Gras und Unkraut um den Stamm. Durch diese Schicht kann nichts wachsen; sie ver-

Ein Ast sollte nie in einem Stück abgesägt werden: weil er sonst Rinde vom Stamm mitreißt. Zunächst schneidet man etwa einen halben Meter vom Stamm entfernt den längeren Astarm ab. Auch bei diesem Schnitt sägt man zunächst von unten ein.

Den Aststummel sägt man so nah wie möglich am Baum von unten ein, bis sich das Sägeblatt festzieht.

Dann sägt man von oben, wieder möglichst dicht am Stamm, damit kein Stummel stehen bleibt.

Die rauhen Stellen der Schnittfläche glättet man mit Säge, Messer oder Meißel und bestreicht die Wunde dick mit Fungizidfarbe. Nun kann der Baum die Wunde schnell mit einer neuen Rindenschicht verschließen.

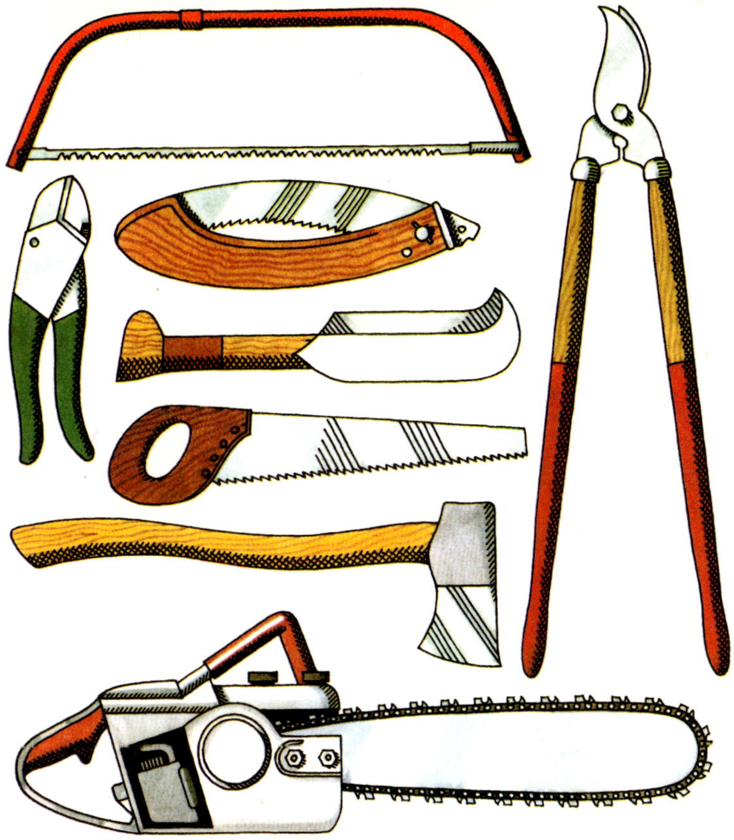

Von links nach rechts und von oben nach unten sehen wir: eine **Bügelsäge,** mit der man allein oder zu zweit arbeiten kann. Dies ist das ideale Werkzeug zum Entfernen von Ästen. Das schmale flexible Sägeblatt läßt sich leicht durch das Holz ziehen; allerdings müssen seine Zähne oft geschränkt und geschärft werden. **Baumscheren** haben eine gebogene Schneidklinge; mit der Einkerbung unten kann man dünne Zweige und Drähte abzwicken. Ein gutes Werkzeug für Äste bis etwa 2,5 Zentimeter Durchmesser. Mit der **Rosenschere** schneidet man dünne Zweige und unerwünschte junge Triebe. Eine **Faltsäge** ist ein praktisches Taschenwerkzeug für kleinere Korrekturen. Ein **Haumesser** oder eine **Hippe** sollte man nur zur Beseitigung von totem Holz und Gestrüpp oder zum «Aufputzen» (Entfernung kleiner Seitenäste von gefällten Bäumen) verwenden. Manche Baumchirurgen nehmen lieber eine **Stoßsäge** als eine Bügelsäge, aber nur für kleinere Äste. Die **Axt** wird heute mehr zum Spalten von Holzscheiten als zum Baumfällen benutzt. Die **Kettensäge** mit Benzinantrieb ist heute das Standardgerät der Baumfäller. Die Glieder der um eine Stahlplatte laufenden endlosen Kette sind nach außen abwechselnd als Schneid- und als Räumzähne zur Entfernung des Sägemehls ausgebildet. Sie ist laut, heiß und schwer, aber viel schneller und weniger mühsam als eine Axt.

rottet langsam und reichert den Boden mit Humus an.

Solange der Baum jung ist, braucht man sich um seine Äste meist nicht zu kümmern. Gleichwohl ist die Versuchung groß, in den Zweigen von heute die Hauptäste von übermorgen zu sehen und dafür zu sorgen, daß sie ein harmonisches und ausgewogenes Verzweigungsmuster bilden. Besonders ist man darauf bedacht, daß der Stamm oder ein zentraler Leittrieb die Dominanz erlangt, die dem Baum Statur verleihen wird.

Bäume, die im freien Stand und ohne Konkurrenzdruck wachsen, werden manchmal bequem, beenden ihr Höhenwachstum und runden ihre Krone schon, wenn sie noch recht klein sind. In solchen Fällen ist es durchaus angebracht, die Seitenäste zu stutzen und dem Baum wieder eine vertikale Richtung zu geben. Statt irgendeinen Ast abzusägen und seinen Stumpf in die Luft ragen zu lassen, empfiehlt es sich immer, eine Gabel mit einem kürzeren, senkrechter wachsenden Ast auszusuchen und den längeren Astarm in dessen Ebene an der Gabelung abzuschneiden.

Die Baumchirurgie ist eine Wissenschaft für sich, deren Methoden hier nicht im einzelnen dargestellt werden können. Wichtig für uns ist aber eine ihrer Erkenntnisse: wie ein Baum sich selbst heilt. Über einem flachen, sauberen Schnitt am Stamm entlang kann er neue Rinde bilden – nicht aber eine Stumpfwunde heilen. Ein Stumpf ist ein offenes Tor für Schädlinge, Krankheit und Tod.

Einen Ast darf man nie mit *einem* Schnitt abnehmen. Denn man kann nicht verhindern, daß ihn sein eigenes Gewicht abbrechen und ein Stück von der Rinde hinter der Schnittfläche mitreißen läßt, bevor man ihn durchgesägt hat. Vergessen wir nicht, daß in der Rinde das ganze Leben des Baumes steckt.

Die einzige sichere Methode ist die, daß man zunächst den Ast etwa einen halben Meter vom Stamm entfernt absägt (und dabei zunächst von unten einsägt, damit er keine Rinde mitreißt) und anschließend den übriggebliebenen Stummel abnimmt. Man sägt ihn so nahe wie möglich am Stamm von unten ein, bis sich das Sägeblatt festzieht. Dann sägt man, wieder möglichst dicht am Stamm, von oben, bis sich die beiden Schnitte treffen. Die rauhen Stellen der Sägewunde glättet man mit einem Messer oder Meißel. Dann verschließt man die Wunde mit einer dicken Schicht Baumfarbe (das ist sehr wichtig), einer teerartigen Substanz, der ein Fungizid beigegeben ist. Kann man keine Baumfarbe bekommen, ist ein Anstrich mit normaler Ölfarbe besser als gar nichts. Alle Baumwunden, zumindest aber alle mit einem Durchmesser von mehr als drei Zentimetern, sollten so geschützt werden. Größeren Wunden, die erst nach mehreren Jahren verheilt sind, gibt man alle ein, zwei Jahre einen neuen Anstrich.

Leider merkt ein Gärtner rasch, daß an vielen Bäumen, die ihm eine Augenweide sind, sich auch mancherlei Getier auf ganz andere Weise weidet. Ein von Raupen oder Blattläusen kahlgefressener Baum ist ein trauriger Anblick, und die unsichtbaren holzbohrenden Schädlinge sind nicht besser: Sie können einen Baum töten. Die Seiten 256 und 257 geben einen Überblick über verbreitete Baumschädlinge und -krankheiten sowie Maßnahmen zu ihrer Bekämpfung. Im Allgemeinen Register finden sich außerdem Hinweise auf bestimmte Alarmzeichen, bei denen man Spritzmittel und -gerät bereithalten sollte.

Die Wirkung von Düngemitteln

In den ersten Jahren, wenn ihre Wurzeln noch unter der Konkurrenz der Gräser und Unkräuter leiden, brauchen Bäume zusätzliche Nahrung. Es empfiehlt sich, schon in die Pflanzgrube Dünger zu geben – und in den folgenden vier, fünf Jahren einen etwa einen Meter breiten Rand um den Stamm frei von Gras zu halten oder abzudecken.
Jeder der drei Hauptbestandteile der Düngemittel – Stickstoff, Phosphor und Kalium – hat eine spezifische Wirkung. Phosphor fördert das Wurzelwachstum, Kalium dagegen die Fruchtbildung sowie die Reifung des Holzes und der Frucht. Übermäßige Stickstoffzufuhr beeinträchtigt dagegen die Fruchtbildung und das Ausreifen des Holzes.
Beim Pflanzen mischt man ein paar Handvoll Superphosphat unter die Erde der Baumgrube und bestreut diese an der Oberfläche mit stark stickstoffhaltigem Dünger.
Nach stärkeren Regenfällen muß man sandige Böden nachdüngen.
Alte Bäume auf kurzgehaltenen Rasenflächen leiden an Unterernährung, lichten sich in der Krone und werden vorzeitig senil.
Man ernährt sie am besten, indem man über ihrem Wurzelwerk Löcher in den Boden bohrt und diese mit Universaldünger füllt.

Oben: Ein Baumchirurg mit einer Kettensäge im Wipfel einer Gemeinen Kiefer.

Diese Sitkafichte (rechts) hatte nach 20 Jahren auf schlechtem Boden einen Durchmesser von 5 Zentimeter erreicht. 1960 wurde der Bestand mit etwa 8 g / m² Phosphat gedüngt, und der Durchmesser des Baumes wuchs in diesem Jahr um 1,25 Zentimeter. 1966 betrug sein Durchmesser 15,2 Zentimeter.

Formschnitt und andere Künste

Hecken sind das landläufige Beispiel dafür, wie sehr der Mensch Bäumen seinen Willen aufzwingen kann. Es stört uns nicht, daß Buchen oder Eiben, die zu einem stattlichen Wäldchen heranwachsen könnten, jedes Jahr mit der Heckenschere auf eine bloße Mauer zurückgestutzt werden. Andere Formen der Baumdisziplinierung dagegen werden als unnatürlich abgelehnt.

Die Japaner denken da anders. Sie finden eine natürliche Kiefer, ob kompakt oder unregelmäßig gewachsen, weniger reizvoll als ein Exemplar, das kunstvoll so getrimmt ist, daß es eine Art Kiefernballett darstellt. Ihr Garten ist eine Bühne, und von den Darstellern erwarten sie mehr, als einfach nur den ganzen Tag in Straßenkleidern herumzustehen.

Denken wir im Westen vielleicht zu funktional? Wir unterziehen Apfelbäume einer strengen Erziehung am Spalier, damit sie mehr Früchte tragen. Wir köpfen Weiden, weil wir aus ihren Ruten Körbe flechten wollen. Aber wenn wir schon einmal auf die Idee kommen, schmückende Formbäume zu schneiden, dann gestalten wir meist recht unpflanzliche Skulpturen – entweder Quasiarchitektur, die Bergpredigt (in einem alten Garten in Warwickshire) oder eine Jagdszene, wie sie in Eibe eingefroren vor einem französischen Schloß zu bewundern ist.

Gewiß, auch Zweckformen können schön sein. So beschert uns die strenge Erziehung im Obstanbau nicht nur edlere Früchte und größere Erträge, sondern zugleich die Symmetrie und Ordnung der Pyramiden, Fächerspaliere und Schnurbäume. Und wo früher regelmäßig lange, gerade Stangen gebraucht wurden, stehen heute noch Wälder gestutzter Haselnuß- und Kastanienbäume: Alle sechs oder sieben Jahre wurden sie bis zum Boden zurückgeschnitten, damit aus ihren Stümpfen Stachelschweine neuer Triebe wuchsen. Solange sie ausgebeutet wurden, sahen sie wahrscheinlich nicht besonders schön aus; aber ein alter, aufgegebener Kopfholzbestand zählt mit zu den schönsten Waldlandschaften. In Gärten verwandelt man nach diesem Prinzip Bäume mit besonders schönem Blattwerk in üppig belaubte Büsche, die oft viel größere Blätter als der natürliche Baum tragen, wenn sie regelmäßig gestutzt werden. Ich habe Eukalypten, Goldpappeln, Trompetenbäume und Eschenahorne gesehen, die – unmittelbar über dem Boden geköpft – noch im selben Jahr Zweieinhalb-Meter-Triebe mit Mammutblättern entwickelten.

Abgipfeln nennt man das Köpfen in zwei Meter Höhe, wo grasende Tiere die Jungtriebe nicht erreichen können. Diese Methode wird weniger in Wäldern als auf Weideland angewandt.

Weiden sind die am häufigsten geköpften Bäume, aber früher wurde auf diese Weise auch Brennholz von Eichen, Eschen und Hainbuchen geschnitten. Manchmal kann man bei alten, stark verzweigten Bäumen kaum noch erkennen, daß sie früher einmal in zwei Meter Höhe geköpft wurden. Meist aber war dies der Fall, wenn alle Äste von einem Punkt des Stammes ausgehen.

Für Schmuckzwecke bedient man sich nur selten der Köpfmethode. Den schönsten damit erzielten Effekt, den ich gesehen habe, war der einer Sumpflandschaft: eine Gruppe von Weiden mit leuchtendroten Jungtrieben.

Die Anzucht eines Bonsai-Zwergbäumchens beginnt mit einem einjährigen Sämling.

Im nächsten Jahr schneidet man den Hauptstamm und läßt nur einen Ast stehen.

Im dritten Jahr verfährt man genauso.

Vom vierten Jahr an sieht der Baum wie die Miniatur eines ausgewachsenen Baumes aus.

Aus **Bonsai-Sakei**
von Toshio Kawamoto und
Joseph Y. Kurihara,
Nippon-Saikei Co., Tokio

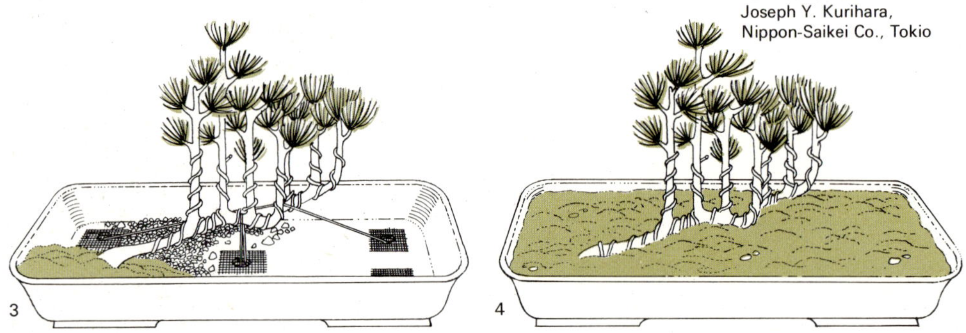

Bei allen zur Bonsai-Anzucht verwendeten Koniferen muß regelmäßig die Hauptachse verkürzt werden.
Ganz oben links: Triebspitzen vorsichtig auszwicken (A), weil durchschnittene Nadeln (B) braun werden. Bei schuppenblättrigen Bäumen (C) im Frühjahr fast täglich ein paar Spitzen abkneifen.
Die Zeichnungen oben zeigen, wie man eine kleine Kiefer in ein Kiefernwäldchen verwandelt. Der Baum, dessen Wachstum man durch Abzwicken der Spitzen gebremst hat (1), wird in waagerechte Position gebracht und alle Äste, die sich nach oben biegen lassen, mit starkem Draht in dieser Lage befestigt (2); die anderen Äste werden entfernt. Auch der Hauptstamm wird mit Draht hochgetrimmt. Dann pflanzt man den Baum in einen größeren, flachen Behälter (3) und hält ihn mit Drähten waagerecht. Füllt man das Gefäß mit Erde (4) und stellt den Baum an einen Platz ohne Sonneneinstrahlung, treibt sein Stamm Wurzeln.

Obstbäume schneidet und formt man oft so, daß sie nicht senkrecht wachsen. Die Bäume reagieren darauf mit größeren Erträgen. Drei beliebte Erziehungsformen: rechts: waagerechte Palmette.

Links: schräger Schnurbaum (Kordon), links vor und rechts nach dem jährlichen Ertragsschnitt. Die Seitenäste werden im Winter auf ein Viertel ihrer Länge zurückgeschnitten, um Blüten- und Fruchtbildung zu fördern.

Rechts: Fächerspalierbaum. Zu Fächern werden Spalierbäume meist an Mauern erzogen. Der Mitteltrieb wird entfernt, sobald starke Seitenäste die Grundform des Fächers gebildet haben. Alle senkrecht wachsenden Zweige werden entfernt.

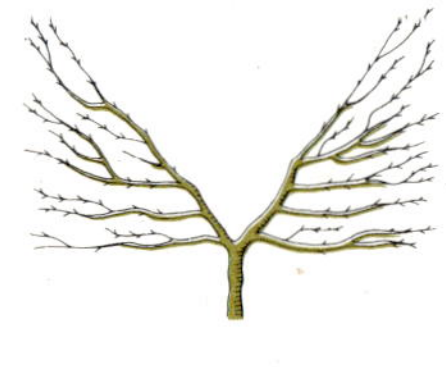

Phantasievoll gestaltete Formbäume sind etwas für Gärtner mit Sinn für Humor. Dieser Garten im südenglischen Box Hill vereint die schrulligen und die pseudo-architektonischen Effekte, die man erzielen kann, wenn man dichtblättrige Bäume und Büsche wie Eibe und Buchs kunstvoll beschneidet. Da man solche Kunstwerke aber nie ganz ernst nehmen kann, passen sie besser in Gärten von Wochenend- und Ferienhäusern als in Wohngebiete oder formale Gärten.

Die Krönung ist die Bonsai-Kunst. Diese systematische Heranziehung aller Kräfte und Instinkte eines Baumes zur Gestaltung eines Spielzeugs ist von besonderem Wert für einen Stadtbewohner, dessen Verbundenheit mit der Natur verkümmert. Wenn man wie die Japaner mit einem Zwergbäumchen im Topf arbeitet, kann man mehr über die Gesetze des Pflanzenlebens lernen, als wenn man zwei Wochen durch den Wald spaziert.

Einige Bonsai-Techniken werden auf der Seite links erklärt. Bei der Modellierung großer Bäume geht man im wesentlichen genauso vor, mit dem Unterschied, daß man nicht unmittelbar in ihr Wurzelwerk eingreift. Aber wenn man die Gestalt eines Baumes nur durch Beschränkung seines jährlichen Wachstums formt, wirkt sich dies ja auch auf seine Wurzelbildung aus.

Eines aber bewirkt man mit jedem Schnitt: daß die den entfernten Spitzen zustehende Wuchsenergie nun den nächsttieferen Knospen oder Trieben zugute kommt. Schneidet man ein Zweigende ab, übernimmt die der Schnittstelle am nächsten gelegene verbleibende Knospe die Führung, und der neue Trieb wächst genau in der Richtung, in die sie zeigt.

Will man also einen Ast nach rechts wachsen lassen, so muß man eine Knospe suchen, die dorthin weist, und möglichst dicht an dieser Knospe schneiden (ohne einen Stumpf stehen zu lassen, der abstirbt und Pilze oder Krankheiten anzieht).

Jeder Ast, den man hinter seiner letzten Knospe abschneidet, so daß nur ein knospenloser Stummel stehen bleibt, stirbt entweder ab oder treibt häßliche und wertlose Wasserschosse.

Wenn man dies weiß, findet man leicht die Zweige und Äste heraus, die gerade weiterwachsen, ihre Richtung ändern, gestutzt, entfernt oder dichter und buschiger werden sollen.

Es kommt nur darauf an, daß man die natürliche Tendenz des Baumes erkennt. Neigt er beispielsweise zur Bildung abgeflachter, nur oben belaubter Astspiralen, so entfernt man alles, was nicht waagerecht wächst.

Eine im Marschland und an Gewässern verbreitete Art des Köpfens: Von den Weiden werden jährlich oder alle zwei Jahre die biegsamen jungen Gerten abgeschnitten, aus denen Körbe und Gartenmöbel geflochten werden. Die gekappten Stämme faulen meist innen und werden zu hohlen Ärmeln, die weiter eine prächtige Krone halten. Varietäten mit farbiger junger Rinde verwandelt die Sonne im Winter nach dem Köpfen in leuchtende Wuschelköpfe.

Diese Bonsai-Baumschule in der Nähe Tokios erzielt für Kreationen wie den Miniatur-Kiefernwald (Bildmitte rechts) hohe Preise. Bonsai-Fanatiker kaufen aber nicht von der Stange, sondern suchen in Gebirgsregionen nach verkümmerten Sämlingen, die sie nach Hause nehmen. Von allen Bäumen ergeben Kiefern und Wacholder die naturgetreuesten Miniaturen. Gut gepflegte Bonsai-Bäumchen können mehrere hundert Jahre alt werden.

Kopfbäume sind das traurige Wahrzeichen vieler Städte überall in Europa. Diesen Platanen im belgischen Gent werden Jahr für Jahr alle Triebe abgeschnitten, so daß ihre Extremitäten zu dicken Fäusten verkrüppeln. Das von solchen Bäumen produzierte Grün ist so minimal wie die Dauer ihrer Vegetationsperiode.

Ginkgo und Nadelbäume

Der Ginkgo sowie die als «Nadelbäume» zusammengefaßten Koniferen und Eibengewächse bilden zusammen mit den Cycadeen oder «Palmfarnen» und den Gneten die uralte Gruppe der nacktsamigen (gymnospermen) Pflanzen. Ihnen allen ist gemeinsam, daß ihre Samenanlagen unbedeckt auf den Samenschuppen liegen. Darin besteht auch der Hauptunterschied zu den entwicklungsgeschichtlich jüngeren Bedecktsamern (Angiospermen), deren Samenanlagen von Fruchtschuppen umhüllt sind, aus denen sich später Fruchtknoten und Frucht entwickeln. Strenggenommen haben die Nacktsamer also keine eigentlichen Früchte.

Die nach Artenzahl und Bedeutung mit Abstand wichtigsten Nacktsamer sind die Koniferen, die «Zapfenträger», deren weibliche Blütenstände mit ihren fertilen und sterilen Schuppen meist zu verholzenden Samenständen, den Zapfen, heranreifen. Alle Koniferen sind Gehölze, zumeist Bäume. Krautige Koniferen gibt es nicht. Die allgemein bekannten Koniferen haben meist nadelartige Blattorgane, weshalb sie der Volksmund einfach «Nadelbäume» nennt. Allerdings gibt es auch Nadelbäume ohne Nadeln, nämlich entweder mit kleinen Schuppenblättchen wie Zypresse und Thuja oder mit breiten, laubartigen Blättern wie etwa die Kauris. Typische Nadelbäume sind die Eibengewächse, aber sie gehören nicht zu den Koniferen!

Zu den Koniferen zählen die größten Pflanzen der Welt. Der Unterschied zwischen den Rekordwuchsleistungen der Laubbäume und der Nadelbäume ist gewaltig. Einzig ein paar australische Eukalyptus-Arten erreichen ähnliche Dimensionen. In der amerikanischen Meisterschaftstabelle ist kein Laubgehölz mit mehr als 55 Metern vertreten. Dann kommt eine Pause. Und dann eine erstaunliche Liste von Rekorden von 75 bis hinauf zu 105 Metern – alles Nadelbäume.

Koniferen halten aber auch den Altersrekord. Tausender sind überhaupt keine Seltenheit. Bei ihnen geht es allein um die Frage, seit wie vielen tausend Jahren die älteste Kiefer wächst.

In der Geschichte der Evolution ist die große Zeit der Nadelbäume schon vorüber. Sie sind eine der ältesten Pflanzensippen und gediehen schon prächtig, lange bevor es Laubbäume gab. Aber seit vielen Millionen Jahren sind sie numerisch und territorial auf dem Rückzug.

Aber der Mensch fand, sie seien für seine Zwecke als Nutzholz- und Papierlieferanten geeigneter als die heutigen Laubbäume. Einer der Gründe dafür ist, daß sie auch unter ungünstigeren Bedingungen wachsen – auf Terrain, das sich landwirtschaftlich nicht nutzen läßt, weil der Boden zu dürftig, zu trocken oder zu naß ist oder weil es zu exponiert und vor allem zu weit nördlich liegt. Ein weiterer Grund ist ihr einfaches Bauprinzip, das alles auf einen dicken Stamm konzentriert und die Äste gewissermaßen als bloßes Beiwerk zur Aufhängung der Blätter vernachlässigt. Vor allem aber ist es ihr Wuchstempo: Die Koniferen sind an die niedrige Sonne höherer Breiten angepaßt und können ihr Licht bis zum äußersten ausnutzen; fast alle behalten sie ihre Blätter und können also das ganze Jahr über Nahrung bereiten und speichern. Deshalb bilden sie unter nördlichen Bedingungen schneller Holz als jeder Laubbaum.

Es gibt etwa 540 Nadelholzarten, in 54 Gattungen und nur sieben Familien. Sie wachsen mit wenigen Ausnahmen in den gemäßigten Zonen – die meisten von ihnen überdies in den kälteren Bereichen; in den Tropen trifft man sie fast nur in kühleren Gebirgslagen.

In ihrer großen Mehrzahl sind sie auf der Nordhalbkugel heimisch. Fast alle sind sie immergrüne Bäume mit zähen, dunkelgrünen, nadelförmigen Blättern, die dichte und tiefschattige Wälder bilden. In dem dürftigen Licht sterben ihre unteren Äste schnell und fallen ab. Ihre Stämme entwikkeln sich zu makellosen Säulen, die oft schwindelerregende Höhen erreichen.

Doch derselben Sippe entstammen, als seltsame Mißbildungen und Spielarten, kleine, völlig symmetrische und sogar Miniaturbäume mit hervorragenden Details und oft herrlicher Färbung – der andere Grund, warum der Mensch die Nadelbäume unter seinen Schutz gestellt hat.

Familie der Ginkgogewächse / *Ginkgoaceae*

Der Ginkgo

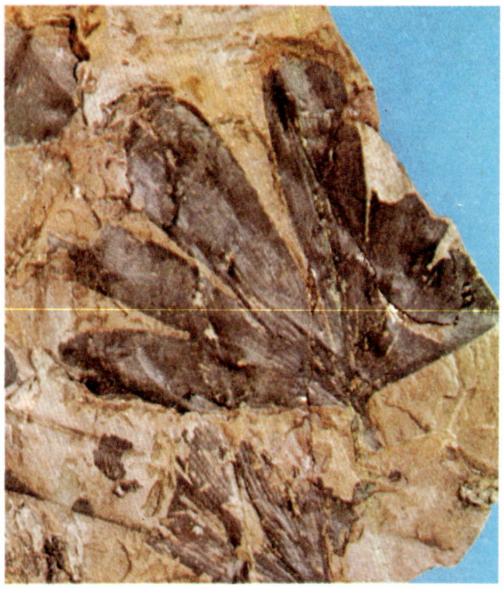

Seit 150 Millionen Jahren ist der Bauplan des Ginkgo unverändert. Dieses in Yorkshire gefundene Blattfossil ist eines der Zeugnisse dafür, daß der Ginkgo über die ganze Erde verbreitet war, bevor er sich in den Gebirge Chinas zurückzog.

Lebewesen, die sich einfach geweigert haben, an der Evolution teilzunehmen, fordern uns einen gewissen Respekt ab. Ich glaube, es gibt Krabben und auch Insekten, die sich seit 100 Millionen Jahren so gut wie gar nicht weiterentwickelt haben. Aber wenn ein Waldbaum seine Verwandten und Abkömmlinge überlebt und der Drift der Kontinente, der Entstehung der Gebirgsketten, dem Kommen und Gehen von Reptilien-Zeitaltern und Eiszeiten unbewegt zugeschaut und all das 200 Millionen Jahre unverändert überstanden hat – dann zeugt das schon von einer einzigartigen Zähigkeit. Und von einem gesunden Bauprinzip.

Bevor die heutigen Koniferen entstanden und lange vor der Entwicklung der Laubbäume war der Ginkgo über die ganze Erde verbreitet. Sein Niedergang begann schon vor den Eiszeiten. Aber er blieb am Leben. Denn irgendwo gab es noch eine Nische für diesen seltsam differenzierten Primitiven.

Als die ersten Menschen auf der Bildfläche erschienen, hatte sich der Ginkgo schon in die Bergwälder der Provinzen Tschekiang im äußersten Osten und Szetschuan im äußersten Westen Chinas zurückgezogen. Seine Wiederauferstehung verdankt er seiner Beliebtheit als Tempelbaum, zuerst in China, später in Japan. Er ist in einem chinesischen Gedicht aus dem 8. Jahrhundert erwähnt. Und im 16. Jahrhundert charakterisierte ihn ein Dichter als Entenfußbaum – in Anspielung auf die Form seiner Blätter. Sein heutiger

Der Ginkgo hat weder Nadeln noch Zapfen, und doch verrät dieses Bild seine alte Verwandtschaft mit den Koniferen. Stamm und Hauptäste wachsen steif aufwärts, und die Krone wirkt wie eine Pyramide. Die feinen Blätter mildern den strengen Eindruck, verhüllen aber nicht die markanten Konturen seines Verzweigungssystems.

Name ist die japanische Version seines chinesischen Namens Yin-kuo, was soviel wie «Silberfrucht» bedeutet. Seine Samen waren ein weiterer Grund, warum man ihn zog; die gerösteten Kerne aß man zu alkoholischen Getränken – die Erdnüsse und Cashews des alten China. Auch heute noch ißt man in Ostasien seine fruchtfleischartige Samenschale.

Im Westen hörte man zum erstenmal vom Ginkgo, als Kaempfer 1690 über seine Reise nach Japan berichtete. Das erste Exemplar traf 1730 in Europa ein und wurde in Utrecht gepflanzt; diesen Baum kaufte 1754 der Botanische Garten Kew, wo er heute noch zu bewundern ist. Dreißig Jahre später wurde er in Amerika eingeführt...

Einer der Vorteile, die jemand hat, der seine Zeit überlebt, ist der, daß alle seine Feinde das Zeitliche gesegnet haben. Zweifellos gab es vor Millionen Jahren einmal Epidemien von Ginkgokrankheiten und Schwärme ginkgofressender Insekten. Heute aber scheint er unbesorgt zuschauen zu können, wie Eichen kümmern und Ulmen sterben. Selbst die Luftverschmutzung in ihrer tödlichsten Form – auf der New Yorker Fifth Avenue etwa – macht ihm nichts aus, und seine absonderlichen Entenfußblätter bleiben frisch und gesund. Und er gedeiht sogar in flachen Betonwannen am Trottoirrand, wo ihn die Busse ständig mit ihren Abgaswolken anblasen.
Ähnlich wie eine Atlaszeder reckt ein junger Ginkgo seine Äste steif und steil nach oben – was im Sommer die langstieligen, blaßgrünen Blätter weitgehend verhüllen und im Winter, wenn man es mag, wie eine Skulptur wirkt – wenn nicht, starr und schroff aussieht. Mit zunehmendem Alter neigen sich die Astenden und breiten sich fächerförmig aus. Seine entfernte Verwandtschaft mit den heutigen Koniferen scheint der Ginkgo selbst noch im hohen Alter mit seinem Habitus zu verraten.

Am schönsten ist dieser Baum im Spätherbst, wenn sich das Grün seiner Blätter in ein reines Buttergelb ohne eine Spur von Orange- oder Brauntönen verwandelt. Bald danach fallen die Blätter, aber dieser rasch vergängliche Höhepunkt des Ginkgo ist herrlich.

Ausgewachsen ist er meist 21 bis 24 Meter hoch; in Mailand erreichte ein Exemplar 38 Meter, was sicherlich auf die warmen Sommer zurückzuführen ist. Die Wuchsform hängt weitgehend vom jeweiligen Klon ab; in Amerika wird ein als «Sentry» bezeichneter Ginkgo mit sehr schlanker, gerader Krone als Straßenbaum gezogen, doch am schönsten sind die Formen mit breiter, hängender Krone. Einer der Vorzüge des «Sentry»: Er ist ein männlicher Baum. Denn die fleischigen Samenschalen riechen, wenn sie überreif geworden sind, widerlich nach Buttersäure.

Die weiblichen Blüten des Ginkgo entwickeln sich zusammen mit den Blättern an einem Kurztrieb. Die Bäume sind zweihäusig, also entweder männlich oder weiblich; auf dem unteren Bild sind die männlichen Blütenkätzchen zu erkennen, die in Büscheln mit den jungen Blättern ebenfalls an Kurztrieben entstehen.

Oben: Die Ginkgo-Herbstfärbung ist nur von kurzer Dauer, aber sehr reizvoll; ein reines Gelb, das die Feinheit der Blätter akzentuiert.

Der Ginkgo bildet keine Früchte, aber die äußere Schicht der Samenschale entwickelt sich zu einer fleischigen fruchtähnlichen Samenhülle. Überreif riecht diese widerlich nach Buttersäure, weshalb meist nur männliche Bäume gepflanz werden.

Oben: Die Herbstfärbung läßt die eigenartige Form der Ginkgoblätter besonders deutlich werden: langstielige, dreieckige Fächer mit leicht gebuchtetem Rand, in Längsrichtung wenig bis tief gespalten.

Familie der Kieferngewächse / *Pinaceae*

Die Kiefern Nordamerikas

Die Kiefern oder Föhren sind unter den Koniferen das, was die Eichen unter den Laubbäumen sind: die am weitesten verbreiteten, mannigfaltigsten und wertvollsten Bäume ihrer Familie. Die größte Nadelholzfamilie ist nach ihnen benannt, die *Pinaceae*. Zu ihr gehören die Tannen, Fichten, Zedern, Lärchen – fast alle Nadelbäume. Aber die Gattung *Pinus*, die eigentlichen Kiefern, zählt nur etwa 100 Arten mit bestimmten eindeutigen Merkmalen, unter denen das augenfälligste die relativ langen, immergrünen Nadeln sind, die in dichten Büscheln (von zwei bis fünf Nadeln, je nach Art) angeordnet sind.

Alle jungen Triebe einer Kiefer wachsen in Form einer «Kerze»; die Tannen, Fichten und anderen Kieferngewächse dagegen verlängern ihre Zweige jedes Jahr mehr oder weniger waagerecht. Kiefernkerzen stehen aufrecht, neigen sich aber, wenn sie schwerer werden, zur Seite und nehmen ihre endgültige Stellung ein.

Eine Tanne oder Fichte sieht als junger Baum wie eine Kirchturmspitze aus und behält diese Form ihr Leben lang bei. Die meisten Kiefern aber ähneln in ihren mittleren Lebensjahren, wenn sich ihnen genügend Wuchsraum bietet, eher den ausladenden Laubbäumen. Das Resultat – ein exzentrisches Gewirr kühner Äste, häufig oben an einem kahlen Stamm, dessen Rinde oft schön gefärbt und strukturiert ist – ist einer der prächtigsten aller Baumcharaktere.

Aber der Besitzer einer jungen Kiefer hat mindestens genausoviel Freude: eine kraftvolle Pflanze in Augenhöhe, mit einem phantastischen Detailreichtum, dicken, saftigen Trieben mit glänzenden jungen Nadeln und geschmückt mit herrlich originell gebauten männlichen und weiblichen Organen.

Das natürliche Verbreitungsgebiet der Kiefern ist immens groß. Sie wachsen vom Polarkreis bis zum Äquator. Am liebsten mögen sie harte Bedingungen: Trockenheit und extrem exponierte Gebirgsstandorte oder Sandküsten mit Dauerfrostboden oder, wie die berühmte Jeffreykiefer, einen hohen Felskegel hoch über den kalifornischen Yosemite-Fällen, wo überhaupt kein Boden zu sein scheint. Wenn die Kiefern heute ein Hauptquartier haben, dann liegt es in Mexiko, dessen tropisches Hochland offenbar ihrem Geschmack am nächsten kommt. Dort geben sie mit ihren evolutionären Kreuzungstaktiken den Botanikern mehr Nüsse zu knacken als irgendwo sonst auf der Erde.

Von den rund 100 bekannten Kiefernarten sind 32 in Nordamerika heimisch. Sie lassen sich leicht in eine nordöstliche, eine südöstliche und eine westliche Gruppe einteilen.

Die große Kiefer des Nordostens ist die Strobe oder Weymouthskiefer *(Pinus strobus)*.

Die Nadeln der Montezumakiefer sind hellgraugrün, bis zu 30 Zentimeter lang und um leuchtend rotbraune Knospen gruppiert. Leider reagiert dieser Baum besonders empfindlich auf starke Fröste.

Wenn sie genug Platz, Licht und Luft haben, können die meisten Kiefern ausladende Kronen wie die Laubbäume bilden. Eine der schönsten Arten ist die mexikanische Montezumakiefer, deren blaugrüne Nadeln anmutig an den Zweigen hängen.

Das oben abgebildete Exemplar steht im Garten der Villa Melzi am Comer See.

Eine Zuckerkiefer in den kalifornischen Bergen (rechts im Bild unten). An ihren langen, waagerechten oberen Ästen und den längsten aller Kiefernzapfen kann man sie besonders leicht erkennen. Ihren Namen verdankt sie dem süßen Harz, das ihr Stamm absondert und das von den Indianern gegessen wurde. Die größte Kiefer der Welt ist eine Zuckerkiefer im kalifornischen Siskiyou National Forest.

Die Amerikanischen Gold- oder Ponderosa-Kiefer wächst wie die Zuckerkiefer in den Gebirgen Kaliforniens und wird fast genauso groß. Charakteristisch für sie sind die schöne, rissige, ocker- bis rosafarbene Borke und die in steifen, runden Büscheln an den Triebspitzen angeordneten Nadeln. Zwischen den beiden Stämmen die typische Krone einer weiteren Goldkiefer.

Oben: Die Pechkiefer ist der nahezu unverwüstliche Nadelbaum in trockenen und unfruchtbaren Gegenden im Nordosten der USA. Kalkboden ist das einzige, was sie nicht verträgt. Die Bäume sind mittelgroß, haben lange Äste und eine offene Krone. Das Bild zeigt ihre – unter Kiefern einmalige – Besonderheit, Nadelkränze aus dem Stamm zu treiben. Die Nadeln sind 9 bis 12 Zentimeter lang und stehen in Dreieranordnung.

In den alten Wäldern Neuenglands, die 300 Jahre lang rücksichtslos geplündert wurden, gab es früher riesige Bestände, mit Exemplaren von über 60 Meter Höhe und einem Durchmesser von dreieinhalb Metern. Mit ihrem schönen, weichen und weißen Holz wurde der halbe Bedarf Europas gedeckt und überall im Osten der Vereinigten Staaten Schiffe und Häuser gebaut. Weymouth führte diese Kiefer im 18. Jahrhundert in England ein, wo sie allerdings kein großer Erfolg wurde; in Deutschland und Frankreich dagegen gibt es gute Weymouthskiefernwälder. Wegen ihrer feinen, blaß blaugrünen Nadeln ist sie ein schöner Gartenbaum; auch unten am Stamm behält sie eine Weile lange Äste, wächst dann aber zu einem Baum heran, der für einen normalen Garten viel zu groß ist. Leider ist die Weymouthskiefer heute überall durch eine Rostpilzkrankheit, den Blasenrost, stark gefährdet. Von den beiden anderen Kiefern des amerikanischen Ostens, der auf Seite 73 gezeigten Rotkiefer *(P. resinosa)* und der Pechkiefer *(P. rigida)*, ist annähernd so groß und so schön. Die Rotkiefer ist ein etwas düsterer Baum, dunkelgrün mit dunkelroter Rinde, dessen Nadelkleid ähnlich wuchtig wie das der Korsikakiefer ist; die Pechkiefer gilt allgemein als letzter Ausweg für wirklich rauhe Bedingungen, unter denen sie schroffe, romantische Wuchsformen annimmt. Man kann sie leicht daran erkennen, daß sie zahlreiche Nadelbüschel direkt am Stamm bildet. Als besonders zähe, kleinere Kiefern pflanzt man in Kanada außerdem die Bankskiefer *(P. banksiana)* und in den amerikanischen Oststaaten die Virginiakiefer *(P. virginiana)*.

Die Kiefern des Südostens sind von sehr großer wirtschaftlicher Bedeutung: Sie bedecken Tausende von Quadratmeilen landwirtschaftlich nicht nutzbarer Fläche.

Seltsam ist die Sumpfkiefer *(P. palustris)* mit ihren bis zu 45 Zentimeter langen Nadeln. Aber das eigentlich Absonderliche dieses Baumes ist, daß er in den ersten drei, vier Jahren kaum mehr als ein kleines grasartiges Häuflein ist und erst dann sein Höhenwachstum beginnt.

Die Förster in den Südoststaaten pflanzen vier verschiedene Kiefern und müssen jeweils mit einer komplizierten Gleichung bestimmen, welche Art sie wo pflanzen sollen (Wuchsleistung, Holzqualität und Resistenz gegen Rostpilze).

Die Sumpfkiefer wächst langsam, ist aber nicht besonders widerstandsfähig. Die kurznadelige Gelbkiefer *(P. echinata)* wächst noch langsamer, ist dafür widerstandsfähiger.

Die größte, beste und wüchsigste ist die Weihrauchkiefer *(P. taeda)*; sie ist aber rostanfällig. Die Slash- oder Elliottkiefer *(P. elliottii)* ist besonders gut für dürftige Böden geeignet, aber ebenfalls für diese Krankheit anfällig.

Die Jeffreykiefer unterscheidet sich von der sehr ähnlichen Goldkiefer durch ihre längeren (13 bis 25 Zentimeter) bläulichgrünen, meist in Dreieranordnung stehenden Nadeln und ihre purpurrote, graue oder schwarze Borke.

Männliche Blütenstände umschließen den ganzen Trieb unterhalb des neuen Nadelbüschels bei den an der Küste Südkaliforniens heimischen Bischofskiefern.

Die Kiefern Nordamerikas

Gegenüber: Kiefern sind einer Vielzahl von Klimabedingungen angepaßt.

Rechts: Eine junge Drehkiefer im Schnee am Bluff Lake in Oregon.

Mitte rechts: Montereykiefern gedeihen prächtig im milden Klima der Monterey Bay in Kalifornien.

Ganz rechts: Höckerkiefern in der Nähe des Big Bear Basin in Kalifornien.

Die Kiefern des amerikanischen Westens sind ein ganz anderer Schlag. Als David Douglas nach wochenlangen Kanufahrten und Streifzügen zum erstenmal eine Zuckerkiefer *(P. lambertiana)* sah, beschrieb er sie als die «prächtigste ihrer Gattung, vielleicht sogar die eindrucksvollste Art des ganzen Pflanzenreichs». Seit ich den Großvater aller Zuckerkiefern in den Siskiyou Mountains in Oregon gesehen habe, kann ich ihm nur beipflichten. Das Monstrum ist etwa 90 Meter hoch und nicht, wie die anderen Giganten Westamerikas, eine Säule mit zerzauster Krone, sondern fast von unten bis oben mit mächtigen Ästen bewehrt – der Alptraum eines Försters.

Die Äste der Zuckerkiefer sind gerade und außergewöhnlich lang. Selbst 60 bis 70 Meter hohe Exemplare präsentieren sich meist als gut proportioniertes T, so daß die obersten Äste, deren Enden mit ihren gewaltigen, 60 Zentimeter großen Zapfen sich nur leicht durchbiegen, etwa 25 Meter messen müssen. Niemand würde die Zukkerkiefer als einen Gartenbaum bezeichnen, nicht einmal als einen schönen Baum. In europäischen Sammlungen hat sie eine Höhe von etwa 30 Metern erreicht und ist dann eingegangen, weil sie anfällig für den Blasenrostpilz ist.

Die einzige andere westamerikanische Kiefer, die eine vergleichbare Größe erreicht, ist die Goldkiefer *(P. ponderosa)*, die an den gleichen Berghängen zusammen mit der Zuckerkiefer wächst und deren größtes Exemplar (74 Meter) ebenfalls im Siskiyou-Tal steht. Die ersten Siedler gaben der Goldkiefer den Namen «Bullenkiefer», der treffend Gewicht, Kraft und Festigkeit dieses sehr imposanten Baumes ausdrückt. Seine Borke zerreißt in riesige rechteckige Platten von einem warmen Rosaton mit grauer Zeichnung. Die Nadeln sind dicht und steif und werden bis zu 30 Zentimeter lang. Unter idealen Bedingungen erreichen Goldkiefern in 50 Jahren eine Höhe von 36 Metern; ihr Stamm ist ganz gerade und verjüngt sich kaum. Von allen westamerikanischen Kiefern eignet sie sich am besten für einen (großen) europäischen Garten. Sie läßt sich gut in nahezu jeden Boden verpflanzen.

Der Goldkiefer recht ähnlich ist die Jeffreyskiefer, die allerdings höhere Lagen bevorzugt. Die Westamerikanische Weymouthskiefer *(P. monticola)* entwickelt im Gebirge einen ähnlichen Habitus wie die Zuckerkiefer, ist aber ein weitaus besserer Gartenbaum – das westliche Gegenstück zur Neuengland-Weymouthskiefer, mit herrlich weichem Nadelmantel. Allerdings leidet sie an derselben Rostkrankheit. Von den anderen kalifornischen Bergkiefern dürfte sich die Coulterskiefer *(P. coulteri)* noch am ehesten zur Anpflanzung empfehlen – kein hoher, sondern ein breiter Baum. Das Schöne an ihr sind die Zapfen, so groß wie ein Kinderkopf und rundherum mit «Adlerklauen» bewehrt.

Über die Grannenkiefern *(P. aristata)*, die ältesten Lebewesen auf Erden, habe ich schon auf den Seiten 20 und 21 berichtet. Wer einen dieser Patriarchen in seinem Garten ausprobieren will, wird feststellen, daß er sehr langsam wächst. In den ersten paar Jahrhunderten dürften wohl die seltsamen Harzflocken an den Nadeln noch das Beste an ihm sein.

Die Höckerkiefer *(P. attenuata)* ist eine weitere langsam- und kleinwüchsige Art. Ihre gekrümmten Zapfen, massiv wie eine Handgranate, wachsen dicht am Stamm und fallen oder öffnen sich erst dann, wenn sie ein Waldbrand überrascht.

Die Drehkiefer *(P. contorta)* ist offenbar die anpassungsfähigste. Sie wächst von der Küste bis hinauf in Höhen von 3300 Metern. Sie ist nicht nur anpassungsfähig und zäh, sondern hat auch eine schöne, dichte Benadelung, die meist von Fuß bis Kopf reicht, sowie leuchtendrote Knospen, die den Eindruck erwecken, als stände der Baum in Blüte. Nach der Sitkafichte ist sie der in Europa meistgepflanzte westamerikanische Nadelbaum und sollte noch mehr gesetzt werden, vor allem in Gärten mit saurem Boden.

Die übrigen westamerikanischen Kiefern wachsen an der Küste, in milderem Klima, wo ihr

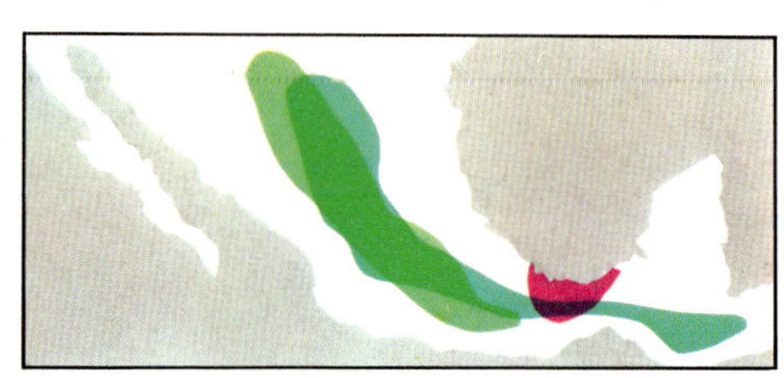

Coulterskiefer
Grannenkiefer
Pechkiefer
Goldkiefer
Torreykiefer
Weihrauchkiefer
Jeffreyskiefer
Weymouthskiefer
Zuckerkiefer
Patulakiefer
Gelbkiefer
Montereykiefer
Drehkiefer
Sumpfkiefer
Mexikanische Strobe
Westamerikanische Weymouthskiefer
Rotkiefer
Elliottkiefer
Höckerkiefer
Montezumakiefer

Hauptfeind die Stürme vom Meer sind. Die bedeutendste ist die Montereykiefer *(P. radiata)*, wahrscheinlich die üppigste und majestätischste der ganzen Gruppe. Die Natur hatte diese unglaublich frohwüchsige, aber empfindliche Pflanze in ein kleines, nur wenige Quadratkilometer großes Reservat bei Monterey in Südkalifornien zurückgedrängt. Aber der Mensch hat sie wieder befreit, und sie ist nun zu einem der wichtigsten Forstbäume der südlichen Hemisphäre geworden. In Neuseeland werden sensationelle Ergebnisse mit ihr erzielt. Unter guten Bedingungen bildet die Montereykiefer mächtige Äste und umhüllt sich dicht mit flaschengrünem Nadelwerk.

Die Bischofskiefer *(P. muricata)* ist ähnlich, aber etwas dunkler in der Farbe und meist nicht so wuchsfreudig, dafür aber zäher – ein ausgezeichneter vorgeschobener Schutz gegen Seewinde.

Ebenfalls eine Küstenkiefer, aber mit einem begrenzten Verbreitungsgebiet im Süden, ist die Torreykiefer *(P. torreyana)*: ein kleiner, offener Baum mit ausladender Krone, dessen zu Fünferbündeln angeordnete Nadeln so spitz wie Pfeile sind und beim Abfallen die Blätter der Bodenpflanzen durchbohren.

In Neumexiko zieht man die Arizonanußkiefer *(P. cembroides)* mehr ihrer Samen als ihrer Schönheit wegen. Diese Kiefernnüsse waren früher ein wichtiges Nahrungsmittel der Indianer. In Mexiko wachsen drei Arten, die mehr Interesse verdienten. Vielleicht die schönste aller Kiefern ist die Montezumakiefer *(P. montezumae)*. Wie eine riesige Heidekraut-Aster breitet sie ihre hellgrauen Nadeln in breiten Quirlen um ihre harzigen, orangefarbenen Knospen aus.

Die Patulakiefer *(P. patula)* könnte sich kaum stärker von ihr unterscheiden. Sie ist die femininste aller Kiefern, hat helle, dünne Nadeln.

Die dritte mexikanische Kiefer ist die Mexikanische Strobe *(P. ayacahuite)*, die den Stroben Ost- und Westamerikas und des Himalaja recht ähnlich ist.

Die Karten links zeigen die natürlichen Verbreitungsgebiete der wichtigsten nordamerikanischen Kiefern, die Abbildungen (unten) Nadeln, Zapfen und Wuchsform von sechzehn dieser Arten. Die dargestellten Wuchsformen sind charakteristisch für Bäume mittleren Alters im freien Stand. In Wäldern haben sie eine schmalere Krone und einen längeren astfreien Stamm; mit zunehmendem Alter weiten und verzweigen sie ihre Kronen, ohne viel höher zu wachsen.

Coulterskiefer: *P. coulteri;* kleiner Bergbaum; die Zapfen wiegen frisch bis zu 3 Kilo; die Nadeln stehen rechtwinklig zum Trieb.

Bischofskiefer: *P. muricata;* kleiner Baum für magere oder sumpfige Böden; steife Nadeln; Zapfen dornig.

Weymouthskiefer: *P. strobus;* größter und schönster Nadelbaum des amerikanischen Nordostens; bis 66 m.

Patulakiefer: *P. patula;* kleiner, graziöser mexikanischer Baum; hängende, 30 Zentimeter lange Nadeln.

Loblollykiefer: *P. taeda;* auf gutem Boden größte und wuchsfreudigste südliche Kiefer.

Gebirgs-Drehkiefer: Gebirgsform der *P. contorta;* kleiner, zäher Gebirgsbaum, bis 3300 m, winterhart.

Sumpfkiefer: *P. palustris;* bedeutende und hübsche Forstkiefer des Südens; 45 cm lange Nadeln.

Montereykiefer: *P. radiata;* schöner, frohwüchsiger und dichter Baum; dunkelgrasgrüne Nadeln.

Pechkiefer: *P. rigida;* klein mit ausladender Krone; braucht viel Licht; guter Küstenbaum mit steifen Nadeln.

Goldkiefer: *P. ponderosa;* wichtigste Kiefernart des amerikanischen Westens mit sehr großem Areal; bis 72 m.

Rotkiefer: *P. resinosa;* wuchsfreudig, dicht, gute Wuchsform; gedeiht gut auf Sandboden.

Küsten-Drehkiefer: robuste Küstenform der *P. contorta;* große, rote Knospen.

Elliottkiefer: *P. elliottii;* beste der südlichen Kiefern für dürftige Böden.

Zuckerkiefer: *P. lambertiana;* größte Kiefer der Welt; bis 81 m.

Westamerikanische Weymouthskiefer: *P. monticola;* in Idaho bis 54 m; leicht blaugrün.

Weißborkenkiefer: *P. albicaulis;* kleiner Gebirgsbaum des Nordwestens.

Die Kiefern Asiens

Auf Fotos aus Japan ist manchmal schwer zu erkennen, ob sie eine unverfälschte Küstenlandschaft oder einen Vorstadtgarten zeigen. Zwar findet man es dann bald an den Laternen und sorgfältig arrangierten Steinen heraus, aber das starke optische Element, das beiden Szenerien gemeinsam ist und das auf den ersten Blick die Illusion einer Naturlandschaft vermittelt, sind die Kiefernbäume. Sturmzerzauste, knorrigstämmige kleine Kieferngreise beherrschen das japanische Landschaftsbild. Und die Aufgabe des Gärtners ist es, einen Sämling nach diesem Vorbild zu erziehen, ihm durch ständige Eingriffe schon in jungen Jahren ein seniles Aussehen zu geben, indem er seine Äste belastet, seine Triebe auszwickt, und ein ganzes Arsenal weiterer kosmetischer Kunstgriffe anwendet.

Das Hauptopfer all dieser schmeichelhaften Aufmerksamkeit ist die Mädchenkiefer *(P. parviflora)*, ein kleiner, oft mehrstämmiger, nadeliger Baum mit ausladender Krone, der seine Zweige und Nadeln zu flachen, nur oben grünen Tellern anordnet. Die Nadeln sind kurz, dunkelgraublau, ein wenig gebogen und innen heller, was ihnen eine gewisse Lebhaftigkeit verleiht.

In den sechziger Jahren des vorigen Jahrhunderts erlebte der Westen eine Invasion japanischer Bäume. Innerhalb von zehn Jahren kamen die Mädchenkiefer, die Dichtblütige und die Thunbergskiefer nach Europa. Die Dichtblütige Kiefer *(P. densiflora)* ist unserer Gemeinen Kiefer allerdings so ähnlich, daß sie nur für Sammler von Interesse ist. Sie ist die Begrenzungskiefer des japanischen Gartens: der zerzauste, rotborkige Baum auf dem pseudofernen Hügel. Ihre Halbzwergvarietät, die ‹Umbraculifera›, ist für unsere

Eine Mädchenkiefer wirft ihre Schatten auf den sauber geharkten Kies in einem japanischen Garten. Diese kleinblütige Kiefer ist der kleine, oft mit gekrümmtem Stamm und in der berühmten Trauerform erzogene Gartenbaum Japans.

Die japanische Schirmtanne verdankt ihren Namen der Anordnung ihrer Nadeln, die an ein halbgeöffnetes Schirmgestell erinnert. Sie bildet eine hohe, buschige Krone und ist auf kalkfreiem Boden sehr ausdauernd.

Eine Mädchenkiefer in einem romantischen japanischen Landschaftsgarten. Man hat den Baum so getrimmt, daß er sich, nur an einem Punkt unterstützt, elegant über das Wasser beugt. Jedes Jahr müssen die jungen Triebe gekürzt werden, um das Gleichgewicht und die vollendete Etagenstruktur zu erhalten.

Unten: Die Dichtblütige Kiefer ist das fernöstliche Gegenstück zu unserer Gemeinen Kiefer: ein hochwüchsiger, breitkroniger Baum mit roter Borke. Unser Bild zeigt ein im naturalistischen Stil erzogenes Exemplar. Auch hier ist ein langer tiefer Ast über dem Wasser mit einem Pfahl abgestützt.

Rechts: Mit dieser Schirmversion einer Dichtblütigen Japankiefer übertrifft die Natur die Gartenkunst. Dieser Baum im Französischen Staats-Arboretum in Les Barres bei Paris ist nur 2 Meter hoch und trägt eine Krone von fast 5 Metern Durchmesser. Diese Größe, wahrscheinlich sein Maximum, hat er in 40 Jahren erreicht.

Gärten am besten geeignet. Sie entwickelt eine breite Krone, wird kaum höher als zwei Meter, mit zunehmendem Alter aber vielleicht doppelt so breit: ein Zelt voller gewundener Äste.

Es macht keine Schwierigkeiten, diese Arten in Gärten der gemäßigten Zone zu ziehen – sie wachsen sogar in einem Kübel oder, als Bonsai, in einer kleinen Schale, die Dichtblütige Kiefer viel schneller als die Mädchenkiefer; in Kalifornien hat sie Höhen von 30 Metern erreicht, in Nord- und Mitteleuropa schafft sie aber nur die Hälfte. Andererseits läßt sich die Mädchenkiefer, wie alle fünfnadeligen Kiefern, gut noch als größerer Baum verpflanzen.

Die Japanische Schwarz- oder Thunbergskiefer *(P. thunbergiana)* kommt unseren europäischen Schwarzkiefern, besonders der korsischen, recht nahe. An der Küste Neuenglands hat sie sich als ausgezeichneter Windschutzbaum bewährt. Magerer Sandboden macht ihr nichts aus: Langsam bildet sie ihre Krone aus langen Ästen, die an den Enden dunkelgrüne Nadelbüsche tragen.

Es gibt zwei weitere asiatische Bäume mit typischen Strobenmerkmalen: seidig hellgrünen Nadeln und einer glatten, grauen Jungrinde. Unter verschiedenen Namen *(excelsa, griffithii,* als Bhutan- oder Nepalkiefer und unter ihrer heutigen Bezeichnung *wallichiana)* ist die Himalaja–Tränenkiefer bekannt. Sie ist eine der wenigen fünfnadeligen Kiefern, die der Blasenrostkrankheit widerstehen. Am Anfang wächst sie schnell und entwickelt sich zu einem etwa 15 Meter hohen, ausladenden und offenen Baum von schöner Farbe und schimmernder Textur.

Die Chinesische Weißkiefer *(P. armandii)* ist viel seltener. Ich habe herrliche Jungbäume im staatlichen Arboretum in Les Barres südlich von Paris gesehen. Aber ausgewachsen soll diese Kiefer nicht so reizvoll wie ihre Himalajaschwester sein.

Die chinesische Kiefer des Kenners ist die Bungeskiefer *(P. bungeana),* ein Baum, der oft mehrere Stämme ausbildet – und je mehr, desto besser, da das Schönste an ihm die Rinde ist. Wo sie abblättert, ist der Stamm weiß, braungelb, grau, rostrot, purpurrot und grün gescheckt. Zu den Bäumen, die einem schon bald Freude machen, zählt die Bungeskiefer allerdings nicht; sie ist mehr ein Baum für die Erben.

Außer mit diesen beiden seltenen Arten sind die chinesischen Kiefern seltsamerweise nicht im Westen vertreten. Korea leistet einen hervorragenden Beitrag mit einer Kiefer, die sehr an die Zirbelkiefer erinnert, aber für meinen Geschmack dekorativer ist. Diese Koreanische Kiefer *(P. koraiensis)* ist genauso von oben bis unten gepolstert, aber mit einer abnorm wirkenden Zahl schöner, tief grasgrüner Nadeln. Im National Arboretum in Washington D.C. steht ein interessantes, sieben Meter großes Exemplar, dessen Nadeln in jedem Viertel der Baumhöhe eine um etwa 45 Grad veränderte Richtung haben. Es ist ein gut proportionierter Baum, und die zusätzliche Buschigkeit unterstreicht seine kräftige Farbwirkung.

Erwähnt werden muß hier noch ein anderer wertvoller Baum aus dem Fernen Osten – obwohl er nicht in die Familie der Kiefern, sondern der Sumpfzypressen (S. 114) gehört. Die *Sciadopitys,* die meist als Schirmtanne bezeichnet wird, weil ihre langen, leuchtendgrünen, dicken Nadeln wie die Speichen eines halbgeöffneten Regenschirms in einem Quirl auseinanderlaufen. Sie wächst zu einer perfekten Zapfenform heran und macht sich sehr gut als Rasenbaum. In Japan werden Schirmtannen über 30 Meter hoch, in unseren Breiten meist höchstens 10 Meter.

Die Zwergsibirienkiefer ist eine buschige asiatische Art der Zirbelkiefer. Ihre steifen und verkrümmten Nadeln sind graublau; ihre männlichen Blüten glänzendrot.

Reife und unreife Zapfen der Dichtblütigen Kiefer oder Japanischen Rotkiefer. Seinen Namen verdankt dieser Baum den in dichten Trauben stehenden Zapfen.

Eine Bungeskiefer in der Nähe des russischen Badeorts Sotschi. Wildwachsende Exemplare haben eine fast weiße, kultivierte eine graugrüne Rinde, nach deren Abblättern der Stamm buntscheckig gefärbt ist.

Die Kiefern Europas

Wohl niemand wird der Gemeinen Kiefer *(P. sylvestris)* den ersten Platz unter den Kiefern Europas – vielleicht sogar der ganzen Welt – streitig machen. Ich finde ihre Schönheit unvergleichlich. Die Sattheit ihrer Farben und die Urwüchsigkeit ihres Habitus machen sie einzigartig. Wie grau auch der Wintertag sein mag, ihre papierne, in lachsfarbenen und grünen Schmetterlingsflügeln abblätternde Borke leuchtet warm wie ein Feuer am Himmel. Und wenn die Borke intensiv rot ist, so sind die Nadeln ebenso intensiv blaugrün. Nimmt man einen ihrer schweren, harzigen Blütenzweige in die Hand und betrachtet die jungen Zäpfchen, ist man von ihrer Schönheit berauscht.

In ihrem natürlichen Verbreitungsgebiet, von Sibirien bis nach Schottland und zum Mittelmeer, ist sie die einzige Kiefer. Als einzige nordeuropäische Kiefer hat sie die Eiszeiten überlebt, denen in den Alpen die Zirbelkiefer und die Bergkiefer in Gebirgsrefugien widerstanden. Und nur an den Küsten des Mittelmeers und des Atlantiks hat ein halbes Dutzend weiterer Arten überlebt.

Von dem ausgedehnten Kaledonischen Wald, in dem die Gemeine Kiefer einst wuchs, sind heute nur noch wenige Reste erhalten, darunter eine der schönsten und romantischsten Waldlandschaften der Erde: der Black Wood am Loch Rannoch in Mittelschottland.

Kaum zu glauben, aber vor gar nicht so langer Zeit waren diese wenigen Kiefern am Rannoch-See die einzigen Kiefern in Großbritannien. Alle anderen Bestände waren dem Raubbau zum Opfer gefallen. Ein nicht gerade weitgereister Zeitgenosse Shakespeares hat diesen Baum, den die Engländer heute mit fröhlicher Ignoranz «die Tanne» nennen, nie gesehen.

In Norddeutschland, um die Ostsee herum und in Skandinavien wächst dieselbe Kiefer. In höheren Breiten und Höhenlagen verengt sie ihre Krone und wächst fast pyramidenförmig. Aber die Alpen haben auch noch ihre eigene Kiefer: die langsame, robuste und säulenförmige, fünfnadelige Zirbelkiefer oder Arve *(P. cembra)* und weiter östlich die Österreichische Schwarzkiefer *(P. nigra* ssp. *nigra)*, eine nahe Verwandte der Schwarzkiefer Korsikas und Süditaliens *(P. nigra* ssp. *laricio)*. Die Österreichische dürfte die zäheste aller europäischen Kiefern sein: Sie läßt sich noch mit über 3 Meter Höhe gut verpflanzen, wächst auf (dem von den meisten Kiefern gemiedenen) Lehmboden und hat auch nichts gegen kalkige Böden. Eine ihrer Vorzüge ist, daß sie sich auch auf Gelände pflanzen läßt, dessen Oberboden von Baumaschinen zerwühlt oder abgetragen worden ist. Man trifft sie deshalb an scheinbar so aussichtslosen Orten wie dem New Yorker Ken-

Oben: Die Bosnische Kiefer wächst auf nackten Felsen in den Bergen Italiens und Jugoslawiens. Sie liebt Trockenheit und kalkige Böden; ihre Krone ist dicht und dunkel. Ihre Zapfen sind blau.

Links: Die weiblichen Blüten einer Gemeinen Kiefer sind dunkelrot und stehen zu zweit oder mehreren an den Enden kräftiger Jungtriebe; in den zwei Jahren der Samenreifung verfärben sie sich grün. Junge Nadeln verfärben sich bläulich-grün.

Links: Die männlichen Blüten der Gemeinen Kiefer bilden sich an den schwächeren Trieben im Mai, wenn die Benadelung gerade begonnen hat. Zu den Kultursorten der Gemeinen Kiefer zählten u.a. eine sehr blaue, «Argentea», und eine kleinwüchsige, «Aurea», die im Spätwinter eine kräftige, helle Goldfärbung annimmt.

Oben: Große, ausladende Gemeine Kiefern um Ufer eines schottischen Sees. Die Kronenformen dieser Kiefer können stark variieren: In den schneereichen Gebieten Skandinaviens und in den Alpen sind ihre Kronen oft sehr schmal. Die Gemeine Kiefer ist recht schnellwüchsig; in den ersten 20, 30 Jahren sind 90 Zentimeter pro Jahr normal.

Strandkiefern auf dem von ihren Vorfahren befestigten Land, dem riesigen Dünengürtel am Golf von Biscaya, dem heutigen Wald der Landes. Die Strandkiefer wächst auf vielerlei Böden, ist aber nicht sehr winterhart.

Die Pinie ist einer der Charakterbäume der Mittelmeerlandschaft und dort seit Jahrhunderten sehr häufig gepflanzt worden. Hier steht ein Exemplar oberhalb der alten Kirche von Ravello bei Neapel. Die Wuchsform dieser Kiefer ist erstaunlich konstant, ob sie in Gärten gezogen wird oder wild wächst. Ihre großen Samen sind eßbar.

Unten: Die Bergkiefer *(P. mugo)* ist ausgesprochen robust und gedeiht noch gut auf magerem, kalkigem Boden; sie weist verschiedene Wuchsformen auf, vom stammlosen Busch bis zum einstämmigen Baum.

Unten rechts: Die Korsische Schwarzkiefer ist die größte Kiefer Südeuropas. In Süditalien ist sie 55 Meter hoch geworden; ein ausgezeichneter Windbrecher mit langen Ästen und dichter, dunkelgrüner Benadelung.

nedy Airport oder den Tankstellen an den italienischen Autostradas, wo sie mit ihrer großen buschigen Krone schnell Sicht- und Windschutz bietet. Sie ist ein rauher, ziemlich düsterer und eintöniger Baum, aber in der Nordostecke meines Gartens habe ich ein Exemplar als Windbrecher, dessen lange Äste ich nicht gegen alle Blütenkirschen in Japan eintauschen möchte. Die Krim-Version dieser Kiefer, *(P. nigra* ssp. *pallasiana),* hat sogar noch mächtigere Äste.

Die europäische Schwarzkiefer ist jedoch eher ein Nutz- als ein Zierbaum. Vor allem die korsische Version ist ein guter Forstbaum für magere Sandböden und wuchsfreudiger, schmaler und weniger verzweigt als die österreichische. In ihrer Heimat Kalabrien hat sie Höhen von 60 Metern, in Korsika von 50 Metern erreicht. Die italienische Marine verwendete sie früher als Schiffsmasten, aber die Franzosen meinten, sie sei zu harzig und deshalb «so hart und durchsichtig wie Horn». Die Standardmaße der Rigaer Mastenhändler des 18. Jahrhunderts lagen bei der Gemeinen Kiefer (das beste Mastholz) etwa bei 24 Metern Länge und bei über 45 Zentimetern Durchmesser. Kleinere Bäume wurden als Sparren verkauft oder als «norwegische» Maste bezeichnet – da die Norweger keine großen Bäume anbieten konnten.

Die markanteste der europäischen, wenn nicht aller Kiefern ist die Pinie oder Schirmkiefer Italiens *(P. pinea).* Sie war ein Gottesgeschenk für die römischen und Renaissance-Gärtner, die gern Vegetation mit Architektur verwechselten: der ideale Hintergrund für die schwarzen Säulen ihrer Zypressen – ein dichter schwarzer Baldachin auf einem hübschen glatten Pfahl. Denn die Krone der Pinie ist dichtverzweigt und läßt keinen Lichtstrahl durch, während alle unteren Äste abfallen, ohne Spuren zu hinterlassen. Sie ist ein ziemlich winterfester Baum und könnte durchaus weiter nördlich gezogen werden, als dies der Fall ist. Sie sollte es sogar, denn es gibt nicht viele ähnlich dekorative Bäume.

In den Landschaften, in denen die Pinie heimisch ist, wächst häufig eine weitere, weniger gutgeformte Kiefer mit graugrünen Nadeln und einem gewundenen Stamm: die Aleppo-Kiefer *(P. halepensis).* Da sie sehr viel Wärme, ein trockenes Klima und trockenen Boden braucht, werden ihre harzreichen Bestände oft von Waldbränden vernichtet (z.B. zwischen Marseille und St.-Tropez); alte Bäume sind deshalb selten.

In mancherlei Hinsicht die nützlichste, wenngleich auch keine besonders schöne Kiefer ist die Strandkiefer *(P. pinaster).* Sie wächst an Meeresküsten. Mit ihr hat man im vorigen Jahrhundert den größten jemals von Menschen angelegten Wald in Südwestfrankreich gepflanzt: Bremontier fing 1789 an, auf 5000 Hektar Sanddünen am Golf von Biscaya Strandkiefer und Korkeiche zu säen. Die eingesäten Flächen bedeckte er mit Reisigholz und wartete ab. Ergebnis war, daß befestigt wurde, was man für nicht zu bindenden Flugsand gehalten hatte. Nach diesem Versuch wurden weitere 1,2 Millionen Hektar aufgeforstet. Noch heute zapft man Harz zur Terpentingewinnung aus den Kiefern der Landes und verwendet sie nachher als Gruben- und Schwellenholz.

Die bis zur oberen Waldgrenze vorstoßende Bergkiefer *(P. mugo)* des Alpengebietes tritt in verschiedenen Wuchsformen auf: in den westlichen Alpen als stattlicher, bis 30 Meter hoher Baum, in den Ostalpen dagegen als niederliegender Strauch, der oft in Steingärten Verwendung findet. Daneben gibt es zwei weitere europäische Gebirgskiefern, die kaum bekannt und noch zäher als die Zirbelkiefer sind, aber weniger Ansprüche an den Boden stellen. Die eine ist die Bosnische oder Schlangenhautkiefer *(P. leucodermis),* die mehr gepflanzt werden sollte, vor allem in kleineren Gärten. Sie ist etwas wuchsfreudiger als die Zirbelkiefer, als junger Baum um einiges attraktiver und hat außerdem leuchtendblaue junge Zapfen. Die andere ist die Rumelische Strobe oder Mazedonische Kiefer *(P. peuce)* des Balkans, die eine Pyramidenkrone ausbildet.

Oben: Kiefern können sich härtesten Bedingungen anpassen. Hier erobert die Mazedonische Kiefer die Hänge des Olymps in Griechenland. Die nackten Felsschichten sind deutlich zu erkennen – aber die Bäume finden trotzdem noch genug Erde.

Die Arve ist der charakteristische Alpenbaum: eine von unten bis oben dicht benadelte Säule. Ihre männlichen Blüten heben sich rot von den gelbgrünen Nadeln ab.

Die Tannen Nordamerikas

Die Tannen dürften unter den verbreiteten Mitgliedern der Kiefernfamilie diejenigen sein, die den meisten von uns am wenigsten vertraut sind. Mit dem Wort «Tanne» wird nämlich ziemlich großzügig umgegangen, und schon jeder spitzkronige und nahezu jeder immergrüne Baum ist so genannt worden. Aber die eigentlichen Tannen sind eine recht konservative Gattung. Sie beherrschen selten die Szene, und jede Art hat nur ein verhältnismäßig begrenztes Areal; viele sind sogar vom Aussterben bedroht. Auf den ersten Blick sehen sie den Fichten ähnlich, und außerdem sind die Wuchsformen der einzelnen Tannenarten nicht sehr unterschiedlich.

Aber es gibt kaum einen Baum, der stärker auf unsere Sinne wirkte. Da ist zunächst einmal ihr Geruch. Aus jeder Pore scheinen sie ihr duftendes Harz abzugeben. Ihre Rinden sind mit süßem Harz beschmiert, auch ihre Triebe sind voll davon, und wenn man ihre Nadeln zerdrückt, klebt der köstliche Duft an den Händen. Jede Art hat ihr Aroma: Zitrone, Terpentin oder Mandarine.

Der Habitus der Tannen drückt gebändigte Kraft aus. Sie haben die strengste Pyramidenform aller Bäume, die wie ein Pfeil gen Himmel weist. Schaut man an einer Tanne nach oben, so hat man den Eindruck, Tausende kleiner Flugzeuge sausten aus einem Zentrum in alle Richtungen: Die Triebe und Seitentriebe heben sich gegen den Himmel wie ein Muster kristalliner Energie und Exaktheit ab.

Auch die Nadeln wirken streng; plump, ledrig und fest scheinen sie sich mit kleinen runden Saugnäpfen an die gedrungenen Zweige zu klammern. Selbst die ausgetrockneten Äste der meisten Tannen halten noch eine Zeitlang ihre Nadeln fest, während Fichtenzweige sich schnell entnadeln. Streng ist auch ihr Verzweigungsmuster, die in regelmäßigen Quirlen waagerecht stehenden Äste, die sich im Gegensatz zu Fichtenästen nur selten durchbiegen. Die Zapfen stehen kerzengerade auf den Zweigenden, und wenn sie aufbrechen und ihre Samen ausstreuen, bleibt ihre nackte Achse, die Zapfenspindel, stehen; Fichtenzapfen dagegen hängen und fallen ab, ohne etwas am Baum zu hinterlassen. Doch abgesehen davon kann man leicht feststellen, ob ein Baum eine Tanne oder eine Fichte ist. Man braucht nur eine Nadel von einem Zweig abzureißen. Läßt die Nadel am Zweig eine saubere runde, leicht vertiefte Markierung zurück, ist es eine Tanne. Reißt man mit der Nadel aber auch ein kleines Stück Rinde ab, das eine Rißnarbe hinterläßt, so ist es eine Fichte. Fallen Fichtennadeln aber von selbst ab, bleiben die winzigen Stummel am Zweig und geben ihm eine rauhe Oberfläche. Bei Tannennadeln fehlt dieses Stielchen, und darum sind kahle Tannenzweige glatt.

Tannennadeln sind mit einer siegelartigen Scheibe in den Zweig eingelassen. Diese (6fach) vergrößerte Abbildung der Unterseite eines Triebs der Amerikanischen Edeltanne zeigt die rundlichen Nadeln mit den Spaltöffnungen.

Von allen Zapfen sind die der Tannen am schönsten; da sie aber meist hoch oben an großen Bäumen wachsen, sind sie schwer zu sammeln. Manche Arten haben grüne oder braune Zapfen, bei den meisten sind sie aber dunkel und stumpf purpurfarben und sehen so stabil aus, daß man überrascht ist, wie leicht sie in der Hand zerfallen.

Die Botaniker haben etwa 40 Tannenarten benannt. In einer so homogenen Gruppe kann man sich sehr darüber streiten, was eine Art und was eine Unterart ist. Die Populationen gehen nahtlos ineinander über, mit sehr vielen Zwischenformen, die sich kaum eindeutig bestimmen lassen. Ihre Vorkommen beschränken sich auf die kühleren Höhen- und Gebirgslagen der nördlichen Halbkugel.

In Nordamerika sind neun Tannenarten vertreten, zwei im Osten, sieben im Westen. Die östlichen Arten, die Balsamtanne in Kanada und an den Großen Seen *(Abies balsamea)*, und die Frasertanne *(A. fraseri)*, sind im allgemeinen kleinwüchsiger als die westlichen und deshalb häufiger in Gärten zu finden. Die Balsamtanne ist die wettersicherste amerikanische Tanne und wächst langsam zu Größen um 20 Meter heran. Sie behält eine gute Form, eine dunkle Pyramide mit vollständigen unteren Astetagen, die sie auch nicht abstößt, wenn sie in einem sehr dichten Bestand unten ihre Nadeln verliert. Die duftenden Nadeln werden zur Parfümierung der sogenannten Kiefernholzseife verwendet, und in Quebec gewinnt

Oben: Diese Felsengebirgstannen hoch in den Bergen der Halbinsel Olympia im US-Staat Washington hat der Schnee geformt; wo er am Boden die Bäume umschließt, haben sie aus Trieben eine breite Schleppe gebildet.

Links: Die an den Zweigen der Westamerikanischen Balsamtanne aufrecht stehenden Blütenzapfen sind matt karmesinrot. Bei allen Tannen stehen die Zapfen aufrecht, im Gegensatz zu den Fichten, deren Zapfen hängen.

Links: Junge Triebe an den kammartig benadelten Zweigen der Großen Küstentanne. An ihren tieferen Ästen stehen die Nadeln wie auf diesem Bild in zwei regelmäßigen Reihen zu beiden Seiten des Zweigs. Weiter oben am Baum krümmen sie sich aufwärts.

Unten links: Die Große Küstentanne, das größte Mitglied der Gattung, erreicht im Küstenland des amerikanischen Nordwestens Höhen von 90 Metern.

Unten: Prachttannen in der kalifornischen Sierra Nevada. Die meisten Tannen haben stärkere, mehr waagerechte oder ansteigende Äste als die Fichten. Rechts im Bild eine Balfourkiefer.

Die riesigen Zapfen der Amerikanischen Edeltanne sind um die Baumspitze herum angeordnet. Da Tannenzapfen schon am Baum auseinanderfallen und nur ihre Spindel stehenbleibt, sieht man sie selten im vollständigen Zustand. Typisch für viele Tannenzapfen ist die hier gezeigte Walzenform.

man aus dem Harz ihres Stammes einen Klebstoff. Dieser «Kanadabalsam» gilt als der beste Glaskitt für optische Instrumente. Seltsamerweise ist das Holz der einzige Teil des Baumes, der nicht nach Harz riecht.

Selbstverständlich war es David Douglas, der die größte aller Tannen entdeckte, die Große Küstentanne oder Kalifornische Tanne *(A. grandis)*. Dieser kraftstrotzende Baum gedeiht am besten, wo die meisten Niederschläge fallen – auf der Insel Vancouver haben Riesentannen Höhen von fast 90 Metern erreicht. Noch erstaunlicher aber ist ihre Wuchsfreudigkeit. Der atlantische Regen bekommt ihnen offenbar genauso gut wie der pazifische, wenn nicht noch besser: Riesentannen in Schottland maßen nach 50 Jahren schon 48 Meter.

Die Purpurtanne *(A. amabilis)* hält etwas höhere Lagen besetzt; auch sie wurzelt gern in tiefgründigem Boden und bevorzugt eine lange Vegetationsperiode und ein ausgeglichenes Klima. Ihren lateinischen Namen, der soviel wie «lieblich» bedeutet, verdankt sie ihrer Schönheit – groß und schnellwüchsig ist sie nicht. Dicke, glänzende Nadeln kontrastieren mit ihrem glatten, hellgrauen Stamm, der voller kleiner Harzflecken ist. Obwohl sie am Fuß der Berge wächst, trägt sie die spitze Krone, die meist das Kennzeichen der schneebedeckten Höhen ist.

Die Prachttanne *(A. magnifica)* und die Amerikanische Edeltanne *(A. procera)* wachsen in den mittleren Höhen der Cascades und Sierras von Kanada bis Südkalifornien, die erste im Süden, die andere im Norden. Zwischen diesen beiden Territorien ist die Shastatanne, eine Unterart der Prachttanne, heimisch.

Diese Arten unterscheiden sich nicht sehr. Die Amerikanische Edeltanne hat die größten und meisten Zapfen. Ihre Nadeln sind kürzer, dichter gedrängt und im Bogen nach oben abgeknickt. In ihrer Heimat übertrifft sie die Prachttanne auch an Höhe: Bis zu 75 Meter erreicht sie.

Eine der Gebirgstannen ist seltsamerweise die Art, die am häufigsten in Gärten gepflanzt wird: die Colorado- oder Gleichfarbige Tanne *(A. concolor)*, die sich offenbar am besten den Bedingungen in Europa anpassen kann. Ihr natürliches Verbreitungsgebiet ist gewaltig und reicht von Neumexiko bis hinauf nach Oregon, wo ihre Varietät, die Lowtanne *(A.c. lowiana)*, in Gesellschaft mit der Riesentanne wächst. Ihren langen, blaugrünen Nadeln haben wir einige Kultursorten für den Garten mit schneidend silberblauen Tönen zu verdanken: «Candicans» und «Violacea» sind zwei der bekanntesten. Die Westamerikanische Balsam- oder Felsengebirgstanne *(A. lasiocarpa)* hat ein ähnliches großes, aber nördlicheres Areal, bewährt sich allerdings nicht als Gartenbaum. Ihre Varietät, die Korktanne *(A.l. arizonica)* aus dem südlichsten Teil ihres Verbreitungsgebiets, ist robuster und mit ihren silbrigblauen Nadeln auch schöner.

Die Santa-Lucia-Tanne *(A. bracteata)* ist ein prächtiger Baum, den man selten in Gärten sieht und der nur in den Canyons des Santa-Lucia-Gebirges heimisch ist. Für mich ist dies die schönste aller Tannen.

Während die anderen plumpe Nadeln mit stumpfen Enden haben, die dicht um den ganzen Trieb stehen, sind die Nadeln der Santa-Lucia-Tanne lang, schlank, gerade und hart, leuchtendgrün mit zwei weißen Linien unten, die zu einer scharfen Spitze zusammenlaufen. An der Unterseite des Zweigs stehen sie fächerförmig, an der Oberseite vorwärts, zur Spitze hin gerichtet, die statt einer prallen, kugeligen Knospe ein elegantes Paket gefalteten Pergaments trägt.

Auch ihre Zapfen sind ungewöhnlich: bauchige, braune Fäßchen, geschmückt mit langen, grünen, grannenartig verlängerten Brakteen. Am besten aber ist die Wuchsform der Santa Lucia: ein spitzer, unten breiter Kegel aus Astquirlen, die sich in der Mitte unter dem Gewicht hängender Zweige durchbiegen, sich an den Enden aber wie der Schwanz eines Spaniels aufrichten.

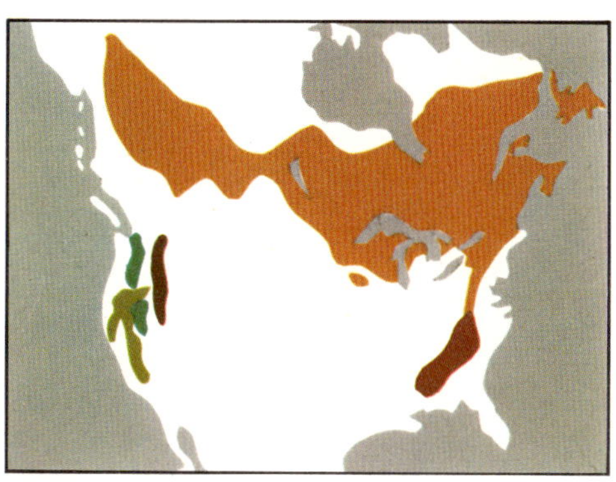

Balsamtanne
Frasertanne
Prachttanne
Shastatanne
Amerikanische Edeltanne

Küstengebirgstanne
Große Küstentanne
Santa-Lucia-Tanne
Korktanne

Purpurtanne
Coloradotanne
Lowtanne

Familie der Kieferngewächse / *Pinaceae*

Die Tannen Europas und Asiens

In Asien gibt es viele dekorative Tannenarten, die man aber erst zum Teil im Westen richtig ausprobiert hat. Da die meisten von ihnen als Gartenbaum zu groß sind und die Forstwirtschaft heimische Arten bevorzugt, sind sie unverdientermaßen weithin unbekannt geblieben. Selbst von den drei in Europa heimischen Arten ist bislang nur eine, die Weißtanne, im größeren Umfang gepflanzt worden. Zwar sind Schönheit und Winterfestigkeit der Spanischen und der Griechischen Tanne allgemein anerkannt, aber erst jetzt fängt man an, auch sie vermehrt zu verwenden.

Die europäische Weißtanne *(A. alba)* war viele Jahrtausende der zweithöchste Baum Europas. Aus ihrem natürlichen Verbreitungsgebiet, einem Gebirgsgürtel, der sich von den Pyrenäen über Burgund und die Vogesen bis nach Polen erstreckt, wurde sie in ganz Europa als Forstbaum eingeführt. Bis zur Einfuhr amerikanischer Nadelbäume waren sie in Wuchsleistung und Höhe konkurrenzlos. Und auch dann war es eine erbarmungslose Trieblaus, die das Rennen für die neueren Exoten entschied. Die Tanne bereitet heute der Forstwirtschaft in manchen Gebieten große Sorgen, und die Förster sprechen von einem «Tannensterben». Ein ganzer Komplex von Ursachen wird dafür verantwortlich gemacht: Mistel-, Insekten- und Pilzbefall, Frostwirkungen und Wildschäden sowie die Luftverschmutzung.

Zwei ähnliche Tannen, womöglich Überlebende derselben, seit den Eiszeiten dezimierten Sippe, haben sich an den äußersten Rand Südeuropas zurückgezogen, die *A. cephalonica* nach Griechenland und die *A. pinsapo* in die Berge hinter der Costa del Sol in Südspanien. Dieser Mittelmeerschlag hat starre und dicke blaugrüne Nadeln, die allseitig wie ein Igel vom Zweig abstehen und sich nicht gut anfassen lassen. Auch die in Algerien heimische *A. numidica* ist eine sehr ähnliche, etwas dichtere und weniger stachlige Tanne. Die Anpflanzung der Spanischen und der Griechischen Tanne empfiehlt sich besonders in kalkreichen, gut entwässerten Gegenden, in denen sich andere Tannen schwertun. Sie sind nicht nur frohwüchsig, sondern von Anfang an charaktervoll.

Bäume aus dem Kaukasus haben allgemein einen guten Ruf. Dieses Gebirge liegt auf demselben Breitengrad wie das nördliche Kalifornien (und wie Tasmanien in der südlichen Hemisphäre, das ebenfalls eine reiche Pflanzenwelt besitzt). Mit dem Schwarzen Meer auf der einen und dem Kaspischen Meer auf der anderen Seite, mit Rußland im Norden und Persien im Süden ist der Kaukasus eine der großen Drehscheiben der Wettersysteme und des genetischen Austauschs. Nicht weit südlich von ihm liegt der Ararat. Man kann sich gut vorstellen, daß der Garten Eden in diesen Bergen lag – und die kaukasische Nordmannstanne *(A. nordmanniana)* eine seiner größten Zierden gewesen sein dürfte.

In jungen Jahren ist diese Nordmannstanne einer der erfreulichsten immergrünen Bäume. Von oben schaut man auf dichte Aststockwerke mit langen, glänzend tiefgrünen Nadeln. An ihrer Unterseite haben sie eisfarbene Spaltöffnungsstreifen. Und bis ins hohe Alter hinein, wenn die Kaskade ihrer langen, immer noch dichtbenadelten und glänzenden Äste bis zum Boden reicht, bleibt sie eine der Tannen, die besonders glücklich und wohlgenährt aussehen.

Nahezu überwältigend ist das Angebot schöner Tannen aus dem Himalaja, aus China, Korea und Japan. Die wohl bekannteste von ihnen dürfte im Augenblick die Koreanische Tanne *(A. koreana)* sein, die so zuvorkommend ist, ihre Zapfen in Augenhöhe zu tragen. Ihre reifen Zapfen sind plump und purpurrot, mit braunen Konturen und durchsichtigem Harzflitter geschmückt – und wie Geschenke im Traum zerfallen sie, wenn man sie in die Hand nimmt.

Zwei japanische Tannen, die Nikkotanne *(A. homolepis)* und die Veitchtanne *(A. veitchii)* vom Fudschisan, werden verhältnismäßig oft gepflanzt. Die letztere läßt sich, zumindest als ausge-

Oben: Nikkotannen auf der japanischen Nordinsel Hokkaido: sehr große, winterharte Bäume mit einer hellen, leicht rosafarbenen Rinde, die sich mit zunehmendem Alter in ein Graubraun mit Purpurstich verfärbt.

Oben: Die Forrest's Tanne aus Südwestchina ist besonders schön. Ihre leuchtendgrünen Nadeln stehen steif um den ganzen Zweig herum, und ihre Blüten und Zapfen sind blau. Die Knospen brechen gerade auf, und das Bild zeigt die männlichen Zapfenblüten besonders deutlich.

Links: Ein Zweig der Nordmannstanne, die ihre strahlendgrüne Benadelung lange behält und deshalb eine der besten Gartentannen ist. In Mitteleuropa ist sie bis zu 44 Meter groß geworden.

Unten: Die Koreanische Tanne wird vor allem ihrer Zapfen wegen gezogen. Wie unser Bild zeigt, kann sie schon in jungen Jahren eine Fülle davon tragen. Anfangs sind sie dunkelpurpurfarben und werden dann braun, bevor ihre Schuppen abblättern.

Bis zum 19. Jahrhundert war die Weißtanne ein wichtiger Forstbaum in Westeuropa, da sie in Höhen bis zu 1800 Metern (Wallis) wächst. Die Zeichnung unten ist Zwingers 1744 erschienenem *Theatrum Botanicum* entnommen.

wachsener Baum, sehr leicht daran erkennen, daß sie ihren Stamm unter jedem der recht langen und dünnen Äste ellbogenförmig krümmt. Ihre Nadeln leuchten grün, und an den jungen Trieben sind die weißen Streifen an ihrer Unterseite deutlich zu erkennen. Denselben Effekt hat die Nikkotanne – ihre Nadeln krümmen sich nach oben, verstecken ihre grüne und zeigen ihre weiße Seite.

Zwischen diesen Arten gibt es feine Unterschiede der Nadellänge und -form, doch das deutlichste Kennzeichen ist meist die Farbe der noch von Nadeln umhüllten Jungtriebe. Bei der Veitchtanne sind sie braun, bei der Nikkotanne hell gelbbraun, und eine dritte japanische Art, *A. mariesii*, hat fast rote Triebe, und ihre Winterknospen sind harzüberzogen.

Zu den besten chinesischen Tannen zählt zweifellos George Forrests Varietät des Baumes, der den Namen des Abbé Delavay trägt, der als erster Europäer in Westchina botanisierte. Diese *A. delavayi* var. *forrestii* ist für mich der Inbegriff jener sprühenden Lebenskraft, die uns Tannen so liebenswert macht. Meine Notizen über sie sind so subjektiv wie nach einer guten Weinprobe: «dicke, eichhörnchenbraune Triebe, ringsum dicht mit an der Unterseite brillantweißen Nadeln besetzt; die Knospen rote, vor schimmerndem Harz strotzende Kugeln; sehr buschig und üppig aussehend.»

In dieser kleinen Auswahl dürfen ferner die *A. fargesii* und die mandschurische Version der Nikkotanne, *A. holophylla*, nicht fehlen. Und zumindest zwei der Himalajatannen muß ich hier nennen: Die *A. spectabilis* (der beschriebenen Varietät der *A. delavayi* recht ähnlich) wächst an den höchsten Himalajahängen, die *A. pindrow* in tieferen Lagen; ihre auffallend langen, dünnen Nadeln sind oft zweispitzig.

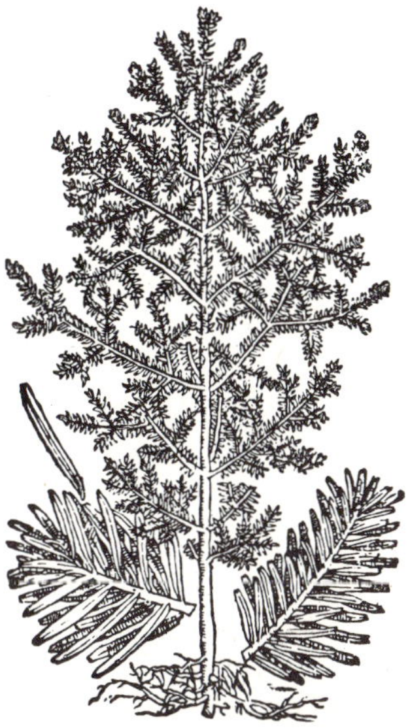

Links: Die Tanne des östlichen Himalaja, *A. spectabilis*, wächst in Höhen von etwa 3000 Metern in Wäldern mit gemäßigtem Klima, reichen Niederschlägen und Rhododendron-Unterwuchs. Die alten Bäume auf diesem Bild sind von Moos und Farn überzogen.

Der Wald Pucks und Titanias: Shakespeares Sommernachtstraum spielt in «dem Wald bei Athen». Hier, in 1200 Meter Höhe im Parnes-Gebirge, ist die Griechische Tanne, ein steifer Baum mit graugrünen Nadeln, genauso mit Flechten und Moos bewachsen wie die Felsen.

Familie der Kieferngewächse / *Pinaceae*

Die Douglasie

Eine Baumform, wie sie der Förster mag: eine Douglasie, rund 60 Meter hoch, an der Basis 1,5 Meter dick, die untere Hälfte des sich allmählich verjüngenden Stammes völlig astfrei.

Die Borke einer alten Douglasie ist tiefgefurcht und dunkelbraun. Dieser Baum im Mount Rainier National Park im US-Staat Washington ist etwa 400 Jahre alt.

Rechts: Zweigende einer Douglasie mit einem unreifen Zapfen, an dem die einzigartigen dreispitzigen Deckschuppen zwischen den Zapfenschuppen zu erkennen sind. Für die Forstwirtschaft ist die Herkunft des Samens von sehr großer Bedeutung, da von ihr u.a. die Dauer der Vegetationsperiode des Baumes abhängt.

Flöße aus Douglasien-Rundholz in einer Bucht an der Küste Britisch Kolumbiens. Die am Ufer stehenden Bäume sind Sitkafichten, die widerstandsfähiger gegen Salz und Überschwemmungen als die Douglasien sind.

Mit dem größten Respekt für die riesigen Sequoien darf man die Douglasie *(Pseudotsuga menziesii)* getrost als der Welt größten *schönen* Baum bezeichnen. Sie hat nichts von einem Relikt aus uralter Zeit, sie steht auf dem Höhepunkt ihrer Entwicklung, und ihr natürliches Verbreitungsgebiet erstreckt sich von Kanada bis Mexiko – mit nahen Verwandten in China und Japan.

In ihrer botanischen Kategorie steht die Douglasie allein. Sie ist keine Tanne. Ihre Zapfen hängen und blättern nicht ab. Sie ist aber auch keine Fichte. Ihre Nadeln haben kleine Stiele und Saugscheiben wie die Tannen. Sie verdiente einen besseren botanischen Namen, denn *Pseudotsuga* bedeutet «falsche Hemlocktanne». Gegen dieses «Pseudo» möchte ich (in ihrem Namen) scharf protestieren. Sie war nie eine Hemlocktanne und hat dies niemals vorgetäuscht.

Glücklicherweise ehrt die übrige Nomenklatur der Douglasie wenigstens die beiden Männer, die sie fanden und einführten. Der erste, der sie sah, war Menzies, der 1791 an der Vancouver-Expedition teilnahm. David Douglas schickte 1827 ihre Samen nach England. Und einige der 1828 gepflanzten Bäume stehen heute noch in Europa.

Auch der von Douglas entdeckte Wald ist noch in einigen Resten im Nordwesten erhalten; einer davon ist der Mount Rainier National Park. Dringt man auch nur 100 Meter in einen alten Douglasienbestand ein, kann man kaum glauben, daß dies die Landschaft ist, die Douglas kreuz und quer durchforschte, manchmal mit Indianerführern, oft aber ganz allein. Alle paar Meter versperrt einem ein Holzklotz von der Größe eines Lastwagens den Weg. Mächtige faulende Stümpfe überragen das strahlende Smaragdgrün der hochstrebenden Jungbäume: Douglasien und Purpurtannen, Riesenlebensbäume und Kalifornische Erlen. Große Entfernungen konnte er selbstverständlich nur auf Flüssen zurücklegen.

Die Samen, aus denen die ersten Douglasien in Europa gezogen wurden, kamen aber auf genau diesem Weg zu uns. Die Zapfen wurden dem «Expreß» der Hudson's Bay Company anvertraut – einer einmal im Jahr stattfindenden Expedition von einem guten Dutzend *voyageurs,* die den über 3000 Kilometer langen Weg von der Hudsonbai bis zur Columbia-Mündung paddelnd und kletternd zurücklegten, um Pelze zu erbeuten.

Die Douglasie ist ein Baum, den man recht leicht erkennen kann. Deutlichstes Kennzeichen sind die Knospen an den Zweigenden: rotbraun und spitz, so ähnlich wie überdicke Buchenknospen. Wenn sie Zapfen trägt, unterscheiden sie sich deutlich von allen anderen: Sie sind eiförmig, hängend, mit langen dreispitzigen Deckschuppen zwischen den dunkelbraunen Zapfenschuppen. Auch die Borke einer großen Douglasie ist unverwechselbar: tief rissig und von dunklen korkigen Furchen durchzogen.

Habitus und Textur dieses Baums sind ebenfalls charakteristisch: Seine Benadelung ist dicht, dunkel und weich, läßt die Seitentriebe wie Girlanden von den Ästen herabhängen und zieht die längsten Äste manchmal so tief nach unten, daß ihre Enden den Boden berühren.

In den Bergen des amerikanischen Nordwestens haben manche Douglasien solche Hängeformen, daß man sie von weitem für Brewersfichten halten könnte. Wie alle westamerikanischen Bäume werden sie jedoch steifer, schmaler und blasser, wenn sie weiter südlich oder in höheren Gebirgslagen wachsen. Die in den Rocky Mountains heimische Unterart wird als ‹Glauca› bezeichnet – obwohl ihre Nadeln nur blaugrün sind; sie ist winterhart, wo die kräftige grüne Küstenform frostanfällig ist (etwa im Norden Neuenglands). Auch auf Kalk- oder Kreideboden gedeiht die ‹Glauca› besser; zwar wächst auch die grünnadelige Douglasie auf kalkigem Boden, verfärbt sich aber gelbgrün, zumindest in meinem Garten.

Auf einigermaßen gutem Boden ist die Douglasie einer der besten Nutzholzbäume der Welt. Außerordentlich schnell bildet sie Holz, das mit gutem Kiefernholz vergleichbar ist. Ich kenne einen vor 80 Jahren gepflanzten Baum, der heute 53 Meter hoch ist.

David Douglas, einer der erfolgreichsten botanischen Entdecker, der die Douglasie aus der Wildnis des amerikanischen Nordwestens nach Europa brachte. Zu seinen zahlreichen anderen Entdeckungen zählt auch die Zuckerkiefer, deren riesige Zapfen Douglas mit den Zuckerhüten bei seinem Kaufmann zuhause verglich.

Ein Douglasien-Zapfen nach Ausfall der Samen. Die männlichen Blüten stehen dichtgedrängt an der Zweigunterseite. An den Zweigenden finden sich die aufrechten weiblichen Blütenzapfen.

Männliche und weibliche Blüten reifen zu verschiedenen Zeiten, so daß sich der Baum nicht selbst bestäuben kann.

Die Fichten Nordamerikas

Mit ihren dünnen, starren, in den Himmel greifenden Zweigen wirkt kaum eine Fichte richtig anmutig. Ihnen scheint auch die Sicherheit und Gelassenheit der Tannen, ihrer engsten Verwandten, zu fehlen. Es sind unbequeme Bäume: ihre Nadeln hart und stechend, ihre Zweige rauh, ihre Rinde dünn und schuppig. Mit den Jahren werden sie immer hagerer und lückiger, bis ihr Astwerk nur noch ein Skelett korrodierter alter Zweige ist. Die Schönheit ihrer neuen Triebe bleibt einem verborgen, wenn sie größer werden. Man muß schon Förster sein, um Gefallen an dem robusten Mast zu finden, der die zerzauste Krone in den Himmel hält.

Wie bei der Tanne gibt es auch bei der Fichte etwa 40 Arten. Allerdings unterscheiden sich die Fichten untereinander mehr als die Tannen in ihren Lebensgewohnheiten, Farben und Wuchsformen. Zu ihnen zählt eine Handvoll Bäume, die dekorativer als irgendeine andere Konifere sind.

Fichten sind häufiger und viel weiter verbreitet als die Tannen. Von den Gebirgen im Süden, wo sie die gleichen Vorlieben und Gewohnheiten wie die Tannen haben, erstreckt sich ihre Heimat bis in viel kältere und feuchtere Regionen im hohen Norden. Die Baumkarte der großen Landmassen des Nordens – Sibiriens, Kanadas und Alaskas – verdeutlicht die erstaunliche Winterfestigkeit dieser Gattung.

Drei Fichten wachsen im hohen Norden: die Rot- oder Hudsonfichte *(Picea rubens)*, die Schwarzfichte *(P. mariana)* und die Weißfichte *(P. glauca)*. Ihr Verbreitungsgebiet wird im Süden von den Großen Seen begrenzt, das der Hudsonfichte reicht bis zu den hohen Gipfeln der Great Smokies. Als Nutzbäume sind sie von großer Be-

Oben: Auf diesem fünffach vergrößerten Ausschnitt eines Zweiges der Sitkafichte sind die holzigen Stielchen zu erkennen, die beim Abfallen der flachen Nadeln am zopfartig gefurchten Zweig stehenbleiben. Die Oberseite der Nadeln ist dunkelgrün; diese Aufnahme von unten zeigt die mit Wachspfropfen versehenen Spaltöffnungen.

Links: Reife Zapfen der Sitkafichte. Alle Schuppen haben sich geöffnet und die Samen entlassen. Bei allen Fichten hängen die Zapfen an den oberen Ästen und fallen nach Abgabe des Samens als Ganzes zu Boden.

Oben: Die Sitkafichte von der Küste Britisch Kolumbiens ist heute ein wichtiger Forstbaum in Westeuropa. Das Bild zeigt eine Schonung in Bayern. Der Schnee bietet wirksamen Schutz vor austrocknenden Winden.

Stechfichten in 2950 Meter Höhe am Bear Tooth Pass in Wyoming, dem höchsten Paß der Rocky Mountains. Dies ist die typische Wildform: dicht und dunkelblaugrün. In Gärten ist diese Art mehr durch ihre hellblaue Varietät, die Colorado-Blaufichte, vertreten.

deutung, denn sie liefern eine der besten Holzfaserqualitäten für die Papierherstellung. Als Zierbäume pflanzt man sie dagegen nur, wo nichts anderes wächst. Aber die Fichten haben, mehr als die Tannen, die Eigenart, absonderliche, zwergwüchsige oder ungewöhnlich gefärbte «Spielarten» hervorzubringen. Die *P. glauca albertiana* ‹Conica›, eine leuchtendgrüne, buschige Form der Weißfichte, aus der kanadischen Provinz Alberta, ist eine der bekanntesten Gartenkoniferen – obwohl sie ihren Vorfahren nur noch wenig ähnelt. Die *P. mariana* ‹Doumetii› ist eine ähnliche Kulturform der Schwarzfichte.

Die größte aller Fichten *(P. sitchensis)* kommt aus dem Land der Riesen – dem Nordwesten. Benannt ist sie nach Sitka, der alten russischen Hauptstadt Alaskas auf der Insel Baranof vor der Südostküste. Überall an den Küsten und Buchten dieses meist in Nebel gehüllten Archipels stehen diese Fichten Stamm an Stamm bis an den Rand des Wassers. Man findet dort melancholische Baumriesen von fast 90 Meter Höhe, die ihre moosbewachsene Basis so verdickt haben, als wollte sich der Stamm unmittelbar aus dem durchtränkten Boden ernähren.

Weiter südlich, an der Küste Oregons, ist die Sitkafichte der vorderste Windbrecher auf Klippen und Steilküsten. Die den Brechern trotzenden Treibholzklötze unten und die sturmgepeitschten grauen Äste oben verdeutlichen die Ausdauer dieser Fichte. Diese Eigenschaft hat sie zu einem der in unserem Jahrhundert in Nordwesteuropa meistgepflanzten Bäume gemacht. Eines der von Douglas mitgebrachten Originale steht heute noch, 48 Meter groß, in Irland. Während ihres Lebens haben die Schwestern dieser Fichte rund 800000 Hektar unfruchtbaren Sumpflands produktiv gemacht.

Von der Küste, wo die Sitkafichte gedeiht, bis zu den Höhen der Siskiyou Mountains sind es nur 150 Kilometer. Aber die dort heimische Fichte ist wie aus einer anderen Welt. Diese Brewersfichte oder Trauerfichte *(P. breweriana)* ist zweifellos der schönste Baum der ganzen Gattung – wenn nicht gar aller Nadelgehölze. Ihre Gebirgsheimat oberhalb des Tals mit den größten Kiefern der Welt ist ein Garten seltener und wunderschöner Pflanzen. Es wachsen dort Lawson-Scheinzypressen, Hemlocktannen und Douglasien, Flußzedern, nach Mandarinen duftende Tannen und Hartriegel, Großblättrige Ahorne und hübsche, dunkelgrüne Sadlerseichen. Die Trauerfichte sticht aber aus jeder Gesellschaft hervor. Ihre unregelmäßig quirligen, gebogenen Äste tragen lange Schals aus grünschwarzer Spitze.

Aber während die in der Natur ebenso rare Lawson-Scheinzypresse in großem Umfang und ohne Schwierigkeiten nachgezogen wird, stellt die Brewersfichte einige Ansprüche. Am Anfang wächst sie langsam und braucht viel Feuchtigkeit (in der Luft wie im Boden), und es dauert einige Jahre, bis sie ihren Trauerhabitus annimmt. Zweigstecklinge trauern früher, müssen aber gestützt werden, damit sie einen Leittrieb entwikkeln. Im Osten der USA gedeiht sie nur selten gut, in Europa dagegen gibt es ausgezeichnete Exemplare. Es lohnt sich, die Brewersfichte – auch mehrmals – auszuprobieren.

Einen größeren Kontrast als die Stech- oder Blaufichte *(P. pungens)* Colorados dürfte es kaum geben. Große Höhe und intensives Licht geben dieser Art ihre steife Wuchsform und den Blaustich ihrer Nadeln. Ihre Kultursorten sind zur Freude der Baumschulen noch um einiges blauer und steifer als die Wildformen. Bei manchen findet man das stechendste Eisblau des ganzen Pflanzenreichs. Verschiedene Formen der «Glauca»-Varietäten, besonders «Koster» und «Moerheim», wirken völlig künstlich. Sie bestehen aus steif perfekten Eisterrassen mit einer steif perfekten Spitze. Sie dürften wohl diejenigen Pflanzen sein, für die im Garten am schwersten ein guter Platz zu finden ist.

Am besten aber schließt man einen Kompromiß und setzt die viel weniger verbreitete, weichere und anmutigere Engelmannsfichte *(P. engelmannii)*, deren «Glauca»-Version ebenfalls sehr hellblau ist. Aber statt steifer Eiskaskaden hat sie lange behaarte Hängezweige, die bis an die Spitzen benadelt sind. In den Rocky Mountains ist sie ein wichtiger Nutzbaum, und ihr Areal reicht weiter nach Norden als das der Colorado-Blaufichte.

Oben und links: Die schönste aller Fichten: die Brewersfichte aus dem Siskiyou-Gebirge im westlichen Oregon. In Gärten ist sie noch selten, und es dauert Jahre, bis sie ihren Trauerhabitus annimmt. Vollentwickelte Exemplare sind sehr teuer.

Junge Triebe an einer Schwarzfichte aus dem Nordosten der USA. Alle Fichten sehen am besten im Frühjahr aus, wenn die weichen neuen Triebe mit ihren helleren Farben den Baum schmücken. Zerdrückt man Nadeln der Schwarzfichte, riechen sie intensiv nach Wintergrün.

Ein Bestand von Engelmannfichten, die im Westen Amerikas von Alberta bis Neumexiko heimisch sind. Wildwachsend können sie bis 45 Meter groß werden, kultiviert bleiben sie aber meist viel kleiner und bilden nur eine schmale, spitze Krone aus.

Die Fichten Europas und Asiens

China ist die Heimat der Hälfte aller Fichtenarten. Außerdem gibt es zwei, drei gute Arten aus Japan und dem Himalaja. Europas Beitrag ist, wie immer, zahlenmäßig minimal: nur zwei Arten, die allerdings von allen Fichten die größte Bedeutung für den Gärtner haben dürften.

Die Gemeine Fichte oder Rottanne *(P. abies)* ist der größte heimische Baum Europas: Sie kann an die 60 Meter erreichen. Sie war der erste spitzgipfelige Baum, der wieder nach Nordeuropa zurückkehrte, nachdem ihn die Eiszeiten vertrieben hatten. Heute ist sie im größten Teil Europas heimisch, nimmt in der Bundesrepublik allein 36 Prozent der Waldfläche ein.

Links und oben: Die Omorikafichte ist schnellwüchsig und anpassungsfähig – eine der besten Gartenkoniferen. Ihre Wildform in Jugoslawien (oben) hat schlanke Pyramidengestalt.

Oben: Die Himalajafichte in den Himalaja-Vorbergen in Kaschmir. Bei kultivierten Exemplaren ist der Trauerhabitus oft ausgeprägter als bei diesen wildwachsenden Bäumen. In Europa können sie etwa 40 Meter hoch werden.

Forstwirtschaftlich gesehen hat sie einen großen Pluspunkt gegenüber der schneller wachsenden Sitkafichte: Sie ist von Jugend an frosthart, während junge Sitkafichten in kälteren Gegenden Frostschäden erleiden. Für den Gärtner ist sie wegen der Vielzahl ihrer mannigfaltigen Kultursorten von Bedeutung. Sie ist in hängenden, aufrechten, goldgelben, zwergwüchsigen, buschigen, kriechenden, flachen, kugelförmigen, kompakten und lockeren Formen zu haben (s.S. 118 f.).

Schöner und praktischer in ihrer normalen Form ist aber die Omorikafichte *(P. omorika)* aus den Bergen Jugoslawiens. Mit diesem anpassungsfähigen Baum hat man keine Schwierigkeiten, selbst in lehmigem Boden nicht. Außerdem verträgt er die Großstadtluft. Die Omorikafichte wird hoch (aber nicht zu hoch), bleibt schlank (ist aber unten schön breit) und hat mit ihren kurzen gebogenen Ästen einen markanten, aber freundlichen Habitus. Sie schmeichelt Gebäuden, weil sie Harmonie und Rhythmus beisteuert, was der Architektur oft fehlt. Vor allem aber: Sie wächst schnell, 60 bis 100 Zentimeter pro Jahr bis zu einer Höhe von etwa 15 Metern. Tatsächlich gibt es kaum etwas anderes, was mit einem ebenso kleinen Standraum auskommt und der Umgebung so gut tut.

Die Morgenländische Fichte *(P. orientalis)* ist nicht so exotisch, wie ihr Name vermuten läßt. Sie kommt aus dem Kaukasus, der Heimat einiger unserer besten Gartenbäume, Sie ist kein besonders aufregender Baum – ihre Stärke liegt einfach in ihrer Regelmäßigkeit. Ihre kurzen Nadeln sitzen wie sauber gekämmt an den Zweigen; sie wird aber recht groß und ansehnlich. Auch von dieser Fichte gibt es eine Kultursorte, «Aurea», die den Frühling mit auffällig cremeweißen (statt grünen) neuen Trieben begrüßt.

Von den fernöstlichen Fichten eignet sich keine so gut für den Garten wie die oben beschriebenen Arten. Allerdings hat man ein paar von ihnen, besonders die Sargentfichte *(P. brachytyla)* aus Westchina, überschwenglich gepriesen. Am bekanntesten ist die Rauhfichte *(P. asperata)*, die man als die chinesische Version der Gemeinen Fichte bezeichnet hat und die wegen ihres dichtbenadelten, dunklen und robusten Erscheinungsbilds geschätzt wird. Ihren Namen verdankt sie ihren Zweigen, die sich noch rauher als ein Reibeisen anfühlen.

Statt mit rauher Borke wehrt sich die japanische Tigerschwanzfichte mit stechenden Nadeln. Ihr lateinischer Name, *P. polita*, bezieht sich nur auf die Rinde, aber ihre Zweige sind waffenstrotzend wie die japanischen Ritter des Mittelalters.

Von den anderen chinesichen Fichten ist eine wegen ihrer Blüten bekannt – wohl die einzige Konifere, die primär aus diesem Grund gepflanzt wird. Diese Likiangfichte *(P. likiangensis)* aus der südwestchinesischen Provinz Yünnan belädt ihre Zweige im Frühling mit karmesinroten männlichen und feuerroten weiblichen Blütenzäpfchen; die weiblichen (und zukünftigen Zapfen) stehen zunächst keck an den Zweigenden, bis sie ihre Trächtigkeit in die richtige, hängende Fichtenlage

Unten: Die Zapfen der Gemeinen Fichte hängen an den Spitzen der oberen Äste. Sie haben ledrige Schuppen und sind doppelt so groß wie die Zapfen der Sitkafichte, der anderen im großen Umfang von der Forstwirtschaft gepflanzten Art.

Oben: Das stumpfe Grün der Gemeinen Fichte wird im Mai durch die jungen Triebe mit ihrem leuchtenden Gelbgrün belebt. Diese schmücken den Baum etwa zwei Monate und werden dann ebenfalls dunkel.

zieht. Fairerweise sollte man aber nicht verschweigen, daß Bäume erst im Alter von 25 bis 30 Jahren dieses Schauspiel zu bieten beginnen.

Die bekannteste aller asiatischen Fichten ist wahrscheinlich die Himalajafichte *(P. smithiana)*. Wenn es die Brewersfichte nicht gäbe, wäre sie eine aussichtsreiche Kandidatin für den ersten Platz unter den Hängefichten. So muß dieser viel größere (in Mitteleuropa bis 36 Meter hohe), breitere, weniger dicht behangene Baum mit dem zweiten Platz vorliebnehmen. Er bietet sich als Alternative in Gegenden an, wo sich die Brewersfichte schwertut, verträgt allerdings keine späten Frühjahrsfröste.

Die Likiangfichte aus Westchina hat leuchtendrote Blüten. Die ausgereiften männlichen Blüten haben ihre Farbe schon verloren, aber die weiblichen an den Zweigspitzen zeigen sie noch. Rot absorbiert mehr Wärme aus dem Sonnenlicht und fördert die Samenreifung.

Die Morgenländische Fichte aus dem Kaukasus hat die kürzesten Nadeln ihrer Gattung. Hier sieht man einen fast reifen weiblichen Zapfen und aufbrechende Knospen an einem Jungtrieb der Varietät «Aurea». Die jungen Nadeln bleiben mehrere Wochen lang cremefarben und heben sich wie Blüten vor dem dunklen Hintergrund ab.

Die Gemeine Fichte kann rund 60 Meter hoch werden und ist der höchste heimische Baum Europas. Hier ein Bestand an einem kleinen Tiroler Bergsee.

Familie der Kieferngewächse / *Pinaceae*

Die Hemlocktannen

Die eine oder andere der Hemlocktannen *(Tsuga)* ist ein vertrauter Anblick von Alabama bis Neuschottland und von San Franzisko bis Alaska; die vier regionalen Arten teilen sich in ein Areal, das den größten Teil des amerikanischen Ostens und der Westküste umfaßt. In Europa hingegen sind die meisten erstaunt, daß es überhaupt einen solchen Baum gibt, denn diese in Amerika und Asien heimische Nadelholzgattung ist in Europa nicht vertreten. Sie ist außerhalb ihrer Verbreitungsgebiete auch kaum gepflanzt worden.

Mit Ausnahme einer Art sehen die Hemlocktannen wie ein Mittelding zwischen Fichte und Eibe aus. Botanisch stehen sie den Fichten nahe, eibenähnlich sind sie wegen ihrer flachen, dunklen, stumpfen und verhältnismäßig breiten Nadeln. Das markanteste Merkmal der Hemlocktanne aber ist ihre Wuchsform. Von allen Nadelbäumen dürfte sie in Textur und Detail der schönste sein. Ohne die Äste hängen oder baumeln zu lassen, strahlt sie elegante Ruhe aus.

Oben: Die Westamerikanische Hemlocktanne, die größte und beste ihrer Gattung, in Gesellschaft mit Douglasien im amerikanischen Nordwesten. Auf der Freifläche gewachsen, ist sie eine breite Pyramide.

Links: Die Hemlocknadeln sind weich und fein und stehen zweizeilig an den Zweigen. Diese satte Farbe und üppige Benadelung setzten jedoch einen geschützten und feuchten Standort voraus.

Die Gebirgshemlocktanne; hier ein alter Baum mit abgebrochener Krone am Snow Lake, 1200 Meter hoch in den Cascade Mountains im US-Staat Washington.

Die Kanadische Hemlocktanne wächst oft mehrstämmig und mit ausladender Krone. Ihre Trauerform ist klein und langsamwüchsig – einer der besten Nadelbäume in dieser Form. Die normale Varietät ergibt dichte und winterharte Hecken, die man sehr häufig in Neuengland findet.

Schon ihr gelassen überhängender Gipfeltrieb verrät ihre Philosophie. Ihre Nadeln stehen nicht in strengen Reihen oder büschelig gehäuft, sondern sehen leicht zerzaust aus. Die seitlichen sind länger als die oberen, und nicht zwei zeigen genau in dieselbe Richtung. Aber sie haben einen schönen, warmen Grünton an der Oberseite und unten zwei weiße Bänder und stehen so dicht, daß sie fast pelzartig wirken.

Untereinander unterscheiden sich die Hemlocktannen mehr durch Habitus und Habitat als durch ihre Zweige und Blätter. Mit Ausnahme der Gebirgshemlocktanne Nordwestamerikas *(T. mertensiana)*, deren Nadeln rings um den Zweig stehen und in alle Richtungen zeigen, lassen sie sich wie oben charakterisieren. Bei dieser einen hat auch das warme Hemlockgrün den für Gebirgsbäume typischen Graustich – ein subtiler und charaktervoller Farbton im Garten.

Auch hier wieder die vertrauten Unterschiede in den Wuchsformen: Die östliche Hemlocktanne ist winterhart und gewöhnlich von kleiner Statur. Die westliche Art *(T. heterophylla)* ist der Riese, das mit feuchten Farnrückständen, hohem Windschutz und ständigem Nebel verwöhnte Kind. Wo sie gedeiht (wozu Feuchtigkeit und Schutz gleichermaßen wichtig sind), kann sie atemberaubend reizvoll sein. Ihre langen Äste bilden lockere Schichten, weicher und geneigter als bei einer Zeder, aber fast ebenso breit und architektonisch. Auch als 45 Meter hoher Baum behält sie eine hohe, schmale Krone mit gebogenem Gipfeltrieb. Was ich besonders an ihr mag, ist ihr verhalten glänzendes Grün – ein idealer Baum mitten auf einer 8000 Quadratmeter großen Rasenfläche.

Die östliche oder Kanadische Hemlocktanne *(T. canadensis)* bildet häufig mehrere Leittriebe und entwickelt eine ausladende Krone, wie sie mehr für breitblättrige Parkbäume typisch ist.

Im Nordosten des amerikanischen Kontinents hat sie sich in Gärten als so anpassungsfähig erwiesen, daß die Gärtner sie mehr als Rohmaterial für den Formschnitt (besonders als Heckenbaum) betrachten denn als Baum mit eigenen Ideen. Zu diesen Ideen (er hat fast so viele wie die Gemeine Fichte) zählen goldgelbe, schlanke und Zwergversionen sowie eine sehr eindrucksvolle Trauerform – vielleicht der beste immergrüne Trauerbaum für den Rasen. Diese Varietät *(T. canadensis* «Pendula») erreicht maximal 3,50 Meter Höhe, aber einen Kronendurchmesser von 6 bis 9 Metern.

Die Carolina-Hemlocktanne *(T. caroliniana)* ist im wesentlichen eine lokale Wuchsform der östlichen Art. Und der einzige Vorzug der beiden japanischen Arten *(T. diversifolia* und *T. sieboldii)* ist eine noch dichtere Benadelung. Das Enttäuschende an dieser Gattung ist aber ihr Abneigung gegen Kalkboden, die bei der Carolina- und den japanischen Arten besonders, bei der Gebirgshemlocktanne weniger ausgeprägt ist. Die dankbare kanadische Form scheint Kalkboden dagegen fast gar nicht zu stören.

In höheren Lagen wie hier am Crater Lake in Oregon haben Gebirgshemlocktannen das schmale Profil und die kurzen Äste, wie sie für Bäume in monatelang verschneiten Gebieten charakteristisch sind. Wie bei vielen Gebirgskoniferen schimmern ihre Nadeln graublau, aber ihre überhängenden Gipfeltriebe verraten, daß es Hemlocktannen sind.

Pollenkörner streuende männliche Blüten der Westamerikanischen Hemlocktanne. Die kurzen Nadeln sind stumpf und an der Spitze fein gezähnelt; die Wachsausscheidungen an den Spaltöffnungen ergeben zwei breite weiße Bänder an der Unterseite.

Die sich aus den weiblichen Blüten entwickelnden, hier noch unreifen Zapfen der Westamerikanischen Hemlocktanne. Reif sind sie dunkelbraun. Die Samen keimen auch im Schatten anderer großer Bäume gut.

Die echten Zedern

Diese Libanonzeder im Park von Wilton House in Wiltshire ist ein typisches Beispiel für die lange Verbindung der Zeder mit der vornehmen Landsitz-Architektur. Dieser 26 Meter hohe Baum mit einem Stammumfang von 9 Metern wurde wahrscheinlich im 18. Jahrhundert gepflanzt. Viele Zedern verlieren aber ihre kuppelförmige Krone und breiten im Alter eine flache Schirmkrone aus.

Der Laie bezeichnet jeden Baum mit dunklem, würzig duftendem Holz als Zeder. So gibt es eine Kalifornische Flußzeder, eine Phönizische, eine Westindische und noch manch andere «Zeder». Der Botaniker legt aber strengere Maßstäbe an und erkennt diesen Namen nur vier Arten zu, von denen keine in Amerika oder im Fernen Osten wächst. Als engagierter Laie kann ich ihnen nur zustimmen.

Denn im ganzen Koniferenreich gibt es nichts, was sich mit den echten Zedern vergleichen ließe. Nicht einmal die Kiefern bringen Bäume solch majestätischer Architektur hervor. Zum Teil wegen ihres biblischen Hintergrunds – sie sind die Bäume, die in der Bibel am häufigsten erwähnt sind, und zwar immer als Symbole für Fruchtbarkeit und Kraft – betrachten sie die Europäer mit an Ehrfurcht grenzender Bewunderung. Von zahllosen Zedern auf Kirchhöfen behaupten Legenden, schon die Kreuzfahrer hätten sie mitgebracht. Aber in diesem Punkt ist die Folklore in Geographie besser als in Geschichte. Denn die wenigsten dieser gewaltigen Bäume mit der zeitlosen Gestalt sind älter als 150 Jahre. Aber es stimmt, daß das Land der Kreuzzüge ihre Heimat ist.

Von den vier Zedernarten kommen drei von den Küsten des Mittelmeers, die vierte aus dem westlichen Himalaja. Die Libanonzeder *(Cedrus libani)* ist die bekannteste und bei weitem am häufigsten gezogene Art. Der übriggebliebene Hain alter Bäume in 1200 bis 1800 Meter Höhe an den Hängen des Libanon-Gebirges ist seit Jahrhunderten Pilgerziel; offenbar haben sich diese Zedern nicht verändert, seit die ersten Reisenden über sie berichteten. Es stehen noch rund 400 Exemplare dort, das größte hat einen Umfang von 15 Metern und wird auf 2500 Jahre geschätzt. Die größten erhaltenen Naturwälder findet man im Taurus-Gebirge im Südosten der Türkei.

Ob Salomons Tempel aus Zedernholz gebaut war, ist fraglich. Wahrscheinlich waren die Bau-

Ein Hain jener berühmten Zedern, aus denen König Salomon seinen Tempel gebaut haben soll, steht heute noch an den Hängen des Libanongebirges, etwa 1200 Meter unterhalb des 3088 hohen Gipfels. In biblischer Zeit galt die Zeder als Symbol der Fruchtbarkeit und Kraft. Wegen seiner Festigkeit, Farbe und seines Duftes war Zedernholz im Altertum sehr begehrt, weshalb von den einst weitläufigen Wäldern nur noch etwa 400 Exemplare übriggeblieben sind.

Die jungen weiblichen Zapfen der Libanonzeder sind von Büscheln schützender Nadeln umgeben. Auf diesem Bild sind die weißen Wachslinien der Spaltöffnungen an den dunkelgelbgrünen Nadeln gut zu erkennen.

Die blaue Atlaszeder ist heute die beliebteste Zeder und einer der beliebtesten Nadelbäume überhaupt; hier eine Gartenform dieses Baumes aus dem Atlasgebirge in Marokko.

unternehmer damals keine besseren Botaniker, als sie es heute sind, und was sie Zedernholz nannten, dürfte vermutlich eine Wacholderart gewesen sein.

Der erste europäische Wissenschaftler, der die Libanonzeder in ihrer Heimat sah, war der Franzose Pierre Belon, der 1550 den Orient bereiste. Hundert Jahre später kam das erste Exemplar nach Europa: Es wurde 1646 im Pfarrgarten von Childrey im Themsetal gepflanzt und hat heute einen Stammumfang von über 8 Metern.

John Evelyn bemühte sich in den 1670er Jahren sehr um die Popularisierung der Libanonzeder, doch konnte sie im größeren Umfang erst gepflanzt werden, als die ersten Bäume anfingen, Zapfen zu tragen. Mitte des 17. Jahrhunderts wurden sie große Mode. Der Herzog von Richmond setzte 1000 Exemplare bei Goodwood, und die auf der Seite links abgebildeten Rasenbäume stammen aus jener Zeit. Sie waren die einzigen exotischen Bäume, die der große Landschaftsgestalter Brown verwendete, und sie wurden bis in die 1830er Jahre, als die neuen von Douglas entdeckten Giganten ihnen den Rang abzulaufen begannen, in großer Zahl gepflanzt.

Tatsächlich sind die Zedern nicht annähernd so langsamwüchsig, wie ihre stattliche Erhabenheit vermuten läßt; unter guten Bedingungen können sie in 30 Jahren 15 Meter hoch werden und in entsprechend kurzer Zeit einen imposant mächtigen Stamm entwickeln. Aber erst in höherem Alter nehmen diese Bäume ihre herrliche Gestalt an und breiten ihre dunklen Baldachine tief über dem Rasen, in Firsthöhe und noch einmal hoch über dem Ziergiebel und Glockenturm aus.

Die Atlaszeder *(C. atlantica)* kam erst 1839 aus dem Atlasgebirge in Marokko nach Europa. Auf dem Mont Ventoux in der Provence pflanzte man 1862 einen ganzen Wald Atlaszedern – heute ein großartiger Anblick. Eine sichere Unterscheidung der Atlas- von der Libanonzeder ist für den Laien nicht leicht.

Die normale grüne Atlaszeder wird weit weniger gepflanzt als ihre blaue «Glauca»-Varietät, heute wohl die beliebteste aller Zierkoniferen. Ich habe zwar noch keine in einem Balkonkasten gesehen, aber es ist unglaublich, wo die Leute sie nicht überall pflanzen. In manchen Gegenden Frankreichs – besonders im Südwesten – sieht man ihre verzweifelten blaßblauen Gesten in jedem kleinen Gärtchen. Dabei dürfte es wohl kaum einen Baum geben, der mehr Platz brauchte: Bei ihm ist alles auf eine kolossal ausladende Krone angelegt. Weiß der Kuckuck, wie man sie auf einem schmalen Hinterhöfchen fällen soll.

Besser als kleiner Baum ist die Himalajazeder *(C. deodara)*. Mit ihren längeren Nadeln in einer ruhigeren Farbe, einem schönen weichen Blaugrün, ergeben ihre horizontalen Äste mit den herabhängenden Triebspitzen ein anmutiges Bild. Statt alle oberen Äste hochzurecken und eine Schirmkrone zu bilden, behält sie meist ihre kegelförmige Krone bis ins Alter. Ihre Wälder in der Himalajaheimat dürften zu den schönsten der Welt zählen.

Die vierte echte Zeder kommt aus Zypern. Verglichen mit den anderen ist sie nicht besonders dekorativ und deshalb in der Zucht eine Rarität. Sie wächst langsam und erreicht nur etwa die halbe Höhe einer Libanonzeder; bemerkenswert an ihr sind allein die viel kürzeren Nadeln – denen sie ihren lateinischen Namen, *C. brevifolia*, verdankt.

Bei vielen Nadelgehölzen werden die noch in der Samenschale steckenden Keimnadeln vom Keimstengel über die Erdoberfläche gehoben. Hier befreien sich gerade die Keimnadeln aus der Samenschale, entfalten sich, ergrünen und beginnen mit der Photosynthese.

Die Trauerform der blauen Atlaszeder ist von allen Trauerkoniferen die eindrucksvollste – und eine der seltensten, weil sie sich schwer kultivieren läßt.

Oben rechts: Die Himalajazeder ist als junger Baum sehr schön, in Form und Farbe die weichste Zeder. In Mitteleuropa ist sie allerdings nicht überall winterhart.

Oben: Eine ganz andere Wuchsform zeigt die erwachsene Himalajazeder; dieser Baum hat eine hohe und lichte Krone ausgebildet, wie sie für diesen Baum in seiner Heimat typisch ist.

Rechts: Die reifen Zapfen der blauen Atlaszeder sind plump tonnenförmig und rosabraun; sie stehen wie Kegel auf den bürstenartig benadelten Zweigen.

Die Lärchen

Am eindrucksvollsten sind die Lärchen im Herbst, wenn sie die Anonymität des Waldgrüns in ein warmes Goldgelb verwandeln. Hier, im Nordwesten Amerikas, wächst die Westamerikanische Lärche, die höchste und schmalste Art der Gattung, in Gesellschaft mit der Westamerikanischen Felsengebirgstanne.

Von allen forstlich angebauten Nadelwäldern sind uns die Lärchenwälder die liebsten. Dies muß wohl daran liegen, daß der Rhythmus der Jahreszeiten bei ihnen deutlicher zum Ausdruck kommt als bei den Immergrünen. Die Vorteile der Immergrünen liegen auf der Hand – gleichwohl lieben wir die Lärchen, weil sie anders sind: frisch gefiedert im April, golden glühend im November; und sogar ihre schwarze Takelage im Winter, wenn ihre Kolleginnen die Überlegenheit ihrer ledrigen Blätter demonstrieren, macht sie uns liebenswert.

Da sie ihre Nadeln abwerfen, kann sich unter ihnen eine reiche Bodenflora und -fauna entwikkeln, die Jahr für Jahr ihren Beitrag zur Fruchtbarkeit des Waldes leistet. Doch wer glaubt, dies ginge auf Kosten ihrer Wuchsenergie, irrt sich: Die Lärche ist einer der wuchsfreudigsten Bäume und ohne Zweifel die Art, die am schnellsten stabiles und schweres Holz fast eichenähnlicher Güte produziert.

Das Sommerkleid der Lärche ist dem der Zeder erstaunlich ähnlich. Sie sind eindeutig sehr nahe Verwandte, was auch die büschelige Anordnung ihrer Nadeln an Kurztrieben zeigt, die sonst bei keinem anderen Baum zu finden ist. Keinerlei Ähnlichkeit dagegen hat die Lärche mit den beiden anderen sommergrünen Koniferen, der Sumpfzypresse und der Metasequoie. Schwierig ist es allerdings, die einzelnen Lärchenarten zu unterscheiden.

Nordamerika hat drei Lärchen, von denen zwei ausgezeichnete Bäume sind. In Rußland und China sind je zwei Arten zuhause – eine davon bildet den nördlichsten Wald der Erde. Der Himalaja, Japan und Europa beheimaten je eine Art. Interessant ist ferner eine Hybride, die Frucht einer auf einem Herzogssitz im schottischen Hochland gestifteten romantischen Verbindung.

Die Familie der Herzöge von Atholl hatten schon seit Generationen Bäume im Blut gehabt. James, 2. Duke of Atholl, erkannte als erster die Möglichkeit, mit der Lärche seine kahlen Pertshire-Hügel wiederaufzuforsten. Die Europäische Lärche *(Larix decidua)* war 1620 aus den Alpen, wo sie neben der Rottanne der häufigste Nadelbaum ist, nach England gebracht worden; Evelyn hatte sie beschrieben, sie war aber eine Rarität geblieben. Seine ersten Lärchen pflanzte der Herzog 1738 neben der Kirche von Dunkeld am Tay, einem der besten Lachsflüsse der Welt. Eine dieser berühmten «Mutterlärchen» kann man dort heute noch sehen: eine matronenhafte Gestalt, so breit wie hoch (nämlich 32 Meter), mit mächtigen, gekrümmten Ästen – mehr die Statur einer Eiche als die einer Lärche. Die Samen dieses Baums und seiner Nachbarn wurden an einem steilen Hang in der Nähe, der Kennell Bank, gesät. Einer dieser Sämlinge ist heute 39 Meter hoch; sein sich kaum verjüngender Stamm trägt an den ersten 27 Metern nicht einen einzigen Ast, darüber eine zarte Krone heller, hängender Äste.

Der 4. Herzog war von diesen Lärchen so begeistert, daß er nicht weniger als 17 Millionen pflanzte. Überall auf den Britischen Inseln folgte man seinem Beispiel, so daß die Lärche Mitte des 19. Jahrhunderts der meistgepflanzte Baum war.

Rechts: Im Frühling sprießen an den kahlen Lärchenzweigen rosettenartige Büschel hellgrüner Nadeln an Kurztrieben. Dieser Ast einer Europäischen Lärche zeigt das typische Verzweigungsmuster: eine große Zahl dünner, grazil hängender Langtriebe mit den nadeltragenden Kurztrieben. An den jungen Langtrieben stehen die Nadeln noch einzeln.

Rechts: Die weiblichen Blüten und Zapfen der Lärche erinnern sehr an Blumen und werden oft als «Lärchenrosen» bezeichnet. Die Zapfen der Japanischen Lärche (unser Bild) sind fast kugelig, ihre Schuppen am Rand rosenblattartig nach außen gebogen.

Als dann eine Blattlaus an den Lärchen Geschmack fand, waren die Folgen katastrophal.

Deshalb fing die Baumschule Veitch 1861 an, die Japanische Lärche *(L. kaempferi)* nachzuziehen. Der 7. Duke of Atholl, genauso Lärchenfreund wie seine Vorfahren, füllte bald seine Bestände damit auf, und 1904 kamen die ersten Hybriden zur Welt.

Wie das oft der Fall ist, waren die Hybriden besser als beide Elternteile. Diese neue Dunkeld-Lärche weist verschiedene gute Eigenschaften wie Raschwüchsigkeit und Widerstandsfähigkeit auf, ist aber genauso schön. Heute werden alle drei Formen in Europa und Amerika kultiviert.

Bis auf ihre Größe sind die beiden amerikanischen Lärchen recht ähnlich. Das Areal der Ostamerikanischen oder Tamarak-Lärche *(L. laricina)* erstreckt sich von Alaska bis Illinois. Man findet sie besonders häufig in sumpfigen Gebieten, und sie wird selten höher als 23 Meter – wo der Boden nie austrocknet, bei weitem nicht so hoch. Sie ist ideal für Gärten in wirklich kalten Gegenden; ihre kleinen, rosenähnlichen Zapfen sind sehr dekorativ. Die Westamerikanische Lärche *(L. occidentalis)* ist in Montana und Idaho heimisch und erreicht dort Höhen bis zu 55 Metern – schwerlich ein Gartenbaum.

Die Himalajalärche *(L. griffithiana)* ist ein hübscher Gartenbaum für mildere Klimazonen. Was aber weitaus mehr Interesse verdient, ist ein chinesischer Baum, der das Stigma «Pseudo» trägt – die Falsche oder Goldlärche. Diese *Pseudolarix amabilis* hat einen ähnlichen Habitus wie die eigentlichen Lärchen, mit dem Unterschied, daß sie sehr breit und nicht so hoch (oder schnell) wächst.

Ganz anders aber ist ihre Textur: Ihre langen, zart seidengrünen Kurztriebnadeln sind zu vollendet offenen Rosetten angeordnet, und ihr herbstliches Aprikosengold erinnert an feines Porzellan. Allerdings braucht sie im Garten viel Platz – vollausgewachsen etwa eine Grundfläche von 10 Metern Durchmesser. Dennoch wäre sie meine erste Wahl.

Oben: Eine vor rund 200 Jahren gepflanzte Lärche im schottischen Dawyck. Alte, freistehende Lärchen breiten mächtige Horizontaläste aus.

Links: Die unreifen Zapfen der Goldlärche zeigen das gleiche strahlendfrische Grün wie die Nadeln. Das knorrige und oft flechtenüberzogene Holz steigert die Kontrastwirkung der zarten Jungtriebe.

Oben: Die Alpen sind die Heimat der Europäischen Lärche. In tieferen Lagen wächst sie dort in Gesellschaft mit der Weißtanne, darüber bis über 2000 Meter hoch mit der Gemeinen Kiefer und Arve. Auf unserem Bild heben sich die graubraunen Äste der kahlen Lärchen von dem Kiefergrün ab.

James, 2. Herzog von Atholl, war der erste, der die Lärche im großen Umfang forstlich anbaute.

Rechts: Männliche Blütenstände und zarte junge Nadelrosetten wachsen an stummelförmigen Kurztrieben. Hier ein Zweig der Goldlärche aus China: wohl die Lärche mit dem schönsten Grün- und Goldgelbton.

Die echten Zypressen

Die Bäume der Kiefernfamilie haben mit den Laubbäumen immerhin so viel gemeinsam, daß man ihre einzelnen Bestandteile und Organe leicht miteinander vergleichen kann. Ein Zweig ist ein Zweig, eine Knospe eine Knospe, ein Blatt, wenn auch um einiges schmaler, ist ein Blatt. Die Bäume der Zypressenfamilie sind dagegen ganz anders. Vor lauter Blättern kann man keine Zweige – oder vor lauter Zweigen keine Blätter sehen. Und Knospen gibt es scheinbar keine.

Die 15 Meter hohen Lawson–Scheinzypressen in meinem Garten nennt ein Bauer aus der Nachbarschaft «Farne». Baumfarne, das wäre tatsächlich ein guter Name für sie, wenn so nicht schon völlig andere, palmenähnliche Schopfgewächse hießen. Von allen anderen Bäumen scheinen sich die Zypressen nämlich genausosehr zu unterscheiden wie ein Adlerfarn von einem Rosenbusch. So sehr, daß sie ziemlich ungereimt wirken, wenn sie vollausgewachsen ihre Stämme zeigen, die kräftig und gerade wie die der Tannen sind.

Was sie so anders macht, ist wirklich allein ihre Benadelung. Die schuppenartigen Blättchen sind so dicht und sich überlappend an die Zweige angedrückt, daß man an den meisten jüngeren Trieben nur ihr Blattgrün sieht: Holz ist nicht zu sehen. Da man weder Zweige oder Knospen noch die sonst üblichen Merkmale erkennt, wirkt der Nadelbesatz merkwürdig gleichförmig. Statt im Sommer den nächstjährigen Trieb en miniature zu bilden und ihn während der Winterruhe mit einer Schuppendecke zu schützen, legen die Zypressen nur eine Pause ein, wenn es kalt ist, und wachsen dann im Frühjahr in ihren alten Bahnen weiter. Einfach durch schubweise Erweiterung wird ein Zypressenzweig zu einem Zypressenast.

Also ist es recht einfach, ein Mitglied dieser Familie zu erkennen. Manche ihrer Gattungen haben unverwechselbare Merkmale – etwa die Wacholder, deren Zapfen wie Beeren aussehen. Die beiden Gattungen der eigentlichen und der Scheinzypressen erlauben uns einen Blick hinter die Kulissen der Botanik, wo keineswegs alles klar und übersichtlich geordnet ist. Auch die Mitglieder der Gattung *Thuja* kann man leicht verwechseln, nicht nur untereinander, sondern auch mit den Scheinzypressen.

Und um das Maß vollzumachen, bezeichnen der Holzhandel und die Umgangsprache eine große Zahl von Zypressenarten unterschiedslos als «Zedern».

Im allgemeinen hat diese Familie mehr Bedeutung für den Gärtner als für den Förster. Allerdings ist ihr Holz ausgezeichnet haltbar, leicht und hat oft einen süßen oder würzigen Geruch. Daher der Name «Zeder»: mehr ein Luxus- als ein Lagerholz. Die Japaner bezahlen Tausende von Dollar für eine große «Port Orford Cedar» (alias Lawson-Scheinzypresse) aus Oregon, mit deren Holz sie offenbar Särge auskleiden. Aber zu größeren Wäldern hat man sie nicht angepflanzt.

In Baumschulen hingegen findet sich eine Fülle seltsamer züchterischer Varietäten. Es gibt kaum eine alberne Form oder geschmacklose Farbe, die nicht einen Liebhaber fände, besonders von den in der Familie so reichlich vertretenen Zwergformen und kleinen Büschen. Auf der anderen Seite finden einige der schönsten Arten – schnelle, winterharte, prächtige Bäume – keine Beachtung.

Die echten Zypressen, der Kern der ganzen Familie, sind Bäume, deren fest von kleinen schuppenförmigen Blättern umhüllte Zweige nicht nur in einer Ebene, sondern in allen Richtungen wachsen. Dies unterscheidet sie, neben ihren viel größeren Zapfen, von den Scheinzypressen, die sich (wie auch die Thujen) flach verzweigen. Hält man einen Scheinzypressenzweig waagerecht, stehen keine Triebe nach unten oder oben ab.

Die Echte Zypresse *(Cupressus sempervirens)*, *die* Zypresse in der Literatur, ist die dichte, dunkle Säule des italienischen Gartens, des griechischen Olivenhains – aller Mittelmeerlandschaften. Der Form nach ein Ausrufungszeichen, ist sie allein oder zusammen mit der Pinie das Hauptelement des Landschaftsbildes. Wo sie winterhart ist, gibt es keinen besseren säulenförmigen Baum – und wir setzen wohl allzu leicht voraus, daß er, der Charakterbaum des Südens, in unseren Gärten nicht winterhart sei. Dabei stuft ihn das Arnold Arboretum in Zone 7 ein, die auf der Europakarte von der Westschweiz in einem breiten Gürtel durch West- und Norddeutschland bis Südschweden verläuft. Setzt man sie sehr jung und an einem

Oben: Die Echte oder Mittelmeerzypresse, wie sie die aus einem 1546 erschienenen Pflanzenbuch entnommene Abbildung zeigt, war die einzige Zypresse, die man bis 1600 in Europa kannte.

Mit ihrem Verzweigungsmuster (siehe oben) stand sie unter allen bekannten Pflanzen allein: Sie hat keine äußerlich erkennbaren Knospen und wächst stetig in der Weise weiter, daß sich aus dem kleinen diesjährigen Zweig die nächstjährige geteilte Sproßachse entwickelt. Die Zweige sind so von den dicht anliegenden, übereinandergeschichteten Schuppenblättern bedeckt, daß man erst dann Holz sieht, wenn sie nach Jahren abfallen.

Der einzigartig markante Habitus der Echten Zypresse steigert hervorragend die Wirkung von Architektur. Diese schönen Exemplare, die selbst noch im hohen Alter ihre perfekte Form behalten, stehen neben der im 15. Jh. gebauten Klosterkirche Pantanasse im nordgriechischen Mistra.

Die kleinen männlichen Blüten an einem Zweig der Arizonazypresse. Zypressenäste verzweigen sich radial, und die Zweige bilden einen offenen Kegel, der an kleine Weihnachtsbäume erinnert.

Männliche Blüten (gelbe Spitzen) und unreife Zapfen einer Arizonazypresse. Die Zapfen werden beim Reifen dunkelgrau. Sie hängen mehrere Jahre am Zweig und schimmern wie Schmuck auf dem dichten, dunklen Blätterkleid.

Die zwischen den Olivenhainen von Kato Figalia in Griechenland wildwachsenden Zypressen verleihen der Landschaft den Charakter eines Gartens. Wegen dieses Effekts hat die klassische Landschaftsgestaltung sehr gern die Zypresse verwendet. Weiter nördlich, wo die Zypresse nicht gedeiht, erfüllen Pyramidenpappeln denselben Zweck.

Die echten Zypressen

einigermaßen geschützten Platz, lohnt es sich durchaus, es mit ihr sogar in Zone 6 zu probieren – obwohl sie meist nur in Baumschulen südlicherer Gegenden zu haben ist. Wohl weil die Echte Zypresse die Poebene nicht sonderlich mochte, haben die Lombarden sie durch ihre schlanke Pappel ersetzt.

Der hinsichtlich seiner Textur, nicht seines Habitus nächstbeste Baum ist die Kalifornische oder Großfrüchtige Zypresse *(C. macrocarpa)*. Wo die Winter nicht nur kalt, sondern auch feucht sind, ist sie vielleicht noch ein wenig winterfester, obgleich auch für sie Klimazone 7 als untere Grenze angegeben wird. Sie stammt aus demselben sturmgepeitschten Abschnitt der Pazifikküste, dem wir auch die schnellstwüchsige Kiefer, die am schönsten aussehende Tanne (und manches andere) verdanken; dort, bei Point Lobos und Cypress Point, gibt es die beiden einzigen natürlichen Wälder der *C. macrocarpa*.

Von dem außergewöhnlich bizarren Astgewirr einer in ständigem Sturm aufgewachsenen Kalifornischen Zypresse darf man nicht auf ihr Verhalten in einem Garten schließen. Überall neigt sie allerdings dazu, mehrere, manchmal zahlreiche Stämme auszubilden. Ob diese alle aufrechtstreben oder sich zu einer eichenähnlichen Krone auffächern, ist eine Frage des Lichts, nach dem dieser Baum ausgesprochen hungrig ist. Schattenäste sterben schnell ab. Die größten und schönsten Exemplare dieser Art habe ich im Botanischen Garten von Melbourne in Australien gesehen: mit ungeheuer breiten, domartigen Kronen. Häufig sieht man allerdings schmale, federähnliche Exemplare oder Bäume mit drei, vier dieser Federn, die alle Hauptstamm spielen.

Wenn man diesen Baum zweijährig im Topf kauft und meint, ausgewachsen werde er ähnlich, nur größer sein, täuscht man sich sehr. Das Grün ist beim jungen Baum viel heller als beim erwachsenen, bei dem es wirklich sehr dunkel ist. Ältere Bäume zu verpflanzen empfiehlt sich nicht – ist auch nicht nötig, da Zypressen etwa einen Meter im Jahr wachsen.

Von der Kalifornischen Zypresse hat man eine Reihe goldgelber Sorten, eine trauernde (sehr selten) und zwei oder drei zwergwüchsige Formen, ja sogar eine flach am Boden liegende Form gezüchtet.

In Kalifornien gibt es außerdem noch ein paar andere Zypressen, die gerade so viele Unterscheidungsmerkmale aufweisen, daß man sie noch als eigene Arten bewerten kann. Oft wachsen sie nur in einem einzigen Bestand, der nur auf einem Botaniker-Trampelpfad zu erreichen ist. Eine dieser Arten ist die *C. abramsiana* am Südwesthang des Ben Lomond in den Santa Cruz Mountains. Nach dem bislang einzigen Exemplar in England

Die Blätter der Arizonazypresse sind von einer dicken Wachsschicht überzogen, die sie vor dem Austrocknen in der sengenden Wüstensonne schützt. Einige der schönsten blauen Gartenkoniferen kommen aus den Dürregebieten der Rocky Mountains und des amerikanischen Südwestens.

Die Kaschmirzypresse ist eine der seltensten Arten: ein trauernder, blaugrüner Baum aus Tibet und dem Himalaja, der allerdings nicht so winterhart ist, wie seine Heimat vermuten läßt. Eine Höhe von 6 bis 7 Metern gilt bei diesem Baum schon als stattlich.

Die Zypressen haben eine Vielzahl von Gartenzierbäumen beigesteuert, darunter einige der schönsten goldgelben Bäume. *C. macrocarpa* «Goldcrest» (unten) ist ein säulenförmiger Baum mittlerer Größe; sein fedriges Blätterwerk ist in der Jugend sattgelb.

Eine der beliebtesten Zuchtvarietäten der Arizonazypresse, «Pyramidalis», ergibt einen regelmäßig und kompakt gewachsenen, zapfenförmigen Baum, dessen hochragende Zweige dicht mit blaugrünen Blättchen bedeckt sind.

Die Kalifornische Zypresse wächst wild nur noch in zwei kleinen, sturmgepeitschten Küstenarealen in Südkalifornien. Dort formt der Wind bizarre, aber gut gedeihende Bäume mit charakteristischen Geweihkronen. Als Gartenbaum ist diese Art eines der beliebtesten Nadelgehölze.

zu urteilen, das ich bei Hillier in Hampshire gesehen habe, scheint diese Art noch einiges zu versprechen: In den ersten 15 Jahren erreichte dieser Baum 15 Meter Höhe und 1,5 Meter Stammumfang. Im übrigen ist er der in Europa schon kultivierten Gowen-Zypresse recht ähnlich.

Für Gärtner jenseits der Klimazone 7 empfiehlt sich die *C. bakeri*, die 1500 Meter hoch im äußersten Norden Kaliforniens wächst; das Arnold Arboretum beurteilt sie als völlig winterhart und nicht weniger wuchsfreudig als andere Bäume in diesen kälteren Gebieten.

Das dunkle Grün all dieser Zypressen ist eine phantastische Hintergrundfarbe für Blütenbäume und -sträucher. Weiter landeinwärts findet man in Arizona, wie auch bei anderen Koniferen, die helleren Farben, die Graugrün- und Graublautöne der dürrefesten Arten. Mit am schönsten ist die elegante Arizonazypresse, ein Baum, den es sich näher anzuschauen lohnt. Seine Zweige sehen kaum benadelter als ein Stück Rolladendraht aus und sind von einer feinen Wachsschicht überzogen. Die Kulturform «Pyramidalis» ist hellgrau mit einem Blaustich – eine so kalte Farbe, daß man mit ihr, und vielleicht einem eisblauen Eukalyptus, als Hintergrund beinahe mitten im Sommer Winterszenen fotografieren könnte.

Die Mexikanische Zypresse, die ihren lateinischen Namen, *C. lusitanica*, ihrer schon früher großen Beliebtheit in Portugal (Lusitania) verdankt, ist die mittelamerikanische Version.

Von den zahlreichen echten Zypressen Asiens ist nur eine in den Gärten der westlichen Welt richtig populär geworden: die Kaschmirzypresse *(C. cashmeriana)*, ein silberblauer und zugleich leicht hängender Baum. Sie ist allerdings alles andere als winterhart; in Botanischen Gärten der Zone 8 muß sie in Warmhäusern unter Glas gezogen werden.

Sehr wundern muß man sich allerdings, warum niemand die Gliederzypresse *(Tetraclinis articulata)* pflanzt, die nordafrikanische Verwandte der echten Zypressen. Die alten Römer schätzten ihr duftendes und schön gemasertes Holz offenbar sehr und nannten es Zitronenholz.

Und nur wenige ziehen die beiden Zypressengewächse der südlichen Hemisphäre, obwohl die chilenische *Fitzroya* ausgesprochen dekorativ ist und die australische *Callitris* in heißen und trockenen Ebenen gut gedeiht.

In ihrer Andenheimat wächst die Fitzroya zum stattlichen Baum heran und hat in Schottland Höhen bis zu 18 Metern erreicht. Sie sieht wie eine breitkronige Zypresse aus, deren hängende Zweige aus grünen Kunststoffketten zu bestehen scheinen – mit dem Unterschied, daß es wirklich hübsch aussieht.

Die in Gärten zu ihrer vollen Statur entwickelte Kalifornische Zypresse kann eine gewaltige Kronenkuppel ausbreiten und sieht dann einer sehr buschigen Libanonzeder ähnlich. Selbst in den besonders gemäßigten Gebieten Mitteleuropas (Zone 8) ist sie aber gegen außergewöhnliche Fröste empfindlich.

Die Scheinzypressen

Von den vier Hauptarten dieser Gattung der Zypressenfamilie gibt es so viele dekorative züchterische Sorten, daß man die Scheinzypressen als die Blütenkirschen der Koniferenwelt bezeichnen könnte.

In vielen Teilen der Welt sind die Scheinzypressen zu einem solchen Gartenklischee geworden, daß es schwerfällt, sie mit neuen Augen zu sehen oder effektvoll zu verwenden. Aber gute Exemplare sind sehr anmutige und dankbare Pflanzen.

Die in Gärten bei weitem häufigste Art ist die Lawson-Scheinzypresse *(Chamaecyparis lawsoniana).* Lawson war ein bekannter Edinburgher Züchter, und es paßt sehr gut, daß eine solche Baumschulen-Lagerpflanze den Namen eines Züchters trägt. Wenn ich meine Bäume manchmal als Port-Orford-Zedern bezeichne, so nur, um ihre Würde etwas zu unterstreichen. Denn so lautet, botanisch völlig abwegig, ihr Name in dem schmalen Areal Nordamerikas, das ihre Heimat ist.

Diese Scheinzypresse ist weit verbreitet, aber nirgends dominant in dem Waldgürtel, der sich von der Nebelküste Oregons ins Siskiyou-Gebirge, bis hinauf zu jenem Garten Eden erstreckt, in dem die Brewersfichte zuhause ist. Soweit der Einfluß des Meeres in Form von Nebel und feuchten Winden landeinwärts reicht, findet man einzelne oder Gruppen von Scheinzypressen. Als hellerer, feiner gegliederter Baum hebt sie sich von den Fichten, Douglasien und Hemlocktannen ab. In höheren und trockeneren Lagen nimmt ihren Platz abrupt die Kalifornische Flußzeder ein. Gärtner sollten ihr großes Feuchtigkeitsbedürfnis berücksichtigen. Zwar wächst sie überall in Europa, aber wo sie sich nicht wohl fühlt, kann sie recht schäbig aussehen.

Was die Lawson-Zypresse aber mehr als alles andere für die Nachzucht interessant macht, ist ihre Neigung, im Saatbeet exzentrische Formen zu entwickeln. Kein Nadelbaum hat so viele Gesichter. In einem Standardhandbuch der Koniferen ist diese Art allein mit 200 Kultursorten in Baum- oder Großbuschform und mit rund 50 Zwergformen vertreten.

Diese Formen unterscheiden sich vor allem in Farbe und Habitus sowie in Form und Anordnung ihrer Blätter. Einige der schönsten wirken weich und graziös, weil sie ein permanent jugendliches Blattwerk tragen – nadelartige Blättchen, die nie die Größe und Festigkeit der Schuppenblätter des erwachsenen Baums erlangen. Als man dies Phänomen zum erstenmal bemerkte, wurde es falsch gedeutet. Man kann es nämlich nicht nur bei Scheinzypressen beobachten, sondern auch bei Lebensbäumen, Wacholdern und selbst bei Cryptomerias, die gar nicht der Zypressenfamilie angehören. Deshalb glaubte man eine Zeitlang, alle diese Bäume bildeten eine eigene Gattung, der man den Namen «Retinospora» gab. Diese Gattung erwies sich zwar als Chimäre, aber als «Retinospora» werden noch heute etwa jene fixierten Jugendformen zusammengefaßt.

Zwei weitere recht häufige Spielarten sind Wucherformen, die je Kronenvolumen doppelt so viele Zweige und Blätter entwickeln, und das Gegenteil: Formen, an denen die schuppigen Blätter mit größeren Zwischenräumen an fadendünnen Hängezweigen sitzen. Sie werden als «filiformis» (fadenförmig) bezeichnet.

Ganz oben: Die erste der vielen Dutzend Gartenversionen der Lawson-Scheinzypresse war «Erecta Viridis», eine hohe Säule (bis 27 Meter) aus smaragdgrünem Blattwerk. Wenn ihre hochragenden Äste nicht aufgebunden werden, brechen sie Wind und Schnee leicht ab.

«Fletcheri» ist eine weitere beliebte Gartenvarietät der Lawson-Scheinzypresse. Sie hat einen bläulichen Ton, ein gefiederteres Blattwerk als «Erecta Viridis» und wächst viel langsamer; das größte Exemplar ist 12 Meter hoch.

Diese Zapfen der LawsonScheinzypresse sind voll ausgewachsen, aber noch grün und unreif. Über ihnen sitzen noch ein paar vorjährige Zapfen, braun und mit geöffneten Schuppen.

Mit roten männlichen und schwarzen weiblichen Blüten schmückt sich die Lawson-Scheinzypresse schon zu Beginn des Frühjahrs, bevor sie neue Triebe bildet.

Die in einer Ebene verzweigten Äste der Nutka-Scheinzypresse hängen senkrecht herab. Sie sind dick, rauh und schwer. Während des Winters sieht man Tausende von männlichen Blüten an den Triebspitzen.

Die weiblichen Blüten sind dunkelgrau und brauchen zwei Jahre, um zu braunen, bläulich «bereiften», erbsengroßen Zapfen mit fünf klauenförmigen Dornen heranzuwachsen.

Es gibt weitere Unterschiede in der Verzweigung, die sich aber schwerer klassifizieren lassen: Formen mit aufgereckten, lockeren, pendelnden oder mit merkwürdig gedrehten Zweigspitzen.

Die erste und nach wie vor bedeutendste Kultursorte wurde aus Samen gezogen, die 1855 aus Kalifornien nach Europa kamen. Sie wird als «Erecta Viridis», manchmal auch nur schlicht als «Erecta» bezeichnet, aber der volle Name charakterisiert sie genau: leuchtendgrün und aufrechtstrebend – manchmal bis 27 Meter. Bis zu einem gewissen Alter ist sie, wenn sie keine Schäden erleidet, der beste aller Postenbäume, diszipliniert und gepflegt wie ein Butler. Wenn alle anderen grünen Kultursorten im Winter grau werden, strahlt sie grüner denn je. Allerdings werden ältere Exemplare häufig beschädigt: Wind oder Schnee reißen ihre feinen Zweige aus der Säule, und diese Lücken füllen sich nie wieder.

Besonders zu empfehlen sind von den goldgelben Lawson-Zypressen «Lutea» und «Lanei», von den blauen «Spek», «Pembury Blue» und der im Alter riesige «Triumph von Boskoop» und als Kombination aus blauer Farbe und schlanker Form die Sorte «Columnaris»; einen schönen breiten Habitus wie eine Eibe haben «Fletcheri» und «Ellwoodii». Mit einem Wort: Lawsons gibt es passend für jeden Gartenplan und -zweck.

Die normalwüchsige Lawson-Zypresse kann man leicht mit anderen Scheinzypressen oder mit Lebensbäumen verwechseln, die oft mit ihr zusammen in einem Garten stehen. Am besten kann man sie noch erkennen, wenn man sich ihre Zweige von unten anschaut: Ein schwaches, aber gut zu erkennendes Muster kleiner weißer Kreuze markiert ihre Spaltöffnungslinien.

Die Nutka-Zypresse *(Ch. nootkatensis)* hat sich nie im gleichen Maße durchsetzen können. Ihr eigentliches Verdienst um die heutige Gartenkultur besteht mehr darin, daß sie einer der Kreuzungspartner der Leyland-Zypresse ist (s. Seite 101). In der Natur ist die Nutka die nördliche Nachbarin der Lawson.

Scheinzypressen und Leyland-Zypressen

Unter dem Namen Alaskazeder findet man sie häufig in Mischbeständen mit der Sitkafichte am Küstensaum von Alaska bis Vancouver und weiter südlich in viel größerer Höhe als die Port-Orford-Zeder. Benannt ist sie nach einer Bucht an der Pazifikseite der Insel Vancouver, wo der Botaniker Archibald Menzies sie zum erstenmal sah.

Die übliche Gartenform der Nutka-Zypresse unterscheidet sich von der Lawson-Zypresse vor allem durch ihr hängendes Schuppenkleid. Die Zweige sind schwer und fassen sich rauh an. Sie hängen so sehr, als ob der Baum dringend Wasser brauchte, und ihr ziemlich schmutziges Gelbgrün läßt vermuten, es sei schon zu spät dafür. Die Form «Pendula» wird verhältnismäßig selten kultiviert, ist aber in jeder Hinsicht überlegen. Wenn die normalwüchsige Nutka nur Trübsal bläst, hat die «Pendula» ein gebrochenes Herz. Jeder ihrer langen Äste trägt einen Wasserfall trauernder Zweige. Sollten Friedhöfe heute noch, wie im 19. Jahrhundert, wie Friedhöfe aussehen, dann wäre dies der ideale Baum neben jeder Grabstätte.

Zwei Arten der Scheinzypresse sind an der Ostküste der Vereinigten Staaten heimisch. Das bei weitem größte Areal hat die Weiße Scheinzypresse *(Ch. thyoides):* Sie gedeiht überall in feuchtem Boden von Maine bis zum Mississippi (Florida hat seine eigene Art: *Ch. henryae).* Sie wurde 150 Jahre früher als die westamerikanischen und ostasiatischen Arten kultiviert, die sie dann aber mehr oder weniger verdrängten. Ihre bekanntesten heutigen Gartenformen sind die zwergwüchsigen «Andelyensis» und «Ericoides».

Die japanische Sawara-Scheinzypresse *(Ch. pisifera)* hat ähnliche Identitätsprobleme wie die Lawson. Tatsächlich würden sie nur wenige erkennen, wenn man statt ihrer Zuchtsorten die normale Art pflanzte. Zwei Spielarten gelingen ihr besonders gut: die schnurblättrigen und die fixierten Jugendformen (Retinospora), bei denen sie sogar so weit geht, daß man zwei Grade von Jugendlichkeit unterscheiden kann: Die nur kindliche Form nennt man «plumosa», die ausgesprochen infantile dagegen «squarrosa». Einundzwanzig Meter sind keine ungewöhnliche Höhe für eine «squarrosa» mit der feinsten und flaumigsten Beblätterung. Oft sieht man abgehackte Exemplare Steingärten verunzieren, in denen sie einst als Zwerge gepflanzt wurden. Einige der schönsten echten Zwergformen sind auf den Seiten 188 und 119 zu sehen. Ein Kompromiß und wahrscheinlich die beste züchterische Varietät überhaupt ist der Squarrosa-Typ «Boulevard», der langsam auf 5 Meter heranwächst und danach kaum noch höher wird. Seine Blätter sind wie ein silberner Schaum, der den Baum einhüllt.

Die Filiformis-Sorten, die es in Grün und Goldgelb, aber nicht in Blau gibt, sind noch langsamerwüchsig als die Retinospora-Typen, erreichen aber auch bis zu 9 Metern Höhe und 6 Metern Durchmesser.

Die andere japanische Art, die Hinoki-Scheinzypresse *(Ch. obtusa),* ist ein beständiger und in vielerlei Hinsicht besserer Baum, der immer noch dicht und gesund aussieht, wenn manche Sawara schon müde und verbraucht wirkt.

Das Kennzeichen der Hinoki sind die stumpf endenden, dunkelgrün glänzenden Zweige, die dem ganzen Baum ein kompaktes, wohlgenährtes Aussehen geben. Die Naturform und ihre goldgelbe Varietät «Crippsii» sind beide erstklassige Gartenbäume.

Die beliebteste und wahrscheinlich auch beste Zuchtsorte ist «Nana Gracilis», ein großer Busch, in Größe und Beblätterung der Sorte *Ch. pisifera* «Boulevard» vergleichbar. Er besteht aus einem dichten, unregelmäßigen Haufen kleiner, lebhaft grüner Muscheln – eine unverwechselbare Pflanze in Millionen Gärten.

Bei einigen anderen Kultursorten ist die Kompaktheit auf die Spitze getrieben, und ihr Blätterkleid würde wie von einer Viruserkrankung befallen aussehen, wenn diese Pflanze nicht eine so robuste Statur und kräftige Farbe hätte. Aus bloßen Hexenbesen wachsen «Filicoides», «Lycopodioides» und «Tetragona Aurea» zu stattlichen

Ganz oben links: «Ellwoodii» ist eine bläuliche Kultursorte der Lawson-Scheinzypresse, die langsamwachsend eine Höhe von 6 Metern erreicht, als junger Baum eine dichte und schlanke Säule ist, die sich mit den Jahren verbreitert.

Oben: «Lanei» ist eine der besten unter den zahlreichen goldgelben Formen der Lawson-Scheinzypresse. Ihre zarten, goldenen Zweigenden kontrastieren hübsch mit dem Grün der älteren Blätter. Ihre endgültige Höhe beträgt 9 Meter.

Ganz oben rechts: «Lutea» ist eine leuchtende, gekräuselt wirkende, goldgelbe Kultursorte der Lawson-Scheinzypresse, die schmalwüchsig ist und maximal etwa 15 Meter Höhe erreicht. Alle goldgelben Sorten zeigen im Frühsommer ihren schönsten Farbton.

Oben: «Nana Gracilis» ist die einzigartige kleine Zuchtsorte der japanischen Hinoki-Scheinzypresse; sie bildet einen großen Busch (von bis zu 3 Meter Höhe), und ihre muschelförmigen Triebe sind das ganze Jahr kräftig dunkelgrün.

«Filifera Aurea» ist die schönste schnurblättrige goldgelbe Version der japanischen Sawara-Scheinzypresse. Sie bildet eine breite, glänzende Kronenkuppel von einzigartiger Textur.

Bäumen heran. Bis auf die schöne Goldfarbe der letztgenannten haben diese Varietäten für meinen Geschmack aber keine besonderen Vorzüge.

Bis 1925 faßte man alles, was wir heute Zypressen und Scheinzypressen nennen, in einer Gattung zusammen. Als sich 1888 also die Pollen einer Kalifornischen Zypresse auf den weiblichen Blüten einer Nutka-Scheinzypresse niederließen, galt dies noch als eine völlig legitime Vereinigung. Rückwirkend wurden die beiden Eltern (aufgrund des taxonomischen Diktats von 1925) zu Mitgliedern zweier verschiedener Gattungen und ihre Nachkommen folgerichtig zum Maultier oder Gattungsbastard erklärt.

Dieser Bastard ist die Leyland-Zypresse *(Cupressocyparis leylandii)*. Erst in den letzten 15 Jahren hat man erkannt, daß sie einer der nützlichsten Bäume dieser ganzen Gruppe ist: eine ideale Kombination von Winterhärte, guter Form, dichter Beblätterung und hervorragender Farbe. Außerdem wächst sie wie der Teufel.

Unter normalen englischen Gartenbedingungen hat sie sich als die am schnellsten wachsende Konifere erwiesen. Ihre leicht wurzelnden Stecklinge können nach einem Jahr gepflanzt werden. Von dann an unterbricht sie ihr Wachstum nur in wirklich kaltem Wetter. Im ersten Jahr nach dem Auspflanzen verdoppelt die Pflanze ihre Größe, und schon nach drei Jahren ist sie meist etwa 2 Meter hoch. In zehn Jahren mißt sie rund 9 Meter und hat in 55 Jahren eine Höhe von 30 Metern.

Für mildere Zonen gibt es noch rascher wachsende Bäume, etwa den wie eine Rakete steigenden Eukalyptus. Und selbst im Norden können Fichten in einer Vegetationsperiode fast 2 Meter wachsen. Aber die Leyland-Zypresse ist nicht nur energisch, sondern hat auch die guten Manieren einer Gartenpflanze: Sie bildet ideal schnell Hekken, hohen Sichtschutz ohne Lücken oder Kahlstellen und einen vollendet gleichmäßig graugrünen Hintergrund für farbige Bäume oder Blüten. Selbst mit 30 Jahren behält sie die elegante Form einer grünen Flamme mit leicht geneigter Spitze.

Einige in Kalifornien gesetzte Probeexemplare haben allerdings einen anderen Habitus angenommen: breiter, buschiger und weniger elegant. Ein Trio im Golden Gate Park in San Franzisko sieht ziemlich mollig aus. Wahrscheinlich ist es also ein Baum für Zonen mit kühl-gemäßigtem Klima und ausgeprägtem Jahreszeitenrhythmus.

Tatsächlich gibt es heute Kreuzungen in beiden Richtungen: 1888 war die Nutka der Mutterbaum, aber 1911 wurde eine Kalifornische Zypresse, wiederum zufällig, von einer Nutka bestäubt. Die ältere und heute handelsübliche Hybride wird als «Haggerston Grey», die spätere als «Leighton Green» bezeichnet; sie ist aber schwieriger zu vermehren.

Wird eine gescheckte Leyland-Zypresse die nächste Zuchtsensation sein? Im Arboretum von Seattle steht ein leicht weiß gesprenkeltes Exemplar, von dem ein Steckling inzwischen zu einem guten Baum im National Arboretum in Washington D.C. herangewachsen ist.

Oben rechts: Die Kultursorte «Crippsii» der Hinoki-Scheinzypresse hat eine der interessantesten Wuchsformen aller goldgelben Pflanzen. Sie wird langsam 6 Meter hoch oder höher und behält ihre leuchtende Farbe auch ohne viel Sonne.

Oben links: Die weiche, moosartige und silbrige kleine «Boulevard»-Form der Sawara-Scheinzypresse wurde 1934 in einer amerikanischen Baumschule gezüchtet. Sie ist heute eine der meistgepflanzten Miniatur-Scheinzypressen.

Links: Die *Chamaecyparis thyoides* hat weniger Zierformen hervorgebracht als die meisten anderen Scheinzypressen, aber die «Ericoides», kräftig grün im Sommer und purpurrötlich im Winter, ist eine herrliche kleine Pflanze.

Die Leyland-Zypresse, eine Hybride aus der Kalifornischen und der Nutka-Scheinzypresse, hat alle Eigenschaften eines idealen Hintergrundbaumes für Gärten (oder Hecken): raschwüchsig, gute Farbe, dichte und gleichmäßige Beblätterung. Sie ist winterhart und zuverlässig.

Thujen oder Lebensbäume

Es ist beruhigend zu wissen, daß frühere systematische Pflanzenbücher die Thuja-Arten mit den Scheinzypressen in einen Topf geworfen haben. Die gleichen flachen, fächerförmig gespreizten Zweige, die gleiche dichtgefüllte Kegelform – dies verleiht diesen beiden Gattungen eine viel stärkere Ähnlichkeit, als ihre eigenen Varietäten sie zeigen. Im Garten können sich ein Riesenlebensbaum *(Thuja plicata)* und eine Lawson-Zypresse fast zum Verwechseln ähnlich sehen.

Trägt ein Baum Zapfen, kann man leicht erkennen, ob es eine Thuja ist: Die Schuppen ihrer kleinen, hagebuttenförmigen Zapfen gehen alle vom unteren Zapfenende aus, die Schuppen eines Scheinzypressen-Zapfens dagegen sind an einer Mittelachse befestigt und zeigen nach oben, unten und seitwärts und bilden eine Art Kugelskelett. Das andere Kennzeichen aller Thujen, mit Ausnahme einer Art, ist ihr starker, stechender Geruch, der an Balsam und Terpentin zugleich erinnert. Er wird von den Blättern verbreitet, und man braucht nur an den Baum heranzutreten, um ihn wahrzunehmen.

Bei weitem am bekanntesten sind die beiden amerikanischen Thuja-Arten. Auch sie zeigen wieder die bekannten Unterschiede: Ein kleiner, außerordentlich winterharter und nicht besonders attraktiver Baum lebt im Osten, während sein stattlicher Verwandter im Westen unter idealen Bedingungen eine solche Größe und Schönheit erlangt, daß er fast mit der Douglasie konkurrieren kann.

Der ostamerikanische Baum *(Th. occidentalis)* heißt Abendländischer Lebensbaum und war die allererste Baumspezies der Neuen Welt, die in Europa kultiviert wurde. Aufzeichnungen zufolge wuchs schon 1553 ein Exemplar in Paris, also fast 200 Jahre bevor die anderen Bäume Nordamerikas anfingen, in Parks und Gärten der übrigen Welt Fuß zu fassen.

Seine heutige Bedeutung beruht allerdings weniger auf seinem eigentlichen Wert als auf seiner Eigenart, merkwürdige Spielarten im Saatbeet hervorzubringen. Mit seiner Vielzahl ausgefallener Sämlinge kommt er gleich nach der Lawson-Zypresse. Professor Sargent vom Arnold Arboretum meinte einmal, man brauche nur eine Handvoll Samen auszusäen und werde mit Sicherheit Formen finden, die genauso skurril und interessant seien wie die aller heute gezogenen Varietäten. Und in den Baumschulen sind dies heute vor allem Zwergformen und Varietäten mit fixierter Jugendbenadelung; aber auch eine der klassischen goldgelben Koniferen, «Rheingold», ist eine Buschform des Abendländischen Lebensbaums.

Überhaupt ist es eine Stärke der Thujen, schöne goldgelbe Kultursorten hervorzubringen, die zu Beginn des Winters ihr strahlendes Goldgelb in ein mattbronzenes Altgold verwandeln. Die wogenden Flanken eines vier Meter hohen (etwa das Maximum) «Rheingold» können eines der schönsten Bilder in einer freudlosen Winterstimmung sein. Die Winterfarbe der grünen Sorten ist dagegen weit weniger ansprechend. Zwar ist der Abendländische Lebensbaum winterhart, neigt aber dazu, sich aufgrund von Pigmentveränderungen bei sehr kaltem Wetter schmutzigbraun zu verfärben. Konstante Farbe zeigen jedoch einige Kultursorten wie «Wintergreen», «Lutea» – eine ausgezeichnete, normalwüchsige goldgelbe Form – und «Spiralis», ein schlanker und kompakter dunkelgrüner Baum mit guter Eignung zum Formschnitt.

Abgesehen von sehr nördlichen oder schlecht entwässerten Gärten ist allerdings der Riesenlebens baum eine viel bessere Wahl; er ist grüner und glänzender, hat ein dichteres Blattwerk und wird viel größer.

In den Staaten Washington und Oregon erreichen alte Rasenexemplare bis zu 60 Meter Höhe, ihre von vielen Schäften getragenen Basiszelte Durchmesser von mehr als 10 Metern. Am Ufersaum des Pugetsunds sieht man Riesenlebensbaum-Stämme wie große, graue Wale herumliegen, die scheinbar gegen jede Verwesung gefeit sind. Früher höhlten die Indianer sie aus und schnitzten 15 Meter lange Kanus oder auch

Riesenlebensbäume, die Giganten der Thujagattung, in einem englischen Versuchsforst. Im amerikanischen Nordwesten erreichen sie bis zu 60 Meter Höhe und liefern das duftende «Zedernholz» für Tischler und Zimmerleute.

Oben: Eine Gruppe junger Riesenlebensbäume *(Thuja plicata)*; später werden sie eine majestätische Höhe und Gestalt annehmen. Links: Ausschnitt aus dem Feinverzweigungssystem des Riesenlebensbaums *(Thuja plicata)* mit Zapfen, bereits ohne Samen.

Oben: Die *Thuja occidentalis* «Aureospica» hat gelbe Jungtriebe, die allmählich einen bronzefarbigen Ton annehmen. Rechts: Unreife Zapfen des Riesenlebensbaums. Bald werden sie sich hellbraun färben und öffnen.

Links: Der Japanische Lebensbaum *(Thuja standishii)* wird außerhalb Japans selten kultiviert. In vielerlei Hinsicht ist er eine verkleinerte Version des Riesenlebensbaums. Seine stumpfen Blätter sind an der Unterseite blauweiß und haben ein starkes, zitronenähnliches Aroma.

Totempfähle aus ihnen. Unter ihrem Handelsnamen «Zeder» sind sie heute ein verwitterungsbeständiger Rohstoff, der zu Dachschindeln, Gewächshäusern und Torpfosten verarbeitet wird.

«Zebrina», eine der Formen des Riesenlebensbaums, ist die größte aller goldgelben Koniferen und hat schon an die 31 Meter erreicht. Ihr schönes Sommerkleid verfärbt sich im Winter in eine Melange aus Gold und Grün.

Goldene Varietäten sind auch die Hauptattraktion des Morgenländischen Lebensbaums *(Th. orientalis)* – ein kleiner Baum, häufig vielstämmig und mit rundlich buschiger Krone. Bei einem Exemplar in meinem Garten habe ich von den ursprünglich fünf Stämmen nur zwei stehen lassen, so daß er jetzt eine regelmäßige Kuppel auf zwei kahlen Schäften trägt, was sehr eindrucksvoll aussieht. Seine für eine Thuja feinen und mit recht kleinen Schuppenblättern überzogenen Zweige haben die Neigung, sich seitlich zu verdrehen.

Außerdem ist sie der einzige Lebensbaum, der nicht den unangenehmen Geruch hat und dessen Zapfenspitzen sich nach außen kräuseln: Er ist deshalb leicht zu erkennen. «Conspicua» und «Elegantissima» sind zwei seiner bekanntesten goldgelben Kleinformen, «Aurea Nana» eine gute Zwergform.

Der Japanische Lebensbaum *(Th. standishii)* ist seltener als sein japanischer Verwandter, der Hibabaum *(Thujopsis dolabrata)*. Viele Koniferen kokettieren mit einer grünen Plastikkünstlichkeit, aber der Hibabaum übertrifft sie alle darin. Seine an der Unterseite auffallend (und sehr hübsch) silbrigweiß schimmernden, schuppenartigen Blätter könnten aus einem Kunststoff-Baukasten stammen: exakt gestanzte, glänzend gelbgrüne Teile einer künstlichen Konifere.

Obwohl man diesen Baum, da er an die 20 Meter hoch werden kann, schwerlich als Zwergkonifere bezeichnen kann, wächst er anfangs sehr langsam, so daß man ihn durchaus auch in einem kleineren Garten pflanzen kann: In den ersten zehn Jahren wächst er nur drei bis fünf Zentimeter jährlich.

Links: Der Abendländische Lebensbaum *(Thuja occidentalis)* hat gewöhnlich Säulenform und ein ziemlich schmutzigfarbenes Blätterwerk, besonders im Winter. Kultiviert werden vornehmlich seine Zwerg- und Farbvarianten wie die leuchtendgrüne «Wintergreen» und «Lutea», eine schmale, goldgelbe Pyramide.

Rechts: Unter idealen Bedingungen kann der zebragestreifte Riesenlebensbaum *(Thuja plicata* «Zebrina») ein sehr imposanter und dekorativer Einzelbaum sein. Seine Zweige sind grün und goldfarben gestreift oder zeigen, wie bei diesem Exemplar, eine starke Goldüberlagerung.

Oben: Am Hibabaum sind die Unterseiten der kunststoffähnlichen Blätter auffallend weiß gezeichnet. Der grüne Zapfen oben ist noch nicht reif; der vorjährige braune hat sich geöffnet und seine Samen ausgeschüttet.

Rechts: Der Morgenländische Lebensbaum ist leicht daran zu erkennen, daß sich die dünnen Spitzen seiner kugelförmigen Zapfen nach außen biegen. Beim Reifen der Zapfen verfärbt sich der wachsweiße Reif braun.

Oben: Der Morgenländische Lebensbaum ist eine vielstämmige, leuchtendgrüne Thuja, die selten höher als zehn Meter wird. Beliebter aber sind seine goldgelben Kultursorten. Diese «Elegantissima» wächst im Rotterdamer Trompenburg Arboretum.

Familie der Zypressengewächse / *Cupressaceae*

Die Weihrauchzeder

Ganz links: Die Weihrauchzeder aus den Wäldern im Nordwesten Amerikas ist der beste aller kultivierten schmalsäuligen Bäume. Sie bleibt viele Jahre schlank, bevor sie sich im Alter zu einem mächtigen Turm verbreitert (links).

Oben: Ihre 2,5 Zentimeter großen Zapfen sind am Anfang fleischig, werden dann holzig und öffnen sich wie ein Buch.

Würde die Weihrauchzeder nur in ihren heimatlichen Wäldern im amerikanischen Westen wachsen, dann sähe man in ihr wohl eine Verwandte der bekannteren Lebensbäume, deren Eigenart es ist, ihre Äste hochzurecken, statt sie waagerecht auszustrecken. In den Mittelgebirgen Oregons und Kaliforniens ist sie recht verbreitet. Aber die Weihrauchzeder ist mehr als das: nämlich eine der beiden einzigen Koniferen mit fast identischen Verwandten südlich des Äquators – die ihnen so ähnlich sind, daß man fast sagen könnte, ihr Areal erstrecke sich von Oregon bis Neuseeland. Und in nördlichen Breiten kultiviert, ist sie zweifellos der großartigste Säulenbaum, ein formaler, schlanker Turm, der die Echte Zypresse an Größe, Textur und Sattheit der Farbe weit in den Schatten stellt.

Auf der Nordhalbkugel gibt es neben der Weihrauchzeder *(Calocedrus decurrens),* die oft fälschlich als Kalifornische Flußzeder aufgeführt ist, nur noch zwei weitere Arten in China und Formosa. Alle übrigen, sehr ähnlichen Verwandten, die nach langem Hin und Her schließlich als verschiedene Gattungen ausgeschieden wurden, befinden sich auf der Südhalbkugel. Entdeckt wurde die Weihrauchzeder 1848 an recht trockenen und sonnigen Standorten in den Bergen von Oregon und Kalifornien – von Oberst Fremont (einem Offizier, dessen Karriere alles von der Botanik bis zur Meuterei umfaßte und der schließlich Besitzer einer der reichsten kalifornischen Goldadern wurde).

Der Baum, den er fand, hat eine sehr markante Farbe und Textur, und seine strahlendgrünen Ausrufungszeichen geben den sonnigen Hängen einen heiteren Akzent. Zu den höchsten Bäumen zählt er nie, sondern macht sich eher dadurch bemerkbar, daß er mehr Äste als die meisten anderen Waldbäume behält und oft bis in Bodennähe beastet bleibt, so daß seine Wälder dicht und gedrängt wirken. Erst im Alter wird er lichter.

Doch fehlt ihm in der freien Natur jene Eigenschaft, die seine Gartenvariante so sehr auszeichnet. Wildwachsend bilden Weihrauchzedern mit der Zeit einen buschigen, unregelmäßigen Turm aus, der sich im mittleren Abschnitt auswölbt. Als Park- und Gartenbaum in Europa und im amerikanischen Osten dagegen gipfelt der gleiche Baum mit völlig parallelen Seiten empor und bildet die einheitlichste, dichteste und höchste aller Baumsäulen. Die besten haben in rund 100 Jahren 36 Meter erreicht, und ihre einzige Unregelmäßigkeit war eine leichte Wölbung des sattgrünen Behangs – der Embonpoint eines Höflings.

Die männlichen Blüten der Schuppenzeder gleichen winzigen Zapfen, deren Schuppen sich öffnen, um den Pollen zu entlassen. Wildwachsend zeigt dieser Baum keine seiner standbildhaften Merkmale, die er in Parks und Gärten annimmt.

Die Wacholder

Der Utah-Wacholder *(J. osteosperma)* bildet in den trockenen Canyons des amerikanischen Westens sehr knorrige, kleine Baumgestalten. Wie die meisten Wacholder hat er eine dünne Rinde, die in schmalen, senkrechten Streifen abblättert.

Wenn ich Abhandlungen über interessante Koniferen lese, bringt es mich manchmal fast zur Verzweiflung, daß sie alle die gleichen Bedingungen verlangen (die ich ihnen nicht bieten kann): sauren Boden und viel Feuchtigkeit. Welchen Nadelbaum kann man denn überhaupt mit gutem Gewissen pflanzen, wenn man ein trockenes und alkalisches Stückchen Land hat? Und dann fallen mir die Eiben ein – und die Wacholder.

Besonders die Wacholder lieben und tun genau das Gegenteil wie die große Masse der Koniferen – selbst wie die übrigen Zypressengewächse. Während alle anderen verhältnismäßig schnellwüchsig sind, wachsen sie im Schneckentempo. Während die anderen geschützte Lagen bevorzugen, lieben sie die Südhänge der Berge: das pralle Sonnenlicht. Während die anderen feuchte Lauberde brauchen, schicken sie ihre drahtigen Wurzeln gern in Mineralboden. Während die anderen meist männliche und weibliche Blüten an einem Baum tragen, sind sie (wiederum wie die Eiben) meist zweihäusig. Die anderen haben holzige Zapfen, sie dagegen fleischige «Beeren».

Wegen ihrer Langsamwüchsigkeit sind sie für den Förster uninteressant, ausgenommen in kleinen Spezialbeständen, die duftendes Bleistiftholz liefern. Aber gerade ihr langsames Wachsen macht sie zu einem Standardrequisit der Bepflanzungsplanung – vor allem für kleine Gärten. Doch in ihrer großen Mehrzahl haben die Gartenwacholder alles andere als Baumform: Wahrscheinlich treten sie mehr als Bodenbedecker als in irgendeiner anderen Rolle auf.

Der Gemeine Wacholder *(Juniperus communis)* ist die einzige in Europa, Asien und Amerika heimische Baumart der Gattung. Gewöhnlich tut man ihn als bloßes Gestrüpp ab, und was ihm allein einen gewissen Ruhm verleiht, ist die Tatsache, daß seine «Beeren» das Aroma für den Gin, Steinhäger und Genever liefern und als Zutat zum Sauerkraut geschätzt werden. Aus Fairneß ihm gegenüber möchte ich aber Gertrude Jekyll zitieren, die ihn ganz anders bewertet: «Seine leicht geheimnisvolle Farbenschönheit... auf ihre Weise so zart und subtil wie die einer Wolke, eines Nebelschleiers oder einer Dunstschicht in einer warmen, feuchten Waldlandschaft. Er zeigt nur wenig eindeutiges Grün, eine Spur warmer Farbe in den schattigen Buchten und blaugrauen Hauch, wie man ihn sich zarter kaum vorstellen kann, an seinem äußeren Blattwerk.» Sie bewundert die Fähigkeit dieser Pflanze, Schneeschäden auszuheilen, die Silberflechte an ihrem Stamm und «die unendlich mannigfaltige Anordnung der kleinen, stacheligen Blätter». Nach diesen bewegten Worten fühlt man sich zumindest veranlaßt, sich diese Pflanze einmal genauer anzusehen.

Aber in allen Baumschulen ist der Gemeine Wacholder lediglich in der einen oder anderen Kulturform zu finden. Drei davon sind recht bemerkenswerte, blaßgraugrüne Säulengewächse: die größte Varietät, «Suecica», erreicht bis zu 12 Meter, die am meisten verbreitete, «Hibernica», etwa 4 bis 6 Meter; und das Baby, das hier eigentlich nichts zu suchen hat, «Compressa», ist so zauberhaft, daß ich es dennoch erwähnen muß: etwa 45 Zentimeter kompakter, faseriger Flaum, eines der schönsten Miniaturbäumchen für einen Steingarten.

Die ganze Art Gemeiner Wacholder fällt übrigens in die Kategorie der Retinospora-Formen, da sie ausschließlich Jugendbenadelung trägt. Einige andere Wacholderarten können sehr vielseitig sein, an manchen Ästen ausgewachsene Schuppenblätter (sehr ähnlich wie bei den Zypressen) tragen, an anderen oder auch nur an einzelnen Zweigen feine, spitze Blättchen: die Jugendform.

Die beiden Wacholder, von denen mehr Gartenformen als von allen anderen zusammen abstammen, sind der Virginische Wacholder *(J. virginiana)* und der Chinesische Wacholder *(J. chinensis)*. Beide haben eine unterschiedliche Belätterung. Der Virginische Wacholder wächst überall im Osten der USA wild. Gelegentlich entwickelt er sich zu einem gut 30 Meter hohen Baum mit einer zerklüfteten Kegelkrone, doch findet man solche Exemplare nur im Süden seines Areals, etwa südlich von Pennsylvania. Insgesamt soll es 40 Kultursorten des Virginischen Wacholders geben; auf gute Wuchsform bedachte Baumschulen konzentrieren sich auf die schlankeren, kleineren und nördlicheren Varietäten: «Glauca» ist eine gute, blaugraue und säulenförmige, «Canaertii» die Selektion einer belgischen Baumschule – dunkelgrün und streng kegelförmig mit dem zusätzlichen Reiz regelmäßiger Büschel blaubereifter «Beerenzapfen».

Die Wacholder des amerikanischen Westens, der Felsengebirgswacholder *(J. scopulorum)* und eine Reihe anderer lokaler Formen, unterschei-

Ganz oben: Den Einsamigen Wacholder *(J. monosperma)* findet man in den Wüsten Arizonas häufig als Busch. Unter besseren Bedingungen kann er 18 m hoch werden. Seinen Namen verdankt er den einsamigen «Beerenzapfen».

Die «Beerenzapfen» des Gemeinen Wacholders brauchen 2–3 Jahre bis zur Reife. Im ersten Jahr sind sie bleich hellgrün (Bild), in reifem Zustand blauschwarz.

Links: Der Gemeine Wacholder trägt stechend spitze Nadeln in Dreierquirlen. Er hat viele Wuchsformen – vom Kriechgewächs bis zum turmartigen Baum –, wächst aber meist als Strauch.

Die Wacholder

den sich nicht allzu sehr von den Wacholdern des Ostens. Der Abendländische Wacholder ist nebenbei etwas völlig anderes: ein rauher, einförmiger Baum mit recht starken Ästen aus den trokkenen Gebieten im östlichen Oregon und westlichen Idaho.

Der originellste aller amerikanischen Wacholder ist der Alligatorwacholder *(J. deppeana pachyphloea)*. Alle anderen Wacholder haben eine dünne Rinde, die sich, wenn überhaupt, in senkrechten braunen Streifen abschält. Die des Alligators dagegen zerreißt in quadratische Schuppen – wie der Panzer des Schreckens der amerikanischen Südostküste. Seine Blätter sind hellblau, dünn und stachelig, wie es sich für einen Baum aus den Halbwüsten Texas' und Neumexikos auch durchaus gehört.

Der Chinesische Wacholder *(J. chinensis)* ist wie der Gemeine Wacholder Stammvater vieler Dutzend Kultursorten. Man findet ihn nicht oft in der von der Natur für ihn vorgesehenen Form. Abgesehen von seinen erheblich größeren «Beeren» (falls er sie überhaupt trägt), unterscheidet er sich nicht auffällig vom Virginischen Wacholder. Beide tragen zwei verschiedene Arten Blätter, nadelförmig stechende und zypressenähnliche Schuppenblätter. Manche Zuchtformen durchbrechen allerdings diese Regel; die Größe ihrer Beerenzapfen, falls überhaupt vorhanden, ist wohl das beständigste Kennzeichen. Eine Kultursorte, «Femina», wird wegen ihrer verschwenderischen Fülle hübscher «Beeren» nachgezogen.

Unter den anderen Zuchtsorten dürfte die goldgelbe «Aurea» die beliebteste sein, da sie eine der zuverlässigsten leuchtend goldgelben Koniferen für kleinere Gärten ist. Sie kann zwar 12 Meter hoch werden, braucht dazu aber 60 bis 70 Jahre. «Keteleeri» ist ein schmucker, voller und dunkel getönter Baum mit den Konturen eines breiten Zapfens, der ebenfalls sehr langsam wächst. «Kaizuka» (auch als Hollywood-Wacholder bekannt) ist eine ungebärdige Art Busch, der lange, strahlendgrüne Äste in völlig unerwartete Richtungen streckt.

Hin und wieder trifft man auf einen ganz anderen fernöstlichen Wacholder, einen Baum mit großartigem Charakter, der mehr gepflanzt werden sollte: den Tempelwacholder *(J. rigida)*. Er ist weder säulen- noch kegelförmig, sondern bildet mit kiefernartigen Ästen eine kleine, aber altehrwürdig wirkende, offene Krone aus. Neun Meter sind für den Tempelwacholder schon eine stattliche Höhe.

Ein weiterer Hängewacholder wurde 1930 in den burmesischen Himalajaausläufern entdeckt. Von weitem sieht dieser nach seinem Entdecker Cox benannte *Juniperus coxii* fast wie eine Trauerweide aus. Die langen, dichten, tarngrünen Zweige, die sich so weich anfühlen, daß man sie wie einen Schwamm zusammendrücken kann, hängen an gebogenen Ästen. Anders als die meisten Wacholder ist er mehr ein Waldbaum, der einen schattigen Platz, besonders an einem Waldteich, liebt.

Wollte ich mich strikt auf die Bäume der Wacholderfamilie konzentrieren, müßte ich den viel bekannteren Himalajawacholder *(J. squamata)* übergehen, dessen Form «Meyeri», ein stacheliger, eisblauer Busch mit hängenden Trieben, in so vielen Gärten zu finden ist. Nicht erwähnen dürfte ich ferner den allgegenwärtigen *J. chinensis* «Pfitzeriana», das Kind einer Ehe zwischen dem Chinesischen Wacholder und der strauchigen *J. sabina*, dem südeuropäischen Sevibaum. «Pfitzeriana» (wie auch *J.c.* «Hetzii») sind mächtige, V-förmige Büsche, die sehr viel Boden bedecken können. Da sie in reinem, knüppeltrockenem Kreideboden und in tiefem Schatten gedeihen können, sind sie die Arbeitstiere der Familie, die man zwangsläufig an besonders problematischen Plätzen findet.

In südlichen Gärten findet man manchmal den Griechischen Wacholder, eine dichte, graue Säule; viel winterfester und genügsamer ist aber der Steinfrüchtige Wacholder *(J. drupacea)* mit seiner in der Gattung einzigartigen frischen, hellgrünen Farbe.

Ganz oben: Ein bemerkenswert schön geformtes Exemplar des Virginischen Wacholders *(Juniperus virginiana)* im Schloßgarten Baden-Baden. Unter seinen zahlreichen Kultursorten finden sich auch buschige und trauernde Formen.

Oben: Der «Heidewacholder» (eine hochwüchsige Form des Gemeinen Wacholders) findet sich in Norddeutschland und Schweden (hier in der Lüneburger Heide in der Nähe Hamburgs).

Oben: Der Rotfrüchtige Wacholder *(Juniperus oxycedrus)* mit seinen scharf stachelspitzigen Nadeln ist im ganzen Mittelmeergebiet heimisch. Seine Wuchsformen umfassen flache Büsche und bis zu 10 Meter hohe Bäume.

Rechts: Der hängende Wacholder aus dem Himalaja *(Juniperus recurva)* ist hier, in seiner Heimat, vom Wetter in eine kompaktere und steifere Form getrimmt worden, als er sie in unseren Gärten annimmt.

Der Phönizische Wacholder *(Juniperus phoenicea)* auf dem Akropolishügel. Er kann 1000 Jahre alt werden und hat sich vom Osten her über das ganze Mittelmeergebiet bis zu den Kanarischen Inseln verbreitet.

Die Phönizische Zeder hat im Unterschied zum Rotfrüchtigen Wacholder zypressenartige Schuppenblättchen. Ihre Beerenzapfen nehmen beim Reifen eine rotbraune Farbe an.

Familie der Eibengewächse / *Taxaceae*

Die Eiben

Links: Die kleinen weiblichen Blüten der Eibe besitzen nur eine, von Schuppen umhüllte, endständige Samenanlage. Die Nadeln sind flach, dunkelgrün, spitz, aber nicht stechend, und laufen mit der stielartig verjüngten Basis am Zweig herab.

Die Eiben unterscheiden sich von den übrigen Nadelbäumen durch so gewichtige Argumente, daß die moderne Systematik sie nicht mehr zu den Koniferen zählt – sie tragen ja auch keine Zapfen – sondern sie einer eigenen Klasse innerhalb der Gymnospermen zuteilt.

Die Eibe ist alt und weise. Sie hat eine Farbe wie die Witwentücher in alter Zeit und wirkt genauso ungekämmt und strähnig wie deren Trägerinnen. So senil sie jedoch aussieht, ihre «Beeren» sind strahlendrot, und aus dem alten Stamm sprießen kräftige Jungtriebe hervor. Aus irgendeiner geheimnisvollen Stelle ihres dunklen Geästs schüttelt sie leuchtendgelben Staub in die Strahlen der Frühlingssonne.

Ähnlich müssen die Menschen schon immer über die Eiben gedacht haben. Sie sind so sagenumwoben, daß es kaum eine 200jährige Friedhofseibe gibt, der man weniger als 1000 Jahre nachsagte. Meine Lieblingssage ist um eine alte Eibe in Fortingall im schottischen Hochland herumgebaut. Danach soll Pontius Pilatus' Vater kaiserlicher Beamter in dieser Gegend gewesen sein und der kleine Pontius unter ihren Zweigen gespielt haben. Wie zu sehen ist, hat er sogar seine Initialen P.P. in die Rinde geschnitzt, aber das Schönste ist, daß er selbst die Jahreszahl nicht vergessen hat: 15 v.Chr.!

Das Alter dieser ungewöhnlich hohen Eiben neben der Kirche im bretonischen Kergrist wird auf 400 Jahre geschätzt. Die übliche Wuchsform der Eiben ist gedrungen und ausladender, mit Zweigen bis zum Boden.

Vertrauenswürdigeren Überlieferungen zufolge soll dieses Exemplar allerdings tatsächlich 1500 Jahre alt und somit einer der ältesten Bewohner Europas sein. Jahresringe, an denen sich das nachprüfen ließe, gibt es allerdings nicht mehr. Denn anders als die Redwoods haben Eiben keine dicke Schutzborke. So ungeheuer dauerhaft ihr Kernholz auch ist, mit der Zeit verrottet es, und der Baum wird hohl. Jenes Exemplar in Fortingall ist innen völlig leer: eine lebende Ruine. Vor zweihundert Jahren betrug ihr Stammumfang 17,5 Meter, aber heute wüßte man kaum, wie man die Überreste messen sollte.

Die Eiben assoziiert man so landläufig mit Friedhöfen, daß jeder seine eigene Erklärung dafür hat. Ich kann mir gut vorstellen, warum die Menschen diesem zeitlosen, immergrünen Baum schon immer mit Ehrfurcht begegneten. Eine Erklärung, warum schon Kelten und Römer in der Eibe so etwas wie einen Totenbaum sahen, ist wohl das Gift, ein spezifisches Pferdetoxin, das mit Ausnahme des fleischigen roten Samenmantels in allen Teilen des Baumes vorkommt.

Für Gartenzwecke kommt es nicht auf die Eibenart, sondern auf die Form an. Manche Kapazitäten meinen, es gebe überhaupt nur eine Art, die sich von Ort zu Ort nur geringfügig in Nadelgröße und Farbe unterscheide. Auf jeden Fall ist *Taxus baccata*, die Gemeine Eibe Europas, die Eibe aller Eiben. Nur besondere lokale Bedingungen können ein Grund dafür sein, daß man entweder der im Nordosten Amerikas heimischen Kanadischen Eibe *(T. canadensis)*, der Pazifikküsten-Version *T. brevifolia* oder der japanischen *T. cuspidata* den Vorzug gibt. Die größten und schönsten Eiben sind jedoch alle Europäer – und die Gemeine Eibe hat die beliebtesten Gartenformen hervorgebracht.

Einem der merkwürdigsten Zufälle der Gartengeschichte ist es zu verdanken, daß die beiden edelsten Kultursorten der Eibe kurz nacheinander gegen Ende des 18. Jahrhunderts entstanden. Ein Mr. Dovaston in der englischen Grafschaft Shropshire entdeckte 1777 unter den von einem fliegenden Händler angebotenen Sämlingen eine Trauereibe. Und 1778 oder 1779 fand ein Bauer namens Willis in der Grafschaft Fermanagh zwei wildwachsende weibliche Varianten der heute berühmten Irischen Eibe *(T. baccata* «Fastigiata»). Sie wurden in den nahegelegenen Park des Grafen von Enniskillen verpflanzt, und von den

Zwei Stadien in der Entwicklung der einsamigen Eiben- «Beere»: An den unteren ist der eichelähnliche Napf zu erkennen, der sich später zum roten, fleischigklebrigen, aber ungiftigen Samenmantel entwickelt. Nadeln, Samen und Holz der Eibe sind giftig.

Links: Die pollenerzeugenden männlichen Blüten der Eibe sind zu gestielten, kugeligen Köpfchen auf der Zweigunterseite vereinigt. Im Februar und März trägt der Wind ihre gelben Pollenwolken fort.

Rechts: Die 5fache Vergrößerung eines männlichen Blütenköpfchens der Eibe läßt die einzelnen schildförmigen Staubblätter erkennen.

Oben: Knorrige Eiben in Cumberland. Die Gemeine Eibe wächst ebensogut im Schatten eines Waldes wie an einem völlig exponierten Standort auf einem kahlen Bergrücken.

Irische Eiben, wildwachsend dicke Säulen, hier, auf einem Friedhof in Somerset, pokalförmig geschnitten. Alle Eiben gedeihen bei regelmäßigem Formschnitt sehr gut und sind die besten Heckenpflanzen.

Stecklingen dieser Bäume stammen Millionen aufrechter Eiben in der ganzen Welt ab.

Die Trauerform ist dagegen viel seltener, wahrscheinlich weil sie so viel Platz braucht. Doch was der normalen Eibe an Eleganz und Harmonie fehlt, weist diese graziöse Varietät auf. Mit ihrer breiten, symmetrischen Krone wirkt sie wie ein gewaltiger Pavillon, dessen Kuppel sich konisch verjüngt. Ihre Äste tragen Girlanden fast schwarzer Zweige und im Herbst oft eine Fülle roter «Beeren».

Die Eibe gehört zu den wenigen zweihäusigen Nadelbaumarten. Es ist daher wichtig, bei der Auswahl auf das Geschlecht zu achten, wenn man einerseits Wert auf die Beeren legt, andererseits gern auf die üppigen Pollenwolken verzichtet, die die Umgebung einer virilen Eibe vergolden.

Goldene Varietäten haben beide beigesteuert, die Trauereiben und die normalwüchsigen, die goldgelbe aufrechte Form *(T. baccata* «Fastigiata Aurea») ist aber viel leuchtender und dekorativer. Die goldenen und die grünen Trauerformen entwickeln manchmal keinen Leittrieb und wachsen zu nicht besonders ansehnlichen, wuchernden Büschen heran.

Die Eibe ist die bei weitem beste Heckenpflanze. Sie ist so dicht und von so gleichmäßiger Textur, daß man sie gut als architektonisches Element verwenden kann. In vielen bedeutenden Gärten und Parks definieren beschnittene Eiben die Struktur: Als Begrenzungshecken oder Rabatteneinfassungen sind sie ein idealer Hintergrund für Farben. Sie lassen sich exakt schneiden, tragen aber immer selbst mit zur Wirkung bei: So etwas wie eine gerade Linie gibt es bei einer Eibe nicht, doch kann man kaum sehen, wo sie sich wölbt und die strenge Form mildert. Ist die Hecke aus Sämlingen gezogen, zeigt sie ein ständiges Spiel verschiedener Farbtöne, wo eine Pflanze sich mit der anderen verschlingt, denn nicht zwei von ihnen haben genau dasselbe Grün.

Wenn heute viel weniger Hecken aus Eiben als aus Lebensbäumen oder Lawson-Zypressen gepflanzt werden, so liegt dies zum Teil an den Kosten, mehr aber, vermute ich, an der Ungeduld: Die Eiben haben den Ruf, im Schneckentempo zu wachsen. Das ist allerdings ein Vorurteil, denn ich weiß von Eiben, die als Sämlinge gepflanzt, gut mit Nitratdünger versorgt wurden und in nur acht Jahren zu vier Meter hohen Bäumen mit 40 Zentimeter Stammumfang heranwuchsen. Ich meine, es ist besser, vier Jahre auf eine zwei Meter hohe Eibenhecke zu warten, die nur einmal im Jahr geschnitten zu werden braucht, als nach zwei Jahren eine Thujahecke zu haben, die nach jedem Regen von neuen Trieben strotzt

Eine noch rascherwüchsige Eibe ist *Taxus media*, eine amerikanische Kreuzung zwischen der Gemeinen und der Japanischen Eibe. Sie hat eine etwas rauhere Textur als die europäische Eibe, wächst aber viel schneller und eignet sich gut zur Stecklingsvermehrung – wodurch sich die Kosten von Eibenhecken senken ließen.

Familie der Eiben-, Kopfeiben- und Steineibengewächse / *Taxaceae, Cephalotaxaceae und Podocarpaceae*

Kopfeiben, Nußeiben und Steineiben

Ich bin hier der Versuchung erlegen, drei Familien von Nadelbäumen, die zudem noch aus zwei verschiedenen Klassen stammen, in einen Topf zu werfen. Sie haben aber so viel Ähnliches, daß ein gutgelaunter Taxonom vermutlich dasselbe getan hätte. Die trotz ihres Namens nicht zu den Eibengewächsen, sondern zu den Koniferen gehörenden Kopfeiben *(Cephalotaxus)* kommen vom Himalaja bis nach Ostasien vor. Ihre Nadeln sind viel länger, stehen in größeren Abständen am Zweig und weisen ein helleres Grün auf als die der Eiben. Ihre Samen sind fast pflaumengroß, steinfruchtartig, mit dickfleischiger Samenschale. Die zweihäusigen Kopfeiben wachsen zu kleinen, unregelmäßigen und ziemlich offenen Bäumen oder Sträuchern heran, deren Hauptreiz die markante Benadelung ist.

Die Chinesische Kopfeibe *(Cephalotaxus fortunei)* dürfte wohl die meistgepflanzte Art dieser Gattung sein. Ihre langen, weichen, hellgrünen Nadeln stehen zweizeilig an den Zweigen, so daß jeder Zweig oben flach wie ein junger Riesentannenzweig ist, aber markanter im Detail. Die Japanische Kopfeibe *(C. harringtonia)* ist ähnlich, aber mehr Busch als Baum, mit V-förmig nach oben am Zweig stehenden Blättern. Eine ausgezeichnete Form von ihr kopiert die Irische Eibe fast naturgetreu, mit der gleichen Benadelung rund um die hochragenden Zweige – der einzige Unterschied ist, daß ihre Nadeln länger sind. Die fruchtartigen Samen beider Arten sind hellgrün und in der Reife purpurfarben, saftig und appetitlich aussehend. Wenn man sie zerquetscht, sondern sie ein köstlich duftendes, milchiges Harz ab. Kopfeiben wachsen gut im Schatten, haben nichts gegen kalkigen Boden.

Im Unterschied zu den Kopfeiben gehören die ähnlichen Nußeiben zu den «echten» Eibengewächsen *(Taxaceae)*.

Die Kalifornische Nußeibe (*Torreya californica*, nach demselben Botaniker benannt wie die seltene Torreykiefer) wird größer, in Europa bis 23 Meter – im Vergleich zu den 11 Metern der

Oben: Der «Huon» aus Tasmanien *(Dacrydium franklinii)* ist eine ausgezeichnete Trauerkonifere, in Blattwerk und Verzweigung der Echten Zypresse sehr ähnlich. Starken Frost kann er jedoch nicht vertragen.

Ganz oben: Dieses kleine Exemplar der Kalifornischen Nußeibe *(Torreya californica)* ist typisch für den Gartenhabitus dieser Art. In ihren kalifornischen Bergwäldern erreicht sie bis zu 27 Meter Höhe und 2,7 Meter Stammumfang.

Oben: Die Chinesische Kopfeibe *(Cephalotaxus fortunei)* ist die schönste Art ihrer Gattung. Ihre Samen mit fleischiger Außenwand sehen wie Pflaumen aus – sind aber alles andere als eßbar.

Oben: Die reifen Samen der Kalifornischen Nußeibe erinnern an purpurfarben gestreifte Muskatnüsse; hier sind sie noch grün. Der fleischige Mantel ist dünn und harzig.

Oben: Die Großblättrige Steineibe *(Podocarpus macrophyllum)* gehört zu jenen exotischen Koniferen Asiens, die in unseren Parks und Gärten bislang so gut wie gar nicht gepflanzt worden sind. Ihre Blätter sind bis zu 15 cm lang und 1,5 cm breit.

Oben: Ein vollentwickelter «Huon» ist ein graziöser Trauerbaum. In unseren Breiten ist er allerdings nicht winterhart, aber als junger Baum eine der elegantesten Topfpflanzen für Wintergärten.

Unten: Die männlichen Blüten der Steineiben stehen dichtgedrängt in zylindrischen Kätzchen. Hier zerstäubt *Podocarpus andinus* gerade seinen Pollen.

Kopfeibe. Ihre Textur ist viel stacheliger, ihre Nadeln sind hart und spitz. Die fruchtartigen Samen sind ähnlich, aber vielleicht eine Idee größer. Eine japanische Nußeibe *(T. nucifera)* hat kleinere und im Verhältnis breitere Nadeln. Keiner dieser beiden Bäume wäre in einem kleinen Garten gerechtfertigt.

Die zweihäusigen Steineiben aus der Koniferen-Familie der *Podocarpaceae* sind eine recht bedeutungslose Sippe für Gärtner in Europa und Amerika. Sie sind jedoch (zusammen mit den Araukariengewächsen) die führenden Koniferen der Südhalbkugel. In Südafrika beispielsweise ist die Breitblättrige Steineibe *(Podocarpus latifolius)* ein wichtiger Nutzholzlieferant.

Das größte Mitglied der Familie, *P. dacrydioides,* in Neuseeland wird dort «white pine» («weiße Kiefer») genannt. Aber nur eine außergewöhnliche Steineibenart ist auf der Nordhalbkugel, in Japan, heimische.

Die «Frucht» von *Podocarpus* (wörtlich: Fußfrucht) besteht aus einem harten Samen, über den vom Stiel her ein fleischiger Mantel wächst. Auch der Stiel verdickt sich zu einem wulstigen Samenuntersatz, dem «Fuß».

Die Steineibenblätter sind unterschiedlich lang, alle breit und flach, aber die längeren verjüngen sich an den Enden, so daß sie noch als Nadeln beschrieben werden können. Ihre beste Eigenschaft ist wohl ihr satter, gelbgrüner Glanz, ein tropisches Merkmal, das dem Baum, besonders im Winter, eine starke Ausstrahlung verleiht. Auch *P. salignus,* die Weidenblättrige Steineibe aus Chile, und *P. macrophyllus,* das japanische Mitglied der Familie, haben diesen Effekt. Wo diese beiden Bäume winterhart sind (Zone 7 bzw. 8), wachsen sie zu recht stattlichen Bäumen heran.

Eine der kurzblättrigen Steineiben, die *P. andinus,* ist der «echten» Eibe trotz so entfernter Verwandtschaft erstaunlich ähnlich. Ein anderes eibenähnliches *Podocarpaceae*-Gewächs trägt den Familiennamen des Prinzgemahls Albert: *Saxegothaea conspicua* – ein Baum, den es sich durchaus zu pflanzen lohnt. Er sieht aus wie eine schlanke Trauerweide mit schwarzem Behang.

Unter den Steineiben gibt es aber nicht nur eiben- und weidenähnliche, sondern auch Zypressentypen. So hat die Gattung *Dacrydium* Schuppenblätter, die an eine Zypresse (oder vielleicht einen Wacholder) erinnern. Der neuseeländische «Rimu» *(D. cupressinum)* ist ein weiterer kleiner, weichbeblätterter Trauerbaum, der in der gemäßigten Wärme San Franziskos gut gedeiht. Der «Huon» *(D. franklinii)* aus Tasmanien hat sich als noch etwas winterhärter erwiesen; er ist gewissermaßen ein Mittelding zwischen einer Zypresse und einer Trauerweide und eine hervorragende Bereicherung von Gärten bis Zone 8.

Der *Podocarpus andinus* aus Chile sieht in allem einer Eibe erstaunlich ähnlich – ausgenommen seine «Früchte», die an kleine Pflaumen erinnern. Sie sind zunächst blau bis gelbgrün und werden dann schwarz.

Oben: Der neuseeländische «Rimu» *(Dacrydium cupressinum)* wächst in seiner Heimat und in einigen Gebieten im Süden und Westen der USA zu einem hohen, zypressenähnlichen Baum heran. In Europa kann er nur in sehr geschützten Lagen der Zonen 8 und 9 gehalten werden.

Sumpfzypressen und Metasequoien

Unter dem Familiennamen *Taxodiaceae* wird eine recht buntgemischte Gruppe von zehn altertümlichen Koniferengattungen zusammengefaßt, welche letzte Reste eines sehr alten Verwandtschaftskreises aus der Kreidezeit und dem Tertiär darstellen.

Was die Sumpfzypresse *(Taxodium)* mit den anderen Familienmitgliedern gemein hat, ist ihr hohes Alter; außerdem eine kolossale Größe. Zu dieser Gruppe zählen die Küstensequoia und der Mammutbaum, die Japanische «Sicheltanne» und die Chinesische «Spießtanne» (die größten Nutzholzbäume in ihren Ländern) und die größte Konifere im Südosten der USA, die Sumpfzypresse.

Wahrscheinlich klingt es merkwürdig, wenn man eine Konifere deshalb empfiehlt, weil sie laubwerfend ist, aber die Sumpfzypresse macht wie die Lärche aus ihrer scheinbaren Not eine Tugend, indem sie von allen Nadelbäumen das frischeste Grün trägt und sich im Herbst prächtig verfärbt. Tatsächlich ergänzt sie die Lärche hervorragend und sollte mit ihr zusammen gepflanzt werden. Wenn nämlich die Lärche ihr Dunkelgrün in herbstliches Gold verwandelt, dunkelt die Sumpfzypresse ihr Hellgrün stufenweise ab und geht dann zu einem vollen Ingwerton über. Diese beiden Töne, vermischt mit dem Stahlblau einer Gemeinen Kiefer, ergeben eine der bezwingendsten herbstlichen Farbkompositionen in meinem Garten.

Warum wird die Sumpfzypresse nicht häufiger gepflanzt? Dies liegt ohne Zweifel zum Teil an ihrer Größe. Doch ist sie von allen hohen Bäumen in einem kleineren Garten der wirkungsvollste und der, der am wenigsten Schatten wirft. Zum Teil liegt es aber auch wohl daran, daß jeder meint, dieser Baum brauche einen Sumpf. Seltsamerweise scheint er aber darauf gar keinen Wert zu legen. Für einen Baum, der im Brackwasser subtropischer Sümpfe zuhause ist, verträgt er trockenen Boden in den Wintern Neuenglands erstaunlich gut. Einen warmen Sommer braucht er zwar, aber Frost kann ihm nichts anhaben, wie das 24 Meter hohe Exemplar im Bostoner Arnold Arboretum beweist.

Die einzige Attraktion, auf die man wahrscheinlich verzichten muß, wenn man diesen Baum in normale Gartenerde pflanzt, sind seine eigenartigen Kniewurzeln. In Anpassung an die besonderen Standortbedingungen in Überschwemmungsgebieten ermöglichen diese nach oben wachsenden Atemwurzeln (Pneumatophoren) auch bei monatelanger Überflutung die Versorgung der Wurzeln mit Luft.

Zur Gattung der eigentlichen Sumpfzypressen gehören noch zwei weitere Arten: *Taxodium ascendens* ist eine Lokalform, die nur im südöstlichen Teil des gewaltigen *Taxodium*-Areals vorkommt, das sich von Delaware bis zu den Sumpfgebieten im östlichen Texas erstreckt. Zwar ist diese Art nicht so winterfest, aber in mancherlei Hinsicht besser für den Garten geeignet: Sie ist

Rechts: Bevor die Nadeln erscheinen, stehen die weiblichen Blüten der Sumpfzypresse als offene, grüne, kleine Zapfen an den Spitzen der vorjährigen Triebe. Der ausgewachsene Zapfen ist eine Kugel von nur 2,5 Zentimetern Durchmesser.

Oben: Die Stämme dieser Sumpfzypressen in Cypress Gardens, Charleston, South Carolina, haben die typische breite und gefurchte Basis der an nassen und instabilen Boden angepaßten Bäume.

Die knieartigen Atemwurzeln (rechts neben dem dicken Stamm) dienen der Versorgung der überfluteten Wurzeln mit Sauerstoff.

Unten: Die lateinische Artbezeichnung der Metasequoia – *glyptostroboides* – ist aus den griechischen Wörtern *glyptos* = «gekerbt» und *strobus* = «Kreisel», «Zapfen» zusammengesetzt und spielt auf den geschlitzten Rand der Zapfenschuppen beim Glyptostrobus an. Der Baum unten trägt seine Herbstfarbe.

Links: Der Sumpfzypresse kann ein strenger Winter nichts anhaben. Am Ufer eines Schweizer Sees bildet sie die gleichen knotigen und knorrigen Wurzeln wie in den Sumpflandschaften Floridas. Die ersten Exemplare, die im 17. Jahrhundert in Europa gepflanzt wurden, sind heute noch gesunde Bäume.

Die Metasequoie wurde erst 1941 in China entdeckt. An verschiedenen Standorten haben kultivierte Exemplare bereits Zapfen getragen. Dieses Foto wurde im Wiener Donaupark aufgenommen. Wie man sieht, ähneln die Zapfen etwas denen der Sumpfzypresse.

Oben: Alte Exemplare der Sumpfzypresse verlieren völlig den regelmäßigen Pyramidenhabitus ihrer Jugend. An den mächtigen Ästen dieser alten Bäume hängen lange Greisenbart-Girlanden *(Tillandsia usneoides)*.

kleiner und aufrecht, und ihre Nadeln sind den Zweigen angepreßt.

Die dritte Art der Gattung ist immergrün und in Mexiko heimisch; sie verliert ihre benadelten Kurztriebe nur alle zwei Jahre. Ein Exemplar dieser Mexikanischen Sumpfzypresse *(T. mucronatum)* gehört zu den dicksten Bäumen der Welt: Der Stammumfang eines Baumes in Santa Maria del Tule bei Oaxa beträgt nicht weniger als 34,5 Meter. Ansichtskarten aus Tule zeigen nichts als El Gigante – für etwas anderes ist hier kein Platz.

Was in Asien einem *Taxodium* am nächsten kam, war ein überaus seltener kleiner Baum, der ein sumpfzypressenähnliches Leben im südchinesischen Kanton geführt haben soll. Ob aber heute noch wildwachsender *Glyptostrobus* existiert, scheint niemand sagen zu können. Ein Exemplar steht jedoch im Arboretum der University of Washington in Seattle, und drei kleine wachsen in Südengland, wo sie sich durch ihr Herbstkleid auszeichnen: ein hübsches, warmes Rosabraun.

Dann fand 1941 ein japanischer Wissenschaftler fossile Überreste eines ähnlichen Baums in Japan. Er nannte seinen Fund *Metasequoia glyptostroboides* – was wohl eher seine botanische Unentschlossenheit als eine Vorliebe für Zungenbrecher verraten dürfte.

Was aber fast unglaublich ist: Im selben Jahr 1941 stieß ein Botaniker Tausende von Meilen entfernt, im Osten der Provinz Szetschuan, auf drei Bäume derselben unbekannten Gattung. Erst 1946 konnte diese Gegend genauer erforscht werden, woran sich auch das Arnold Arboretum beteiligte. Es stellte sich heraus, daß dieser Baum sehr häufig war, von den Einheimischen als «Wasserlärche» bezeichnet und als Viehfutter geschneitelt wurde. Zwei Jahre später keimten dann Samen in Boston und Europa, und innerhalb von zwölf Monaten wurde der Baum überall in der Welt gepflanzt.

Wie der Ginkgo hat dieses lebende Fossil offenbar alle seine Feinde überlebt. Diese Metasequoien wachsen viel schneller als die Sumpfzypresse, zumindest am Anfang; von den Sämlingen haben manche heute schon 18 Meter erreicht. Bislang haben sie einen regelmäßigen, pyramidenförmigen Habitus mit sehr leichten, ja sogar zarten Zweigen. Es bleibt abzuwarten, ob sie sich mit den Jahren wie die Sumpfzypressen verbreitern und die herrlich verzweigte, unregelmäßige Krone ausbilden werden, die sie in ihrem heimatlichen Habitat tragen. Schon jetzt neigen sie dazu, einen etwas spannrückigen, an der Basis verdickten Stamm zu bilden, und zeigen eine ausgesprochene Vorliebe fürs Wasser: beides typische Merkmale der Sumpfzypresse – von der sie sich gut anhand der Nadelanordnung unterscheiden lassen. Zwar haben beide zweizeilig benadelte Kurztriebe, die im Herbst abfallen. Bei der Metasequoie sind die Nadeln gegenständig, bei der Sumpfzypresse jedoch wechselständig angeordnet. Ein weiteres Merkmal der Metasequoie ist ihre Eigenart, die Knospen an der Unterseite der dünnen Zweige zu bilden.

Rechts: In den ersten 25 Jahren ihrer Kultivierung hat die Metasequoie ein klares und schmales Profil perfekter Symmetrie bewahrt. Die Zukunft wird zeigen, ob sie den Habitus der Sumpfzypresse oben imitieren wird.

Die Metasequoie (oben und unten) behält ihre heitere hellgrüne Farbe bis weit in den Herbst hinein. Dann verfärbt sie sich sehr hübsch, zunächst hin und wieder goldfarben, häufig rötlich, zum Schluß bernsteinfarben. Ihr einziger Nachteil als Gartenbaum: Sie neigt dazu, ihre Blätter vor dem letzten Frost anzulegen. Doch gleicht sie Frostschäden sehr schnell wieder aus.

Die Stämme größerer Metasequoien sind oft ein Labyrinth 60 bis 100 cm langer, tiefer Furchen. Die Borke hat häufig eine intensiv ingwerrote Farbe und schält sich in Streifen. Der deutsche Name, Chinesisches Rotholz, ist übrigens sehr treffend.

Mammutbaum und Küstensequoie

Solange der Streit darüber, ob die ersten australischen Siedler nur aufschnitten oder die Wahrheit sagten, als sie berichteten, bei ihnen gebe es 141 Meter hohe Eukalyptusbäume, nicht beendet ist, hält die Küstensequoie, das Rotholz, den Rekord als höchster und sein Vetter, der Mammutbaum, den als mächtigster Baum der heutigen Flora.

Wie groß sie wirklich im Vergleich zu landläufigen Bäumen sind, verdeutlicht eine Untersuchung, die der amerikanische Dendrologe Rutherford Platt angestellt hat. Nach seinem Bericht hat der größte aller Mammutbäume seinen tiefsten Ast 45 Meter über dem Boden; aber dieser Ast hat 1,80 Meter Durchmesser und ist 45 Meter lang – d.h. dieser Ast ist größer als die größte Ulme der Welt.

Selbst den energischen und beutegierigen Kaliforniern des 19. Jahrhunderts bereitete es einiges Kopfzerbrechen, diese Monstren zu fällen. Eine Art hysterischer Triumph klingt in dem Bericht von fünf Männern an, die drei Wochen lang Löcher in einen Stamm mit 30 Meter Umfang bohrten, bevor sie ihn zu Boden zwangen.

Früher, vor den Eiszeiten, wuchsen Mammutbäume in vielen Teilen der Erde, von Amerika bis Spitzbergen und Italien. Auch einige Braunkohlevorkommen in Deutschland sind Überreste von Sequoienwäldern. Doch wie viele andere Bäume haben sie sich in ein Revier zurückgezogen, das ihnen ideale Bedingungen bot, und dies war, wie so oft, Kalifornien.

Daß diese Geschichte von zwei Bäumen handelt, macht sie ein wenig verwirrend. Was aber die Konfusion noch vergrößert, ist die Tatsache, daß die von den Botanikern als *Sequoia sempervirens* bezeichnete Küstensequoie, das Rotholz, einer anderen Gattung angehört als der eigentliche Mammutbaum, der *Sequoiadendron giganteum*.

Bei oberflächlicher Betrachtung sehen beide sehr ähnlich aus. Ihre Benadelung ist aber recht unterschiedlich; was sie jedoch noch mehr unterscheidet, sind ihre Vorlieben und Gewohnheiten. Die Küstensequoie erreicht ihre schwindelerregenden Höhen in dichten Beständen im Küstennebelgürtel Nordkaliforniens; der Mammutbaum entwickelt seine Massen in lichten Mischwäldern in Gesellschaft mit Tannen, Goldkiefern, und Weihrauchzedern im verhältnismäßig trokkenen und extremen Klima der westlichen Sierra, wo der meiste Niederschlag als Schnee fällt.

Ein Rotholzwald ist einzigartig. Die besten Bestände findet man in Ebenen mit gutem Schwemmlandboden, die von Küstenbergen geschützt, aber nicht weiter als 50 Kilometer von der See entfernt sind. Bull Creek Flat im Rockefeller Forest, nicht weit vom Highway 101, ist mit seinen etwa 4000 Hektar prächtiger Bäume einer der schönsten Rotholzwälder. Was einen das erste

Einer der mächtigsten Mammutbäume, der «General Grant»: 80 Meter hoch, 24 Meter Stammumfang und 2000 Tonnen Gewicht. Mammutbäume wachsen in Gesellschaft mit anderen Arten, während die Küstensequoie dichte, reine Bestände bildet.

Der Mammutbaum aus der kalifornischen Sierra hat sich in europäischer Kultur hervorragend bewährt. Hier eine Allee 70 Jahre alter und 39 bis 45 Meter hoher Bäume im Botanischen Garten von Benmore in Westschottland.

Rechts: Die Nadeln des Riesenmammutbaums sind schuppenähnlich (im Gegensatz zu den Nadeln der Küstensequoie, siehe rechte Seite). Bei der Reife werden die Zapfen dunkelbraun und geben Dutzende kleiner Samen ab.

Die enorme Wachstumsgeschwindigkeit vor Millionen von Jahren ist noch an der Stärke der Jahresringe eines versteinerten Mammutbaums im Yellowstone National Park abzulesen.

Mal am meisten beeindruckt, ist weniger die Höhe dieser Bäume – denn es ist fast unmöglich, sich so zurückzulehnen, daß man sie in ihrer ganzen Größe überblicken könnte –, sondern vielmehr, wie sie Schulter an Schulter stehen, manchmal so dicht, daß man sich zwischen zwei Stämmen kaum hindurchzwängen kann.

Der ganze Wald scheint aus einem einzigen gigantischen Wurzelsystem zu wachsen. In seinem Halbdunkel kann außer Farnen fast nichts anderes gedeihen. Es ist eine feierliche und schlichte Atmosphäre: der weiche, braune Streuteppich, die Bäume mehr Mauern als Säulen, das dämmrige Braun ihrer Borke, hier und da von einem Lichtstrahl von weit oben erhellt. Der Stil dieser Architektur ist ausgesprochen gotisch – auch die Borke zerreißt in tiefen Furchen, die alle 3 bis 5 Meter einen frühgotischen Spitzbogen bilden.

Ein noch eindrucksvolleres Spektakel bieten aber die Mammutbäume in der Sierra. Da stehen wirklich Exemplare mit Tunneln, durch die man mit dem Auto hindurchfahren kann. Hier kann man auch zurücktreten und ein solches Monstrum in seiner ganzen Höhe betrachten: Sein sich kaum verjüngender Schaft steigt wie eine Straße hinauf zum Astgewirr seiner Krone – etwa 30 Meter sprießendes Leben über einem rund 60 Meter hohen, schlichten und schmucklosen Holzturm. Der größte ist mit seinen 96 Metern nur 14 Meter kleiner als der höchste Küstenmammutbaum. Ein Baum mit 33 Meter Stammumfang an der Basis ist 3500 Jahre und einige der dicksten sind vermutlich mindestens 4000 Jahre alt. Da diese beiden Bäume in der Natur nie gemeinsam vorkommen, kann man sie wildwachsend nicht miteinander vergleichen. Kultiviert lassen sie sich am besten an ihrer Nadelung unterscheiden – falls man sie erreichen kann. Der Mammutbaum hat kleine, nadelförmige, nur 5 bis 6 Millimeter lange Blätter, die sich wie Schuppen an die Zweige anschmiegen. Die Küstensequoie trägt zwei verschiedene Arten Blätter: an Jungtrieben kleine wie der Mammutbaum, die große Masse an den anderen Zweigen sind aber wie bei einer Eibe glatte, 2 Zentimeter lange, spitze Nadeln, regelmäßig zweizeilig angeordnet. Zum Ende der Zweige hin werden sie immer kürzer, so daß jeder einzelne Sproß an eine Flosse erinnert.

In der Kultur hat sich der Mammutbaum als viel winterfester und anpassungsfähiger erwiesen. Es war eine Sensation, als er 1853 in Europa eintraf. Die große Libanonzeder-Mode war fast vorbei, und nun wurde der Mammutbaum zum neuen letzten Schrei. Überall in Europa zog man ihn als Parkbaum und baute ihn sogar forstwirtschaftlich an, in Deutschland beispielsweise bei Weinheim an der Bergstraße. Inzwischen haben sie etwa 50 Meter erreicht und gedeihen prächtig.

Als freistehender Parkbaum hat der «Bigtree» Gelegenheit, seine hängenden unteren Äste zu behalten und mit ihnen seine Basis zu umhüllen. Einige der schönsten Exemplare sind auf diese Weise zu gewaltigen, regelmäßigen Pyramiden herangewachsen. In dichteren Beständen bilden die Jungbäume mit ihrem graueren oder silbergrünen Behang einen hübschen Kontrast zu den sie überragenden dunklen Türmen.

Die Küstensequoie braucht die Geborgenheit des Waldes. Als Einzelbaum machen ihm Frost und Wind leicht zu schaffen. Die besten Exemplare außerhalb Kaliforniens, wo er im großen Umfang gepflanzt wird, stehen in Südwestengland, wo sie 40 Meter erreicht haben. In Deutschland, wo der Mammutbaum meist gut gedeiht, ist er nur selten baumartig zu finden.

Ich fühle mich verpflichtet, hier noch den Baum zu erwähnen, den ich für den häßlichsten der Welt halte: den Trauer-Mammutbaum. Diese Spielart aus einer französischen Baumschule hat Äste, die senkrecht nach unten wachsen, so nahe am Stamm wie nur möglich. Wenn er größer wird, läßt dieser Baum seinen Wipfel so hängen, daß er oft eine Schleife mit dem Stamm bildet. Ein solches Exemplar zu ziehen kommt nach meinem Geschmack fast einer Zurschaustellung siamesischer Zwillinge gleich.

Links: Die Küstensequoie kann kräftige Stockausschläge bilden. Die Benadelung ist vorwiegend nadelförmig – nur an den Jungtrieben ist sie etwas schuppenförmig, ähnlich wie beim Mammutbaum.

Oben: Ihren Namen «Rotholz» verdankt die Küstensequoie ihrem roten Holz. Aber auch die dicke, schwammige Borke ist rot; sie ist zudem beachtlich feuerfest, was dazu beigetragen hat, daß viele Exemplare bis zu 2000 Jahre alt geworden sind.

Die Küstensequoie gedeiht am besten im Küstensaum Nordkaliforniens. Über die noch erhaltenen Altholzbestände wacht die «Save the Redwood League», einer der ältesten Naturschutzvereine der USA.

«Spießtanne», «Sicheltanne» und Araukarien

«Ein Baum vom Tribus der Tanne und vielleicht von allen eingeführten Bäumen der am scheußlichsten aussehende, wie eine *Araucaria* meist voller toter Zweige.» So beschrieb einst William Robinson die prächtige, kraftvolle und gut geformte (aber nicht sonderlich winterfeste) Spießtanne.

Robinson hatte etwas gegen die Mode, die um die Jahrhundertwende überall in den englischen Vorstädten Araukarien oder «Andentannen» *(A. araucana)* so dick wie ein Fernsehmast aufgestellt hatte. Nach dem Geschmack jener Zeit kombinierte man diese reptilienhaften Relikte mit pseudorustikalen Lauben und geometrischen Scharlachsalbei-Beeten. Aber die «Andentanne» gedieh wenigstens – während die «Spießtanne» sozusagen gleich doppelt sündigte, indem sie braun wurde.

James Cunningham war der erste westliche Pflanzensammler, der China erreichte. Auf seiner Reise im Jahre 1700 entdeckte und beschrieb er zwei herrliche Bäume, die anders als alle bekannten Arten waren. Der eine, die «Spießtanne», die seinen Namen trägt *(Cunninghamia)*, ist Chinas wichtigster Nutzholzbaum, und der andere ist die *Cryptomeria* oder «Sicheltanne» und spielt die gleiche Rolle in Japan.

Beide gehören in dieselbe Familie wie die Sumpfzypresse und die Sequoien.

In Parks und Gärten findet man sie heute nur selten. Nur eine Retinospora-Form der «Sicheltanne» ist recht beliebt: die *Cryptomeria japonica* «Elegans». Ihre Popularität ist in jeder Hinsicht gerechtfertigt. Ihre langen, geschweiften und weichen Blätter gehen von einem hellen Opalblau im Sommer in ein kräftiges Ziegelrot in den kälteren Monaten über. Sie ist kein Zwerg, sondern kann durchaus 18 bis 21 Meter hoch werden. Wird sie nicht so groß, hat sie freilich die Neigung, sich zu krümmen oder sich unter ihrem Gewicht sogar zweimal zu verbiegen und ihre langen, geschwungenen Äste auf den Boden zu breiten.

Links: Unreife Zapfen der Chilenischen Araukarie oder «Andentanne». Ein so vollständiger Zapfenquirl ist selten, meist bindet man sie nur einzeln oder paarweise angeordnet. Reif hat jeder Zapfen die Größe einer kleinen Kokosnuß.

Oben: Blick in einen der großartigen chilenischen Araukarien-Wälder an den Hängen des Vulkans Llaima. Hier wachsen diese Bäume bis zur Schneegrenze und gedeihen auf einem Boden, der aus nichts anderem als Asche und Schlacke zu bestehen scheint.

Ganz oben: Die reptilienartig schuppigen Zweige der «Andentanne». Jede Schuppe ist fest und zäh wie Leder und endet in einer stechenden Spitze. Oben am Baum sind halbreife, rundliche Zapfen zu erkennen.

Die für die «Spießtanne» *(Cunninghamia lanceolata)* typischen, 6 Zentimeter langen, gebogenen Nadeln. Ihr hübsches, glänzendes Dunkelgrün zeigen sie aber nur an geschützten und feuchten Standorten; Fröste und eisige Winde lassen sie verdorren oder eingehen.

Es spricht allerdings vieles dafür, die gewöhnliche «Sicheltanne» zu pflanzen, einen Baum, der einem Mammutbaum ähnelt, aber eleganter und leichter ist und weichere Nadeln sowie einen weniger raketenhaften Habitus hat. Und in milderen Regionen sollte man auch die «Spießtanne» wieder berücksichtigen.

Während eine einzelne «Andentanne» oder «Spießtanne» ziemlich befremdlich steif und verkrampft wirkt – zumindest als junger Baum –, machen sie in kleinen Gruppen einen ganz anderen Eindruck. Sieben oder acht «Andentannen», 6 Meter hoch und mit 2 Meter Zwischenraum, geben eine der großartigsten Parkskulpturen ab, die zugegebenermaßen allerdings recht grimmig aussieht.

Die anderen Araukarien, die Norfolk- oder Zimmertanne *(A. excelsa)*, die Brasilianische Araukarie *(A. angustifolia)* und der «Bunya-Bunya» Australiens *(A. bidwillii)*, sind leider zu empfindlich für Europa. Leider, weil sie alle wirklich viel hübscher als die «Andentanne» sind; das schönste Mitglied der Familie ist die «Norfolktanne». Sie wächst viele Jahre mit der hypnotischen Symmetrie eines Scherenschnitts, und jeder ihrer Wirtel besteht aus sechs völlig einheitlichen, sehr dicht mit leicht gebogenen Nadeln besetzten, waagerechten Ästen.

Der Pazifik ist von diesen zwei Familien völlig eingekreist: im Nordosten die Küstensequoien, die «Andentannen» im Südosten, die «Sicheltannen» in Japan und die Norfolktannen in Queensland und auf der Norfolk-Insel. Der südwestlichste Stützpunkt ist Tasmanien, die Heimat vieler hervorragender Pflanzen, wo eine weitere Gattung der Sumpfzypressenfamilie vorkommt, die *Athrotaxis*. Diese *A. selaginoides* und die kleineren *A. cupressoides* und *A. laxifolia* sind winterhart und sehen gut aus, sind aber immer noch vorwiegend Sammlerstücke.

Waldbestand der sehr gerade wachsenden «Sicheltanne» *(Cryptomeria)* in Japan, wo dieser Baum als wichtigster Nutzholzlieferant geschätzt wird. Die Sicheltanne braucht sehr viel Regen, wenn sie schnell und gut wachsen soll.

Oben: Zwei Reifestadien des «Sicheltannen»-Zapfens; oben halbreife grüne, unten vorjährige Zapfen, deren Samen der Wind schon verbreitet hat.

Unten: Das Trampeln menschlicher Füße und die Erosionswirkung des Regens haben gemeinsam diese «Sicheltannen»-Wurzeln bei einem Tempel in der Nähe Kyotos in Japan freigelegt.

Die Zwergkoniferen

Spricht ein Baumzüchter von Spielarten, so versteht er darunter die Neigung von Pflanzen und Pflanzenteilen, von der Norm abzuweichen. Und er sieht eine seiner wichtigsten Aufgaben darin, die meistversprechenden Varianten herauszufinden und ihre weitere Entwicklung zu verfolgen. Aufpassen muß er schon im Saatbeet: Von 200 Zypressen können ein oder zwei statt grün blau oder gelb und statt pyramidenförmig oder buschig schlank und schmal sein. Manchmal geschieht es aber auch nur an einem Ast eines sonst völlig normalen Baumes: plötzlich ein Gewirr sich windender und ineinander verschlingender kleiner Triebe. Auf so etwas wartet der Züchter. Wenn es ihm gelingt, daraus mit wurzelnden Stecklingen oder Pfropfreisern eine Spielart zu züchten, kann er einen eigenen Baum als Zuchterfolg vorweisen. Früher feierte er eine solche Eigenschöpfung, indem er ihr einen scheußlichen pseudolateinischen Namen gab. Heute muß er sie volkstümlich taufen.

Sehr klein- oder zumindest langsamwüchsige Koniferen-Spielarten sind besonders wertvoll. Sie brauchen so gut wie keinen Platz.

Zwischen normalwüchsigen Koniferen und Zwergkoniferen gibt es fließende Übergänge. Natürliche Kleinwüchsigkeit kann permanent sein oder nicht – doch läßt sie sich in jedem Fall künstlich bewahren. Man braucht nur eine einfache Technik der Bonsai-Kunst – alle paar Jahre ausheben und neu verschulen – anzuwenden, um jede kleine Konifere (und selbst jede größere) in ihrem Wachstum zu bremsen.

Diese beiden Seiten zeigen einige der schönsten Miniaturen. Unter den Laubbäumen gibt es nichts Vergleichbares – nur eine verhältnismäßig kleine Zahl arktischer Kümmerformen. Will man mit Zwergformen gute Effekte erzielen, muß man sie mit einem gewissen Fingerspitzengefühl setzen. Ihre Maße kommen am besten zur Geltung, wenn sie unter sich bleiben, in einem eigenen Beet oder Steingarten stehen, vielleicht mit einer Kriechheide als Bodenbedeckung.

Am besten wirken Zwergkoniferen unter ihresgleichen. Hier ein Blick in das von H.J. Welch eingerichtete «Pigmy Pinetum» in Devizes in der englischen Grafschaft Wiltshire. Das Foto zeigt die folgenden Pflanzen:

1 *Juniperus chinensis* «San José», eine blaue, bodenbedeckende Zwergform.

2 Eine goldgelbe Variante der *Chamaecyparis lawsoniana* «Ellwoodii»: «Ellwood's Gold». Sie wächst langsamer als die grüne Form, eine dichte kleine Goldsäule.

3 «Boulevard», eine amerikanische Weiterzüchtung der *Chamaecypairs pisifera* «Squarrosa». Sie hat eine schöne Farbe und kann 5 Meter oder höher werden.

4 Selbst von der Küstensequoie gibt es eine Zwergform: *Sequoia sempervirens* «Prostrata». Alle normal großen Triebe müssen abgeschnitten werden.

5 Die Zwergform einer der schönsten Scheinzypressen, *Chamaecyparis lawsoniana* «Wisselii Nana», hat Büschel radial angeordneter, dunkelblaugrüner Zweige. Starkwüchsige Triebe müssen zurückgeschnitten werden, um sie kleinzuhalten.

6 *Chamaecyparis pisifera* «Plumosa Aurea» ist ein intensiv goldgelber Busch, der eine Reihe von Jahren unter Zwergkoniferen leben kann.

7 Eine Zwergform der bekannten Kultursorte *Chamaecyparis lawsoniana* «Ellwoodii», eine der schönsten zartblauen Säulen.

8 Eine weißgescheckte Rundbuschform des Chinesischen Wacholders (*J. chinensis* «Variegata»). Sie verliert schließlich ihren Zwerghabitus und wächst zu einer dicht gefüllten Pyramide heran.

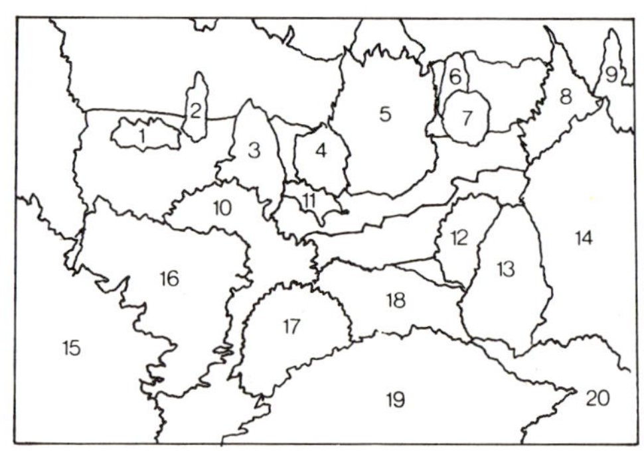

Eine hübsche kleine Goldkugel: *Thuja plicata* «Rogersii», die kaum noch etwas mit ihren gewaltigen Eltern, den Riesenlebensbäumen, gemein hat. Sie braucht etwa 30 Jahre, um einen Durchmesser von 90 Zentimetern zu erreichen.

Rechts: *Juniperus horizontalis* «Douglasii» ist einer der besten blaugrauen bodenbedeckenden Kriechwacholder, der flache Formen bildet. Im Winter verfärbt er sich rötlich.

Rechts: Eine Wildform der Balsamtanne aus New Hampshire: *Abies balsamea* «Hudsonia». Sie bildet einen Strauch mit kurzen, breiten Nadeln in einem schönen Grün. Sie ist langsamwüchsig genug, um noch als Zwergkonifere eingestuft zu werden.

Chamaecyparis lawsoniana «Nidiformis» – der Name bedeutet «nestförmig» – entwickelt sich langsam zu einem breiten Hügel anmutig graugrüner Zweigfächer. Doch nur in den ersten Jahren ist sie eine echte Zwergkonifere.

12 Der Hinoki (*Chamaecyparis obtusa* «Nana») hat eine gute Wuchsform und ist eine der am langsamsten wachsenden Zwergkoniferen.

13 *C. lawsoniana* «Minima Aurea», ist im Frühling ein goldener Kegel und wächst in 10 Jahren nur 30 Zentimeter.

14 «Fletcheri» ist eine Kultursorte der Lawson-Scheinzypresse, für eine Zwergpflanze aber zu groß.

15 *Cryptomeria japonica* «Pygmaea» oder «Nana» – eine niedrige, flachkronige Buschform der Japanischen «Sicheltanne» mit kleinen Nadeln.

16 *Hebe lycopodioides*, ein Rachenblütler aus Neuseeland; sie wirkt wie eine Konifere, bis im Sommer ihre weißen Veronica-Blüten erscheinen.

17 Die beste goldgelbe Klein-Thuja (*T. occidentalis* «Rheingold» wächst langsam zu einem bronzegoldenen Busch heran.

18 Ein weiterer Kriechwacholder (*J. procumbens* «Nana»); bildet eine blaugrüne Matte.

19 Ein ausgezeichneter Kleinwacholder: *J. communis «Hornibrookii»*, der sein an der Unterseite silbriges Balttwerk der Bodenform anpaßt.

20 Der liegende Weihnachtsbaum (*Picea abies* «Procumbens») liegt anfangs flach am Boden und schichtet dann dichtgedrängte Zweigetagen zu einem ausladenden Busch übereinander.

Oben: Eine neue, noch nicht benannte Form der *Cryptomeria japonica*. Solche Spielarten treten immer wieder in Baumschulen auf. Lohnende Formen bekommen einen Namen.

Oben: Die bizarren, hahnenkammähnlichen Veränderungen der *Cryptomeria japonica* «Cristata», der wohl sonderbarsten Abart von allen Koniferen-Kultursorten.

9 Der Morgenländische Lebensbaum auf Seite 102 (*Thuja orientalis* «Elegantissima») wächst so langsam, daß er mehrere Jahre unter Zwergkoniferen stehen kann.

10 Eine Miniaturform der asiatischen Schrenksfichte, *Picea schrenkiana* «Globosa»; ein breiter, niedriger Kegel mit kurzen, typischen Fichtenzweigen. Diese Form wird selten kultiviert.

11 Ein weiterer Hinoki, *C. obtusa* «Mariesii», nimmt eine kleine, aber unordentliche Zapfenform an. Die Benadelung ist cremeweiß im Sommer und gelbgrün im Winter.

Links: Eine Jugendform der Kanadischen Hemlocktanne, *Tsuga canadensis* «Pendula»; sie wächst zu einem kuppelförmigen Busch mit schwingenden Zweigen heran. Sie wird seit etwa 100 Jahren gezüchtet.

Oben: Die Zwerg-Albertafichte (*Picea glauca albertiana* «Conica») wächst sehr langsam bis etwa 2 Meter Höhe: ein hübscher, leuchtendgrüner, gutgefüllter Kegel. Sie wurde 1904 entdeckt.

Die Palmen

Die Palmen, markante Symbole der Tropen, sind entwicklungsgeschichtlich viel jünger als die nacktsamigen Nadelbäume. Innerhalb der riesigen Gruppe der bedecktsamigen Pflanzen gehören sie, wie die Gräser, Lilien oder Orchideen, zur Klasse der Einkeimblättrigen *(Monocotyledoneae)*, die im übrigen nur ausnahmsweise baumartige Holzgewächse hervorgebracht hat.

Im Unterschied zu den Astkronen der Laub- und Nadelbäume bilden die Palmen unverzweigte Stammachsen, an deren oberem Ende die Fieder- oder Fächerblätter schopfartig zu großen, charakteristischen Blattkronen angeordnet sind. (Nur ausnahmsweise, z.B. bei der ägyptischen Dum-Palme, verzweigen sich die Stämme.) Dieser Bauplan ist indessen mit dem schwerwiegenden Nachteil behaftet, daß das ganze vegetative Wachstum – Höhenwachstum und Blattbildung – von der einzigen, kohlkopfartigen Endknospe abhängt, die überdies noch als köstlicher Leckerbissen unter den verschiedenen Tieren bis hin zum Menschen ihre Liebhaber hat. Nicht grundlos sind daher viele Palmenstämme mit furchterregenden Stacheln bewehrt. Seitenknospen bilden die Palmen erst bei der Geschlechtsreife: aus ihnen entstehen die Blüten und Früchte. Wenn aber außer der Endknospe überhaupt keine weiteren Knospen mehr angelegt werden, wie etwa im Fall der Corypha-Palmen, muß schließlich die einzige Knospe wohl oder übel für die Blütenbildung geopfert und verbraucht werden. Nach erfolgter Fruchtbildung stirbt die Corypha daher ab.

Palmen erreichen ihre endgültige Dicke in ihren frühesten Wachstumsstadien. Nachher wachsen sie nur noch in die Höhe – das Geheimnis ihres graziösen, schlanken Wuchses. An ihrem porösen Holz wird man also vergebens nach Wuchszonen oder gar Jahrringen suchen.

Palmen sind überwiegend Tropenkinder mit hohem Feuchtigkeits- und Wärmebedarf. Von den etwa 3400 Arten lebt nur eine beschränkte Anzahl in den Subtropen und nur einige wenige in den gemäßigten Breiten.

Für Palmen ist deshalb sogar das subtropische Klima Südkaliforniens und Floridas schon recht kühl. Nur einige wenige Arten haben sich auf der ganzen Erde in Frostzonen vorgewagt. Und nur eine einzige, eine chinesische, ist in einem ausgesprochen nördlichen Klima heimisch. Auf der folgenden Doppelseite sind einige der bekanntesten Arten aus den Grenzbereichen der Winterhärtezonen abgebildet.

Die Palmenforschung ist ein verhältnismäßig junger Zweig der Botanik. Die ersten und bis heute maßgebenden Untersuchungen stellten um 1800 Holländer in Ostindien an. Die klassischen Palmenzeichnungen aus jener Zeit sind immer

Eine Dattelplame liefert vom 30. bis zum 100. Jahr bis zu 2 Zentner Früchte im Jahr. Die Dattelpalme ist in Nordafrika heimisch, wird aber heute in der ganzen Welt in Gebieten mit ähnlichen Klimabedingungen kultiviert. Rings um ihren Stamm treiben Dattelpalmen gern Schößlinge aus der Basis.

Bevor eine Palme in die Höhe wachsen kann, muß sie eine Knospe mit Vegetationskegel bilden, deren Basis so dick ist, wie der Stamm später dick werden soll. Dies bedeutet, daß eine Palme in ihren ersten sechs, sieben Jahren lediglich ein kleines Blätterbüschel in Bodenhöhe ist. Während dieser Zeit ist die Knospe sehr verwundbar. Wäre sie nicht von steifen Blättern und oft von Stacheln umhüllt, würde sie von Tieren gefressen.

Ihre einzigen Vegetationspunkt haben Palmen im Zentrum der Krone. Aus ihm entwickeln sich die Blätter, deren Stielstümpfe den Stamm umgeben und die Höhe des Baumes vergrößern. Zwischen den Blättern erscheinen die kolbigen Blütenstände; dieser hier hat sich gerade von den Deckblättern befreit und ist noch gelbgrün; bald wird er sich zu einem großen Kolben entfalten.

Die gelben Blütenstände reifen (bei der hier gezeigten Palme) zu schweren Kolben beerenartiger Früchte heran. Die Blätter sterben mit der Zeit ab und hängen eine Weile schlaff am Stamm herab.

Es gibt zwei Haupttypen von Palmenblättern: fächerförmige und (wie hier) fiederförmige. Bei den Fächerblättern gehen die Fächerstrahlen radial von einem Blattstiel aus. Das Fiederblatt besteht dagegen aus einer Blattrippe mit Fiederblättern.

Wenn die Blätter schließlich abfallen, bleiben ihre Stümpfe noch eine Zeit lang am Stamm zurück, bis nur noch ein Narbenring übrigbleibt. Die Abstände zwischen diesen Ringen betragen 2,5 bis 30 Zentimeter, je nachdem wieviel jedes Blatt an Höhe hinzufügt.

Ein Palmenstamm weist kein sekundäres Dickenwachstum und daher auch keine Jahrringe auf. Die zahlreichen Leitbündelstränge, die aus der stammumfassenden Blattbasis in den Stamm eintreten, sind im Radialschnitt gut zu erkennen. Auf dem Stammquerschnitt sind sie, im Unterschied zu den zweikeimblättrigen Bäumen, zerstreut angeordnet. Die abgefallenen Blätter haben am Stamm ringförmige Narben hinterlassen.

Die meisten Palmen haben einen unverzweigten Einzelstamm. Die Größe des Stammes ist bei den einzelnen Arten sehr unterschiedlich: Manche haben einen sehr schlanken von nur 5 Zentimeter Durchmesser, bei anderen, beispielsweise der *Jubaea,* ist er sehr gedrungen und bis zu 2 Meter dick.

Palmen treiben oft Wurzeln oberhalb des Bodens und manchmal Schößlinge aus den ersten und tiefsten kreisförmigen Blattnarben in Bodennähe. Hochwertige Kulturformen der Dattelpalme werden mit Hilfe dieser Schößlinge vermehrt.

Familie der Palmengewächse / *Palmae*

Die Palmen

Oben links: Die Krone einer Kokosplame mit ihren bis zu 6 m langen Fiederblättern und «Nüssen».

Die Kanarische Dattelplame ist ein untersetzterer, breiterer Baum als die ägyptische Dattelpalme. Hier sieht man die Blütenstände zwischen den Blättern heraustreten.

Mitte: Datteln sind ein wichtiges Nahrungsmittel in Nordafrika, der Heimat der Dattelpalme, und in vielen Teilen der Welt mit ähnlichem Klima. Hier pflücken Tunesier reife Datteln von den schweren Fruchtständen.

Die Königspalme ist mit ihrem hellen Stamm und eigenartigen Verdickungen an der Basis und noch einmal auf halber Höhe einer der beliebtesten Straßenbäume in den Tropen.

noch unübertroffen. Dies mag daran liegen, daß man zugleich ein Botaniker und so etwas wie ein Schornsteinfeger sein muß, wenn man den Palmen näherkommen will. Verständlich also, daß die meisten Botaniker Bäume mit Ästen bevorzugen.

Nur eine einzige Palme ist völlig an Eis und Schnee angepaßt: die *Trachycarpus fortunei* oder Chinesische Hanfpalme.

Eine Schönheit ist sie nicht. Jedes Jahr bildet sie zwei oder drei Fächerblätter mit einem Durchmesser von 90 bis 120 Zentimetern und wirft deren vergilbte Vorgänger ab. Die alten Stielstümpfe bleiben am Stamm zurück und bedecken ihn mit pelzartigem, braunem Faserwerk. Als junger Baum, ein Schopf grüner Wedel auf kurzem Schaft, ist er noch recht ansehnlich, macht aber als 5 oder 10 Meter hohe Säule mit struppigem Pelz und einem Blätterbüschel an der Spitze einen ziemlich schäbigen Eindruck. Aber eine Palme ist eine Palme, und der Schuß mondäne Riviera-Atmosphäre, die sie in einen unschuldigen Rosengarten bringen kann, ist nicht zu unterschätzen. An der Riviera und überhaupt an den europäischen Mittelmeerküsten ist nur eine Palme einheimisch: die fächerblättrige *Chamaerops humilis.* Alle andern sind eingeführt. Die *Chamaerops* ist allerdings nicht so winterfest und wird nur selten hoch. Oft bildet sie einen Busch mit einem

Fächerpalmen

Die klimahärtesten Palmen haben Fächerblätter (rechts). Sie gedeihen in gemäßigten Zonen, aber nur eine Art, die Hanfpalme, ist völlig frostbeständig.

1 Die Chinesische Hanfpalme *(Trachycarpus fortunei)* verträgt Temperaturen bis –10 Grad Celsius und sogar noch darunter. Sie wächst langsam mit einem faserigen Stamm.

2 Die Mittelmeer-Fächerpalme, auf dem Bild ganz rechts, wächst häufig als mehrstämmiger Busch oder sogar als Hecke.

Kohlpalmen

Eine Gruppe von Fächerpalmen-Gattungen mit fester Mittelrippe und eingeschlagenen Fächerstrahlen; sie umfaßt mehrere einigermaßen harte Arten für Zonen mit Mittelmeerklima (Zone 8).

3 Die Palmettopalme *(Sabal palmetto)* wird bis 27 Meter hoch und breitet gewaltige Fächer an steifen Blattrippen aus. Ihre getrockneten Blätter lieferten früher die Kreuze für die Palmsonntagsgottesdienste.

4 *Livistona* ist eine Gattung aus Australien und China. Die langsamwüchsige chinesische Form läßt ihre Fächerspitzen anmutig hängen.

5 *Washingtonia* verträgt Temperaturen bis –5 Grad Celsius. Die mexikanische *W. robusta* ist eine der schnellstwüchsigen Palmen.

Ganz rechts: Eine junge *Livistona australis.*

Palmen mit Fächern

Eine dritte Form des Palmenblatts ist ein weiterer Schritt vom Fächer zum Fieder (rechts): Die Fiedern sind an ihrer Basis fast röhrenförmig zusammengerollt. Palmen mit solchen Blättern sind wetterempfindlicher als Fächerpalmen.

6 Die wirtschaftlich genutzte Dattelpalme wird weltweit in Zonen mit ähnlichem Klima wie in Ägypten angebaut. Bei Temperaturen unter –5 Grad Celsius verliert eine Dattelpalme zwar ihre Blätter, ihr Stamm aber kann noch tiefere Temperaturen aushalten.

7 Die Kanarische Dattelpalme ist die eindrucksvollste ihrer Gattung. Die Senegal-Dattelpalme *(Phoenix reclinata)* bildet hübsche Büschel dünner Stämme.

Fiederpalmen

Die fiederblättrigen Palmen (rechts) sind meist tropische Bäume, die kaum oder gar nicht frostbeständig sind. Ihre Wedel können bis zu 6 Meter lang werden. Am weitesten nach Norden geht die chilenische Weinpalme.

8 Die australische *Archontophoenix alexandrae* entwickelt einen bis zu 21 Meter hohen Stamm mit einer breiten Krone.

9 Brasiliens *Arecastum romanzoffianum* wächst sehr schnell und kerzengerade bis 12 Meter.

10 Die Kokospalme mit ihrem gebogenen Stamm gedeiht nur in frostfreien Regionen, wie z.B. in Tahiti, ganz rechts.

11 Die Königspalme ist bis zum Süden Floridas winterhart.

So palmenartig dieser Baum auch aussieht, mit den Palmen ist er überhaupt nicht verwandt. Es ist ein Farnbaum *(Dicksonia* spec.) aus Tasmanien.

Bündel kurzer Stämme, von denen jeder ein Büschel völlig starrer Fächer trägt. Als einstämmiger Baum erreicht sie höchstens 6 Meter und sieht dann wie eine gepflegtere Hanfpalme aus.

Die meisten Palmen im Grenzbereich der gemäßigten Zone gehören der Gruppe mit fächerförmigen Blättern an – in den Tropen dagegen überwiegen die mit fiederförmigen Blättern.

Es gibt zwei weitere Fächerblatt-Palmen, die nicht so winterhart wie die beiden genannten Arten sind, aber durchaus auch Frosttemperaturen vertragen: die karibische Palmettopalme *(Sabal palmetto)* und die in Australien und Asien heimische Gattung *Livistona.* Bei beiden verläuft der Blattstiel durch den ganzen Fächer und stellt eine feste Mittelrippe dar. Bei der Palmettopalme, dem Charakterbaum South Carolinas und Georgias sowie vieler Strände in Florida, biegt er das 2 Meter lange Blatt nach außen und unten. In mancher Hinsicht die anmutigste Fächerpalme ist *Livistona australis.* Die vielen Dutzend Strahlen ihrer Fächer baumeln von der Krone herab.

Auch die einzige heimische Palme Kaliforniens, die *Washingtonia filifera,* ist fächerblättrig und einigermaßen frostbeständig. Sie hat die Eigenart, ihre abgestorbenen Blätter nicht abzustoßen. Sie hängen am Stamm herunter und verleihen dem ganzen Baum schließlich das Aussehen eines großen Heuhaufens.

Zu den klimafesteren Fiederpalmen zählt ferner die Dattelpalme *(Phoenix dactylifera),* der Charakterbaum der nordafrikanischen Oasen. Die Dattelpalmen bilden mächtige Kronen mit vielen, bis über 6 Meter langen Blättern. Sie können für kurze Zeit sogar Fröste bis –10 Grad Celsius aushalten. Noch etwas winterhärter ist *Phoenix canariensis,* die Kanarische Dattelpalme, die einen gedrungenen, ungeheuer dicken Stamm hat und viel als Zierpflanze kultiviert wird. Sich selbst überlassen, treiben Kultursorten der Dattelpalme häufig sehr viele Schößlinge aus der Basis.

Die Königspalme und die Kokospalme erheben keinen Anspruch auf Winterfestigkeit. Die Königspalme *(Roystonea regia)* kommt aus Kuba, die Kokospalme ist dagegen fast überall in den Tropen heimisch. Beide wachsen zu außerordentlich stattlichen Bäumen von 25 bis 30 Meter Höhe heran, die Königspalme mit einem völlig geraden, hellen Stamm, der sich an der Basis und noch einmal in mittlerer Höhe leicht verdickt, die Kokospalme immer schlank, aber meist sanft geschwungen, beispielsweise an den Küsten über den gleißend weißen Sand der Brandung geneigt.

Die wetterbeständigste aller Fiederpalmen ist offenbar die chilenische Weinpalme *(Jubaea chilensis* oder *J. spectabilis).* Außerdem hat sie den imposantesten Stamm der ganzen Familie: bis zu 2 Meter Durchmesser.

Oben: Der zur Gattung der Palmlilien gehörende Josuabaum, *Yucca brevifolia.* Palmlilien sind wie die Palmen einkeimblättrig, ihre Heimat ist Mexiko und der Süden der USA. Der Josuabaum ist wohl der baumähnlichste Vertreter der Gattung und wird über 10 Meter hoch.

Die Laubbäume

Die Laubbäume gehören der auf der Erde dominierenden Pflanzengruppe an: den bedecktsamigen oder angiospermen Blütenpflanzen. Anders als bei den Koniferen finden sich in den Familien der Laubbäume auch Mitglieder, die alles andere als Bäume sind. Entstanden sind sie unter tropischen Klimabedingungen (unter denen heute noch die überwiegende Mehrzahl von ihnen lebt). Bei ihrer Anpassung an gemäßigte Klimate, vor allem an Winterfröste, hatten sie unterschiedlichen Erfolg. Nur einer Minderheit der Arten ist es gelungen, als Bäume weiterzubestehen. Alle unsere heutigen Pflanzen hatten Baumvorfahren in den tropischen Wäldern früherer Zeiten, und viele von ihnen haben noch Baumverwandtschaft in den Wäldern von heute.

Die Laubbäume waren eine evolutionäre Verbesserung gegenüber den Koniferen. Was bei ihnen besser funktionierte, war vor allem der Saftkreislauf. Die Struktur ihres Holzes erlaubte einen viel freieren und stärkeren Saftstrom; dies wiederum ermöglichte Blätter, die mehr Wasser transpirieren, schneller photosynthetisieren und somit die Sommersonne besser ausnutzen konnten.

Nachdem sie nun aber diese Blätter entwickelt hatten, die unter ihren damaligen Wuchsbedingungen viel leistungsfähiger waren, gerieten sie in Schwierigkeiten, als sich das Erdklima abkühlte. Manche änderten ihre Blätter, indem sie ihnen eine festere Struktur und eine dickere Haut gaben und sie damit wieder etwas den Blättern der Koniferen anglichen. Dies sind unsere immergrünen Laubbäume von heute.

Andere wurden einfach krautig und verkrochen sich im Winter unter die Erdoberfläche; als Bäume gibt es sie nicht mehr.

Die meisten aber wählten einen dritten Weg: Sie wurden laubwerfend. So konnten sie mit großen, empfindlichen und leistungsfähigen Blättern die sonnige Jahreszeit am besten nutzen und eine

maximale Photosynthese erzielen, im Winter aber (wenn es ohnehin nicht viel Wärme gab) keinen Schaden erleiden.

Hinsichtlich der Blüten war ihr großer Schritt nach vorn der Übergang von der Wind- zur Insektenbestäubung. Dies fing vielleicht damit an, daß Käfer die Blüten von Mitgliedern der Magnolienfamilie fraßen. Der große Vorteil der Insektenbestäubung besteht darin, daß eine hinreichende Erfolgschance nicht mehr eine große Ansammlung von Bäumen derselben Art voraussetzt. Auch wird die Proteinversorgung des Baumes weniger strapaziert, weil weniger Pollen gebraucht wird. (Der die Bienen anlockende Nektar wird nicht aus Protein, sondern aus Zuckern bereitet.)

Die andere überaus bedeutsame Weiterentwicklung war die Einführung eines Fruchtknotens zum Schutz der Samenanlagen und die daraus resultierende Bildung von Früchten. Dies ist einer der Hauptunterschiede unserer bedecktsamigen Laubbäume gegenüber den nacktsamigen Gehölzen wie z. B. den Koniferen.

«In einer großen Gruppe ist eine unvollkommene Organisation besser als überhaupt keine Organisation», schreibt Arthur Cronquist, der Leiter des New Yorker Botanischen Gartens, in seinem Werk über die Evolution und Klassifikation der Blütenpflanzen. Ich zitiere ihn hier gern, denn die Laubbäume zu ordnen ist ein für Laien – und selbst für Fachleute – recht tückisches Unterfangen. Dr. Cronquist verdanke ich auch die Anregung für die Reihenfolge, in der die Familien auf den folgenden Seiten vorgestellt werden. Sie basiert auf der relativen Ursprünglichkeit der Familien, die sich (vor allem) an ihren Blüten zeigt. Wir fangen also mit den Magnoliengewächsen an, die als die ursprünglichste Verwandtschaftsgruppe aller Bedecktsamer gelten, und gehen dann zu zunehmend spezialisierten und modernen Bauplänen über.

Sommer- oder Stieleiche, *Quercus robur*, im Wald von Fontainebleau, Frankreich

Der Tulpenbaum und die Magnolien

Für Magnolien hat offenbar jeder eine Schwäche. Aufzufallen und gleichzeitig einen fragilen Eindruck zu machen, das ist offenbar ein gutes Rezept.

In der Magnolienfamilie gibt es 80 Arten Magnolien und zwei Arten Tulpenbäume *(Liriodendron).* Fast bei allen sind Blüten und Blätter größer als bei den meisten anderen Bäumen. Unter ihnen finden sich einerseits die größten Laubbäume Amerikas, anderseits aber auch nur sonnenschirmgroße Arten. Nicht eine Magnolie ist in Europa heimisch, einige große Arten wachsen wild im Südosten der USA, aber fast all die hübschen kleinen Gartenformen kommen aus China und Japan. Der Eindruck der Zerbrechlichkeit kann täuschen: Die aus dem Fernen Osten sind meist die winterhärtesten.

Der Tulpenbaum ist der Großvater der Familie. Sein Name klingt wie aus einem Märchen, die amerikanischen Förster bezeichnen ihn freilich nüchterner: als «gelbe Pappel». Man stelle sich vor: 57 Meter hoch, die ganze Krone mit Tulpen übersät. Diese beiden Vorzüge heben sich allerdings gegenseitig auf, denn oft braucht man ein Fernglas, um die Tulpen zu erkennen.

Man kann kaum einen Baum pflanzen, der anpassungsfähiger oder schnellerwüchsig wäre. Wild wächst er hauptsächlich in den Great Smokies und im Tal des Ohio River, aber sein gesamtes Areal reicht von den Großen Seen bis hinunter zum Golf von Mexiko. Man sollte ihn klein pflanzen, denn wie alle Magnolien hat er empfindliche, fleischige Wurzeln, mit einer tiefen Senkwurzel. Am liebsten hat er tiefgründigen, lockeren Boden und ein feuchtes Frühjahr. Unter diesen idealen Bedingungen ist ein Sämling in 11 Jahren 15 Meter hoch geworden. Aber Tulpenbäume halten auch durch, wenn sie verschmutzte Luft atmen, von Amateurbaumchirurgen verstümmelt werden, erkranken (was selten geschieht) oder Trokkenheit erleiden (mindestens solange der Unterboden feucht ist).

Sie haben eine so ausgeprägte Individualität, daß man sich an den Ginkgo erinnert fühlt. Kein anderer Baum hat solche Blätter – sie fangen an wie ein Ahornblatt mit spitzen Lappen an den Seiten, doch wo sich der mittlere, größte Lappen zuspitzen müßte, ist das Blatt wie abgeschnitten. Auch sind sie dem Ginkgo darin ähnlich, daß sie ein gleichmäßig frisches Grün vom Frühjahr bis zum Herbst halten und sich dann in ein reines Hellgelb verwandeln. Ich kann nicht verstehen, warum für viele eine Herbstfarbe unbedingt rötlich sein muß. Ein dreißig Meter hoher Berg frischer Landbutter ist doch ein durchaus erregender Anblick.

Daß die Tulpen, die sich im Mai oder Juni öffnen, häufig nicht in Reichweite sind, ist schade. Denn es sind herrliche, von Bienen sehr geschätzte Blüten, deren porzellanige Blütenblätter innen orangefarben gesprenkelt sind und eine langkegelig ausgezogene Blütenachse mit zahlreichen Fruchtknoten und Staubblättern umschließen.

Das chinesische Pendant dieses Tulpenbaums ist erstaunlich ähnlich, weniger dagegen die ein, zwei merkwürdigen Kultursorten, die man daraus gezüchtet hat. Außerdem gibt es eine aufrechte, eine buntblättrige und eine Form, deren Blätter keine Seitenlappen haben, so daß sie praktisch rechteckig sind.

Auch die eigentlichen Magnolien können fast die gleichen kolossalen Höhen erreichen, doch bleiben viele freundlicherweise in Augenhöhe. Wahrscheinlich lassen sie sich am praktischsten nach der Größe einteilen – und nach dem Zeitpunkt ihrer Blüte.

Es gibt drei Haupttypen von Magnolien. Der eine ist der immergrüne Typ, dessen bekannteste Vertreterin die Großblütige Magnolie *(Magnolia grandiflora)* ist. Der zweite ist die laubwerfende Magnolie, die im Sommer blüht, so daß ihre Blätter die tulpenförmigen und sich zu Untertassen öffnenden Blüten umrahmen (oder manchmal auch verdecken). Der dritte Typ blüht, bevor die Blätter austreiben. Dies sind zumeist kleine Bäume, manche nur Sträucher, und alle kommen aus dem Fernen Osten. Sie werden manchmal zu

Ganz oben: Bei den überaus originellen Blättern des Tulpenbaums scheinen die Mittellappen abgeschnitten zu sein. Die schönen orangefarbenen Blüten stehen oft so hoch, daß man sie nicht deutlich sehen kann.

Der Tulpenbaum ist einer der höchsten heimischen Bäume im Osten der USA: Gemessen wurden Höhen bis zu 60 Metern. Im Herbst verfärben sich seine Blätter hellgelb.

Magnolia grandiflora, die Großblütige Magnolie, ist die schönste immergrüne Vertreterin der Familie; sie verträgt sogar Großstadtluft (wie hier in London). In nördlicheren Gebieten wird sie gern an Hauswänden gezogen.

Links: Selbst ohne ihre Blüten würde es sich lohnen, die Großblütige Magnolie zu pflanzen: wegen ihrer großen, oben glänzenden und unten blassen oder rostfarbenen Blätter. Am Ende des Triebs befindet sich ein entleerter Fruchtstand.

der botanisch nicht korrekten Untergattung *Gwillimias* zusammengefaßt, die heute genauso unhaltbar ist wie die schon erwähnte *Retinospora*-Gattung – aber warum eigentlich sollte man nicht Pflanzen zusammenfassen, die eindeutig gemeinsame Kennzeichen haben?

Die Gwillimias-Typen lassen sich zunächst in tulpenförmige und sternblütige Arten und dann in die weniger großen Bäume (alle tulpenblütig) und die übrigen unterteilen, die klein bis mittelgroß werden.

Der Star aller Magnolien ist zweifellos die Großblütige. In den Wäldern des amerikanischen Südostens wird sie über 30 Meter hoch und trägt regelmäßig auf jedem Trieb eine schwere, cremefarbene und stark duftende Blüte. Ihre Blätter sind schön, besonders wenn sie beim Entfalten an der Unterseite rostrot gefärbt sind, aber oben immer glänzend und adrett.

Im Norden ihres Verbreitungsgebietes (Philadelphia ist etwa die Grenze an der Ostküste, während sie in den meisten Teilen Westeuropas winterhart ist) zieht man sie gern an einer hohen Süd- oder Westwand, die sie völlig mit ihrem prächtigen immergrünen Laub bedeckt. Kalkboden mag sie nicht besonders (verträgt ihn aber), braucht jedoch viel Nahrung. Von Juni oder Juli bis Oktober trägt sie ununterbrochen Blüten (allerdings nur im Süden am ganzen Baum). Einige Klone fangen schon sehr früh (mit vier oder fünf Jahren) zu blühen an oder haben besonders große Blüten. Eine der in beiderlei Hinsicht besten Kulturformen ist die seit dem 18. Jahrhundert gezüchtete «Exoniensis»; ebenfalls sehr gut ist «Goliath» mit besonders großen Blüten.

Die Virginische Magnolie *(M. virginiana)* ist die am längsten kultivierte Art. Ihr fehlt aber die Blätter- und Blütenpracht der Großblütigen Magnolie. Sie kompensiert dies mit einem köstlichen Duft und blauweißen Blattunterseiten, die allerdings auch viele andere Magnolien haben.

Die Großblättrige Magnolie *(M. macrophylla)* aus dem Südosten der USA hat viele Kritiker, ich

Links: Eine herrliche Großaufnahme des Fruchtstandes der *Magnolia grandiflora*. Die Frucht in der Mitte öffnet sich gerade, um ihren bohnenartigen Samen zu entlassen. Diese keimen im folgenden Frühjahr, aber es dauert zehn Jahre oder länger, bis die Pflanze blüht.

Blatt, Blüte und Frucht der im Süden der USA heimischen gelben *Magnolia cordata*, wie sie der Botaniker André Michaux im 18. Jahrhundert darstellte.

In Gebieten mit ähnlichem Klima wie in ihrer Heimat (wie hier in Norditalien) bildet die Großblütige Magnolie stattliche, bis 27 Meter hohe, üppig blühende, immergrüne Bäume.

Ganz oben: Die duftende cremefarbene Blüte der *Magnolia grandiflora*. Einige ihrer Formen haben Blüten bis zu 25 Zentimeter Durchmesser, die von Juni, Juli an in großer Zahl erscheinen.

Oben: Die immergrüne Virginische Magnolie ist die am längsten in Europa kultivierte Vertreterin der Familie: schon seit dem 17. Jahrhundert. Ihr fehlt aber die Energie, die Winterfestigkeit und der Glanz der Großblütigen Magnolie.

Ganz oben: Das chinesische immergrüne Pendant zur Großblütigen Magnolie, *Magnolia delavayi*, hat viel größere Blätter mit milchiggrüner Unterseite. Sie ist genauso winterhart, hat aber nie die gleiche Beliebtheit erlangt. Sie blüht im Spätsommer.

Oben: Die Großblättrige Magnolie, *Magnolia macrophylla*, hat die allergrößten Blätter – bis zu 60 Zentimeter lang –, sie ist jedoch laubwerfend. Ihre riesigen Blüten (bis 30 Zentimeter Durchmesser) strömen einen süßen Duft aus.

Familie der Magnoliengewächse / *Magnoliaceae*

Der Tulpenbaum und die Magnolien

Links: Längsschnitt durch die langgestreckte Blütenachse einer Magnolienblüte mit den zahlreichen Fruchtknoten und ihren gekrümmten Griffeln (oben) sowie den noch nicht reifen Staubblättern (unten).

Unten: Die hängende, zitronenfarbene Blüte der *Magnolia sinensis*.

aber finde sie hervorragend. Sie ist zwar nicht immergrün, hat dafür aber wirklich aufregend große Blätter, die an der Basis herzförmig ausgebildet sind. Außerdem haben ihre Blüten entsprechende Proportionen. Sie erscheinen im Sommer und leuchten zwischen den 60 Zentimeter langen, strahlendgrünen Blättern. Steht der Baum gut windgeschützt, was wichtig ist, und sind die Blätter noch in gutem Zustand, nehmen sie im Herbst Milchkaffee- bis Espressofarbe an. Zwar nicht gerade eine klassische Herbstfärbung, dafür aber um so eindrucksvoller.

Doch zurück zu den immergrünen Magnolien. Ein Kompromiß zwischen der Großblütigen und der Großblättrigen ist *M. delavayi* aus Westchina: Sie ist immergrün, und ihre Blätter sind für den Geschmack der meisten durchaus groß genug. Ihre Blüten kommen und gehen sehr schnell, pflanzen sollte man sie also vor allem ihrer Blätter wegen, aber auch nur dann, wenn man eine windgeschützte Ecke hat. Sie ist genauso winterhart wie *M. grandiflora*.

Die Großblättrige zählt zur zweiten Kategorie, den laubwerfenden, sommerblühenden Magnolien. Die schönsten Blüten dieser Gruppe trägt die japanische Purpurmagnolie *(M. obovata)*: mit langen, außen karminroten und innen weißlichen Kronenblättern, einem süßlichen Duft und Blättern, die sie phantastisch zur Geltung kommen lassen; sie sind lang genug, um leicht schlaff herabzuhängen, und ihre Unterseiten sind milchig weiß.

Die Gurkenmagnolie der amerikanischen Oststaaten *(M. acuminata)* dürfte die höchste Magnolie in der Gruppe mit gleichzeitiger Blatt- und Blütenentwicklung sein, doch kann man sie schwerlich als Zierblütenbaum einstufen, weil ihre Blüten in der Masse der großen, glänzenden Blätter verschwinden. Die gelbe Gurkenmagnolie *(M. cordata)* ist in jeder Hinsicht besser für einen Garten geeignet. Sie erreicht nur die halbe Höhe oder bleibt noch kleiner, trägt aber eine Fülle gelber Blüten zwischen nur halb so großen Blättern und die gleichen gurkenartigen Sammelfrüchte.

M. wilsonii, *M. sinensis* und *M. sieboldii* sind drei fernöstliche Arten ohne markante Unterschiede für den Gärtner: Alle drei blühen ab Mai oder Juni, manchmal in Schüben, zwei bis drei Monate lang. Alle haben hängende, weiße Blüten, so daß man unter ihnen stehen muß, wenn man ihre roten Staubgefäße sehen will. Und alle wachsen eher zu großen Büschen als zu Bäumen heran.

Nun zu den Gwillimias. Sie sind die wirklich aufregenden Magnolien, die ihre kahlen Äste mit wachsartigen Blüten bedecken, bevor auch nur ein einziges Blatt erschienen ist. Oft genug zerstört aber ein Spätfrost die ganze Pracht. *M. campbellii* ist der Riesentulpenbaum des Himalaja-Gebietes. Ich kann mir zwar ein 45 Meter hohes Exemplar vorstellen, das hoch oben keine Blätter, aber Tausende von großen, rosafarbigen Blüten trägt, doch dabei wird mir leicht schwindelig. Die 18 Meter, die er in Europa erreichen kann, genügen vollauf. Es gibt ihn in einer Reihe von Formen mit weißen, rosa- bis purpurfarbenen Blüten, aber die meisten verlangen viel Geduld: *M. campbellii* trägt in den ersten 25 Jahren keine einzige Blüte, nur eine besonders winterharte Varietät, *M. c. mollicomata*, schafft es schneller: nach rund 15 Jahren.

Eine baldige Blühreife ist aber verständlicherweise einigermaßen wichtig bei einem Baum, der seiner Blüten wegen gepflanzt wird. Auch die ausgezeichnete *M. kobus* wird kaum noch gepflanzt, weil sie frühestens nach 15 Jahren zu blühen anfängt. Zu denen, die schon relativ jung blühreif werden, zählen die *M. stellata*, der niedrige Busch mit den weißen Sternblüten, den man fast überall sieht, ihre kräftigere und großartige Hybride *M. x loebneri* und die beliebteste, üppig blühende Vertreterin der tulpenblütigen Gruppe, die *M. x soulangiana*.

Die sehr früh blühenden Sorten wie die *M. stellata* pflanzt man am besten an einem verhältnismäßig kalten Platz, damit die Frühlingssonne ihre Knospen nicht dazu verführt, sich zu früh zu entfalten. *M. x stellata* und *M. x loebneri* sind so winterhart, daß sie auch in Nordlage gedeihen. *M. x*

Ganz oben: Die wohl prächtigste Form der beliebtesten Magnolien-Gartenhybride: die gewaltige Blüte der *Magnolia x soulangiana* «Lennei». Sie wurde 1850 in einem norditalienischen Garten entdeckt.

Magnolia wilsonii wurde 1908 in China entdeckt. Ihre reinweißen Blüten erscheinen nach den Blättern im Sommer. Ihr Wuchs ist eher breit strauchig als baumförmig.

Die Gurkenmagnolie aus dem Südosten der USA hat Blüten in ruhigen Grüngelb- und metallischen Blaurottönen. Sie wächst zu hohen Bäumen mit herrlich großen Blättern heran. Die «Gurken» sind ihre Sammelfrüchte.

Magnolia campbellii, die majestätischste Vertreterin der Familie, erreicht in ihrer Himalaja-Heimat bis zu 45 Meter Höhe und bedeckt ihre Äste mit mächtigen, rosaroten Blüten. Sie ist aber nicht so winterfest wie die kleineren Gartenarten, und es kann 25 Jahre dauern, bis sie zum erstenmal blüht.

loebneri wächst aber doppelt so schnell und hat größere Blüten, je nach Geschmack rosa oder weiß.

Von der Hybride *M. x soulangiana* gibt es mindestens ein Dutzend Klone, vom reinen Weiß über einen charakteristischen Rosahauch bis hin zu ziemlich kräftigen Rottönen. Sie sind alles andere als Bäume, sondern ausladende Sträucher, die recht viel Platz brauchen. Nach der Blüte füllen sie diesen Raum mit nicht besonders faszinierendem Blattwerk aus. Für mein Gefühl lohnen sie sich nur in einem großen Garten – für einen kleinen am besten geeignet dürfte noch die besonders schmalwüchsige und üppig blühende japanische *M. salicifolia* sein.

Unter den anderen Arten, die wie *M. campbellii* spät mit der Blüte beginnt, ist die Yulan- oder Prachtmagnolie *(M. denudata)* die Klassikerin. Ihre Blüten haben breite, rein weiße Blätter von der Konsistenz und Dicke eines Elfenbein-Papiermessers; ihre Unterseite ist milchigweiß.

Aus dieser Prachtmagnolie und dem Riesentulpenbaum des Himalaja *(M. campbellii)* hat man eine Hybride (mit dem Namen *M. x veitchii*) gezüchtet, von der ein Exemplar in Cornwall auf 26 Meter herangewachsen sein soll und die sich mit Hunderten von rosafarbenen Blüten bedeckt. Die beiden letztgenannten Magnolien wären aber in einem alkalischen Boden sehr unglücklich.

Man könnte den Katalog noch lange fortsetzen, aber die genannten sind im großen und ganzen die besten und sicherlich die bekanntesten Mitglieder der großen Familie. Eine möchte ich aber noch erwähnen; sie gehört strenggenommen nicht der Gwillimias-Gruppe an, denn sie setzt zwar frühzeitig mit der Blüte ein, blüht aber bis weit in den Sommer hinein. Es ist die buschförmige Lilienmagnolie *(M. liliiflora)*, deren Varietät «Nigra» Blütenblätter hat, die außen fast so purpurfarben wie junger Wein sind. Allerdings würde ich ihre Blüten eher als krokus- denn als lilienähnlich bezeichnen.

Es lohnt sich, den Platz für eine Magnolie sorgfältig auszuwählen.

Die prächtige Yulan-Magnolie aus Japan und China *(Magnolia denudata)* entwickelt süßlich duftende, schneeweiße Blüten, bevor ihre Blätter erscheinen. Vollentwickelt ist sie ein Baum von bis zu 10 Meter Höhe.

Oben: die sternförmige Blüte der japanischen *Magnolia stellata* (s.a. den Strauch links auf dem Bild in der Mitte). Sie wächst langsam, erreicht selten mehr als 3 Meter Höhe und ist breiter als hoch.

Unten: Die dunkelste Form der lilienförmigen Magnolie aus China wird als «Nigra» bezeichnet. Sie ist kleiner als die normale Art, blüht aber noch üppiger und länger.

Oben Mitte: Zwei der beliebtesten Gartenmagnolien: die große, rosafarbene *Magnolia x soulangiana* und die kleinere, weiße *M. stellata;* beide sind fleißige Blütenträger vor der Blattentwicklung im Frühjahr.

Die dunkelrosarot blühende «Rustica Rubra» ist nur eine der vielen Formen der hybriden *Magnolia soulangiana.* Die lilienblütige Magnolie auf dem Bild rechts ist die Elternart, die den Farbton beisteuerte.

Die strauchige lilienblütige Magnolie Chinas *(Magnolia liliiflora)* beginnt vor der Blattentwicklung mit der Blüte und blüht bis weit in den Sommer hinein. Sie ist eine der Elternarten der *M. x soulangiana.*

Lorbeerbaum, Sassafras und Kampferbaum

Unten links: Der Edle Lorbeerbaum war im alten Rom das Symbol des Sieges und Ruhmes, mit dessen Blättern Feldherren und Dichter bekränzt wurden. Seit über 2000 Jahren finden seine Blätter und Beeren als Schmuck, in der Medizin und in der Küche Verwendung.

Vielleicht sollten wir gleich hier zu Anfang klarstellen, daß die Lorbeerkirsche (s.S. 203) gleich anderen Pflanzen einen ehrenvollen Namen usurpiert hat, der ihr gar nicht zukommt. Den ehrenvollsten Namen im ganzen Pflanzenreich, könnte man sagen, denn der eigentliche Lorbeer ist der Edle Lorbeerbaum oder *Laurus nobilis*, mit dessen Laub das alte Rom seine gefeierten Dichter und siegreichen Feldherren bekränzte.

Es ist derselbe Baum, mit dessen Blättern wir Ragouts würzen und den man vor dem Hôtel de Paris in Monte Carlo wie einen Pudel geschnitten hat.

Die Lorbeergewächse stellen mit rund 1000 Arten eine umfangreiche, mit den Magnoliengewächsen verwandte Familie dar. Zu ihren Gemeinsamkeiten zählen auffällige, ziemlich große Blätter, meist einfache Ovale (oder, wie beim Tulpenbaum und *Sassafras*, seltsam originelle Formen). Auch haben sie ein gemeinsames aromatisches Prinzip: Ihre Chemie ist zwar nicht identisch, aber die Nase sagt einem, daß Magnolie, Lorbeerbaum, Kampfer und Sassafras ähnlich duften. Was ihnen fehlt, sind die spektakulären Blüten. Bei ihnen dominieren die Blätter.

Wie Eibe und Buchs eignet sich auch der Lorbeerbaum als Material für Pflanzenskulpturen. Er wächst langsam, sein natürlicher Habitus ist ein dichter, höchstens 12 Meter hoher Zapfen. Aber er läßt sich leicht pyramidenförmig oder mit mehr Mühe zu einer Kugel auf einem Stab schneiden. Er wächst in einem Kübel und in jedem gut entwässerten Boden. Sehr starken Frost verträgt er zwar nicht, aber er ist keineswegs empfindlich.

Noch winterfester ist offenbar eine Varietät mit schmalen und leicht gekräuselten Blättern (*L. nobilis angustifolia*), die aber wie der goldene Lorbeerbaum (*L. n.* «Aurea») nur wenig kultiviert wird.

Die Heimat des Lorbeerbaums ist das Mittelmeergebiet. Er hat zwei entfernte Verwandte, deren allgemeiner Habitus recht ähnlich ist, die in ihrem (recht intensiven) Aroma aber sehr von ihm abweichen. Der Geruch des Kampfers ist allgemein bekannt; gewonnen wird er aus der Rinde des Kampferbaums *(Cinnamomum camphora)* in Südostasien. Schwieriger zu beschreiben ist der Duft des Berglorbeers *(Umbellularia californica)*. Es ist einer jener Gerüche, die mir etwas unheimlich vorkommen. Ich würde mit seinen Blättern meine Suppe ebenso ungern würzen wie mit Benzin.

Abgesehen von seinem Geruch ist der Berglorbeer ein sehr schöner, immergrüner Baum. Das größte Exemplar, in der Nähe des kalifornischen Santa Barbara, ist 24 Meter hoch und 30 Meter breit. Es sind Bäume, die im tiefen Schatten wachsen können, bevor sie selbst starken Schatten

Oben: Blick in die Krone eines alten Lorbeerbaums in Italien. Obwohl er winterhart ist, wird er nur in einem warmen Klima so alt und so groß. Er eignet sich aber sehr gut zum Formschnitt.

Links: Lorbeerbäume werden nicht ihrer Blüten wegen gepflanzt; sie sind klein und cremefarben, können aber in dichten Rispen oder Trauben erscheinen. Die rundlichen und schwarzen Früchte enthalten nur einen Samen.

Der Sassafras ist ein ostamerikanischer Verwandter des Edlen Lorbeerbaums. Er ist laubwerfend und trägt unterschiedlich geformte Blätter: ovale, dreigelappte und zweigelappte. Der Sassafras wird bis zu 20 Meter hoch.

Der Kampferbaum ist ein weiterer aromatischer Verwandter des Edlen Lorbeerbaums; hier wildwachsende Exemplare auf der südjapanischen Insel Schikoku. Der auch in China und auf Formosa heimische Baum gedeiht auch in Kalifornien und Südeuropa.

Der Berglorbeer hat das stechendste Aroma der Lorbeerfamilie. In Nordkalifornien und im südlichen Oregon bildet er dichtkronige, dunkle Bäume. Er ist auch in Europa winterhart, aber selten.

In seiner Heimat verfärbt sich der Sassafras *(S. albidum)* im Herbst orange- bis scharlachfarben, in Europa dagegen meist gelb. Er ist immer ein ziemlich schlanker, gut geformter Baum mit kleinen Ästen und wie alle Lorbeergewächse aromatisch.

spenden. Größere Berglorbeerbäume haben ziemlich gewundene Stämme, die so hart sind, daß man aus ihnen Rollhölzer fertigt, auf denen man ganze Häuser verschiebt. Der Berglorbeer ist nicht so frostbeständig wie der Edle Lorbeer, wächst aber auch in Europas Klimazone 8 zu größeren Bäumen heran. Seine Wuchsform ist eindeutig interessanter als die des Edlen Lorbeerbaums.

In Kalifornien kommt der Kampferbaum jetzt als Straßenbaum in Mode. Er ist langsamwüchsig (wie die ganze Familie) und trägt einen Baldachin glänzender Blätter an dicken Ästen.

In der Vergrößerung wird die Ähnlichkeit der grüngelben Blüten des Sassafras mit den Blüten des auf der linken Seite gezeigten Edlen Lorbeerbaums deutlich. Auch ihnen folgen Beeren mit einem einzigen, kirschsteinähnlichen Samen.

Der laubwerfende Sassafras *(S. albidum)*, das einzige andere winterharte Mitglied der vorwiegend tropischen Familie, ist bei weitem der schönste – und am besten riechende – Vertreter dieser Gruppe. Seine Wurzeln liefern das Fenchel- oder Sassafrasholz, das als harntreibendes Mittel und Antirheumatikum verwendet wird. In Europa findet man ihn selten, in den Oststaaten der USA aber ist er ein recht verbreiteter Waldbaum, dessen Areal sich von Florida bis Maine und im Westen bis Texas erstreckt.

Seine Blätter können sich nicht einmal an ein und demselben Baum auf eine Form einigen – manche sind oval, manche ahornähnlich, andere nur an einer Seite gelappt. Sie behalten ihr saftiges Grün bis in den September hinein.

Dieser herrliche Baum braucht nicht allzu viel Platz: Für seine Höhe sind seine Äste sehr kurz. Ein Nachteil sind nur seine sehr ausgeprägten Vorlieben und Abneigungen. Er braucht gut entwässerten, sandigen Lehmboden; in alkalischem Boden geht er ein. Er mag es nicht, wenn man ihn nach seinen allerersten Jahren noch verpflanzt, und er liebt ausgeprägte Sommer und Winter. Die lauen Verhältnisse in Europa verwirren ihn. Dies zeigen seine unterschiedlichen Größen. Das größte in Europa bekannte Exemplar hat einen Stammumfang von knapp 2 Metern – obwohl es schon vor 350 Jahren gepflanzt wurde. Den Rekord in Amerika hält dagegen ein 30 Meter hoher Baum in Kentucky mit gut 5 Meter Stammumfang.

In den weiteren Verwandtschaftskreis der Lorbeergewächse gehört auch der Dreilappige Papau *(Asimina triloba)* aus der vorwiegend tropischen Zimtapfelfamilie *(Annonaceae)*. Bei den ersten amerikanischen Siedlern war er wegen seines säuerlich-würzigen Fruchtfleisches geschätzt. Reizvoll für Sammler botanischer Kuriositäten sind seine großen, hängenden und abfallenden ovalen Blätter, seine kleinen, braunvioletten Blüten und bis zu 10 Zentimeter langen, grünbraunen Beerenfrüchte.

Rechts: Der im Südosten der USA wachsende Dreilappige Papau aus der Zimtapfelfamilie *(Annonaceae)* ist nur ein kleiner Baum mit zuerst grünlichen, später braunen Blüten. Er gedeiht auch in Norditalien, am Fuß der Alpen. Sein Fruchtfleisch ist eßbar.

Zaubernuß, Amberbaum, Parrotie und Katsurabaum

Die Zaubernußfamilie gehört zu einer großen Gruppe von Gehölzpflanzen, die als verhältnismäßig ursprünglich angesehen werden, obwohl sich zwischen ihnen oft keine engen Beziehungen nachweisen lassen. Dazu gehört ein guter Teil der Laubbäume der gemäßigten Zone wie Eichen, Buchen, Kastanien, Birken, Erlen, Hagebuchen, Wal- und Hickorynüsse sowie Pappeln und Platanen. Die meisten haben kätzchenförmige Blüten und sind Windblütler – möglicherweise weil es zu ihrer Entstehungszeit erst wenige bestäubende Insekten gab. Verbunden mit der Windbestäubung ist die Neigung zur frühzeitigen Blüte – solange der Blätterbehang im Wald noch nicht die auffliegenden Pollen abschirmt.

Die Mitglieder der Zaubernußfamilie schenken uns einige der schönsten Herbstfarben, beispielsweise die Amberbäume und die *Parrotia persica*, das «Transkaukasische Eisenholz». Die Zaubernuß selbst ist einer der schönsten winterblühenden Sträucher, die bis 4 Meter hoch, aber kaum baumartig wachsen. Und zwei weitere verwandte Familien stellen eine nützliche Auswahl australischer und ostasiatischer immergrüner Sträucher und kleiner Bäume, die Klebsamengewächse oder *Pittosporaceae*, und einen der elegantesten und schönsten aller großen Gartenbäume, den Katsurabaum *Cercidiphyllum japonicum* aus der Familie der *Cercidiphyllaceae*. Man könnte diesen Japaner als Valentinsbäumchen verkaufen, denn seine Blätter sind exakt herzförmig und nehmen gegen Jahresende besonders hübsche Rottöne an.

Keiner dieser Bäume hat die Eiszeiten in Europa überlebt. Als erstes, schon 1736, wurde die Zaubernuß, aus deren Blättern man Salben und Tinkturen zur Behandlung von Krampfadern, Frostbeulen u.a. gewinnt, in Europa eingeführt: die Virginische Zaubernuß oder «Hexenhasel» (*Hamamelis virginiana*).

Die baumartigste Zaubernuß ist die japanische *H. japonica* «Arborea», und als beste winterblü-

Disanthus cercidifolius hat genau die gleichen Blätter wie der Katsura (ganz oben), die sich aber im Herbst intensiver färben. Er ist ein seltener Vertreter der Zaubernußfamilie und wächst strauchig, bestenfalls zu einem kleinen Bäumchen. Er braucht kalkfreien Waldboden, Feuchtigkeit und Schatten.

Ganz oben: Die schwingenden Äste und die kleinen, herzförmigen Blätter machen den Katsurabaum (*Cercidiphyllum japonicum*) zu einem der anmutigsten mittelgroßen Gartenbäume. Er braucht tiefgründigen Boden und Feuchtigkeit.

Die Hexenhasel *(Hamamelis virginiana)* ist im Osten der USA heimisch und trägt gelbe, spinnenförmige Blüten im Winter. In Gärten wird sie vor allem als Wurzelstock zum Aufpfropfen der zuverlässigeren Chinesischen Zaubernuß *(H. mollis)* verwendet.

hende Art für den Garten gilt die chinesische *H. mollis.* Sie alle tragen schön hellgelbe Blätter im Herbst und haben die Neigung, in die Breite zu wachsen und ziemlich viel Platz zu beanspruchen.

Die Verwandtschaft des Amberbaums mit der Zaubernuß ist keineswegs offensichtlich. Er sieht eher einem Ahorn ähnlich, mit seinen ebenso gelappten Blättern. Auch diese Gattung ist überall zu Hause, nur nicht in Europa. Der Amerikanische Amberbaum *(Liquidambar styraciflua)* ist die bekannteste Art, aber auch der Orientalische Amberbaum *(L. orientalis)* und der Formosa-Amberbaum *(L. formosana)* sind sehr reizvoll, besonders die letztgenannte, in Südchina heimische Art, deren junge Blätter im Frühling lavendelfarben sind.

In Europa sind die Amberbäume ziemlich langsamwüchsig (in 12 Jahren etwa 3 Meter); außerdem sind es Bäume, die man klein pflanzen muß, weil ihre fleischigen Wurzeln üppig Schößlinge treiben, wenn man sie stört. Dennoch haben Exemplare in Europa Höhen von fast 30 Metern erreicht. An zwei Dingen kann man einen Amberbaum leicht erkennen. Bei allen Ahornen stehen die Blätter und Triebe gegenständig an den Zweigen, bei den Amberbäumen dagegen wechselständig. Und die Amberrinde hat, selbst an den Zweigen, leistenartige Korkwucherungen, ähnlich wie bei einigen Ulmen oder beim Feldahorn.

Da sie einen feuchten Boden lieben (aber kein Sumpf- oder Überschwemmungsland), ist ein Teichufer ein idealer Platz für sie.

Eine glänzende und satte Blattfarbe ist zwar ein Merkmal, das botanisch nicht allzu viel aussagt, doch wenn man eine Parrotie neben einem Amberbaum sieht, spürt man irgendwie ihre Verwandtschaft. Gärtner kennen die Parrotie als einen kleinen Baum, der mehr in die Breite als in die Höhe wächst – ähnlich wie die Zaubernuß. Mir ist aber glaubwürdig versichert worden, daß in Persien kerzengerade und 18 Meter hohe Exemplare stehen sollen – das größte, das ich im Exil gesehen habe, steht im Arnold Arboretum und ist ein breiter Fächer mit einem guten Dutzend Stämmen von vielleicht 11 Meter Höhe.

Die meisten Äste der Parrotie hängen wie intensiv tiefgrüne Kaskaden herab, doch manche schwingen wie Flügel eines Vogels. Ihre kleinen, blutroten Blüten, denen einer Ulme sehr ähnlich, sind ein hübscher Vorfrühlingsschmuck. Im Herbst färben sich die Blätter unterschiedlich, manche leuchtendrot, manche gelb bis orangefarben, andere bleiben grün oder gescheckt. Benannt ist dieser Baum nach F. W. Parrot, der deutscher Botschafter in Dorpat war und 1829 als zweiter (nach Noah) den Ararat bestieg.

Neben all diesem üppigen Blattwerk ist der Katsura mehr etwas für den zurückhaltenden guten Geschmack. Mit seinen fast waagrechten Ästen bildet ein älterer Baum ordentliche Etagen. Jedes der kleinen, langstieligen Blätter hebt sich deutlich ab: ein schönes hellgrünes Herz. Zu den liebenswerten Eigenarten dieses Baums gehört, daß er aus seinem alten Holz im Innern der Krone einzelne Blätter treibt, die im Herbst oft ganz blaß werden und dann die dunkle Rinde mit weißen Herzchen schmücken. Die Herbstfarbe der anderen Blätter schwankt zwischen Dunkelrosa und Elfenbein, wobei die helleren Töne die Vereinzelung jedes Blattes noch unterstreichen. In Europa hat der Katsura 24 Meter erreicht. Da er auch so gut wie keine Schädlinge hat, ist er einer der hervorragendsten Gartenbäume.

Unten: Ein junger Amberbaum zu Beginn der Herbstverfärbung. Die Blätter bleiben bis spät in den Herbst leuchtendgrün und nehmen dann Orange- und Scharlachtöne an. Die Amberbäume sind die größten Vertreter der Zaubernußfamilie: Sie werden bis zu 45 Meter hoch.

Oben: Der Amberbaum oder *Liquidambar* hat ähnliche Blätter wie ein Ahorn. Am leichtesten ist er an seiner wulstigen und korkigen Rinde sowie an seiner wechselständigen Verzweigung und Blattstellung zu erkennen.

Unten: Die sattgrünen und glänzenden Blätter der Parrotie im Sommer. Vor den Blättern erscheinen bei der Parrotie blutrote Blüten, die denen der Ulme ähnlich sind. Die Früchte sind holzige, ovale Kapseln.

Die *Parrotia persica* («Transkauksasisches Eisenholz») kann gleichzeitig verschiedene Herbstfarben tragen. Sie neigt zu einem breiten, horizontalen Habitus. Vollentwickelte Bäume haben eine Schälrinde wie die Platanen.

Rechts: Samenkapseln des Chinesischen Klebsamens *(Pittosporum tobira)* bei der Reife. Sie entwickeln sich aus gelben, nach Orangen duftenden Blüten. Klebsamen werden wegen ihrer Salztoleranz gerne an Küsten gepflanzt.

Links: Die der Zaubernußfamilie nahestehenden Klebsamengewächse sind immergrüne australische oder ostasiatische Gehölze, die in subtropischem Klima zu kleinen Bäumen heranwachsen. Hier brechen gerade die Samenhülsen beim Chinesischen Klebsamen auf.

Die Platanen

Ahornblättrige Platanen auf einem Gemälde (1811) von John Varley. Seit dem 18. Jahrhundert ist diese Hybride aus der Morgenländischen und der Abendländischen Platane der dominierende Baum in London und vielen anderen Städten.

Im Jahre 1920 stellte man fest, daß über 60 Prozent aller Bäume in London Ahornblättrige Platanen waren, in ihrer Mehrzahl erst in den vorausgegangenen 25 Jahren gepflanzt. Wenn das keine tollkühne Monokultur ist, dann weiß ich nicht, was man darunter verstehen soll. Das Verhältnis ist heute wohl noch ähnlich, denn die Platane ist, um mit einem Londoner Stadtgärtner zu sprechen, der «gehorsamste Baum», den es gibt.

Die Ahornblättrige Platane gilt allgemein als spontane Hybride der beiden wildwachsenden Platanenarten, der Morgenländischen Platane *(Platanus orientalis)*, die in der Türkei und in Griechenland heimisch ist, und der Abendländischen Platane *(P. occidentalis)*. In London ist die Ahornblättrige Platane *(P. x hybrida)* schon seit 1663 bezeugt. Tatsächlich hat sie die für Bastarde typische Vitalität. Gibt man ihr eine gute Portion Lehm, wächst sie von Anfang an 60 bis 90 Zentimeter im Jahr.

So vertraut uns die Platane als Straßen- und Alleebaum ist, man kann ihr kaum einen gewissen Stil absprechen. Ihre große Attraktion ist ein Stamm, so hoch wie der einer Englischen Ulme, der sich nicht in einem Astgewirr verliert, sondern zielstrebig emporgipfelt und mit großen grünen Flecken gescheckt ist, wo sich die dunklere Außenrinde in Schuppen gelöst hat. Ihr Wintersilhouette ist besonders reizvoll – ein Netzwerk, in dem die hängenden Zweige zahllose kleine gotische Spitzbögen bilden, zwischen denen schwarze Kugelfrüchte baumeln.

Daß dieser Baum die Stadtarchitektur vor sich selbst schützen kann, weiß man schon seit 200 Jahren, und dies ist heute nötiger denn je. Allerdings gibt es noch manche Stadtverwaltung, die den Platanen alle Zweige abhackt und sie zu traurigen Symbolen der Behördenmacht verstümmelt. Und wenn man die Platane als den gehorsamsten Baum bezeichnet, dann meint man damit, daß sie trotz allem unverzagt weitertreibt. Aber Straßen, in denen sie sich verwirklichen darf, wie in sehr vielen Provencedörfern, wirken äußerst vornehm, auch wenn die Häuser recht bescheiden sind.

Die drei wichtigsten Platanen (es gibt noch ein paar andere Arten, von denen die Traubige Platane aus Kalifornien, *P. racemosa*, besonders bemerkenswert ist) sind leicht an ihren Blättern zu unterscheiden. Sie sind zwar alle mehr oder weniger ahornähnlich, aber bei der Morgenländischen Platane deutlich bis über die Mitte, bei der Abendländischen nur leicht eingeschnitten; bei der Ahornblättrigen Platane sind die Einbuchtungen mitteltief.

Eine Allee junger Ahornblättriger Platanen in Holland. Sie werden regelmäßig staubwedelförmig geschnitten, eine Behandlung, die Platanen gut vertragen, die allerdings das im Winter so schöne Netzwerk ihrer Äste zerstört.

Von den drei Arten ist die Ahornblättrige Platane heute am weitesten verbreitet. Sie gedeiht in erstaunlich unterschiedlichen Breiten und Klimazonen. Die französische Forstverwaltung hat angeregt, sie wegen ihres schnellen Nutzholzertrags anstelle der allgegenwärtigen Pappel zu pflanzen. Aber leider wird die Auswahl der Forstbäume von den Marktgewohnheiten bestimmt.

Wo die Abendländische Platane im Osten der USA als Nutzbaum angebaut wird, sieht man, daß der Vergleich mit der Pappel keineswegs übertrieben ist: Ein 14 Meter hoher und 23 Zentimeter dicker Stamm in zehn Jahren ist eine respektable Wuchsleistung. Schade, daß dieser schöne Baum, der in mancherlei Hinsicht noch besser aussieht als die Ahornblättrige und unbestritten ansehnlicher ist als die reichlich traurige Morgenländische Platane, auf das Kontinentalklima des amerikanischen Ostens angewiesen ist.

Oben: Abendländische Platane: Ein Vergleich dieses Blattes mit dem der Morgenländischen Platane auf dem Bild rechts zeigt die unterschiedlich tiefen Einbuchtungen der Lappen.

Rechts: Spätfrühjahrsblätter der Ahornblättrigen Platane. Bei der Ahornblättrigen Platane hängen jeweils 2 bis 4, bei der Morgenländischen 4 bis 6 und bei der Abendländischen 1 oder 2 «Kugeln» an einem Stiel.

Oben: Die tiefgelappten, ahornähnlichen Blätter der Morgenländischen Platane nehmen im Herbst eine warme rostbraune Farbe an. Dieser Baum ist kleiner, nicht so schön wie die Ahornblättrige Platane und in West- und Mitteleuropa sehr selten.

Die glatte, abschuppende und gescheckte Rinde hat die Ahornblättrige Platane von ihrem amerikanischen Elternteil. Sie verleiht selbst mächtigen Bäumen (in Europa bis zu 45 Meter hoch) ein jugendlich vitales Aussehen.

Die abschuppende Rinde der Abendländischen Platane. In unregelmäßigen Schuppen löst sich ständig, besonders im Sommer, die Außenrinde ab und legt die weißliche Rinde frei, die sich in ein grün-hellbraunes Mosaik verwandelt.

Zweihundert Jahre alte Platanen in den Londoner Kensington Gardens; die untergehende Sonne steht zwischen dem Dach des Kensington Palace und dem Turm von St. Mary Abbot.

Familie der Ulmengewächse / *Ulmaceae*

Die Ulmen

Eine düstere Wolke schwebt über den Ulmen. Niemand könnte unbewegt über diese so majestätische, von der Auslöschung bedrohte Gattung von Bäumen schreiben. Das Bild vieler europäischer und amerikanischer Landschaften ist von Ulmen geprägt. Ob es die hochgewölbte, ausladende Amerikanische Ulme, die langstämmige, einen breiten Fächer hoch über den Feldern ausbreitende Englische Ulme, die breitkronige, trauernde Bergulme oder irgendeine andere aus dem übrigen Dutzend Ulmenarten ist – sie prägt den Charakter der Landschaft. Und im Flachland ersetzt sie überdies die fehlenden Hügel.

Das Ulmensterben verursacht ein Schlauchpilz, der von einem Käfer übertragen wird. Der Pilz breitet sich in der jüngsten Holzschicht unmittelbar unter der Rinde aus, in der sich nahezu der gesamte Saftkreislauf vollzieht. Blockiert er die Saftgefäße, so welken die Blätter und fallen ab, die Zweige trocknen aus, und der Baum stirbt ab. Da die Krankheit das junge Holz befällt, kann man den Baum kaum schützen. Die einzige Chance besteht darin, daß man den Käfer mit einem Insektizid vernichtet und ein Fungizid in den Saftstrom injiziert. Dies ist eine kostspielige Operation, die womöglich Jahr für Jahr wiederholt werden muß. Die ganze Ulmenpopulation so zu behandeln, ist nicht möglich. Man kann nur hoffen, daß genug Ulmenbesitzer ihre Bäume so lieben, daß sie sie am Leben erhalten, bis die Seuche abgeebbt sein wird.

Es gibt mindestens 20 Ulmenarten, aber die genaue Zahl läßt sich nicht angeben, da bei verschiedenen Formen umstritten ist, ob es sich um «gute Arten» handelt. Donald Wyman schreibt in seinem Buch über amerikanische Gartenbäume, es seien rund 200 Klone benannt. Von Bedeutung sind vor allem fünf Arten und vielleicht weitere sechs Hybriden und Kultursorten. Welche davon man als *die* Ulme betrachtet, hängt allein davon ab, wo man aufgewachsen ist.

Ich bin inmitten eines Ulmenlands großgeworden, im Südosten Englands, wo drei Arten und mehrere schwer bestimmbare Kreuzungen und Kreuzungen von Kreuzungen über die ganze Landschaft verteilt sind. Unser Prunkstück dort ist die Englische Ulme *(Ulmus procera)*, die, weil sie keine fruchtbaren Samen erzeugt und sich allein durch Sprößlinge aus den Wurzeln alter Bäume fortpflanzt, ihr Blut reinhält. In gewisser Weise sind alle Englischen Ulmen Teile eines einzigen gigantischen Baumes – und sehen auch so aus; stehen sie in einer Reihe, sieht man, wie aufregend identisch ihr Verzweigungsmuster ist. Am unteren Stamm haben sie alle kurze, waagrechte oder leicht hängende Äste, in halber Höhe häufig eine deutliche Taille und dann einen fast symmetrischen, halboffenen Fächer langer Äste, die das obere Drittel des Baumes bilden. William Gilpin, der Ende des 18. Jahrhunderts über die Ästhetik der Bäume schrieb, meinte: «Kein Baum ist besser geeignet, große Lichtmengen aufzunehmen.»

Die großen Mengen bestehen allerdings genaugenommen nicht aus Licht, sondern aus dunkelgrünem, kleinblättrigem Laub. John Constable hat oftmals versucht, Ulmenkronen zu malen, doch sind ihm seine Eichen besser gelungen.

Die Englische Ulme behält ihre Blätter länger als andere Ulmen: bis in den November hinein. Ihre Herbstfarbe ist ein schönes helles Gold, das zusammen mit dem herbstlichen Dunst Effekte erzielt, die ich gar nicht zu beschreiben anfangen möchte. Es ist schon eine traurige Ironie, daß diese herrliche Verfärbung jetzt sehr früh eintritt und Tod bedeutet.

Für die alten Griechen war die Ulme Symbol des Todes und der Trauer, und heute noch werden viele Särge aus ihrem Holz gezimmert. Ob sie diese Rolle ihrer notorischen Laune, an einem stillen Sommertag plötzlich ohne Warnung einen großen Ast abzuwerfen, zu verdanken hat?

Jedenfalls ist es üblich, in Baumbüchern auf diese Gefahr hinzuweisen und davon abzuraten, Ulmen dort zu pflanzen, wo Menschen vorbeigehen könnten. Gut und schön – aber was sollen wir damit anfangen? Die Gefahr, einem Herzschlag zu erliegen, ist weitaus größer.

Die Feldulme, *Ulmus carpinifolia*, in einer Moorlandschaft bei Cambridge.

Die Ulmen Europas und Amerikas

Diese beiden Huntingdon-Ulmen mit dem Turm des Cambridger St. John's College im Hintergrund zeigen die typische Verzweigungs-silhouette der Ulmen. Die Huntingdon-Ulme ist eine Kreuzung zwischen Berg- und Feldulme und eine der schnellstwüchsigen Ulmen.

Die Englische Ulme ist vor allem als Heckenbaum oder einzeln und in kleinen Gruppen in offenen Acker- und Weidelandschaften gepflanzt worden; in Ortschaften findet man sie heute nicht sehr oft. Ich habe die Ehre, in Saling zu leben, dem Dorf mit der – soweit ich erfahren konnte – größten Feldulme *(U. carpinifolia)* der Welt. Zwar ist sie heute nicht mehr das, was sie einmal war (1841 war sie 34 Meter hoch), aber ihr Stammumfang beträgt 6,75 Meter, und das ist für eine Ulme schon ein sehr stattliches Maß. In den letzten 130 Jahren hat sie ihn um 1,50 Meter vergrößert. Sie muß zwischen 1600 und 1650 gepflanzt worden sein – etwa zu jener Zeit, in der mein Haus gebaut wurde. Es ist allzu leicht, mit feuchten Augen über die historischen Assoziationen zu sprechen, die Bäume in uns wachrufen, aber dies ist nun einmal eine ihrer Eigenschaften, die man nicht einfach verschweigen sollte.

Auf den ersten Blick können eine Feldulme und eine Bergulme *(U. glabra)* ziemlich ähnlich aussehen. Meist gabeln sie sich schon recht tief und explodieren dann zu einem gewaltigen Kumulus, dessen Extremitäten die Zweige in verschlungenen Kaskaden entspringen. Am allerschönsten sind sie im Winter, wenn sie die Struktur ihres Geästs zeigen; nicht einmal die Licht- und Farbenfülle des Sommers kann sich mit die-

Ulmenblüten (hier an einer Bergulme) haben keine Blumenblätter, sondern erscheinen als rote Staubblätterbüschel sehr früh an den noch kahlen Zweigen. Sie können in so dichten Knäueln sitzen, daß sie die ganze Krone rötlich färben.

Im Sonnenschein wird die Rippenstruktur der rauhen Bergulmenblätter besonders deutlich. Bei allen Ulmenblättern ist die Blattbasis unsymmetrisch.

Links: Die Früchte der Ulme stehen oft so dicht (besonders, wie hier, bei der Bergulme), daß man meinen könnte, die Blätter wären vorzeitig erschienen. Sie färben sich braun und fallen ab, wenn die jungen Blätter austreiben.

Unten: Die Trauerform der Bergulme bildet eine breite Krone aus Ästen, die im flachen Bogen allmählich und oft recht hoch steigen. Wegen ihrer flachen Krone bezeichnet man sie auch als Tischulme – ein idealer Baum für einen Park oder großen Garten.

ser meisterhaften Federzeichnung der Natur vergleichen.

Wenn man ein Blatt erreichen kann, lassen sich diese beiden Bäume leicht identifizieren: Das Blatt der Feldulme ist oben glatt und glänzend, das der Bergulme größer und rauhhaarig. Auch die Blätter der Englischen Ulme fühlen sich wie Sandpapier an. Kennzeichen aller Ulmenblätter ist ihre unsymmetrische Basis.

Über die Blüten der Ulme geht man oft hinweg, weil man sie von unten nicht sehen könne und sie deshalb uninteressant seien. Sie trägt zwar keine auffälligen Kätzchen, aber recht früh im Jahr so viele kleine rötliche Blüten, daß der ganze blätterlose Baum im Sonnenschein wie eine rote Wolke leuchtet. Noch bevor die Blätter erscheinen, kommen die ovalen bis kreisrunden Flügelfrüchte, die den Baum grün färben; sie werden bald braun und fallen ab, wenn die Blätter austreiben. Die Samen keimen so schnell, wie sie reifen: Zwischen Blüte und neuer Ulme liegen nur acht Wochen.

An der Amerikanischen Ulme, die oft so tiefe Äste hat, daß man ihre Zweige anfassen kann, läßt sich daher vom Spätsommer an erkennen, aus welchen Knospen sich Blätter und aus welchen sich Blüten entwickeln werden. Im allgemeinen sind die Blattknospen in der Nähe der Zweigspitzen angeordnet, wo sie am meisten Licht bekommen. Die Blütenknospen stehen an einem hängenden Zweig etwas höher und sind größer und kugelig. Öffnet man eine mit dem Fingernagel, sieht man, daß sie schon mit rosarotem Blütenflaum vollgestopft ist.

Die Ulmenpopulation West- und Südeuropas besteht zum großen Teil aus einer Reihe von Hybriden zwischen der Feld- und der Bergulme, die Namen wie Belgische oder Holländische Ulme tragen *(U. x hollandica* «Belgica» bzw. «Major»). In Italien verwendet man sie gern als Rebpfähle, eine Rolle, die sie schon seit Virgils Zeiten spielen. Einige ausgewählte Klone haben sich als widerstandsfähiger gegenüber der Ulmenseuche erwiesen als andere. In zwei Weiterzüchtungen der *U. x hollandica* – «Christine Buisman» und «Bea Schwarz» – setzte man eine Zeitlang große Hoffnung, aber es zeigte sich, daß beide auch nicht ganz resistent waren.

Eine ähnliche Kreuzung, ein Baum mit besonders hoher und weit ausladender Krone, ist die Huntingdon-Ulme *(U. x vegeta);* einer ihrer Klone, «Commelin», gilt ebenfalls als einigermaßen immun gegen die Seuche. Von den französischen Formen, die man zur Zucht ausgewählt hat, wird am meisten die Jersey-Ulme *(U. x sarniensis)* gepflanzt, die wegen ihrer schmalen Krone aus langen, steilen Ästen auch für (breite) Straßen und Gärten geeignet ist, die für andere Ulmen einer Zwangsjacke gleichkämen.

Die echten Trauerformen der Ulme, die man manchmal als Rasenbäume in Parks sieht («echt» bedeutet, daß nicht nur die kleineren Äste und Zweige hängen, sondern auch die Hauptäste in ihrer ganzen Länge), sind Varietäten der Bergulme: die kleineren und rundlicheren heißen «Camperdownii», die größeren und eckigeren «Pendula».

Die weniger bekannten amerikanischen Ulmen werden in Europa und auch in den USA kaum gepflanzt. Die Amerikanische Rotulme *(U. rubra)* mit ihren großen, samtigen Blättern und deren schmale, kurzastige Varietät von den Großen Seen hat die Amerikanische Ulme *(U. americana)* in den Schatten gestellt.

Westlich der Rocky Mountains sind keine Ulmen heimisch. Diese Lücke wurde mit Ulmen aus dem amerikanischen Osten und aus Europa, aber auch aus Asien ausgefüllt. Die Chinesische Ulme *(U. parvifolia)* ist eine hervorragender Gartenbaum – obwohl ein ungeübtes Auge an ihm nicht einmal etwas entfernt Ulmenartiges entdeckt: in allem recht zierlich, auch in den Blättern, die dunkelgrün glänzen, fast immergrün sind und sich vor der sehr späten Entlaubung rot färben. In kälteren Regionen kann man an ihrer Stelle die sehr schnellwüchsige Sibirische Ulme *(U. pumila)* pflanzen.

Links: Wegen ihrer schlanken, kegelförmigen Krone ist die Jersey-Ulme eine der besten Straßen- oder Alleeulmen. Eine ähnliche Wuchsform hat die Schmalblättrige Ulme *U. carpinifolia «Cornubiensis.»*

Rechts: Drastisch dezimiert hat die Ulmenseuche die Population der Amerikanischen Ulme, deren ausladende Kronen früher überall in den Oststaaten das Landschaftsbild mitbestimmten. Hier ein überlebendes Exemplar in Neuengland.

Oben: Die aufgerissene, von Algen grüngefleckte Borke und (rechts) der charakteristische Habitus der Englischen Ulme, hier im Londoner Hyde Park. Alle Englischen Ulmen haben diese schmaltaillige Wuchsform.

Zelkoven und Zürgelbäume

Die Ulmen sind eine homogene Gruppe, mehr sogar noch als die Eichen. Keine ist immergrün, keine hat besonders exzentrische Blätter. Auch ihre Verwandten schlagen nicht aus der Familie. Die ausgezeichnete *Zelkova* ist zwar nur eine Cousine, aber eindeutig ulmenartig. Auch der Zürgelbaum *(Celtis)* zeigt die Familienzüge deutlich.

Nur wenige Bäume haben eine so gute Presse wie die Zelkove. Da sie keine nennenswerten Blüten oder Früchte und Blätter wie die Ulme hat (grob kerbig gesägt, während Ulmenblätter doppelt gesägt sind), verdankt sie dies allein ihrem Habitus: gut proportioniert, vielstämmig über einem kurzen Hauptstamm, breite Kuppelkrone.

Die beiden bekannteren Zelkovenarten entsprechen dieser Beschreibung. In einem älteren Pflanzenbuch fand ich für sie folgende Unterscheidungshilfe: «Anhand der längeren Spitzen, der schärferen Zähne, der zahlreicheren Nerven und der ledrigen Blätter sowie der Tatsache, daß sie länger hängen, kann jeder die Blätter der Japanischen Zelkove *(Z. serrata)* von denen der bekannteren Kaukasischen Zelkove *(Z. carpinifolia)* unterscheiden.»

Ein weiteres Unterscheidungsmerkmal möchte ich noch gern hinzufügen: Die Japanische Zelkove hat eine abblätternde Rinde, die zauberhafte kleine Flecken von einem recht intensiven Orangeton zurückläßt. Und da sie schon anderthalb Meter über dem Boden ihre vielstämmige Krone ausbreitet, gibt es reichlich Rinde zu betrachten.

Was die Zürgelbäume von den Ulmen unterscheidet, sind ihre Früchte: rote, gelbe oder schwärzliche beerenartige Steinfrüchte, im Gegensatz zu den trockenen, flachen und geflügelten Ulmenfrüchten. Sie wegen dieser Früchte zu pflanzen lohnt sich allerdings nicht. Im übrigen sind sie in ihren Proportionen und ihrem allgemeinen Erscheinungsbild wie kleine (selten höher als 15 Meter), ausladende, kuppelkronige und ziemlich leuchtendgrüne Ulmen, die sich sehr gut als Straßenbaum oder für kleinere Gärten eignen.

Das Beste am Abendländischen Zürgelbaum *(C. occidentalis)* aus dem Osten Nordamerikas (der mehr oder weniger überall gedeiht) ist seine außergewöhnliche Borke. Korkwucherungen liegen zwar in der Familie (einige Ulmenarten haben Zweige mit Korkleisten), aber der Zürgelbaum macht etwas Besonderes daraus. Im mittleren Alter bedeckt er seinen Stamm mit dicken Korkwülsten, die in größeren Abständen meist senkrecht, aber auch in anderen Richtungen angeordnet sind. Als Baum für Straßen und öffentliche Anlagen ist der Zürgelbaum aber offenbar disqualifiziert, weil er die Eigenart hat, Hexenbesen zu bilden, aus denen dann kleine Zweige herunterfallen und die Umgebung verunzieren. Das sollte aber niemanden davon abhalten, diesen

Ein herrliches Exemplar der Kaukasischen Zelkove in der englischen Grafschaft Devon. Kein anderer Baum hat einen so kurzen Hauptstamm mit einem solch außergewöhnlichen System dichtgedrängt emporgipfelnder Äste. Er wurde schon 1760 entdeckt, ist aber bis heute fast unbekannt geblieben.

Trotz ihres charakteristisch gesägten Randes verraten diese Blätter der Japanischen Zelkove *(Zelkova serrata)* die Verwandtschaft ihrer Gattung mit den Ulmen. Dieser Baum bildet eine breitere Krone als die kaukasische Art auf der Seite links.

guten und ungewöhnlichen Baum in seinem Garten zu pflanzen. An seiner Stelle setzen Gartenämter entweder die amerikanische Art *Celtis laevigata* mit vorwiegend ungezähnten Blättern, den Chinesischen Zürgelbaum *(C. sinensis)* oder den Südlichen Zürgelbaum *(C. australis).* «Australis» bedeutet hier nur «südlich» und bezeichnet seine Heimat, das Mittelmeergebiet, wo er in Wäldern wächst und wegen seiner Schönheit gern gepflanzt wird. Nördlich der Alpen ist er selten, weil er Wärme und Trockenheit braucht. Sein festes und elastisches, eschenähnliches Holz wird als «Triester Holz» für Bildhauerarbeiten und Holzblasinstrumente verwendet; früher wurden vor allem Peitschenstiele aus ihm gemacht (Celtis = «Peitsche»).

Die *Eucommia ulmoides* ist die einzige Art einer einsamen chinesischen Gattung, die Skeptikern die enge Verwandtschaft der Ulmen mit der Familie der Feigen (siehe folgende Seite) zu beweisen vermag. Die *Eucommia* sieht wie eine kleine Ulme aus, produziert aber gummiartigen Schleim. Zerreißt man langsam eines ihrer Blätter, halten die kaum sichtbaren Fäden die beiden Hälften zusammen. Sie ist der einzige winterharte Baum, der Gummi enthält – zwar nicht so viel, daß man es wirtschaftlich verwerten könnte, vielleicht aber Grund genug, diesen überdies hübschen und leicht zu ziehenden Baum zu pflanzen.

Dieselbe Art wie der Baum auf der linken Seite: eine (vergleichsweise junge) Kaukasische Zelkove im Sommer. In diesem Alter hat sie eine ähnliche Wuchsform wie die Amerikanische Ulme. Viele vom Ulmensterben betroffene Stadtgärtnereien pflanzen jetzt diesen Baum.

Die Blätter der Kaukasischen Zelkove sind weniger stark gesägt als die der fernöstlichen Art (oben). Im Herbst werden sie gelb bis bronzefarben. Im Gegensatz zu den flachen Flugfrüchten der Ulmen und den «Beeren» der Zürgelbäume sind ihre Früchte harte, kleine Nüsse.

Der Abendländische Zürgelbaum ähnelt in seinem Habitus viel mehr einer Ulme, als seine Blätter und erst recht seine «Beeren» vermuten lassen. Er ist schnellwüchsig und hat eine gute Wuchsform; vollentwickelte Bäume tragen eine tiefgefurchte Borke mit Korkleisten.

Die Feigen- und Maulbeerbäume

Unten: Dieser von dem Dichter John Milton 1630 im Garten des Cambridger Christ's College gepflanzte Maulbeerbaum war im 19. Jahrhundert Pilgerziel vieler seiner Verehrer. Schon hundertjährige Maulbeerbäume müssen oft gestützt werden und sehen ungeheuer alt aus.

Kann man in seinem Garten etwas Edleres haben als einen Feigen- oder einen Maulbeerbaum? Die besondere Aura dieser beiden Bäume ist leicht zu erklären: Der Feigenbaum wird sehr oft in der Bibel erwähnt und ist überall auf Marmorfriesen der Antike abgebildet, und der seit über 4000 Jahren in China angepflanzte Maulbeerbaum – und mit ihm das Geheimnis der Seide – kam spätestens im Mittelalter, vermutlich aber schon zur Zeit Alexanders des Großen aus China nach Europa.

Ich hätte nie gedacht, daß diese beiden Bäume einer Familie angehören, zumal die einzige Feigenart, die so winterhart ist, daß man sie in der gemäßigten Zone ziehen kann, eine der ganz seltenen innerhalb ihrer Gattung ist, die eindeutig nicht maulbeerartige, sondern tiefgelappte Blätter hat. Gemeinsames Merkmal aller Maulbeergewächse ist der weiße Milchsaft, der Latex enthält und früher z. B. beim Indischen Gummibaum *(Ficus elastica)* auch zur Kautschukherstellung gewonnen wurde. Bei den Früchten ist es schon komplizierter: Maulbeerbäume, Papiermaulbeerbäume *(Broussonetia)* und Osage-Dorne *(Maclura)* haben alle brombeerähnliche Fruchtstände, zusammengesetzt aus vielen kleinen Einzelfrüchtchen. Das Blütenprinzip der Feigen ist ganz anders: Bei ihnen sitzen die Blüten an der Innenwand eines krugförmigen Blütenbodens, der anschwillt und sich zur Feige entwickelt.

Die winterharte Art *(Ficus carica)* kann man an ihrer nördlichen Arealgrenze schwerlich als einen Baum bezeichnen. Sie ist eher ein kriechender Strauch, dessen dünne, graue Äste die Unterstützung einer Wand brauchen, um Höhe zu gewinnen. Mit ein wenig Nachhilfe kann man sie aber selbst noch in Zone 6 dazu bringen, Früchte zu tragen. Der Kunstgriff besteht darin, daß man ihren Wurzeln möglichst wenig Spielraum läßt; am besten zieht man sie in einem Kübel und gibt ihr reichlich Nahrung. Bei manchen Kultursorten ist keine Bestäubung zur Fruchtbildung erforderlich.

Maulbeeren genießen kein gastronomisches Ansehen, doch haben diese schwarzroten Früchte ein apartes süßsäuerliches Aroma, das zur Geschmacksverbesserung von Likören, Hustensäften und sogar Weinen verwendet wird.

Der Maulbeerbaum ist langsamwüchsig, läßt sich aber gut ziehen. Selbst wenn man einen 1,5 Meter langen Steckling im Herbst pflanzt, hat man eine gute Chance, daß er angeht. Die große Frage allerdings ist, wo man ihn pflanzen soll. Denn er wächst zu einem breitausladenden Baum mit niedrigem Profil heran, dessen Früchte, wenn man sie nicht pflückt und ißt, alles unter dem Baum rötlich färben. So ist es jedenfalls beim Schwarzen Maulbeerbaum *(Morus nigra)*, dem mit den eßbaren Früchten. Wer Seidenraupen

Oben links: Ein junger Maulbeerbaum vor dem Polesden Lacey House bei London. Der Weiße Maulbeerbaum ist in Deutschland vor allem als Heckenpflanze eingebürgert.

Unten links: Sommerliches Licht- und Schattenspiel in einem Schwarzen Maulbeerbaum. Die brombeerartigen Früchte, hier noch hellrot, sind im reifen Zustand dunkelrot. Ihr süßsaures Aroma findet heute nicht viel Anklang.

Oben rechts: Der Seidenspinner wird im Fernen Osten schon so lange gezüchtet, daß er nicht mehr fliegen kann. Hier ein ausgewachsenes Weibchen mit seinen Eiern neben einem Seidenkokon.

Unten rechts: Eine kurz vor der Verpuppung stehende Seidenraupe frißt an einem Blatt des Weißen Maulbeerbaums. Aus dem sehr feinen, bis zu 4000 Meter langen Faden, aus dem die Raupe ihren Kokon herstellt, wird Seide gesponnen.

züchten möchte, muß den Weißen Maulbeerbaum *(M. alba)* pflanzen, der etwas schneller wächst. Aber der schwarze macht sich im Garten besser: Nur wenige kleine Bäume nehmen einen so knorrigen und urigen Habitus an.

Der Papiermaulbeerbaum *(Broussonetia papyrifera)* verdeutlicht mit seinen Blättern, nicht mit seinen Früchten, die Verwandtschaft zwischen Feigen- und Maulbeerbäumen. Manche seiner Blätter sind wie die der Maulbeerbäume mehr oder weniger herzförmig, die meisten aber gelappt und feigenähnlich.

Aus seiner Rinde machten die Chinesen ihr erstes Papier: indem sie sie einweichten, glätteten und mit Reispaste bestrichen. In Japan wird heute noch aus der Rinde einer verwandten Art das kostbare Kodzo-Papier hergestellt. Als Baum hat er Ähnlichkeit mit dem Schwarzen Holunder.

Ein ganz extravaganter amerikanischer Baum, der Osage-Dorn *(Maclura pomifera)*, verrät seine Verwandtschaft nur andeutungsweise durch den Aufbau seiner erstaunlichen Frucht, die Osage Orange. Die natürliche Verbreitung des Baumes ist auf Kansas, Virginia, Georgia und Texas beschränkt. Die Frucht sieht tatsächlich wie eine Orange aus, aber ihre runzelige Oberfläche deutet auf das gleiche Bauprinzip hin: Jede Frucht ist in Wirklichkeit ein aus einer Vielzahl kleiner Früchte zusammengesetzter Fruchtstand.

Oben: Blüten- und Fruchtteile des Schwarzen Maulbeerbaums (Buchstaben a bis g) und der Eßfeige (Buchstaben h bis v). Aus einem weiblichen Blütenstand (f) des Maulbeerbaums entwickelt sich ein Fruchtstand (c) von Einzelfrüchten (d), der eine Maulbeere bildet. Die Feigenblüten (h) sind zu Blütenständen innerhalb des krugförmigen Blütenbodens (k) angeordnet (im Längsschnitt: s). Die männlichen Blüten stehen an der Spitze, die weiblichen weiter innen.

Unten: Die Eßfeige stammt aus dem nahöstlichen Mittelmeergebiet, ist aber noch erstaunlich weit nördlich winterhart. Nördlich der Alpen braucht sie zur Fruchtbildung einen geschützten Standort und einen warmen Sommer.

Links: Der Osage-Dorn trägt wie der Maulbeerbaum kleine kugelförmige Blütenstände, aus denen ein in Größe und Farbe orangenähnlicher Fruchtstand wächst, der aber nicht eßbar ist.

Oben: Reife Feigen sind bräunlichviolett und runzelig. Frische Feigen mit rohem Schinken oder Weichkäse sind eine köstliche Vor- oder Nachspeise.

Die Walnußbäume

Unten: Walnußernte in der Dordogne im Südwesten Frankreichs. Mit langen Stangen werden die Nüsse von den Bäumen geschlagen. Auch in der Schweiz, in Süddeutschland und in den deutschen Weinbaugebieten wird die Walnuß viel angepflanzt, in Norddeutschland kommt sie nur selten zur Reife.

Warum eigentlich ist jemand stolz und glücklich, wenn auf seinem Rasen ein Walnußbaum steht? Denn einen weniger attraktiven Baum kann man sich kaum vorstellen. Er ist einer der letzten kahlen Bäume im Frühjahr und der erste kahle im Winter. Seine Blätter wirft er in einem traurigen Braun. Seine Kätzchen sind gar nicht dekorativ, weil sie zusammen mit den Blättern erscheinen, und seine Früchte sind auch keine Zierde. Überdies hat er einen untersetzten, plumpen Habitus.

Können Bäume außersinnlich kommunizieren? Ein Walnußbaum kann das. Er läßt seine Opulenz und Fruchtbarkeit selbst dann spüren, wenn er dasteht wie ein Puritaner, der gerade alle Nachtklubs schließen will. Was er zu bieten hat, ist von allerhöchster Qualität: das edelste Holz und die besten aller Nüsse.

Von den fünfzehn in Eurasien und Amerika heimischen Arten werden besonders zwei gern gepflanzt – die Amerikanische Schwarznuß *(Juglans nigra)* und die Echte Walnuß *(J. regia)*. Entfernte Verwandte sind die für Amerika so typischen Hickorynüsse. Zum asiatischen Zweig der Familie zählen auch die Flügelnüsse *(Pterocarya)*, im Charakter den beiden anderen Gattungen sehr ähnlich, aber vielleicht etwas schöner.

Walnußholz gehört zu den am schönsten gemaserten und gefärbten Möbelhölzern. Dieser tragbare Schreibsekretär stammt aus dem frühen 18. Jahrhundert.

Unten: Die Schwarznuß aus dem Osten der USA ist das mächtigste Walnußgewächs, auch in Europa. Ihre tiefrissige Borke ist schwarzbraun, im Gegensatz zur silbergrauen Rinde der Echten Walnuß.

Unten: Die Echte Walnuß ist ein kleinerer und langsamer wachsender Baum als die Schwarznuß, mit heller Rinde und dickem Geäst. Sie ist einer der letzten Bäume, die sich im Frühling belauben, und wird in der ganzen Welt vor allem ihrer Früchte wegen angepflanzt.

Ganz unten links: Blatt, Blüten und Nuß der Echten Walnuß. Das Kätzchen (oben rechts) ist der männliche Blütenstand; oberhalb der Nuß sind zwei der kleinen weiblichen Blüten abgebildet. Die Nuß ist oval und dünnschalig; das Blatt ist aus einer ungeraden Zahl von Fiederblättchen zusammengesetzt.

Ganz unten rechts: Die Schwarznuß hat längere Blätter mit einer meist geraden Zahl von lanzettlichen Fiederblättchen und eine kugelige Nuß mit grobgefurchter, dicker und schwer zu knackender Schale.

Gemeinsame Merkmale der Familie sind Blütenkätzchen, zusammengesetzte (oft leicht duftende) Blätter mit 5 bis 25 Fiederblättchen an bis zu 60 Zentimeter langen Stielen, fette Knospen oberhalb markanter Blattnarben sowie Nüsse. Ihre Zweige sind knorrig und schwer und ändern oft ein wenig ihre Richtung, was dem Baum im Vergleich etwa zur Esche, Charakter verleiht.

Bei so vielen Gemeinsamkeiten ist es manchmal ziemlich schwierig, die Arten auseinanderzuhalten. Wenn sie keine Nüsse tragen, kann man einen Walnußbaum von einer Hickorynuß am besten so unterscheiden: Man schneidet ein Zweigstück längsseitig durch. Ist das Mark massiv, ist es von einer Hickorynuß, ist es gekammert, von einer Wal- oder Flügelnuß. Und wenn es von einer Flügelnuß ist, befindet man sich in einem Arboretum.

Die Walnuß wird schon genauso lange kultiviert wie die Feige. Ihren heutigen Gattungsnamen haben ihr die Römer gegeben, als sie (über Griechenland) aus Persien zu ihnen kam: *Juglans* ist zusammengezogen aus *Jovis glans* = «Jupiters Eichel». Unser Name «Wal-» bedeutet einfach «fremd» und hat dieselbe Wurzel wie das gleichbedeutende Adjektiv welsch.

Als Fruchtbaum hat man der Walnuß große Aufmerksamkeit gewidmet: Es gibt etwa zwei Dutzend benannte Klone, die entweder größere oder mehr Früchte tragen oder eine dünne Schale haben. Am bekanntesten dürfte *J. regia* «Franquette» sein, ein kräftiger, weitausladender französischer Baum mit langen, ovalen Nüssen, nicht besonders groß, aber voller Fleisch, und das Fleisch voller Aroma.

Die größten Plantagen der Echten Walnuß sind im mittleren Kalifornien (5000 Hektar). In Europa gibt es nur wenige Plantagen, und man pflanzt sie hier weniger systematisch als Hecken- oder Gartenbaum. Sehr gute Walnüsse kommen aus der Gegend von Grenoble, sehr gutes Walnußholz aus der Dordogne, wo ein Walnußbaum ein beachtliches Familienvermögen sein kann. Denn die Nachfrage war schon in früheren Kriegen größer als das Angebot: Walnußholz war unentbehrlich für Ladestöcke, weil es offenbar kein anderes Holz gibt, das so schwer, elastisch und glatt ist. Und seit langem gilt es als das am schönsten gemaserte Möbelholz.

Die Echte Walnuß wächst langsam und erreicht weder in Höhe noch Breite die Größe der Schwarznuß. Das einzige, was sie als Baum der Schwarznuß voraushat, ist ihre silbergraue Rinde; die der Schwarznuß ist schwarzbraun.

Kommt es einem auf die Nüsse an, sollte man die Echte Walnuß pflanzen – die Schwarznuß, wenn man mehr Wert auf die Schönheit oder den Holzertrag legt, es sei denn, man wolle seine Nachkommen doppelt so lange warten lassen.

Allerdings hat die Schwarznuß eine häßliche Angewohnheit, die man beachten sollte: Sie kann Nachbarbäume und -sträucher, besonders Obstbäume (einschließlich ihrer eigenen Nachkommen), mit einer in ihren Wurzeln enthaltenen Substanz vergiften. Besonders Apfelbäume in ihrer Nähe gehen oft auf mysteriöse Weise ein. Eine heimtückische Waffe im Kampf ums Dasein, aber glücklicherweise ein Geheimnis, das die Schwarznuß für sich behält.

Eine der schönsten unter den weniger bekannten Walnußbäumen ist die texanische *Juglans rupestris*, ein kleiner, dicht mit sehr schmalen Blättchen behangener Baum. Sie ist winterfester, als ihre südliche Heimat vermuten läßt.

Hickorynüsse und Flügelnüsse

Wenn die Walnüsse in ihrer Familie die Würde geerbt haben, dann haben die Hickory- und Flügelnüsse das gute Aussehen mitbekommen.

Die Hickorynüsse sind in Europa kaum bekannt, nicht einmal ihr erlesenes Holz, dessen Rauch wie Weihrauch aus den amerikanischen Grills aufsteigt. Doch sind sie die wohl typischsten Bäume in den ausgedehnten ostamerikanischen Wäldern, die mit ihrer Vitalität und Vielseitigkeit in der Alten Welt nicht ihresgleichen haben.

Es ist recht einfach, die Hickorynüsse als Gattung zu charakterisieren. Sie sehen wie höhere und elegantere Walnußbäume aus, haben eine schönere Textur und intensivere Farben. Ihre Kätzchen stehen meist in Dreiergruppen zusammen. Ihr Holz ist das allerbeste Material für alle traditionellen Eschenholz-Verwendungszwecke – für Werkzeugstiele, Skier und auch als Brennholz.

Die Pecannuß *(Carya illinoensis)* ist die allerfeinste Art, leider auch die am wenigsten winterharte: im Mississippi-Becken heimisch, gedeiht sie nicht nördlich des französischen Zentralmassivs, trägt aber reife Früchte in Bordeaux. Wenn es eine bessere Nuß als die Walnuß gibt, dann ist es diese Pecannuß.

Hat sie den richtigen Boden (tiefgründig und feucht), ist die Pecannuß die schnellstwüchsige ihrer Gattung und bildet die höchsten und breitesten Bäume. In Tennessee steht ein 32 Meter

Die Hickorynüsse sind die Schönheiten der Walnußfamilie; ihre langen zusammengesetzten Blätter strömen ein süßes Aroma aus. Die *Carya ovata* hat die größten Blätter mit nur wenigen Fiederblättchen. Alle Hickorynüsse legen im Herbst schöne warme Gelbtöne an.

Der Stamm einer ausgewachsenen *C. ovata* ist mit steifen, abstehenden Borkenschuppen bedeckt – möglicherweise ein Schutz gegen nüssesammelnde Tiere. Der Baum hat ein großes Areal und wächst in Europa genausogut wie in Nordamerika.

Unten: Blätter und Früchte von vier bedeutenden Hickoryarten. Links die Bitternuß, ein herrlicher Baum (siehe auch Foto unten links), dessen Nüsse aber nicht eßbar sind.

Die *Carya ovata:* rechts hinter dem Blatt ein typisches Hickory-Drillingskätzchen. Die Nüsse sind weiß und immer vierteilig.

Die Spottnuß: Wird vor allem wegen ihrer süß duftenden, hängenden Blätter gepflanzt; ein kleinerer Baum als die Bitternuß. Ihr Name spielt darauf an, daß ihre Nüsse meist fast leer sind oder gar keinen Kern enthalten.

Die Pecannuß hat die längsten Blätter und süßesten Früchte ihrer Gattung. Sie ist aber nicht so anpassungsfähig wie die anderen Arten und braucht heiße Sommer.

hohes Exemplar, dessen Krone einen Durchmesser von 41 Metern hat. Die Blätter sind aus vielen langen Fiederblättchen zusammengesetzt und jedes ist hübsch gewellt. Masse und Eleganz verleihen dem Baum einen höchst eindrucksvollen Habitus.

Bei der Pecannuß gibt es allerdings eine Schwierigkeit, die allen Hickorynüssen und bis zu einem gewissen Grade auch den Walnüssen eigentümlich ist: Sie hassen es, verpflanzt zu werden, und gehen gewöhnlich danach ein. Deshalb sind sie in Baumschulen nicht beliebt und werden oft gar nicht geführt. Man muß sie also ganz klein pflanzen – oder ein paar Nüsse eingraben.

Der am leichtesten zu erkennende Hickory ist die *Carya ovata.* Es wäre besser gewesen, der Botaniker, der diesem Baum seinen lateinischen Namen gab, hätte ihn gesehen und nicht nur ein paar seiner Blätter und (ovalen) Nüsse. Denn der ungewöhnliche Stamm hätte ihn bestimmt veranlaßt, in der Mythologie nach irgendeiner alten Hexe in mottenzerfressenen Lumpen zu suchen, um sein schrecklich ramponiertes Aussehen zu beschreiben.

Wenn die *C. ovata* mit 30 oder 40 Jahren anfängt Früchte zu tragen, beginnt ihre glatte Borke in Fetzen zu zerreißen. Dies kann durchaus eine evolutionäre Anpassung sein, die sich in der Abwehr nußgieriger Eichhörnchen bewährt hat. Denn sicherlich bereiten ihnen die scharfkantigen, abstehenden Borkenstreifen, die sehr fest sitzen, auch wenn sie jeden Augenblick abzufallen scheinen, einige Schwierigkeiten.

Dieser seltsame Hickory hat die wenigsten Fiederblättchen je Blatt: nur fünf, das Endblättchen größer als die anderen vier. Es ist ein aufrechter, turmkroniger Baum, doppelt so hoch wie breit oder höher. Das größte Exemplar, 40 Meter hoch und 19 Meter breit, steht in Texas.

Die Bitternuß *(C. cordiformis)* unterscheidet sich durch ihre hellgelben, gebogenen Knospen ohne Schuppen von allen anderen Hickoryarten. Sie ist die einzige Hickorynuß, deren Frucht völlig ungenießbar ist.

Die Spottnuß *(C. tomentosa)* – Spott, weil ihre Frucht fast leer ist – hat eine samtige, graue Endknospe, doppelt so dick wie ihr Tragzweig. Die Spottnuß ist die im Süden der USA am weitesten verbreitete Hickorynuß, ein im Vergleich zu den anderen kleiner Baum, aber wegen seines ausgezeichneten Holzes und auch seiner süßlich duftenden Blätter sehr geschätzt.

Eine weitere wichtige Art, die *C. glabra,* zeichnet sich durch die Glätte ihrer Knospen und Zweige sowie die glänzenden Unterseiten ihrer Blätter aus. Ihr Verbreitungsgebiet stimmt mit dem der *C. ovata* überein.

Die Kaukasische Flügelnuß *(Pterocarya fraxinifolia)* gehört wie die trefflichen Zelkoven zu jener Kategorie Bäume, die kräftig, leicht zu ziehen, dekorativ und in jeder Hinsicht empfehlenswert sind. Sie gedeiht bis Zone 5, am besten in Gebieten mit kontinentalem Klima; außderdem liebt sie feuchten Boden. Gibt man ihr diese Bedingungen, bildet sie rasch auf kurzem Stamm eine gewaltige Kuppel aus ungezählten kleinen Blättern an langen Stielen. Im Juli entwickeln sich am ganzen Baum aus den Kätzchen lange, gelbgrüne Ketten von Flügelnüssen. Der Hybrid *Pterocarya x rehderiana* aus dem Arnold Arboretum behängt sich besonders üppig mit Kätzchen.

Die Bitternuß ist einer der höchsten und stattlichsten Vertreter der Hickory-Gattung, im Winter leicht an den leuchtendgelben Knospen zu erkennen. Der Hickory muß klein gepflanzt werden, in späteren Jahren verträgt er das Umpflanzen nicht mehr.

Auch Flügelnüsse verdienten es, bekannter zu sein. Sie wachsen schnell zu eichenähnlichen Formen heran, tragen hübsche lange Blätter und Kätzchen, danach Nußketten. Hier die Nüsse der Chinesischen Flügelnuß *(Pterocarya stenoptera).*

Die baumelnden Nußketten der eschenblättrigen Flügelnuß aus dem Kaukasus: ein größerer Baum als der chinesische, der jedoch feuchten Boden und heiße Sommer liebt.

Ganz oben: Am dekorativsten sind die Flügelnüsse im Sommer, wenn überall an ihren ausladenden Kronen helle Nußketten hängen. Eine Kreuzung der chinesischen und der kaukasischen Art, *Pterocarya x rehderiana,* legt besonders üppigen Schmuck an.

Nackte unbeschuppte Knospen der eschenblättrigen Flügelnuß, von einer braunen Wollschicht geschützt. Die embryonalen Blätter sind noch fächerartig gefaltet, und die Blütenähren sehen vor dem Aufbrechen wie kleine Kätzchen aus.

Die Buchen

Gemälde einer berühmten alten Buche in Windsor, das Paul Sandby 1832 gemalt hat. Buchen sind nicht so langlebig wie Eichen und werden daher kaum so massig und knorrig.

Die Buchenfamilie im weiteren Sinne, die Buchen, Eichen und Edelkastanien umfaßt, ist in jeder Hinsicht die königliche Familie der Laubgehölze: Der König ist die Eiche, die Buche die Königin.

In der gemäßigten Zone halten Eichen von allen Laubbäumen das größte Areal besetzt. Es gibt rund 300 Arten, immergrüne und laubwerfende. Es zählen auch Sträucher dazu, aber die meisten von ihnen sind große Bäume.

Von den Buchen gibt es dagegen nur 10 verschiedene Arten, die in den drei nördlichen Kontinenten vorkommen. Die nahe verwandte Gattung der Südbuchen findet sich nur auf der Südhalbkugel.

Die eng mit der Eiche verwandte Kastanie ist der dritte wichtige Zweig der Familie, deren gemeinsames Merkmal eine charakteristische Fruchthülle die *Cupula* ist: Bei Eicheln, Kastanien und Bucheckern bildet sich aus dem Blütenstandstiel eine Schutzhülle um die Früchte, die bei den Eicheln nur kurz und napfförmig bleibt, bei den Kastanien und Bucheckern aber die Früchte völlig mit einer stacheligen Schale umgibt.

Wenn die Buchen eine Region besonders gern haben, dann ist dies die Normandie. Dort erreichen sie höchste Perfektion, in Wäldern von erstaunlicher Reinheit und Herrlichkeit. Im Wald von Lyons-la-Forêt bei Rouen (siehe Bild rechts) stehen Buchen, die sich zur Zeit der Französischen Revolution selbst ausgesät haben und heute glattstämmig bis 30 Meter emporgipfeln und einen 10 Meter tiefen Baldachin tragen, durch den man nichts vom Himmel sieht. Man kann sich nicht des Eindrucks erwehren, daß einst die Vorläufer dieses feierlichen Waldes die Schöpfer der großartigen Kathedralen in der Normandie inspirierten. Weltberühmt sind ferner die Buchen im Sihlwald bei Zürich.

Den Früchten aller Mitglieder der Buchenfamilie ist die Bildung einer charakteristischen Fruchthülle *(Cupula)* gemeinsam, welche die einsamigen Schließfrüchte mehr oder weniger umschließt. Bei Buche und Kastanie werden 2 bis 3 Früchte von einer stacheligen Schale ganz umschlossen, die bei der Reife vierklappig aufspringt. Die Eichel dagegen sitzt unbedeckt in der nur napfförmig ausgebildeten *Cupula*.

Die Herbstfarbe der Buchen schwankt zwischen Gelb, Rostbraun und einem tiefen Fuchsrot. Die Buchen sind eine kleine und homogene Baumgattung und selbst in ihren Zier- und exotischen Formen leicht zu erkennen.

Jahrhundertealte Buchen in einem der großartigen Buchenwälder der Normandie, dem Wald von Lyons bei Rouen. Mit ihren dichten Kronen bildet die Buche tiefschattige Wälder. Alle unteren Äste fallen ab und hinterlassen hohe silbergraue Stämme.

Die Buchen

Ein hängender Buchenzweig kurz nach Aufbruch der Laubknospen. Buchen lassen ihre Zweige im Schatten gern hängen, während sie sie im Licht steif und waagerecht halten.

Oben: Die Erosionswirkung des Regens hat dieses labyrinthische Wurzelgewirr einer Buche freigelegt. Das Wurzelwerk der Buche ist nicht besonders ausgedehnt, aber stark verzweigt und ziemlich tief und kann den Boden intensiv aufschließen.

Seltsam, daß sich die Buche nicht in dem Maße diversifizieren konnte wie die Eiche. Die zehn Arten sehen sich fast zum Verwechseln ähnlich, von ihren größeren oder kleineren, längeren oder runderen Blättern einmal abgesehen. Die Buche ist vermutlich am Ende ihres Evolutionsweges angelangt, wie sie auch den endgültigen Sieg im Kampf um die Vorherrschaft in vielen unserer Wälder davongetragen hat.

Die Buche gedeiht auch auf magerem Kalkboden, auf dem sich andere Bäume schwertun, und mit der Zeit setzt sie sich ganz durch. Kaum ein Strauch, kaum ein Kraut, die noch unter einem dichten Buchen-Reinbestand wachsen könnten. Ihre Kronen lassen nur vereinzelte Sonnenstrahlen durch. Deshalb ist das Echo in Buchenwäldern auch besonders lang – es ist das Echo eines leeren Raumes.

Die rücksichtslosen Methoden, mit denen sich die Buche die Vorherrschaft erkämpft, nämlich die tiefe Beschattung des Bodens und seine Durchdringung mit Flachwurzeln, sieht man diesem Baum auf den ersten Blick gar nicht an. Von allen großen Bäumen ist sie einer der elegantesten, einer mit den anmutigsten Verzweigungen und Bewegungen, den hellsten und femininsten Farben und der glattesten Textur.

Statt ihren Stamm mit einer dicken, korkigen Borkenschicht zu umhüllen wie die Eichen, bildet die Buche nur eine dünne, silbergraue und glatt bleibende, gegen Sonnenbrand empfindliche Stammrinde. Deshalb braucht sie auch den Schatten, den sie so gut zu erzeugen versteht, indem sie waagerecht Laubschicht über Laubschicht breitet. Eine freistehende Buche bleibt bis zum Boden beastet, um ihren Stamm vor der Sonne zu schützen. Man könnte sagen, am schönsten sei die Buche im frühen Winter. Ihre Blätter färben sich manchmal wie goldbraun zerlassene Butter, manchmal kupferrot wie ein Fuchsschwanz, bevor sie abfallen. Aber bei jüngeren Bäumen bleiben viele Blätter noch einige Zeit an den tieferen Ästen hängen. Es ist ein herrliches Bild, wenn im Winter die Sonne mit diesen Blättern und dem silbernen Stamm spielt. Der Sommer mit seinen Geranien hat kein Monopol auf die Farben der Natur.

Die Großblättrige Buche *(Fagus grandifolia)* aus dem östlichen Nordamerika hat einige Schwierigkeiten in Europa, die europäische Rotbuche *(F. sylvatica)* dagegen gedeiht drüben prächtig – was auch gut ist, denn von ihr stammen all die interessanten Kultursorten ab. In Gärten werden Buchen vor allem als Heckenpflanzen gezogen, wofür sie auch hervorragend geeignet sind. Aber gleich nach den Hecken kommt zweifellos die Blutbuche – verständlicherweise populär, denn sie ist die größte rote Pflanze.

Ein Exemplar der dunkelsten Blutbuche, der Varietät «Rivers Purple»; Kupfer- und Blutbuchen gibt es in einer Reihe von Farbtönen, doch dunkeln alle im Spätsommer nach.

Rotblättrige Buchen sind wildwachsend wiederholt aufgetreten – aus irgendeinem Grund besonders in der Mitte Europas: in der Schweiz, in Bayern und Ostfrankreich. Früher sagte man ihnen nach, sie seien Zeichen dafür, daß die Natur ein Verbrechen mißbillige – daß sich das Blut weigere, zur Ruhe zu kommen. Röte ist aber ein recht stabiles Merkmal dieser Bäume, deren Sämlinge ebenfalls oft rot sind. Einer Reihe von Rottönen hat man eigene Varietätennamen gegeben. So bezeichnet man als «Cuprea» die hellsten, angeblich kupferfarbenen Töne, als «Rivers Purple» das dunkelste Blutrot. Aber gewöhnlich führen Baumschulen keine größere Auswahl – und da alle Buchen eine ganze Farbskala durchlaufen, vom seidigen Rosarot der jungen Blätter bis zum rotbräunlichen Endstadium im Herbst, ist es auch schwierig, welche dieser Farben man der Benennung zugrunde legen soll.

Die Verschiedenblättrige Buche *(F. sylvatica heterophylla)* ist aber ein feinerer und zweifellos schönerer Baum. Ihre Blätter sind tief eingeschnitten, oft verschiedenfarbig und geben dem Baum eine subtilere und weniger glänzende Textur: einen matten Effekt, der das Licht aufsaugt. Wenn sich Leute in alten Parks einen Baum genauer anschauen, dann ist es meist dieser, dem ihr Interesse gilt.

Links: Vollentfaltete Blätter der Rotbuche Europas und drei ausgewachsene, aber noch unreife Früchte. Bei der Reife öffnen sich die weichstacheligen Fruchtbecher mit vier Klappen und entlassen zwei dreikantige Bucheckern.

Buchenwald im Herbst. Die dichte, stark beschattende Belaubung behindert das Aufkommen anderer, weniger schattentoleranter Baumarten und von Bodenbewuchs. Die Buche tritt daher meist in ziemlich gleichförmigen Reinbeständen auf.

Oben: Eine Trauerbuche entsteht durch Aufpfropfen hängender Äste auf einen ausgewachsenen Stamm, dessen normale Äste man entfernt. Das Ergebnis ist, wie hier, ein bizzares Astgewirr.

Links: Die schmalkronige Dawyck-Buche wurde im vergangenen Jahrhundert in einem schottischen Garten entdeckt. Sie bildet einen prächtigen, hellgrün glänzenden Turm.

Wahrscheinlich finde ich wenig Zustimmung, wenn ich die Trauerbuche als eine Monstrosität bezeichne. Aber sie rangiert ganz unten auf meiner Liste der Trauerbäume; die Esche und die Ulme trauern weitaus überzeugender. Zwar vergießen solche Buchen Krokodils-, oder wie es in *Hillier's Manual* heißt, Elefantentränen – doch lassen Sie mich weiterzitieren: «...die enormen Äste hängen dicht und senkrecht wie Elefantenrüssel am Stamm herab.» Zwar nicht ganz so häßlich wie eine trauernde Sequoie, die an eine zum Angriff ansetzende *Boa constrictor* erinnert, aber trotzdem alles andere als anmutig.

Die nützlichste Form dürfte ein noch verhältnismäßig neuer Baum sein, über den allerdings schon reiche Erfahrungen vorliegen: eine Buche mit dem Habitus einer Pyramidenpappel, ein phantastischer Kompromiß für jeden, der eine Buche haben möchte, aber nicht genug Platz hat. Diese *F. sylvatica* «Dawyck» wächst als junger Baum streng aufrecht, breitet sich dann aber zu einem mächtigen Oval aus. Wo es nicht primär auf Schatten ankommt, ist diese Form als Straßenbaum kaum zu übertreffen.

Oben: Der abartige Wuchs der «Tortuosa»-Buche. Diese bizarren Bäume kommen seltsamerweise vor allem in einer Zone vor, die sich durch Dänemark über die Champagne bis nach Le Cosquer in der Bretagne (oben) zieht.

Eine Kreuzung aus der Schlitzblättrigen Buche (deren Blätter fast so fein wie diese sind) und der Kupferbuche: *Fagus sylvatica* «Ansorgei», ein herrlicher Baum, der so kompakt ist, daß er auf einem mittelgroßen Rasen gepflanzt werden kann.

Familie der Buchengewächse / *Fagaceae*

Die Südbuchen

Die Erde ist ziemlich gründlich nach Bäumen durchforscht worden. Es ist unwahrscheinlich, daß selbst in China noch eine bedeutende Gattung unentdeckt geblieben ist. Doch gibt es eine höchst interessante und dekorative Gruppe, die außerhalb ihres Verbreitungsgebietes immer noch weitgehend unbekannt ist: die Buchen der Südhalbkugel, eine Gattung von Bäumen, deren Eigenart, Stil und Schnelligkeit bemerkenswert sind. Wo aber sieht man sie? Nur wenige Baumschulen haben je von ihnen gehört. Die südliche Gattung heißt *Nothofagus*, die Buche, *Fagus*, der südlichen Hemisphäre. Botanisch unterscheiden sich die beiden nur verhältnismäßig geringfügig, beträchtlich aber in ihrem Habitus. Manche von ihnen sind laubwerfend, andere immergrün, aber das markanteste Kennzeichen der meisten von ihnen ist ein sehr kleines Blatt, vielleicht nur halb so groß wie beim Buchs.

Welchen Vorteil bietet nun ein kleines Blatt? Für den Gärtner ist es eine Frage der Textur. Regelmäßigkeit und Exaktheit sind Eigenschaften, die nicht gerade aufregend klingen, aber genau darauf beruht die Anziehungskraft, die diese Bäume auf uns ausüben – wie auch auf unserer Freude an allem Miniaturhaften. Bei der Antarktischen Südbuche *(N. antarctica)* beispielsweise sind die winzigen Blätter in zwei präzisen Reihen an der zarten Zweigen angeordnet, jedes einzelne Blatt ein gekräuseltes, nerviges, muschelförmiges Gebilde.

Südbuchen gibt es in Australasien und Südamerika, ein weiterer Beweis dafür, daß sich die südlichen Erdmassen erst in relativ junger Zeit gespalten haben. Am meisten winterfest und erprobt sind die chilenischen Arten. Novität kann schwerlich der Grund dafür sein, daß sie immer noch auf ihre esoterische Nische beschränkt sind – zwei von ihnen wurden schon vor 150 Jahren in die Botanik eingeführt.

Von den laubwerfenden chilenischen Arten dürfte die Antarktische Südbuche die charakteri-

Die immergrüne *Nothofagus cunninghamii* aus Tasmanien ist mit ihren winzigen Blättern eine typische Vertreterin der Südbuchengattung. Das Rot ihrer Jungtriebe erinnert an die Herbstfarbe ihrer laubwerfenden Verwandten.

Die Schwarzbuche, *Nothofagus solandri*, im Süden der Neuseeländischen Alpen. Sie bildet gewaltige, reine Wälder, die bis zur Schneegrenze ansteigen.

stischste und häufigste sein. In unseren Breiten wächst sie eher zu einem breiten Busch als zu einem Baum heran; ich habe eine gesehen, die einem Korkenzieher nachzueifern versuchte.

Auch die Herbstfärbung der Antarktischen Südbuche ist recht bemerkenswert; sie verfärbt sich Blatt für Blatt, und zwar in einer Reihe verschiedener Töne: Ergebnis ist, daß der ganze Baum wie ein Mosaik aus Grün, Rot, Orange und Braun wirkt.

Zwei weitere chilenische Arten, *N. procera* und *N. obliqua,* haben größere Blätter. *Procera*-Blätter sind heller und haben ausgeprägtere Nerven, ähnlich wie Hainbuchenblätter; ihre Knospen stehen wie bei den Buchen seitlich von den Zweigen ab. *Obliqua* mit ihren glänzenden, stärker gekerbten und dunkleren Blättern ähnelt dagegen mehr einer Kastanie. Beide Arten sind außerordentlich schnellwüchsig und verfärben sich gut im Herbst.

Die einzige immergrüne Art, die ich bislang kennenlernen konnte, ist die chilenische *N. dombeyi.* Bei ihr ist die Fischgrat-Verzweigung fast so ausgeprägt wie bei manchen jungen Ulmen. In ihren Blättern unterscheidet sie sich nicht sehr von der Antarktischen Südbuche, nur sind sie dunkler und stehen ziemlich dicht an roten Zweigen, die wie die Zweige mancher Kirschen mit weißen, waagerechten Streifen gezeichnet sind. Auch der graue Stamm ist mit senkrecht verlaufenden, weißen Bändern markiert.

Zwei weitere chilenische Immergrüne, *N. betuloides* und die Neuseeländische Schwarzbuche *(N. solandri)* sowie deren Form *cliffortioides,* sind sehr ähnlich. Die chilenischen Arten gelten als winterhärter; was sie aber alle nicht mögen, ist Wind und kalkhaltiger Boden.

Die Antarktische Südbuche aus Chile, *Nothofagus antarctica,* hat manchmal überhaupt keinen geraden Stamm, sondern formt ihre Äste wie ein riesiger Strauch.

Die Blätter der laubwerfenden Antarktischen Südbuche sind fast so klein wie die der Schwarzbuche. Im Frühling hängen gelbe Blütentrauben an den Zweigen.

Oben und unten: Die stark gerippten Blätter einer anderen laubwerfenden chilenischen Südbuche, *Nothofagus procera,* zählen zu den größten der Gattung: bis zu 10 Zentimeter lang. Sie sind Hainbuchenblättern sehr ähnlich. Im Herbst (oben) nehmen sie verschiedene warme Rosa- und Brauntöne an. Die Früchte der *N. procera* (unten, unreif) unterscheiden sich kaum von denen unserer heimischen Buchen.

Ein charakteristisch fächerförmiger Zweig der immergrünen Schwarzbuche Neuseelands. Sie wächst zu einem schlanken, hohen Baum heran, dessen winzige Blätter ihm große Eleganz verleihen. Eng verwandt ist die Form *Nothofagus cliffortioides* mit noch kleineren Blättern.

Die Eichen

Von unseren heimischen Bäumen ist keiner so mit Mythologie befrachtet wie die Eiche. Viele indogermanische Völker verehrten sie, die Griechen weihten sie dem Zeus, die Römer dem Jupiter und die Germanen dem Donar. Und in der Bibel steht, daß Abraham die drei Engel unter einer Eiche empfing und bewirtete.

Nach den Eiszeiten breitete sich die Eiche über fast ganz Europa aus und bildete gewaltige Urwälder. Noch zur Zeit der Germanen gab es riesige Eichenwälder. Heute führt dieser herrliche Baum in Mitteleuropa mehr ein Einzeldasein. Raubrodungen und Buchen haben die Population dezimiert.

Wo die Eiche heute noch in reinen oder Mischwäldern wächst, ist sie der König des Waldes: keine Schönheit wie die schattenholde Waldkönigin, die Buche, sondern von knorrig harter Gestalt, raumbeherrschend und sonnenhungrig. «Sie ergreift wie der Adler die Beute / mit gewaltigen Armen den Raum / und gegen die Wolken ist heiter und groß / die sonnige Krone gerichtet...» Wie Hölderlin die Eiche sah, so gilt sie seit Jahrtausenden vielen Völkern als Symbol der Kraft, Beharrlichkeit und Willensstärke.

Wie die 724 von Bonifatius beim hessischen Geismar gefällte Donar-Eiche fiel manche heilige Eiche der Christianisierung zum Opfer. Und noch lange danach galten Eichen als verwünschte Teufels- und Hexenbäume. Im 16. Jahrhundert erinnerte man sich wieder der antiken Eichensymbolik und verwendete ihre Embleme in heraldischen und anderen Ornamenten.

Die patriotische Verehrung der «deutschen Eiche» fing erst im 18. Jahrhundert mit Klopstock an. Und zum Sinnbild des Sieges und Heldentums wurde Eichenlaub zu Anfang des 19. Jahrhunderts, zum erstenmal auf dem Eisernen Kreuz 1813, dann in der Turner- und deutschen Einigungsbewegung.

Aber auch in anderen Ländern entstand eine ähnliche Eichen-Emblematik – schließlich ist die Eiche mit etwa 280 Arten auf der ganzen Nordhalbkugel verbreitet: als Baum, als Strauch, als Gestrüpp, sommergrün und immergrün. Wenn Mitteleuropäer «Eiche» sagen, dann meinen sie allerdings meist eine ganz bestimmte Art: *Quercus robur*, die Stiel- oder Sommerreiche, weitausladend und langsam, mit unregelmäßig eckigen, massigen Astarmen.

Fast ebenso verbreitet ist aber die Traubeneiche, oftmals auch Wintereiche genannt *(Q. petraea)*: ein schlankerer, höherer Baum mit regelmäßigerer Verzweigung. Selbstverständlich hängt die Wuchsform beider Arten wesentlich vom jeweiligen Standort ab. Auf freiem Feld entwickelt auch die Traubeneiche eine breitere Krone, und im Wald reckt sich die Stieleiche ebenfalls in die Höhe. Deshalb und weil es oft Mischformen gibt, ist es besser, sich an andere Unterscheidungsmerkmale zu halten. Bei der Stieleiche sitzen die Früchte zu mehreren an einem 5 bis 12 Zentimeter langen Stiel, bei der Traubeneiche in kurzgestielten Trauben dicht beisammen. Bei den Blättern ist es umgekehrt: Die kurzgestielten (4–8 mm) Blätter der Stieleiche bilden steife Rosetten an den Zweigenden, weshalb ihre Krone nicht sehr dicht ist und viel Licht hindurchläßt. Die längergestielten (1–1,5 cm) Blätter der Traubeneiche – die häufig den Winter über am Baum bleiben, besonders bei jungen Bäumen – ergeben dagegen einen gleichmäßigen Behang und volleren Schatten.

Die großen Eichenwälder Zentralfrankreichs, in denen die höchsten Eichen Europas wachsen, vor allem der im 18. Jahrhundert von Colbert für die Marine angelegte Forêt de Tronçais, sind Traubeneichenbestände. Auch in anderen Ländern war die Marine Hauptabnehmerin für Eichenholz. Für eine Fregatte brauchte man nicht weniger als 1200 große Stämme. Eichenholz ist so hart und gerbstoffreich, daß es Jahrtausende überdauern kann, ohne zu faulen. Heute wird es als Bau- und Brückenholz verwendet und zu

1 Stieleichen im Schnee
2 Blätter und Früchte einer Stieleiche im Spätsommer
3 Junge Stieleiche in einer französischen Hecke
4 Männliche Blüten der Stieleiche (vergrößert)
5 Weibliche Blüten der Korkeiche in den Achseln der (immergrünen) Blätter.

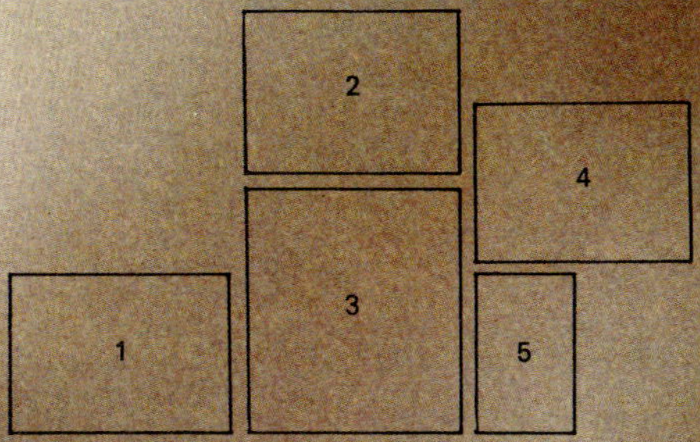

Fischkuttern, Möbeln, Parkett, Fässern und Eisenbahnschwellen verarbeitet.

Die intensive Kultivierung der Eichen hat in den letzten zwei Jahrhunderten eine Reihe schöner Ziersorten hervorgebracht. Am eindrucksvollsten dürfte wohl die straff aufrechte Form der Stieleiche sein, *Q. robur* «Fastigiata». Die anderen Kultursorten findet man selten: *Q. x rosacea* «Filicifolia» mit tiefeingeschnittenen Blättern, *Q. robur* «Atropurpurea» mit purpurroten Blättern, eine gelbe Sorte *Q. r.* «Concordia») und eine gescheckte Version *(Q. r.* «Variegata»).

Die heute meistgezogene Ziereiche ist wahrscheinlich die Lucombe-Eiche *(Q. x hispanica* «Lucombeana»), eine 1762 entdeckte Zufallskreuzung zwischen der kraftvollen Zerreiche *(Q. cerris)* und der immergrünen, im Mittelmeergebiet heimischen Korkeiche *(Q. suber)*. Mit Ausnahme der Korkrinde vereint sie in sich alle Vorzüge beider Elternteile: ein hervorragender, stattlicher Baum mit strahlenden, fast immergrünen, gelblich schimmernden Blättern.

Eichen stellen keine großen Ansprüche an den Boden. Wo genug Sonne ist, säen sie sich gut aus. Gepflanzt werden sie heute nicht mehr so oft, vermutlich wegen ihrer notorischen Langsamwüchsigkeit. Schauen wir uns aber einmal an, wie schnell oder langsam sie wirklich sind.

Auf einem vor 15 Jahren völlig gerodeten Stückchen Land habe ich heute ein paar 7,5 Meter hohe Eichen stehen, wahrscheinlich aus Eicheln, die Eichelhäher dort im Jahr der Rodung vergruben. Gewiß, wären es Pappeln, könnten sie heute schon 18 Meter groß sein, aber sind denn 7,5 Meter in 15 Jahren (oder 4,5 Meter in 10 Jahren) tatsächlich eine so schlechte Wuchsleistung?

Auch sollte man die Schönheit junger Eichen nicht unterschätzen. Die Johannistriebe, die alle Eichen im Hochsommer mit neuem Leben erfüllen, wirken an Jungbäumen am prächtigsten. Im letzten Herbst war eine meiner Eichen so sehr mit rosa- und goldfarbenen jungen Blättern behangen, daß keine Blütenkirsche eindrucksvoller hätte aussehen können; und es dauerte sechs Wochen, bis sie nach Hellgrüntönen schließlich ihr Dunkelgrün angenommen hatten. Dasselbe, an einem geschützten Platz stehende Exemplar behielt wie eine junge Buche den ganzen Winter seine braunen Blätter – sicherlich ein Baum, der auch weiterhin noch manches verspricht.

Die Eichen Europas und Asiens

Ein aus Eichenholz geschnitzter Löwenkopf aus dem Schloß Fontainebleau, ein Werk aus der Schule von André Gobert, Holzbildhauer Ludwigs XIV.

Die Neigung, die Blätter – ob abgestorben oder lebendig – noch spät im Jahr zu tragen, ist in der Eichengattung weit verbreitet. Und alle ihre Arten machen den Eindruck, als hätten sie einen Hang zum Immergrünen. Viele südliche Eichen in Europa und Amerika sind auch eindeutig immergrün. Andere, vor allem die großblättrigen Arten, lassen ihr Laub so lange wie möglich hängen, in Mittel- und Nordeuropa oft bis zum Januar, im Süden bis zum Austrieb der neuen Blätter im Frühjahr.

Die Steineiche ist die bei weitem bekannteste südeuropäische Art und mit Abstand der größte und schönste immergrüne Laubbaum, den man noch in Zone 8 bis 7 in Europa ziehen kann. Er scheint sämtliche Regeln zu durchbrechen, wenn er seine Laubmassen den rauhen Winterstürmen entgegenhält. Nur ein sehr strenger Winter kann ihn ganz oder teilweise entlauben – und selbst das übersteht der Baum oft ohne Schaden.

Die lateinische Artbezeichnung, *Q. ilex*, nimmt Bezug auf die «Stechpalme» oder «Stechhülse». Vielleicht hat der Schock, im Winter einen zweiten grünen Laubbaum zu sehen, diesen Vergleich veranlaßt, denn die vollentwickelten Blätter sind zwar ein wenig stachelig, es fehlen ihnen aber der Hochglanz und die dornige Zähnung der Stechhülsenblätter. Die Blätter der Steineiche sind oval bis lanzettlich, daumennagelgroß, bis 8 Zentimeter lang, und ihre Farbe schwankt zwischen einem recht hellen Grün im Schatten und einem satten Dunkelgrün im Sonnenlicht. Wie die Eibe hat dieser Baum seine größte Zeit, wenn sich sein junges Frühjahrslaub von dem fast schwarzen Hintergrund der alten Blätter abhebt. Die frischen Blätter sind mit einem Flaum weißer Härchen überzogen; wenn sie sich entfalten, leuchten sie bernstein- bis lohfarben. Die breite Kuppel eines großen Exemplars, mit bis zum Boden herabhängenden Ästen und von oben bis unten in diese ruhigen Farben getaucht, ist der feierlichste Schmuck, mit dem ein Baum den Frühling begrüßt.

Da sie so gute Schattenspender sind, wirken dicht gepflanzte Steineichen besonders eindrucksvoll. Sie wachsen hoch und schlank wie ein Waldbaum, ohne aber ihre unteren Blätter und Äste abzuwerfen. Kein Baum eignet sich so gut als architektonisches Hauptelement in einem Garten oder Park.

Eine andere immergrüne Eiche der Mittelmeerregion ist die Korkeiche, *Q. suber*. Sie ist nicht ganz so winterhart wie die Steineiche, auch nicht so groß und gut aussehend. Was sie interessant macht, ist ihre Korkrinde, die sie (im Gegensatz zur Elefantenhaut-Rinde der Steineiche, von der man nicht viel sieht) meist freigebig zeigt, weil sie offen und exzentrisch wächst. Alte Korkeichen neigen sich oft in einem gefährlichen Winkel, was

Links: Die in fast ganz Europa heimische Trauben- oder Wintereiche ist meist größer und weniger ausladend als die Stiel- oder Sommereiche. Die schönsten französischen Eichenwälder sind Traubeneichenbestände.

Oben: Die Korkeiche aus Portugal, Spanien, Italien und dem westlichen Nordafrika liefert immer noch die meisten Weinflaschenverschlüsse. Die dicke Korkrinde wird alle 10 bis 15 Jahre abgeschält.

Unten links: Die Zerreiche ist die schnellstwüchsige und anpassungsfähigste Eichenart Europas. Ihre Eicheln sitzen in charakteristisch igelartigen, mit Pfriemschuppen besetzten Fruchtbechern; ihre ovalen bis länglichen Blätter sind unten behaart.

Unten: Die männlichen Kätzchen der Traubeneiche sind gelb und gut zu erkennen. Die weiblichen Blüten sitzen, wie die Eicheln, ungestielt in den Blattachseln.

zusammen mit ihrem zerklüfteten Stamm einen überzeugend senilen Eindruck macht. Wirtschaftlich nutzt man die Korkeiche vor allem auf Sardinien, in Spanien und Portugal. Kork als Flaschenverschluß ist aber erst seit dem 15. Jahrhundert bekannt; die griechischen und römischen Weinamphoren wurden noch mit Wachs versiegelt.

In vielerlei Hinsicht ideale Pflanzen für öffentliche Anlagen sind die großblättrigen Eichen. Sie sind keine wild exotisch wirkenden Bäume, neben denen unsere heimischen Gehölze dürftig aussähen, sondern nahe Verwandte unserer Eichen mit einem Schuß südlichen Temperaments, gerade so viel, daß es den Menschen auffällt und sie sich wundern, eine Eiche mit so großen Blättern zu sehen.

Besonders schön sind drei früher berühmte Eichen: die Ungarische Eiche *(Q. frainetto)*, die Kanarische Eiche *(Q. canariensis)* und die Kaukasische Eiche *(Q. macranthera)*. Sie alle tragen etwa 15 Zentimeter lange Blätter.

Die Kanarische kann man leicht mit der Kaukasischen Eiche verwechseln; die wunderschönen Blätter der Ungarischen sind viel tiefer gelappt (bis zu 5 cm). Alle drei Arten wachsen zu außerordentlich großen Bäumen heran.

Ein weiteres Paar hervorragender Eichen kommt aus dem Nahen Osten – mit schmalen

Die Eichen aus dem Fernen Osten sind in europäischen Parks und Gärten noch sehr selten. *Quercus glauca* ist eine schöne, kleine immergrüne Art aus China, mit an der Unterseite blauweißen, ledrigen Blättchen.

Einige südeuropäische Eichen haben glänzende Blätter, doppelt so groß wie die der Stieleiche. Einer dieser edlen und auffallenden Bäume ist die Kaukasische Eiche *(Quercus macranthera)*, die in Mitteleuropa völlig winterfest ist.

Die Stieleiche hat zahlreiche Ziersorten hervorgebracht, u.a. die langsamwüchsige, aber attraktive «Atropurpurea»; ihre Blätter und Triebe leuchten in einem Purpurrot, das bei erwachsenen Bäumen einen Graustich bekommt.

Rechts: Diese an einer Böschung im Dyrham Park in Gloucestershire wachsenden Steineichen haben sich aus der Schattenzone der höher stehenden Bäume stetig herausgeneigt. Wenn möglich, strebt diese Art nach dem Licht, wächst aber auch gut im Schatten und unter anderen ungünstigen Bedingungen, z.B. in Meeresnähe.

Die Blätter der immergrünen Steineiche sind oval bis lanzettlich, oben glänzendgrün, unten weißlich behaart. Sie fallen im Frühsommer ab und verrotten sehr langsam. Die Früchte reifen in 18 Monaten.

Blättern, die nicht gelappt sind, sondern am Rand eine Reihe kleiner Borsten oder Zähne haben, auf jeder Seite 10 bis 15; sie sehen ähnlich wie Kastanienblätter aus. Einer dieser Bäume heißt denn auch Kastanienblättrige Eiche *(Q. castaneifolia)*, der andere Libanoneiche *(Q. libani)*. Bei beiden sind die Blätter wie bei den Kastanien dunkelgrün und glänzend – bleiben aber wie bei vielen Eichen den Winter über am Baum.

Die Zerreiche *(Q. cerris)* ist der einzige Baum aus dieser südlichen Eichengruppe, der nördlich der Alpen stärker verbreitet ist. Sie hat den Ruf, die schnellstwüchsige Eiche zu sein; früher setzten deshalb Schiffsbauer große Hoffnungen in sie, aber es zeigte sich, daß ihr Holz nur selten brauchbar war. Ihre länglichen Blätter sind außerordentlich variabel: grobgezähnt bis fiederspaltig; nicht besonders groß, aber ein hübscher Blickfang.

Die in Europa kultivierten Eichen aus dem Fernen Osten sind (bislang jedenfalls) nicht so große Bäume geworden. Besonders bemerkenswert sind die Spitzeiche *(Q. acutissima)* aus Japan und die Daimjo-Eiche *(Q. dentata)* mit den allergrößten aller Eichenblätter: manchmal über 30 Zentimeter lang. In Sammlungen findet man zuweilen die Japanische Eiche *(Q. acuta)* und *Q. glauca*, beides kleine Immergrüne, und *Q. variabilis*, die chinesische Korkeiche.

Oben: Die Steineiche bildet dichte Hecken und verträgt den Formschnitt fast so gut wie die Eibe. Sie gedeiht auf gut entwässerten Böden jeder Art. Das Bild zeigt beschnittene Exemplare im Garten der Amerikanischen Universität in Rom.

Im Mittelalter waren Eichen wichtige Schweinefutter-Lieferanten. Wälder bewertete man danach, wieviel Schweine sie zur Eichelmast fassen konnten. Dieser deutsche Holzschnitt aus dem 16. Jahrhundert zeigt die damals vertraute Figur des Schweinehirten.

Die Eichen Nordamerikas

Die amerikanischen Eichen. Auf den ersten Blick bieten die Eichen Nordamerikas ein verwirrendes Bild. Es gibt jedoch bestimmte Schlüsselmerkmale, mit deren Hilfe sich die einzelnen Arten erkennen und bestimmen lassen. Die Tabelle rechts zeigt die Blätter und Eicheln von 25 wichtigen Arten. Eingeteilt sind die Bäume nach ihrer Zugehörigkeit zu den Gruppen der Weiß- und der Schwarz- oder Roteichen, der Form ihrer Blätter (gelappt oder ungeteilt), in sommer- und immergrüne Arten sowie danach, ob ihr natürliches Habitat östlich oder westlich der Rocky Mountains liegt.

Links: Die Färbereiche *(Quercus velutina)* ist die Schwarzeiche der Oststaaten: eine der größten Eichen, ein Turm aus sattem Grün, das sich im Herbst rot färbt; auf guten, feuchten Böden bis 42 m hoch.

Oben: Die Weißeiche ist die amerikanische Art mit dem charakteristischsten Eichenhabitus. Ihre Blätter verfärben sich nach herbstlichen Purpur- und Rottönen goldbraun.

Links: Die Roteiche *(Quercus rubra)* läßt sich leichter verpflanzen als die Weiß- und die Färbereiche und wächst schneller als alle anderen amerikanischen Eichen. Ihre Jungtriebe sind goldbraun, ihre Herbsttöne rötlich.

Oben: Die Kalifornische Weißeiche ist die größte Eiche des amerikanischen Westens. Den Wuchsrekord hält heute ein Exemplar mit 36 m Höhe, 31 m Kronendurchmesser und 8,5 m Stammumfang.

Manchmal hat man den Eindruck, der großartige amerikanische Wald bestünde nur aus Eichen und Eindringlingen – so viele herrliche Arten sind in ihm zuhause: achtzig heimische Eichenarten, sechzig davon uneingeschränkt baumartig.

Wahrscheinlich gibt es nicht viele Menschen, die sie alle auseinanderhalten können, obgleich sie sich eigentlich recht gut bestimmen lassen, wenn man ihre lange Liste nach einigen Merkmalen – Region, sommer- oder immergrün, gelappte oder ungeteilte Blätter, Rindenfarbe – gliedert.

Am einfachsten lassen sich die wintergrünen von den laubwerfenden Arten unterscheiden; die wintergrünen sind nicht sehr zahlreich: nur eine Art im Osten und ein halbes Dutzend im Westen.

Die botanische Einteilung der Eichen ist sehr kompliziert. Für unsere Zwecke genügt es, die zwei Gruppen der Weißeichen und der Schwarz- oder Roteichen zu unterscheiden.

Im Nordosten hat die Weißeiche, *Quercus alba*, ihre Domäne. Weshalb ist sie typisch für ihre Gruppe? Ihren Namen verdankt sie offenbar der Farbe ihres Stammes, der grau und schuppig ist. Die tiefen Lappen ihrer Blätter sind abgerundet, glatt und unbehaart. Ihre Eicheln sind süß genug, um eßbar zu sein, ihre flachen Fruchtbecher innen glänzend. Und sie bleiben nur eine Vegetationsperiode am Baum, fallen im Herbst ab und keimen sofort – um oft vom Frost zerstört zu werden, bevor sie gewurzelt haben.

Die Roteiche *(Q. rubra)* ist eine typische Vertreterin der zweiten Gruppe. Ihre Borke ist schwärzlichbraun und geriffelt. Die Blätter sind bis zur Mitte der Spreitenbreite eingebuchtet, die Lappen unregelmäßig gezähnt. Ihre Eicheln reifen nach zwei Jahren und keimen erst im folgenden Frühjahr. Das Fruchtfleisch ist bitter, und die Becher sind innen flaumig.

Diese Merkmale sind zwar im großen und ganzen für die Gruppe zutreffend, aber bei der großen Zahl der Arten gibt es manche Ausnahme. So haben z.B. die Blätter der Weideneiche keine gezähnten Lappen. Das sicherste Kriterium für die Botanik ist jedoch die Holzstruktur, nach der sich die beiden Gruppen eindeutig und in Übereinstimmung mit den anderen Merkmalen einteilen lassen. Weißeichenholz ist wertvoller.

Die großen Unterschiede in der Blattform innerhalb der beiden Gruppen sind eine gute Hilfe bei der Bestimmung der Arten. Die Tabelle oben zeigt die wichtigsten Bäume – mehr Schwarz- als Weißeichen und viel mehr Bäume aus dem Osten als aus dem Westen Amerikas. Die Karte auf der folgenden Doppelseite zeigt die Areale beider Gruppen und die Standorte des jeweils größten bekannten Exemplars der einzelnen Arten – ein Hinweis auf das Gebiet, wo sie sich besonders zuhause fühlen.

Die unterschiedlichen Eicheln und Blätter scheinen auf eine beträchtliche Differenzierung der einzelnen Eichenarten hinzudeuten – wie sehr unterscheiden sie sich aber tatsächlich in ihren Lebensgewohnheiten?

Familie der Buchengewächse / *Fagaceae*

Die Eichen Nordamerikas

In ihrer Winterhärte weichen sie erstaunlich wenig voneinander ab. Doch hat jede Art ihre bevorzugten Standorte: feuchte Flußniederungen, Geröllschluchten oder exponierte Felshügel. In ihrer Größe können sie allerdings größere Unterschiede aufweisen: von den 38 Metern einzelner Schwarzeichen bis zu den nur 15 Metern der kalifornischen Blaueichen, ganz zu schweigen von den Gestrüppeichen, die nie Baumformat erreichen. Andererseits richten sich die meisten Eichen, wenn sie genug Platz haben, auf eine mittlere Höhe von etwa 20 Metern ein.

Den klassischen Verzweigungshabitus der Eiche – eine wuchtig, ausladend und eckig aufgebaute Krone auf einem gedrungenen Hauptstamm – zeigt am besten die Weißeiche. Ähnlich sind die Garry-Eiche und die Großfrüchtige Eiche. Die übrigen Mitglieder der Weißeichengruppe haben ähnliche Merkmale, erreichen aber selten eine so perfekte Form. Beispielsweise zeigt der Hauptstamm der Leierförmigen Eiche häufig Krümmungen.

In der zweiten Abteilung der Weißeichen, den Arten mit den kastanienartigen Blättern, sind die Bäume oft im Verhältnis zu ihrer Kronenbreite höher und haben kürzere oder ansteigende Äste. In Habitus und Beblätterung sind sie nicht so typische Eichen.

Die Rot- oder Schwarzeichen sind meist schmaler als die Weißeichen: mehr turm- als kuppelkronig. Besonders hoch- und schmalwüchsig sind die Shumard- und die Sichelförmige (oder südliche Rot-) Eiche, verzweigter und offener die Scharlacheiche. Die besonders raschwüchsigen Eichen gehören alle dieser Gruppe an.

Die ihres Profils wegen in Amerika meistgepflanzte Schwarzeiche ist die Sumpfeiche, die statt gedrungener und gewundener Äste eine Fülle dünner und gerader Äste trägt. Ihre oberen Äste reckt sie hoch und bildet mit ihnen eine ziemlich schmale Krone; die unteren läßt sie hängen, oft bis zum Boden, so daß sie den Stamm verdecken. Für eine Eiche ist sie ein «leichter» Baum, wozu auch die schöne Textur ihrer tiefgeteilten Blätter beiträgt.

Die immergrüne Virginische Eiche hat die charakteristischste Wuchsform: Sie wird doppelt so breit wie hoch. Den Rekord hält ein Exemplar mit 42 Meter Kronendurchmesser bei nur 21 Meter Höhe.

Alle Eichenblätter sind von frischgrüner Farbe – eine Eiche hat nie eine stumpfe, fade Textur. Die Großfrüchtige Eiche, die die größten Blätter (bis 30 cm lang) trägt, hat eine außerordentlich auffallende Laubstruktur. Aber am schönsten sind wohl die Bäume mit sehr feiner Textur: fein in dem Sinn, daß die Blätter wie bei der Sumpfeiche tiefgelappt oder aber wie bei der Weideneiche klein und schmal sind. Kleine Blätter an einem großen Baum wirken gar nicht so unruhig, wie man meinen könnte, sondern ergeben eine vollendete Patina für die großartige Kronen- und Astskulptur.

Wichtiger als Habitus und Blattform eines Baums ist für Gartenbauämter allerdings die Frage, wie er sich verpflanzen läßt. Eichen mit Pfahlwurzeln wie die Weiß-, die Scharlach- und die Färbereiche lassen sich notorisch schlecht versetzen. Am leichtesten zu verpflanzen und deshalb am beliebtesten sind Roteiche, Wassereiche, Sumpf- und Weideneiche. Leider brauchen die drei letztgenannten Arten sauren Boden.

Oben: Die Goldschuppige Eiche, eine in Kalifornien verbreitete immergrüne Art, kann ein sehr hohes Alter erreichen; ein mittelgroßer, ausladender Baum mit gold-flaumigen Eichelbechern.

Unten: Im nördlichen Kalifornien löst die Garry-Eiche die Kalifornische Weißeiche ab. Sie hat ähnlich gekrümmte Äste, bildet aber kleinere, tiefwurzelnde Bäume. Ihre Blätter sind tiefgelappt.

Laubwerfende Schwarzeichen

1. Färbereiche
37,5 m h, 25,5 m b,
Warrensville Heights, Ohio

2. Maryland-Eiche
14,2 m h, 22,8 m b,
bei Wakita, Oklahoma

3. Kellogg-Eiche
37,2 m h, 34,5 m b,
Siskiyou National Forest, Oregon

4. Kalifornische Blaueiche
16,5 m h, 26,1 m b,
Nevada County, Kalifornien

5. Lorbeerblättrige Eiche
30,6 m h, 34,8 m b,
Waycross, Georgia

6. Nuttall-Eiche
39,0 m h, 24,0 m b,
Rolling Fork, Mississippi

7. Sumpfeiche
27,9 m h, 25,5 m b,
bei Carrollton, Missouri
40,2 m h, 29,7 m b,
bei Smithland, Kentucky

8. Nördliche Roteiche
35,4 m h, 38,4 m b,
Berrien County, Michigan
26,4 m h, 26,4 m b,
Ashtabula County, Ohio

9. Scharlacheiche
19,5 m h, 24,0 m b,
Massapequa, New York

10. Schindeleiche
24,0 m h, 24,0 m b,
Wayne County, Ohio

11. Shumard-Eiche
39,0 m h, 33,3 m b,
Brooksville, Mississippi

12. Sichel-Eiche
38,4 m h, 44,7 m b,
Harwood, Maryland

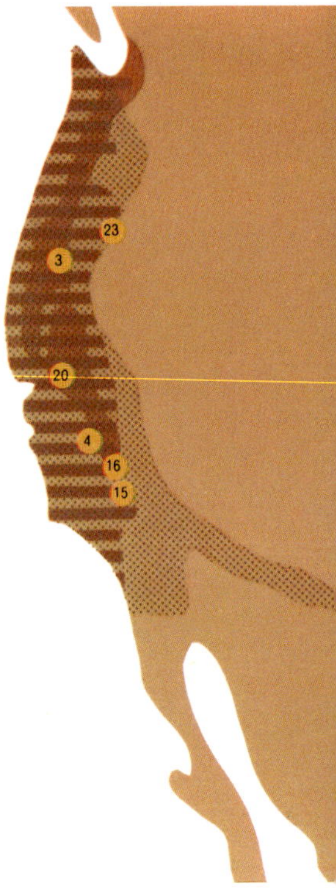

Die Blaueiche im kalifornischen Binnenland hat blaustichige Blätter, ein häufiges Kennzeichen für dürreunempfindliche Bäume
In den Vorbergen der Sierra wächst sie auf recht trockenem Boden zu breitkronigen Bäumen heran, die selten höher als 15 m werden.

Die Karte unten zeigt die Verbreitungsgebiete der wichtigsten amerikanischen Eichengruppen und den Standort des größten bekannten Exemplars jeder Art. Die für die Höhe (h) und die Breite (b) angegebenen Meßwerte stammen von der Amerikan Forestry Association.

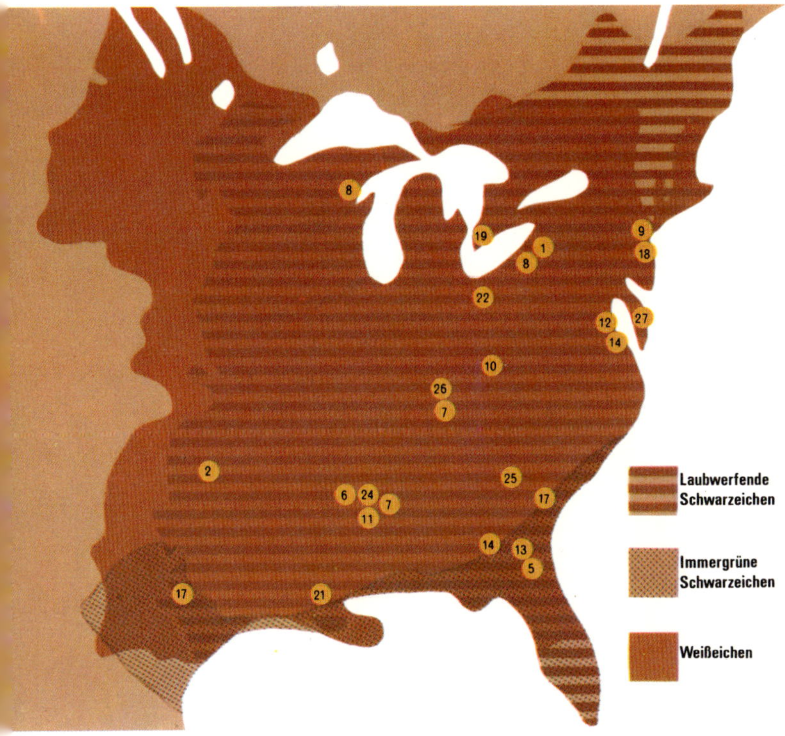

13. Wassereiche
31,8 m h, 31,5 m b,
bei Waycross, Georgia

14. Weideneiche
37,5 m h, 31,8 m b,
Queenstown, Maryland
33,6 m h, 37,5 m b,
bei Hillman, Georgia

Immergrüne Schwarzeichen

15. Goldschuppige Eiche
21,6 m h, 24,0 m b,
Cleveland National Forest, Kalifornien

16. Spitzblättrige Eiche
32,4 m h, 38,7 m b,
Chiles Valley, Kalifornien

17. Virginische Eiche
13,2 m h, 26,7 m b,
Goose Island State Park, Texas
21,3 m h, 41,4 m b,
Beaufort County, South Carolina

Weißeichen

18. Korbeiche
22,5 m h, 30,0 m b,
Northport, New York

19. Großfrüchtige Eiche
38,4 m h, 31,2 m b,
Algonac, Michigan

20. Kalifornische Weißeiche
36,0 m h, 30,9 m b,
bei Gridley, Kalifornien

21. Kastanieneiche
39,0 m h, 25,8 m b,
bei Urania, Louisiana

22. Mühlenberg-Eiche
21,6 m h, 18,6 m b,
Ross County, Ohio

23. Garry-Eiche
29,4 m h, 21,6 m b,
Douglas County, Oregon

24. Leierförmige Eiche
36,0 m h, 24,9 m b,
Rolling Fork, Mississippi

25. Sterneiche
25,8 m h, 12,6 m b,
bei Hartwell, Georgia

26. Zweifarbige Eiche
31,2 m h, 35,7 m b,
bei Tompkinsville, Monroe County

27. Weißeiche
30,6 m h, 47,4 m b,
State Park, Wye Mills, Maryland

Unten: Die immergrüne Virginische Eiche aus dem tiefen Süden, einer der ausladendsten Bäume, fast immer mit grauen Greisenbart-Girlanden *(Tillandsia usneoides)* behangen, die ihm eine unbeschreibliche Eleganz verleihen; erträgt fast jeden Boden.

Oben: Die Weideneiche (nach ihren schmalen, ungeteilten, weidenartigen Blättern benannt) hat die schönste Textur aller amerikanischen Eichen und wächst zu einem majestätischen, aber anmutig und leicht wirkenden Baum heran.

Die strahlendste Herbstfärbung aller Eichen hat die Scharlacheiche, deren Areal fast ein Drittel der USA einnimmt; auch in Europa gedeiht sie sehr gut. Ihre langen, verhältnismäßig schlanken Äste und ihre offene Krone beschatten nur mäßig.

Die Sumpfeiche ist gut an ihren dünnen Ästen zu erkennen: Die unteren hängen immer bis zum Boden, und die oberen bilden eine regelmäßige Kronenkuppel. Ihre tiefgelappten Blätter geben ihr eine hübsche Textur.

Die Wassereiche des Südostens gedeiht auch weit nördlich ihres natürlichen Verbreitungsgebietes, selbst auf relativ trockenem Boden. Wie viele südliche Eichen behält sie ihre Blätter, je nach Klima, bis weit in den Winter hinein.

Die Kastanien

Oben: Die Edel- oder Eßkastanie ist im Sommer mit gelben Blütenkätzchen übersät. In ihrer Mittelmeer-Heimat ist sie der ausdauerndste Laubbaum.

Von manchen amerikanischen Eichen mit kastanienartigen Blättern bis zu den echten Kastanien ist es nur ein kleiner Schritt. Die Botanik hat beide Gruppen nicht durch einen Pfad, sondern gewissermaßen durch Trittsteine miteinander verbunden, indem sie es vorzog, die beiden Zwischenformen, *Lithocarpus* und *Castanopsis,* in den Rang selbständiger Gattungen zu erheben.

Einen Kastanienbaum kann man von weitem erkennen: an seinem lebhaften Laub, den großen, zungenförmigen Blättern, deren Nerven in Vertiefungen liegen, die in schrägstehende Zähne mit einem Stachel auslaufen. Oft sind die Blätter der einzige Anhaltspunkt, den man hat: in Südeuropa wegen der immer noch florierenden Gewinnung von Pfählen und Stangen, für die man die Bäume alle sieben oder acht Jahre unmittelbar über dem Boden kappt – in Nordamerika dagegen, weil alle größeren Kastanien in den letzten sechzig Jahren einer Krankheit zum Opfer gefallen sind. Zu Anfang dieses Jahrhunderts zählten sie noch zu den wichtigen, bestandbildenden Waldbäumen des amerikanischen Ostens. 1906 wurde eine Rindenkrebs auslösende Pilzkrankheit aus dem Fernen Osten eingeschleppt, und um 1940 mußte die amerikanische Kastanie *(Castanea dentata)* von der Liste der amerikanischen Forstbäume gestrichen werden. Im selben Jahr kam die Krankheit nach Europa, wo sie jetzt unsere ebenfalls hochanfällige Edelkastanie *(C. sativa)* heimsucht. Die Kastanien überlebten bisher allein dank ihrer ausgeprägten Fähigkeit, «vom Stock schlagen zu können».

Wenn sie ungestutzt und gesund als Solitärbaum aufwächst, ist die Kastanie ein dichtbelaubter, kraftvoll wirkender Baum, der eine Pyramide lichtfangender Blätter auftürmt. Unter das Grün mischt sich im Juli das Gelbgrün der langen Kätzchen, die einen etwas fremdartigen Geruch ausströmen.

Die europäische Edel- oder Eßkastanie *(C. sativa)* ist nach der alten griechischen Stadt Kastania in Thessalien (in der heutigen Türkei) benannt. Auf die einer ganz anderen Familie ange-

Unten: Die männlichen Blütenkätzchen der Edelkastanie. Ihre Blüten sondern einen etwas unangenehmen Geruch ab, aber ihre Beblätterung macht sie zu einem der schönsten Parkbäume.

Unten: Die Früchte der Edelkastanie: die einzigen Früchte der Buchenfamilie, die heute noch im größeren Umfang von Menschen verzehrt werden. Die süßen, braunen Nüsse sind bis zur Reife von einer stacheligen, grünen Schale umhüllt – ein, zwei oder drei Nüsse je Schale. Außerdem gibt es Sorten mit gelben oder weißen Blatträndern.

Links: Die tiefen und regelmäßigen Furchen der Edelkastanienrinde ziehen sich oft etwas spiralig um den Stamm, woran sich Kastanien im Winter oft gut erkennen lassen.

Rechts: Die Goldblättrige *Castanopsis* ist eine immergrüne Verwandte der Kastanie aus Nordkalifornien und Oregon. Ihr Holz ist wertvoll, ihre Früchte sind gut und ihre Blätter schön. Sie sollte weit mehr gepflanzt werden.

Die Eicheln des gerbstoffhaltigen *Lithocarpus,* eines immergrünen Verwandten der Eichen und der Kastanien mit dem gleichen Habitat wie die Goldblättrige *Castanopsis;* er läßt sich aber viel schwerer ziehen und ist nicht so dankbar. Von den Eichen unterscheidet er sich vor allem dadurch, daß er statt hängender Kätzchen aufrechtstehende männliche Blütenstände hat.

hörende Roßkastanie ist dieser Name nur deshalb übertragen worden, weil deren Früchte ähnlich sind, zumindest in ihrer Form, ihrer Größe und wegen der Stacheln ihrer Fruchtschale.

Eindeutig am wohlsten fühlt sich die Kastanie auf halber Höhe eines großen Mittelmeer-Vulkans. Die kolossalste Baummasse, die jemals entdeckt wurde, wuchs noch im letzten Jahrhundert am Osthang des Ätna. Wenn man alle seine Fragmente mitmaß, hatte dieser Baum einen Umfang von 61,2 Metern; er versorgte eine kleine Industrie von Kastaniensammlern, die schließlich ihre goldene Gans selbst umbrachten, indem sie ihr die Äste absägten, um die Kastanien zu rösten. Und in hohem Alter (wie die Sage berichtet, muß sie schon ein alter Baum gewesen sein, als Plato im nahen Syrakus lebte) fiel sie Souvenirjägern vollends zum Opfer.

Die Edelkastanie und die amerikanischen Kastanien sind genauso nahe Verwandte wie die anderen beiderseits des Atlantik lebenden Arten.

Als Ersatz für ihre aussterbende Kastanie haben amerikanische Baumschulen die gegen den Rindenkrebs weitgehend resistente Gekerbte Kastanie *(C. crenata)* aus Japan und die Weichkastanie *(C. mollissima)* aus China eingeführt. Die chinesische Art hat die süßeren Früchte und bildet größere, schönere Bäume, die allerdings nur halb so hoch wie die heimische Art werden.

Glücklicherweise sind die «Trittsteine» *Castanopsis* und *Lithocarpus* immun. Es sind beides immergrüne Bäume aus dem amerikanischen Nordwesten. Die kastanienähnlichste Frucht hat die *Castanopsis chrysophylla.* Obwohl sie einer der originellsten und reizvollsten unter den relativ winterharten immergrünen Laubbäumen ist, kennen sie außerhalb ihres natürlichen Verbreitungsgebietes erstaunlich wenig Menschen. Ihre Blätter sind weidenschmal bis lorbeerbreit, oben dunkelgrün und unten gelb bis ockerfarben. Die eßbaren Früchte schmecken ähnlich wie die einer Edelkastanie.

Früher erreichten diese «Goldblättrigen Kastanien» wahrhaft westamerikanische Maße und gipfelten unter Küstensequoien und Douglasien in den Küstengebirgen 45 Meter hoch. Aber ihr Holz war zu gut für eine Gegend, in der Hartholz die Ausnahme ist.

Der andere «Trittstein», *Lithocarpus densiflorus,* ist für den Gärtner weniger interessant. Er hat Blätter wie eine Kastanie und Früchte wie eine Eiche. Wegen seiner stark tanninhaltigen Rinde ist er für die Lederindustrie unter dem Namen «Tanoak» von Bedeutung, als Ziergehölz hat er sich aber als eigensinnig und anspruchsvoll erwiesen, ohne viel dafür zu bieten.

Ein besonders stattliches Exemplar der Goldblättrigen *Castanopsis* bei Saverdun im Pyrenäenvorland. Tausende von Blüten hüllen den ganzen Baum im Sommer in einen bronzefarbenen Flaum. Wo er kein Baumformat erreicht (z.B. zu weit nördlich), lohnt es sich, die Goldblättrige Kastanie als Strauch zu ziehen.

Oben: Die Goldblättrige *Castanopsis* trägt ihre eßbaren Früchte in stacheligen, goldgelben Fruchthüllen – ein weiterer Pluspunkt, der sie als eine lohnende Zierpflanze im Garten empfiehlt.

Unten: Zu Beginn dieses Jahrhunderts bestanden die Hartholzwälder der Great Smokies zu einem Viertel aus Kastanien. Das einzige, was nach der Seuche von ihnen übriggeblieben ist, sind Dachschindeln.

Links: Die immergrünen Blätter der Goldblättrigen *Castanopsis* verjüngen sich elegant; an der Oberseite sind sie dunkelgrün, unten dicht mit leuchtend goldbraunem Filz überzogen.

Oben: Die Amerikanische Edelkastanie wetteiferte bis vor 60 Jahren mit dem Tulpenbaum um den Höhenrekord der Laubbäume in den Wäldern des amerikanischen Ostens. Später wurde sie vom Kastanien-Rindenkrebs praktisch ausgelöscht.

Familie der Birkengewächse / *Betulaceae*

Die Birken

Die letzte Familie jener großen, entwicklungsgeschichtlich zusammengehörigen Gruppe, aus der wir schon die Zaubernüsse und Ulmen, die Buchen, Eichen und Kastanien kennengelernt haben, sind die Birkengewächse: die Birken, Erlen, Hainbuchen, Hopfenbuchen und Haseln.

Am engsten miteinander verwandt sind die Birken und die Erlen, beides an extreme Bodenverhältnisse angepaßte Waldbäume. Die Birken sind die winterhärtesten Laubgehölze und die einzigen auf Island und Grönland heimischen Bäume.

Es gibt rund 40 Birkenarten. Sie wachsen in den höheren nördlichen Breiten rund um den Globus, meist baumförmig, seltener strauchförmig wie die Zwerg- und Strauchbirken; immer sind sie grazile Gehölze mit leichten Ästen und zierlichen Zweigen. In Sammlungen fangen ihre verschiedenen Arten sofort an, sich zu kreuzen, was ihre Bestimmung noch mehr erschwert. Sie unterscheiden sich (allerdings nicht sehr) in Blattform, Farbe und Textur, mehr jedoch in der Blattgröße – bis zum 17 Zentimeter langen, herzförmigen Blatt der japanischen Maximowicz-Birke *(Betula maximowicziana)*. Am meisten unterscheiden sie sich aber noch in ihrem originellsten Merkmal: der Farbe ihrer Rinde.

Die in Europa sehr verbreitete Weiß-, Hänge- oder Warzenbirke *(B. pendula)* hat eine kalkweiße Rinde, die amerikanische Papierbirke *(B. papyrifera)* eine noch weißere, die Kanadische Gelbbirke *(B. alleghaniensis)* eine gelbe, die Graubirke *(B. populifolia)* eine schwarzweiß gestreifte, die Zuckerbirke *(B. lenta)* eine braune, die Schwarzbirke *(B. nigra)* eine dunkelbraune, die Forrestbirke *(B. forrestii)* eine rötlichbraune, die Indische Birke *(B. jacquemontii)* eine sand- bis cremefarbene und die Chinesische Weißbirke *(B. albosinensis)* eine Rindenfarbskala von Rosa bis Ochsenblut.

Bei all diesen Arten (ausgenommen die Schwarzbirke) ist die farbige Rindenschicht eine Phase in der Rindenentwicklung von einem rötlichen Braun zu einem allenfalls rissigen Schwarz. Während dieser Phase schält sich die äußerste Schicht in feinsten Streifen ab, die unglaublich widerstandsfähig sind. In Torfmooren hat man jahrhundertealte Stücke unversehrter Birkenrinde ausgegraben, und in Sibirien fand man sie sogar in ihrem ursprünglichen Zustand an fossilem Holz. Für die Bewohner nördlicher Breiten ist diese Rinde unentbehrlich; die Indianer brau-

Links: Ein dichter natürlicher Bestand der nordamerikanischen Papierbirke, einer der höchsten und kräftigsten Birken, aus deren wasserdichter Rinde die Indianer früher ihre Kanuhäute herstellten. Das größte Exemplar: 30 m.

Die äußerste Rindenschicht einer Birke erneuert sich ständig. Nur wenige andere Baumarten haben eine Schälrinde. Das Foto zeigt die Rinde der Papierbirke, die zu Schreibmaterial oder etwa Anzündern für Holzfeuer verarbeitet wird.

Rechts: Die von Rußland bis Japan und Korea vorkommende Felsenbirke *(Betula ermanii)* ist eine der asiatischen Arten, die sich im Norden der gemäßigten Zone bewährt haben. Ein hoher Baum mit rosaweißer Schälrinde am Stamm und orangebraunen Ästen.

Links: Nordasien ist die Heimat mehrerer Dutzend Birkenarten und -varietäten. *Betula costata* ist eine der dekorativsten; sie hat eine rosa-cremefarbene Rinde, schmale, ovale Blätter und eine prächtige Herbstfärbung.

Unten: Die Nordamerikanische Schwarzbirke hat eine stark rissige, dunkelbraune Rinde, der die sonst für Birken typische Seidenhaut fehlt. Für nasse Böden ist sie die am besten geeignete Birke. Ihre rhombischen Blätter verfärben sich im Herbst in ein reines Gelb.

Die Europäische Weißbirke hat nicht das leuchtende, warme Weiß der Papierbirke, aber ihre Krone ist von unübertroffener Eleganz. Oft sät sie sich reichlich aus und bildet dichte Bestände auf brandgerodetem Waldboden.

Die bernsteinfarbene bis goldbraune Rinde der Kanadischen Gelbbirke *(Betula alleghaniensis)*, die ihren Namen ihrem wunderschönen Herbstlaub verdankt. Sie ist die größte amerikanische Birke und wird in den Alleghany Mountains über 30 m hoch.

Rechts: Die Graubirke oder Pappelblättrige Birke ist häufig ein kurzlebiger, vielstämmiger Baum, der Ödland besiedelt.

Die Birken

Eine Rasenbaumgruppe junger Papierbirken in Neuengland. Birken kommen in Gärten am besten zur Geltung, wenn man sie in kleinen Gruppen pflanzt. Von einem dunklen Hintergrund heben sich ihre weißen Stämme besonders gut ab.

chen sie für ihre Kanus, die Lappen machen Umhänge und Gamaschen daraus, und die Norweger decken Dächer mit Birkenrinde und einer Schicht Erde. Wenn alles im Wald durchnäßt ist, kann man immer noch mit Birkenrinde ein Feuer entfachen. Dem Juchtenleder (das mit ihr gegerbt wird) gibt sie seinen eigenartigen Modergeruch.

Von der Rinde einmal abgesehen, beruht die Schönheit der Birken auf ihrem Habitus, ihrer Kunst, dichte Bündel filigraniger Zweige mit dem geringsten statischen Aufwand zu halten. Am schönsten wohl sieht eine Birke im Frühjahr aus, wenn das Gewicht der Kätzchen ihre natürliche Hängetendenz noch unterstreicht.

Aber dann kommt der Herbst. Birkenblätter verfärben sich in das reinste, prächtigste Goldgelb aller Bäume. Besonders gut machen sich Birken vor einem Hintergrund dunkler Koniferen, von dem sich die schlanke Blässe ihrer Stämme und ihr zartes Laub deutlich abheben. Birken sollte man an der Nordseite seines Hauses pflanzen, weil sich das Moos, das gern an ihnen wächst und die Rindenfarbe verdeckt, an der Nordseite konzentriert.

Birken pflanzt man am besten nicht einzeln, sondern in Gruppen, damit ihre Rinde richtig zur Geltung kommt. Oder man schneidet einen jungen Baum bis zur Basis zurück – er wird dann mehrstämmig ausschlagen; allerdings dauert es dann wieder einige Jahre, bis sie weiß werden.

Nach exotischen Arten braucht der Gärtner hier nicht zu suchen. Die auf feuchten Böden in Europa verbreitete Moor- oder Haarbirke *(B. pubescens)* ist nicht so elegant wie die mehr hängende Weißbirke der sandigen Heidelandschaften. Die Zweige der Moorbirke sind flaumig behaart, die der Weißbirke rauh und warzig – daran kann man sie schon unterscheiden, wenn sie noch jung und braunrindig sind. Von der Weißbirke gibt es besonders grazile Kultursorten. Die schwedische Birke «Dalecarlica» mit tiefgelappten Blättern, die schmale und trauernde «Tristis» und die

Links: Die natürliche Trauerneigung der Weißbirke ist in mehreren Kultursorten hochgezüchtet; die extremste Form ist die *Betula pendula* «Youngii», die alle ihre Äste senkrecht nach unten wachsen läßt. Hier legt sie im Oktober gerade ihr goldgelbes Herbstkleid an.

Unten: Eine vollentwickelte Weiß- oder Hängebirke kann mit ihrem Habitus alle anderen Bäume an Eleganz und Anmut übertreffen. Mit den Jahren verliert sie zwar ihr seidiges Weiß, aber das Geäst ihrer durchsichtigen Krone wird schwingender. In ihrem lichten Behang beschatten sich die Blätter kaum gegenseitig.

Oben: Die herzförmigen Blätter der Felsenbirke *(Betula ermanii).* Die größten Blätter der Gattung hat die japanische Maximowicz-Birke *(Betula maximowicziana):* bis zu 18 cm lang und 12 cm breit.

Unten: Die Blätter der Weißbirke mit den Kätzchen, die den Baum während des Sommers schmücken. Bei der hübschen Kultursorte «Dalecarlica» sind die Blätter fiederschnittig.

Youngsche Trauerbirke mit niedriger Kuppelkrone sind bemerkenswerte und hervorragende Bäume. Die Youngsche Trauerbirke hat die Eigenart, Äste kahl wie Gardinenstangen zu tragen, von denen das ganze Laub herabhängt. Aber kann man wirklich sagen, daß sie schöner sind als die Wildform? Oder als die kerzengerade Papierbirke? Oder die Japanische Weißbirke *(B. platyphylla var. japonica)?*

Die Arten mit farbiger Rinde sind, wie der Schlangenhaut-Ahorn und der Grauahorn, besonders interessant im Winter; man sollte sie dicht am Haus oder Weg pflanzen, damit man sie aus nächster Nähe sehen kann.

Die Papierbirke, hier in New Canaan, Connecticut, ist die am weitesten verbreitete amerikanische Birke, deren natürliches Habitat von Labrador bis Nebraska reicht. Im Norden verwendet man ihre Rinde zur Dachabdeckung.

Oben: Die Nordchinesische Weißbirke *(Betula albosinensis var. septentrionalis)* ist ein begehrter Baum für Liebhaber und Sammler; mit dem hellkupferfarbenen Seidenglanz ihrer Rinde ist sie vielleicht die schönste aller Birken.

Mitte oben: Die Birke des westlichen Himalaja, die Indische Birke *(Betula jacquemontii),* in ihrer Heimat Kaschmir; ihre Rinde ist manchmal weiß, manchmal cremefarben oder braun.

Familie der Birkengewächse / *Betulaceae*

Die Erlen

Unten: Sehr früh, meist schon im März, behängt die Erle ihre kahlen Zweige mit Kätzchen. Ihr Laub entfaltet sie erst im Mai und läßt es, wie nur wenige andere Bäume, im Herbst grün fallen.

Oben: Die Erle ist der Baum an Flußufern, in Buch- und Auewäldern. Ihre verbreiteten Formen, hier die in nahezu ganz Europa heimische Schwarz- oder Roterle, sind selten in Gärten oder Parks.

Die große Zeit der Erlen kommt gegen Ende des Winters. Sie sind jene dunkelbraunen Silhouetten am Ufer, oft in einer Reihe entlang eines Baches, die sich mit Zurückweichen der Kälte immer mehr mit baumelnden Teilen behängen. Zu Beginn des Frühjahrs ist ihre Silhouette schon merklich dichter, und bereits im März schmücken sie sich mit Kätzchen und später mit verholzenden, zäpfchenartigen Fruchtständen.

Nachdem ich sie im Winter entdeckt hatte, beobachtete ich sie, bis sie voll belaubt waren, und stellte fest, daß ihre Silhouette ihr hervorstechendstes Merkmal blieb. Sie neigen zu einer schmalen Krone, haben kurze und leichte Äste wie Koniferen und ordnen sie fast auch genauso regelmäßig an. Die Details ihrer Blätter sind von Art zu Art verschieden, aber die allgemeine Blattform ist immer rund oder ein breites Oval, und die Blätter stehen meist waagerecht am Zweig.

Erlen sind genügsame Bäume. Sie wachsen wild an moorigen oder versumpften oder auch sehr trockenen Standorten. Ähnlich wie die Hülsenfrüchtler beherrschen sie die Kunst, mit Hilfe von Mikroorganismen an ihren Wurzeln, den Luftstickstoff zu binden und direkt zu verwerten. Und seit Holzschuhe aus der Mode gekommen sind, interessiert sich vielerorts kaum noch jemand für ihr Holz, obwohl halb Venedig auf Erlenpfählen gebaut ist. Nur im Westen Amerikas,

wo es wenig Hartholz gibt, wird es zu Möbeln verarbeitet. Auch in Gärten und Parks legt man keinen großen Wert auf sie. Und literaturfähig sind sie nur aufgrund eines von Goethe übernommenen Übersetzungsfehlers geworden, der Herder unterlief, als er das dänische *ellerkonge* (Elfenkönig) mit «Erlenkönig» wiedergab.

Tatsächlich gibt es kaum einen Grund, die europäische Schwarz- oder Roterle (*Alnus glutinosa* – der Artname spielt auf ihre klebrigen Knospen und Zweige an), die in Europa und Ostamerika vorkommende Grau- oder Weißerle (*A. incana*) oder die Kalifornische Erle (*A. rubra*) zu pflanzen.

Die männlichen Blütenkätzchen der im amerikanischen Westen heimischen Kalifornischen Erle sind oft bis zu 15 cm lang. Kalifornische Erlen wachsen in meeresnahen Sumpfgebieten Oregons und liefern gutes Möbelholz.

Links: Erlen am Wattenmeer bei Mont-St. Michel in der Normandie. Eine schmale Silhouette mit dunklem Laub ist charakteristisch für die Erle. Ihr Holz wird heute noch zu Holzschuhen verarbeitet.

Oben: Die winterharte Neapolitanische Erle ist hochwüchsig und hat auffallend glänzende Blätter. Die später verholzenden Fruchtzapfen sind hier noch unreif und grün.

Aber es gibt auch ein elegantes Mitglied der Gattung, die Neapolitanische Erle – ein Baum, der überhaupt keine Ansprüche an Standort oder Boden zu stellen scheint.

Der Neapolitanischen Erle *(A. cordata)* begegnete ich zum erstenmal neben der Terrasse eines abgebrannten Landsitzes, dessen Ruinen man abgetragen hatte. Der Garten war trostlos verwildert, die Teiche versumpft, die früher exakt geschnittenen Eibensäulen gekrümmt und wuchernd. Was waren das nur für leuchtend dunkelgrüne Bäume, die da noch korrekt und gepflegt wie Butler mitten in dem Chaos standen? Sie machten einen großen Eindruck auf mich, der sich noch verstärkt hat, wann immer ich sie in einem Park oder Garten sah (was nicht oft der Fall war).

Um genauer zu sein: ein hoher (bis 27 Meter) und schlanker Baum, obwohl er seine Äste mehr waagerecht hält als hochstreckt; große (bis 10 Zentimeter), herzförmige Blätter wie eine Birke, aber dunkler und glänzend; bemerkenswerte kleine Zapfen: wie schwarze, in Dreiergruppen an den Zweigspitzen aufrechtstehende Eier.

Unter den Varietäten der Erlen als Gartenformen besonders geeignet sind die mit eingeschnittenen Blättern *(A. glutinosa* oder *incana* «Laciniata» und *A. glutinosa* «Imperialis») und die Golderle *(A.g.* oder *i.* «Aurea»).

Von der Erle gibt es auch mehrere goldgelbe Gartenformen wie die hier gezeigte der Europäischen Schwarzerle *(Alnus glutinosa* «Aurea»). Außerdem gibt es Formen mit farnartigen, tiefeingeschnittenen Blättern, die dem Baum eine hübsche Textur geben.

Hainbuchen und Haselnüsse

Gewiß, die Hainbuche kann nur einen Superlativ für sich in Anspruch nehmen: Sie hat das härteste Holz, weshalb man es auch «Eisenholz» und den Baum «Hornbaum» (engl: Hornbeam) nennt. Und solange Eisen noch teuer und knapp war, fertigte man aus ihm besonders stark beanspruchte Maschinen- und Fahrzeugteile – Zahnräder, Achsen und Speichen – und Molkereigerät wie die weißgescheuerten Milchkübel und Butterfässer. Dafür wird die Hainbuche heute kaum mehr gebraucht.

Das Besondere an der Hainbuche ist ihre Textur. Ein altes Parkexemplar ist einfach ein breitkroniger, nicht besonders hoher Baum mit guter (die Karolinische Hainbuche, *Carpinus caroliniana,* sogar mit hervorragender) Herbstfärbung. Tritt man aber näher an sie heran, erkennt man Längsfurchen am Stamm. Während ein Buchenstamm glatt ist und einen runden Querschnitt hat, sieht ein Hainbuchenstamm so aus, als stecke er voller Muskeln, die ihn anspannten und die unregelmäßigen Wülste, oft sogar Drehwuchs verursachten. Und während Buchenblätter wie sauber gebügelte Seidenstückchen aussehen, sind die der Hainbuche längs der Seitenrippen gefaltet.

Am besten bringt diese Textur eine Hecke zur Geltung. Nicht einmal die Buche läßt sich so gut schneiden wie die Hainbuche. Sie bildet einen robusten Windschirm auf nahezu jedem Boden und behält wie die Buche viele ihrer abgestorbenen Blätter den ganzen Winter über.

Gefügig wie sie sind, kann man aus Hainbuchen aber interessantere Dinge machen als nur eine einfache viereckige Mauer. So hat man sie im Park des Hidcote Manor in Gloucestershire zu einer Hecke auf Stelzen geschnitten: eine vollendete Kastenform, die von makellosen, weit auseinanderstehenden Schäften 1,20 Meter über dem Boden getragen wird. Am besten eignet sich als Heckenbaum die Gemeine Hainbuche Europas, *C. betulus.*

Zieht man Hainbuchen als Hecke, muß man allerdings auf ihre Früchte verzichten. Bei den europäischen und amerikanischen Arten bestehen die Fruchtstände aus 3 bis 5 Zentimeter langen, dreizipfligen, hellgrünen Deckblättern, die als Flugorgan dienen und an deren Basis das etwas abgeflachte Nüßchen sitzt. Die japanischen Hainbuchen *(C. cordata* und *japonica)* sehen beim Laubfall so aus, als wären sie mit Büscheln trocknender Hopfenzapfen behangen.

Tatsächlich haben die Hainbuchen eine nah verwandte Gattung, die so sehr an Hopfen erinnert, daß man sie Hopfenbuchen *(Ostrya)* nennt; die sieben Arten dieser Gattung haben getrennte Verbreitungsgebiete in Europa, Asien und Amerika, sehen einander und den Hainbuchen aber erstaunlich ähnlich, bis auf ihre zerfetzte Rinde,

Ganz oben: Die hängenden Fruchtstände der Gemeinen Hainbuche bestehen aus kurzen Ketten dreiflugeliger Früchte. Sie haften oft noch bis tief in den Winter hinein am Baum; auch daran kann man die Hainbuchen von den zwar ähnlichen, aber nicht näher verwandten Buchen unterscheiden.

Oben: Die Hainbuche ist als Heckenbaum eines der bestgeeigneten Laubgehölze. Hier die Stelzenhecken-Allee des Hidcote Manor in Gloucestershire. Die perfekte Kastenform braucht nur einmal im Jahr geschnitten zu werden.

Die Hainbuche wächst in großen Teilen Europas in Mischwäldern und wird im Hoch- wie im Niederwald bewirtschaftet. Die älteren Exemplare auf dem Foto sind «Kopfbäume». Die Laubstreu am Boden erinnert an einen Buchenwald.

Rechts: Die japanische Hainbuchenart *Carpinus cordata* hat größere Büschel grüner Früchte und längere, breitere Blätter als die europäischen und amerikanischen Arten. Sie bildet einen kleinen, breitkronigen Baum, den es sich wegen seiner dekorativen, hopfenähnlichen Früchte zu pflanzen lohnt.

die an die Hickoryart *Carya ovata* erinnert. Wie die Hainbuchen färben sich auch die Hopfenbuchen im Herbst sattgelb.

Die wohl bekanntesten Kätzchenträger sind die Arten der Haselnußgattung *Corylus*, mit einer Ausnahme Sträucher von bis zu 7 Meter Höhe. Einige Haseln sind sehr attraktiv; so hat keine Pflanze samtigere Blätter als die Kalifornische Haselnuß *(C. californica)*, und die Bluthasel *(C. maxima purpurea)* ist einer der schönsten rotlaubigen Büsche. Auch die einzige baumartige Vertreterin der Gattung ist sehr schön: die Baum- oder Türkische Hasel *(C. colurna)*, die etwa zur gleichen Zeit aus der Türkei nach Europa kam wie die Roßkastanie. Wien, am Rande des alten Türkenreichs, hat diesen Baum immer besonders gepflegt. Er ist eine stark vergrößerte Version (bis 23 Meter) der einzigen in Europa heimischen Art, der Gemeinen oder Waldhasel *(C. avellana)*: ein gut geformter, stark verzweigter Baum mit korkiger Rinde.

Links: Die männlichen Kätzchen der Gemeinen Hasel werden schon im Vorjahr angelegt und überdauern den Winter nackt. Im Februar stäuben sie und erscheinen dann gelblich.

Oben: Die Form «Fastigiata» der Gemeinen Hainbuche bildet einen mittelgroßen Baum. Seine Krone ist am Anfang schmal und nimmt dann wie hier eine vasenförmige Gestalt an.

Die Gemeine Hasel Europas ist mit ihren rundlichen, haarigen Blättern und den von gekräuselten Hochblättern umhüllten Nüssen (hier noch unreif) eine typische Vertreterin ihrer Gattung. Besonders an der Form dieser Hochblätter lassen sich die verschiedenen Arten unterscheiden.

Rechts: Die Hopfenbuchen werden nicht so groß wie die Hainbuchen, sind aber mit ihren langen Kätzchen im Frühjahr wie auch im Herbst, wenn sich ihre hopfenähnlichen, braunen Fruchtstände von den gelben Blättern abheben, hübsche Ziergehölze.

Die Bäume der Teefamilie

Oben: Die bescheidenen weißen Blüten des Teestrauches erinnern kaum an die Blütenpracht seiner Schwestern, der Kamelien. Der Teestrauch wird durch das wiederholte Zurückschneiden kleingehalten. Hier eine Teeplantage bei Hangtschou in China, wo Tee als Getränk seit etwa dem 4. Jahrhundert n. Chr. bekannt ist. Nach Europa brachten ihn Holländer im Jahre 1610.

Das am wenigsten spektakuläre Mitglied der Teefamilie ist der Teestrauch selbst *(Camellia sinensis)*, eigentlich ein 8 bis 15 Meter hoher Baum. Mit seinen nickenden, kleinen weißen Blüten hat er wenig von der Schönheit seiner Schwestern, der Gartenkamelien, oder des nordamerikanischen Familienzweigs, der Gattungen *Franklinia, Gordonia und Stewartia*, mitbekommen. Im vom Eis besonders stark heimgesuchten Europa ist die Familie gar nicht mehr vertreten.

Aus den natürlichen Kamelienarten hat man eine Fülle von Kultursorten gezüchtet. Schon vor vielen Jahrhunderten fingen die Chinesen damit an. Die Wildart, *C. japonica*, ist heute völlig in einem Meer von Hybriden und Zuchtsorten untergegangen. Zwei andere Arten sind aber weiterhin von Bedeutung, sowohl eigenständig als auch wegen ihrer herrlichen Hybriden: *C. reticulata* aus der chinesischen Provinz Jünnan und *C. sasanqua* aus Japan.

Alle Kamelien können mit der Zeit zu kleinen Bäumen (oder sehr großen Sträuchern) heranwachsen, wenn man sie südlich von Bordeaux oder der oberitalienischen Seen pflanzt und ihnen einen geschätzten Platz mit dem richtigen Torfboden gibt. *C. reticulata* (die zu Beginn des Frühjahrs blüht) und *C. sasanqua* (die im Spätherbst zu blühen anfängt) sind die baumähnlichsten Arten. Ihr

Links: Diese herrlichen Exemplare der *Camellia japonica* im Park der Herzogin von Campo Bello in Portugal wurden 1560 gepflanzt, also rund 150 Jahre vor der «offiziellen» Einführung nach Europa. Diese Kamelienart hat Hunderte von großblütigen Sorten hervorgebracht.

Rechts: Die laubwerfende *Stewartia* dürfte der interessanteste Baum der Teefamilie für Gärten der gemäßigten Zone sein, wo er 15 Meter und höher werden kann. Hier zeigen die Blätter der japanischen *Stewartia pseudocamellia* ihre charakteristische Nervatur zu Beginn der intensiven herbstlichen Rot- bis Purpurfärbung.

Oben: Die Koreanische Stewartia ist ein etwas kleinerer Baum als die japanische «Scheinkamelie», trägt aber größere Blüten.

Rechts: Die wie einfache Kamelien aussehenden Blüten der japanischen *Stewartia pseudocamellia.*

Links: «Haku-rakuten», eine typische japanische Hybride der Gemeinen Kamelie. Sie bildet einen kleinen, aufrechten Baum.

Repertoire umfaßt weiße bis scharlachrote, einfache, gefüllte und eingerollte Blüten, so daß sie fast für jeden Geschmack etwas zu bieten haben. Aber selbst in Gegenden, in denen sie nur langsam wachsen und ihre Blüten oft vom Frost verdorben werden, lohnt es sich, Kamelien wegen ihrer schönen Blätter zu pflanzen.

Die Gattung *Stewartia* ist zwar in Amerika und im Fernen Osten zuhause, aber die baumförmigen Arten stammen aus Japan *(S. pseudocamellia* – die «Scheinkamelie») und aus Korea *(S. koreana):* beides kleine bis mittelgroße Bäume, oft tief gegabelt und stark verzweigt, mit weißen Blüten, die wie einfache Kamelien aussehen und im Sommer – häufig acht Wochen lang ohne Pause – erscheinen, und Blättern, die sich karmin- bis purpurrot färben, bevor sie abfallen.

Franklinia und *Gordonia* sind Entdeckungen John Bartrams, der sie in den 1760er Jahren für seinen Botanischen Garten, den ersten Amerikas, in Philadelphia sammelte. Er fand sie in Georgia, wo die *Gordonia* heute noch durch die wildwachsende *G. lasianthus* vertreten, *Franklinia* aber völlig verschwunden ist.

Jede heute gezogene *Franklinia* muß ein Abkömmling der Bartramschen Pflanzen sein. Als Bäume sehen sie einer Stewartia sehr ähnlich, sind aber kleiner, nicht so winterhart, stellen jedoch nicht so große Ansprüche an den Boden – tatsächlich sind sie die einzigen in der Familie, die auf Kalkboden gut gedeihen. Ihre cremeweißen Blüten erscheinen ziemlich spät, und auch sie haben eine intensive Herbstfärbung.

Links: Seit die chinesischen Kaiser vor über 1000 Jahren begannen Kamelien zu sammeln, haben Züchter ihnen jede Größe, Form und Farbe entlockt. Auch heute noch wird die Kamelie weitergezüchtet; hier eine moderne Hybride, «Yours Truly», eine langsamwüchsige, buschige Sorte.

Familie der Lindengewächse / *Tiliaceae*

Die Linden

Links: Die berühmten Berliner Linden: Blick in den Tiergarten im Oktober.
Oben: Die hybride Holländische Linde hat die für die Gattung typischen weichen, durchscheinenden, herzförmigen Blätter.

Rechts: Die duftenden Lindenblüten hängen in doldenrispigen Blütenständen mit langen Stielen, die von einem flügelartigen Hochblatt ausgehen, das als Flugorgan dient.

Zu wie vielen Schlössern und großen Landsitzen gelangt man nicht durch eine Lindenallee! Es muß im 17. Jahrhundert gewesen sein, daß sie als Prunkbäume der Mächtigen und Reichen in Mode kamen. Verständlich, daß man sie für die besten Alleebäume hielt: Sie wachsen turmförmig und entwickeln keine ausladende Krone, sondern recken ihre oberen Äste hoch und lassen die unteren hängen. Von allen größeren Bäumen bilden sie die zarteste Belaubung. Und im Hochsommer erfüllen sie die Luft auf das angenehmste mit dem Duft ihrer Blüten.

Doch trotz dieser Vorzüge ist die Linde einer der wenigen Bäume, die mehr Laster als Tugenden haben – ob sie deshalb der Lieblingsbaum der Liebenden ist?

Die Holländische Linde *(Tilia x europaea)* ist höchstwahrscheinlich eine spontane Kreuzung zwischen den beiden einzigen in Mitteleuropa heimischen Arten, der Sommerlinde *(T. platyphyllos)* und der Winterlinde *(T. cordata)*. Sie hat die typische Vitalität von Hybriden und erreicht in Mitteleuropa 45 Meter Höhe. Problematisch ist ihre Wurzelbrut, mit der sie ihre Basis umgibt und die den ungleichen Wettkampf mit dem Hauptstamm aufnimmt. Ähnlich verschwenderisch bildet sie dicke, bärtige Knollen am Stamm, die noch schlimmer werden, wenn man sie abnimmt. Daß die Holländische Linde dennoch so weit verbreitet ist, wird auf die holländischen Baumschulen zurückgeführt, die feststellten, daß sie einer der profitabelsten Bäume ist.

Aber ihre beiden Eltern, in nahezu ganz Europa heimisch, sind weitaus besser. Statur und Blätter der Sommerlinde sind meist größer, aber sonst unterscheidet sie sich nicht sehr von der Winterlinde. Heute werden meist wieder diese beiden Arten gepflanzt, besonders die rotzweigige Kultursorte der Sommerlinde *(T.p. «Rubra»)*, ein ausgezeichneter, im Winter warmtöniger Heckenbaum, sowie eine schmale Winterlindenform, die «Aufrechte Schwedenlinde».

Links: Lindenholz ist das weichste Schnitzholz, aus dem früher viele Marien- und Heiligenfiguren gearbeitet wurden. Hier eine detailreiche Skulptur (1691) von Grinling Gibbons im Oxforder Trinity College.

Rechts: *Hoheria glabrata*, eine der neuseeländischen Gattungen der mit den Linden nahe verwandten Malvengewächse. Als süß duftende, oft mit weißlich-gelben Blüten überladene Bäumchen verdienten sie es, in der nördlichen Hemisphäre bekannter zu sein.

Unten: Junge Exemplare der Silberlinde, *Tilia tomentosa*, im Loire-Tal.

Rechts: Eine der seltenen, aber sehr dekorativen chinesischen Silberlindenarten, *T. henryana*, hat feingesägte Blätter. Die Blütenknospen wurden im Juli an einem 9 m hohen Exemplar im französischen Staatsarboretum in Les Barres aufgenommen.

Unten: Die Unterseite eines Zweigstücks der Silberlinde, *T. tomentosa*. Dieser Baum und sein trauerndes Pendant, *T. petiolaris*, sind die bekanntesten einer Reihe von Arten mit silbrigen Blattunterseiten, die den Baum bei einer leichten Brise funkeln lassen. Die (hier vollentwickelten) Blüten können jedoch schädlich für Bienen sein.

Aber die Suche nach einer idealen Linde geht weiter. Denn alle oben genannten Bäume haben einen weiteren schwachen Punkt: Sie werden regelmäßig von Blattläusen befallen, die ihre Blätter während des ganzen Sommers mit Zuckersaft überziehen. Dieser Honigtau ist weniger angenehm, als sein Name vermuten läßt – er lockt Honigtaupilze an, welche die Blätter schwärzen, und tropft klebrig vom Baum herunter.

Die Amerikanische Linde *(T. americana)* ist genauso anfällig – leider, denn sie wäre sonst ein vortrefflicher Parkbaum mit den bei weitem größten Blättern der Gattung: bis zu 30 Zentimeter lang. Aber im Spätsommer kann sie ein trauriger Anblick sein, mit ihren trockengesaugten, schwarzfleckigen, sich kräuselnden Blättern.

Als blattlausresistent hat sich eine andere Hybride erwiesen, die sogenannte Krimlinde *(T. x euchlora)*. Bislang wird sie gut beurteilt, wenn nicht wegen ihres Habitus, so wegen ihrer glänzenden Blätter. Ihr einziger Haken ist der für Bienen anscheinend unwiderstehliche Duft ihrer Blüten. Die in Schwärmen angelockten Bienen werden jedoch betäubt oder vergiftet, so daß der Boden unter den Bäumen oft mit sterbenden Tieren übersät ist.

Dasselbe Problem ist auch der einzige stichhaltige Grund, die beiden schönsten Bäume der Gattung nicht zu pflanzen, die Silberlinde *(T. tomentosa)* und die Hänge-Silberlinde *(T. petiolaris)*. Bei beiden sind die Blätter unten silberfilzig, und wenn der Wind sie bewegt, glitzert und funkelt der Baum. Bei der Trauerform sind die Blattstiele doppelt so lang, was das Laub noch beweglicher macht und dem Baum noch mehr silbrige Tupfen aufsetzt. Sie bildet aber keine so geschlossene Kaskade wie etwa die Trauerweide.

Gibt es also überhaupt eine fehlerfreie Linde? Wie ich gehört habe, soll es sie geben: die 1900 aus China eingeführte *T. oliveri*, ein Baum mit offener, aufrechter Krone aus glatten, grauen Ästen und großen, sehr flachen Blättern – oben hellgrün, unten silbrig und elegant gezähnt.

Oben: Die Europäische Sommerlinde *(Tilia platyphyllos)* ist ein viel besserer Parkbaum als die aus ihr gezüchtete Hybride, die dazu neigt, sich mit häßlichen Wurzelbrutschößlingen zu umgeben. Die turmförmige Krone ist typisch für die großwüchsigen Lindenarten.

Mitte oben: Die Blätter der Sommerlinde sind manchmal 15 cm lang, die der Amerikanischen Linde, *Tilia americana*, sogar doppelt so groß oder noch größer. Hier die rundlichen Früchte der Sommerlinde.

Oben: Linden können sehr alt werden. Diese Sommerlinde in Upstedt bei Hildesheim wurde um 850 gepflanzt und ist in einer Urkunde aus dem Jahr 1100 erwähnt. Ihr Stammdurchmesser beträgt in 1,5 m Höhe 7 Meter.

Familie der Weidengewächse / *Salicaceae*

Die Weiden

Die Weidenfamilie umfaßt nur drei Gattungen: die Weiden, die Pappeln und außerhalb ihrer koreanischen Heimat kaum bekannte Chosenia, die eine Zwischenstellung zwischen Weide und Pappel einnimmt.

Pappeln und Weiden sind zweihäusig. Während aber die Weidenblüten noch Nektardrüsen haben und durch Insekten bestäubt werden, sind die Pappeln Windblütler. Bei beiden Gattungen werden die winzigen Samen mit Hilfe von Flughaaren wie Wattebäusche durch den Wind weitherum verbreitet.

Der Samen muß deshalb sehr leicht sein, kann also kein Endosperm enthalten, jenes Nährgewebe, das die meisten anderen Samen in der einen oder anderen Form mit auf den Weg bekommen. Samen ohne Endosperm sind sehr kurzlebig, weshalb sie möglichst schnell keimen müssen. Raschwüchsigkeit ist ein weiteres gemeinsames Merkmal der Familie, das allerdings bei den ausschließlich baumförmigen Pappeln ausgeprägter ist als bei den Weiden. Von den rund 300 Weidenarten bleiben viele strauchförmig, einige bringen es nur zu winzigen, kriechenden Sträuchlein.

Von den baumförmigen Weiden, die es in Europa, Amerika und Asien gibt, ist der prominenteste Zierbaum zweifellos die westchinesische Trauerweide.

Es gibt viele Geschichten über die Einführung dieser *Salix babylonica*, der ursprünglichen Trauerweide. Bevor es erwiesen war, daß sie aus China stammt, glaubte man, sie sei jener Baum, neben dem die Juden in ihrer Babylonischen Gefangenschaft gehockt und geweint hätten. Heute weiß man, daß es sich um die Euphrat-Pappel gehandelt haben muß. Ihr Debüt in europäischen Gärten gab die Trauerweide im frühen 18. Jahrhundert – nach einer Version kam sie als noch lebende Rute, mit der man ein Paket aus dem Nahen Osten verschnürt hatte.

Die meisten Bücher berichten übereinstimmend, erst Napoleons Vorliebe für ein auf St.

Die Weiß- oder Silberweide ist einer der schnellstwüchsigen Bäume: eine silberne Wolke um einen Schaft, der meist gerade, aber selten auch senkrecht wächst. Ihre zahllosen, zarten Zweige und weißseidigen Blätter werfen auf dunkles Wasser ein herrliches Spiegelbild.

Trauerweiden in den Anlagen des Pekinger Sommerpalasts. Auf ihrer Wanderung von China nach Europa nahm die Trauerweide den Namen *babylonica* an. Die meisten Trauerweiden in Parks und Gärten sind heute Kreuzungen zwischen ihr und der Weißweide.

Obwohl die chilenische *Maytenus boaria* keine Verwandte der Weiden ist, (sie gehört in dieselbe Familie wie der Spindelbaum), soll sie an dieser Stelle gezeigt werden. Denn sie sieht aus wie eine kleine, immergrüne Trauerweide – ein seltener, aber lohnender Baum für jeden Garten.

Helena wachsendes Exemplar habe diesem Baum zu seiner Popularität verholfen. Napoleon liebte diesen Baum so sehr, daß er unter ihm begraben werden wollte; nachdem dies geschehen war, beraubten ihn Touristen aller seiner Zweige. Vor hundert Jahren wurde von etlichen in Europa stehenden Trauerweiden behauptet, sie seien aus Stecklingen dieses Napoleon-Baumes hervorgegangen.

In den Adern vieler heutiger Trauerweiden fließt noch das Blut der *Salix babylonica,* doch ist diese Art selbst heute selten. Als sich zeigte, daß sie nicht allzu frostbeständig war, kreuzten sie die Züchter (vorher vielleicht auch schon die Natur) mit winterharten heimischen Arten. Von diesen Hybriden trifft man in Europa jetzt am häufigsten *S. x chrysocoma,* eine Kreuzung aus *S. babylonica* und der gelben Form der Weißweide *(S. alba* «Vitellina»).

In Amerika werden andere Sorten bevorzugt, vor allem die Thurlow- und die Wisconsin-Trauerweide *(S. x elegantissima* und *S. x blanda),* beides Kreuzungen zwischen *S. babylonica* und der Bruchweide *(S. fragilis).*

Die Thurlow-Trauerweide hat rötliche Triebe, die Wisconsin-Form blaugetönte Triebe und Blätter; beide Sorten trauern aber weniger als *S. x chrysocoma.* Die kräftigste und eine herrlich aufsteigende Trauerweide ist *S. x sepulcralis* (eine Kreuzung zwischen *S. babylonica* und *S. alba).*

Nach heutiger Auffassung gehört an jedes größere Parkgewässer eine Trauerweide. Der Baum braucht das Wasser allerdings nicht, doch scheint ihn das reflektierte Licht zu veranlassen, seine Zweige besonders dem Wasser entgegenzustrekken.

Die erste Attraktion der Weiden im Jahr sind ihre sehr früh an den noch kahlen Zweigen erscheinenden Kätzchen. Am schönsten sind sie bei der Salweide *(S. caprea)* und der Aschweide *(S. cinerea)* – die sie außerdem in Reichweite tragen. Die männlichen Pflanzen haben die dick-

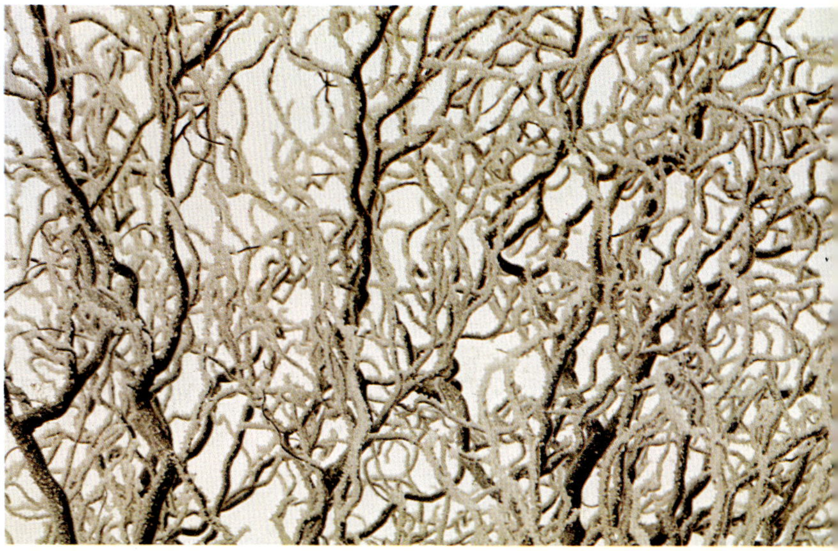

Rechts: Männliche Kätzchen der Grauweide *(Salix cinerea),* die neben der Salweide *(S. caprea)* und der nordamerik. *S. discolor* die größten und schönsten Kätzchen trägt. Die männlichen Kätzchen erscheinen bei diesen Arten vor den Blättern.

Ganz oben: Rauhreif unterstreicht noch die wirre Struktur der Pekinger Korkzieherweide *(Salix matsudana* «Tortuosa»). Sie wächst schnell und ihre Blätter zählen zu den ersten im Frühjahr und den letzten, die abfallen.

Oben: Weiden sind entweder männliche oder weibliche Pflanzen. Im Vordergrund eine weibliche Grauweide mit silbriggrünem Kätzchenschmuck. Halbrechts hinter ihr ein männlicher Baum mit gelben Kätzchen.

Familie der Weidengewächse/ *Salicaceae*

Die Weiden

sten und seidigsten Blütenkätzchen. Bei manchen Arten, etwa bei *S. gracilistyla*, sind sie rot, doch ist es schwer, die europäische Sal- oder Palmweide mit ihren bis 5 Zentimeter langen, perlweißen und später saffrangelben Kätzchen zu überbieten.

Die andere Weidenspezialität ist die farbige Rinde. Viele strauchige und mehrere baumartige Weiden haben leuchtende Jungtriebe: scharlachrot, gelb, grün, orange, weiß, purpurfarben oder braun. Am intensivsten gefärbt sind sie in ihrem ersten Winter. Der Kunstgriff besteht also darin, sie im Frühjahr radikal zurückzuschneiden, damit sie den ganzen Sommer treiben können. Von meinem Schreibtisch aus kann ich eine Dotterweide (*S. alba* «Vitellina») sehen. Die Wintermorgensonne verwandelt sie in den weitaus strahlendsten Fleck in der ganzen Landschaft.

Das beste Rot zeigt eine andere Weißweidensorte *(S. alba* «Chermesina») und den besten Purpurton die Reifweide *(S. daphnoides.)*

Das typische Weidenblatt hat die Konturen eines Ruderboots: lang, schmal und an beiden Enden zugespitzt. Bei vielen Arten ist es silbrig, am meisten wohl bei der Weißweide. Doch gibt es auch Weiden mit völlig andersartigen Blättern. Zum Beispiel trägt die Lorbeerweide *(S. pentandra)* glänzende, dunkelgrüne Ovale, die an die Blätter des Lorbeerbaums erinnern – und sogar genauso riechen –, und bei der chinesischen *S. magnifica* sind die Blätter so groß wie bei einer Magnolie.

Eine gezüchtete Variation ist das gedrehte Blatt. Eine Form der ursprünglichen Trauerweide *(S.b.* «Annularis») hat Blätter, die wie kleine Ringe aussehen. Und bei der Korkzieherweide *(S. matsudana* «Tortuosa») ist der ganze Baum einschließlich der Zweige und Blätter gedreht. Dies klingt bizarr, wirkt aber elegant. Ich kenne nur eine Weide, die zu weit geht, die *S. x erythroflexuosa;* sie versucht, alles gleichzeitig zu tun: sich zu drehen, zu trauern und mit orangegelber Rinde

Diese Weißweiden mit roten Jahrestrieben lebten zwei Jahre zuvor noch als Äste an einem Baum. Jeder im zeitigen Frühjahr tief in den Boden gesteckte Weidenast oder -steckling vermag sich zu bewurzeln und zu einer neuen Pflanze heranzuwachsen.

Weißweiden am Stour-Ufer in Ostengland. Die kleinsten Exemplare auf dem Bild sind drei, die größten zwölf Jahre alt. Die Bäume haben dort ideale Wuchsbedingungen: viel Wasser und volle Sonneneinstrahlung.

Die Weißweiden-Sorte *Salix alba* «Chermesina» mit ihren intensiv orangeroten Zweigen setzt einen starken Akzent in jeder Winterlandschaft. Wie die Dotterweide *(s. a. Vitellina)* muß sie im Frühjahr weit zurückgeschnitten werden, damit ein neuer Rutenbesen wächst.

Die goldgelben Zweige der Dotterweide. In jedem Frühjahr werden diese Kopfbäume bis zum kurzen Hauptstamm zurückgeschnitten, damit im nächsten Winter eine Fülle farbiger Jahrestriebe leuchtet.

Links: Die Pfirsichweide *(Salix amygdaloides)* trifft man an fließenden Gewässern von Quebec bis Oregon (hier in Wyoming). Die ähnliche Mandelweide *(S. triandra)* spielt die gleiche Rolle von Europa bis zum Orient und wurde lange für die Korbmacherei kultiviert. Ihre glänzenden Blätter mit hellen Unterseiten geben ihr eine sehr ansprechende Textur.

Oben: Einer der prächtigsten Großsträucher, die chinesische *Salix moupinensis*, mit ihren breitovalen Blättern und siegellackroten Knospen.

Oben: die Wollweide *(Salix lanata)* ist eine der schönsten Strauchweiden. Ihren Namen verdankt sie ihren wolligen Kätzchen und ihren grau behaarten Jungtrieben.

heiter zu wirken. Das Ergebnis ist ein neurotisch wirkender Strauch.

Die Weißweide, insbesondere die Kultursorte «Calva», die Bruchweide (so genannt, weil ihre ein- bis dreijährigen Triebe schon bei leichtem Druck oder Zug abbrechen) und verschiedene kraftstrotzende Hybriden zwischen Weiß- und Bruchweiden eignen sich – so schön sie auch sind – weniger als Ziergehölze, sondern werden vielmehr ihres Holzes wegen gepflanzt, vor allem, weil es raketenschnell wächst: Die normale Umtriebszeit vom Pflanzen bis zum Fällen beträgt bei einigen Sorten nur 15 Jahre. In dieser Zeit erreichen sie an einem guten Standort gut 20 Meter Höhe und 1,5 Meter Stammumfang.

Weiden zu vermehren ist überaus einfach, weil die Zweigstecklinge sich sehr leicht bewurzeln. Man kann im Februar auch einen drei Meter langen jungen Ast bis zur Hälfte in den Boden rammen und schon im Mai erleben, daß die Blätter ausschlagen.

Ein so gefügiger Baum muß Nachteile haben. Und er hat auch einige, von seiner Anfälligkeit für die tödliche Krebskrankheit und der Anziehungskraft, die er auf Schadinsekten ausübt, bis zu seiner Neigung, bei starkem Sturm zu zersplittern. Aber für mich gleichen die Weiden diese Schwächen durch ihre Vorzüge aus: ihre Fähigkeit, so schnell so groß und schön zu werden.

Links: Weiden wurzeln ebensogut im Wasser wie im Boden: Blick von oben auf das Wurzelwerk einer Ufer-Weißweide. Eine große Weide kann täglich bis 1800 Liter Wasser aufnehmen.

Familie der Weidengewächse / *Salicaceae*

Die Pappeln

Zwei Mitglieder der Weidenfamilie, die Trauerweide und die Pyramidenpappel, sind die bekanntesten und markantesten Zierbäume überhaupt – ein klassisches Paar, das man wegen seines kontrastierenden Habitus in fast jedem Park der Welt zusammenpflanzt.

Die Trauerweide ist eine «gute Art»: Aus ihren Samen gehen ebenfalls trauernde Bäume hervor. Die Pyramiden- oder Säulenpappel dagegen ist eine früher einmal aus einer säulenförmigen Mutation der Schwarzpappel *(Populus nigra)* hervorgegangene (männliche) Kultursorte. Man vermehrt sie mit Stecklingen, die sich glücklicherweise ebenso leicht bewurzeln wie Weidenruten.

Keiner dieser beiden Bäume ist allerdings ein typischer Vertreter seiner Gattung. Nicht nur mit ihrer Wuchsform fallen sie aus dem Rahmen, sondern auch deshalb, weil man sie überhaupt als Ziergehölze verwendet. Im allgemeinen gelten Pappeln nämlich wie die Weiden als bloße Holzlieferanten. Ihr Wuchstempo ist atemberaubend. Eine in den Niederungen des Mississippi gepflanzte nordamerikanische Schwarzpappel *(Populus deltoides)* erreichte in 11 Jahren eine Höhe von 29,5 Metern.

Wie die Weiden kreuzen sich auch manche Pappeln leicht und häufig untereinander. Als äußerst raschwüchsige Bäume haben sie sehr viel züchterisches Interesse gefunden, zumal sie sich auch auf für andere Kulturen ungeeigneten Böden anpflanzen lassen, und in mildem Klima schon nach rund zehn Jahren Gewinn bringen: Nach den Nadelhölzern sind sie die wichtigsten Zelluloselieferanten für die Papierherstellung.

Die 33 Pappelarten werden wissenschaftlich in 5 verschiedene Sektionen gruppiert:

1) Die Schwarzpappeln (Sektion *Aigeiros)* mit 5 Arten und zahlreichen Hybriden, aus denen die wichtigsten nutzholzproduzierenden Zuchtsorten, die sogenannten Kanadischen Pappeln, hervorgegangen sind.

2) Die Weiß- und Zitterpappeln (Sektion *Leuce)* mit 8 Arten, für die Vielgestaltigkeit der Blätter, starke Wurzelbrutbildung sowie fehlende oder schlechte Stecklingsbewurzelung charakteristisch sind.

3) Die in Europa nicht heimischen Balsampappeln (Sektion *Tacamahaca)* bilden mit 14 Arten die größte Gruppe. Typisch ist ihr klebriger aromatischer Knospenbalsam und das etwas derbe Blatt mit der hellen, metallisch glänzenden Unterseite.

4) Die Euphrat-Pappel mit ihren verschiedenen geographischen Varianten ist die einzige Art der Sektion *Turanga.* Sie ist hauptsächlich im Nahen Orient verbreitet und hat in ariden Gebieten und auf salzhaltigen Böden eine gewisse wirtschaftliche Bedeutung.

5) Die 5 Arten der Großblättrigen Pappeln (Sektion *Leucoides)* sind in Asien und im südwestlichen Nordamerika beheimatet. Von diesen wird einzig die einhäusige (!) chinesische *P. lasiocarpa* bei uns etwa zu Zierzwecken verwendet: Sie hat bis 35 cm lange Blätter mit einem auffallend roten Blattstiel und roten Nerven.

Von der Weißpappel gibt es eine aufrechte Form («Pyramidalis» oder «Bolleana»), die wie eine wuchtige Pyramidenpappel aussieht, aber den eindeutigen Vorzug hat, daß ihre Blattunterseiten weiß schimmern; eine weitere, ebenfalls sehr reizvolle, kleine Form ist die Richardpappel mit Blättern, die oben gelb und unten weiß sind.

Die Balsampappeln zählen zu den allerersten Bäumen, die sich im Frühjahr belauben. Die von Alaska bei Mexiko vorkommende Westamerikanische Balsampappel *(P. trichocarpa)* hält mit 68 Metern den Höhenwuchsrekord aller Laubbäume in Amerika.

Balsampappelblätter sind sattgrün und auf der Unterseite auffallend metallisch glänzend; meist unmittelbar vor ihnen erscheinen die langen Ketten gelblicher Kätzchen. Dies klingt zwar reizvoll, doch würde ich niemandem raten, die riesige Westamerikanische, die kleinere Kanadische *(P. balsamifera)* oder die hybride Balsampappel *(P. x candicans)* zu pflanzen. Denn ihre Wuchsformen sind nicht besonders attraktiv; ihre Wintersil-

Die derselben Familie angehörenden Pappeln und Weiden beherrschen das Landschaftsbild vieler Niederungen in Europa, wie hier das Seine-Tal. Zu jeder Jahreszeit wirken Habitus und Farben dieser Bäume leicht, luftig und heiter.

Rechts: Die Graupappeln entstehen laufend spontan durch natürliche Kreuzungen zwischen Weiß- und Zitterpappeln. Manche Formen zeigen die Merkmale beider Eltern kombiniert: die langen Blattstiele der Zitterpappel und die hellfilzigen Blattunterseiten der Weißpappel.

Renoir, Monet, Pissarro... Pappeln im Herbst könnten die französischen Impressionisten zu ihrer Sehweise inspiriert haben. Hier «Robusta», eine Schwarzpappel-Hybride, der heute zu Millionen in Mittel- und Westeuropa gepflanzt wird.

Die Pappeln

Ganz oben: Aus der Schwarzpappel sind spontan verschiedene Säulenformen entstanden, von denen die Pyramidenpappel die bekannteste ist. Diese recht ähnlichen Wildbäume wurden 1972 von der Everest-Expedition im Himalaja aufgenommen.

Oben: Weibliche Kätzchen der Japanischen Balsampappel, *Populus maximowiczii,* zu Beginn der Fruchtbildung. Jede grüne Kapsel bricht im Frühjahr auf und gibt zahlreiche, in einem Wattebausch verpackte Samen frei.

Der zypressenartige Habitus der Pyramidenpappeln im grellen Sonnenlicht vor einer dunklen Bergwand im Lot-Tal in Südwestfrankreich. Die echte Pyramidenpappel ist männlich. Kreuzungen mit weiblichen Schmerzpappeln ergeben z.T. etwas vollere Säulen.

Ganz oben: Wie bei den Weiden sind auch bei den Pappeln die Bäume entweder männlich oder weiblich. Die weiblichen Kätzchen der Zitterpappel sind typisch für die Gattung: kurze, vor dem Blattaustrieb erscheinende, grüne Quasten.

Links: Die Amerikanische Zitterpappel ist für ihr brillantes Herbstgelb im größten Teil Amerikas, von Kanada bis Mexiko, bekannt. In wüstenähnlichen Gebieten sind Wasserläufe oft von Reihen dieser zähen, kleinen Bäume gesäumt. Trockenheit scheint ihnen ebensowenig auszumachen wie Nässe.

Will man in einem kleineren Garten eine einzige Pappel pflanzen, sollte man die Kultursorte «Aurora» wählen. Meist wird sie, wie auch hier, geköpft, damit sie größere Blätter bildet, die ihre schöne Buntscheckigkeit aus Grün und Weiß mit rosafarbenen Tupfen besonders gut zeigen.

houette macht immer den Eindruck, als hätte man einen gewaltigen Zweig in den Boden gesteckt. Die Simonpappel *(P. simonii)* ist vielleicht eine Ausnahme – in Seattle habe ich eine Reihe mit weniger starren Skeletten und hängenden Zweigen gesehen.

Wem es aber allein um den Balsamgeruch geht, kann jede dieser Arten pflanzen und die Hälfte der Triebe jedes Jahr in Bodenhöhe kappen; der Baum bildet dann extragroße Blätter an Ruten, die sich sehr gut zur Parfümierung des Hauses eignen. Bei der Sorte «Aurora» der *P. x candicans* sind die Blätter cremeweiß und rosa getönt.

Die meisten Nutzholzpappeln, die – besonders in Frankreich und Italien – einen neuen Stil der Tallandschaft geprägt haben, sind Kreuzungen der amerikanischen *P. deltoides* mit der europäischen Schwarzpappel *(P. nigra)* und deren Varietäten «Italica» und «Plantierensis». Letztere sind allerdings zur Nutzholzerzeugung nicht geeignet, erfreuen sich aber als Zierbäume weltweiter Beliebtheit. Sie setzen immer starke Akzente, ob sie nun als 30 Meter hoher Turm ein Schweizer Alpental beherrschen, in eleganter Reihe im Marschland stehen oder die Zufahrt zu einem repräsentativen Gebäude säumen.

Die Schwarzpappel-Hybriden umfassen vielerlei interessante Kultursorten; alle sind sie raschwüchsig, einige besonders schön. «Robusta» beispielsweise belaubt sich spät, aber kupferfarben – eine Herbstfarbe im Mai. Ihre schmale Krone mit leichten, quirlartig angeordneten Ästen (die sie mit «Eugenei» gemeinsam hat) kann sich wie eine Feder gegen den Himmel abzeichnen. «Regenerata» und vor allem «Marilandica» sind dichter und breiter; «Serotina» kann eine gewaltige, wolkenförmige Krone ausbilden. Im Botanischen Garten Melbourne steht eine goldgelbe «Aurea»-Form der «Serotina», die gut 35 Meter hoch ist und wie eine sonnenbestrahlte Gewitterwolke aussieht.

Da alle Pappeln gestielte Blätter haben, manche sogar recht lange Blattstiele, ist ihr Laub ständig vom Wind bewegt. Bei den Espen (Aspen) oder Zitterpappeln ist es aber so, daß sie sogar eine Brise spüren, wenn völlige Windstille zu herrschen scheint. An einem drückend schwülen Tag kann man unter einer Espe liegen und ihrem unaufhörlichen Flüstern lauschen. Der Grund für diese Beweglichkeit ist der dünne, lange und quer zur Blattfläche platte Stiel.

Die Amerikanische Zitterpappel *(P. tremuloides)* ist der Baum mit dem größten Areal auf dem nordamerikanischen Kontinent. Wild wächst sie von Labrador bis Mexiko und bis zur Beringstraße; nicht heimisch ist sie lediglich im Südosten und einem Teil des Mittleren Westens. Sie ist kurzlebig und kräftig, braucht Licht und bietet größerwüchsigen und ausdauernderen Bäumen in deren ersten Jahren einen guten Halbschatten – und geht ein, sobald ihre Schützlinge groß genug sind. Im Osten ihres Areals wächst sie in Gesellschaft mit der Großzähnigen Pappel *(P. grandidentata)*, die größere, gezähnte Blätter hat.

Am liebsten sät sie sich dort aus und bildet eine neue Kolonie, wo ein Feuer gewütet hat. So soll die europäische Zitterpappel oder Espe *(P. tremula)* 1813 die Ruinen Moskaus besiedelt haben, nachdem Napoleon im Jahr zuvor den größten Teil der Stadt in Schutt und Asche gelegt hatte.

Sie ist der Amerikanischen Zitterpappel sehr ähnlich, hat aber nicht deren helle, glatte Rinde, sondern als erwachsener Baum mindestens am unteren Stammteil eine rissige, schwarzgraue Rinde. Beide sind (bzw. waren, solange es dieses Tier in Europa noch gab) die Lieblingsbäume des Bibers. Trotz der adstringierenden Stoffe liebt er ihre Innenrinde. Von beiden Arten gibt es kleine Trauerformen, besonders hübsch im Frühling mit ihren grauen Kätzchen und im Herbst, wenn sie ein leuchtendes Gelb anlegen.

Aus Kreuzungen der Espe mit der Weiß- oder Silberpappel ist die sehr formenreiche Hybridenpopulation der Graupappeln *(P. x canescens)* hervorgegangen, die in Süddeutschland und Frankreich häufig als Straßenbäume verwendet werden.

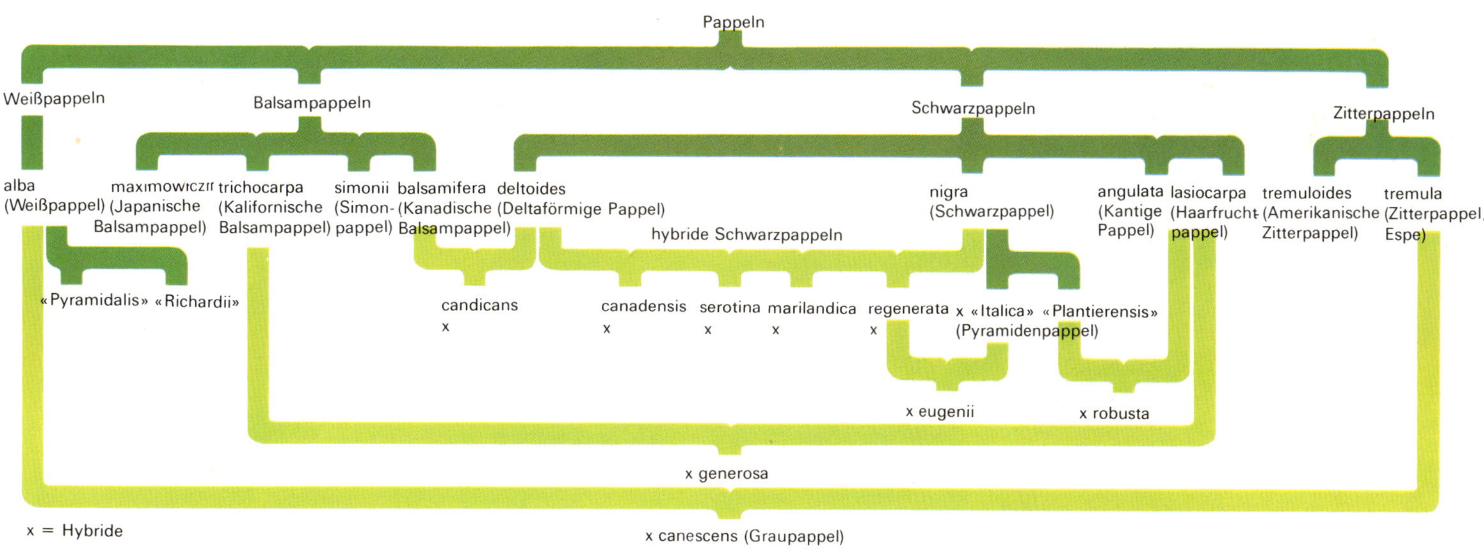

Das Diagramm (oben) zeigt den Stammbaum der Pappel, wie ihn die englische Literatur noch darstellt. Nach Auffassung deutscher und schweizerischer Botaniker muß der Stammbaum neu eingeteilt werden, und zwar so, wie wir es auf Seite 180 im Text darstellen.

Pappelkätzchen haben ihren eigenen Reiz. An den (hier zweifach vergrößerten) Kätzchen einer männlichen Zitterpappel sind die Staubbeutel und die pelzig bewimperten Deckblätter gut zu erkennen.

Die chinesische *Populus lasiocarpa* hat die größten und üppigsten Blätter ihrer Gattung: frischgrüne Herzen, bis zu 35 cm Länge. Sie wurde um 1900 in Europa eingeführt.

Baumheide und Erdbeerbaum

Die große Spannweite der über 2500 Arten umfassenden Familie der Heidenkrautgewächse zeigen (oben) die Blüten der einzigen eigentlichen Heide *(Erica)*, die Baumformat erreicht, und die Blüten einer neueren Rhododendron-Hybride auf der Seite rechts. Der Erdbeerbaum (unten) hat sehr ähnliche Blüten wie die Baumheide, bildet aber größere Bäume.

Oben: Eine rotblühende Form des Erdbeerbaums, *Arbutus unedo* «Rubra». Die normale Wildart hat weiße Blüten mit einem rosa Hauch. Die schönen lorbeerartigen Blätter sind immergrün.

Die Familie der Heidekrautgewächse ist eine der Hauptstützen jenes Gartenstils, der die großen Garten- und Parkanlagen unseres Jahrhunderts bestimmt hat. Es ist die Familie der Rhododendren und der Azaleen, die mit ihrem immergrünen Laub jede Gartenansicht unauffällig mitprägen, um sich im Frühling mit unwahrscheinlichen Mengen, Größen und Formen von Blüten jeglicher Farbe, ausgenommen ein richtiges Blau, zu schmücken. So universal sind die Rhododendren heute in großen Gärten und Parks, daß Gärtner, denen diese blühenden Immergrünen fehlen, oft das Gefühl haben, psychologisch im Nachteil zu sein. Man kann sich zwar immer mit etwas anderem behelfen, aber Tatsache ist: Die klassische Parkwaldszenerie unserer Garten- und Parkanlagen ist weitgehend entlehnt von den regenreichen Hängen am Fuß des Himalaja-Massivs (und bis zu einem gewissen Grad auch von den Bergen des westlichen Nordamerika), wo Heidekrautgewächse in ökologischer Harmonie zusammen mit Koniferen auf völlig kalkfreiem Boden wachsen.

Die Heidekrautgewächse haben sich wohl aus Verwandten der Teegewächse entwickelt und sind im Laufe der Erdzeitalter mit den bodenbewohnenden Mykorrhiza-Pilzen eine enge Symbiose eingegangen. Manche ihrer über 2500 Arten sind von ihnen sogar völlig abhängig geworden und können sich ohne diese Pilzfreunde überhaupt nicht mehr ernähren. Die Mykorrhiza der meisten bekannten Heidekrautgewächse brauchen sauren Boden – die Rhododendren deshalb auch.

Die am meisten baumartigen Mitglieder der Familie sind in dieser Hinsicht am wenigsten anspruchsvoll. Es ist dies die kleinblütige Gattung *Arbutus* mit 20 Arten im Mittelmeergebiet sowie in Nord- und Mittelamerika.

Hübsch sind die Blüten des mediterranen Erdbeerbaums *(A. unedo)*, die er von Oktober bis Dezember trägt: etwa 5 Zentimeter lange und breite Rispen winziger, krugförmiger Blüten, weiß bis hellrosa, die zwischen den schönen, lorbeerartigen Blättern hängen. Noch erfreulicher aber ist, daß dieser Baum gleichzeitig seine roten Früchte trägt, weil sie erst im Jahr nach der Blüte reifen. Sie sehen mehr wie Kirschen mit körniger Schale denn wie Erdbeeren aus; auf Korsika bereitet man aus diesen Früchten den sogenannten Erdbeerwein und einen Magenbitter.

Madrona *(A. menziesii)*, die kalifornische Form, trägt üppige Blüten, und zwar im Frühjahr

Rechts: Der Baum-Scheineller, *Clethra arborea*, ist kälteempfindlich und braucht ein ozeanisches Klima.

Unten: Kultiviertes Kind wildwachsender Himalaja-Eltern: «Mrs. Tom H. Lavinsky», eine Hybride aus der bekannten Rhododendron-Zucht Waterer in Surrey.

an den Zweigenden, und bildet bis zu 27 Meter hohe Bäume, während der Erdbeerbaum höchstens 12 Meter erreicht.

Was die Madrona besonders auszeichnet, ist ihre Kombination aus sattgrünem Laub und hübscher, glatter, roter Rinde an anmutig bogigen und verzweigten Stämmen und Ästen. Ob sie ihre Blüten, ihre roten, gelben oder orangefarbenen Früchte oder im Winter nur ihre immergrünen Blätter zeigt – immer ist die Madrona einer der schönsten Bäume, der übrigens auch für mitteleuropäische Klimaverhältnisse noch hinreichend winterhart ist.

Der Erdbeerbaum und sein griechischer Verwandter, *A. andrachne*, sowie die aus beiden gezüchtete Hybride, *A. x andrachnoides*, haben nichts gegen Boden mit geringem Kalkgehalt; die Madrona aber pflanzt man besser auf völlig kalkfreiem Boden.

Die Blüten der *Arbutus*-Gattung verraten deren Verwandtschaft mit den anderen Heidekrautgewächsen: Es sind die gleichen kleinen Krüge, die zwischen dem koniferenartigen Blattwerk der Heidekräuter und ihrer größten Vertreterin, der Baumheide *(Erica arborea)*, und den breiten Blättern der Madrona hängen.

In langen Rispen findet man sie wieder am Sauerbaum der amerikanischen Oststaaten *(Oxydendrum arboreum)*, einer der wenigen laubwerfenden Ausnahmen der sonst meist immergrünen Familie. Er ist ein sehr ausdrucksvoller Baum, der mit orientalischer Grazie seine Triebe wie Pagodendächer anordnet und wildwachsend bis zu 21 Meter hohe Pyramiden bildet. Er blüht erst im Spätsommer und färbt sich im Herbst feuerrot. Wo Rhododendren gut gedeihen, sollte ein Sauerbaum eigentlich nicht fehlen – winterhart ist er bis Zone 5.

Und auch die baumförmige Scheineller *(Clethra arborea)*, eine Charakterpflanze von Madeira, hat als nahe Verwandte der *Ericaceae* die gleiche Blütenstruktur. Die meisten Scheinellergewächse wachsen nur zu großen Sträuchern heran, aber *arborea* kann sehr attraktive, vielstämmige Bäume bis zu 8 Meter Höhe bilden. Im Spätsommer ist ein solcher Baum eine Kaskade duftender, glockenförmiger, weißer Blüten an feinen, langen Stielen. Leider ist es auch ein sehr empfindlicher Baum, der nur in sehr mildem Klima gedeihen kann. Er bevorzugt einen fetten, sauren Boden.

Links: Die Madrona ist die westamerikanische Form des Erdbeerbaums: ein prächtiger Immergrüner mit rotbrauner Rinde und roten Früchten, die mit dem dichten grünen Blattwerk herrlich kontrastieren.

Oben: Die gelben Früchte des Erdbeerbaums, die sich gerade rot färben.

Rechts: *Arbutus x andrachnoides* hat die Winterhärte und die warme rote Rinde vom Erdbeerbaum und der *A. andrachne*.

Die Rhododendren

Links: Bei der rosaroten Form des Baum-Rhododendron, *Rhododendron arboreum* «Roseum», sind die Blüten innen rot gesprenkelt. Von den weißen Sorten hat eine, «Sir Charles Lemon», rotbraunen Filz an den Blattunterseiten.

Der 1820 entdeckte erste Baum-Rhododendron, *Rhododendron arboreum,* hat einen großen Teil des genetischen Materials an Hunderte von Hybriden beigesteuert. Hier ein wildwachsendes Exemplar am Senchal Lake im Distrikt Darjeeling auf der östlichen Himalaja-Vorkette.

Unten: Zu den um 1850 in Europa eingeführten Himalaja-Arten zählt auch *Rhododendron falconeri,* dessen große, steife Blätter unten mit dickem, sandfarbenem Filz überzogen sind. Die Blüten sind cremegelbe Glocken mit Purpurtupfen.

Links: Die Blütenknospe eines Rhododendron enthält bis zu 20 Blüten, die von den blattähnlichen Hüllblättern fest umschlossen werden. 90 Prozent der Rhododendren blühen im Frühjahr, manche bis in den Hochsommer hinein.

Unten: Die cremeweißen Blüten des baumgroßen *Rhododendron fictolacteum* öffnen sich im April oder Anfang Mai. Die bis zu 30 cm langen Blätter haben eine braune, dickfilzige Unterseite. Diese Art wurde um 1884 von Delavay in Westchina entdeckt.

Rechts: Bei dieser Rhododendron-Blüte wurden einige ihrer Kron- und Staubblätter entfernt, Weibliche Organe sind der lange, gebogene Stempel oder Pistill (rechts) mit dem grünen Fruchtknoten oder Ovarium unten. Die männlichen Teile sind die dünnen Staubfäden oder Filamente neben dem Stempel.

Wäre es schon töricht genug für einen Nichtfanatiker, über Rhododendren schreiben zu wollen, so wäre es geradezu tollkühn, zumindest für jemanden ohne gründliche Erfahrungen im Himalaja-Gebiet, den Versuch zu unternehmen, sie in Baumartige und Nichtbaumartige einzuteilen. Fest steht, daß es nie ein Rhododendron mit einem so langen, geraden Stamm gegeben hat, daß es einen Förster gereizt hätte. Aber soll man eine 27 Meter hohe Pflanze, wie gewunden und vielstämmig sie auch sein mag, Strauch nennen?

Bis 1820 kannte man nur die europäischen und amerikanischen Alpenrosen. Die größte dieser Arten war die Große Alpenrose *(Rhododendron maximum)* aus dem Osten der USA – die man schwerlich als baumartig bezeichnen kann.

Dann trafen in Europa die ersten Samen des *R. arboreum* aus dem Himalaja ein. Sie enthielten das großartige rote Blut, das die verhältnismäßig schwachen und langweiligen Farben der damals bekannten Rhododendren auffrischte. Denn obwohl *R. arboreum* anfangs kälteempfindlich war und im Gewächshaus gezogen werden mußte, wurden aus ihm bald winterharte Hybriden gezüchtet. In den Adern der meisten Rhododendron-Sorten von heute fließt das Blut dieses empfindlichen Riesen.

Nach der Himalaja-Expedition, die Sir Joseph Hooker von 1847 bis 1850 unternahm und von der er 43 Arten, unter anderem den baumgroßen *R. falconeri,* mitbrachte, setzten sich die Rhododendren als immergrüne Blütenpflanzen durch.

So prachtvoll sie in Blüte sind, noch schöner sind bei den größeren Arten die Blätter: große, glänzende Zungen im dunkelsten Grün, unten oft von dickem, braunem Filz überzogen.

Links: Diese Rhododendron-Hybriden in Kent sind über 80 Jahre alt. Trimmt man einen Einzelstamm sorgfältig, kann man (wie hier) selbst buschförmige Arten zu kleinen Bäumen erziehen.

Der «bärtige» Rhododendron *(R. barbatum)* wäre treffender als «unrasiert» zu bezeichnen. Seine Zweige und Blattstiele sind mit bis zu 1,5 cm langen Borsten bewehrt (unten).

Westchina verdanken wir einige der winterhärtesten Baum-Rhododendren mit sehr großen, immergrünen Blättern. Hier *Rhododendron calophytum.*

Im Himalaja-Gebiet gibt es mehr großartige Rhododendron-Arten als Kiefernarten in Kalifornien. Zu den um 1850 eingeführten Entdeckungen zählt der hier gezeigte

Rhododendron thomsonii, ein sehr charaktervoller Baum mit rundlichen Blättern und dunkelroten, wächsernen Glockenblüten.

Dattelpflaumen, Schneeglöckchenbäume und Storaxbäume

Auch die nach dem indischen und ceylonesischen Ebenholzbaum benannte, vorwiegend tropische Familie ist entfernt mit der Teefamilie verwandt und hat sich ungefähr parallel zu den Heidekrautgewächsen entwickelt. Das pechschwarze Kernholz des Ebenholzbaumes *(Diospyros ebenum)* ist sehr wertvoll, seine Verwandten in der gemäßigten Zone sind aber für ihre Früchte bekannt: die Persimonen, Kaki- und Dattelpflaumen.

Diese Bäume der Gattung *Diospyros* zählen zu den vielen, die seit den Eiszeiten nur noch in China und im Osten Nordamerikas heimisch sind. Die chinesische Kakipflaume *(D. kaki)* liefert eßbare, saftige, gelbe Früchte von der Größe und Form eines Apfels. Die amerikanische Persimone *(D. virginiana)*, als Baum viel eindrucksvoller, trägt dagegen Früchte, die man erst gegen Jahresende, nach einem Frost, essen kann (und die dann zwar weich und süß sind, aber kaum Aroma haben). Als Ziergehölze haben aber beide Arten ihre Meriten. Der kleinere chinesische Baum hat

Links: Die ostamerikanische Persimone bildet stattliche, aufrecht wachsende Bäume mit auffallend viereckig gefurchter Rinde und gelber Herbstfärbung. Ihre Früchte sind eßbar.

Oben: Die chinesische Kakipflaume ist kleiner (bis 12 m), aber dekorativer. Ihre Blüten sind zwar grün und wenig auffällig, ihre Blätter aber breit, glänzend und attraktiv.

Die Früchte der Kakipflaume werden bei der Reife orangerot, gleichzeitig nehmen die Blätter einen noblen Purpurton an. Der süßen Früchte wegen wird die Kaki in Südfrankreich, Japan und den USA angebaut.

Unten: Die cremefarbenen, fransenartigen Blütenrispen des duftenden Flügelstoraxbaums *(Pterostyrax hispida)* aus China sehen für Hochsommerblüten erstaunlich frühlingshaft aus. Nach ihnen erscheinen kleine, spindelförmige Früchte mit 5 Rippen. Die Blätter ähneln denen des verwandten nordamerikanischen Schneeglöckchenbaumes *(Halesia)*.

Links: Blätter und Früchte der duftenden Obassia *(Styrax obassia)* aus Japan. Sie ist größer, und ihre Blüten sind nicht so zierlich wie die des Japanischen Storaxbaums *Styrax japonica* (siehe Großaufnahme unten Mitte). In mancherlei Hinsicht – Duft, Schälrinde, helle Blütenstände – ist sie aber ein ansprechender kleiner Baum.

lange, frischgrüne Blätter, die sich im Herbst orange, gelb oder purpurrot färben können. Die amerikanische Art bildet schmalkronige Bäume bis etwa 20 Meter Höhe und eine der reizvollsten Rinden: Markante und regelmäßige Längs- und Querfurchen unterteilen sie in schwarzgraue Rechtecke.

Die Blüten der *Diospyros*-Bäume sind nicht besonders schön. Aber drei ihrer Nachbarn am Stammbaum (mehr Nachbarn als nahe Verwandte) gehören zu den schönsten Blütenbäumen überhaupt: die amerikanischen und chinesischen Schneeglöckchenbäume, der Japanische Storaxbaum und der duftende Flügelstorax aus China.

Vom Schneeglöckchenbaum sind vor allem 2 Arten bekannt: der strauchige Maiglöckchenbaum *(Halesia carolina)* und die viel stattlichere Bergform *(H. monticola)* aus den Great Smokies, die bis zu 27 Meter hoch wird und ihre kahlen Zweige, wie die Kirschen im Frühling, mit großen Trauben ihrer Blütenglocken behängt. Nach der Blüte erscheinen die Früchte – ebenfalls glockenförmig, aber mit vier kleinen Flügeln –, die ein ganzes Jahr am Baum hängen können.

Der Japanische Storaxbaum *(Styrax japonica)* gibt sich noch mehr Mühe, dekorativ zu wirken, denn er ordnet seine im Juni erscheinenden Blüten genau dort an, wo man sie am besten sehen kann: in langen Reihen an seinen langen tiefen Ästen. Er hat einen starken Hang zur Horizontalen und ist oft doppelt so breit wie hoch. Die Blätter stehen in schmetterlingsähnlichen Paaren oben auf den Zweigen, während die zierlichen, weißen Blüten herabhängen.

Der Obassia-Storaxbaum *(St. obassia)* hat duftende Blüten in langen, endständigen Trauben, ordnet aber seine Blätter nicht so gefällig an.

Der duftende Flügelstorax *(Pterostyrax hispida)* Kaskaden süßlich duftender Blüten und ist eine ideale Hochsommer-Ablösung für den Goldregen. Von den genannten Bäumen stellt er die geringsten Ansprüche an den Boden – die anderen reagieren alle empfindlich auf Kalk.

Oben: Im Frühjahr verwandelt sich der nordamerikanische Maiglöckchenbaum *(Halesia monticola)* in eine Kaskade weißlichrosafarbener Blüten. Hier die Blüten der Varietät *Vestita*, einer der schönsten Gartenformen.

Oben: Blüten und (links) Früchte des Japanischen Storaxbaums *(Styrax japonica)*. Trotz ihrer Zierlichkeit sind die Storaxbäume winterhart und sehr genügsam. Nur Kalk im Boden vertragen sie nicht.

Schneeglöckchenbäume wurden früher oft in den Great Smokies in Tennessee forstlich angebaut und erreichten über 3,5 Meter Stammumfang. Der Maiglöckchenbaum ist eine kleinere Art, die im Mai von weißen Blütenglöckchen übersät ist.

Familie der Rosengewächse / *Rosaceae*

Rosen, Felsenbirnen, Mispeln und Zwergmispeln

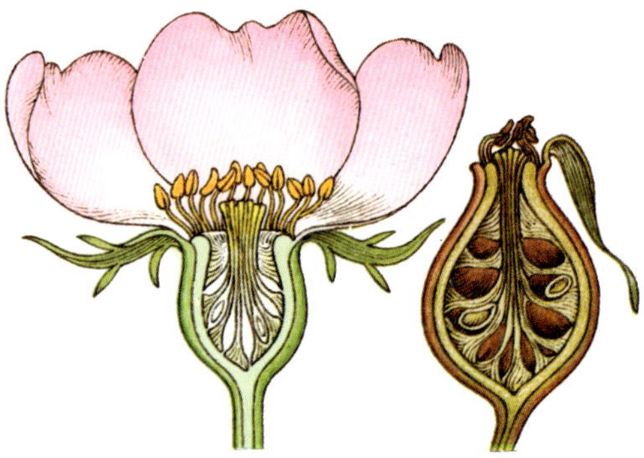

Die Früchte der Rosengewächse weisen größere Unterschiede auf als die Blüten. Diese drei Längsschnitte zeigen die Blüten und Früchte der Rose (oben), des Apfels (unten) und der Pflaume (ganz unten).

Bei allen Arten aus der Rosenfamilie sind die Fruchtknoten vom Blütenbecher, einer Erweiterung der Blütenachse, umhüllt. Aus diesem Blütenbecher entwickelt sich z.B. bei den Apfelartigen das Fruchtfleisch.

Bei der Rose schwillt die Sammelfrucht oder Hagebutte (ganz oben) nur wenig an; dagegen bildet sich beim Apfel eine dicke, aus der Blütenachse entstandene Fruchtfleischhülle. Das Kerngehäuse im Innern entsteht aus dem Fruchtknoten (oben). Bei der einsamigen Pflaume dagegen entstehen «Stein» und Fruchtfleisch nur aus der Fruchtknotenwand (unten).

Die Rosengewächse bilden mit ihren rund 100 Gattungen und 3000 Arten eine sehr bedeutende Familie der zweikeimblättrigen Pflanzen.

Sie stellt die Mehrzahl der Obstbäume und Zierblütenbäume: die Kirschen, Zierkirschen, Weißdorne, Schwarzdorne, Birnen, Äpfel, Vogelbeeren oder Ebereschen, Quitten, Feuerdorne, Felsenbirnen, Kirschlorbeeren, Zwergmispeln, Dornmispeln, Mandeln, Pfirsiche, Aprikosen und Pflaumen. Auf den folgenden 18 Seiten werden sie vorgestellt, doch ist dies nur eine Auswahl ihrer besten Gattungen und Arten.

Ein gemeinsames Merkmal der Familie ist ihre Winterhärte; in den Tropen hat sie nur wenige Vertreter. Auch legt sie keinen Wert auf sauren Boden, sondern zieht alkalischen vor. Charakteristisches Kennzeichen ist ihr Blütenbau: Alle Blüten sind zweigeschlechtig und haben meist fünf Kronblätter (die als Zierformen gezüchteten «gefüllten» Blüten häufig eine größere Zahl).

Wie nah oder weitläufig verwandt die einzelnen Familienmitglieder tatsächlich sind, ist noch nicht ganz geklärt. Mit Versuchskreuzungen zweier sehr unähnlicher Bäume hat man überraschende Erfolge erziehlt: beispielsweise mit *Amelanchier* (der Felsenbirne) und *Sorbus* (der Eberesche). Dagegen läßt sich *Malus* nicht einmal auf *Sorbus* oder *Pyrus* (Birne) pfropfen, geschweige denn mit ihnen kreuzen. Es wird also niemals eine Kreuzung zwischen Apfel und Birne geben.

Baum-Rosen oder Rosenbäume gibt es nicht. Die einzige Möglichkeit für eine Rose, Baumhöhe zu erreichen, ist die des Kletterns mit Hilfe ihrer starken, hakenförmigen Stacheln an langen Trieben, die sie als Steigeisen benutzen kann. Manche Rosen klettern über 12 Meter hoch. *Rosa filipes «Kiftsgate» oder R. brunonii* können an sonnigen Standorten einen alten Obstbaum erklimmen und ihre mit Hunderten süß duftender Blüten besetzten Triebe herabhängen lassen.

Aber auch eine zwölf Meter hohe Rose ist nur ein Strauch mit langen Trieben, die ebenso auf dem Boden kriechen wie in die Höhe klettern können.

Die Felsenbirnen *(Amelanchier)* zählen zu jenen Verwandten der Rose, die durch ihre zarte Schönheit bestechen, und sind vielleicht die dankbarsten Gehölze für einen kleinen Garten. Sie wachsen manchmal baumartig, manchmal strauchig – doch in jedem Fall lohnt es, sie genauer anzuschauen.

Alle rund 25 Arten der Gattung sind leicht und in allen ihren Teilen sehr fein gebaut: Dünn sind ihre hellgrauen Äste und Zweige, zierlich ihre spitzen Knospen; ihre jungen Blüten sind weiß oder blaßrosa bis kupferbronzefarben, silbrig behaart (eine Kombination, die man sonst nur bei einigen

Oben: *Rosa brunonii* aus dem Himalaja zählt zu jenen Arten, die kräftig genug sind, auf einen hohen Obstbaum zu klettern und ihm eine zweite Blüte zu bescheren. Die Blüten duften stark.

Unten: Die Alleghany-Felsenbirne, *Amelanchier leavis,* ist im Mai mit Myriaden zarter, weißer Blüten übersät. Sie gilt als die schönste winterharte Felsenbirne Sie gedeiht auf kalkfreiem Boden.

Die Kanadische Felsenbirne, *Amelanchier canadensis,* ist die größte Art ihrer Gattung und wird im Osten der USA 15 bis 18 m hoch. Ihre im Mai zusammen mit den Blüten erscheinenden Blätter färben sich im Herbst scharlach-, kupfer- und orangerot.

Links: Die buschige Gemeine Felsenbirne, *Amelanchier ovalis,* ist die einzige in Europa heimische Art; überall in Südeuropa, wie hier in der Provence, findet man sie wild.

Alle Felsenbirnen lassen sich zu dekorativen Solitärsträuchern erziehen; sie treiben gut und bilden ein kompaktes Vielstammsystem. Ihre typische Herbstfärbung gleicht einer Dauerglut, die selbst bei trübem Wetter leuchtet.

wenigen Kirschen findet) und begleiten die Massen sternförmiger, weißer Blüten, die sich bei warmem Wetter aber leider nur ein paar Tage halten. Im Juni erfreuen sie uns mit Trauben schwarzer oder roter Beeren, die an Schwarze Johannisbeeren erinnern und sich gut von den frischgrünen Blättern abheben. Und im Herbst nehmen die Blätter für recht lange Zeit die zartesten Rot-, Orange- und Brauntöne an – mehr ein Glühen als ein Feuer.

Fast alle Felsenbirnen sind in Nordamerika zuhause. Einige sind nicht leicht zu unterscheiden. Die größte Art, die oft zu Bäumen von 15 bis 18 Meter Höhe heranwächst, wird überwiegend als Kanadische Felsenbirne oder *Amelanchier canadensis,* manchmal auch als *A. arborea* bezeichnet. Die Alleghany-Felsenbirne ist meist kleiner, hat aber den schönsten Blattaustrieb und süße Beeren – was auch die Vögel wissen. Eine Kreuzung aus diesen beiden Arten hat rosa getönte Blüten. Auch diese Hybride nennt man häufig *A. canadensis* – ihr richtiger Name ist *A. x grandiflora.* Die echte *A. canadensis* ist ein auf feuchten Böden aufrecht wachsender, strauchiger Wildling.

Die einzige in Europa heimische Felsenbirne ist *A. ovalis,* ein bis 3 Meter hoher Strauch mit filzig behaarten Blättern; man findet sie häufig im Alpengebiet und anderen Gebirgen Mittel- und Südeuropas. Als Ziergehölz ist sie allerdings uninteressant.

Die meisten *Cotoneaster-* oder Zwergmispel-Arten sind ausgesprochen strauchig, manche sogar richtige Bodenbedecker. Hochwüchsig aber ist die hervorragende Hybride *Cotoneaster x watereri;* ein Exemplar in meinem Garten verliert seine dunkelgrünen Blätter erst um Weihnachten, behält dann aber weiter seine unglaubliche Fülle roter Beeren: eine fast massive, 4,5 Meter hohe und breite, scharlachrote Kuppel, die allerdings von 20 Stämmen gestützt wird. Aus irgendeinem Grund sind die Fasanen auf diese Beeren gar nicht erpicht – Mitte März leuchtet noch ein gutes Drittel von ihnen in der Sonne. Wahrscheinlich sehen sie besser aus, als sie schmecken.

Die Früchte der Kanadischen Felsenbirne sind zunächst gelb, dann rot und schließlich purpurschwarz. Voll ausgereift sind sie eßbar, wenn auch so klein, daß man sie nur aus Neugier einmal probiert.

Kein Mitglied der Rosenfamilie trägt üppiger, zuverlässiger und strahlendere Früchte als die fast immergrüne, baumähnliche *Cotoneaster x watereri «Cornubia»* und ihre Zuchtformen. Die scharlachroten Früchte bleiben bis weit ins neue Jahr hinein hängen.

Familie der Rosengewächse / *Rosaceae*

Die Weißdorne

Für den Laien sind die Weißdorne eine Baumgattung, die besonders einheitlich und leicht bestimmbar ist: ein dichter, immer wild aussehender, niemals großer Baum. Im Mai erfüllt er die Landschaft mit seinem nicht besonders angenehmen Blütenduft. Seine Blüten können rosa oder rot sein, sind aber meist weiß. Er ist sehr dornig und trägt kleine, dunkelrote Früchte.

In Mitteleuropa findet man ihn sehr oft als Heckenbaum. Lange bevor es Stacheldraht gab, machte er unmißverständlich klar, wo das eine Grundstück endete und das andere anfing. Häufig wurde er mit einer Hippe halb eingeschnitten und waagerecht gebogen, so daß er eine Barriere bildete, die weder Mensch noch Tier überwinden konnte. Und wo solche Zäune nicht gebraucht wurden, schmückten überall wilde Weißdorne die Landschaft wie Obstbäume. In den vom Weißdorn gesäumten Wiesen – damals noch nicht mit Unkrautvernichtern behandelt – blühten dann gleichzeitig die Butterblumen.

Oben und unten: Der Eingriffelige Weißdorn ist die häufigste Heckenpflanze in Nord- und Mitteleuropa, unten in burgundischer Wiesenlandschaft. Kaum ein anderer Baum trägt so schöne und so stark duftende Blüten in solch üppiger Fülle. Oben seine weißen Blüten mit den roten Staubbeuteln; sie erscheinen nach den tiefgelappten, glänzenden Blättern im Mai.

Aber obgleich der Weißdorn dem Laien fast banal vorkommt, ist er für den Botaniker so etwas wie eine Traumgattung. Allein in Nordamerika soll es an die tausend Weißdornarten geben.

Will man einen Weißdorn pflanzen, sollte man sich vor allem für die Farbe seiner Blüten und Früchte sowie dafür interessieren, wie lange die Früchte am Baum hängen. Auch gibt es viele Arten, die sich im Herbst rot oder orange verfärben.

Die schönste, zumindest die größte Auswahl an Blütenpflanzen bietet der Zweigriffelige Weißdorn, *Crataegus oxyacantha* – nicht der Eingriffelige Weißdorn, *C. monogyna.* Der Zweigriffelige hat in jeder Beere zwei oder drei Samen (der Eingriffelige nur einen) und ist in Sorten mit einfachen oder gefüllten weißen, rosa oder roten Blüten zu haben. Seine bekannteste Gartenform ist der berühmte «Paul's Scarlet», der echte Rotdorn. Allerdings tragen die gefüllten Kultursorten nur wenig Früchte; außerdem haben alle Zweigriffe-

Links: Beim Eingriffeligen Weißdorn enthält jede Beere nur einen Samen, bei der anderen europäischen Art, der zweigriffeligen *Crataegus oxyacantha,* sind es dagegen zwei oder drei; außerdem gibt es vom Zweigriffeligen Weißdorn eine größere Auswahl von Varietäten und Kultursorten mit dekorativen Blüten.

Von Zeit zu Zeit tauchen in Weißdornhecken Exemplare mit rosaroten oder roten Blüten auf. Hier eine rote Form des Eingriffeligen Weißdorns. Einige der besten (siehe unten) hat man für die Zucht selektioniert.

ligen Weißdorne keine besonders ansprechende Herbstfärbung.

Der Eingriffelige Weißdorn kann fast 15 Meter hoch werden – und das älteste bekannte Exemplar hat einen Stammumfang von 3 Metern. Meist hat er weiße Blüten, und zwar in einer so überreichen Fülle, daß sie den ganzen Baum einhüllen. Der Zeitpunkt seiner Blüte hat die Menschen früher sehr interessiert; es galt als ein schlechtes Zeichen, wenn er an den traditionellen Frühlingsfesten am 1. Mai noch nicht blühte.

Einige amerikanische Arten haben viel größere Früchte als der Eingriffelige Weißdorn Europas (ein Beispiel ist *C. mollis*), doch zeichnen sich noch mehr Arten durch eine orangerote oder rote Herbstfärbung aus. So färben sich *C. phaenopyrum* scharlachrot, der breitkronige Hahnendorn *(C. crus-galli)* orangenfarben bis rot, desgleichen die glanzblättrige *C. nitida*. Die Hybride *C. x lavallei* behält ihre frischgrünen Blätter bis zum Jahresende und ihre roten Früchte bis in den Frühling hinein. Diese Kombination erinnert an eine Stechhülse im November.

Auch aus China stammen zwei charaktervolle Weißdorne, *C. pinnatifida var. major* mit großen Blättern, leuchtenden, dicken Früchten und guter Herbstfärbung und *C. laciniata* mit tiefgelappten, silbergrauen Blättern und dicken, orangeroten Früchten.

Ein sich selbst überlassener Weißdorn bildet einen kleinen Hochstammbaum mit einer undurchdringlich dichten Krone bedornter Zweige, die vom vorherrschenden Wind oft wie hier geformt wird. Vögel bauen ihre Nester ebenso gern im schützenden Weißdorn, wie sie seine Beeren mögen.

Oben: Der Weißdorn mit den farbkräftigsten und «gefülltesten» Blüten ist die Kultursorte «Paul's Scarlet», die kleine, ausladende Bäume bildet. Die gefüllten Blüten sind jedoch steril.

Unten: Der einzige gescheckte Weißdorn ist eine Varietät des verbreiteten Eingriffeligen Weißdorns. Ein Vorzug aller Weißdorne ist, daß sie zeitig im Frühling ergrünen.

Oben: Blätter und Blüten der spätblühenden Weißdornhybride *Crataegus x grignonensis*. Aus den Blüten entwickeln sich große rote Früchte, und die Blätter bleiben bis weit in den Winter grün.

Unten: Mit seinen tief eingeschnittenen, grauen Blättern und orangeroten Beeren ist der fernöstliche *Crataegus orientalis* einer der originellsten und dekorativsten Weißdorne. Er ist sehr anspruchslos.

Oben: Der frischgrün glänzende Weißdorn *Crataegus x lavallei* ist eine Kreuzung zwischen einer amerikanischen und einer mexikanischen Art. Seine Früchte bleiben während des Winters am Baum.

Unten: Der amerikanische Hahnendorn hat die längsten (bis 8 cm) Dornen seiner stacheligen Gattung. Seine glänzenden, ungelappten Blätter haben eine gute Herbstfarbe.

Rechts: Die Weißdornmispel *(Crataegomespilus dardarii)* ist als natürliche Kreuzung und auch als «Propfbastard» zwischen *Crataegus* und *Mespilus* entstanden. Sie sieht eher wie eine Miniatur-Mispel aus.

Quitten, Mispeln und Zieräpfel

Ganz oben: Frucht und (darunter) Blüten der Quitte, einem der schönsten Obstbäume, der mit seinen silbrigen Blattunterseiten und den großen, duftenden, gelben Früchten wie ein exotischer Birnbaum aussieht. Quitten bilden charaktervolle, breitkronige Bäume.

Ganz oben: Früchte und (darunter) Blüten der Mispel, die im Mittelalter als Obstbaum sehr beliebt war; ihre Früchte sind allerdings erst genießbar, wenn sie nach Frosteinwirkung in Edelfäule übergehen.

Fisch ist heute fast das einzige gängige Nahrungsmittel, das nicht eigens für uns gezüchtet wurde. Unser Weizen dagegen hat kaum noch Ähnlichkeit mit dem ursprünglichen Gras, und unsere Kälber haben sich weit von ihren Wildrind-Vorfahren fortentwickelt. Die nichtselektionierte, nichtveredelte Nahrung überlassen wir den Vögeln und anderen Tieren.

In der Rosenfamilie findet man alle Stufen der Selektion und Veredelung. Die Selektion hat uns die Hundertblättrige Rose aus der Wildrose, unsere großen, saftigen Äpfel aus dem sauren Holzapfel beschert. Bei den Kulturäpfeln hat sie sich auf die Frucht, bei den Zieräpfeln auf die Blüte konzentriert. Zur Rosenfamilie gehören aber auch Bäume, deren Früchte zuwenig Anklang fanden oder zuwenig Aroma (oder Prestige) hatten, als daß sich ihr Anbau wirtschaftlich gelohnt hätte. So gilt es heute als exzentrisch, Mispeln zu essen oder Quitten zu ziehen; sie sind weder Fisch noch Fleisch, d.h. sie bieten weder allgemein beliebtes Obst noch spektakuläre Blüten. Sie fallen in die gleiche Kategorie wie die Maulbeerbäume – und sind als Rasenbaum genauso reizvoll.

Die Mispel wird mit ihren Blüten wie mit ihren Blättern schnell zum Blickpunkt. In Kultur wächst sie zu einem bis 6 Meter hohen, breitkronigen Bau, oft mit gekrümmtem Stamm, heran. Ihre schmalen, bis 12 Zentimeter langen Blätter sind unterseits filzig und haben eine hübsche rostrote Herbstfärbung. Im Mai – schon belaubt – trägt sie eine Fülle 4 bis 5 Zentimeter breiter, weißer Einzelblüten mit abgerundeten Blumenblättern. Während der Fruchtbildung kann man, wie bei den Rosen, deutlich erkennen, wie sich der Blütenbecher hinter den Blumenblättern verdickt; die offene, lederbraune Frucht trägt noch die fünf blattartigen Kelchblätter.

Mispelfrüchte sehen wie große, etwa 3 Zentimeter dicke, braune Hagebutten aus. Sie sind zwar holzig und stark tanninhaltig, aber eßbar – allerdings erst, wenn sie nach Frosteinwirkung teigig geworden und in Edelfäule übergegangen sind. Und selbst dann sind sie nicht gerade ein Hochgenuß.

Die Quitte dagegen ist ein Baum, den es sich seiner Früchte wegen zu pflanzen lohnt. Man kann die schönsten Äpfel und Birnen ernten – die Quitte ist die Trüffel des Obstgartens. Sie allein gibt Apfelkuchen und -kompott jenes geheimnisvolle Aroma, das kein Apfel – ausgenommen vielleicht ein rauhschaliger Winterapfel – hergibt. In Portugal und anderen südeuropäischen Ländern ist Quittengelee und -konfitüre sehr beliebt; dort reifen die Früchte allerdings auch besser als nördlich der Alpen. Gleichwohl entfalten sie auch in unseren Breiten ihr zitronenähnliches Aroma in Garten und Küche.

Unten und unten rechts: Blüten und Früchte des Kultur- oder Gartenapfels *(M. domestica)*. Die Apfelblüte ist zart und kurzlebig; ihre Blumenblätter sind weiß, rosa oder außen rot und innen weiß: eine der schönsten, anmutigsten Blüten im Spätfrühling.

Als Baum unterscheidet sich die Quitte nur wenig von der Mispel. Ihr Habitus ist ähnlich, bei der Quitte sind die Blattunterseiten weißfilzig und die Blüten vielleicht ein wenig auffälliger – die Früchte, leuchtend hellgelbe Birnen, allerdings viel hübscher. Die schönsten Blüten und weichbehaarte Früchte trägt die portugiesische Varietät; doch hat man eigentlich an jeder Quitte viel Freude.

Der Holzapfel spielte in der Küche des Mittelalters eine große Rolle als Lieferant einer sauren Essenz, mit der man Salate würzte und Speisen konservierte. Seltsam, daß man damals, als es noch keine Flaschen gab und sehr viel Wein in Fässern verdarb, überhaupt einen Essigersatz brauchte. Aber in Kochbüchern des 16. Jahrhunderts wird noch sehr viel mit Holzäpfeln gesäuert.

Erst nachdem Ende des 18. Jahrhunderts der Beerenapfel aus Sibirien in Kultivierung genommen worden war, kamen Hybriden mit weitaus prächtigeren Blüten auf.

In die Kreuz- und Querzüchtung wurden dann noch in Amerika und später in China heimische Arten eingeführt, so daß der Stammbaum einer heutigen Hybride mindestens so kompliziert ist wie die Patriarchengeschichte der Genesis.

Zieräpfel sind heute so beliebt, daß sie unter den Blütenbäumen gleich nach den Blütenkirschen rangieren. Tatsächlich lohnt es sich, bevor man eine Blütenkirsche pflanzt, ihre Ansprüche mit denen der Zieräpfel zu vergleichen. Sie haben nämlich bestimmte eindeutige Vorzüge, die meist übersehen werden.

An ungünstige Boden- oder Klimabedingungen können sich die Zieräpfel im allgemeinen besser anpassen als die Blütenkirschen. Und unter allen Bedingungen sind sie in der Regel ausdauernder. Wie die Kirschen haben sie nur selten eine gute Herbstfärbung; viele kompensieren dies aber mit sehr schönen Früchten, die überdies bei zahlreichen Kultursorten noch lange nach dem Laubfall am Baum haften – bis in den Februar und März hinein. Ein solcher Zierapfelbaum erregt schon bald Neugier und Bewunderung. Ich kenne einen «Golden Hornet», der schon manchen Beinahe-Unfall verursacht hat: Er steht, reichlich mit gelben Äpfeln behangen, an einer scharfen Straßenkurve. An einem sonnigen Wintertag zieht er magnetisch die Blicke aller Vorbeifahrenden auf sich...

Zieräpfel sind oft ebenso reichblühend wie Kirschen, aber bei den meisten Sorten sind die Blüten zierlicher, weniger üppig, was viele allerdings für reizvoller halten.

Frühjahrsbeginn im Departement Calvados. In die Wiesen der Normandie teilen sich Apfelbäume und Kühe. Der aus den sauren Äpfeln gekelterte Wein wird zu Calvados gebrannt; die Kühe liefern Milch und Käse hervorragender Qualität.

Quitten, Mispeln und Zieräpfel

Links und links unten: Der Reichblühende Apfel aus Japan hat die einfachsten, kleinen, weißen Einzelblüten. Seine außergewöhnlich starke Wirkung beruht auf den kirschroten Außenseiten seiner innen weißen Blumenblätter. Er blüht erst nach der Blattentwicklung, so daß seine Krone dann ein Mosaik aus Weiß, Rot und frischem Grün ist. Diese Art war einer der ersten Blütenbäume, die aus Japan kamen. (1862).

Oben: «Charlottae» ist eine prächtige Form eines der in Amerika heimischen Wildäpfel, *Malus coronaria*. Ihre großen, aber zarten und duftenden Blüten erscheinen gegen Ende des Frühjahrs bis Frühsommer.

Rechts: Aus Kreuzungen mit asiatischen Zieräpfeln sind Hybriden mit roten Blüten und Blättern entstanden. Eine der bekanntesten Sorten ist *Malus x purpurea* «Lemoinei».

Oben: Die *Hybride Malus x purpurea* ist mit ihrer Überfülle rosaroter Blüten und ihren dunkelrot-grünen Blättern einer der auffälligsten Zieräpfel. Die Früchte sehen wie große Kirschen aus und hängen an dunkelroten Stielen.

Oben und links: Der sibirische Beerenapfel ist die winterhärteste *Malus*-Art, ein kleiner Baum, der seine Zweige regelmäßig mit duftenden, weißen Blüten umhüllt. Seine Früchte sind nur beerengroß, meist wie hier gelb, manchmal auch rot.

Die Zieräpfel haben oft eine bessere Herbstfarbe als die Blütenkirschen. So lohnt es sich, die japanische *Malus tschonoskii* allein ihrer scharlachroten Herbstfärbung wegen zu pflanzen. Weil sie aufrecht wächst, eignet sich diese Art auch sehr gut als Straßenbaum.

Einige der *Malus*-Arten, die im starken Maße zur Hybridenzucht herangezogen wurden, pflanzt man auch oft noch in ihrer Wildform.

Die beste dieser Arten dürfte der Reichblühende Apfel *(Malus floribunda)* aus Japan sein, der sehr früh blüht und im April ein erregender Anblick ist, wenn sich seine roten Knospen und die innen weißen Blüten zeigen. Die jungen Blätter sind dann noch frisch grasgrün und sehr klein, und die noch geschlossenen Knospen hängen wie feuerrote Beeren zwischen den schon aufgeblühten weißen Sternen. Und all das hat man in Augenhöhe, denn meist bleibt der Baum klein und läßt seine Äste hängen. Das Wichtigste aber ist, daß er jedes Jahr blüht, während andere, sonst hervorragende Zieräpfel jedes zweite Jahr pausieren.

Es gibt eine weitere japanische Art, den Sargent-Apfel *(M. sargentii)*, dessen Blüten (weiß, in der Mitte goldgelb) und hochrote Früchte ebenso schön sind, der aber nur ein Strauch von maximal 2 Meter Höhe und Breite wird.

Die selektierten, großblütigen Formen zweier in Amerika heimischer Arten, die eng miteinander verwandt sind, wetteifern mit ihren großen, gefüllten, rosa Blüten mit den Blütenkirschen: *M. ioensis* «Plena» ist eine gefüllte und daher sterile Form des Prärieapfels; *M. coronaria* «Charlottae» hat etwa 5 Zentimeter breite, hellrosa und duftende Blüten, außerdem größere, gezähnte Blätter, die sich im Herbst schön färben.

Die größte Auswahl schöner Wildarten aber bietet China. Unter den vielen dekorativen Arten ist *M. toringoides* die ungewöhnlichste: wegen ihrer Blätter, die nicht nur tiefgelappt sind, sondern im Herbst eine schöne Hintergrundfarbe für die großen roten und gelben Äpfel abgeben. *M. halliana* «Parkmanii» hat gefüllte, rosa Blüten an roten Stielen, die Sorte *M. spectabilis* «Riversii» zeigt sehr früh ihre üppige Kombination roter Knospen und rosaroter Blüten, und der Hupeh-Apfel *(M. hupehensis)* hat seltsame Äste, die während der späten Blüte wie lange, rosa und weiße Tentakel aussehen.

Auch Formen des Beerenapfels, *M. baccata*, aus verschiedenen Teilen Sibiriens haben das *Malus*-Sortiment bereichert. *M.b.* «Mandshurica» öffnet sehr früh duftende, weiße Blüten. Der in Kasachstan heimische Baum mit dem komplizierten Namen *M. niedzwetzkyana* hat einen wichtigen Zuchtbeitrag geleistet – mit seinem roten Pigment, das seine Jungtriebe, seine purpurroten Blüten und seine pflaumenroten Früchte färbt. Sein «Blut» fließt in den Adern mancher roten Hybride.

Typische Beispiele hierfür sind «Lemoinei» mit tiefroten Blüten und die neueren Formen «Profusion» und «Red Tip». «Echtermeyer» hat die gleiche Blütenfarbe, bildet aber Bäume mit Trauerhabitus. Ich selbst schätze allerdings dunkle Rottöne eigentlich nur beim Wein – das aber ist Geschmackssache.

Wer meint, auch die ausgezeichneten Hybriden «Red Jade» und «Red Sentinel» zählten zu den rotblühenden Sorten, täuscht sich. «Red Jade» ist ein kleiner trauernder, «Red Sentinel» ein größerer Baum, beide mit weißen Blüten. Sie zeichnen sich dadurch aus, daß ihre mehr als kirschengroßen Äpfel den ganzen Winter am Baum haften.

Von den Bäumen mit gelben Früchten dürfte der schon erwähnte «Golden Hornet» einer der besten sein; auch «Dorothea», eine Schöpfung des Arnolds Arboretum mit gefüllten rosa Blüten, wird sehr gelobt.

Aber es gibt eine große Zahl weiterer Arten, Formen und Sorten, von denen hier lediglich noch eine genannt sei: «John Downie», die wohl bekannteste Kultursorte des alten wilden Holzapfels, *M. sylvestris.* Für einen Zierapfel bildet sie recht große Bäume mit großen, rotgeflammten, gelben Früchten. Zwar kann man auch aus einigen anderen *Malus*-Früchten guten Gelee kochen, aber diese schmecken sogar gut, wenn man sie frisch vom Baum pflückt. – Auf die zahlreichen Tafeläpfel soll hier nicht weiter eingegangen werden.

Vom sibirischen Beerenapfel gibt es eine mandschurische Form *(Malus baccata* «Mandshurica»), die von allen *Malus*-Formen als erste blüht, aber dennoch später als einige der frühblühenden Blütenkirschen.

Links: Der «Kirschapfel» *Malus x robusta*, eine Hybride des Beerenapfels, ist eine Sorte mit bemerkenswerten Früchten.

Oben: «Golden Hornet», ein Zierapfel, den es sich allein seiner Früchte wegen zu pflanzen lohnt. Er bildet Bäume mit gut geformter Kuppelkrone und trägt regelmäßig hellgelbe Früchte, die noch lange nach dem Laubfall hängen bleiben.

Die japanischen Blütenkirschen

Die Blütenkirsche ist weniger ein Baum als ein Ereignis: ein Markstein im Jahresablauf, den selbst jene Menschen nicht übersehen, die gar nichts für Gärten übrig haben. Wie man in Japan schon lange weiß, ist sie als Kultobjekt wie geschaffen. Oder würden etwa Tausende von Städtern aufs Land fahren, um Zieräpfel, Goldregen oder Magnolien in Blüte zu sehen? Die Kirschblüte aber ist ein lohnendes Ziel.

Nur der Kirsche gelingt es, zugleich jungfräulich und sinnlich auszusehen. Es ist einfach (und modisch), sich über sie zu mokieren – weil sie angeblich dadurch entweiht sei, daß die Vorstadtgärten ihre zweite Heimat geworden sind. Steht man aber unter ihren tiefhängenden Zweigen, inmitten Millionen zerbrechlicher Blumenblätter, dann ist dies ein Naturerlebnis ganz besonderer Art: als stünde man unter einem Wasserfall oder flöge durch Wolkenfetzen.

Für uns Europäer ist es zudem ein ziemlich neues Erlebnis. In Japan verehrt man die Kirschen schon seit über tausend Jahren, aber erst in diesem Jahrhundert kamen die dort gezüchteten Gartenkirschen in den Westen.

Die Japaner haben ganz präzise Vorstellungen darüber, welche Kirschen wo zu pflanzen sind. Die Formen mit üppig gefüllten Blüten bleiben wichtigen Standorten vorbehalten, an denen sie als Einzelgehölze gepflanzt werden. Wollen sie hingegen eine Massenwirkung von mehreren hundert Exemplaren erzielen, wählen sie Bäume mit ungefüllten Blüten, die alle derselben Art angehören müssen. Die berühmte Kirschblütenlandschaft bei Kyoto ist ausschließlich mit *Prunus serrulata* var. *spontanea* bepflanzt. Diese Bäume blühen erst dann (zweite Aprilhälfte), wenn das Wetter schön ist und sich ihre breiten Kronen vor dem Hintergrund schwarzer Kiefern weiß färben und sich dies Hell-Dunkel-Muster im Kamo spiegelt.

Die größte (bis 27 m) und ausdauerndste (mindestens bis 1000 Jahre) dieser halbwilden ungefüllten Kirschen ist *Prunus subhirtella*. Ihre kleinen, blaßrosa Blüten sind allerdings nicht so schön wie die ihrer kultivierten Formen. Die wichtigsten sind die trauernde *P.s.* «Pendula» (die erste japanische Blütenkirsche, die Mitte des letzten Jahrhunderts nach Europa kam), *P.s.* «Fukubana» mit gefüllten Blüten und die winterblühende *P.s.* «Autumnalis», der man gern ihre blassen, winzigen Blüten nachsieht, wenn weit und breit nichts anderes blüht. In unseren Breiten blüht sie manchmal zweimal: im November und zu Beginn des Frühjahrs.

Die heute in Tokio beliebteste Kirsche ist eine verhältnismäßig neue Hybride, *P. x yedoensis*, die früh blüht und die Vorstädte mit Mandelduft erfüllt. Für eine mobile Bevölkerung hat sie den Vorteil, daß sie rascher wächst und blüht als die anderen. Ihre weißen, rosa überhauchten Blüten erscheinen zu Zehntausenden an Zweigen, deren Enden unter ihrem Gewicht überhängen.

Die edelste japanische Wildkirschenart ist die hochwüchsige Sargent-Kirsche *(P. sargentii)*, wie sie in mittlerer Höhe am Fudschisan wächst. Ihre rosa- bis lachsroten Blüten öffnen sich kurz vor dem Austrieb der rötlichbraunen Blätter. An einem 12 oder 15 Meter hohen Baum kann das außerordentlich eindrucksvoll sein.

Die Herbstfärbung der Kirschen ist im allgemeinen nicht besonders dekorativ. Die Sargent-Kirsche ist eine Ausnahme, die um so mehr ins Auge fällt, als sie sich schon im September, wenn die meisten Bäume noch grün sind, orange- bis hellrot färbt. Ihre großen, ovalen Blätter hängen am Ende des Sommers zwar schlaff und traurig herab – dies ist aber kein Nachteil, denn so sieht man sie in ihrer ganzen Länge, wenn sie ihre Feuerfarben tragen.

Ihre kultivierten Sorten bezeichnen die Japaner als *sato zakura*, was «Dorfkirschen» bedeutet. In Europa und Amerika sind 40 bis 50 dieser Sorten in Kultur. Bei ihrer Einführung gab man ihnen lateinische Namen und ordnete sie alle der Art *P. serrulata* zu.

Die heutige Tendenz ist dagegen, sie nur mit ihren japanischen Namen zu bezeichnen, ohne den Versuch zu unternehmen, ihrer verwickelten Abstammung gerecht zu werden.

Die bei weitem verbreitetste Sorte ist «Kanzan». Mit ihrer Vitalität, ihrer Fülle von Blüten mit vielen Blumenblättern und deren durchdringendem Rosa wirkt sie nicht gerade ansprechend. Rosa ist eine heikle Farbe. Es gibt hübsche reine, gelbliche, rötliche und Lachsrosatöne, aber sobald Rosa einen Blaustich bekommt, fängt es zu schreien an. Vor einem weißen Hintergrund läßt sich «Kanzan» noch ertragen, sieht aber in der Nähe einer roten Backsteinwand ziemlich scheußlich aus.

In der Baumschule wirkt eine kleine «Kanzan»-Kirsche so, als brauche sie nicht viel Platz. Steil reckt sie ihre Äste in spitzer V-Form nach oben. Nach 10 oder 15 Jahren ist sie aber alles andere als schmal: 8 Meter Breite ist für sie durchaus nicht ungewöhnlich.

Auch einige andere Kirschen haben diese V-Form, zumindest in ihrer Jugend. «Ukon» ist eine sehr hübsche Sorte mit weißen, zart gelbgrün getönten Blüten, und die später weitausladende Form «Hokusai» ist mit Zentnern hellrosafarbener Blüten behangen, die langsam von den rosabraunen Blättern abgelöst werden.

Die einzige Blütenkirsche, die wirklich auf Dauer mit engem Raum auskommt, ist «Amanogawa», die wie eine junge Pyramidenpappel gebaut ist, ein Habitus, der (soldatisch wie er ist) in Verbindung mit dem Babyrosa ihrer Blüten komisch wirkt. Als Solitärgehölz ist «Amanogawa» somit schwerlich geeignet, aber hinter einem Blumenbeet oder zwischen anderen Sträuchern, wo ihre Form nicht zu sehr zur Geltung kommt und leichter übersehen wird, kann sie sich recht gut machen.

«Shirofugen» blüht im Mai; von der Blüte hat man ziemlich lange etwas, weil sich die weißen Blüten aus rosaroten Knospen entfalten. «Shirotae» ist eine früher blühende Form mit duftenden, rein weißen Blüten, die prächtig mit dem frischen Grün der jungen Blätter kontrastieren. «Shi-

Die beliebteste Blütenkirsche Tokios ist heute die Hybride *Prunus x yedoensis*. Ihre blaßrosa Blüten erscheinen früh und erfüllen die Aprilluft mit Mandelduft. Obwohl sie anfangs kräftig wächst, bildet sie nie einen großen Baum.

Seit dem 12. Jahrhundert sind Blütenkirschen ein wichtiges Thema in der Kunst und Literatur Japans. Dieser Wandschirm aus dem 17. Jahrhundert ist mit Kirschen- und Pflaumenblüten bemalt.

Die Blüten der «Bergkirsche», *Prunus serrulata* var. *spontanea*, stehen im Mittelpunkt der japanischen Kirschenverehrung. Dies ist der Baum, von dem man bei Kyoto kleine Haine angelegt hat, die Ende April/Anfang Mai Ziel vieler Pilgerfahrten sind.

Die Trauerform der «Bergkirsche» ist ein so anmutiger kleiner Baum, daß man ihn selbst ohne seine frühen, weißen (oder sehr blaß rosafarbenen) Blüten wie die Trauerbirke allein seiner Eleganz wegen pflanzen würde.

midsu» öffnet ihre rosa Knospen spät zu breiten, weißen Blüten an etwa 15 Zentimeter langen Stielen.

Die beste breitkronige und beste weiße Kirsche aber ist «Tai Haku», ein Baum mit einer faszinierenden Geschichte. 1923 zeigte ein Gartenbesitzer aus Sussex dem englischen Blütenkirschen-Experten Collingwood Ingram einen namenlosen Baum. Er hatte größere Blüten und Blätter als alle Kirschen, die Ingram jemals gesehen hatte: einfache Blüten mit fünf Blumenblättern, schneeweiß mit gelben Staubfäden, und gewaltige, kupferrote Jungblätter. Ingram nahm sich Pfropfreiser mit und veredelte verschiedene Sorten damit.

Bei seinem nächsten Besuch in Japan zeigte man Ingram ein Blütenbuch aus dem 18. Jahrhundert. Auf einem der Aquarelle erkannte er seine neue weiße Riesenkirsche wieder. Er erfuhr, diese Form sei inzwischen in der Zucht untergegangen. In Japan also gab es «Tai Haku» nicht mehr, und die Japaner wollten kaum glauben, daß sie in Europa noch weiterleben sollte.

Wie sie in jenen Garten in Sussex gelangte, bleibt ihr Geheimnis. Aber alle heute kultivierten «großen weißen» Kirschen stammen von dieser einen Pflanze ab.

Unten: Die Sargent-Kirsche öffnet ihre zahllosen, einfachen, intensiv rosaroten Blüten recht früh, kurz vor dem Austrieb ihrer rötlichen Blätter – die im Herbst, ebenfalls recht früh, die feurigste Färbung aller Blütenkirschen annehmen.

Unten: Wegen ihrer gekräuselten, knallrosa Blüten ist die «Kanzan»-Kirsche die in der westlichen Welt beliebteste japanische Blütenkirsche. Sie ist ein starkwüchsiger, weitausladender Baum, der schnell 6 Meter Höhe erreicht.

Oben: «Amanogawa» ist die einzige straff aufrechte Kirsche, eine kleine Säule emporstrebender Äste, ähnlich wie eine junge Pyramidenpappel. Ihre blaßrosa, leicht duftenden Blüten erscheinen ziemlich spät, ihre Herbstfarbe ist ein rötliches Bernsteingelb.

Oben: Die allergrößten Blüten trägt die reinweiß blühende Form «Tai-Haku». Ein stattliches Exemplar an einem Teichrand ist der schönste Anblick, den japanische Blütenkirschen bieten können.

Die Blütenkirschen

Der *Prunus*-Zweig der Rosenfamilie umfaßt so eigenartig heterogene Pflanzengruppen, daß man ihn früher in eine Reihe von Gattungen unterteilte. Die Kirschen hießen damals *Cerasus*, die Mandeln und Pfirsiche *Amygdalus*, die Pflaumen *Prunus*, die Aprikosen *Armeniaca*, die Traubenkirschen Padus und die Lorbeerkirschen *Laurocerasus*. Die neuere botanische Systematik faßt sie aber in einer Gattung zusammen, weil sie alle Blüten mit fünf Blumenblättern, nur einen Fruchtknoten und einsamige Steinfrüchte haben.

Japan hat kein Monopol auf die Blütenkirschen. Laut Collingwood Ingram gibt es 13 japanische Arten (ohne die zahllosen Varietäten selbstverständlich), 23 chinesische, sechs nordamerikanische und fünf europäische. Die besten europäischen Arten sind seit langem bekannt und werden als Zier- wie auch als Obstgehölze gepflanzt. Die für beide Zwecke meistverwendete Art ist die Süß- oder Vogelkirsche, die als Wildart in ganz Europa bis zum Kaukasus heimisch war. Schon die kleinen Früchte der Wildform sind süß oder süßlich, aber nicht so köstlich wie die der Kultursorten.

Vor lauter Begeisterung für die japanischen Blütenkirschen haben wir vergessen, wie schön unsere heimische Vogelkirsche sein kann. Ihre gefüllt-blühende Form (*Prunus avium* «Plena») kann man dank ihres Reichtums an schneeweißen Blüten durchaus mit japanischen Kultursorten vergleichen. Sie ist überdies frostfester. Außerdem erreicht die Vogelkirsche, mit über 4 Meter Stammumfang, durchaus Waldbaumformat, und 24 bis 27 Meter hohe Exemplare sind keine Seltenheit. Es ist dies der Baum, dessen Holz, besonders in Frankreich, zu wunderschönen Möbeln

Oben: Die in Europa wild wachsende Süß- oder Vogelkirsche ist ein hoher Laubmischwaldbaum, dessen Holz für feinere Tischler- und Bildschnitzler-Arbeiten verwendet wird. Ihre gefüllt-blühende Form ist eine der schönsten weißen Gartenkirschen.

Links: Blätter der wilden Vogelkirsche im Frühherbst. Nur wenige Kirschen haben eine auffallende Herbstfärbung, aber viele nehmen zarte Bernsteintöne an. Die Vogelkirsche färbt sich nach dieser Phase häufig tiefrot.

Die Obstkirschen mit süßem Fruchtfleisch stammen von der Vogel- oder Süßkirsche ab. Die Morellen dagegen (hier eine Plantage in der Schweiz) sind Kulturformen der in Kleinasien heimischen Sauerkirsche.

Links und unten: Bei der europäischen Traubenkirsche sind die kleinen, weißen Blüten wie beim Schmetterlingsstrauch in Trauben angeordnet. Ähnliche Blütenstände haben die Virginische Kirsche und die ebenfalls in Nordamerika heimische spätblühende Traubenkirsche. Die auffälligsten Trauben hat die Kultursorte «Watereri» der europäischen Art *(Prunus padus)*.

verarbeitet wird und aus dessen Früchten man in der Schweiz, im Schwarzwald und Elsaß das aromatische und nicht nur dort beliebte Kirschwasser, den «Kirsch» brennt.

Noch länger pflanzt man die Sauer- oder Weichselkirsche *(P. cerasus)* als Ziergehölz, deren Varietät *austera* jene Schattenmorellen liefert, aus denen vor allem die Schweizer köstliche Marmelade bereiten. Die weiß und gefüllt blühende Form *(P.c.* «Rhexii») kennen Gärtner schon seit über 400 Jahren.

Die von Europa bis Japan heimische Traubenkirsche *(P. padus)* unterscheidet sich dadurch, daß ihre viel kleineren Blüten nicht in sitzenden Dolden, sondern in langen Trauben dicht zusammenstehen. Auch von dieser Art gibt es selektierte Formen *P.p.* «Watereri» mit besonders langen Blütentrauben, «Colorata» mit rosa Blüten und *commutata*, eine fernöstliche Varietät mit außergewöhnlich frühem Blattaustrieb.

Die in Nordamerika heimischen Kirschen haben keine besonders dekorativen Zierformen hervorgebracht; die beste, *P. serotina* – die spätblühende Traubenkirsche –, ist der europäischen Traubenkirsche sehr ähnlich. Man findet sie häufig in den Wäldern des Ostens, doch sind weder ihre kurzen Trauben weißer Blüten noch ihre kleinen, roten Kirschen bemerkenswert. Auch bei der Virginischen Kirsche *(P. virginiana)* hängen die Blüten in Trauben, während sie und die Früchte bei *P. pensylvanica* wie bei der europäischen Süßkirsche in Dolden angeordnet sind.

Die wichtigsten der in Europa kultivierten chinesischen Arten wurden zu Beginn unseres Jahrhunderts von E. H. Wilson eingeführt: *P. conradinae,* deren Form «Semi-Plena» besonders wetterfest ist, *P. serrula,* deren Blüten weniger interessant sind als ihre schimmernde, birkenartige Rinde, und *P. campanulata* aus Formosa, die von allen Kirschen die rötesten Blüten hat, allerdings warmes Klima braucht.

Schon vor dieser Zeit hatte jemand dem Arnold Arboretum aus der Mandschurei *P. maackii* mitgebracht, eine selten gebliebene Art, die kräftige Bäume mit einer herrlich glänzenden, goldbraunen Rinde bildet.

Baumschulen bieten heute so viele Hybriden und Selektionen an, daß man sie nicht alle nennen kann. Besonders gut gefällt mir *P. x hillieri* «Spire», einer der besten in diesem Jahrhundert gezüchteten kleineren Straßenbäume, mit zartrosa Blüten und kräftiger Herbstfärbung.

Kirschen lassen sich auf den meisten Böden (sie lieben etwas Kalk und gute Entwässerung) leicht ziehen. Was sie allerdings nicht mögen, ist das Schneiden. Ein einziger schlechter Schnitt kann Gummifluß oder Rindenbrand verursachen, an dem der Baum zugrunde geht.

Links und unten: Kirschbäume sind leicht an ihren waagerechten Rindenbändern (Lentizellen) zu erkennen. Am schönsten und auffälligsten ist die Rinde bei der chinesischen Art *Prunus serrula* (links). *Prunus maackii* aus der Mandschurei (unten) mit honigfarbener Schälrinde ist seltener, aber viel winterfester. Beide Arten haben aber keine auffallenden Blüten.

Links: *Prunus pensylvanica* ist eine in Wäldern des amerikanischen Ostens verbreitete Wildart. Ihre weißen Blüten öffnen sich vor dem Austrieb der feingezähnten Blätter, und sie trägt eine Fülle hochroter, kleiner Kirschen.

Links: Die Früchte der Traubenkirsche sind klein, schwarz und bitter und bei den Vögeln so wenig beliebt, daß sie oft den ganzen Winter über am Baum bleiben. In Mitteleuropa und im Alpenraum wächst die Traubenkirsche wild in verschiedenen Waldgesellschaften auf frischen, humosen Böden. Sie verfügt über ein starkes Ausschlagvermögen aus Stock und Wurzel.

Pfirsiche, Pflaumen und Lorbeerkirschen

Sehr früh im Jahr blühen die Mandeln im Troodos-Gebirge auf Zypern. Selbst in nördlichem Klima ist die Mandel einer der ersten Blütenbäume.

Die Gefallsucht der Blütenkirschen war anstekkend. Pfirsich, Mandel, Aprikose und Pflaume haben es ihnen nachgemacht und mehr oder weniger unfruchtbare Varianten mit einer kurzen Saison überwältigender Prachtentfaltung hervorgebracht.

Am besten gelingt dies dem Mandelbaum, *Prunus dulcis.* Selbst in Ländern, wo man ihn seiner Steinfrüchte wegen kultiviert, sind Mandelbaumplantagen eine Attraktion für Touristen. Auf Sizilien beispielsweise hüllen sie ganze Landschaften, die sonst wenig feminines Gepräge haben, in ein liebliches Rosa – und das schon im Februar. In nördlicheren Breiten geben seine Früchte nicht viel her, aber die Bäume sind winterhart und blühen genauso gut. *P.d.* «*Roseoplena*» kommt den Kirschen am nächsten: rosa, viele Blumenblätter und einer der ersten Bäume in Blüte. Gut von Immergrünen geschützt, kann diese Form das Schönste in einem trübseligen Märzgarten sein.

Eine Mandel ist ein Pfirsich mit einer trockenen Frucht – oder ein Pfirsich eine Mandel mit einer saftigen. Ihr süßes Fruchtfleisch ist jedenfalls sehr ähnlich. Und sie haben so viel Gemeinsames, daß man sie kreuzen kann. Das dekorativste Zuchtergebnis hat man um die Jahrhundertwende in Australien erzielt und *P. x amygdalo-persica* «Pollardii» getauft. Pollard hieß der Züchter, *Amygdalus* war der alte Gattungsname der Mandeln, *Persica* ist die Artbezeichnung für den Pfirsich. Die Früchte dieser Hybride sind wie harte, grüne Pfirsiche, aber ihr Clou sind die großen, rosaroten Blüten – größer und farbintensiver als die ihrer beiden Eltern. Auch dies ist eine hervorragende frühblühende Gartenform.

Die Pfirsiche blühen gleich nach den Mandeln. In einer gut komponierten Baumgruppe kann ein blühender Pfirsich die Blütezeiten der Mandel und der ersten Kirschen überbrücken, so daß von Anfang März (im Süden noch früher) bis Juni immer ein Baum in Blüte steht. Unter den ihrer Blüten wegen gezüchteten Pfirsichen sind die Sorten mit gefüllten roten oder rosaroten Blüten wohl am schönsten; am bekanntesten ist *P. persica* «Klara Meyer». Pfirsiche sind allerdings nicht so robust und genügsam wie Kirschen oder selbst Mandeln. Sie haben eine Reihe von Problemen – von einer Krankheit, die ihre hübschen, langen Blätter kräuselt, bis zu einem verhältnismäßig frühen Niedergang und Tod. Pfirsiche (besser noch: ihre glattschaligen Schwestern, die Nektarinen) ihrer Früchte wegen an einer Wand zu ziehen, lohnt sich dagegen durchaus.

Die Obstbaumaprikose aus China *(P. armeniaca)* ist keine besondere Schönheit, aber winterhart und frühblühend. Wo es warm genug ist, daß ihre Früchte reifen, lohnt es sich allerdings, sie allein deswegen zu ziehen

Als Blütenbaum empfiehlt sich die Japanische Aprikose *(P. mume)*, die nicht ganz so frosthart wie die Mandel ist. Sie ist mit weiß und rosa gefüllten Blüten auch als Hängeform zu haben.

Die meisten heimischen Pflaumenbäume hält man heute für Formen einer alten Kreuzung zwischen dem Schwarzdorn *(P. spinosa)* und der Kirschpflaume *(P. cerasifera)*, die ursprünglich in Osteuropa und Westasien heimisch war. Keine dieser beiden Arten bildet besonders eindrucksvolle Bäume, der Schwarzdorn sehr oft nur Wurzelbrutbüsche. Die kleinen, weißen Blüten des Schwarzdorns schmücken Ende März in Mitteleuropa so viele Hecken, daß man einen um diese Zeit häufigen Kälteeinbruch vielerorts als Schwarzdornwinter bezeichnet.

Erstaunt habe ich festgestellt, daß es selbst von diesem so unscheinbaren Schwarzdorn eine rotlaubige Sorte gibt. Die rotblättrige Kirschpflaume dagegen ist nur allzu gut bekannt: *P. cerasifera* «*Pissardii*», das viel zu oft gepflanzte Rotlaub-Stereotyp der Stadtrandgärten.

Ziemlich weit ist der Sprung von den laubwerfenden *Prunus*-Bäumen zu jenen immergrünen Sträuchern mit glänzenden Blättern, die einen Teil ihres Namens vom Lorbeerbaum entlehnt haben und so gar nicht an eine Blütenkirsche erinnern. Gleichwohl sind auch sie zu den *Prunus*-Arten zu zählen.

Von dieser Lorbeerkirsche gibt es ein Dutzend Varianten mit verschiedenen Blattformen, Farben und Wuchsformen, von denen die auffälligste eine hochwüchsige mit gewellten Blättern ist: *P. laurocerasus* «Camelliifolia». Die Portugiesische

Mandel und Pfirsich sind nahe Verwandte. Die reife Frucht der Mandel (links) sieht wie ein grüner Pfirsich aus. Obgleich die Mandel erstaunlich winterfest ist, trägt sie nur im Mittelmeerklima regelmäßig reife Früchte.

Die Japanische Aprikose, *Prunus mume*, die 1844 nach Europa kam, ist ein hübsches Bäumchen mit nach Mandeln duftenden, rosa Blüten. Sie hat mehrere hervorragende Kultursorten beigesteuert, darunter die hier gezeigte Form «Alphandii».

Die Wildaprikose aus China hat sich in manchen Teilen Europas eingebürgert. Hier blüht sie im März oberhalb des Luganer Sees in der Schweiz.

Rechts: Die Früchte des Schwarz- oder Schlehdorns (Prunus spinosa) sind hübsch bereift, aber sehr sauer.
Das wilde Hecken- und Waldrandgehölz bedeckt sich unmittelbar vor der üppigeren Birnenblüte mit einem dichten Teppich kleiner weißer Blüten.

Unten: Kreuzungen zwischen Pfirsich und Mandel, *Prunus x amygdalo-persica,* werden seit 1623 kultiviert. Eine der dekorativsten Hybriden ist «Pollardii» mit großen dunkelrosa Blüten.

Ganz unten: Die chinesische Glanzmispel, *Photinia serrulata,* sieht mehr einer Lorbeerkirsche ähnlich als ihrem näheren Verwandten, dem Weißdorn. Ihr großer Wert für den Gärtner sind die fast während des ganzen Jahres erscheinenden Jungtriebe mit den strahlendroten Jungblättern.

Lorbeerkirsche *(P. lusitanica)* ist ein sehr hübscher, rundkroniger Baum, der 10 bis 13 Meter Höhe erreicht und das ganze Jahr glänzende, leuchtendgrüne Blätter trägt; von ihr gibt es Gartenformen mit breiteren Blättern *(azorica),* schmaleren Blättern («Angustifolia») und gefleckten Blättern («Variegata»). Die Möglichkeiten dieser Bäume als immergrüne Grundelemente in Gärten mit schlechtem und kalkigem Boden sind bisher kaum ausprobiert worden.

Noch besser aber ist die chinesische *Photinia serrulata* – ein noch fast unbekanntes Mitglied der Rosenfamilie, das jedoch frostharte, anspruchslose und durchaus originelle Bäume oder Sträucher bildet. Diese Photinia oder Glanzmispel produziert fortlaufend junge Triebe mit strahlend orangeroten Blättern, die sich allmählich in ein leuchtendes Grün verfärben. Dies sieht so aus, als stünde der Baum unentwegt in Blüte. Die größte Glanzmispel soll 15 Meter erreicht haben – und muß ein recht imposanter Anblick sein.

Die Blutpflaume legt einen kurzlebigen Schmuck aus fast gänseblümchenartigen, rosaroten Blüten an, die zusammen mit den kupferfarbenen jungen Blättern erscheinen. Im Sommer wird das Laub immer dunkler, bis es im Herbst beinahe schwarz ist.

Die immergrüne Lorbeerkirsche verbirgt ihre enge Verwandtschaft mit den Kirschen, bis ihre eßbaren Früchte rot werden. Vom Lorbeerbaum unterscheidet sie sich durch ihre nach bitteren Mandeln duftenden Blätter.

Birnen, Mehlbeeren und Vogelbeeren

Oben und unten: Von allen nicht eigens ihrer Blüten wegen gezüchteten oder ausgewählten Gartenbäumen schmückt sich die Birne am schönsten. Oben ein typischer heimischer Birnbaum, eine vermutlich namenlose Kultursorte von *Pyrus communis*, vor einem Bauernhaus in der Normandie. Unten Birnenblüten, weiß mit einem Hauch rosa, in Büscheln am Zweigende.

Oben und unten: Der dekorativste Birnbaum ist die trauernde Weidenblättrige Birne: ein kleiner Baum mit schmalen silbrigen Blättern, ungefüllten cremeweißen Blüten und dichten, ziemlich gedrängten, aber im allgemeinen hängend wachsenden Zweigen. Ihr helles Silbergrün leuchtet während des ganzen Sommers. Die Früchte sind klein und braun. Am meisten kultiviert wird ihre Form «Pendula».

Oben: Sommerlaub und unreife Früchte der Kultur- oder Gartenbirne, *Pyrus communis*.

Rechts: Die Herbstfärbung von Birnenblättern. Im Frühjahr entfalten sie sich leicht weißfilzig, werden dann aber immer glatter und glänzender. Birnbäume werden sehr alt und wachsen zu den stattlichsten Vertretern ihrer Familie heran.

Birnen, Mehlbeeren und Vogelbeeren – dies scheint eine buntgemischte Gesellschaft zu sein. Dabei gehören zwei von ihnen, die auf den ersten Blick wenig ähnlichen Mehlbeeren und Vogelbeeren, derselben Gattung an: *Sorbus.* Die Birnen hingegen bilden eine eigene Gattung: *Pyrus.*

Was eigentlich sind die wichtigsten Unterschiede zwischen Äpfeln und Birnen? Der größte ist offensichtlich das Aroma. Die Birne hat meist einen fleischigen Stiel, der nicht in einer Vertiefung der Frucht, im Nabel endet, sondern auf einer Beule. Ihr Fleisch hat eine körnigere Struktur, ist im unreifen Zustand sandig und fault schnell, wenn es reif ist.

Birnen wachsen wild in Europa und Asien, nicht aber in der Neuen Welt. Die Wildbirne, von der alle Kultursorten abstammen, findet man häufig in Südeuropa, sie ist aber auch nördlich der Alpen verbreitet. Sie ist einer der ausdauerndsten Obstbäume und erreicht bemerkenswerte Maße: Es wurden Stammumfänge von 5 Metern gemessen, und 18 Meter sind keine außergewöhnliche Höhe.

Alte Wildbirnen sind dichtverzweigt, schwarz und emphatisch im Winter – was ihren regelmäßigen frühen Schmuck aus zarten, weißen Blüten nur um so eindrucksvoller macht. Nur selten (wenn überhaupt) werden sie gepflanzt, doch wo sie zufällig auftreten, sind sie meist sehr willkommen. Ihr Holz ist das «Fruchtholz» der französischen Landmöbel, jenes helle Braun, das einem von alten Schränken und Kommoden entgegenstrahlt.

Es gibt zwei chinesische Wildbirnen, deren Nachkommen heute in den USA als Zierbäume kultiviert werden. Die eine ist *Pyrus calleryana* «Bradford», die alle Vorzüge eines mittelgroßen Schattenbaums hat, ein dichter Kegel mit einer Fülle von Blüten und roter Herbstfärbung, die andere ist die Ussuribirne *(P. ussuriensis)* aus einem nördlicheren Areal. Beide Bäume tragen aber keine eßbaren Früchte.

Die einzigen Birnen, die vor allem ihrer Schönheit wegen in Gärten gepflanzt werden, sind die Arten mit weißen oder silbrigen Jungblättern: *P. nivalis* aus dem Mittelmeergebiet und besonders die Weidenblättrige Birne *(P. salicifolia)* aus dem Kaukasus. Mit ihrer Kombination aus während des ganzen Sommers anhaltender Silbrigkeit und Trauerhabitus hat sie keine Konkurrenz. Wer nach einem starken Akzent, einem Motiv als Grundthema für einen neuen Garten oder einen Winkel in einem alten sucht, kann kaum eine bessere Wahl treffen. Sie hat zwar die Neigung, zu viele Äste und eine zerzauste Krone zu entwickeln, doch ist dies ihr einziger Fehler (der sich leicht durch Schneiden korrigieren läßt). Ich habe in meinem Garten eine Silberecke angelegt und sie neben einer trauernden Silberlinde in ein silbriges Sanddorn-Dickicht gepflanzt. Dazwischen stehen noch ein paar Gemeine Wacholder (auch zum Teil silbrig). Ob ich es übertrieben habe? Sehr wahrscheinlich.

Nach dem Blütenrausch so vieler Mitglieder der Rosenfamilie ist es fast eine Erleichterung, sich einer Gruppe von Bäumen zuzuwenden, die ihre Flitterwochen etwas diskreter verbringen. Weder Mehlbeerbäume noch Vogelbeeren, die beiden Hauptlinien der *Sorbus*-Gattung, sind es wert, wegen ihrer Blüten gepflanzt zu werden. Sie sind weiß oder cremefarben, und obgleich sie in großer Zahl an den breiten Kronen erscheinen, hat man nicht viel von ihnen, weil sie zusammen mit den Blättern kommen, die sie nicht nur meist verdecken, sondern selbst ein stärkerer Blickfang sind. So unterschiedlich die Blätter dieser beiden *Sorbus*-Linien sind, bei beiden sind sie das Beste – und nach den Blättern, bei vielen Arten, die schweren Dolden kleiner, bunter Beeren.

Die Mehlbeeren haben ungeteilte, einfache Blätter, meist nur gezähnt, doch manchmal auch fiederspaltig, häufig an der Unterseite weißbehaart. Diesem weißen Filz verdanken die Bäume ihren Namen. Die Vogelbeeren oder Ebereschen dagegen haben zusammengesetzte Blätter, von drei bis zu 30 Fiederblättchen an einem Stiel. Als die Botanik noch naiver war, bewies ihr dies schon hinreichend, daß es Eschen sein mußten. Besonders hochwüchsig ist allerdings kein Baum der beiden *Sorbus*-Linien – 22 Meter sind schon eine Rekordhöhe.

Es gibt mehr Ebereschen als Mehlbeeren, aber wo immer Ebereschen wachsen, bleiben sie recht einheitlich. Unter den Mehlbeeren gibt es vier verschiedene Sippen: eine prächtige mit mehreren großblättrigen Arten im Himalaja, die mitteleuropäische Mehlbeere (ebenfalls mehrere, aber sehr ähnliche Arten), dann ein paar Bäume, deren Blätter so tief gelappt sind, daß sie an Ahorne erinnern, ebenfalls in Europa, und einen hervorragenden japanischen Baum mit hainbuchenartigen Blättern, der von allen die schönsten Blüten und Früchte hat.

Im Frühling lenkt der eigenartige Blattaustrieb die Aufmerksamkeit auf den Mehlbeerbaum. Seine Blätter entwickeln sich wie die Blumenblätter einer Tulpe aus der Knospe, bilden mit ihren aufgerichteten Spitzen einen Kelch, der ihre Unterseiten zeigt, die zu dieser Zeit mit silbrigen Seidenhaaren bedeckt sind, die das Licht wie Metall reflektieren. Wildwachsend ist er charakteristisch für Kreidelandschaften und viele andere Kalkgebirge und funkelt einem aus Dickichten heller Buchen oder schwarzbronzener Eiben entgegen.

Im Juli ist es oft mit der Blätterpracht vorbei. Denn in vielen Jahren fallen Insekten über sie her und lassen lediglich die Rippen am Baum hängen. Aber wenn man Glück hat, erscheint im Oktober noch ein zweiter Schub in Rost- und Bernsteintönen, von denen sich schwere rote Beerendolden abheben.

Dies ist die europäische Wildart, *Sorbus aria*. Ein wenig verschönert, ohne aber ihren Charakter zu verändern, hat man sie in den Kultursorten *S.a.* «Lutescens» und «Majestetica» (mit größeren Blättern und Beeren). Gezüchtet wird ferner eine blaßgelbe Form *(S.a.* «Chrysophylla») und eine Hängeform *(S.a.* «Pendula»), beides sehr hübsche Bäume.

Die Himalaja-Mehlbeeren sehen ähnlich aus, haben aber viel größere Blätter, oben glänzendgrün, unten kalkweiß, die bis 25 Zentimeter lang werden. *S. cuspidata* hat breitovale oder lanzettliche, die Kultursorte *S.* «Mitchellii» fast runde Blätter – beides außerordentlich üppig und wohlgenährt aussehende Bäume, deren dunkelgrünweiße Livree sich den ganzen Sommer über gut hält. Ihre Beeren sind so groß wie Zieräpfel, aber nicht kräftig gefärbt. Beide Formen pflanzt man am besten im Schutz anderer Bäume, damit der Wind nicht so leicht ihre großen Blätter zerreißt.

Manche Mehlbeeren haben gelappte Blätter, so die Schwedische Mehlbeere oder Oxelbeere *(S. intermedia)*, die skandinavische *S. hybrida*, die trotz ihres Namens keine Hybride ist, und die in einem eng begrenzten Areal bei Paris vorkommende Breitblättrige Mehlbeere *(S. latifolia)*. Vogelbeere, Mehlbeere und auch die in fast ganz Europa heimische Elsbeere *(S. torminalis)* mit ihren ahornähnlichen Blättern bastardieren leicht

Links und unten: Die Schwedische Mehlbeere, *Sorbus intermedia*, (links, im Herbst) und *S. hybrida* (unten) sind offenbar Zwischenformen zwischen den ovalblättrigen Mehlbeeren und den nahe verwandten, aber recht andersartigen Ebereschen oder Vogelbeeren mit ihren eschenartig geteilten Blättern. Die schwedische Art hat schwach-, die andere tiefgelappte Blätter.

Die Mehlbeere *(Sorbus aria)* ist mit ihren silbrigbehaarten Blättern ein auffallender Baum oder Strauch. Ihre Blüten (ähnlich wie die auf dem Bild links) sind hübsch, aber nicht so bemerkenswert wie ihre jungen Blätter. Man trifft die Mehlbeere häufig auf kalkhaltigen Böden überall in Europa.

Birnen, Mehlbeeren und Vogelbeeren

untereinander und bilden dann alle möglichen Zwischenformen. Anderseits werden aber nicht alle Zwischenformen von den Spezialisten als Bastarde anerkannt. Diese reichlich komplizierten Verhältnisse haben zur Folge, daß verschiedene Irrtümer und falsche Namen kursieren und man Schwierigkeiten beim Bestimmen hat.

Eine echte *aria-aucuparia*-Hybride ist indessen die aus Thüringen stammende *S. x thuringiaca.* Sie hat ebenfalls intermediäre Blätter mit mehlbeerartigem Oval an der Spitze und einer Reihe vogelbeerartiger Blättchen. Von den Mehlbeeren hat sie außerdem weiße Unterseiten mitbekommen.

Eine aufrechte Form dieser thüringischen Mehlvogelbeere *(S. x t.* «Fastigiata») wird als Straßenbaum sehr gelobt, weil sie nur wenig Platz braucht.

Das Arnold Arboretum ist auch voll des Lobes über den japanisch-koreanischen Sorbus, der in keiner der beiden Linien der Gattung gut unterzubringen ist. Dies ist der Baum mit den hainbuchenartigen Blättern, die entlang den Rippen ähnlich gewellt sind. Die Botanik hat seine Blätter allerdings als erlenähnlich (er heißt *S. alnifolia)* bezeichnet, was mir etwas weit hergeholt zu sein scheint. Jedenfalls hat er den farbenfreudigsten Blütenschmuck seiner Gattung und die auffälligsten Früchte: rote Beeren, die noch lange am Baum hängen, wenn sich die Blätter rot verfärbt haben und abgefallen sind.

Schon aufgrund ihrer Blattstruktur ist die Vogelbeere ein leichterer, fedriger wirkender Baum als die Mehlbeere. Sie wird zwar etwa genauso groß, hat ähnliche Blüten und Früchte, unterscheidet sich aber dennoch sehr.

Ein Vogelbeeren-Grundtyp mit nur stilistischen Variationen der Blattfarbe und -form sowie der Beerenfarbe ist rund um den Globus verbreitet. Seine bekannteste Vertreterin ist die Gemeine Eberesche oder Vogelbeere Europas *(S. aucuparia),* ein anspruchsloser, bis 15 Meter hoher Baum,

Die Früchte der Mehlbeerbäume nehmen in der Reife leuchtende Farben an, während sich die Blätter beige und gelb färben. Die Früchte sind so groß wie Hagebutten und beliebt bei den Vögeln. Mehlbeerbäume werden kaum höher als 15 Meter.

Oben: Die Japanische Mehlbeere, *Sorbus alnifolia,* hat eine der schönsten Herbstfärbungen. Das Arnold Arboretum schätzt sie sehr wegen ihrer Dolden kleiner, strahlendroter Früchte, die noch lange nach dem Laubfall am Baum haften.

Oben: Die Mehlbeeren des Himalaja (hier *Sorbus mitchellii)* haben sehr große und hübsche Blätter, oben glänzendgrün und unten weißbehaart. Ihre Früchte sehen wie winzige Birnen aus.

Unten: Blätter und reife Früchte der Elsbeere, *Sorbus torminalis,* einer weitverbreiteten Art mit ahornähnlichen Blättern. Wild wächst sie in Europa, Kleinasien und Nordafrika.

Unten: Die Gemeine Eberesche oder Vogelbeere Europas ist ein kleiner Baum, der in Wäldern und Hecken wild wächst, sich aber mit seiner Fülle heiterer Beeren auch im Garten gut macht.

Oben (beide Bilder): Zu den aus China eingeführten Vogelbeeren zählt dieser weitausladende Baum mit kräftigen Farben: *Sorbus sargentiana.* Seine Winterknospen sind karminrot und klebrig, seine jungen Triebe (links) ebenfalls karminrot, seine zahlreichen Früchte hochrot und sein Herbstlaub dunkel- bis blutrot.

Unten: Die Amerikanische und die Europäische Vogelbeere sind sehr ähnlich, doch durchweg trägt *S. americana* größere Blätter und weniger Beeren.

der in ganz Europa bis in den Norden Norwegens, in den Alpen und überall in Wäldern, Dickichten und Hecken zu finden ist.

Diese Wildvogelbeere läßt sich kaum verbessern, auch wenn verschiedene Zuchtformen das Thema variieren: *S. aucuparia* «Xanthocarpa» mit gelblichen Früchten, *S.a.* «Aspleniifolia» mit feingeteilten, farnartigen Blättern, *S.a.* «Sheerwater Seedling» mit einer schmalen, aufrechten Krone und *S.a.* «Edulis», die sogar eßbare Beeren liefert.

Ähnlich ist die in Nordamerika heimische Vogelbeere, *S. americana,* aber meist kleiner und mit kleineren Früchten. *S. scopulina* ist eine westamerikanische Art mit größeren Blättern und Beeren, jedoch an kleineren Bäumen oder Sträuchern.

Von dem Dutzend asiatischer Ebereschen sind am wertvollsten die Arten mit andersfarbigen Früchten und Blättern – beispielsweise *S. hupehensis* und *S. cashmiriana* mit graugrünen Blättern und weißen oder blaßrosa Beeren oder *S. sargentiana* mit sehr langen, dunkelgrünen Blättern an roten Stielen, roter Herbstfärbung und scharlachroten Früchten, die bis in den Winter hinein am Baum bleiben.

S. discolor (auch als S. «Embley» bezeichnet) wird als Straßeneberesche sehr empfohlen, weil sie ihre Äste steil aufwärts richtet; sie hat zur gleichen Zeit rote Früchte und Blätter zu bieten.

Noch einige andere Arten haben dieses Verzweigungsmuster: *S. pohuashanensis* aus Nordchina (und sehr frosthart), *S. harrowiana* aus dem Süden (und ziemlich empfindlich) und *S. insignis* aus Assam mit rosaroten Beeren, die den ganzen Winter über am Baum hängen.

Eine der schönsten Herbstfärbungen – Orange, Rot, Purpur mit allen Zwischentönen – hat ein kleiner chinesischer Baum mit anmutig ausladender Krone, *S. vilmorinii.* Ein Gärtner hat mir erzählt, daß die Vögel, die sich begierig auf alle anderen Arten stürzen, seine rosaüberhauchten weißen Beeren völlig verschonen.

Links: Eine der schönsten Vogelbeeren, sowohl wegen ihres eleganten Habitus mit hochgereckten Ästen als auch wegen der kräftigen Herbstfärbung ihrer Blätter und Früchte: *Sorbus discolor* alias *S.* «Embley».

Vogelbeeren gibt es mit Früchten in nahezu allen Farben. Die chinesische Art *Sorbus prattii* bildet feingliedrige Bäumchen mit elfenbeinfarbigen Beeren in kleinen Hängetrauben.

Die gelbfrüchtige Vogelbeere ist eine Form der Gemeinen Vogelbeere Europas. Eine andere Form, «Edulis», hat süße Früchte, die recht gut schmecken.

Zum großen chinesischen Vogelbeeren-Angebot gehört auch die exquisite Art *Sorbus vilmorinii,* deren graugrüne Blätter farnartig fein und sparsam über den elegant bogigen Baum verteilt sind. Ihre Früchte (rechts) schwanken zwischen einem dunklen Rosa und einem Weiß mit rötlichem Hauch.

Robinien und Gleditschien

Als Kräuter oder Lianen, Sträucher oder Bäume sind die Hülsenfrüchtler fast über die ganze Erde verbreitet. Die Tropen sind ihre eigentliche Domäne, in den gemäßigten Breiten sind sie mehr als Kräuter denn als Bäume vertreten: Unsere Erbsen, Bohnen und Lupinen gehören dazu. Aber selbst die großen Bäume der Familie sehen diesen Gemüsepflanzen erstaunlich ähnlich. Die Robinie, die auch als Falsche Akazie, Scheinakazie oder einfach als Akazie bezeichnet wird, fällt einem hier zuerst als Beispiel ein: ein großer Baum, jedoch mit Hülsenfrüchten und feingefiederten Blättern.

Die meisten Mitglieder der Familie kultiviert man ihrer Blüten wegen. Von den größeren Bäumen, die ihrer Statur, ihres Holzes und Schattens wegen gezogen werden, sind vier im Osten Nordamerikas heimisch. Europa hatte keine größeren baumförmige Arten aufzuweisen und mußte sie alle importieren.

Die Gemeine Robinie war einer der ersten amerikanischen Bäume, die nach Europa geschickt wurden. Schon um 1600 zog sie Jean Robin, der Hofgärtner Heinrichs IV., in Paris. Er steuerte auch den Gattungsnamen *Robinia* bei, während der Artname *pseudoacacia* auf ihre deutliche Ähnlichkeit mit den subtropischen Akazien Afrikas anspielt. In Europa sind zwar überhaupt keine Akazien heimisch, und im 17. Jahrhundert dürften sie hier kaum schon bekannt gewesen sein. Doch aus irgendeinem Grund blieb dieser Name an diesem Baum hängen, und er wird heute mehr Akazie als Robinie genannt. Die echten Akazien aus Australien heißen bei uns Mimosen.

Wie begrenzt auch das ursprüngliche Areal der Robinie, irgendwo in den Alleghenies, gewesen sein mag – heute ist sie in großen Teilen Nordamerikas und fast überall in Europa verwildert. Obwohl sie außerordentlich wuchert und fast alle anderen Pflanzen unterdrückt, ist sie meist willkommen. Sie wächst sehr schnell und erzeugt Holz, das in Festigkeit und Haltbarkeit mit Eichenholz konkurrieren kann. In den französi-

Oben: Einer der elegantesten und dekorativsten kleinen Gartenbäume: *Robinia pseudoacacia* «Frisia», eine vor 40 Jahren in Holland gelungene Weiterzüchtung der Robinie. Ihre anmutig gefiederten, für die Hülsenfrüchtler-Familie typischen Blätter zeigen vom Frühjahr bis in den Winter ein sattes Goldgelb.

Oben: Aus Kreuzungen zwischen der Gemeinen Robinie und der weniger bekannten *Robinia viscosa* aus dem Südosten der USA sind zwei rosablühende Gartenbäume hervorgegangen: *R. x ambigua* «Bellarosea» (hier) und «Decaisneana».

Links: Die Gemeine Robinie hat für einen Baum aus den amerikanischen Oststaaten einen bemerkenswert chinesischen Habitus. Ihr Verzweigungsmuster ist meist ausgesprochen pittoresk.

Oben: Die Blüten der Robinie duften zwar, können aber schwerlich die Schönheit des Blätterbehangs überbieten.

Links: Die größten Bäume der Hülsenfrüchtlerfamilie bildet die mächtige Gleditschie aus dem Osten Nordamerikas; sie erreicht die Proportionen einer Amerikanischen Ulme, aber sie trägt feine, frischgrüne Blätter. Hier ihre reifenden, stets etwas verbogenen, großen Hülsen.

schen Weinbaugebieten ist ein Robiniengestrüpp ein wertvolles Kapital, denn die aus ihm gefertigten Rebstöcke brauchen 50 Jahre lang nicht ersetzt zu werden.

Ob sie nun krumm- oder geradschäftig wächst, unter dekorativen Gesichtspunkten ist die Gemeine Robinie immer ein interessanter Baum. Unverkennbar ist ihre Signatur am Winterhimmel: Äste, die wie ein Blitz im Zickzack von einem hellgrauen Stamm mit tiefrissiger Borke ausgehen. Sie scheint keine Winterknospen an ihren Zweigen zu haben, sondern nur kräftige Dornenpaare. Die Knospen selber sind unter den Blattnarben versteckt. Wie die Walnuß bleibt die Robinie länger als sechs Monate kahl. Ihre Blätter erscheinen spät und fallen früh. Nach dem Austrieb sind sie gelbgrün und nehmen einen bläulicheren Ton an, wenn die weißen Blütentrauben erscheinen. Dann erfüllen sie die Luft zwei Wochen lang mit einem süßlichen Duft, und das starre Geäst umgibt sich mit einem Behang, wie er zarter und feiner im Garten kaum sonst noch zu finden ist.

Dafür aber braucht die Gemeine Robinie eine Menge Platz – und wirft so gut wie keinen Schatten. Man hat jedoch eine als Straßenbaum geeignete Form gezüchtet: die Kultursorte *R.p.* «Inermis», die keine Dornen und – leider – auch nur wenige Blüten hat, dafür aber eine dichte, runde Krone aus dem appetitlichsten Grün bildet. Auf südeuropäischen Plätzen ist sie ein idealer Schattenbaum, weil sie sich erst dann belaubt, wenn es richtig warm wird, und immer ihre hübsche Form behält.

Für den Gärtner gibt es eine kleinere, goldgelbe Form, *R.p.* «Frisia» – einer der schönsten goldlaubigen Bäume überhaupt. Sein Jahresprogramm umfaßt Blaßgold, Goldgrün und Rotgold.

Als Akazie hat man früher noch einen anderen Baum bezeichnet, den Christusdorn oder die Gleditschie *(Gleditsia triacanthos)*. Die natürliche Art kann man nicht verwechseln – wegen ihrer bis zu 8 Zentimeter langen, oft verzweigten, rotbraunen Dornen, die sogar unten am Stamm wachsen. Sie wird oft größer als die Gemeine Robinie – eine der größten Gleditschien in Michigan ist 35 Meter hoch und hat einen Kronendurchmesser von 37 Metern.

Bei der Suche nach einem Ulmenersatz hat man es auch mit der Gleditschie versucht, weil sie hochwüchsig ist, einen guten Habitus hat und ihr feines, im Unterschied zur Robinie oft doppelt gefiedertes Laub einzigartig ist. Leider muß sie für öffentliche Anlagen entmannt, also ihrer Dornen und ihrer 20 bis 30 Zentimeter langen, sichelig gekrümmten Fruchthülsen beraubt werden. Deshalb gibt es eine ganze Reihe dornloser Zuchtsorten, von denen «Moraine» vermutlich die bekannteste sein dürfte.

Für Gärten noch besser geeignet ist allerdings die kleinere japanische Art derselben Gattung *(G. japonica)*, deren Blättchen so klein (etwa 1½ Zentimeter lang) sind und in so vielen Millionen am Baum hängen, daß er wie ein großer Farn aussieht.

Die Blüten der Gleditschie und ihres nahen Verwandten, des Zweihäusigen Geweihbaumes *(Gymnocladus dioicus)*, sind unauffällig und ohne besonderen Zierwert. Wenn man den Geweihbaum pflanzt, dann wegen seiner Blätter; sie werden bis zu 90 Zentimeter lang und 45 Zentimeter breit. Auch kahl zieht er die Blicke auf sich: Die langen Blattstiele bleiben noch eine Weile hängen, und wenn auch sie abfallen, sieht der Baum aus, als wäre er all seiner Zweige beraubt, weil er sich so sparsam verzweigt und die wenigen Äste so dick sind.

Das Amerikanische Gelbholz *(Cladrastis lutea)* ist ein weiterer Baum aus der Robinien-Verwandtschaft, die in den erstaunlich artenreichen Wäldern des amerikanischen Ostens heimisch ist. Man könnte ihn für eine selektionierte Robinie mit längeren Trauben (bis 40 Zentimeter) und größeren weißen Blüten halten. Man erkennt ihn an seinen Knospen, die sich den ganzen Sommer über in den hohlen Blattstielen verbergen.

Die fernöstlichen Gelbhölzer, die *Maackia amurensis* aus der Mandschurei und das Chinesische Gelbholz *(C. sinensis)*, sind seltene, aber sehr geschätzte kleine Bäume: die mandschurische Art wegen ihrer aufrechten, blauweißen Blütenstände im Sommer, die chinesische wegen ihrer zauberhaften Jungtriebe im Frühjahr, die bläulich und dunkel erscheinen und mit einem silbrigen Seidenflaum bedeckt sind.

Europas größter Hülsenfruchtbaum ist der Johannisbrotbaum *(Ceratonia siliqua)* der Mittelmeerländer. Abgesehen von einem neugierigen Biß in seine fleischig-ledrige, braune Hülse (das süßliche Fruchtfleisch erinnert entfernt an Schokolade und schmeckt gar nicht schlecht) schenkt ihm niemand viel Beachtung. Weil er immergrün

Oben: «Sunburst» ist eine neuere Kultursorte der Gleditschie mit leuchtendgelben jungen Blättern. Sie ist nicht mit spitzen Dornen bewehrt und deshalb besser als Straßenbaum geeignet.

Unten: Ältere Exemplare der Gleditschie bilden gefährlich verzweigte Dornen am Hauptstamm. Am barbarischsten armiert sich die hier gezeigte Kaspische Gleditschie aus Nordpersien.

Das Amerikanische Gelbholz sieht wie eine kleine Robinie mit längeren Trauben weißer Blüten aus, die im Juni wie bei Glyzinien an der rundlichen Krone hängen. Hier die nach den Blüten erscheinenden, erbsenähnlichen Hülsen im halbreifen Zustand.

Oben: Das Chinesische Gelbholz blüht im Hochsommer, einen Monat später als die amerikanische Art (siehe ganz oben auf dieser Seite). Die weißen Blütenbüschel stehen kopfig aufrecht und sind rosa und cremefarben getönt. Die Wuchshöhe der Gelbholz-Arten ist praktisch: Sie erreichen maximal 15 Meter.

Familie der Hülsenfrüchtler / *Leguminosae*

Robinien und Gleditschien

ist, übersieht man meist seine 20 Zentimeter langen Hülsen. Auch als Baum fällt er nicht auf: klein, gekrümmt und zeitlos wirkend.

Aus Neugier in irgendwelche Hülsen zu beißen ist allerdings nicht ratsam. Beispielsweise ist der Goldregen in allen seinen Teilen giftig. Wäre er nicht so schön, blühte er nicht regelmäßig so üppig und gediehe er nicht überall so gut, hätte man ihn wohl schon längst als gemeingefährlich verboten. Doch in Europa (seiner Heimat) ist er in kleineren Gärten nahezu genauso häufig wie die Blütenkirschen – und hat denselben Nachteil: daß seine große Zeit ganze zwei Spätfrühlingswochen währt.

Es gibt den Gemeinen Goldregen *(Laburnum anagyroides)*, den Alpen-Goldregen *(L. alpinum;* winterfester, mit glänzenderen Blättern und längeren Blütentrauben – ein besserer Baum) und eine Hybride aus beiden (unter den Bezeichnungen *L. x watereri* und *L. x vossii* bekannt), die noch verschwenderischer zu blühen scheint. Setzt man sie in Gruppen oder verteilt sie wie zufällig in einer Parkwaldszenerie, gehen von ihnen die stärksten Effekte aus, die man überhaupt mit winterharten gelbblütigen Gehölzen erzielen kann – von den Ginstern vielleicht abgesehen.

Die meisten Ginster, ebenfalls Hülsenfrüchtler, wachsen strauchig. Doch hat es in meinem Garten nur der leichten Hilfestellung einer Wand bedurft, einen Ätna-Ginster *(Genista aetnensis)* sechs Meter hochzuziehen. Steigt man auf den Ätna hinauf, kommt man durch einen Gürtel dieser Art, die dort auf schwarzem Lavaboden wächst. Eine erregendere monochrome Landschaft kann man sich schwerlich vorstellen.

Der beste unter den winterharten asiatischen Hülsenfruchtbäumen, der Japanische Schnurbaum *(Sophora japonica)*, ähnelt sehr der amerikanischen Robinie. Deshalb ist er auch ziemlich unbekannt geblieben. Doch wenn die Gemeine Robinie schon einen Monat lang kahl steht, ist sein Laub noch immer frisch und grün. Sein größ-

Unten: Die giftigen Fruchthülsen des Gemeinen Goldregens. An den verdickten oberen Rändern der Hülsen kann man den Gemeinen vom Alpen-Goldregen unterscheiden

Oben: Der Goldregentunnel im Park von Bodnant in Nordwales. Hier die wertvollste Gartenform, die Hybride *Laburnum x vossii.*

Links: Die Seidenfäden-Albizzie aus Persien bildet kleine, ausladende Bäume, die im Hochsommer mit rosaroten Blüten übersät sind.

Oben: Am winterhärtesten unter den echten Akazien ist die Silberakazie, hier wildwachsend in Südaustralien. Baumformat erreicht sie allerdings nur im Mittelmeerklima.

Der Alpen-Goldregen ist mit seinen längeren, dichteren Blütentrauben etwas attraktiver als der Gemeine Goldregen. Hier sind die gelben Blütenblätter noch nicht voll entfaltet (links).

Rechts: Die immergrünen Blätter des Johannisbrotbaums aus dem Mittelmeergebiet verraten dessen Zugehörigkeit zur Familie der Hülsenfrüchtler. Ganz oben rechts im Bild reifende Fruchthülsen, die eßbar sind.

Der «Marokkanische Ginster» ist der größte Vertreter der strauchigen Geißklee-Gattung *(Cytisus)* der Hülsenfrüchtler. Seine goldregenähnlichen Blätter haben einen silbrigen Seidenglanz, und im Sommer duften seine orangegelben Blüten nach Ananas.

Die jungen, Samenhülsen des Judasbaums zeigen deutlich seine Zugehörigkeit zur Familie der Erbsen und Bohnen. Die Hülsen werden etwa 12 cm lang und rotbraun. Der Judasbaum treibt auch Blüten aus altem Holz und bildet sogar unten am Stamm Blütenknospen (sog. Kauliflorie).

tes Plus aber ist, neben seinen feinen Blättern, daß seine cremeweißen Blüten erst sehr spät erscheinen: im August. Die Gartenform *S.j.* «Pendula», ein anmutiger kleiner Baum mit langen Hängezweigen, gedeiht auf sehr trockenem Boden viel besser als eine Trauerweide.

Der neuseeländische Vierflügelige Schnurbaum *(S. tetraptera)* ist ein immergrüner Verwandter, der in den milden Wintern des Südens Baumformat erreicht. Seine Blüten sind größer, leuchtendgelb und erscheinen im Mai zwischen farnartigen, graugrünen jungen Blättern. Gelb ist die eine charakteristische Blütenfarbe der Hülsenfrüchtler, Rosa die andere. Die Gattung der Judasbäume *(Cercis)*, bei uns durch den Europäischen Judasbaum *(C. siliquastrum)* vertreten, ist wohl die bekannteste der rosablütigen Linie. Der nordamerikanische Judasbaum *(C. canadensis)* blüht in den Wäldern des Ostens zusammen mit dem Hartriegel und ist dort der einzige heimische Baum mit dieser Blütenkirschenfarbe.

Europas schönster Judasbaum-Bestand dürfte der Hain 15 Meter hoher Exemplare im Madrider Retiro-Garten sein. Wenn sie blühen, biegen sich die Äste unter einer überreichen Fülle kleiner rosaroter Blüten. Und zu den Eigenheiten dieses Baums gehört auch, daß er nicht nur seine jungen Zweige, sondern auch dicke Äste und selbst seinen Stamm mit Blütenbüscheln dekoriert.

In China gibt es einen ähnlichen Judasbaum und eine weitere Art *(C. racemosa)*, deren Blüten in kurzen Trauben hängen. Sie alle sind lohnende Gartenbäume, nicht nur ihrer Blüten, sondern auch ihrer glänzenden, herzförmigen Blätter wegen.

Hartnäckig hält sich die Legende, Judas Iskarioth habe sich an diesem Baum erhängt. Sein französischer Name stellt dies jedoch richtig: *l'arbre de Judée* – der Baum aus Judäa.

Alle bisher genannten Bäume gehören den Leguminosen-Unterfamilien der Schmetterlingsblütler und der Caesalpiniengewächse an, die heute allerdings auch als Familien aufgefaßt werden. Beide haben Blüten mit nur einer Symmetrieachse und ungleichen Blütenblättern. Anders die dritte Unterfamilie der Mimosenartigen: Sie haben strahlige (radiärsymmetrische) kleine Blüten, die oft zu Köpfchen zusammengefaßt sind. Ihre Domäne sind die Subtropen der südlichen Halbkugel. Neben dem Eukalyptus ist die Akazie der in Australien häufigste Baum.

Die Seidenfäden-Albizzie *(Albizia julibrissin)* ist der bekannteste Baum dieser Gruppe aus der nördlichen Hemisphäre, der in Mitteleuropa aber im Kalthaus überwintern muß. Zuerst wurde er in Persien entdeckt *(julibrissin* ist sein persischer Name), aber sein Areal reicht bis nach China und Japan. Wie die meisten echten Akazien hat auch dieser Baum doppeltgefiederte Blätter feinster Textur. Er ist laubwerfend, und seine flaumigen Blütenbüschel duften zwar, ihr Rosa wirkt aber ziemlich verwaschen. Für nördlichere Breiten hat man eine bessere Sorte *(A.j.* «Rosea») aus Korea eingeführt, die nicht nur winterfester (bis Zone 5) ist, sondern auch eine kräftigere Blütenfarbe hat. Von Juli bis September ist die Krone dieses niedrigen, ausladenden Baumes immer mit einigen rosa Blütenständen geschmückt.

Von den 500 australischen Akazienarten probiert man meist nur ein halbes Dutzend in Parks und Gärten außerhalb der Subtropen. Und nur eine hat unter Winterschutz in Mitteleuropa Baumformat erreicht: die Silberakazie *(Acacia dealbata)*. Für Gärten im Mittelmeergebiet eignen sich ferner die Cootamundra-Akazie *(A. baileyana)* und die Sydney-Akazie *(A. longifolia)*.

Links Mitte: Die Blüten des Vierflügeligen Schnurbaums *(Sophora tetraptera)* aus Neuseeland und Chile. Mit ihrer Röhrenform unterscheiden sie sich von anderen Hülsenfrüchtlerblüten. In milden Gegenden ist dieser Baum immergrün und blüht im Spätfrühling.

Oben und darüber: Die jungen Triebe des Judasbaums wachsen im Zickzackmuster. Die abgerundete Herzform der Blätter ist gut zu erkennen. Die purpurrosa Blüten sind klein, aber dicht gedrängt.

Unten: Der Kanadische Judasbaum blüht zeitig im Frühjahr zusammen mit dem Hartriegel in den Wäldern der östlichen USA. Baumschulen bieten auch eine weißblütige Form an.

Oben: Der erste Japanische Schnurbaum *(Sophora japonica)* in England wurde 1762 im Botanischen Garten von Kew gepflanzt. Er lebt heute noch, hat sich aber aus einem geheimnisvollen Grund zu Boden geneigt. Mannbare Exemplare sind im Spätsommer in weiße Blüten eingehüllt.

Familie der Myrtengewächse / *Myrtaceae*

Die Eukalypten

Links, unten und rechts: Die Blütenknospe eines Eukalyptus (hier *E. globulus)* sieht wie eine kleine Urne (links) mit einem Deckel aus. Die Blüte hat keine Blumenblätter, aber wenn sich die Staubblätter entfalten, werfen sie den Deckel ab.

Australien ist mit der Gattung *Eucalyptus* enger verbunden als irgendein anderes Land mit irgendeinem anderen Baum. Drei Viertel aller australischen Waldbäume sind Eukalypten – von den verschneiten Pässen Tasmaniens bis zum Norden Queenslands, wo sie von Palmen und Baumfarnen abgelöst werden.

Die Eukalypten gehören der Myrtenfamilie an, die vermutlich früher einmal ein Zweig der Rosenfamilie war. Die meisten Myrtengewächse (auch die Eukalypten) haben einfache, ungezähnte, ungelappte, meist gegenständige Blätter. Häufig haben die Blätter kleine transparente Punkte oder Sekretdrüsen, die man erkennt, wenn man sie gegen das Licht hält. Aber nur die Eukalypten haben eine Blütenknospe mit einem Dekkel, der abfällt, wenn die Geschlechtsorgane im Innern bereit sind, Insekten zu empfangen (denen sie reichlich Nektar anbieten). Auch zeichnet sich die Gattung durch ausgeprägte Unterschiede zwischen den Jugend- und Altersblättern aus. Ihre Jugendblätter sind gegenständig und oft von ganz anderer Gestalt – häufig oval – als die wechselständigen, oft weidenblatt- oder sichelförmigen, langen Altersblätter. Oftmals tragen sie eine graue Wachsschicht, zumindest solange sie jung sind. Sie alle enthalten ätherische Öle. Und schließlich verlieren manche Eukalypten ihre Rinde so wie die meisten anderen Bäume ihre Blätter, was ihnen ein Schäl- oder Fetzenmuster gibt, das schon ihren halben Charakter ausmacht.

Eine typische Eukalyptus-Landschaft, etwa in Südaustralien, wirkt wie das Geisterbild eines großen europäischen Parks. Kneift man die Augen halb zusammen, kommen einem diese sanften Konturen mit den grasenden Schafen, diese gewaltigen Laubbaumtürme, hier in Gruppen, dort einzeln, wie eine Parkszenerie vor, die all ihrer Farben beraubt und zu einem immerwährenden graubraunen Sommer verdammt ist.

In den Dürrelandschaften am Rand der Wüste, wo die Grasdecke vor nacktem Sand und Gestein

Die Eukalypten haben ein gewaltiges Verbreitungsgebiet, das sich von den Tropen bis in kühle Gebirgsregionen, wie um den Crater Lake auf Tasmanien (oben), erstreckt, wo *Eucalyptus coccifera* Winterstürmen trotzt. In Gärten trägt dieser Baum intensiv bläulichgrüne Blätter mit wachsartigem Überzug.

Der «Geisterbaum», *Eucalyptus papuana,* verdankt seinen Namen einer glatten, fast leuchtend weißen Rinde. In sehr heißen Gebieten (wie hier in Dampier, Westaustralien) tragen Eukalypten nur sehr wenig Laub, um die Transpirationsverluste in Grenzen zu halten. Auch suchen ihre Wurzeln tiefer nach Grundwasser.

Rechts: Aus einer Wunde rinnt rotes, harziges Gummi, daher der englische Name «Gumtree». Eukalypten enthalten in den meisten Teilen ein stark riechendes ätherisches Öl, das mancherlei Verwendung findet.

Rechts: Ein sehr deutlicher Unterschied zwischen Jugend- und Altersblättern ist typisch für die Eukalypten. Viele Arten wie *Eucalyptus gunnii* und *E. perriniana* (hier) haben an ihren jungen Trieben scheibenförmige Blätter, während sie an den älteren Baumteilen mehr oder weniger weidenblattartig geformt sind.

Links: Altersblätter von *E. globulus* mit unreifen Blütenknospen. Die Blätter junger Bäume sind silbergrün.

zurückweicht, bilden die kleinwüchsigen Arten ein dichtes Gestrüpp. Und in den Städten und Dörfern säumen rotblühende Eukalyptusbäume (vor allem *E. ficifolia)* die Straßen.

Es gibt etwa 600 Eukalyptusarten. Manche haben ein sehr begrenztes Areal, andere, wie *E. camaldulensis,* sind in allen Staaten heimisch und überall zu finden, wo ihre ökologische Nische, in diesem Fall ein Flußufer, vorhanden ist. Innerhalb einer Art bestehen beträchtliche Unterschiede hinsichtlich der Winterhärte. So muß man bei *E. niphophila* wissen, ob sein Samen aus Tasmanien oder Neusüdwales kommt, wenn man seine Überlebenschancen beurteilen will.

Eukalypten sind zwar subtropische Bäume, doch werden zehn Arten mit großem Erfolg auch in West- und Südeuropa forstlich angebaut, vor allem *E. globulus.* Recht gut gedeihen auch *E. gunnii* aus Tasmanien sowie Gebirgsklone von *E. niphophila,* besonders vom 2230 Meter hohen Mount Kosciusko in Neusüdwales. Das Arboretum der University of Washington in Seattle hält diese Art für den winterhärtesten Eukalyptus und zieht auch mit Erfolg die auffallend silbergraue tasmanische Art *E. coccifera.* Diese Bäume sind zwar hübsch, aber immer etwas kopflastig.

Im Süden ist das ganz anders. Nach Frankreich kamen die ersten Eukalypten zu Anfang des 19. Jahrhunderts, und schon ein paar Jahrzehnte später gab es in Südfrankreich und Italien viele Bestände. Seit 1880 wurden auch in Kalifornien viele Eukalyptusbäume gepflanzt, unter anderem deshalb, weil man damals, vor der Entdeckung des Malaria-Erregers, glaubte, sie würden die «giftigen Gase» absorbieren, auf die man die Krankheit zurückführte. Vor allem *E. globulus* gedieh so prächtig, daß er seine ganze Gattung in Verruf brachte: Er säte sich überall aus und durchzog guten Boden mit seinen wuchernden Flachwurzeln. Dennoch macht er sich mit seinen bläulichgrünen Blättern und seiner hellen Schälrinde unter den heimischen Eichen und Kiefern sehr gut.

Eukalyptusbäume vor der roten Wand des geheimnisvollen Ayers Rock, eines riesigen Monolithen im trockenen, zentralen Australien. Es regnet hier nur an 30 Tagen und selten mehr als 25 cm im Jahr.

Rechts: Die Rinde der Eukalypten kann dickborkig-eichenähnlich, glatt und weich oder auch dünn und abblätternd, wie hier bei *E. globulus,* sein. Manchmal hängen die abgeschälten Rindenstreifen noch lange am Stamm herab.

Oben: *Eucalyptus niphophila* im tasmanischen Winter. Diese Art ist eine der winterhärtesten; ein kleiner, langsamwüchsiger Baum, den es wegen seiner schönen Rinde (links) im Garten zu pflanzen lohnt.

Eukalyptus, Seideneiche, Feuerbusch, Silberbaum und Ölweide

Rechts: Der Woodward-Eukalyptus *(E. woodwardii)* mit wachsroten Blütenknospen und goldgelben Staubblättern, eine empfindliche Art.

Unten: Der westaustralische *Eucalyptus miniata* hat intensiv orangerote Blüten.

Unten rechts: Der rotblütige *Eucalyptus leucoxylus* «Rosea» wird wegen seines Blütenkirschen-Effekts am Mittelmeer gezogen.

Wenn ihn manche Kalifornier verfluchen, so sehen die Äthiopier in ihm ein Geschenk des Himmels. Seine Einführung gegen Ende des vergangenen Jahrhunderts hat womöglich ihre Hauptstadt gerettet. Die heimischen Bäume waren damals alle abgeholzt, ihre Sämlinge von Weidetieren gefressen: Addis Abeba war ohne Brennholz. Und es gab kein heimisches Gehölz, das die Wuchsgeschwindigkeit dieses Exoten erreicht hätte.

Die Chinesen, deren Düngemethoden berühmt sind, berichten von Wuchsleistungen, die so erstaunlich sind, daß sie jeden Förster verblüffen. Aber Eukalyptus-Daten stoßen überall auf Skepsis – seit seinerzeit aus Australien die Kunde von 140 Meter hohen Exemplaren kam. Fest steht allerdings, daß die höchste Art in Australien, *E. regnans,* mit Abstand die größte Nichtkonifere der Welt ist.

Unter den mir bekannten Eukalypten ist *E. citriodora* bei weitem der schönste. Leider ist er empfindlich, es lohnt sich aber, ihn im Gewächshaus oder Wintergarten zu ziehen.

Mit *Eucalyptus, Acacia* und den anschließend vorgestellten Gattungen *Grevillea* und *Hakea* aus der Familie der Silberbaumgewächse (Proteaceae) haben wir schon einen großen Teil der australischen Baumflora kennengelernt.

Links: Der höchste bekannte Laubbaum (98 m) ist ein *Eucalyptus regnans* (hier im Styx Valley auf Tasmanien). Die kleineren Bäume sind *E. obliqua.* Beide Arten wurden auf der Nordhalbkugel noch nicht gründlich erprobt.

Links: *Myrtus luma* bildet schöne immergrüne Bäume in Gegenden ohne strenge Fröste, wie hier in Cornwall.

Rechts: *Eucalyptus gunnii* ist zwar nicht so spektakulär wie der Baum oben, aber etwas winterhärter und raschwüchsig. In Europa gedeiht er bis Zone 7.

Unten: Der einzige richtige Baum der Myrten-Gattung, *Myrtus luma,* aus Chile, verrät mit seiner abblätternden Rinde seine Verwandtschaft mit den Eukalypten.

Rechts: *Eucalyptus caesia,* winterfest bis etwa –5 °C, bildet kleine, meist fast trauernde Bäume und hat mit die schönsten Blüten der Gattung; in lockeren Büscheln erscheinen sie zeitig im Frühjahr, danach oft in einem zweiten Austrieb.

Die Schmalblättrige Ölweide *Elaeagnus angustifolia)* ist einer der schönsten silberblättrigen Kleinbäume, der mit seiner Farbe und seiner mehrstämmigen Wuchsform an einen Olivenbaum erinnert.

Der europäische Sanddorn hat sogar noch schmalere Blätter als die Schmalblättrige Ölweide (links) und bildet oft mehr ein Gestrüpp als einen Baum. Die weiblichen Pflanzen tragen die orangeroten Beeren (im Herbst) nur dann, wenn ein männliches Exemplar in der Nähe wächst.

Die Seideneiche *(Grevillea robusta)* kennt man bei uns mehr als Topf- oder Sommerbeetpflanze denn als den großen Baum (bis 36 m), den sie in Australien und Kalifornien bildet. Die Australier gaben ihr diesen Namen, weil sie ihre sehr schmalen, gefiederten Blätter an die gelappten Blätter der Eichen erinnerten. Aber dieser Vergleich ist ebenso weit hergeholt wie bei den Bäumen der Gattung *Casuarina,* die sie «weibliche Eichen» nennen, obgleich sie überhaupt keine richtigen Blätter, sondern nur schachtelhalmähnliche Triebe mit Quirlen winziger Blattschuppen haben. In Kalifornien ist die Seideneiche ein sehr wertvoller Baum, weil sie rasch wächst und in hoffnungslos dürren Gebieten üppig gedeihend und kräftig aussieht. Der Lorbeerartige Silberbaum *(Hakea laurina)* ist das andere Mitglied der Familie, das in Kalifornien gezogen wird: wegen der hübschen rosa- und goldfarbenen «Nadelkissenblüten».

In Europas Klimazone 8 gedeiht noch der Chilenische Feuerbusch *(Embothrium coccineum).* Sollte es einen Baum mit noch spektakuläreren Blüten geben, dann habe ich ihn noch nicht gesehen. Ab Mai bedeckt der Feuerbusch seine ganzen 6 bis 9 Meter mit scharlachroten Röhrchen mit glockenförmig ausgebildeten Mündungen. Der Feuereffekt ist fast realistisch.

In den Familien der Ölweidengewächse sowie der Ölbaumgewächse *(Oleaceae)* gibt es keine so aufsehenerregenden Vertreter. Ihr Verwandtschaftsmerkmal ist eher eine feine silbrige Schuppigkeit. Sie stellen vor allem sehr nützliche immergrüne Sträucher mit silberweißen Blattunterseiten. Der eine kleine Zierbaum, die Schmalblättrige Ölweide *(Elaeagnus angustifolia),* hat Blätter, die oben silbergrün, unten silberweiß behaart sind.

Mit ihren Früchten, den vielen Stämmen und der Kuppelkrone sieht sie aus wie ein kleiner Olivenbaum. Sie ist neben ihrem Cousin, dem Sanddorn *(Hippophaë rhamnoides),* der etwas Schnitthilfe braucht, um Baumform zu erreichen, eines der besten silberblättrigen Bäumchen; beide verdienen sie einen sonnigen Platz mit dunklem Hintergrund. Wenn der zweihäusige Sanddorn seine Zweige mit den orangeroten Beeren belädt (er fruchtet nur, wenn männliche und weibliche Pflanzen zusammenstehen), dann sieht dies so aus, als spiegele sich Feuerschein in silbergrauem Haar – ein wahrhaft herbstliches Bild.

Links: Die Blüten des Chilenischen Feuerbuschs *(Embothrium coccineum)* kurz vor der Entfaltung. In milden Klimazonen verwandelt er sich im Spätfrühling in eine Feuersäule.

Oben: Die farnartigen Blätter der Seideneiche *(Grevillea robusta)* sind unten silbrig und oben goldgrün. In nördlichen Breiten zieht man sie allein wegen ihrer Blätter als Topfpflanze.

Australien ist die Heimat von Bäumen, die Nadelbäume «imitieren». Der Wohlriechende Silberbaum *(Hakea suaveolens)* ist ein hübsches Bäumchen für sehr warme und trockene Standorte. *H. laurina* hat auffälligere, rotgoldene Blüten.

Rechts: Die Rosmarinblättrige Grevillea ist frostfester als die Seideneiche, erreicht in der Kultivierung aber nur 2 m Höhe. Sie sieht aus wie eine Rosmarinheide, die den ganzen Sommer rote Blüten trägt.

Familie der Hornstrauch- oder Hartriegelgewächse / *Cornaceae*

Die Hartriegel

Unten: Der im Osten der USA wild wachsende Blumenhartriegel hat sehr starkes züchterisches Interesse gefunden, was zu perfekten Bäumen wie diesen geführt hat. Die natürlichen Blütenfarben sind Weiß oder Hellrosa.

Den Namen Hartriegel tragen recht unterschiedliche Pflanzen: knöchelhohe Bodendecker, hüfthohe Sträucher, fensterhohe Bäumchen und große Hochwaldbäume. Und die Zahl ihrer verschiedenen Blütenbaupläne ist fast ebenso groß wie die ihrer Wuchsformen. Das Blatt, immer ein Oval mit bogig nach vorn verlaufenden Seitennerven, ist das einzige deutliche Kennzeichen, das sie alle gemeinsam haben.

Obwohl es unter den baumförmigen Hartriegeln zwei recht verschiedene Blütenbaupläne gibt, ist ihr Effekt doch sehr ähnlich: eine so üppige Blütenfülle, daß selbst die Kirschen nicht damit konkurrieren können. Der Blumenhartriegel Nordamerikas *(Cornus florida)*, der Pazifische Hartriegel *(C. nuttallii)* und der Japanische Hartriegel *(C. kousa)* sind Vertreter des einen Blütensystems, das andere wird vom Chinesischen Riesenhartriegel *(C. controversa)* angeführt.

Was bei den Blüten der ersten Gruppe wie Blumenblätter aussieht, sind in Wirklichkeit Hochblätter, die gewöhnlich eine untergeordnete Rolle spielen und lediglich die ungeöffnete Blüte schützen. Innerhalb dieses Ringes von vier (manchmal sechs) weißen Pseudo-Blumenblättern sitzen die eigentlichen Blüten in kleinen, kopfigen Döldchen. Die zweite Gruppe hat größere Büschel größerer Blüten in Trugdolden und keine auffallenden Hochblätter.

Aber nicht nur mit seinem phantastischen Blütenreichtum, auch mit seinen Wuchseigenschaften lenkt der Hartriegel im Frühling die Blicke auf sich. Er neigt nämlich dazu, lange tiefe Seitenzweige auszubreiten, auf denen jede Blüte zur Geltung kommt, weil sie oben auf diesen Zweigen sitzen.

In Habitus und Blüte unterscheiden sich der Blumenhartriegel und der (normalerweise um einiges kleinere) Japanische Hartriegel kaum voneinander – nur in ihren Blütezeiten, weshalb es sich lohnt, sie beide zu pflanzen. Rosarote Varietäten sind nur vom amerikanischen Blumenhartriegel zu haben, der ständige pralle Sonne nicht verträgt. Die japanische Art blüht zwei bis vier Wochen später. Noch schöner und größer sollen die Blüten ihrer chinesischen Varietät *(C. kousa var. chinensis)* sein.

Nachdem ich blühende Hartriegel in Connecticut gesehen hatte, hielt ich es für absurd, nun noch nach einer weiteren Steigerung zu suchen – fand sie dann aber doch an der Westküste. Von allen herrlichen Waldszenerien, die ich erlebt habe, war die erregendste hoch in den Bergen Oregons, wo der Pazifische Hartriegel Mitte Oktober nicht nur das Dunkel der Douglasien und Hemlocktannen mit seinen goldenen und scharlachroten Blättern aufhellte, die an Farbintensität sogar noch die Großblättrigen Ahorne übertrafen, sondern seine eigenen leuchtenden Zweige überdies mit einem Spätaustrieb seiner mächtigen, clematisähnlichen Blüten geschmückt hatte.

Leider gedeiht dieser größte aller Hartriegel, der in seinen heimatlichen Wäldern bis 30 Meter

Die scharlach- bis violettrote Herbstfarbung des amerikanischen Blumenhartriegels ist ein ebenso großartiges Schauspiel wie seine Frühjahrsblüte. In Mitteleuropa zeigt er dies nur an einem halbschattigen Standort.

Die eigentlichen Blüten des Hartriegels sind die unscheinbaren grünen Köpfchen im Zentrum der vier blumenblattähnlichen Hochblätter. Hier die «Blüten» von *Cornus florida* «Rubra».

Unten: Der fernöstliche Riesenhartriegel baut sich herrlich etagenförmig auf und sieht als erwachsener Baum im Mai, wenn auf seinen Ästen ein dichter cremeweißer Blütenteppich liegt, fast wie eine schneebedeckte Zeder aus.

Oben: Bei *Cornus capitata* erscheinen nach den gelben Blüten eigenartig erdbeerähnliche Früchte. In sehr milden Wintern bleibt dieser Hartriegel immergrün, wenngleich manche Blätter abfallen.

Unten: Die Form «Goldspot» des Pazifischen Hartriegels hat mit die größten Hartriegel-Blüten. «Goldspot» blüht selbst als 60 cm hoher Busch und hat eine sehr lange Blütezeit.

hoch wird, woanders nicht so gut. Europa verträgt er zwar, ist aber hier recht kurzlebig und wird nie ein großer Baum.

Der größte baumförmige Hartriegel, den wir in Europa ziehen können, ist der Chinesische Riesenhartriegel, der statt weißer Hochblätter größere Büschel kleiner Blüten trägt, was aus einiger Entfernung jedoch fast die gleiche Wirkung hat.

Das horizontale Verzweigungsmuster ist bei diesem Baum besonders ausgeprägt. Es gibt Exemplare, die Jahr für Jahr, vielleicht mit etwas gärtnerischer Nachhilfe, vollendete Astetagen aufbauen, auf denen die Blüten wie eine Schneedecke liegen. Bei den meisten Bäumen stellt sich ja ab 15 Meter Höhe eine gewisse rundkronige Anonymität ein. Nicht so beim Riesenhartriegel: Er baut sich auch noch für seinen 50. Geburtstag ein neues majestätisches Plateau.

Gärtner, die keinen Platz für einen so stattlichen Baum haben, können seine außerordentlich schöne Form «Variegata» mit weißgeränderten Blättern ziehen. Wie die meisten Bäume mit geringerem Chlorophyllanteil wächst sie langsam, aber mit demselben Habitus.

Damit ist das Hartriegel-Angebot aber noch lange nicht erschöpft. Erwähnt seien noch die heimische Kornelkirsche *(C. mas)*, die im Februar vor dem Blattaustrieb gelb blüht, eßbare, aber ziemlich saure Früchte trägt und sich im Herbst schön verfärbt, und eine immergrüne Art für südlichere Gärten, *C. capitata* aus Westchina, mit hellgelben Blüten.

Unten: Das japanische Pendant zum amerikanischen Blumenhartriegel hat spitze Hüllblätter. Diese Art blüht ein paar Wochen später, so daß es sich lohnt, diese beiden Hartriegel zu pflanzen.

Die Kornelkirsche verdankt ihren Namen der Tatsache, daß ihre roten Früchte zwar sauer, aber eßbar sind. Sie ist der größte heimische Hartriegel Europas, ein großer Strauch oder kleines Bäumchen, das seine kahlen Zweige schon im Winter oder sehr zeitig im Frühjahr mit gelben Blütensternen schmückt.

Taubenbaum und Tupelobaum

Der Taubenbaum erreicht etwa 20 m Höhe und einen gleichen Kronendurchmesser: ein leichtgebauter, luftiger Baum. Die «Tauben» (oder «Taschentücher») erscheinen auf der ganzen Länge der langen Zweige und bieten zusammen mit dem leuchtenden Blattgrün ein sehr erfrischendes Bild.

Der Taubenbaum sieht ähnlich wie eine Linde mit überdimensionalen Hartriegel-Blüten aus. Die beiden Hochblätter sind blumenblattartig ausgebildet, und das eine ist zuweilen bis viermal so lang wie das andere.

Man hat so viele Bäume Nordamerikas auch in China als Überlebende der Eiszeiten wiedergefunden, daß es schon recht aufregend ist, eine Familie zu entdecken, die nur in einem dieser beiden Refugien weiterlebt.

Vom Ginkgo einmal abgesehen, hat kaum ein Baum so viel Erstaunen hervorgerufen wie die *Davidia,* die man seit ihrer Entdeckung als Taubenbaum, Geisterbaum und Taschentuchbaum bezeichnet hat.

Pater David, der französische Missionar, der auch den Panda entdeckte, war der erste, der – 1869 – von einem prächtigen neuen Baum in den Gebirgen Westchinas berichtete: mit riesigen, weißen Blüten, die wie Taschentücher an den Zweigen hängen (oder bei Wind wie Tauben flattern).

Erst 1897 beschaffte ein anderer Missionar, Pater Farges, Samen von diesem Baum und schickte sie dem berühmten französischen Baumsammler Maurice de Vilmorin. Von den 37 Samen, die er bekam, keimte nur einer, aber de Vilmorin pflanzte den Sämling in seinem Arboretum in les Barres, wo er sich ausgezeichnet entwikkelte. Er blühte 1906, und Europa erlebte seinen ersten Taubenbaum.

Die Baumschule Veitch, die nicht wußte, daß schon Samen nach Frankreich gelangt waren,

Die Frucht des Taubenbaums ist eine zunächst rötliche, dann grüne Kugel, die eine gefurchte und nicht eßbare Einzelnuß enthält. Der Taubenbaum ist bei uns völlig frostfest, kann aber, wenn man seine Wurzeln nicht kappt, mit seiner ersten Blüte lange auf sich warten lassen.

Die Verfärbung der Tupelobäume ist einer der Höhepunkte des Herbstes im Osten Amerikas. Sie lieben feuchte Standorte, haben einen eichenähnlichen Habitus und färben sich, wenn die Nächte kalt werden, so intensiv rot wie die schönsten Ahorne. Ihre Blüten sind ganz unscheinbar, ihre Früchte blaue Nüßchen. Der Wald-Tupelo gedeiht in Europa gut, läßt sich allerdings schwer umpflanzen und zeigt hier nicht immer seine Herbstfarben.

hatte 1899 Ernest Wilson nach China entsandt, um *Davidia*-Samen zu besorgen. Die einzigen Informationen, die Wilson über den Baum hatte, stammten von dem Amateurbotaniker Dr. Augustine Henry, der sich schon seit fast 20 Jahren in China aufhielt. Ihn mußte Wilson zuerst aufsuchen: in Jünnan im Südwesten des Landes. Dann mußte er die rund 1500 Kilometer nach Itschang in Zentralchina zurücklegen, wo der Baum stehen sollte. Henry zeichnete ihm eine Karte, mit deren Hilfe er einen einzelnen Baum in einem Gebiet finden sollte, das größenmäßig etwa der Bundesrepublik entsprach.

In einer Stromschnelle ging Wilsons Boot zu Bruch. Überall lauerten Gefahren – es war die Zeit des Boxeraufstands. Und sein chinesischer Führer war opiumsüchtig. Nach mancherlei Abenteuern voll Widrigkeiten fand er den Baum: Neben seinem Stumpf stand eine Hütte, die gerade aus seinem Holz gezimmert worden war. «In dieser Nacht schlief ich nicht», notierte er.

Nachdem er die Umgebung gründlich durchforscht hatte, fand er schließlich eine Gruppe Taubenbäume und sammelte ihre Samen ein. Als er sie später nach London schickte, war er der festen Überzeugung, sie seien die ersten, die China verließen.

Er war bitter enttäuscht, als er zuhause erfuhr, de Vilmorin habe den Baum schon in seiner Sammlung. Bei näherer Prüfung stellte sich aber heraus, daß die in Les Barres gezogenen Bäume eine Varietät der von Wilson mitgebrachten *Davidia involucrata* waren, nämlich die nachmalige *var. vilmoriniana.*

Diese beiden Formen sind allerdings sehr ähnlich. Die Botaniker wollten den Taubenbaum zunächst den Hartriegeln zuordnen. Denn es stellte sich heraus, daß genau wie bei ihnen die bis 16 Zentimeter langen, cremeweißen Schein-Blumenblätter in Wirklichkeit Hochblätter sind. Doch während die Hartriegel vier Hochblätter haben, hat der Taubenbaum nur zwei – und eins davon ist viermal so lang wie das andere. Außerdem sind seine Blätter herzförmig, mehr wie Lindenblätter. Also war es kein Hartriegel, sondern ein naher Verwandter. Deshalb mußte man für diese einzige Art ihrer Gattung auch eine eigene Familie aufstellen.

Nur ein Botaniker konnte mich davon überzeugen, daß der nächste Verwandte des Taubenbaums, noch näher als sogar die Hartriegel, der Tupelobaum, *Nyssa,* ist. Von seinen acht Arten sind sechs im atlantischen Nordamerika, zwei in Asien heimisch.

Für europäische Gärtner interessant ist der Wald-Tupelobaum, *N. sylvatica,* der überall im Osten der USA zerstreut auf feuchten Böden vorkommt. Er hat weder Hüllblätter noch herzförmige Blätter – den Beweis für seine Verwandtschaft mit dem Taubenbaum liefern Einzelheiten im Bauplan seiner unscheinbaren Blüten und Früchte. Als Ziergehölz pflanzt man einen Tupelo wegen seines Habitus, seiner glänzenden, sattgrünen Blätter und seiner herrlichen, gelben bis scharlachroten Herbstpalette. Er verträgt jeden Gartenboden, läßt sich allerdings selbst als Sämling oder Jungbaum nur schwer verpflanzen.

Die Stechpalme

Die Gemeine Stechpalme hat Dutzende von Varietäten, Sorten und Formen hervorgebracht, die eine faszinierende Kollektion verschiedener Blattformen und -farben ergeben.

Unten und auf der folgenden Seite: Eine Auswahl der schönsten Arten und Kulturformen, von denen die meisten langsam zu großen Büschen oder kleinen Bäumen heranwachsen.

Es müßte dem Leser eigentlich schon längst aufgefallen sein, daß die entwicklungsgeschichtliche Chronologie recht merkwürdig ist. Hinter den Sprüngen von den Pappeln zum Erdbeerbaum, vom Goldregen zum Eukalyptus und vom Hartriegel zur Stechpalme scheint keinerlei Ordnungsprinzip erkennbar zu sein. Aber genau so sind, soweit wir wissen, im Lauf der Jahrmillionen neue Bäume entstanden. Wir können nur dankbar sein, daß uns das Spiel der Mutation und Selektion im Verlaufe der Evolution eine so buntgemischte Auswahl beschert hat.

Daß ein Baum schöner als der andere sei, dafür gibt es keine objektiven Maßstäbe. Gleichwohl kann man seine Lieblingsbäume haben. Zu meinen gehört die Gemeine Stechpalme oder -hülse *(Ilex aquifolium)*, der einzige wildwachsende immergrüne Laubbaum unserer Breiten. Seine Familie umfaßt allerdings rund 450 weitere Arten, sogar laubwerfende, und ist über die ganze Erde verbreitet. Aber die Stechpalme wird schon so lange als Ziergehölz kultiviert, daß es inzwischen noch mehr Kultursorten und Hybriden als Arten gibt. Die meisten kultivierten Stechpalmen sind entweder Formen der Gemeinen Stechpalme oder einer Kreuzung aus ihr und der auf den Azoren heimischen Art.

Seltsamerweise ist die Gemeine Stechpalme bei uns nicht völlig winterhart. Zwar kommt es alle hundert Jahre nur einmal vor, daß Stechpalmenbäume einen Winter nicht überleben, öfter dagegen, daß sie sämtliche Blätter verlieren. Deshalb reicht das Areal dieser Art in Nordamerika auch nur bis Connecticut, wo sie von der Glanzlosen Stechpalme *(I. opaca)* abgelöst wird, der allerdings einer der größten Pluspunkte der Gemeinen Stechpalme, der intensive Glanz der Blätter, fehlt. Sie wächst vorwiegend strauchig und bildet bestenfalls einen 16 Meter hohen, ausgesprochen matten, grau- oder gelbgrünen Baum, an dem sich eine große Zahl roter (bei der Kulturform «Xanthocarpa»: gelber) Beeren gut abzeichnet.

Unsere Gemeine Stechpalme wird, sich selbst überlassen und an einem halbwegs geschützten Standort, etwas größer (das höchste Exemplar hat 22 Meter, das dickste 3,30 Meter Stammumfang erreicht) und fast so spitzwipfelig wie ein Weihnachtsbaum. Solche Bäume haben aber meist eine sehr lichte und durchsichtige Krone. Am besten sehen sie in Hecken aus, wo der Wind einen Trimmeffekt ausübt: Kürzere Triebe halten die Beblätterung dicht und verstärken den Kontrast zwischen dem hellen Glanz und dem dunklen Laub. Daher wirkt eine Stechpalme am schönsten im Sommer, wenn die jungen Triebe so weich und schimmernd sind, daß sie feucht aussehen.

Die meisten Stechpalmen sind zweihäusig; die weiblichen Exemplare brauchen also einen männlichen Partner, wenn sie Beeren tragen sollen. Viele der buntblättrigen Zuchtsorten sind leider männlich und tragen niemals Früchte. Man könnte meinen und eigentlich erwarten, daß ihre Namen Aufschluß über ihr Geschlecht gäben – zumal die bekanntesten von ihnen «König» oder «Königin» heißen. Doch weit gefehlt: «Golden King» ist eine weibliche, «Golden Queen» eine männliche Pflanze! Einen «Silver King» gibt es nicht, aber «Silver Queen» ist wieder männlich. Alle diese Formen haben Blätter mit Silber- oder Goldrand.

Bei den beiden «Milkboys» – «Golden» und «Silver» (beides tatsächlich männliche Pflanzen) – ist es genau umgekehrt: ein grüner Blattrand und eine Pinselstrichzeichnung aus Dunkelgrün, Hellgrün und Gold (oder Silber) in der Blattmitte. Diese in der Mitte gescheckten Sorten haben allerdings die Neigung, wieder zu vollgrünen Blättern überzugehen. Deshalb schneidet man alle Jungtriebe mit solchen einfarbigen Blättern ab. Manchmal erscheinen aber auch Triebe, die überhaupt kein Grün haben und genau wie weiße Schokolade aussehen.

Links und auf der Seite davor ist eine Auswahl von Blättern einiger der schönsten Arten und Formen abgebildet. Die Unterschiede in der Blattform sind genauso groß wie in der Farbe. Da ist

Die männlichen Blüten der Gemeinen Stechpalme stehen zu mehreren in den Blattachseln. Die Pflanze ist zweihäusig: Männliche Exemplare haben Blüten mit verkümmerten Fruchtständen, können also keine Beeren tragen. Weibliche Pflanzen vermehren sich zuweilen ungeschlechtlich, tragen also auch ohne Bestäubung Früchte.

Ganz oben: Weibliche Gemeine Stechpalme *(Ilex aquifolium)* mit Beeren, die oft den ganzen Winter überdauern.

Mitte oben: Eine schmalblättrige Varietät: *I. aquifolium* «Angustifolia».

Mitte unten: Bei der «Igel-Stechpalme», *I. a.* «Ferox», sind die Blätter rundherum mit scharfen Dornen bewehrt.

Unten: *I. a.* «Elegantissima» hat gewellte und leicht marmorierte Blätter mit hellem Rand.

Ganz oben: Stechpalmenblüten im Frühsommer – unscheinbar, aber süß duftend.

Mitte oben: *I. a.* «Hastata» ist eine seltsame Varietät mit dornig gezähnter Blattbasis und abgerundeter Blattspitze.

Mitte unten: Die silberne «Igel-Stechpalme» *(I. a.* «Ferox Argentea») ist gescheckt und stachelig.

Unten: «Silver Queen» ist eine männliche (beerenlose) Stechpalme mit grüngrau marmorierten Blättern und gelben Blatträndern.

Ganz oben: Die Kulturform *I. a.* «Bacciflava» trägt gelbe Beeren, oft in erstaunlich großen Mengen.

Mitte oben: *I. a.* «Crispa» hat dicke Blätter, die sich bizarr verdrehen.

Mitte unten: Die silberne Hängeform der Perry-Stechpalme bildet eine Baumkrone. An ihren Hängezweigen trägt sie überreich Früchte.

Unten: *I. a.* «Argenteomarginata» ist eine der Kulturformen mit silbernen Blatträndern.

Die Stechpalme

die «Igel-Stechpalme» *(I. a.* «Ferox»), in Grün und in Grünweiß, deren seltsam bucklige Blätter ringsum mit Dornen bewehrt sind. Da ist «Crispa», eine seltene Kultursorte, bei der alles – Blatt, Zweig und Stamm – gekräuselt und gedreht ist: eine langsamwüchsige, aber nach einer Reihe von Jahren unübertreffliche Solitärpflanze für einen Hof oder Rasen. Da gibt es die hängende silbriggescheckte Form *(I. a.* «Argenteomarginata Pendula») – strahlend und alles andere als trübsinnig. Da gibt es gelbfrüchtige («Bacciflava»), purpurstämmige, ungezähnte, schmalblättrige und breitblättrige Formen der Gemeinen Stechpalme und die meisten dieser Merkmale in weiteren Kombinationen. Ich kenne kaum einen Baum, den es sich mehr zu sammeln lohnte.

Außerdem ist aus Kreuzungen der Gemeinen Stechpalme mit *I. perado* von den Azoren ein weiteres Sortiment hervorgegangen, das man als Highclere-Hybriden bezeichnet *(I. x altaclerensis).* Im allgemeinen sind diese Formen kräftiger und weniger dornig als die Gemeine Stechpalme. Eine der schönsten ist die Kamelienblättrige Stechpalme *(I. x altaclerensis* «Camelliifolia»), die nur sehr wenige Stacheln und diese ausschließlich an den unteren Zweigen hat; «Golden King» soll eine Weiterzüchtung sein. «J.C. van Tol» wird besonders gern gepflanzt, weil sie üppig fruchtet. «Silver Sentinel» ist eine der buntblättrigen (weiblichen) Formen, die am höchsten wachsen. «Purple Shaft» hat prachtvolle dunkelrote Jungtriebe, «Lawsoniana» grüngold gescheckte Blätter wie «Milkboy»... insgesamt etwa 20 Formen – eine Sammlung für sich.

Von den anderen Arten, die aus fast allen Teilen der nördlichen Hemisphäre kommen, gefällt mir am besten jene Stechpalme *(I. pernyi),* die Pater Perny, auch ein französischer Missionar, im westlichen China fand. Sie hat die kleinsten Blätter der Gattung: Jedes wie ein exakt geschliffener, grüner Diamant.

Das andere Extrem ist die Breitblättrige Stechpalme aus Japan *(I. latifolia)* mit ihren langen, breiten, gezähnten, aber nicht stachligen Blättern. Auch die «Dahoon»-Stechpalme *(I. cassine)* aus dem Südosten der USA hat keine Dornen, ist aber frostempfindlich. Schöner und winterhärter ist eine japanische Art, die ihre Beeren an blattlangen Stielen trägt *(I. pedunculosa).*

Vor einem muß man allerdings bei Stechpalmen warnen: Sie mögen es nicht, wenn man sie nach zwei oder drei Jahren noch einmal umpflanzt. Sie ohne einen großen Erdballen, der möglichst ihr ganzes Wurzelwerk enthält, zu versetzen ist sehr gefährlich. Und selbst dann ist es besser, es im Spätsommer oder in der Mitte des Frühjahrs zu tun, damit die Wurzeln noch etwas treiben können, bevor die Transpiration die

Ganz oben: An Stechpalmen mit goldenen oder weißen Blatträndern erscheinen oft Triebe, deren Blätter überhaupt kein Grün zeigen.

Mitte oben: «Camelliifolia» ist eine der besten Highclere-Hybriden.

Mitte unten: «Lawsoniana» ist eine andere Highclere-Hybride: mit goldgelber Markierung und weniger dornig.

Unten: Die Glanzlose Stechpalme aus Amerika, *Ilex opaca,* hat schöne Beeren, aber matte Blätter.

Ganz oben: «Golden Milkboy», eine der besten buntblättrigen Varianten der Gemeinen Stechpalme, trägt keine Früchte.

Mitte oben: «Golden King» ist eine der beliebtesten Highclere-Hybriden und hat breite gelbe Blattränder.

Mitte unten: Ilex pernyi, mit ihren kleinen Blättern eine besonders elegante Art, bildet oft einen hohen, schlanken Strauch.

Unten: *Ilex pedunculosa* ist eine japanische Stechpalme, deren Beeren an sehr langen Einzelstielen hängen.

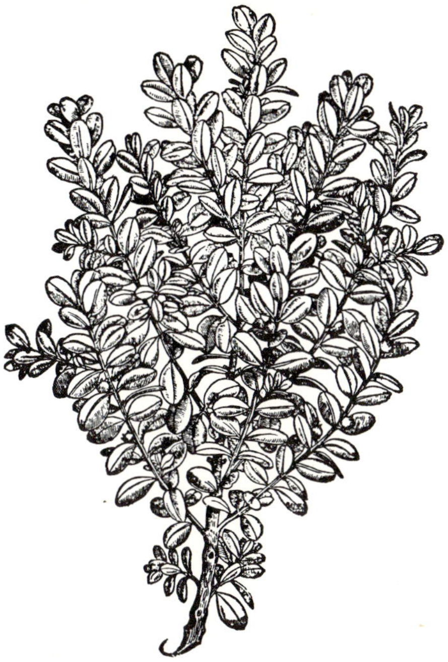

Rechts: Buchs im Formschnitt. Buchs ist die traditionelle Pflanze für niedrige Hecken und Beeteinfassungen in formalen Gärten, wie hier am Hatfield House in England.

Pflanze auszutrocknen beginnt. Übrigens darf man sich nicht darauf verlassen, daß eine Stechpalme sich selbst schützt: Kaninchen fressen eine ungeschützte Jungpflanze bis zum Boden herunter.

Den unbewehrten Buchs dagegen verschonen sie. Offenbar meiden sie seinen Geruch, den wir so sehr mögen, jenen Duft alter ummauerter Gärten im Sommer. Der Buchs steht der Stechpalme pflanzensoziologisch näher als verwandtschaftlich, hat aber einige ihrer Tugenden und ist ein zu bescheidenes Bäumchen, als daß er irgendwelche Laster haben könnte. Es macht ihm nichts aus, ob man ihn zu einer nur 20 Zentimeter hohen, von praller Sonne beschienenen Weg- oder Beeteinfassung schneidet, oder ob er im ständigen Halbdunkel als Unterwuchs im dichten Wald wächst. Doch wo immer er ist, geben ihm seine hübschen, fast runden, gelbgrünen Blättchen eine ansprechende Textur.

Rechts: Natürlicher Buchsbestand. Sich selbst überlassen, wachsen Buchsbäume häufig vielstämmig und teilweise kriechend. Ihr hartes, regelmäßig gemasertes Holz ist gut für Drechsler- und Holzschnittarbeiten geeignet.

Die Roßkastanien und Blaseneschen

Ganz links, links unten und unten: Die Früchte, die Blüten und der Baum in Blüte. Das natürliche Verbreitungsgebiet der Roßkastanie, unseres größten Zierblütenbaums, reicht vom Balkan bis Ostasien. Sie ist ein reines Schmuckgehölz, ihr Holz ist wirtschaftlich kaum verwertbar.

Bei den Roßkastanien gibt es keine Identifikationsprobleme. Sie haben einen ganzen Katalog charakteristischer Attribute: eine große, klebrige Knospe, ein markantes 5–7fingriges Blatt, eine hohe Kerze mit Blüten, die so originell wie Orchideen sind, eine stachelige, grüne Schale mit den am appetitlichsten glänzenden aller ungenießbaren Früchte.

Doch obgleich sie so viel bietet, hat die Roßkastanie eine schlechte Presse. Sie gilt als «schmutzig» – weil es von ihr heruntertropft. Ihre Blätter findet man «grob» – weil sie so groß sind. Und die für öffentliche Anlagen Verantwortlichen raufen sich die Haare über den Lieblingssport aller Neunjährigen –, die keine Mühe scheuen, um mit Steinen oder Knüppeln die Kastanien von den Bäumen zu holen.

Nach Mitteleuropa kam die Roßkastanie 1576 aus der Türkei. Sie erwies sich bald nicht nur als der größte Baum mit dekorativer Blüte, sondern auch als völlig winterhart, raschwüchsig und gänzlich anspruchslos in bezug auf den Boden. Überdies ist sie langlebig. Ein 1664 in Surrey gepflanztes, heute 37 Meter hohes Exemplar gedeiht immer noch prächtig.

Aber die Roßkastanie ist ein Zierbaum geblieben, der schattenspendende Park-, Allee- oder Dorfplatzbaum. Forstlich wird sie nicht angebaut, es sei denn in einzelnen Exemplaren, weil ihre Früchte etwa als Winterfutter für das Rotwild dienen. Ihr Holz ist aber nicht sehr wertvoll. Wir pflanzen sie wegen ihrer Attribute, aber auch wegen ihrer majestätischen Krone, ihres frischen Grüns im Frühsommer und ihres zeitigen, warmen Herbstgelbs.

In Amerika ist die Gattung mit einer eigenen Linie vertreten: Da gibt es die hellrot blühende Pavie *(Aesculus pavia)* im Süden, die Reingelbe Roßkastanie *(A. flava)* aus den Appalachen, die Glatte Roßkastanie *(A. glabra)* mit cremefarbenen Blüten aus Ohio und die Kalifornische Roßkastanie *(A. californica)* mit rosa oder weißen Blüten. Die drei ersten sind Bäume mittlerer Größe, die letzte und auch *A. parviflora* aus dem Süden Sträucher mit elegantem Habitus.

Eine Kreuzung der europäischen Gemeinen Roßkastanie *(A. hippocastanum)* mit der Pavie hat uns die Rotblütige Roßkastanie *(A. x carnea)* beschert, die heute als die ideale Park-Roßkastanie gilt; ihre kleine Statur betrachtet man als Vorzug. Mir allerdings kommt sie neben einer stattlichen, vom Boden bis zum wolkengleichen Wipfel strahlende weiße Kerzen tragenden Gemeinen Roßkastanie ausgesprochen liliputanerhaft und dürftig

Zeitig im Frühjahr schwellen und öffnen sich die klebrigen, großen Knospen der Roßkastanie: Sie ist einer der ersten Bäume, die sich belauben.

Der in der Knospe vorgebildete Sproß beginnt sich zu strecken, und die äußeren Knospenschuppen rücken auseinander. Dies kleine Paket enthält sechs zusammengesetzte Blätter und eine Blütenrispe.

Der rasch wachsende weißwollige Trieb beginnt seine Blätter zu entfalten.

Trieb und Blätter haben sich ganz aus den ledergen Knospenschuppen herausgeschoben. Das ganze Jahreswachstum vollzieht sich in diesem einen Schub: Der dicke Trieb hat dann den ganzen Sommer Zeit zu verholzen.

Die markante Form der Roßkastanienblätter wirkt besonders gut im herbstlichen Gelb. Roßkastanien lieben Feuchtigkeit und entfalten ihre volle Schönheit nur als Solitärbaum.

Unten: Die Rotblütige Roßkastanie ist eine Hybride aus der Gemeinen Roßkastanie und der amerikanischen Pavie *(Aesculus pavia).* Sie wächst langsamer und bildet kleinere Bäume als die Gemeine Roßkastanie (links unten). Ihre Knospen sind nicht klebrig.

Rechts: Aus der mit den Roßkastanien verwandten Familie der Sapindusgewächse stammt die chinesische Blasenesche *(Koelreuteria paniculata).* Ihre dottergelben Blütenrispen sind ähnlich, stehen aber nicht aufrecht, doch ihre Früchte sind ganz anders: dünnhäutige, aufgeblasene Kapseln, die der Wind verbreitet. Ein ausladender kleiner Baum mit feinen Blättern und guter Herbstfärbung.

Oben: Eine Japanische Roßkastanie *(Aesculus turbinata)* zwischen einer Zeder und einer Goldeibe. Sie hat herrliche, 90 cm breite Blätter und gelblichweiße Blüten mit roten Tupfen.

Unten: Die Reingelbe Roßkastanie *(Aesculus flava)* ist im Osten der USA heimisch. Hybriden aus ihr und der Pavie haben rotgelbe oder rötliche Blüten.

Oben: Eine Hybride aus der weiß- und der rotblühenden Roßkastanie, *A. x plantierensis,* hat blaßrosa Blüten, aber keine Früchte, was häufig als Vorteil gewertet wird.

Unten: Die Rotblütige Roßkastanie ist eine ungewöhnliche Hybride: Aus ihren Früchten gehen identische Nachkommen hervor. Eine Kulturform, «Briotii», hat blutrote Blüten.

vor. Wer eine kleinere Form braucht, hat mehr Freude an der schweizerischen Kultursorte «Baumannii», die gefüllte Blüten, jedoch keine Früchte trägt.

Ernsthafte Konkurrenz machen der Gemeinen Roßkastanie aber ein paar asiatische Verwandte. Die Japanische Roßkastanie *(A. turbinata)* hat Blätter, die bis zu 90 Zentimeter breit werden. Und die Indische Roßkastanie *(A. indica)* bringt eine undefinierbare Eleganz und Verfeinerung in die Familie. Sie fällt einem nicht als exotischer Baum, sondern als ein besonders hübsches Exemplar auf.

Links: Junge Blätter der im Süden der USA heimischen Pavie sind rötlich getönt. Obwohl die Pavie ein Elternteil der vielgepflanzten Rotblütigen Roßkastanie ist, wird sie selbst kaum kultiviert.

Oben: Die Blüten der Indischen Roßkastanie, der wohl elegantesten Vertreterin ihrer Gattung. Sie blüht im Hochsommer, was ebenfalls dafür spricht, diesen wunderschönen Baum zu pflanzen.

Oben: Die im Südosten der USA heimische Art *Aesculus parviflora* hat die feinsten Blüten; sie erscheinen erst im Spätsommer. Genaugenommen ist diese Roßkastanie ein Strauch: Sie geht sehr in die Breite und hat keinen Hauptstamm.

Die Ahorne Nordamerikas

Die Eichen, die Stechpalmen, die Ebereschen und die Südbuchen kommen alle noch ins Halbfinale. Aber in der Endrunde haben sie keine Chancen: Die Ahorne sind wohl die Bäume mit den schönsten und mannigfaltigsten Blättern aller Laubbäume.

In ihrer Familie gibt es große Unterschiede im Charakter und Erscheinungsbild. Unter den rund 150 Arten der Gattung Ahorn *(Acer)* finden sich sowohl strauchige als auch sehr große Bäume. Zwar ist ihr Generalthema ein handförmiges Blatt, doch reichen die Interpretationen vom einfachen Oval bis hin zum fünfzehnfingrigen Filigran. Fast genauso breit ist die Skala ihrer Rinden. Aber fast alle sind sie laubwerfend. Und wenngleich die Herbstfärbung einer der größten Trümpfe der Familie ist, gibt es auch Ahorne, deren Blätter kraus und häßlich braun werden und schon nach dem ersten Frost auf dem Boden rascheln. Nur sehr wenige Ahorne tragen auffälligen Blütenschmuck. Die ausgeprägtesten gemeinsamen Merkmale sind ihre Spaltfrüchte – sie alle haben «Schraubenflieger», die aus zwei kleinen geflügelten Teilfrüchten bestehen, die an der Basis verbunden sind – und ihre universale Verzweigungsregel: gegenständige Knospen, Blätter und Triebe.

Die Ahorne lassen sich erstaunlich gut geographisch klassifizieren. Amerika ist die Heimat großer, schöner Arten mit brillanter Herbstverfärbung. Ostasien steuert kleine, zierliche Arten bei, die oft den ganzen Sommer über eine hübsche Laubfarbe haben. Und Europa schließlich hat die Schwergewichtler wie den Bergahorn und den Spitzahorn.

So etwas wie die Ahorne Neuenglands im Oktober gibt es in Europa nicht. Was für ein Trompeten-Crescendo das Rot ihrer Blätter erreicht, läßt sich weder mit Worten beschreiben noch in Fotos einfangen. Und staunenswert ist, daß nie zwei Bäume mit dem gleichen Ton nebeneinander stehen: Das ganze Spektrum ist vertreten.

Die «Schraubenflieger» oder Flügelnüsse sind die Erkennungszeichen der Ahorne – wie die Eicheln bei den Eichen: Jede Art hat eine andere Form.

Hier, von oben nach unten, die Früchte von Bergahorn, Feldahorn, Silberahorn, Oregon-Ahorn, Zuckerahorn und Japanischem Ahorn.

Der in den absterbenden Blättern der Ahorne eingeschlossene Zucker erzeugt ihre feurige Herbstfärbung. In Neuengland, wo der Herbst kalte Nächte und sonnige Tage bringt, zeigen Ahorne ihre schönste und kräftigste Farbpalette.

Familie der Ahorngewächse / *Aceraceae*

Die Ahorne Nordamerikas

Zuckerahorn *(A. saccharum)* und Rotahorn *(A. rubrum)* kommen zusammen fast im ganzen Osten der USA vor. Beide verfärben sich hervorragend im Norden ihres Areals, wo sie die richtige Mischung von Sonnentagen und Frostnächten bekommen. In einem Teil ihres nördlichen Verbreitungsgebiets gesellt sich der Schwarzahorn *(A. nigrum)* zu ihnen, der dem Zuckerahorn sehr ähnlich ist. Leider entfaltet keiner dieser Bäume in Europa einen vergleichbaren Herbstschmuck.

Den Rotahorn kann man leicht mit dem Zuckerahorn verwechseln. Sie haben die gleiche Wuchshöhe: mittel bis groß, aber nie riesig. Ihre Krone ist dicht, stark verzweigt, ziemlich aufwärtsgerichtet und hat eine ovale Silhouette. Von beiden Arten hat man extrem aufrechte Formen gezüchtet *(A. rubrum* «Columnare» und *A. saccharum* «Temple's Upright»). Unterscheiden kann man sie daran, daß der Rotahorn rote Knospen, Blüten und Blattstiele hat und daß seine Blätter spitze, die des Zuckerahorns dagegen runde Einschnitte haben. Der Rotahorn wächst schneller, blüht früher und verfärbt sich meist im Herbst zeitiger. Hält man seinen Boden feucht, ist er auch stadt- und industriefest; der Zuckerahorn ist heikler und mehr etwas fürs Land.

Das Areal des Silberahorns *(A. saccharinum)* ist ähnlich. Im Sommer ist er ein besserer Zierbaum. Seine Blattfarbe ist ein heiteres Hellgrün mit einem leichten Silberschimmer. Die Blätter haben längere Lappen und sind fast so tief eingeschnitten wie bei der Amerikanischen Roteiche. Leider hat der Silberahorn schon einiges Unheil angerichtet. Offenbar wurden seine Schönheit und Raschwüchsigkeit um die Jahrhundertwende zu sehr in Gegenden gepriesen, die zu rauh für ihn sind. Also geriet er in den Ruf, windbrüchig zu sein. Aber er ist von allen großen amerikanischen Ahornen derjenige, der in Europa am besten gedeiht. Er bildet beachtlich schnell einen schönen, breitkronigen Halbschattenbaum und legt gegen Ende Oktober ein fröhliches Gelb an. Von ihm gibt es auch Kulturformen mit gelbgrünen oder tiefeingeschnittenen, fast fadenförmig zerschlitzten Blättern *(A. saccharinum* «Lutescens» und «Laciniatum»).

Wie zu erwarten, hat die amerikanische Westküste etwas Größeres hervorgebracht. Bei den Ahornen sind es die Blätter. Die hochwüchsige Spezies dort ist der großblättrige Oregon-Ahorn *(A. macrophyllum)* mit bis zu 30 Zentimeter breiten Blättern.

In den Wäldern der Pazifikküste, in denen es weit mehr Koniferen als Laubbäume gibt, fällt er überall mit seinem Riesenlaub auf. Wie viele Bäume des amerikanischen Westens gedeiht der Oregon-Ahorn in Europa recht gut, nicht dagegen im Osten der USA.

Oben: Der Zuckerahorn hat gelappte Blätter mit runden Einschnitten. Aus dem zuckerreichen Saft des Stammes (3% Rohrzucker) gewinnt man in Kanada und den USA Ahornsirup und -zucker.

Unten: Der Rotahorn wächst wild in Gesellschaft mit dem Zuckerahorn und färbt sich im Herbst fast ebenso brillant. Seine Blätter sind spitz eingeschnitten.

Der heimische Ahorn des Mittelwestens, der dort so häufig ist, daß man ihn oft als Unkraut betrachtet, ist der zweihäusige Eschenahorn *(A. negundo).* Seine Blätter sind ähnlich den Eschenblättern gefiedert, mit meist 3–5 Teilblättchen. Er ist der einzige amerikanische Ahorn, der von der sonst üblichen Blattform abweicht; in Asien gibt es noch ein paar andere, die dies tun.

Es gibt kaum einen Baum, der leichter zu ziehen und anspruchsloser wäre. Er wächst an den staubigsten und trockensten Standorten. Dafür sind aber auch weder seine Wuchsform noch seine Farbe attraktiv, und im Herbst bietet er auch nichts Besonderes. Der Eschenahorn ist einer der

Der Rotahorn bildet mittelgroße, raschwachsende Bäume mit einer für die Straßenanpflanzung gut geeigneten regelmäßigen Krone. Seine Herbstfarben sind Gelb (oben links) oder eine Skala von Rottönen. Auf kalkhaltigem Boden verfärbt er sich allerdings meist nicht sehr gut. Dieser Baum wurde in Vermont aufgenommen.

Unten: Die Blüten und halbentwickelten Blätter des Oregon-Ahorns. Die Blätter können 30 cm breit werden und leuchten im Herbst goldgelb. Die Bäume erreichen bis 27 m Höhe.

Unten: Aus den Blüten des Rotahorns sind gerade kleine Flügelfrüchte entstanden. Der Blattaustrieb steht noch bevor. Knospen, Stamm und Blüten des Rotahorns sind rot. Junge Äste (wie hier) haben eine silbergraue Rinde wie die Buchen.

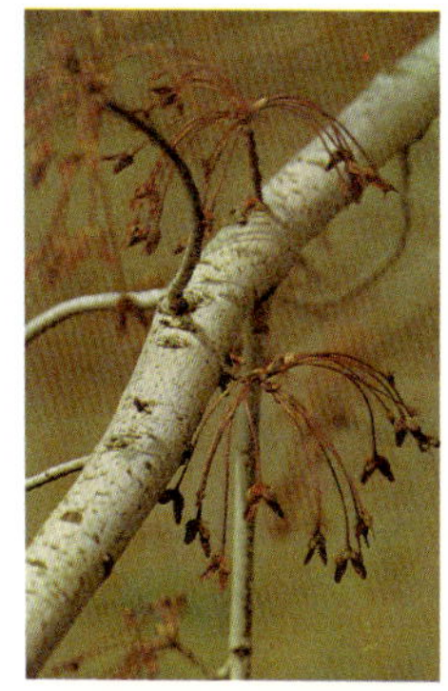

Unten: Der Eschenahorn ist zweihäusig. Hier erscheinen die männlichen Blüten zusammen mit den gefiederten Blättern, welche meist 3 bis 5 Fiederblätter besitzen. Der Eschenahorn ist von New York bis zu den Rocky Mountains sehr verbreitet und kommt auch in Mitteleuropa häufig als verwilderte Zierpflanze vor.

Unten: Der Weinblattahorn in seiner üblichen Gesellschaft: Riesentannen. Er ist mehr Strauch als Baum, aber seine Blätter sind ein hübscher Blickfang.

Rechts: Der Streifenahorn ist der einzige «Schlangenhaut Ahorn» Amerikas: ein schlanker, lichtkroniger Baum mit großen Blättern. Die jungen Stämme sind grünweiß gestreift.

wenigen Bäume, deren Spielarten mit bunten Blattmutationen der normalen Art in fast jeder Hinsicht überlegen sind. *A. negundo* «Elegans» hat gelbe, *A.n.* «Variegatum» weiße Blattränder – beides außerordentlich auffallende Bäume.

Auch die Westküste hat ihren Strauchahorn, den Weinblattahorn *(A. circinatum)*, der oft wie eine Rebe am Boden kriecht oder auf andere Bäume klettert. Man kann ihn zwar zu einem Bäumchen trimmen, interessanter aber ist die Strauchform. Er ist einer der lohnendsten kleinen Ahorne für den Garten – ausgezeichnet im Herbst und sehr hübsch im Frühjahr mit seinen purpurroten Kelchen und weißen Blütenblättern.

Amerika hat auch eine «Schlangenhaut»-Art, den Streifenahorn *(A. pensylvanicum)*. Einige asiatische Ahorne haben eine ähnliche Rinde mit weißen oder blauweißen Längsstreifen. Der Streifenahorn wächst meist mehrstämmig und kann zehn Meter hoch werden. Während der Grundton seiner Rinde ein reines Grün ist, hat eine Kulturform *(A.p.* «Erythrocladum») eine gefällige blaßrosa Rinde, die im Winter rot wird.

Die Blätter des Streifenahorns sind sehr groß, sehen wie geflügelte Ovale aus und verfärben sich im Herbst dottergelb. Für ein Rasen- oder Solitärgehölz ist seine Krone allerdings zu licht. Außerdem bevorzugt er einen schattigen Standort.

Die Ahorne des Fernen Ostens

Rechts: Spätsommerlaub und Flügelfrüchte des eisenhutblättrigen Japanischen Ahorns *(Acer japonicum «Aconitifolium»)* – ein kleiner Baum mit sehr markanter Textur und karminroter Herbstfärbung.

Die Ahorne sind neben den Blütenkirschen und Kiefern die wichtigsten Bäume der japanischen Gartenkultur. Sie sind der zweite Höhepunkt des Jahres: Der April bringt Weiß und Rot in die Gärten und Wälder, der Oktober die Feuerfarben herbstlicher Ahornblätter. Farbsymphonien lassen sich allerdings mit Ahornen weniger gut als mit Kirschen komponieren. Denn man kann nie wissen, welchen Farbton genau ein Ahorn annehmen wird. Kirschen blühen Jahr für Jahr gleich, Ahorne färben sich, je nach dem Wetter, mal intensiver, mal schwächer.

Keiner der ostasiatischen Ahorne bildet große Bäume. Fünfzehn Meter etwa sind die maximale Höhe. Doch bieten sie ein unvergleichlich reichhaltiges Repertoire an eleganten Variationen. Die meisten Arten sind in Zentralchina beheimatet. Viele japanische Arten wurden vor sehr langer Zeit von dort eingeführt.

Im Westen gilt als *der* japanische Ahorn jene kleine, strauchgroße, aber baumförmige Pflanze mit rundlicher Krone und feingefächerten, oft dunkelroten Blättern, der beliebteste aller Gartenahorne: *A. palmatum* und seine dunkelrote Varietät «Atropurpureum». Die Baumschulen haben sich auf zwei Variable konzentriert: Blattfarbe und Blattform. Neben der rotblättrigen gibt es leuchtendgrüne, blaßgoldene und bronzegrüne, marmorierte und buntrandige Formen. Dann gibt es eine zweite Gruppe, *A. palmatum* «Dissectum», mit bis zur Mitte eingeschnittenen, fadenförmigen Lappen. Diese Formen wachsen besonders langsam und erreichen nie Baumgröße; auch sie werden mit roten, bronzefarbenen, purpurnen und grünen Blättern kultiviert. Und schließlich gibt es noch eine dritte Gruppe verhältnismäßig schnellwüchsiger kleiner Bäume mit größeren, meist sieben, am Rand gesägten Blattlappen. Drei der besten aus dieser Gruppe sind *A. palmatum* «Senkaki» mit roten Zweigen und hellgelber Herbstfärbung, *A. palmatum* «Linearilobum» mit bis zur Mitte eingeschnittenen grünen oder roten Blättern und «Heptalobum Osakazuki» mit glühendrotem Laub im Oktober. Aber dann gibt es noch eine große Zahl weiterer Gartenformen.

Die von der Botanik unter dem Namen Japanischer Ahorn *(A. japonicum)* zusammengefaßten Formen sind recht ähnlich. Diese Art hat meist mehr Blattlappen (7 bis 11) und wird etwas größer, doch ist ihr einziges untrügliches Kennzeichen der behaarte Blattstiel. Alle drei benannten Kultursorten des *A. japonicum* sind ausgesprochen schöne Bäumchen: «Vitifolium» («weinblättrig») wegen ihrer breiten, fächerförmigen Blätter, «Aconitifolium» wegen ihrer tiefeingeschnittenen, eisenhutartigen Blätter und «Aureum» wegen ihrer konstant gelben Blätter. Die ersten beiden färben sich im Herbst prächtig, «Aureum» wird an zu hellen Standorten meist braun. Mit ein wenig Nachhilfe bauen alle diese Bäume herrlich harmonische Kronen aus, mit einer Laubetage hier, einer Etage dort – wie die Handbewegungen eines japanischen Tanzes.

Ein weiterer japanischer Ahorn ist ganz anders: Seine Blätter sind ungeteilt und oval, und nur die Flügelfrüchte und die gegenständige Verzweigung identifizieren diesen Hainbuchen-Ahorn *(A. carpinifolium)* als Mitglied seiner Gattung.

Einige hervorragende Arten haben Blätter wie der Eschenahorn: mit völlig getrennten Fiederblättchen. Einer der seltensten und schönsten kleinen Bäume, der Grauahorn *(A. griseum)*, hat kleine dreizählige Blätter mit grau- bis blaugrünen Unterseiten. Die rotbraune Rinde dieses Baums erinnert mehr an eine Birke; sie rollt sich in Streifen ab, selbst an den dünnen Zweigen. Die Blätter verfärben sich scharlachrot, desgleichen die vielen tausend kleinen Flügelfrüchte überall an den Zweigen. Leider sind nur sehr wenige dieser Samen fruchtbar – deshalb ist dieser Baum eine so große Rarität.

Der Nikko-Ahorn *(A. nikoense)* ist selbst in Japan ziemlich selten. Von den anderen Arten mit

Kein anderer kleiner Baum vereint eleganten Habitus und brillante Farbe so gut wie der Japanische Fächerahorn *(Acer palmatum)*. Von ihm gibt es Dutzende von Varietäten und Kultursorten mit verschiedenen Blattformen und -farben. Hier *Acer palmatum* «Osakazuki» im Herbst.

Rechts: Die Japanischen Ahorne mit feingeschlitzten Blättern (hier *Acer palmatum* «Dissectum Atropurpureum») werden nie sehr hoch, weshalb man ihre wunderschöne Filigrantextur besonders gut sehen kann.

Laub und der phantastischen Herbstfärbung noch die schöne, birkenähnliche Schälrinde in warmen Rotbrauntönen. Der Grauahorn zählt zu den größeren fernöstlichen Arten und wächst, allerdings langsam, bis zu 15 m heran.

Oben: Der weinblättrige Japanische Ahorn *(Acer japonicum* «Vitifolium») hat kräftigere Blätter als die anderen Formen; hier sieht man, wie sie schrittweise ihr Scharlachrot annehmen.

Unten: Einer der japanischen «Schlangenhaut»-Ahorne, *Acer rufinerve,* hat dreigelappte Blätter. Seine weißrandige Form «Albolimbatum» ist ein hervorragender Baum.

Oben: Der japanische Hainbuchen-Ahorn weicht vollends von der typischen Ahornblattform ab. Seine Blätter gleichen in Form und Größe denen der Hainbuche und zeigen auch deren Herbstfärbung.

Links: Bei den Blättern des Nikko-Ahorns stehen wie beim Eschenahorn die drei Lappen getrennt an eigenen Stielen; seine Herbstfärbung ist aber ungleich schöner und spielt zwischen Hochrot und Purpur.

dreizähligen Blättern kann man ihn leicht unterscheiden, weil er an Stamm und Ästen dicht behaart ist. Junge Bäume fühlen sich wie eine Moosrose an. Der Nikko-Ahorn bildet aufrechte Fontänenformen und verfärbt sich hervorragend.

Eine weitere Gruppe mit einem guten halben Dutzend Arten hat eine «Schlangenhaut» wie der amerikanische Streifenahorn. Am bekanntesten dürften *A. davidii* und *hersii,* beide aus Mittelchina, sein. *A. davidii* besticht das ganze Jahr durch seine Farben: seine grünweiß gestreifte Rinde, seine glänzendgrünen Blätter, die herzförmig, ungeteilt und gezähnt sind, hellrote Stiele haben und sich im Herbst gelb und rot färben. Über *A. hersii* und einen anderen Baum, *A. grosseri,* streiten sich die Botaniker noch, ob es eine oder zwei Arten sind. Für den Gärtner genügt es zu wissen, daß beide fabelhaft dekorative und wertvolle «Schlangenahorne» sind.

Sehr verbreitet ist keiner dieser Bäume. Häufiger gepflanzt wird *A. diabolicum f. purpurascens,* der größte rotblättrige Ahorn Japans – nicht nur seiner Blätter, auch seiner überreichen rosa Blütenfülle wegen. Der Dreizackahorn *(A. buergeranum)* ist besonders in Kalifornien beliebt. Und der Amur-Ahorn *(A. ginnala)* mit ähnlich dreizinkigen Blättern, aber gezähnten Rändern und langen Mittellappen, wird in nördlichen Breiten viel gezogen.

Ein Ahorn *(A. giraldi)* versucht, sämtliche Attraktionen auf einmal zu bieten: eine Schälrinde mit «Schlangenhaut»-Trieben, große, bergahornähnliche Blätter mit langen, rosa Stielen, eine schöne Herbstfärbung und eine üppige Fruchtbildung. Nur mit dem Habitus hat er Schwierigkeiten: Er neigt zu einer langastigen Steifheit. Gleichwohl ist er verständlicherweise der rarste von allen.

Die beiden chinesischen Arten, *Acer hersii* und der sehr ähnliche *A. davidii,* zählen zu den schönsten «Schlangenhaut»-Ahornen. Die Herbstfarbe des ersten ist Gelb, die des zweiten Hochrot.

Unten: *Acer davidii* «George Forrest» bildet einen kleinen Baum mit offener, ausladender Krone und sattgelben Laubetagen im Herbst. Die Form wurde erst 1921 aus Jünnan eingeführt und ist heute die meistkultivierte ihrer Art.

Eine Form der japanischen Art, *Acer diabolicum* «Purpurascens», hat purpurfarbene Blätter und rosarote Blüten, die mehr als bei den meisten anderen Ahornen ins Auge fallen.

Die Ahorne Europas

Unten: «Brilliantissimum» ist eine überraschende Form unseres landläufigen Bergahorns: ein kleiner Baum, dessen Blätter im Austrieb zartrosa und goldfarben sind (siehe Bild Mitte rechts), dann hellgelb (oberes Bild), bronzefarben und schließlich grün werden.

Wir in Europa haben nicht viele Ahorne. Aber was wir haben, ist dafür um so nützlicher. Zwei europäische Ahorne werden in großer Zahl in anderen Kontinenten gepflanzt: Der Bergahorn und der Spitzahorn zählen zu den wuchsfreudigsten, winterhärtesten und anspruchslosesten aller großen Bäume. Beide Arten haben zahlreiche, bunte Zierformen hervorgebracht. Man kann ihnen zwar keine exquisite Eleganz bescheinigen, aber sie sind gutwillig, lebhaft und durchweg robust und kräftig.

Der Bergahorn *(A. pseudoplatanus)* ist der Riese der Ahornfamilie. Und auch der Schnellste. Er erreicht seine volle Höhe in 60 Jahren. Er bildet dickstämmige Bäume mit gedrungenem Hauptstamm, langen Ästen und einer hellen, dünnen, lange glatt bleibenden Rinde, die erst spät platanenartig abblättert. Aus seinen grünen Winterknospen entfalten sich so viele gelbgrüne Blütentrauben, daß ein Exemplar in meinem Garten beinahe einem daneben stehenden Goldregen Konkurrenz macht. Die großen Bergahornblätter färben sich im Lauf des Sommers eibengrün und sind oft durch den schwarzen Runzelschorf gefleckt. Ein Herbstfeuerwerk bieten sie nicht, fallen dafür aber auch schon bald nach dem ersten Frost.

Im Frühjahr kann man einen Bergahorn erkennen, ohne vom Boden hochzublicken: Er schüttet seine Früchte so verschwenderisch aus, daß sich unter ihm ein Teppich seiner kleinen Früchte ausbreitet. Tut er dies auf Bürgersteigen oder Straßen, bereitet er manchen Ärger.

Heimisch ist der Bergahorn in ganz Mitteleuropa, besonders in den Mittelgebirgen, Alpen, Pyrenäen und Karpaten. Er ist aber seit langem schon, nicht zuletzt wegen seines guten Möbel-, Parkett- und Brennholzes, auch außerhalb seiner Bergareale viel gepflanzt worden und hat sich dank seiner immensen Samenproduktion in Mischwäldern und auf Brachflächen stark ausgebreitet.

Der Bergahorn neigt dazu, zahlreiche Spielformen hervorzubringen, vor allem rotlaubige, was sehr gut zu ihm paßt. Besonders schön sind die Purpurbergahorne *A.p.* «Purpureum» und «Spaethii»: auf den ersten Blick grün, aber wenn der Wind in ihren Blättern spielt, sieht man ihre purpurnen Unterseiten.

Auch der goldgelbe Bergahorn *A.p.* «Worleei» ist ein sehr dekorativer Baum, besonders im Frühjahr. Er wird allerdings nicht so groß wie die grüne und die purpurblättrige Form (die bis zu 40 m erreichen). Aber die schönste Bergahorn-Gartenform ist zweifellos *A.p.* «Brilliantissimum», fast ein Zwergbäumchen, mit kleiner Kugelkrone und Blättern, die zunächst blaßrosa sind, sich dann grünlichgold färben und schließlich einen Bronzeton annehmen, während die Nervatur grün

Oben und rechts: Der Europäische Bergahorn ist einer der größten Vertreter der Ahornfamilie; er wächst rasch, ist völlig winterhart und verbreitet sich mit Hilfe seiner Flügelfrüchte sehr leicht.

Im Freistand bildet er eine breite Krone und wirft mit seinen großen, dunkelgrünen Blättern einen tiefen Schatten.

Links: Der Montpellier-Ahorn *(Acer monspessulanum)* ist der Heckenahorn Südeuropas. Seine hübschen dreilappigen Blätter unterscheiden ihn von dem fünflappigen Feldahorn, der in Mitteleuropa häufig als Heckenbaum gepflanzt wird.

Zu den mittelgroßen Arten zählen der Kaukasische Ahorn, *Acer cappadocicum,* dessen Form «Rubrum» blutrote Jungtriebe hat, und der Stumpfblättrige Ahorn, *A. opalus* (unten), dessen Blüten den Baum im Frühling in ein herbstliches Golc' .llen. Beide verfärben sich im Herbst gelb.

bleibt. Wie viele Ahorne braucht auch diese Form einen halbschattigen Standort.

Der Spitzahorn *(A. platanoides)* gilt als feiner und wird oft als Straßenbaum gepflanzt. Er ist ähnlich raschwüchsig und anspruchslos wie der Bergahorn, erreicht aber nur 20 Meter. Seine Blätter sind dünner, auffallend platanenähnlich und verfärben sich, allerdings nur für kurze Zeit, prächtig goldgelb. Einem Spitzahorn sollte man nicht die unteren Äste abnehmen, denn seine zeitig erscheinenden, gelbgrünen Blüten sind es wert, daß man sie sich genauer anschaut.

Von keinem anderen Laubgehölz, zumindest keinem großen Laubbaum, gibt es eine solche Fülle verschiedenartigster Formen. Da findet man kugelkronige, aufrechte, schlitzblättrige, gescheckte und rotlaubige Formen. Die richtige Dosis Rotpigment ist beim Spitzahorn jedoch schwer zu erzielen. Entweder hat er zuviel oder zuwenig davon. Manche Formen («Goldsworth Purple» und «Faassen's Black» beispielsweise) sind zuerst weinrot, verwandeln sich aber bis zum Sommer in ein trauriges, schmutziges Rotbraun. Andere dagegen – und diese sind unbedingt vorzuziehen – verlieren ihr Rot und zeigen am Ende der Saison ein originelles Bronzegrün; zu dieser Gruppe gehören «Schwedleri» und «Reitenbachii». Keine der Kultursorten übertrifft aber die natürliche Art.

Oben links und links: Der Spitzahorn ist einer der anpassungsfähigsten Bäume, dekorativ in der Blüte (links) und in seiner Herbstfarbe (oben links). Er hat zahlreiche rotlaubige Formen beigesteuert, darunter auch einige mit sehr dunklen Rottönen.

Der kleine europäische Feldahorn oder Maßholder *(A. campestre)* ist in Amerika beliebter als bei uns. Als Baum wird er kaum höher als 15 Meter, und wild wächst er meist als hoher Strauch – in Mischwäldern, Ebenen und Hügellandschaften überall in Mittel- und Südeuropa. Wenn man ihn in Gärten oder Parks pflanzt, dann meist als Heckenbaum, der sich genauso gut schneiden läßt wie die Buche. Käme der Feldahorn aus Japan, wäre er sicherlich beliebter. Seine Herbstfärbung ist zwar nicht gerade berauschend, aber mit ein wenig Nachhilfe wächst er zu einem hübschen Bäumchen mit rundlicher Krone heran, dem die kleinen Blätter eine attraktive Textur verleihen.

Seine goldgelbe Form, *A.c.* «Postelense», hat eine ungewöhnlich helle und reine Farbe.

Im südlichen Europa heimisch ist der Montpellier-Ahorn *(A. monspessulanum)*, der dreilappige, entfernt kleeblattartige Blätter trägt.

Der Stumpfblättrige *(A. opalus)* und der Kaukasische Ahorn *(A. cappadocicum)* werden beide außerhalb ihrer Verbreitungsgebiete kaum gepflanzt, sind aber lohnende Bäume: der Stumpfblättrige wegen seiner frühen, gelben Blüten, der kaukasische wegen seiner hellgelben herbstlichen Kronenkuppel. Seine Gartenform *A.c.* «Rubrum» hat einen blutroten Austrieb im Sommer. Es sind wie der Feldahorn Bäume mittlerer Statur, nach dem Gartenämter ständig Ausschau halten.

Pistazie, Sumach und Perückenstrauch

Der Pistazienbaum trägt pappelartige männliche Kätzchen an einhäusigen Gehölzen. Die Echte Pistazie, die die Nüsse liefert, gedeiht nur in einem mediterranen Klima. Die Chinesische Pistazie dagegen ist völlig winterhart, hat schöne Blätter, eine großartige Herbstfärbung, aber keine eßbaren Nüsse.

Nüsse und Blätter des Pistazienbaums, wie sie Pierre-Joseph Redouté neben den Details von über 400 weiteren Bäumen für den 1811–1819 erschienenen *Nouveau Duhamel* darstellte.

Bei der Sumachfamilie ist Vorsicht am Platze. Manche ihrer Arten sind äußerst giftig, und bei vielen anderen kann man sich einen unangenehmen Hautausschlag holen. Am gefährlichsten ist der Giftsumach. Aber auch ungeröstete Schalen der Nüsse (Cashew nuts) des Kaschu- oder Acajubaums können Hautreizungen verursachen. Und die Früchte des Mangobaums, eines weiteren tropischen Verwandten, greifen die Schleimhaut vieler Menschen an.

Der Kaschubaum ist auf Haiti zuhause. Der winterhärtere Nüsseträger der Familie ist die Echte Pistazie *(Pistacia vera)* aus dem östlichen Mittelmeergebiet. Wer je in einem Athener Café gesessen hat, weiß, daß Pistazien dort ein profitabler Artikel sind; alte Männer und kleine Jungen bieten kleine Beutelchen zu einem sehr hohen Preis an. Ebenfalls auf dem Balkan und im Orient heimisch ist ein anderer Pistazienbaum, die Mastixpistazie, aus deren Früchten man früher den Kaugummi herstellte, den man den Haremsdamen gab, damit ihr Atem süß und ihre Zähne weiß wurden. Dann gibt es noch eine *sehr* winterharte Pistazie *(P. chinensis)*, die zwar nichts Genießbares produziert, aber ihrer aufrechten Wuchsform und überwältigenden Scharlach-Herbstfärbung wegen gepflanzt wird.

Der anmutige Pfefferbaum aus Südamerika *(Schinus molle)* verdankt seinen Namen seinen kleinen, roten, kugeligen Beeren. In seiner Heimat wird er seines dauerhaften Holzes wegen auch forstlich angebaut, in Europa gedeiht er aber

Links: Der Peruanische Pfefferbaum ist ein 5 bis 11 m hohes immergrünes Ziergehölz für warme Klimate. Wegen seiner Herbstkaskaden korallenroter, erbsengroßer Früchte zieht man ihn am Mittelmeer recht gern.

Der Perückenstrauch umhüllt sich mit winzigen, gelbgrünen Blüten, die zur Zeit der Fruchtreife wuschelig-wolligen Perücken aus rötlichen oder grünlichen Haaren gleichen. Hier Blüten der rotlaubigen Gartenform zu Beginn der Reifung. Alle Perückensträucher verfärben sich im Herbst gelb- bis scharlachrot.

Unten: Die Sumachfamilie bietet eine Reihe interessanter Texturen, darunter solche, die an Schwanendaunen und Samt erinnern. Hier die federigen Blütenstände des Perückenstrauchs, die unten links in einem späteren Stadium abgebildet sind.

Der Essigbaum wird wegen seiner geweihartig sperrigen Verzweigung und filzigen Triebe auch Hirschkolben-Sumach genannt. Er bildet einen kleinen, flachkronigen Baum, der gern Ausläufer treibt und ein Gestrüpp bildet.

Der Lackbaum ist die fernöstliche Art der Gattung *Rhus* (oder Sumach), aus deren Saft der hochglänzende Lack chinesischer und japanischer Möbel gewonnen wird. Wie viele Sumachgewächse kann auch der Lackbaum Hautallergien oder -entzündungen verursachen.

Rechts: Oberteil eines englischen Kabinettschranks aus dem späten 18. Jahrhundert. Die Beliebheit lackierter Möbel in Europa erreichte gegen Ende des 17., Anfang des 18. Jahrhunderts ihren Höhepunkt.

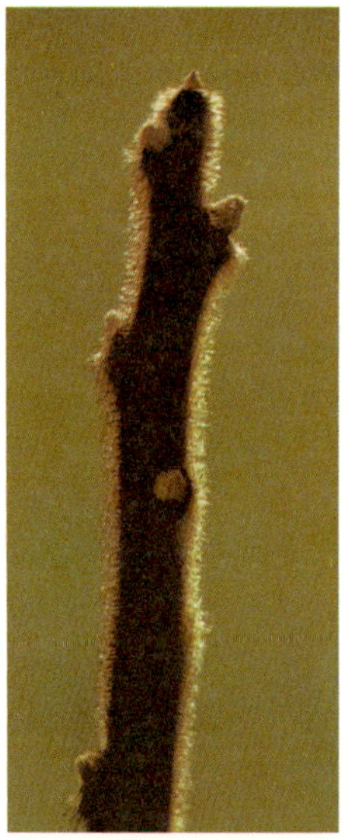

nur in Gebieten mit ausgesprochen mildem Klima. Er ist sehr beliebt, weil er mächtige, knorrige Stämme und Äste mit hängenden Zweigen bildet. Schon in zwanzig Jahren erreicht er seine endgültige Höhe und Kronenbreite von 10 bis 12 Metern.

Die für Gärtner nördlicherer Breiten wertvollen Gattungen der Sumachgewächse sind *Rhus* und *Cotinus.* Wohl am beliebtesten ist der Essigbaum oder Hirschkolben-Sumach *(Rhus typhina),* der sich sparrig wie ein Hirschgeweih verzweigt und wie dieses im Frühjahr von einem samtenen Filz umhüllt ist. Der Essigbaum stammt aus dem Osten der USA und ist trotz seines exotisch-subtropischen Aussehens winterfest und anspruchslos. Er erreicht etwa fünf Meter Höhe und treibt leider ununterbrochen Ausläufer – trotzdem ein dankbares Gartengehölz.

Der chinesische Lacksumach *(R. verniciflua)* liefert aus seinem Stamm den bekannten Japan- oder Chinalack. Auch dieser Baum, sogar mit seinem Saft lackierte Möbel, Spiele und Instrumente können Hauterkrankungen verursachen. Der Saft quillt milchig aus Einschnitten am Stamm und wird beim Trocknen schwarz. Zur Braunfärbung wird ihm Öl des chinesischen Holz- oder Tungölbaums *(Aleurites fordii),* zur Rotfärbung Quecksilbersulfid beigemischt.

Cotinus ist die nur drei Arten umfassende Gattung der Perückensträucher. Die in Südeuropa heimische Art *C. coggygria* mit ihren breiten, im Herbst gelben oder purpurroten Blättern und lang und federig behaarten Blüten ist in Gärten häufig vertreten, erreicht aber schwerlich Baumstatur. Aufrechter wächst *C. obovatus* aus Nordamerika, ein kleiner Baum mit prächtiger Herbstpalette.

Bei der sehr eleganten Gartenform des Essigbaums (*Rhus typhina* «Laciniata») sind die großen Blätter aus farnartig fiederschnittigen Blättern zusammengesetzt; hier die Herbstfärbung.

Sumachgewächse gedeihen auf nahezu jedem Boden und vertragen auch Trockenheit sehr gut. Allerdings sind sie ziemlich kurzlebig.

Die Citrusbäume

Die Gartenraute ist ein kleines, intensiv duftendes Kraut. Und auch von den anderen 1600 Pflanzen ihrer Familie erreichen nur sehr wenige Baumformat. Aber zu diesen wenigen zählen die überaus dekorative und nützliche Gattung *Citrus*, der ostamerikanische Lederbaum und der Mandschurische Korkbaum.

Ihr Blütenbau verweist sie auf eine ähnliche Evolutionsstufe wie die Ahorne. Ihrer Familie eigentümlich sind durchscheinende, mit ätherischem Öl gefüllte Blattdrüsen.

Die Orange oder Apfelsine *(Citrus sinensis)*, der schönste und am wenigsten frostempfindliche Baum der Familie, kam schon vor mindestens 1000 Jahren aus dem Fernen Osten nach Arabien. Im 17. Jahrhundert baute man überall in Europa «Orangerien» zum Überwintern der Orangenbäume. Im Frühherbst schaffte man sie in ihren großen Kübeln hinein und stellte sie im Frühjahr wieder in den Garten. Damals mußte man Zierorangen nahezu täglich mit Wasser abspritzen, um sie vor Schädlingen und Krankheiten zu schützen, für die diese Bäume außerordentlich anfällig sind.

Schon bei einer Wintertemperatur von 8 bis 10° C gedeiht ein Orangenbaum und bildet Fruchtansatz. Die im Frühjahr erscheinenden Blüten duften so stark, daß der süßliche Geruch in Gegenden mit Apfelsinenplantagen des Guten zuviel sein kann. Die Früchte reifen erst sehr spät; unter subtropischen Bedingungen werden sie gewöhnlich im Winter geerntet, aber in kühleren Gegenden sind sie erst im folgenden Sommer reif – was dann eine reizvolle Kombination von Früchten und Blüten, die gleichzeitig ein und denselben Baum schmücken, ergibt.

Ganz oben: Der Reiz der Orangenbäume liegt in ihren glänzenden, immergrünen Blättern, von denen sich die weißen Blüten und leuchtenden Früchte gut abheben – oft gleichzeitig, da in manchen Gegenden die Früchte erst nach einem Jahr reifen.

Oben: Zitronenbäume sind weniger winterhart als Orangenbäume, aber ebenso dekorativ. Die Kübelbäume dieses Zitronengartens in Marlia, Italien, überwintern im Gewächshaus.

Rechts: Die «Orangerie» ist eine Erfindung des 17. Jahrhunderts und dient zum Schutz von Orangenbäumchen im Winter. Hier, im Schloßgarten Fontainebleau, stehen sie an ihren Sommerplätzen vor dem Gebäude.

Die weiche, schwärzliche Borke des Mandschurischen Korkbaums im Trompenburg Arboretum, Rotterdam. Der Stamm gabelt sich oft tief, und mächtige gefurchte Äste bilden eine sehr imposante, weitausladende Schattenkrone.

Links: Der sehr winterfeste Korkbaum hat leuchtendgrüne Blätter, ähnlich wie die des Götterbaums, und kleine schwarze, pflaumenartige Früchte. Seine Verwandtschaft mit den Rautengewächsen zeigt sich auch in der aromatischen Essenz in seinen Blättern.

Aber neben der süßen Orange gibt es noch zahlreiche andere Citrusarten: die Bitterorange oder Pomeranze (besonders gut für Marmelade), die Mandarine, die Zitrone (die kälteempfindlichsten Bäume), die Limonelle, die Grapefruit, die Pampelmuse und die Zitronat-Zitrone. Genauso lang ist noch einmal die Liste der Hybriden. Da gibt es Tangelo (eine Kreuzung von Grapefruit und Mandarine), Citrange, Limequat, Klementine, Citrandine, Orangequat und sogar den Tripelbastard Citrangequat. Das -quat zeigt an, daß der strauchige, sauerfrüchtige und winterfestere Kumquat *(Fortunella margarita)* an der Kreuzung beteiligt war.

Die fernöstliche Dreiblättrige Zitrone *(Poncirus trifoliata)* ist auch in Mitteleuropa winterhart; sie bleibt aber meist buschig und wächst nur manchmal zu einem 2 bis 5 Meter hohen Baum heran. Sie eignet sich gut als Heckenpflanze, trägt – allerdings nur in Südeuropa – viele Blüten und kleine Früchte, aus denen man recht gute Marmelade kochen kann.

Ähnlich aromatisch sind Blüten und Früchte des Lederstrauches *(Ptelea trifoliata)* aus Nordamerika, des Mandschurischen Korkbaums *(Phellodendron amurense)* und der Koreanischen Stinkesche *(Evodia daniellii)*. Die Stinkesche ist ein winterfester kleiner Baum, den es wegen seiner üppigen Blütenfülle im blütenarmen Hochsommer zu pflanzen lohnt. Der Korkbaum wird mehr seiner korkigen Borke an Stamm und Ästen und seiner gelben Zweige wegen gezogen. Die beiden asiatischen Bäume haben lange, eschenähnlich zusammengesetzte Blätter.

Oben: In den Tropen sind Orangen auch im reifen Zustand noch grün – und deshalb unverkäuflich. Daher baut man sie vor allem in subtropischen Gebieten wie Südspanien, Israel und Florida an.

Unten: Die fernöstlichen Stinkeschen (hier *Evodia hupehensis)* sind mit ihren Blättern, schneeballartigen Blüten und roten oder schwarzen Beerentrauben dennoch Citrus-Verwandte.

Oben: Zitronenbäume brauchen zur Fruchtreifung weniger Sommerhitze als Orangenbäume – wohl aber warme Winter. Sie können nur dort im Freien überwintern, wo das Thermometer nie unter + 7°C fällt.

Die Eschen Nordamerikas und Europas

Rechts: Die Traueresche ist ein imposanter Rasenbaum, vor allem im Winter, wenn man ihre steif hängenden, rutenähnlichen Zweige sieht. Mit Hängeästen kann man normale Eschen in beliebiger Höhe, selbst noch in 30 m Höhe, veredeln.

Die Esche spielt in der nordischen Mythologie eine überragende Rolle. Im altnordischen Eddagedicht Völuspa ist sie «der größte und beste aller Bäume.» Auch den Weltenbaum Yggdrasil stellt die Edda als Esche dar, die sogar den Himmel überragt und die ganze Erde umspannt, und sie berichtet, Odin habe das erste Menschenpaar, Ask und Embla, aus einer Esche erschaffen.

War es allein ihre Größe, der die Esche die Verehrung der Wikinger-Vorfahren verdankte? Sicherlich ist die Gemeine Esche einer der höchsten europäischen Laubbäume, der Höhen von bis zu 45 Metern erreicht. Auch der Name, den ihr Linné gab, *Fraxinus excelsior,* spielt auf ihre Größe an.

Ihr Laub ist nicht außergewöhnlich – am besten vielleicht noch, wenn der Wind mit den kleinen, graugrünen Blättern spielt. Ihr Winterhabitus fällt schon eher ins Auge: als besonders streng, grauborkig und spärlich verzweigt. In Mitteleuropa bleibt sie sogar noch länger kahl als die Eiche.

Botanisch gehören die Eschen der Olivenfamilie an, zu der (von den häufigeren Gartenpflanzen) auch noch Forsythie, Jasmin und Flieder zählen. Die Familienmerkmale sind bei ihr indes keineswegs deutlich ausgeprägt (wenn man von der gegenständigen Verzweigung absieht, die aber auch Tausende anderer Pflanzen haben). Die Früchte des Olivenbaums und der Esche könnten kaum verschiedener sein.

Die meisten der rund 60 Eschenarten der Welt sind unserer Gemeinen Esche darin ähnlich, daß ihre zusammengesetzten Blätter gegenständig und unpaarig gefiedert sind, daß ihre Früchte, einfache, einflügelige Nüsse und ihre Wurzeln kräftig, zahlreich und ziemlich flachstreichend

Die Blumen- oder Mannaesche hat immer etwas zu bieten, vom Austreiben ihrer großen filzigen Knospen und den üppigen Blütenrispen bis zur zarten Herbstfärbung ihrer dichten und schattigen Krone.

Die Gemeine Esche sät sich gut aus und wächst rasch zu einem hohen, weitausladenden, graurindigen Turm sehr hochwertigen Holzes heran. Hier ein typisches Freilandexemplar in der Nähe der englischen Stadt Portsmouth.

Unten: Die Blütenbüschel der Gemeinen Esche schmücken die Zweige vor der sehr späten Blattentwicklung.

Unten rechts: Die zungenförmigen Flügelfrüchte der Esche sehen fast wie halbierte Ahornfrüchte aus. Sie hängen in dichten Büscheln, oft den ganzen Winter hindurch, und keimen fast ebenso gut wie Bergahornfrüchte.

Bei der Esche sind Blätter und Knospen gegenständig angeordnet, woraus sich ein Verzweigungsmuster ergibt, an dem man oft junge Bäume im Winter sehr leicht erkennen kann. Die Gemeine Esche Europas hat mattschwarze, große Winterknospen, wie sie kein anderer Baum hat.

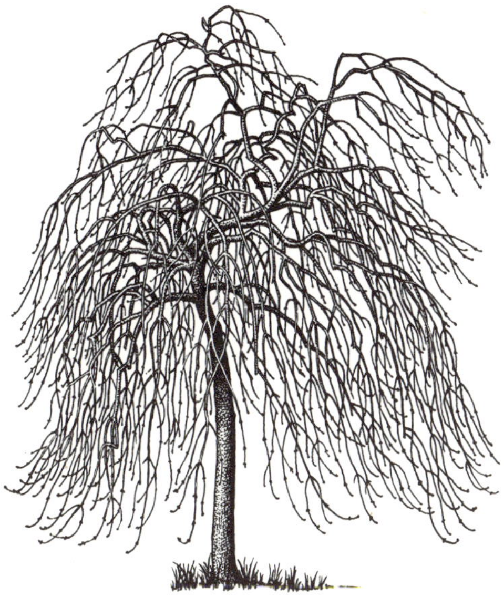

sind, weshalb sie benachbarten Sträuchern alle Nahrung wegnehmen können.

Von den nordamerikanischen Eschen am meisten gepflanzt wird die Weißesche *(F. americana)*, weil sie die größte Wuchshöhe und das beste Nutzholz hat. Die besondere Winterhärte der Gattung drückt sich darin aus, daß sie in Europa genauso gut wie in Amerika gedeiht – im Gegensatz zu den amerikanischen Eichen, Buchen und Ulmen. Die Blattunterseiten der Weißesche sind weißbehaart, und ihre Herbstfärbung ist im Norden purpurrot, im Süden gelb.

Die Rotesche *(F. pensylvanica)* und die Grünesche *(F. p. lanceolata)* sind Varietäten einer Art; die Grünesche hat grüne Blattunterseiten und das größte Verbreitungsgebiet aller amerikanischen Eschen. Als Straßenbaum haben diese beiden Varietäten sowie mehrere andere Eschen Nordamerikas große Vorteile: Sie wachsen am Anfang rasch, dann langsamer und bilden bei etwa 18 Metern rundliche Kronen.

Die gleiche Größenordnung haben die Schwarzesche *(F. nigra)*, ein sehr weit nördlicher gehender Sumpfbaum, die Blauesche *(F. quadrangulata)* aus dem Südosten und die Samtesche *(F. velutina)* aus dem Südwesten. Die Blauesche hat Zweige mit vierkantigem Querschnitt und eine Rinde, aus der blauer Farbstoff gewonnen wird. Die Samtesche hat filzüberzogene Zweige und Blätter und eine dichte Krone, die sie zum Schattenbaum qualifizieren.

Aber nur die Oregon-Esche *(F. latifolia)* erreicht ähnliche Wuchshöhen wie die Weißesche.

Unter den europäischen Eschen gibt es jedoch einige Arten und Formen, die einen größeren Schmuckwert haben. Da gibt es schmalblättrige Arten *(F. angustifolia* und *F. oxycarpa)*, dann eine eigentümliche Form, bei der statt 9 oder 11 Blättern meist nur eins erscheint *(F. excelsior* «Diversifolia»), eine Form mit löwenzahngelber Rinde *(F. e.* «Jaspidea»), die im Winter ungewöhnlich dekorativ ist, und vor allem die Hängeform – für meinen Geschmack der schönste Trauer-Laubbaum überhaupt. Dieser Traueresche *(F.e.* «Pendula») gelingt es, steif und anmutig zugleich auszusehen. Man erzeugt sie durch Pfropfung von Hängezweigen auf einen Hochstamm, der bereits die gewünschte Höhe erreicht hat; gelungen ist dies sogar schon an einem 27 Meter hohen Baum. Besonders eindrucksvoll wirken solche Exemplare im Winter, wenn ihre hängenden Zweigbündel wie hölzerner Regen aussehen.

Am überraschendsten unter den Eschen ist aber jene Gruppe, die mit ihren Blüten prunkt. Ihre weitaus bekannteste Vertreterin ist die Blumen- oder Mannaesche *(F. ornus)*, die im Mai eine Fülle duftender, cremeweißer Blüten entfaltet. Doch ebenso üppig glänzen ihre Blätter, so daß Bäume in ihrer Nähe ziemlich dürftig wirken können. Aus Rindeneinschnitten des kaum mehr als 8 Meter hohen, kugelkronigen Baumes fließt ein an Mannit-Zucker reicher Saft, weshalb der Baum früher im Mittelmeergebiet kultiviert wurde.

Vor einem Gewitterhimmel angestrahlt ist hier die helle Rinde der Grauesche, der am weitesten verbreiteten amerikanischen Eschenart.

Amerikas höchstes Eschenexemplar ist eine Hybride aus der Grün- und der Weißesche – ein 39 m hoher Baum in Missouri.

Die Gelbesche *(Fraxinus excelsior* «Jaspidea») ist eine reizvolle Gartenform der Gemeinen Esche mit goldgelber Herbstfärbung (die Gemeine Esche bleibt bis zum Laubfall grün) und deutlich gelber Rinde – sehr auffallend im Winter.

Familie der Ölbaumgewächse / *Oleaceae*

Ölbäume und Schneeflockenbäume

Angenommen, wir könnten uns von all den Bäumen, die in unseren Breiten nicht gedeihen, einen in unseren Garten wünschen, welchen würden wir wählen? Meine Wahl fiele nicht auf die Kokospalme, auch nicht auf die Blaue Zypresse aus Kaschmir, sondern auf den Öl- oder Olivenbaum. Der Ölbaum hat Anmut und Würde, wird so alt wie eine Eibe und wächst genauso krumm und knorrig, trägt aber oben blaugrüne, unten silbrige Blätter.

Ölbäume neigen dazu, sich dicht über dem Boden zu verzweigen und ihre Äste zu winden. Wo immer sie gepflanzt werden, prägen sie die Landschaft mehr noch als Tempel und dorische Säulen. Mit Recht gilt die Grenze ihres Verbreitungsgebiets seit langem zugleich als Grenze der Mittelmeerwelt.

Ölbäume sind lichthungrig und vertragen keine Nässe. Sie lieben tiefgründigen, aber trockenen Boden. Sie wachsen langsam, haben aber einen großen Vorzug: Wenn man ihre Wurzeln sorgfältig aus- und eingräbt, kann man selbst noch sehr alte Bäume verpflanzen.

Die beste Imitation des Ölbaums, die ich in einem nördlichen Garten gesehen habe, war die mit ihm verwandte Breitblättrige Steinlinde *(Phillyrea latifolia)*. In ihrem Habitus kann sie einem Ölbaum sehr nahekommen.

Der Schritt vom Ölbaum zu dem ihm ebenfalls verwandten Liguster erscheint einem dagegen zunächst wie ein Abstieg vom Erhabenen zum Lächerlichen. Und ist der Liguster überhaupt ein Baum? Der Gemeine Liguster gewiß nicht, sondern nur eines der notwendigen Gartenübel. Aber sein chinesisches Gegenstück mit glänzenden Blättern *(Ligustrum lucidum)* ist einer der besten winterharten (bis Zone 7) immergrünen Bäume.

Seine Blätter sind lang, kamelienartig, dunkelgrün und glänzend. Im Sommer trägt er aufrechte, weiße Blütenstände, die den ziemlich unangenehmen Ligustergeruch abgeben. Er wird (sehr schnell) maximal 9 Meter hoch, aber eine neun Meter hohe, intensiv dunkelgrün glänzende

Olivenholz ist hart, kompakt, feingemasert und eignet sich hervorragend als Schnitz- und Drechslerholz. In den Klosterbauten am Berg Athos fertigen die Mönche aus ihnen Bestecke, Teller und Schüsseln.

Ganz links und links: Die unreifen grünen und die reifen schwarzen Steinfrüchte des Öl- oder Olivenbaums. Die zur Ölgewinnung bestimmten Oliven läßt man am Baum reifen, während die Speiseoliven halbreif oder reif geerntet werden.

Oben: Die uralte Ehe von Öl und Wein: Olivenbäume und Reben an den terrassierten Hängen der Insel Samos im Ägäischen Meer, mit eingestreuten dunklen Zypressensäulen.

Der Ligusterbaum aus China ist etwas ganz anderes als unser Hecken-Liguster. Er bildet sehr schöne und winterharte immergrüne Bäume mit spitzen, glänzenden Blättern und einer Fülle weißer Blüten im Herbst.

Links: Ölbäume können 1500 Jahre und noch älter werden und sind neben den Eiben die längstlebigen Bäume Europas. Im Alter nehmen sie grotesk gewunden-knorrige Formen an, die einen herrlichen Kontrast zu ihren kleinen, silbrigen Blättern bilden.

Unten: Der Winter ist die Zeit der Olivenernte am Mittelmeer. Die reifen Oliven werden mit langen Stangen von den Bäumen geschlagen und am Boden aufgelesen. In diesem dichtgepflanzten dalmatinischen Hain sind die Bäume ungewöhnlich gerade und hoch.

Kugel kann schon ein Schmuckstück sein, besonders dann, wenn sie mit Blüten übersät ist.

Eine der merkwürdigen Geschichten, die E.H. Wilson aus dem Innern Chinas berichtete, ist die von der Wachsschildlaus. Man könnte fast meinen, dieses Insekt spürte, daß Liguster und Esche einer Familie angehören: In einem Tal in Westchina schlüpften sie auf den Blättern der Chinesischen Esche *(Fraxinus sinensis)* aus, wurden im Mai eingesammelt und in Kisten von Kulis (nur bei Nacht, da die Insekten die Tageswärme nicht vertrugen) zu ihren über 300 Kilometer entfernten Weidegründen geschafft: den Blättern der Ligusterbäume von Kitiang. Die Tiere revanchierten sich für diese außergewöhnliche Aufmerksamkeit dadurch, daß sie drei Monate lang unentwegt die Liguster mit Zentnern von Wachs überzogen, aus dem man Kerzen, Papierbeschichtungen und Jade-Polierpasten herstellte. Ob dies auch noch im heutigen China so gemacht wird, konnte ich nicht erfahren.

Mit ein wenig Phantasie kann man im Schneeflockenbaum *(Chionanthus)* das Esche und Ölbaum verbindende Glied erkennen. Er ist der Esche so verwandt, daß er sich auf ihren Wurzelstock aufpfropfen läßt, blüht ähnlich wie die Blumenesche und hat olivenähnliche Früchte.

Schneeflockenbäume bleiben lange kahl, behängen sich aber nach dem Blattaustrieb, im Juni, mit langen Rispen weißer Blüten, deren Blumenblätter spinnendünn und nur an der Basis verwachsen sind. Der chinesische und der amerikanische Schneeflockenbaum zählen zu den prächtigsten kleinen Solitärbäumen (oder -sträuchern), die man in nördlichen Breiten – auf jedem Boden und an jedem Standort – ziehen kann.

Zur Ölgewinnung zerquetschte man früher die Oliven zunächst mit einem Mühlstein (links) und preßte sie dann wie Wein in einer großen Traubenpresse (rechts). Dieses alte Verfahren zeigt hier ein flämischer Stich aus dem 16. Jahrhundert.

Vom Schneeflockenbaum gibt es 2 Arten, eine chinesische und eine nordamerikanische. Die amerikanische (links) ist im Juni mit gewaltigen Mengen überhängender Blütenrispen beladen (aber noch nicht als junger Busch), während der chinesische Schneeflockenbaum (rechts) seine zierlichen, duftenden Blüten in aufrechten Büscheln trägt. Beide Arten sind völlig frosthart und erreichen bei uns 4 bis 5 bzw. 3 Meter Höhe, aber selten Baumform.

Götterbaum, Cedrela und Zedrachbaum

Ist ein Baum zu anpassungsfähig und vermehrt er sich zu schnell und üppig, dann schadet das leicht seinem Ruf. So jedenfalls ist es dem Götterbaum, *Ailanthus altissima*, ergangen. Doch bevor wir ihn als Unkraut abtun, sollten wir ihn uns etwas genauer ansehen. Seine Blätter, die häufig als «plump» kritisiert werden, wirken so eindrucksvoll tropisch wie bei kaum einem anderen winterharten Baum: 60, 70 Zentimeter lange Wedel, die aus bis zu 30 gefiederten, lanzettlichen Blättern bestehen. Aber trotz dieser gewaltigen Blattwedel ist er ein offener Halbschattenbaum, oft starkverzweigt und weitausladend, selten höher als 20 Meter.

Götterbäume haben sowohl zwittrige als auch getrenntgeschlechtige Blüten. Seine in Gruppen hängenden, feuerroten Flügelfrüchte sind so schön wie eine spektakuläre Baumblüte.

Es heißt, der Götterbaum keime und gedeihe auf jeder Art Boden und anderem Material wie Asche, Kies und Müll. Dagegen läßt er sich als größerer Baum nicht gut umpflanzen. Ich jedenfalls habe mit mehreren Hochstammbäumen, die ich sorgfältig in gute Erde gepflanzt hatte, Pech gehabt.

Wer diese exotischen Blätter mag, nicht aber den ganzen Baum unterbringen möchte, kann ihn jedes Jahr ganz zurückschneiden. Er wirkt dann wie ein ungebärdiger Farn, an dem man etwas Merkwürdiges beobachten kann: Die Blattstiele, die bei solchen zusammengesetzten Blättern gewöhnlich mit den Teilblättern abfallen, scheinen zu schwanken, ob sie Blattstiele oder Zweige sein wollen, und werfen oft alle Blättchen ab, bevor sie selbst fallen.

Die ganze nähere Verwandtschaft des Götterbaums lebt in den Tropen: Westindien ist die Heimat mehrerer *Quassia*-Arten und der durch das Zigarrenkistenholz berühmten Westindischen «Zeder» *(Cedrela odorata)* aus der Familie der Zedrachgewächse. Sie und ihr chinesisches Pendant *(C. sinensis)* sehen dem Götterbaum ähnlich.

Die Chinesische Cedrela hat gastronomische Meriten: Ihre jungen Triebe und Blätter, die in zarten Rosa- und Cremetönen erscheinen, sollen köstlich schmecken und sind in China als Gemüse geschätzt. Wäre dies auch hier allgemein bekannt, würden die Exemplare in den Straßen von Paris bestimmt nicht mehr so belaubt sein.

Die Chinesische Cedrela kann aber noch weitere Pluspunkte gegenüber dem Götterbaum für sich buchen: ihre gelbe Herbstfärbung und ihre größeren (nichtduftenden) Blüten. Sie ist allerdings etwas kleiner und auch nicht ganz so winterhart.

Nur in sehr milden Teilen Mitteleuropas können wir den Persischen Flieder *(Melia azedarach)*, ihren subtropischen Verwandten aus Nordwestindien, ziehen. Er ist ein raschwüchsiger Schattenbaum mit prächtigen Blütenrispen, aus denen sich hübsche gelbe Kugelfrüchte entwickeln, die dann bis ins fortgeschrittene Frühjahr hinein den Baum schmücken.

Oben und links: Der Persische Flieder, ein idealer, raschwüchsiger Schattenbaum für Gebiete mit warmem Klima. Seine kleinen, blaßlila Blüten (links) duften gut. Oben der Baum zu Beginn des Winters; die gelben Beeren bleiben bis zum Frühjahr am Baum. Aus seinen harten Samen werden Rosenkränze gefertigt.

Rechts: Seine 60 cm langen, eschenähnlichen Blätter sind das markanteste Merkmal des Götterbaums. Jeder Baum- oder Strauchgruppe können sie einen exotischen Akzent verleihen. Schneidet man einen Götterbaum regelmäßig bis zum Boden zurück und düngt ihn kräftig, treibt er noch größere Blattwedel aus dem Wurzelstock. Besonders große, hängende Blätter hat die Form «Pendulafolia».

Links: Die fernöstliche Orangenkirsche, *Idesia polycarpa*, aus der Familie der *Flacourtiaceae*, verfärbt sich im Herbst prächtig und trägt üppige Beerentrauben.

Ganz oben und oben: Die eschenähnlichen Früchte des Götterbaums haben normalerweise eine blasse Farbe, wie das Bild ganz oben rechts zeigt. Die Form «Erythrocarpa» (oben) hat dunklere Blätter und feuerrote Früchte, die den Baum vom Hochsommer bis in den Herbst hinein schmücken.

Oben: Seinen Namen verdankt der Götterbaum einem Irrtum: Eine tropische Art wird auf den Molukken «ailanto» (= Baum des Himmels, Götterbaum) genannt. *A. altissima* wird nicht hoch.

Oben: Die Chinesische Cedrela ist nicht so beliebt wie der Götterbaum, obgleich sie sich als Straßenbaum, wie hier in Paris, ausgezeichnet macht und ihr Laub angenehm nach Zwiebeln duftet.

Rechts: *Ehretia dicksonii* ist ein weiterer kleiner chinesischer Baum aus der Familie der Boretschgewächse, der sehr selten gepflanzt wird, obwohl er dankbar und leicht zu ziehen wäre und zu einem kleinen, breitkronigen Baum mit 25cm langen Blättern und Juni-Blüten heranwächst.

Paulownien und Trompetenbäume

Unten: Der Trompetenbaum aus dem Südosten der USA, *Catalpa bignonioides,* schmückt sich im Hochsommer mit üppigen Blütenständen, aus denen sich gut 30 cm lange, bohnenähnliche Kapseln entwickeln.

Links: Der Trompetenbaum aus den amerikanischen Südstaaten ist ein winterfester Gartenbaum, der nur unter heftigen Stürmen leidet, die seine weichen Blätter zerreißen.

Unten: Trompetenbaumblätter sind herzförmig, leicht behaart und bis zu 25 cm lang und 20 cm breit – bei jungen Bäumen sogar noch größer. Die jungen Triebe sind purpurgetönt.

Trompetenbäume und Paulownien sind Bäume, die man in nördlichen Breiten als Ersatz für den Jacarandabaum und andere tropische Gehölze pflanzen kann. Sie sind sich in vielerlei Hinsicht so ähnlich, daß man eigentlich nicht erstaunt ist, beide bald der gleichen Familie (Bignoniengewächse), bald verschiedenen Familien – die Trompetenbäume den Rachenblütlern – zugeteilt zu finden.

Beide haben große, fingerhutähnliche Blüten, brüchiges und markiges Jungholz und übergroße Blätter. Der augenfälligste Unterschied ist, daß die Blüten beim Trompetenbaum in Rispen aufrecht stehen, während sie bei der Paulownie in Doldentrauben hängen. Und daß Trompetenbaumblüten weiß, innen gelb und purpurviolett gefleckt, Paulownienblüten dagegen ganz lila bis purpurfarben sind. Die Trompetenbäume zählen zu jenen Gattungen, die nur in Nordamerika und China überlebt haben. *Catalpa bignonioides* ist im Südosten der USA heimisch, während die frosthärtere *C. speciosa* ein nördlicheres Areal hat und weit höhere Bäume bildet.

In europäischen Gärten pflanzt man vorwiegend den südlicheren Trompetenbaum, der eine dichte, ausladende Krone, oft mit sehr kurzem Schaft, bildet. Seine herzförmigen Blätter sind nach dem Austrieb im Frühjahr leicht behaart, glänzen aber, wenn sie zur Blütezeit im Hochsommer ihre volle Länge von etwa 20 Zentimetern erreichen. Junge Bäume blühen noch nicht, aber ältere Exemplare sind oft verschwenderisch mit langen, vielblumigen Rispen geschmückt. Der beste Platz für einen Trompetenbaum ist ein Rasen, auf dem er sich ausbreiten kann, viel Sonne bekommt und vor Wind geschützt ist. Einen so raren Standort vergibt man allerdings nicht so ohne weiteres. Ein Baum muß schon etwas mehr als eine auffällige Blüte bieten, wenn er Anspruch auf einen solchen Ehrenplatz erheben will: beispielsweise extragroße Blätter wie *C. x erubescens* «J.C. Teas» oder purpurne Blätter

Links: Der Blauglockenbaum oder die Kaiserpaulownie, *Paulownia tomentosa,* trägt beide Namen zu Recht: ein auffallend vornehmer, allerdings unpraktischer Baum mit riesigen Blättern, brüchigem und markigem Holz und im Herbst erscheinenden Blütenknospen, die oft dem Frost zum Opfer fallen. Die Früchte sind langgestielte, eiförmige Kapseln, die Flügelsamen enthalten.

Die südamerikanischen Jacarandas sind Verwandte der *Catalpa:* selbst für tropische Maßstäbe verschwenderisch blühende Bäume. Ihre farnartig feinen Blätter sind fast immergrün und ihre Astetagen waagerecht, weshalb sie in den Tropen und Subtropen gern als Schattenbäume gepflanzt werden.

Links: *Kalopanax pictus* bewehrt manche seiner jungen Triebe und Zweige mit kurzen, spitzen Stacheln.

Links: Die duftenden, fingerhutähnlichen Blüten der *Paulownia tomentosa* sind hellviolett und kommen am besten vor einem dunklen Hintergrund zur Geltung.

Unten: Der goldgelbe Trompetenbaum, *Catalpa bignonioides* «Aurea», ist einer der imposantesten gelblaubigen Bäume. Seine Blätter sind groß und haben eine samtartige Textur.

Oben: Die glänzendgrünen Blätter des *Kalopanax pictus* sind ähnlich geformt wie Amberbaum- und Ahornblätter. Der Baum trägt im Herbst flache, weiße Blütenköpfchen.

wie *C. x e.* «Purpurea», beides Kreuzungen aus amerikanischen und chinesischen Arten. Am schönsten aber ist die goldgelbe Kulturform «Aurea» des *C. bignonioides,* ein Baum, der einem ständig sonnenbestrahlten Hügel wohl am nächsten kommt.

Die Blüte der Blauglockenbäume oder Kaiserpaulownien *(Paulownia tomentosa)* kann in Mitteleuropa enttäuschen. Ihre Blütenstände mit ungeschützten Knospen erscheinen schon im Herbst und fallen oft dem Frost zum Opfer. Manche Gärtner rechnen deshalb schon gar nicht mehr mit der Blüte, schneiden den Baum zurück und erfreuen sich an seinen riesigen, behaarten Blättern. Die kürzlich aus China eingeführte Paulownie *P. fargesii* könnte, so ist zu vermuten, zuverlässiger blühen – und auch zu einem stattlicheren Baum heranwachsen.

Nicht botanische Erwägungen, nur die auffallende Fremdheit des Baumes legen es nahe, *Kalopanax pictus* mit seinen dicken Stacheln und kugeligen Früchten hier vorzustellen. Wie die stachelig-strauchigen Aralien (Herkuleskeule und Japanischer Angelikabaum) gehört er in die Efeufamilie. Er sieht aus wie ein frischer, glänzender Bergahorn oder Amberbaum. Besonders markant aber ist sein winterlicher Habitus: Seine wenigen, dicken und gegabelten Äste ergeben eine eindrucksvolle Silhouette.

Die Aralien wachsen mehr strauchig als baumförmig. Am lohnendsten sind die buntblättrigen Formen des Japanischen Angelikabaums *(Aralia elata* «Variegata»). Die gewaltigen, grünmarmorierten und weißgeränderten Fiederblätter wirken einerseits wild exotisch und andererseits sehr elegant.

Familie der Geißblattgewächse / *Caprifoliaceae*

Die Holunder und Schneebälle

Der entwicklungsgeschichtlich junge Holunder ist ein alter Begleiter des Menschen, eine seiner ältesten Kulturpflanzen, an die sehr viel Folklore geknüpft ist. So glaubten unsere Altvordern, er beherberge gute Hausgeister – und benutzten ihren «Holderbusch» vielleicht deshalb so rege als lebende Hausapotheke.

Der überwältigendste aller Holunder ist zweifellos der wahrhaft baumförmige Blauholunder *(Sambucus coerulea)* aus dem amerikanischen Nordwesten. Wildwachsend erreicht er 15 Meter Höhe und beugt sich im Spätsommer unter der Last seiner strahlenden Früchte.

Der europäische Schwarze Holunder *(S. nigra)* bildet, wenn man ihn nicht trimmt, einen mehrstämmigen, bis 5 Meter hohen Busch. Doch läßt sich diese kräftige, anspruchslose und außerordentlich winterfeste Pflanze nur sehr schwer erziehen. Selbst im tiefen Schatten und auf einem Minimum von Boden produziert sie Berge von Beeren. Ihr größter Nachteil ist ihr Geruch – nicht der ihrer Blüten.

Wie ihre schirmförmigen Blütenrispen zeigen, sind die Holunder eng mit dem Schneeball verwandt. Ungewöhnlich am Schneeball ist, daß er wie die Hortensie meist zwei verschiedene Typen von Blüten an einer Rispe bildet: große, sterile «Schaublüten» zum Anlocken der Insekten und kleine, fruchtbare Innenblüten.

Es liegt auf der Hand, daß diese Eigenart die Züchter sehr gereizt hat. So hat man bei der Kulturform «Sterile» des Gemeinen Schneeballs *(Viburnum opulus)* die unfruchtbaren Blüten auf Kosten der fertilen vermehrt und vergrößert und besonders dekorative Blütendolden erzielt. Von den Schneebällen erreichen einige Baumformat – schwerlich allerdings der Wollige Schneeball *(V. lantana)*, ein auch in Süddeutschland, der Schweiz und Österreich häufiger, bis 5 Meter hoher Heckenstrauch mit graubehaarten Blattunterseiten.

Kleine Bäume bilden hingegen die im Osten der USA heimischen Arten *V. prunifolium* und *V. lentago*. Beide lohnt es um ihrer Herbstfärbung willen zu ziehen, abgesehen von ihren eßbaren Früchten und ihrer Fülle weißer (oder getönter) Blüten.

Aber wahrscheinlich hat der große Beitrag, den die Familie der Geißblattgewächse, in Mitteleuropa vor allem der Schwarze Holunder, jahrhundertelang in Küche, Keller und am Krankenbett geleistet hat, ihren Schmuckwert so überschattet, daß man Holunder fast nur noch als Nutzstrauch pflanzt. Allerdings immer seltener – denn wen verlangt's denn beispielsweise noch nach seiner Rinde? Dabei soll sie aufwärts geschabt Erbrechen erzeugen, abwärts geschabt abführen – so jedenfalls lehrte Albertus Magnus vor genau 700 Jahren in Köln.

Links: Ein typischer wildwachsender Schwarzer Holunder, wie er überall in Europa zu finden ist. Als Ziergehölz wird er kaum noch gepflanzt. Die dekorativste baumförmige Art ist der amerikanische Blauholunder.

Oben: Im Juni/Juli biegt sich der Schwarze Holunder unter der Last seiner süßlich duftenden Blüten. Aus den breiten, schirmförmigen Rispen entwickeln sich schwarzviolette, süße Früchte.

Reizvoll beim Wolligen Schneeball sind im Frühjahr der Austrieb der graufilzigen Blätter und im Herbst die zuerst feuerroten, dann schwarzen Früchte (links unten).

Die rubinroten Beeren des Gemeinen Schneeballs *(Viburnum opulus)* haften bis weit in den Winter am Baum. Die ahornähnlichen Blätter zeigen im Herbst schöne Gelb- und Rottöne.

Lexikalischer Teil und Register

Urban, pastoral, klassisch, romantisch...

Urban, pastoral, klassisch, romantisch.... vier recht verschiedene, völlig von Menschen gestaltete Baumszenerien, alle im Frühjahr aufgenommen, verdeutlichen, wie sehr Bäume Atmosphäre schaffen können.

Urbaner Stil: Gut gedeihende und gepflegte Bäume auf Privatgrundstücken am East River in Manhattan bilden einen bizarren Kontrast zur Silhouette der Gebäude. Am meisten überraschen die Tannen; viele Koniferen vertragen keine Luftverschmutzung, doch scheinen diese Exemplare gesund zu sein.

Klassischer Stil: Stourhead in Wiltshire, einer der bedeutenden englischen Landschaftsgärten des 18. Jahrhunderts, wurde im 19. Jahrhundert durch Neupflanzungen bereichert (für manchen Geschmack zu sehr).

Pastoraler Stil: Mit den einfachsten natürlichen Gestaltungsmitteln wurde hier in Olantigh in der Grafschaft Kent der Effekt einer paradiesisch-friedlichen Parklandschaft erzielt.

Urbaner Stil
Rechts:
1 Amerikanische Gleditschie *Gleditsia triacanthos*
2 Götterbaum *Ailanthus altissima*
3 Ginkgo *Ginkgo biloba*
4 Colorado-Tanne *Abies concolor*

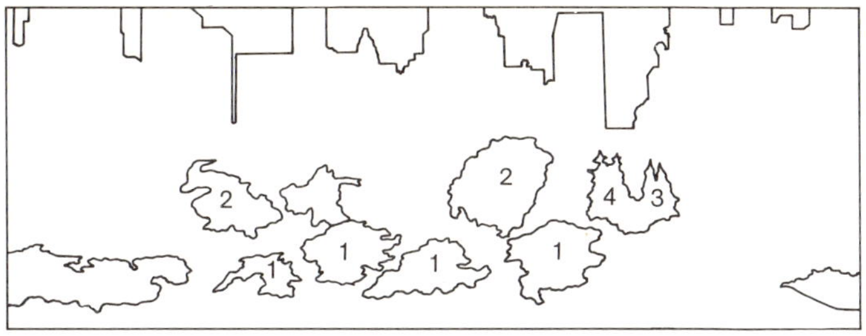

Klassischer Stil
1 und 9 Nordmannstanne *Abies nordmanniana*
2 Andentanne *Araucaria araucana*
3 und 5 Traueresche *Fraxinus excelsior* «Pendula»
4 Libanonzeder *Cedrus libani*
6 Blutbuche *Fagus sylvatica* «Purpurea»
7 *Chamaecyparis pisifera* «Filifera aurea»
8 Tigerschwanzfichte *Picea polita*

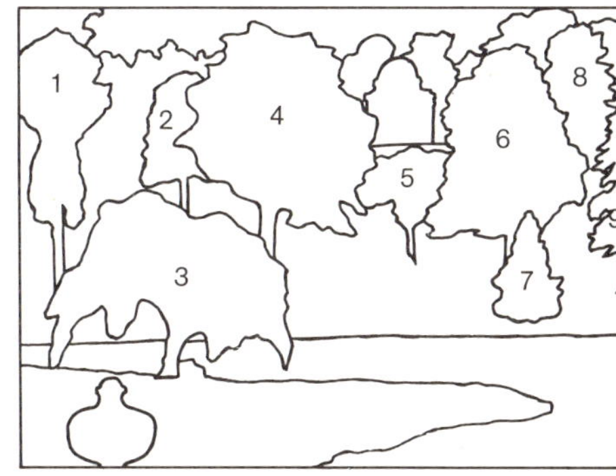

Pastoraler Stil
1 Weißbirke *Betula pendula*
2 Hängende Weidenblättrige Birne *Pyrus salicifolia* «Pendula»
3 Gemeine Eibe *Taxus baccata*
4 Silberhaarige Weißweide *Salix alba* «Sericea»
5 Gunnera manicata (kein Baum)
6 Trauerweide *Salix x chrysocoma*

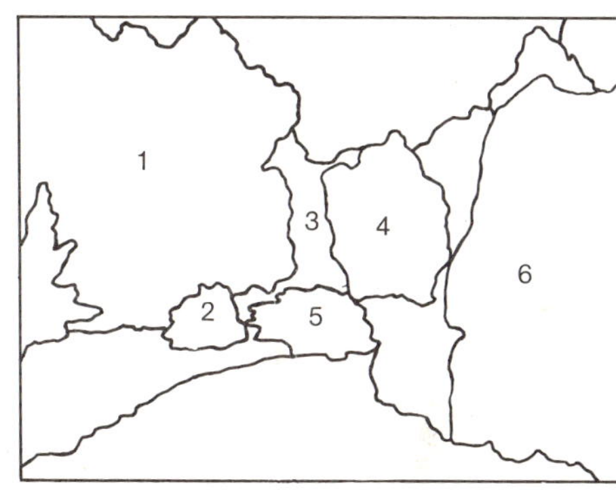

Romantischer Stil
1 Rotbuche *Fagus sylvatica*
2 Magnolia x soulangiana
3 Irische Eibe *Taxus baccata* «Fastigiata»
4 *Magnolia obovata*
5 *Thuja occidentalis* «Elegantissima»
6 Grauahorn *Acer griseum*
7 Götterbaum *Ailanthus altissima*

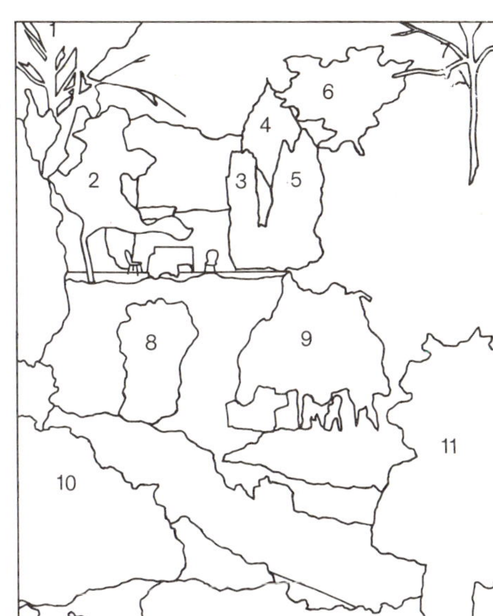

Romantischer Stil
In diesem sehr abgeschlossenen südenglischen Privatpark im Paradiesgartenstil tragen exotische Bäume mit dazu bei, eine völlig aus der Umgebung herausgehobene Phantasiewelt zu schaffen.

Rechts:
8 Hängende Weidenblättrige Birne *Pyrus salicifolia* «Pendula»
9 Trauerweide *Salix x chrysocoma*
10 *Rhododendron*
11 Küstensequoie *Sequoia sempervirens*

Die natürliche Waldvegetation

Das Klima (in vorgeschichtlicher wie heutiger Zeit), der Boden, das Relief und die geographische Breite sind Faktoren, welche die natürliche Waldvegetation bestimmen. Die beiden Karten auf diesen Seiten zeigen ihre stark vereinfachte Gliederung in Nordamerika und Europa.

Europa zeigt ein verhältnismäßig einfaches Bild. An den Tundrengürtel im äußersten Norden (wo Bäume bestenfalls in Zwerg- und Kümmerformen vorkommen) schließt sich der gewaltige skandinavische Koniferenwald aus Kiefern und Fichten mit eingestreuten Birken und Espen und, weiter im Osten, aus Tannen, Lärchen und Fichten an.

Südlich der Linie Helsinki–Stockholm–Nordschottland treten Laubbäume in größerer Zahl auf; diese Linie ist zugleich die ungefähre Nordgrenze des Eichenareals. Durch ganz Mitteleuropa zieht sich ein Laubwaldgürtel, dem neben Eiche, Buche, Ahorn, Esche usw. auch etwa Tanne und Kiefer beigemischt sind und der nur dort unterbrochen ist, wo Gebirge Koniferen-Inseln bilden oder wo sich auf sehr kargen Böden Heide- (Norddeutschland, Schottland) oder Steppenlandschaften (Ungarn, Südwestrußland) ausbreiten.

Das Mittelmeergebiet beginnt etwa an der Nordgrenze des Ölbaumareals. Seine Hartlaubwälder mit vorwiegend immergrünen Eichen und Kiefern werden von Flächen mit aromatischen Sträuchern und Kräutern und verstreuten Vorkommen von Ölbäumen, Wacholdern und Zypressen unterbrochen.

Nordamerika ergibt ein viel komplizierteres Bild. Die Waldzonen des Ostens haben, entsprechend den Winterhärtezonen auf Seite 30, ein starkes, durch Flußtäler und Gebirge modifiziertes kontinentales Gepräge. Im Westen sind der Ozean und die Gebirge die dominierenden Faktoren, vor allem weil sie die Niederschlagsmengen (vgl. Seite 31) sehr wesentlich beeinflussen.

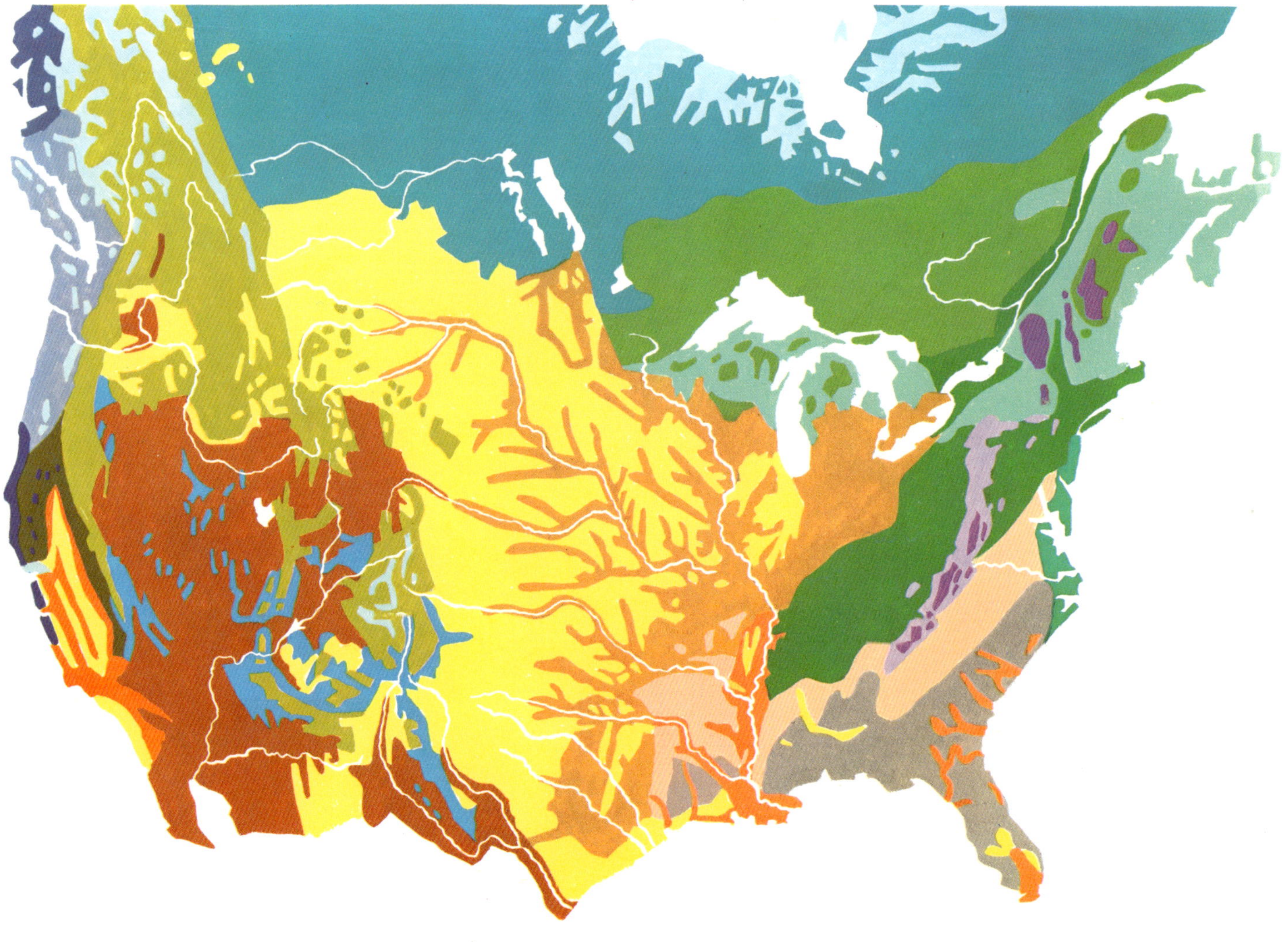

Die Waldvegetation Nordamerikas

1. Kiefer, Tanne, Fichte, Lärche, Pappel
2. Kiefer, Fichte, Lärche, Tanne, Pappel, Birke
3. Eiche, Hickory
4. Eiche, Kastanie, Tulpenbaum
5. Eiche, Kiefer
6. Buche, Ahorn, Birke, Hemlocktanne
7. Buche, Kastanie, Ahorn, Eiche
8. Hemlocktanne, Kiefer, Tanne, Fichte
9. Sumpf- und Weihrauchkiefer
10. Atlantische Kiefernödflächen
11. Zypresse, Magnolie, Thuja
12. Fichte, Hemlocktanne
13. Douglasie, Hemlocktanne
14. Douglasie, Eiche, Küstensequoie, Zypresse
15. Goldkiefer, Douglasie
16. Dreh-, Gold- und Zuckerkiefer
17. Nußkiefer, Wacholder
18. Kalifornisches Chaparral (immergrüne Hartlaubgehölze)
19. Prärie- und Trockensteppe
20. Yucca, Agave, Kakteen
21. Zwergweide, Birke, Erle

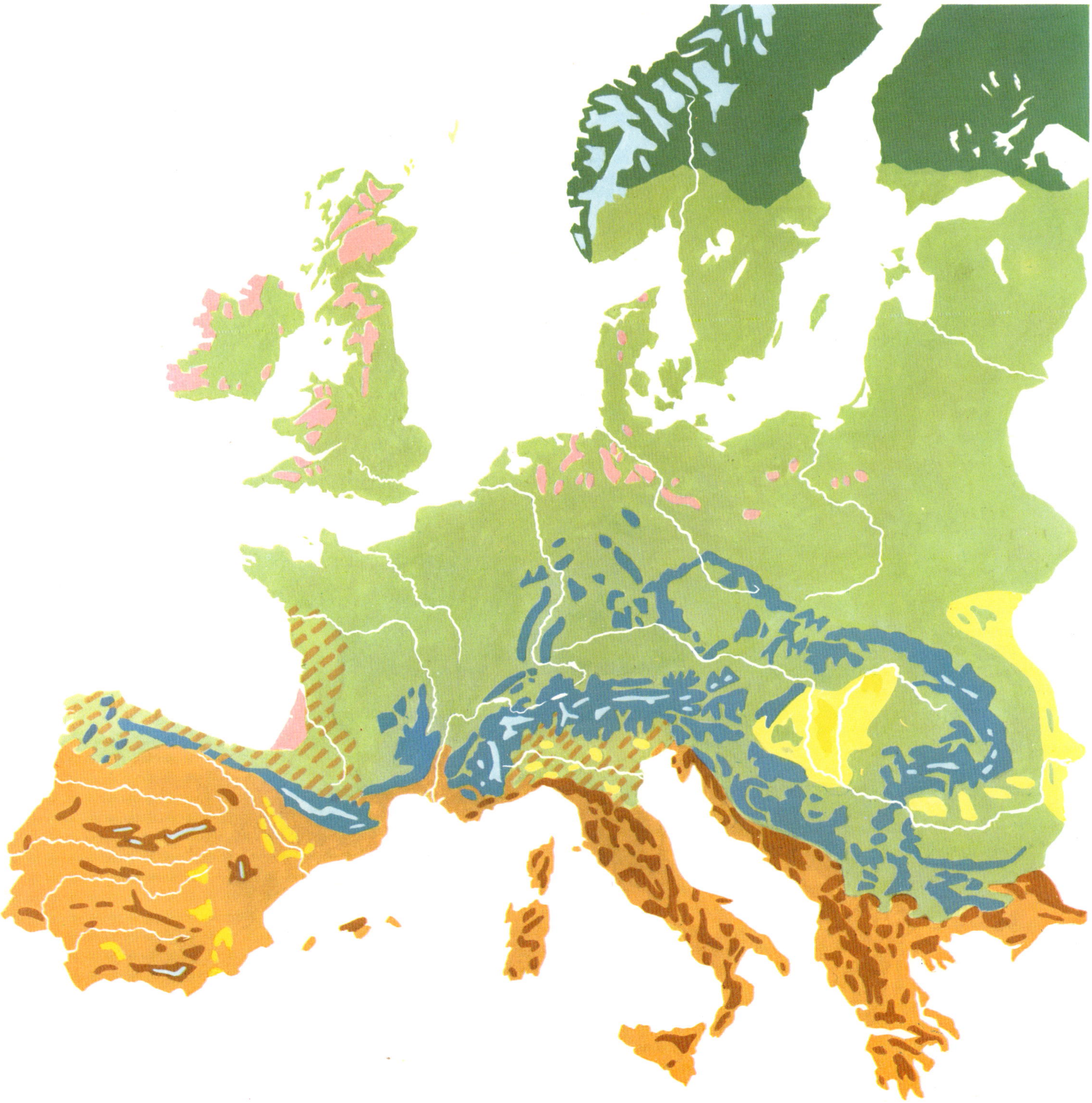

Die Waldvegetation Europas

1. Boreale Nadelwälder mit Kiefer, Fichte, (Birke, Aspe)

2. Gebirgsvegetation mit Tanne, Kiefer, Fichte, Lärche, Buche

3. Sommergrüne Laubwälder (vorwiegend Eichen-Mischwälder)

4. und 5. Hartlaubwälder mit Kiefern und immergrünen Eichen bzw. Macchien mit aromatischen Gehölzen

6. Steppe

7. Trockensteppe

8. Heide, Moor, sandiges Küstenödland

9. Hochgebirgsvegetation oberhalb Baumgrenze

Zwölfmonatsfolge dekorativer Blüten, Früchte und Blätter

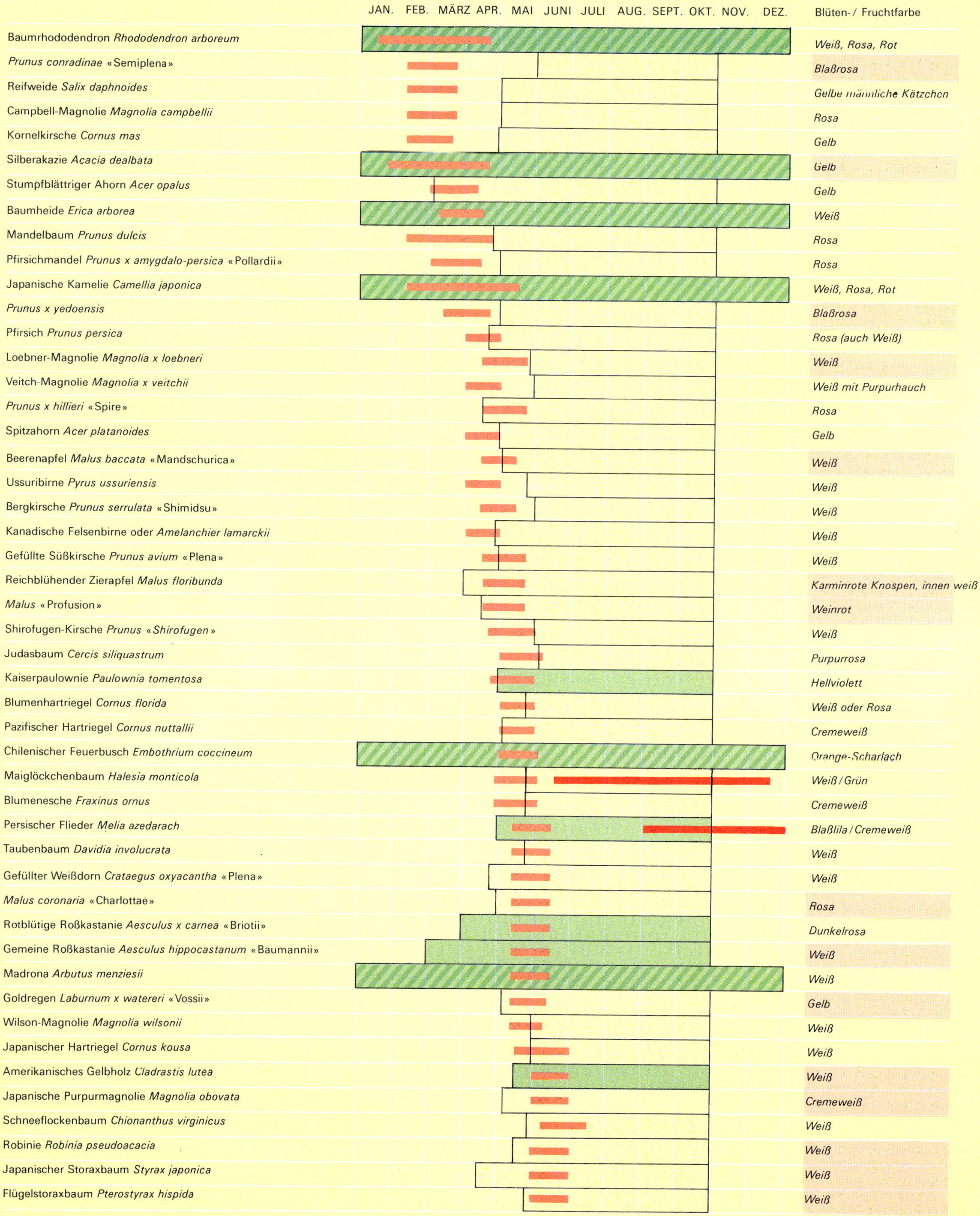

Gartenbäume auszuwählen, die im Frühjahr dekorativ und interessant sind, ist nicht so schwierig. Wie man aber das ganze Jahr hindurch Freude und Interesse an Bäumen – ihren Blüten, Früchten oder attraktiven Blättern – finden kann, zeigen diese Tabellen.

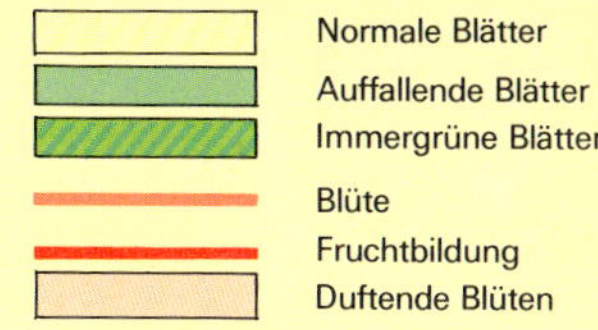

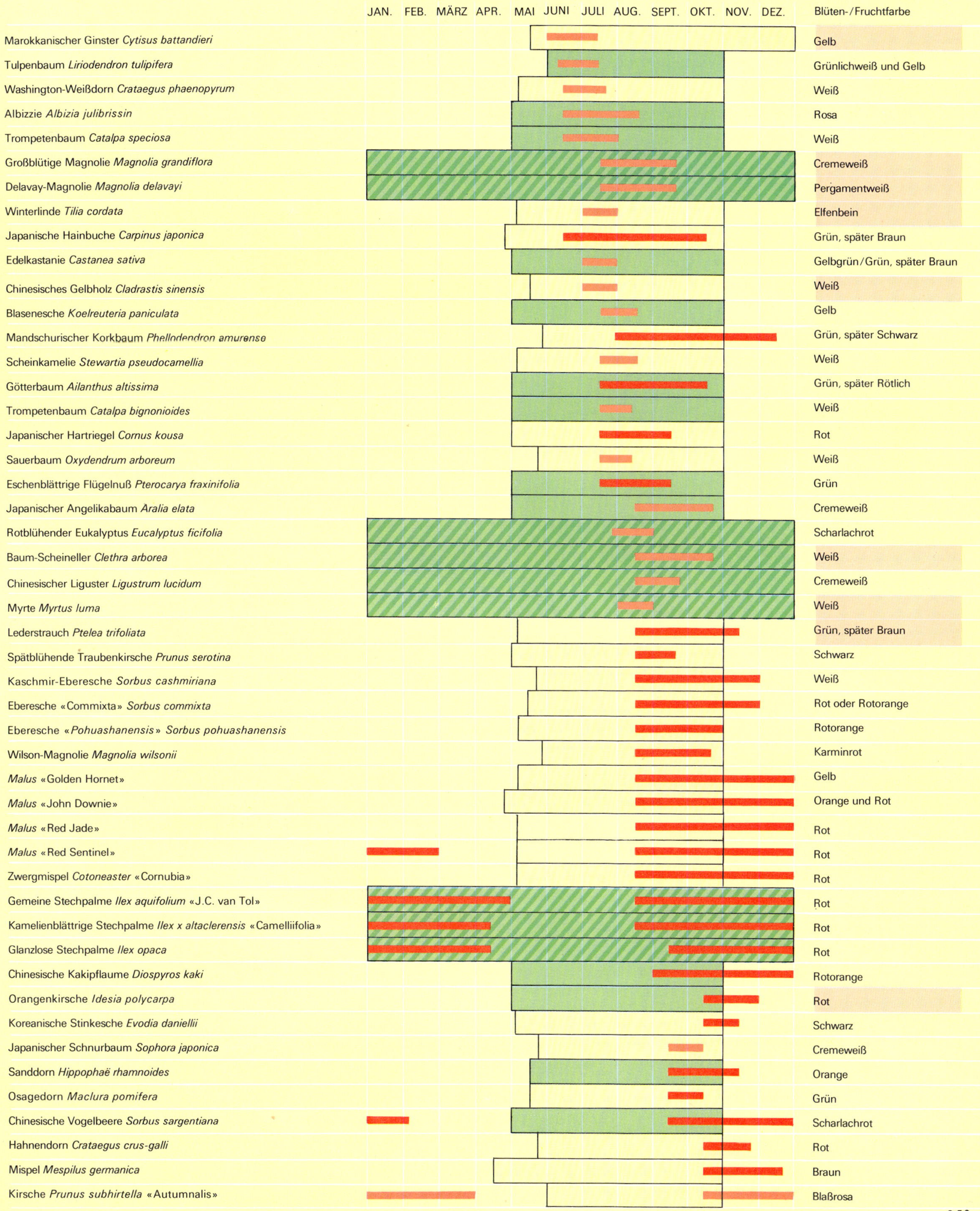

	Nord- und Mitteleuropa	Südeuropa und Mittelmeergebiet	Kaukasus und Südwestasien	Indien und Birma	China	Korea	Formosa
Antike und Mittelalter	U. carpinifolia A. pseudoplatanus	U. procera C. sativa Lau. nobilis	Jug. regia Fic. carica Pr. dulcis		Pr. persica Mo. alba		
1500	Pi. abies	Cup. sempervirens Sor. domestica	P. cerasifera Pr. cerasus 'Rhexii'				
1520							
1540 / 1550		Pl. orientalis	Mo. nigra				
1560		Lab. anagyroides Q. ilex Jun. sabina					
1580		Pr. laurocerasus Cer. siliquastrum Ph. latifolia P. pinea Lab. alpinum	Dio. lotus		Mo. alba		
1600	Ab. alba	Ae. hippocastanum					
1620	L. decidua		Ced. libani				
1640 / 1650		P. pinaster Pr. lusitanica	Fr. ornus				
1660							
1680	A. platanoides	Pl. × hispanica P. halepensis Jun. phoenicea Q. suber					
1700		Pr. mahaleb					
1720		Os. carpinifolia Arb. andrachne Q. canariensis Q. cerris A. monspessulanum	Cel. tournefourtii		Th. orientalis S. babylonica		
1740 / 1750	P. cembra Pop. 'Serotina'	Jun. oxycedrus A. opalus A. sempervirens Jun. thurifera A. tataricum P. nigra var. maritima	Carp. orientalis Liq. orientalis Z. carpinifolia		Cam. japonica Sop. japonica Ai. altissima	G. biloba	
1760	Jun. communis suecica Al. incana		Ti. tomentosa		Ko. paniculata Jun. chinensis Mal. spectabilis		
1780		Py. salicifolia Q. excelsa Cel. australis	Pt. fraxinifolia Cra. tanacetifolia P. nigra caramanica		Mag. denudata U. parvifolia Dio. kaki	Mal. baccata Lig. lucidum	
1800	Al. viridis	Fr. angustifolia Cra. orientalis sanguinea Q. alnifolia Al. cordata	Fr. oxycarpa	P. roxburghii Q. incana Pi. smithiana	Cun. lanceolata		
1820	Mag. × soulangiana Jun. communis 'Hibernica'	Q. pyrenaica Ab. cephalonica Jun. excelsa P. nigra nigra Ab. pinsapo Q. frainetto Jun. excelsa A. lobelii	S. daphnoides Pi. orientalis Par. persica A. cappadocicum	Ab. spectabilis P. wallichiana Cot. frigidus Ced. deodara	Cup. torulosa Jun. recurva Cas. cuspidata	Q. dentata Pau. tomentosa	
1840 / 1850		Ced. atlantica Q. canariensis Ab. numidica	Ti. petiolaris Q. infectoria Q. castaneifolia Jun. drupacea Ab. nordmanniana Ab. cilicica	A. villosum Ab. pindrow Ts. dumosa L. griffithiana Ae. indica	Cry. japonica v. sinensis Cat. ovata Cup. funebris Psl. amabilis Pt. stenoptera	P. bungeana Tr. fortunei Q. myrsinifolia T. grandis	Jun. formosana
1860		P. peuce A. heldreichii Mal. trilobata	Al. subcordata Q. libani Ti. euchlora A. hyrcanum Q. macranthera A. velutinum A. velutinum vanvolxemii	Pr. cornuta Fr. xanthoxyloides Sor. cuspidata Pi. spinulosa	Cedrel. sinensis P. tabulaeformis I. polycarpa Pts. hispida Fr. mariesii	Q. variabilis Q. acutissima Liq. formosana	
1880		Pi. omorika Ced. brevifolia Ab. borisii-regis P. leucodermis Q. macedonica	Ti. dasystyla Q. pontica B. medwediewii	Mag. campbellii B. utilis Q. semecarpifolia	Sor. pohuashanensis A. truncatum Ket. davidiana P. armandii D. vilmoriniana Jug. cathayensis	Q. glandulifera A. davidii A. nikoense Sor. vilmorinii Euco. ulmoides Cat. fargesii	Pic. quassioides A. buergeranum Ti. oliveri Dip. sinensis
1900	L. decidua polonica	A. syriacum	F. orientalis	A. caudatum Man. insignis Jun. recurva coxii	Lir. chinense Sor. esserteauana B. albosinensis var. septentrionalis Sor. hupehensis F. englerana Ab. delavayi Ab. squamata	Te. sinense Sor. folgneri Pi. asperata Ab. sutchuenensis Ti. insularis Th. koraiensis	Carp. turczaninowii Ch. formosensis Mag. sargentiana Ab. koreana Pi. likiangensis
1920		Z. cretica Ab. nebrodensis	A. divergens	Ab. pindrow brevifolia Sor. insignis A. campbellii	S. matsudana 'Tortuosa' Jun. distans A. amplum	A. hersii Ti. chinensis	Ta. cryptomerioides A. triflorum Ab. kawakamii Ts. formosana
1940 / 1950					Met. glyptostroboides		
1960							
1970							

Baumentdeckungen von der Antike bis heute

Diese Tabelle zeigt, wie sich in der Alten Welt das Wissen von der Baumflora anderer Erdteile entwickelt hat. Sie gibt – am Beispiel von England – den Zeitpunkt der Einführung von 300 verschiedenen Gehölzarten an. Gerade England dürfte Europa besonders gut repräsentieren, wo schon seit den Tagen der Entdeckungsreisen stets ein ausgeprägtes Interesse an fremdländischen Gewächsen bestand. In den meisten Fällen wurden die Bäume auch kurz nach ihrer ersten Einführung bestimmt und benannt. Bei einigen Bäumen, deren Einführungsdatum nicht genau bekannt ist (wie z.B. bei *Fraxinus ornus)* deutet ein Pfeil die ungefähre Ankunftszeit an.

Deutlich ist die rasche Erweiterung des botanischen Wissens im 18. Jahrhundert zu erkennen, die mit der Erforschung Nordamerikas einsetzte. Ein Höhepunkt wurde Ende des 19. Jahrhunderts erreicht, als die Bäume Japans und Chinas in die westliche Welt eingeführt wurden.

Aus Platzgründen (und weil es für viele der Bäume keine feste deutsche Bezeichnung gibt) erscheinen alle Bäume unter ihrem botanisch korrekten lateinischen Namen, unter dem im Register jeweils weitere Erklärungen zu finden sind.

Abk.	Gattung	Abk.	Gattung	Abk.	Gattung
A.	Acer	F.	Fagus	P.	Pinus
Ab.	Abies	Fic.	Ficus	Par.	Parrotia
Ac.	Acacia	Fitz.	Fitzroya	Pau.	Paulownia
Ae.	Aesculus	Fr.	Fraxinus	Ph.	Phillyrea
Ag.	Agathis			Pi.	Picea
Ai.	Ailanthus	G.	Ginkgo	Pic.	Picrasma
Al.	Alnus	Gle.	Gleditsia	Pl.	Platanus
Arau.	Araucaria	Gym.	Gymnocladus	Pod.	Podocarpus
Arb.	Arbutus			Pop.	Populus
Ath.	Athrotaxis	H.	Halesia	Pr.	Prunus
				Psl.	Pseudolarix
B.	Betula	I.	Idesia	Pst.	Pseudotsuga
				Pt.	Pterocarya
C.	Castanea	Jug.	Juglans	Pts.	Pterostyrax
Cam.	Camellia	Jun.	Juniperus	Py.	Pyrus
Car.	Carya				
Carp.	Carpinus	Kal.	Kalopanax	Q.	Quercus
Cas.	Castanopsis	Ket.	Keteleeria		
Cat.	Catalpa	Ko.	Koelreuteria	R.	Robinia
Ced.	Cedrus				
Cedrel.	Cedrela	L.	Larix	S.	Salix
Cel.	Celtis	Lab.	Laburnum	Sass.	Sassafras
Ceph	Cephalotaxus	Lau.	Laurus	Sax.	Saxegothaea
Cer.	Cercis	Laur.	Laurelia	Seq.	Sequoia
Ch.	Chamaecyparis	Lig.	Ligustrum	Seqd.	Sequoiadendron
Cord.	Cordyline	Liq.	Liquidambar	Soph.	Sophora
Cot.	Cotoneaster	Lir.	Liriodendron	Sor.	Sorbus
Cra.	Crataegus			St.	Stewartia
Cry.	Cryptomeria	Mac.	Maclura		
Cun.	Cunninghamia	Mag.	Magnolia	T.	Torreya
Cup.	Cupressus	Mal.	Malus	Ta.	Taiwania
		Man.	Mangletia	Tax.	Taxodium
D.	Davidia	May.	Maytenus	Te.	Tetracentron
Dac.	Dacrydium	Met.	Metasequoia	Th.	Thuja
Dio.	Diospyros	Mo.	Morus	Ti.	Tilia
Dip.	Dipteronia	Myr.	Myrtus	Tr.	Trachycarpus
Dr.	Drimys			Ts.	Tsuga
		N.	Nyssa		
Euc.	Eucalyptus	Not.	Nothofagus	U.	Ulmus
Euco.	Eucommia				
Eucr.	Eucryphia	O.	Olea	Z.	Zelkova
		Os.	Ostrya		

Jahr	Japan und Mandschurei	Nordasien	Australien und Neuseeland	Südamerika	Östliches und mittleres Nordamerika	Westliches Nordamerika und Mexiko
1500–1520						
1520–1540					Th. occidentalis	
1540–1560					P. strobus	
1560–1580						
1580–1600						
1600–1620						
1620–1640					Pr. serotina, Car. ovata, Sass. albidum, Jug. cinerea, Pl. occidentalis, R. pseudoacacia, Tax. distichum	
1640–1660					A. rubrum, Cel. occidentalis	
1660–1680					Lir. tulipifera, Jun. virginiana	
1680–1700					Liq. styraciflua, Jug. nigra, Pop. tacamahaca, A. negundo, Q. prinus, Cra. crus-galli, Ab. balsamea, Q. coccinea, Gle. triacanthos, Pi. glauca	Cup. lusitanica
1700–1720					Pi. mariana, Ae. pavia	
1720–1740					A. saccharinum, Fr. americana, Q. phellos, Cat. bignonioides, Q. alba, Q. nigra, Mag. grandiflora, Ts. canadensis, Q. borealis, A. saccharum, P. palustris, Ch. thyoides, Mag. acuminata, P. resinosa, B. nigra, L. laricina, P. echinata, P. virginiana	
1740–1760					P. taeda, R. hispida, Gym. dioicus, A. spicatum, N. sylvatica, B. papyrifera, Mag. tripetala, Ti. americana, U. americana, H. carolina, A. pensylvanicum	
1760–1780	T. nucifera		Soph. tetraptera		B. lenta, P. rigida, Ae. flava, Car. cordiformis, Car. tomentosa, B. alleghaniensis	
1780–1800			Euc. obliqua	Arau. araucana	P. banksiana, Fr. pensylvanica, Sor. americana, Mag. fraseri, Q. imbricaria, Tax. ascendens, Car. glabra, Q. bicolor, Q. palustris	
1800–1820	Pod. macrophyllus	L. sibirica, P. pumila	Ac. dealbata	May. boaria	Mag. macrophylla, Q. velutina, Car. laciniosa, P. pungens, Ab. fraseri, Ae. glabra, Q. macrocarpa, Mac. pomifera	A. macrophyllum
1820–1840	A. palmatum, Cep. harringtonia drupacea, P. massoniana	Ab. sibirica, L. gmelini	Ag. australis, Cord. australis, Euc. globulus	Dr. winteri, Not. betuloides, Not. antarctica	Q. heterophylla, U. rubra	A. circinatum, P. ponderosa, Ab. amabilis, Pst. menziesii, Ab. procera, Ab. grandis, P. radiata, Pi. sitchensis, Cup. macrocarpa, Ab. religiosa
1840–1860	Cry. japonica 'Lobbii', Ts. sieboldii, Jug. mandshurica, P. densiflora, P. thunbergii, Th. standishii, Pi. polita, Ch. obtusa	Pi. obovata	Euc. coccifera, Euc. gunnii, Dac. franklinii	Myr. apiculata, Sax. conspicua, Fitz. cupressoides, Eucr. cordifolia, Pod. salignus	Q. × leana	Ab. concolor lowiana, P. ayacahuite, Th. plicata, Seq. sempervirens, Ch. nootkatensis, Ab. magnifica, Seqd. giganteum, Ab. bracteata, Ts. heterophylla
1860–1880	Ab. firma, Ts. diversifolia, L. kaempferi, Mag. obovata, Mag. kobus, Kal. pictus, A. japonicum, A. rufinerve albolimbatum, A. cissifolium, Pi. glehnii, Q. acuta, Kal. pictus maximowiczii, A. argutum	U. pumila, Ti. mandshurica, Pi. schrenkiana	Ath. spp.	Pod. andinus, Laur. serrata	Cat × erubescens, U. thomasii, Q. × ludoviciana	Pi. engelmanii, P. aristata, Q. wislizenii, Fr. latifolia, Q. garryana, Q. lobata, Ab. concolor, Q. kelloggii, Cup. guadalupensis
1880–1900	Pi. jezoensis, A. crataegifolium, A. mono, A. distylum, A. rufinerve, A. carpinifolium, A. diabolicum, B. maximowicziana, A. capillipes, A. miyabei, Mag. salicifolia, Pst. japonica, B. grossa	B. costata	Not. fusca, Not. cliffortioides, Not. moorei		Cat. speciosa, Ts. caroliniana, Q. × schochiana, H. monticola, Q. shumardii	Cup. arizonica, L. occidentalis, Al. rubra, Pi. brewerana, Fr. velutina, Pop. trichocarpa
1900–1920	S. gracilistyla, Pr. yedoensis, A. mandshuricum, Ab. holophylla, St. monodelpha, Pi. koyamai, Q. aliena, Pr. maackii, Carp. laxiflora, St. serrata	L. gmelini olgensis		Not. obliqua, Not. procera, Not. dombeyi	U. serotina, Pi. glauca albertiana, Cup. glabra, Fr. tomentosa	Jun. deppeana, Cup. sargentii, Pst. macrocarpa
1920–1940	Ti. kiusiana				Jun. virginiana 'Pseudocupressus'	Cup. forbesii, Jun. ashei, Cup. bakeri, Cup. abramsiana
1940–1960					Jun. virginiana 'Skyrocket'	
1960–1970				Not. pumila		Ab. vejari, P. cooperi

Baumschädlinge und -krankheiten

Ein gewaltiges Heer von Insekten, Pilzen und Bakterien ernährt sich von Bäumen. Die meisten von ihnen sind harmlos. Viele aber können einen Baum schädigen und sogar zum Absterben bringen, wenn sie überhandnehmen.
Die folgende Liste beschreibt einige der häufigsten Schädlinge und Krankheiten, erhebt aber nicht den Anspruch, erschöpfende phytomedizinische Auskünfte zu geben. Wo immer Unklarheit über Ursache oder Bekämpfung besteht, lohnt es sich, einen qualifizierten Pflanzenschutzfachmann um Rat zu fragen, bevor man etwas unternimmt.

Käfer
Käfer befallen Nadel- und Laubholz; Blattfresser sind in der Regel nicht besonders schädlich. Borkenkäfer können durch Brutfraß zwischen der Rinde und dem Splint Bäume zum Absterben bringen. Einige Arten übertragen Pilzkrankheiten.
Beispiele:
Buchenspringrüßler *(Rhynchaenus fagi)* – Larven minieren im Frühjahr in jungen Blättern der Rot- und Blutbuche, die daraufhin braun werden.
Ulmensplintkäfer *(Scolytus scolytus)* (16) in Europa und *Hylurgopinus rufipes* (15) in Amerika – siehe Ulmenkrankheit.
Großer brauner Rüsselkäfer *(Hylobius abietis)* (17) – nagt rundliche Löcher in die Stammrinde junger Koniferen und bringt sie zum Absterben.
Bekämpfung: Pflanzenschutzamt fragen.

Schmetterlinge
Die Larven verschiedener Arten können, wenn sie in größeren Mengen auftreten, Kahlfraß an den Leittrieben von Nadel- und Laubbäumen verursachen.
Häufigste Arten:
Sackträger *(Thyridopteryx ephemeraeformis)* – geflügelte männliche Tiere (24) sind nicht schädlich. Die flügellosen Weibchen leben in den USA an einer Reihe von Baum- und Straucharten in einem aus Blättern und Blattstielen zusammengesponnenen Sack (26). Sie können Jungbäume teilweise kahlfressen.
Mondvogel *(Phalera bucephala)* – Larven verursachen Kahlfraß an einer Reihe von Laubholzarten.
Lärchenminiermotte *(Coleophora laricella)* (25) – Larven höhlen Lärchennadeln von der Spitze her aus.
Ringelspinner *(Malacosoma pluvialis)* – Larven leben an verschiedenen Laubhölzern an der nordwestlichen Pazifikküste der USA in einem gemeinsamen Gespinst und fressen die Triebe kahl.
Bekämpfung: Wie bei den Käfern erwähnt.

Blattwespen
Die erwachsenen Tiere (2) sind harmlos. Die raupenähnlichen Larven (21) nagen dagegen an Blättern und Nadeln, die bei Massenvermehrung kahlgefressen werden.
Häufigste Arten:
Lärchenblattwespe *(Pristiphora erichsonii)* – Larven fressen Lärchennadeln.
Weidenblattwespe *(Pontania vesicator)* (19) und (22) – erzeugt bohnenförmige Gallen auf Weidenblättern.
Bekämpfung: Wie bei den Käfern erwähnt.

Blattläuse
Blattläuse sind kleine, geflügelte oder flügellose Insekten (29). Sie befallen Laub- und Nadelholz, wobei durch ihre Saugtätigkeit Blätter und Nadeln deformiert werden. Bei starkem Befall können auch Triebe absterben. Einige Arten sind für die Bildung von Pflanzengallen verantwortlich. So z.B. Gallenläuse aus den Gattungen *Sacchiphantes* und *Adelges*. In ihrer Folge treten Ananas-Gallen an Fichten auf (27).
Schizoneura lanuginosa saugt an Ulmenblättern und bewirkt die Bildung unregelmäßiger, blasenartiger Gallen.
Keulenförmige Gallen entstehen beim Befall durch die verwandte Art *Byrsocrypta ulmi. Pemphigus bursarius* befällt Pappeln, verformt die Blattstiele durch Gallen (28).

Bekämpfung: Nur bei starkem Befall systemische und andere Insektizide verwenden. Über geeignete Präparate und richtigen Zeitpunkt Rat beim Pflanzenschutzfachmann einholen.

Schildläuse
Schildläuse sind in der Regel von einer wachsartigen Schutzhülle, dem Schild, umgeben. Nur die Weibchen sind schädlich. Sie befallen Laub- und Nadelbäume, deren Blätter und Nadeln infolge Pflanzensaftentzug absterben können; sie befallen auch Früchte.
Häufigste Arten:
San-José-Schildlaus *(Quadraspidiotus perniciosus)* – saugt an Blättern und Früchten von Apfel-, Pflaumen- und Birnbäumen.
Buchenwollschildlaus *(Cryptococcus fagi)* – befällt Buchen und hinterläßt weiße, wollige Wachsausscheidungen am Stamm.
Kommaschildlaus *(Lepidosaphes ulmi)* – saugt an der Rinde verschiedener Bäume und Sträucher.
Bekämpfung: Wie bei Blattläusen erwähnt.

Milben
Milben sind winzige, spinnenähnliche Tiere; mit ihren harten Mundwerkzeugen stechen sie Gewebe an und nehmen Pflanzensaft auf.
Häufigste Art:
Rote Spinnmilbe *(Metatetranychus ulmi)* (18) – Larven saugen vor allem an Apfel-, Birn- und Kirschbaumblättern und hinterlassen an den Blattunterseiten ein feines, helles Gespinst. Die Blätter werden braun und vertrocknen.

Anthraknose
Eine unter Laubgehölzen, besonders Weiden und Pappeln, häufige Pilzkrankheit, die zunächst in feuchten Jahreszeiten das Laub befällt (1) und dann auf den ganzen Baum übergreift.

Rinden- und Holzpilze
Pilze können Bäume schädigen und abtöten. Viele Pilze bilden Fruchtkörper auf der Rinde, die Sporen in riesigen Mengen produzieren. Diese Sporen infizieren neue Bäume in der Umgebung.
Der Leberpilz (9), der Eichen befällt, kann das Holz tiefbraun färben und seinen Marktwert erhöhen. Andere Pilze greifen die Wurzeln an und bilden hutförmige Pilzfruchtkörper auf dem Boden. Gefährlich ist besonders der Hallimasch (6).

Krebs
Unter dieser Bezeichnung faßt man verschiedene Laub- und Nadelbaumkrankheiten zusammen. Verursacht werden sie durch Bakterien oder Pilze, deren Sporen in offene Baumwunden eindringen. Meist bilden sich Wucherungen um die Wunde herum (7); z.B. werden Balsampappeln von einem Bakterien-Krebs befallen, gegen den andere Pappeln weitgehend resistent sind.

Kastanienrindenkrebs
Eine Pilzkrankheit, die Rinde und Kambium von Kastanien befällt. Der Stamm infizierter Bäume ist mit kleinen orangefarbenen Fruchtkörpern bedeckt (4). Die Krankheit führt meist zum Absterben des Baumes. Die Europäische Kastanie ist etwas resistenter als die Amerikanische.

Ulmenkrankheit
Eine Pilzkrankheit, welche die Ulmen befällt und vor allem durch Ulmensplintkäfer übertragen wird. Das Laub befallener Bäume welkt und fällt ab.
Ausgewachsene Käfer fressen Brutgänge in die Rinde. Die Gänge des Europäischen Ulmensplintkäfers verlaufen in der Faserrichtung (11, 13), die des Amerikanischen quer dazu (10, 12). In diesen Gängen und den von ausschlüpfenden Larven gefressenen Seitengängen kann sich der Pilz sehr stark vermehren. Jeder Käfer schleppt bis zu einer Million klebriger Pilzsporen in einen gesunden Baum ein.

1 Anthraknose an Platane
2 Rostpilz an Linde
3 Mehltau
4 Kastanienrindenkrebs
5 Feuerbrand an Cotoneaster
6 Hallimasch an Kiefer
7 Bakterieller Krebs an Pappel
8 Blasenrost an Weymouthskiefer
9 Leberpilz an Eiche
10/12 Fraßbild des Amerikanischen Ulmensplintkäfers an Ulmenholz und -rinde
11/13 Fraßbild des Europäischen Ulmensplintkäfers an Ulmenholz und -rinde
14 Kommaschildläuse an Ulme
15 Amerikanischer Ulmensplintkäfer
16 Europäischer Ulmensplintkäfer
17 Großer brauner Rüsselkäfer
18 Rote Spinnmilbe
19 Weidenblattwespe
20 Blattwespe
21 Blattwespenlarve
22 Weidenblattwespen-Larve
23 Ringelspinner
24 Sackträger-Männchen
25 Lärchenminiermotte
26 Sackträger
27 Ananas-Galle an Fichte (vgl. **Blattläuse)**
28 Blattlaus-Galle an Pappelblattstiel
29 Flügelloses Blattlaus-Weibchen

Feuerbrand
Bakterielle Erkrankung von Rosaceen, besonders der Birnen; übertragen wird sie durch Insekten von Blüte zu Blüte. Sie führt zum Absterben der Blüten und Blätter. Die Rinde befallener Bäume sondert oft einen braunen Schleim ab (5).

Mehltau und Rost
Pilzkrankheiten, die das Wachstum von Sämlingen und jungen Bäumen stark beeinträchtigen können, weil die Blätter vorzeitig abfallen. Die Blätter vom Mehltau befallener Bäume haben einen weiß-mehligen Belag (3); das Laub an Rost erkrankter Bäume ist schwarz, gelbbraun oder rot gefleckt (2).
Weymouthskiefern-Blasenrost (8) befällt Weymouthskiefern und andere 5nadelige Kiefern (Nadeln und Triebe) und Johannisbeerbüsche.
Bekämpfung: Pflanzenschutzamt anfragen.

Wuchsleistungen von Gartenbäumen

Eine genaue Wuchsgeschwindigkeit läßt sich für keine Baumart angeben. Denn das Wachstum eines jeden Baumes hängt sehr von seinem jeweiligen Standort ab: vom Klima und vom Boden. Und die Böden weisen beträchtliche Unterschiede in ihrer Tiefgründigkeit, ihrem Wasserhaushalt, Nährstoffgehalt und ihrer Korngröße auf. Diese Bodenmerkmale wiederum sind Ergebnis der Verwitterung, der Temperatur- und Niederschlagsverhältnisses sowie der Zusammensetzung des Muttergesteins. Dennoch gibt es für jede Baumart eine spezifische Wachstumskurve, wie sie rechts für einige Laub- und Nadelbäume dargestellt ist: Manche Arten wachsen am Anfang sehr langsam und legen dann jährlich einen Meter an Höhe zu, andere beginnen sehr rasch und werden bald langsamer. Die unten und auf den folgenden Seiten vorgestellten Bäume sind wegen ihrer sehr unterschiedlichen Wuchsleistungen ausgewählt worden.

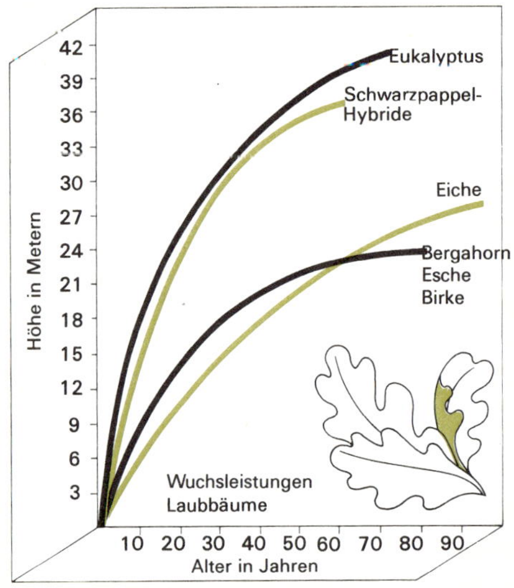

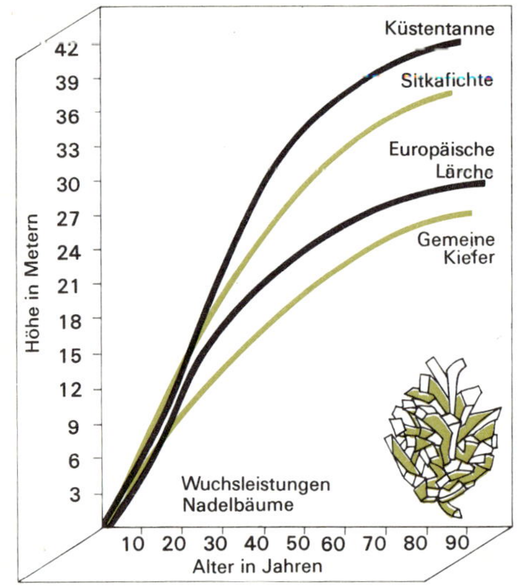

15 Jahre
Montereykiefer
Weißbirke
Gemeine Eibe
Englische Ulme
100 Jahre
15 Jahre
Douglasie
Roßkastanie
Pyramidenpappel
Stechpalme
100 Jahre
0 Meter
Meter 0

Wuchsleistungen von Gärtenbäumen

15 Jahre
Edelkastanie
Silberahorn
Europäische Lärche
Gemeiner Wacholder
100 Jahre
15 Jahre
Roblé-Südbuche
Sumpfzypresse
Gemeine Esche
Libanonzeder
100 Jahre
0 Meter
Meter 0

Register zur Auswahl von Bäumen

geordnet nach Gestalt, Laub, Blüten und Früchten sowie nach bevorzugten Standorten und Böden

Gestalt

Pittoreske, unregelmäßige Form

Araukarie *Araucaria species*
Erdbeerbaum *Arbutus unedo*
Gemeine Kiefer *Pinus silvestris*
Japanische Schwarzkiefer *Pinus thunbergii*
Japanischer Storaxbaum *Styrax japonica*
Judasbaum *Cercis siliquastrum*
Mädchenkiefer *Pinus parviflora*
Nikkotanne *Abies homolepis*
Pinie *Pinus pinea*
Schwarzer Maulbeerbaum *Morus nigra*
Weymouthskiefer *Pinus strobus*

Breit ausladende Krone

Ahornblättrige Platane *Platanus* x *hybrida*
Albizzie *Albizia julibrissin*
Amerikanischer Schwarznußbaum *Juglans nigra*
Bergahorn *Acer pseudoplatanus*
Chin. Guttaperchabaum *Eucommia ulmoides*
Edelkastanie *Castanea sativa*
Eukalyptus *Eucalyptus globulus*
Gemeiner Walnußbaum *Juglans regia*
Großfrüchtige Zypresse *Cupressus macrocarpa*
Japanische Zelkove *Zelkova serrata*
Kalifornischer Lorbeer *Umbellularia californica*
Kanarische Eiche *Quercus canariensis*
Kastanienblättrige Eiche *Quercus castaneifolia*
Kaukasischer Flügelnußbaum *Pterocarya fraxinifolia*
Kaukasische Zelkove *Zelkova carpinifolia*
Libanonzeder *Cedrus libani*
Lucombe-Eiche *Quercus* x *hispanica* ‹Lucombeana›
Reichblühender Zierapfel *Malus floribunda*
Rotblühende Roßkastanie *Aesculus* x *carnea*
Rotbuche *Fagus silvatica*
Schwarzpappel *Populus nigra*
Sommerlinde *Tilia platyphyllos*
Spitzahorn *Acer platanoides*
Steineiche *Quercus ilex*
Stieleiche *Quercus robur*
Stumpfblättriger Ahorn *Acer opalus*
Trompetenbaum *Catalpa bignonioides*
Ungarische Eiche *Quercus frainetto*
Zerreiche *Quercus cerris*

Stark aufwärts gerichtete Äste

Bitternuß *Carya cordiformis*
Carya glabra
Englische Ulme *Ulmus procera*
Gurkenmagnolie *Magnolia acuminata*
Hickorynuß *Carya ovata*
Holländische Linde *Tilia* x *europaea*
Pecannuß *Carya illionensis*
Salix ‹Caerulea›
Silberweide *Salix alba*
Spottnuß *Carya tomentosa*
Südbuche *Nothofagus obliqua*
Sumpfeiche *Quercus palustris*

Hohe, kegelförmige Gestalt

Atlas-Zeder *Cedrus atlantica*
Cryptomerie *Cryptomeria japonica*
Europäische Lärche *Larix decidua*
Japan-Lärche *Larix kaempferi*
Mammutbaum *Sequoiadendron giganteum*
Riesenlebensbaum *Thuja plicata*
Westamerikanische Hemlocktanne *Tsuga heterophylla*

Kugelform

Hahnendorn *Crataegus crusgalli*
Spitzahorn *Acer platanoides* ‹Globulosum› und ‹Summershade›
Robinie *Robinia pseudoacacia* ‹Inermis›
Zuckerahorn *Acer saccharum* ‹Globulosum›

Waagrecht ausladende Äste

Chinesische Zaubernuß *Hamamelis mollis*
Feigenbaum *Ficus carica*
Goldlärche *Pseudolarix amabilis*
Goldregen *Laburnum* species
Japanischer Storaxbaum *Styrax japonica*
Japanische Zierkirsche *Prunus* ‹Kiku-shidare Sakura› und ‹Shirofugen›
Parrotie *Parrotia persica*
Schwarzer Maulbeerbaum *Morus nigra*
Seidenbaum oder Albizzie *Albizia julibrissin*
Zaubernuß *Hamamelis virginiana*

Breite Pyramidenform

Goldlärche *Pseudolarix amabilis*
Silberlinde *Tilia tomentosa*
Taubenbaum *Davidia involucrata* und – var. *vilmoriniana*
Türkenhasel *Corylus colurna*

Schmale Pyramiden

Amerikanischer Amberbaum *Liquidambar styraciflua*
Chinesisches Rotholz oder Metasequoie *Metasequoia glyptostroboides*
Erle *Alnus* species
Nordmannstanne *Abies nordmanniana*
Schmalblättrige Ulme *Ulmus carpinifolia cornubiensis*
Jersey-Ulme *Ulmus* x *sarniensis*
Serbische Fichte *Picea omorika*

Säulenformen

Arve oder Zirbelkiefer *Pinus cembra*
Atlaszeder *Cedrus atlantica* ‹Fastigiata›
Beerenapfel *Malus baccata* ‹Columnaris› und – ‹van Eseltine›
Chinesischer Wacholder *Juniperus chinensis* ‹Aurea› und ‹Columnaris Glauca›
Dawyck-Buche *Fagus sylvatica* ‹Dawyck› und – ‹Dawyck Purple›
Eberesche *Sorbus* x *thuringiaca* ‹Fastigiata›
Echte Zypresse *Cupressus sempervirens*
Eingriffeliger Weißdorn *Crataegus monogyna* ‹Stricta›
Gemeine Kiefer *Pinus silvestris* ‹Fastigiata›
Ginkgobaum *Ginkgo biloba* ‹Sentry›
Gleditschie *Gleditsia triacanthos* ‹Columnaris›
Hängebirke *Betula pendula* ‹Fastigiata›
Japanische Zierkirsche *Prunus* ‹Amanogawa›
Irische Eibe *Taxus baccata* ‹Fastigiata›
Lawsons Scheinzypresse *Chamaecyparis lawsoniana* ‹Columnaris›, ‹Erecta Viridis› und einige andere
Leyland-Zypresse x *Cupressocyparis leylandii*
Pyramiden-Pappel *Populus nigra* ‹Italica›
Riesenlebensbaum *Thuja plicata* ‹Fastigiata›
Rotahorn *Acer rubrum* ‹Columnare›
Silberpappel *Populus alba* ‹Pyramidalis›
Spitzahorn *Acer platanoides* ‹Columnare› und ‹Erectum›
Steinfrüchtiger Wacholder *Juniperus drupacea*
Stieleiche *Quercus robur*
Sumpfzypresse *Taxoidum ascendens*
Tulpenbaum *Liriodendron tulipifera* ‹Fastigiatum›
Virginischer Wacholder *Juniperus virginiana* ‹Skyrocket›
Wacholder *Juniperus communis* ‹Hibernica›
Weihrauchzeder *Calocedrus decurrens*
Weißdorn *Crataegus phaenopyrum* ‹Fastigiata›
Winterlinde *Tilia cordata* ‹Swedish Upright›
Zucker-Ahorn *Acer saccharum* ‹Temple's Upright›

Hängeform

Amerikanische Ulme *Ulmus americana*
Bergulme *Ulmus glabra*
Brewers oder Siskiyou-Fichte *Picea breweriana*
Eibe *Taxus baccata* ‹Dovastoniana›
Europäische Lärche *Larix decidua*
Feldulme *Ulmus carpinifolia*
Hängebirke *Betula pendula*
Hängelinde *Tilia petiolaris*
Himalajafichte *Picea smithiana*
Himalaja-Zeder *Cedrus deodara*
‹Huon›-Harzeibe *Dacrydium franklinii*
Kaschmir-Zypresse *Cupressus cashmeriana*
Lawsons Scheinzypresse *Chamaecyparis lawsoniana* ‹Intertexta›
Nutkazypresse *Chamaecyparis nootkatensis* und – ‹Pendula›
Patagonische Eibe *Saxegothaea conspicua*
Reichblühender Apfelbaum *Malus floribunda*
Virginischer Wacholder *Juniperus virginiana* ‹Pendula›
Wacholder *Juniperus recurva* und – *coxii*

Trauerform

Camperdown-Ulme *Ulmus glabra* ‹Camperdownii›
Hänge-Mammutbaum *Sequoiadendron giganteum* ‹Pendulum›
Japanische Frühlingskirsche *Prunus subhirtella* ‹Pendula›
Japanische Rotkiefer *Pinus densiflora* ‹Umbraculifera›
Schirm-Bergulme *Ulmus glabra* ‹Pendula›
Silberrand-Stechpalme *Ilex aquifolium* ‹Argenteomarginata Pendula›
Tortuosa-Buche *Fagus silvatica* ‹Tortuosa›
Trauerbirke *Betula pendula* ‹Tristis›
Trauerbuche *Fagus silvatica* ‹Pendula›
Trauereiche *Quercus robur* ‹Pendula›
Trauer-Hemlock *Tsuga canadensis* ‹Pendula›
Trauer-Rotbuche *Fagus silvatica* ‹Purpurea Pendula›
Trauerweide *Salix babylonica*, – x *chrysocoma* und – *sepulcralis*
Youngs Trauerbirke *Betula pendula* ‹Youngii›

Weit herabhängende Trauerform

Blumen-Hartriegel *Cornus florida* ‹Pendula›
Schnurbaum *Sophora japonica* ‹Pendula›
Trauer-Atlaszeder *Cedrus atlantica* ‹Pendula›
Traueresche *Fraxinus excelsior* ‹Pendula›
Youngs Trauerbirke *Betula pendula* ‹Youngii›

Mehrstämmige Bäume

Bergkiefer *Pinus mugo*
Bunges Kiefer *Pinus bungeana*
Chinesischer Wacholder *Juniperus chinensis* ‹Kaizuka›
Fächerahorn *Acer palmatum*
Haselnuß *Corylus avellana*
Japanischer Ahorn *Acer japonicum*
Kanadischer Hemlock *Tsuga canadensis*
Kaukasische Flügelnuß *Pterocarya fraxinifolia*
Rhododendron *Rhododendron* species
Sanddorn *Hippophae rhamnoides*
Scheinkamelie *Stewartia* species
Schmalblättrige Ölweide *Elaeagnus angustifolia*
Weinblattahorn *Acer circinatum*

Korkzieher-Form

Korkzieherbuche *Fagus sylvatica* ‹Tortuosa›
Korkzieherhasel *Corylus avellana* ‹Contorta›
Korkzieherweide *Salix matsudana* ‹Tortuosa› und *Salix* x *erythroflexuosa*

Blätter, Blüten, Früchte und Rinden

Breite Blätter

Amerikanische Linde *Tilia americana*
Breitblättrige Stechpalme *Ilex latifolia*
Cedrela *Cedrela sinensis*
Daimio-Eiche *Quercus dentata*
‹Delavay›-Magnolie *Magnolia delavayi*
Geweihbaum *Gymnocladus dioicus*
Götterbaum *Ailanthus altissima*
Großblättrige Magnolie *Magnolia macrophylla*
Großblättriger Oregonahorn *Acer macrophyllum*
Großfrüchtige Eiche *Quercus macrocarpa*
Herkuleskeule *Aralia spinosa*
Himalaya-Mehlbeere *Sorbus cuspidata* und *S.* ‹*Mitchellii*›
Japanische Aralie *Aralia elata*
Japanische Roßkastanie *Aesculus turbinata*
Kaiserpaulownie *Paulownia tomentosa*
Kaukasische Flügelnuß *Pterocarya fraxinifolia*
Montezuma-Kiefer *Pinus montezumae*
Orangenkirsche *Idesia polycarpa*
Palmen, alle Arten
Pappel *Populus lasiocarpa*
Patula-Kiefer *Pinus patula*
Rhododendron *Rhododendron calophytum*, *R. falconeri* und *R. sinogrande*
Schwarznuß *Juglans nigra*
Spottnuß *Carya tomentosa*
Sumpfkiefer *Pinus palustris*
Trompetenbaum *Catalpa bignonioides*

Schmale Blätter

Antarktische Südbuche *Nothofagus antarctica*
Chinesische Ulme *Ulmus parvifolia*
Neuseeländische Schwarzbuche *Nothofagus solandri*
Nothofagus cliffortioides
Orientalische Fichte *Picea orientalis*
Stechpalme *Ilex pernyi*
Vierflügeliger Schnurbaum *Sophora tetraptera*

Immergrüne Bäume (ohne Nadelbäume)

Akazie *Acacia* species
Berglorbeer *Umbellularia californica*
Chilenischer Feuerbusch *Embothrium* species
Chinesische Glanzmispel *Photinia serrulata*
Citrusbaum *Citrus* species
‹Delavay›-Magnolie *Magnolia* ‹Delavayi›
Eichen *Quercus acuta*, *Q. glauca*
Erdbeerbaum *Arbutus* species
Eukalyptus *Eucalyptus* species
Goldkastanie *Castanopsis chrysophylla*
Großblütige Magnolie *Magnolia grandiflora*
Heidekraut *Erica* species
Highclere-Stechpalme *Ilex* x *altaclerensis*
Immergrüner Hartriegel *Cornus capitata*
Johannisbrotbaum *Ceratonia siliqua*
Kamelie *Camellia* species
Korkeiche *Quercus suber*
Liguster *Ligustrum lucidum*
Lithocarpus species
Lorbeer *Laurus nobilis*
Olive *Olea europaea*
Palmen, alle Arten
Portugiesische Lorbeerkirsche *Prunus lusitanica*
Rhododendron *Rhododendron arboreum*, *R. barbatum*, *R. falconeri*, *R. maximum*
Seideneiche *Grevillea robusta*
Spitzblättrige Eiche *Quercus agrifolia*
Stechpalme *Ilex* species (mit Ausnahmen)
Steineiche *Quercus ilex*
Vierflügeliger Schnurbaum *Sophora tetraptera*
Virginische Eiche *Quercus virginiana*

Purpurrotes Laub

Amerikanische Roteiche *Quercus robur* ‹Atropurpurea›
Bergahorn *Acer pseudoplatanus* ‹Purpureum› und ‹Spaethii›
Blutbuche *Fagus sylvatica* ‹Riversii›
Bluthasel *Corylus maxima* ‹Purpurea›
Kirschpflaume *Prunus cerasifera* ‹Pissardii›
Cryptomerie *Cryptomeria japonica* ‹Elegans›
Fächerahorn *Acer palmatum* ‹Atropurpureum›
Perückenstrauch *Cotinus coggygria* ‹Royal Purple›
Spitzahorn *Acer platanoides* ‹Goldsworth Purple› und ‹Schwedleri›
Zierapfel *Malus* ‹Lemoinei›, *Malus* x *purpurea*

Silberglänzendes und silbergraues Laub

Arizona-Säulenzypresse *Cupressus glabra* ‹Pyramidalis›
Blaufichte *Picea pungens glauca*
Colorado-Tanne *Abies concolor* ‹Candicans›
Hänge-Silberweide *Tilia petiolaris*
Mehlbeerbaum *Sorbus aria*, *S. lanata*, *S.* ‹Mitchellii›, *S. thibetica*
Olive *Olea europaea*
Sanddorn *Hippophae rhamnoides*
Schmalblättrige Ölweide *Eleagnus angustifolia*
Silberahorn *Acer saccharinum*
Silberpappel *Populus alba*
Silberweide *Salix alba* ‹Sericea›
Stechpalme *Ilex aquifolium* ‹Argenteomarginata Pendula›, ‹Silver Queen› und ‹Silver Sentinel›
Weidenblättrige Birne *Pyrus salicifolia*

Grüne und gelbe Blätter

Amerikanischer Amberbaum *Liquidambar styraciflua* ‹Aurea›
Edelkastanie *Castanea sativa* ‹Aureomarginata›
Eibe *Taxus baccata* ‹Standishii›
Eschen-Ahorn *Acer negundo* ‹Elegans›
Goldeibe *Taxus baccata* ‹Aurea›
Highclere-Stechpalme *Ilex* x *altaclerensis* ‹Golden King› und ‹Lawsoniana›
Japanische Aralie *Aralia elata* ‹Aureovariegata›
Lawsons Scheinzypresse *Chamaecyparis lawsoniana* ‹Lanei›, ‹Lutea›
Morgenländischer Lebensbaum *Thuja orientalis* ‹Elegantissima›
Orientalische Fichte *Picea orientalis* ‹Aurea›
Riesenlebensbaum *Thuja plicata* ‹Zebrina›
Stechpalme *Ilex aquifolium* ‹Golden Milkboy› und ‹Golden Queen›
Stieleiche *Quercus robur* ‹Variegata›
Tulpenbaum *Liriodendron tulipifera* ‹Aureomarginatum›

Goldgelbes Laub

Abendländischer Lebensbaum *Thuja occidentalis* ‹Rheingold›
Atlaszeder *Cedrus atlantica* ‹Aurea›
Bergahorn *Acer pseudoplatanus* ‹Brilliantissimum› und ‹Worleei›
Buche *Fagus sylvatica* ‹Zlatia›
Chinesischer Wacholder *Juniperus chinensis* ‹Aurea›
Englische Ulme *Ulmus procera* ‹Louis van Houtte›
Europäische Esche *Fraxinus excelsior* ‹Jaspidea›
Gleditschie *Gleditsia triacanthos* ‹Sunburst›
‹Golderle› *Alnus glutinosa* ‹Aurea›
‹Goldlorbeer› *Laurus nobilis* ‹Aurea›
‹Goldpappel *Populus* ‹Serotina Aurea›
Goldregen *Laburnum anagyroides* ‹Aureum›
Hinoki-Scheinzypresse *Chamaecyparis obtusa* ‹Crippsii›
Japanischer Ahorn *Acer japonicum* ‹Aureum›
Kiefer *Pinus silvestris* ‹Aurea›
Lawsons Scheinzypresse *Chamaecyparis lawsoniana* ‹Winston Churchill›
Robinie *Robinia pseudoacacia* ‹Frisia›
Silberpappel *Populus alba* ‹Richardii›
Stieleiche *Quercus robur* ‹Concordia›
Trompetenbaum *Catalpa bignonioides* ‹Aurea›

Blaugrüne Blätter

Atlaszeder *Cedrus atlantica glauca*
Eucalyptus *Eucalyptus* species

Ungewöhnliche, attraktive Blätter

Amerikanischer Amberbaum *Liquidambar styraciflua*
Gebirgshemlocktanne *Tsuga mertensiana* ‹Glauca›
Ginkgo *Ginkgo biloba*
Goldkastanie *Castanopsis chrysophylla*
Himalaja-Tränenkiefer *Pinus wallichiana*
Lawsons Scheinzypresse *Chamaecyparis lawsoniana* ‹Columnaris›, ‹Pembury Blue›, ‹Triomf van Boskoop›, ‹Wissellii› u. a.
Weymouthskiefer *Pinus strobus*
Hagebuche *Carpinus betulus* ‹Incisa›
Hängebirke *Betula pendula* ‹Dalecarlica›
Japanischer Ahorn *Acer japonicum* ‹Aconitifolium› und ‹Vitifolium›, *Acer palmatum* ‹Dissectum› und ‹Linearilobum›
Kakibaum *Diospyros kaki*
Kamelie *Camellia* species
Katsura-Baum *Cercidiphyllum japonicum*
Kirschlorbeer *Prunus laurocerasus* ‹Camellifolia›
Maulbeerbaum *Morus species*
Morgenländische Platane *Platanus orientalis*
Papiermaulbeerbaum *Broussonetia papyrifera*
Rotbuche, verschiedenblättrige *Fagus sylvatica heterophylla*
Roterle *Alnus glutinosa* ‹Imperialis›
Sassafras *Sassafras albidum*
Scharlacheiche *Quercus coccinea*
Stechpalme *Ilex* species
Tulpenbaum *Liriodendron tulipifera*
Ungarische Eiche *Quercus frainetto*

Geteilte, eingeschnittene Blätter

Hagebuche *Carpinus betulus* ‹Incisa›
Hängebirke *Betula pendula* ‹Dalecarlica›
Japanischer Ahorn *Acer japonicum* ‹Aconitifolium›, *A. palmatum* ‹Dissectum›
Rotbuche, verschiedenblättrige *Fagus sylvatica heterophylla*
Roterle *Alnus glutinosa* ‹Imperialis›
Spitzahorn *Acer platanoides* ‹Dissectum›, ‹Laciniatum›, ‹Lorbergii›
Vogelbeere *Sorbus aucuparia* ‹Aspleniifolia›
Walnußbaum, geschlitztblättriger *Juglans regia* ‹Laciniata›

Frühtreibende Blätter

Birke *Betula platyphylla*
Chin. Rotholz oder Metasequoie *Metasequoia glyptostroboides*
Roßkastanie *Aesculus hippocastanum*
Südbuche *Nothofagus obliqua*
Südbuche *Nothofagus procera*
Vogelkirsche *Prunus padus commutata*
Zierapfel, vielblütiger *Malus floribunda*
Zweigriffeliger Weißdorn *Crataegus oxyacantha*

Spät fallende Blätter

Chinesische Ulme *Ulmus parvifolia*
Englische Ulme *Ulmus procera*
Kanarische Eiche *Quercus canariensis*
Lorbeerblättrige Eiche *Quercus laurifolia*
Locombe-Eiche *Quercus* x *hispanica* ‹Lucombeana›
Wassereiche *Quercus nigra*
Weißdorn *Crataegus* x *lavellei*
Weiß-Eiche *Quercus alba*

Charakteristische Herbstfärbung der Blätter

Ährenpavie *Aesculus parviflora*
Amerikanischer Amberbaum *Liquidambar styraciflua*
Autarktische Südbuche *Nothofagus antarctica*
Aspe *Populus tremula*
Birke *Betula* (die meisten Arten)
Blumen-Hartriegel *Cornus florida*
Buche *Fagus* (die meisten Arten)
Chinesischer Hartriegel *Cornus controversa*
Chinesisches Rotholz, Metasequoia *Metasequoia glyptostroboides*
Chinesische Zaubernuß *Hamamelis mollis*
Doppelblüte *Disanthus cercidifolius*
Dreizack-Ahorn *Acer buergeranum*
Eberesche *Sorbus alnifolia*, *S. americana*, *S. aucuparia*, *S. commixta*, *S.* ‹Embley›, *S. sargentiana*
Englische Ulme *Ulmus procera*
Essigbaum *Rhus typhina*
Felsenmispel *Amelanchier* species
Franklinia *Franklinia* species
Gelbholz *Cladrastis* species
Gemeiner Schneeball *Viburnum opulus*

Geweihbaum *Gymnocladus dioicus*
Ginkgo *Ginkgo biloba*
Glatte Roßkastanie *Aesculus glabra*
Goldlärche *Pseudolarix amabilis*
Hickory-Nuß *Carya* species
Japanischer Fächerahorn *Acer palmatum* ‹Ozakazuki›
Japanischer Hartriegel *Cornus kousa*
Japanische Zelkova *Zelkova serrata*
Japanischer Zierapfel *Malus tschonoskii*
Japanische Zierkirsche *Prunus sargentii*
Kakibaum *Diospyros kaki*
Katsura-Baum, Judasbaumblatt *Cercidiphyllum japonicum*
Kaukasische Flügelnuß *Pterocarya fraxinifolia*
Lärche *Larix* species
Mandschurischer Korkbaum *Phellodendron amurense*
Nikko-Ahorn *Acer nikoense*
Nordamerikanische Zitterpappel *Populus tremuloides*
Parrotie *Parrotia persica*
Pazifischer Hartriegel *Cornus nuttallii*
Perückenstrauch *Cotinus* species
Rotahorn *Acer rubrum*
Roteiche *Quercus rubra*
Sassafras *Sassafras albidum*
Sauerbaum *Oxydendrum arboreum*
Scharlach-Eiche *Quercus coccinea*
Spitzahorn *Acer platanoides*
Sumpfeiche *Quercus palustris*
Sumpfzypresse *Taxodium ascendens*
Sumpfzypresse *Taxodium distichum*
Stewartia *Stewartia koreana, S. pseudocamellia*
Tulpenbaum *Liriodendron tulipifera*
Tupelobaum *Nyssa sylvatica*
Weiden-Eiche *Quercus phellos*
Weiß-Eiche *Quercus alba*
Weiß-Pappel *Populus alba*
Westamerikanische Balsampappel, *Populus trichocarpa*
Zaubernuß *Hamamelis virginiana*
Zucker-Ahorn *Acer saccharum*

Frühzeitige Blüten
Aspe *Populus tremula*
Birke *Betula* species
Erle *Alnus* species
Haselstrauch *Corylus* species
Kamelie *Camellia* species
Kirschpflaume *Prunus cerasifera*
Magnolie *Magnolia campbellii*
Mandelbaum *Prunus dulcis*
Salweide *Salix caprea*
Schneeballblättriger Ahorn *Acer opalus*
Silberakazie *Acacia dealbata*
Spitzahorn *Acer platanoides*
Ulme *Ulmus species*
Zaubernuß *Hamamelis* species

Dekorative Blüten
Albizzie *Albizia julibrissin, A. j.* ‹Rosea›
Blasenesche *Koelreuteria paniculata*
Chilenischer Feuerbusch *Embothrium lanceolatum*
Chinesische Zaubernuß *Hamamelis mollis*
Cootamundra-Akazie *Acacia baileyana*
Cytisus battandieri
Flügelnuß *Pterocarya* species
Gelbholz *Cladrastis lutea*
Goldregen *Laburnum* species
Hartriegel *Cornus* species
Japanische Zaubernuß *Hamamelis japonica* ‹Arborea›
Indische Roßkastanie *Aesculus indica*
Judasbaum *Cercis siliquastrum*
Kamelie *Camellia* species
Kanadischer Judasbaum *Cercis canadensis*
Kiefer *Pinus* (viele Arten)
Kirsche *Prunus* (die meisten Arten)
Kirschpflaume *Prunus cerasifera*
Koelreuterie *Koelreuteria paniculata*
Lawson's Scheinzypresse *Chamaecyparis lawsoniana*
Likiang-Fichte *Picea likiangensis*
Magnolie *Magnolia* species
Maiglöckchenbaum *Halesia monticola*
Reifweide *Salix daphnoides*
Roßkastanie *Aesculus hippocastanum, A. h.* ‹Baumannii›
Rotblühende Roßkastanie *Aesculus pavia*
Rotblühende Roßkastanie *Aesculus x carnea*
Salweide *Salix caprea*
Schneeglöckchenbaum *Halesia carolina*
Silberakazie *Acacia dealbata, A. decurrens*
Stewartie *Stewartia koreana, S. pseudocamellia*
Sydney-Akazie *Acacia longifolia*
Taubenbaum *Davidia involucrata, D. i. vilmoriniana*
Virginische Zaubernuß *Hamamelis virginiana*
Weide *Salix gracilistyla*
Weißdorn *Crataegus* species
Zierapfel *Malus* (die meisten Arten)

Dekorative Früchte
Blauholunder *Sambucus caerulea*
Campbell-Magnolie *Magnolia campbelli mollicomata*
Eberesche *Sorbus* species
Eibe *Taxus* species
Erdbeerbaum *Arbutus unedo*
Fichte *Picea* species (Herbst/Winter)
Glanzlose Stechpalme *Ilex opaca, I. o.* ‹Xanthocarpa›
Götterbaum Ailanthus altissima
Hartriegel *Cornus* (viele Arten)
Highclere-Stechpalme *Ilex* x *altaclerensis* «Camelliifolia», «Golden King»
Japanische Hagebuche *Carpinus japonica*
Japanische Stechpalme *Ilex latifolia*
Judasbaum *Cercis siliquastrum*
Kakipflaume *Diospyros kaki*
Kaukasische Flügelnuß *Pterocarya fraxinifolia*
Mispel *Mespilus germanica*
Neapolitanische Erle, *Alnus cordata*
Osagedorn *Maclura pomifera*
Persimone *Diospyros virginiana*
Persischer Flieder *Melia azedarach*
Prunus virginiana
Purpurmagnolie *Magnolia obovata*
Quitte *Cydonia oblonga*
Sanddorn *Hippophae rhamnoides*
Schwarzdorn, Schlehdorn *Prunus spinosa*
Schwarzer Holunder *Sambucus nigra*
Schwarzer Maulbeerbaum *Morus nigra*
Stechpalme *Ilex aquifolium* ‹Bacciflava›, *I. a.* ‹J. C. van Tol›
Stechpalme *Ilex pernyi*
Tanne *Abies species* (Spätsommer)
Weißdorn *Crataegus* (fast alle Arten)
Zeder *Cedrus* species
Zierapfel *Malus* (viele Arten)
Zwergmispel *Cotoneaster* x *watereri*

Dekorative Rinde
Acer capillipes
Acer davidii
Acer hersii
Ahorn *Acer griseum*
Ahorn *Acer grosseri*
Ahornblättrige Platane *Platanus* x *hybrida*
Birke *Betula* (die meisten Arten)
Bunges Kiefer *Pinus bungeana*
Eberesche *Sorbus alnifolia*
Erdbeerbaum *Arbutus* species
Eukalyptus *Eucalyptus* (die meisten Arten)
Gemeine Kiefer *Pinus silvestris*
Hickory-Nuß *Carya ovata*
Japanischer Fächer-Ahorn *Acer palmatum* ‹Senkaki›
Kaukasische Zelkove *Zelkova carpinifolia*
Korkeiche *Quercus suber*
Küstensequoie *Sequoia sempervirens*
Mandschurischer Korkbaum *Phellodendron amurense*
Parrotie *Parrotia persica*
Reif-Weide *Salix daphnoides*
Rhododendron *Rhododendron barbatum*
Rotbuche *Fagus silvatica*
Silber-Weide *Salix alba*
Streifenahorn *Acer pensylvanicum*
Traubenkirsche *Prunus maackii*
Walnuß *Juglans regia*
Zierkirsche *Prunus serrula*

Bevorzugte Böden
Lehmboden
Ahorn *Acer* species
Birke *Betula* species
Eberesche *Sorbus* species
Erle *Alnus* species
Esche *Fraxinus* species
Eukalyptus *Eucalyptus* species
Goldregen *Laburnum* species
Hainbuche *Carpinus* species
Hartriegel *Cornus species*
Hasel *Corylus* species
Kirschen *Prunus* species
Lärche *Larix* species
Lebensbaum *Thuja* species
Linde *Tilia* species
Pappel *Populus* species
Perückenstrauch *Cotinus* species
Rose *Rosa* species
Roßkastanie *Aesculus* species
Sumpfzypresse *Taxodium distichum*
Tanne *Abies* species
Weide *Salix* species
Weißdorn *Crataegus* species
Zaubernuß *Hamamelis* species
Zierapfel *Malus* species
Zwergmispel *Cotoneaster* species

Saure Böden
Birke *Betula* species
Doppelblüte *Disanthus cercidifolius*
Eibe *Taxus* species
Feuerbusch, chilenischer rium species
Franklinia *Franklinia* species
Graupappel *Populus* x *canescens*
Heide *Ercia* species
Kiefer *Pinus* species
Rhododendron *Rhododendron* species
Sauerbaum *Oxydendrum arboreum*
Silberpappel *Populus alba*
Stechpalme *Ilex* species
Stieleiche *Quercus robur*
Wacholder *Juniperus* species
Zitterpappel, Aspe *Populus tremula*
Zwergmispel *Cotoneaster* species

Alkalische Böden
Abendländischer Lebensbaum *Thuja occidentalis*
Birke *Betula* species
Buche *Fagus* species
Eberesche *Sorbus* species
Eibe *Taxus baccata*
Esche *Fraxinus* species
Feldahorn *Acer campestre*
Hainbuche *Carpinus* species
Hartriegel *Cornus* species
Hiba-Lebensbaum *Thujopsis dolabrata*
Highclere-Stechpalme *Ilex* x *altaclerensis*
Lorbeer *Laurus nobilis*
Riesenlebensbaum *Thuja plicata*
Roßkastanie *Aesculus* species
Schwarz-Kiefer *Pinus nigra*
Stechpalme *Ilex aquifolium*
Steinlinde *Phillyrea* species
Wacholder *Juniperus* species
Weißdorn *Crataegus* species
Zierapfel *Malus* species
Zwergmispel *Cotoneaster* species

Kalkfreie Böden
Amerikanischer Amberbaum *Liquidambar styraciflua*
Campbell-Magnolie *Magnolia campbellii, M. c. mollicomata*
Chilenischer Feuerbusch Embothrium species
Gordonia *Gordonia* species
Großblättrige *Magnolia macrophylla*
Kamelie *Camellia* species
Lilienblütige Magnolie *Magnolia liliiflora, M. l.* ‹Nigra›
Maiglöckchenbaum *Halesia* species
Purpurmagnolie *Magnolia obovata*
Rhododendron *Rhododendron species*
Roteiche *Quercus rubra*
Sauerbaum *Oxydendrum arboreum*
Scharlacheiche *Quercus coccinea*
Scheineller *Clethra* species
Scheinkamelie *Stewartia* species
Shumardeiche *Quercus shumardi*
Stewartia *Stewartia* species
Storaxbaum *Styrax* species
Südbuche *Nothofagus* species
Sumpfeiche *Quercus palustris*
Tupelobaum *Nyssa silvatica*
Veitch-Magnolie *Magnolia* x *veitchii*
Weideneiche *Quercus phellos*
Weidenblättrige Magnolie *Magnolia salicifolia*
Yulan-Magnolie *Magnolia denudata*

Trockene Böden (sauer oder alkalisch)
Edelkastanie *Castanea* species
Eibe *Taxus* species
Graupappel *Populus* x *canescens*
Robinie *Robinia* species
Silberpappel *Populus alba*
Wacholder *Juniperus* species
Zeder *Cedrus* species
Zitterpappel, Aspe *Populus tremula*
Zwergulme *Ulmus pumila*
Zypresse *Cupressus* species

Nasse Böden
Abendländischer Lebensbaum *Thuja occidentalis*
Amerikanischer Amberbaum *Liquidambar styraciflua*
Chinesisches Rotholz, Metasequoie *Metasequoia glyptostroboides*
Erle *Alnus* species
Gemeine Birne *Pirus communis*
Gemeine Eberesche *Sorbus aucuparia*
Hängebirke *Betula pendula*
Holunder *Sambucus* species
Kaukasische Flügelnuß *Pterocarya fraxinifolia*
Magnolie *Magnolia virginiana*
Mispel *Mespilus germanica*
Ostamerikanische Lärche *Larix laricina*
Pappel *Populus* species
Roter Ahorn, *Acer rubrum*
Schwarzbirke *Betula nigra*
Sitkafichte *Picea sitchensis*
Sumpfeiche *Quercus palustris*
Sumpfzypresse *Taxodium ascendens*
Sumpfzypresse *Taxodium distichum*
Tupelobaum *Nyssa silvatica*
Weide *Salix* species
Weiß-Birke *Betula pubescens*
Weißdorn *Crataegus oxyacantha*
Weiße Sumpfeiche *Quercus bicolor*

Bevorzugte oder mögliche Standorte
Küste, maritime Zone
Aleppokiefer *Pinus halepensis*
Bischofskiefer *Pinus muricata*
Drehkiefer *Pinus contorta*
Eberesche *Sorbus aucuparia*
Erdbeerbaum *Arbutus unedo*
Esche *Fraxinus excelsior*
Eukalyptus *Eucalyptus* species
Graupappel *Populus* x *canescens*
Grossfrüchtige Zypresse *Cupressus macrocarpa*
Klebsame *Pittosporum* species
Lorbeer *Laurus nobilis*
Mehlbeere *Sorbus aria*
Montereykiefer *Pinus radiata*
Sanddorn *Hippophae rhamnoides*
Silberpappel *Populus alba*
Sitkafichte *Picea sitchensis*
Steineiche *Quercus ilex*
Stieleiche *Quercus robur*
Strandkiefer *Pinus pinaster*
Thunbergs Kiefer *Pinus thunbergii*
Traubeneiche *Quercus petraea*
Wacholder *Juniperus (viele Arten)*
Weide *Salix* (die meisten Arten)
Weißdorn *Crataegus* (viele Arten)
Zitterpappel, Aspe *Populus tremula*
Zwergpalme *Chamaerops humilis*

Ertragen Immissionen von Gewerbe und Industrie
Alleghany-Felsenbirne *Amelanchier laevis*
Amerikanische Ulme *Ulmus americana*
Berg-Ahorn *Acer pseudoplatanus*
Birke *Betula platyphylla*
Cedrela *Cedrela sinensis*
Colorado-Tanne *Abies concolor*
Englische Ulme *Ulmus procera*
Erdbeerbaum *Arbutus unedo*
Esche *Fraxinus* (die meisten Arten)
Eschenahorn *Acer negundo*
Feld-Ahorn *Acer campestre*
Felsenbirne *Amelanchier canadensis, A. lamarckii, A. ovalis*
Ginkgo *Ginkgo biloba*
Gleditschie *Gleditsia triacanthos*
Goldregen *Laburnum* species
Götterbaum *Ailanthus altissima*
Grossblütige Magnolie *Magnolia grandiflora*
Gurken-Magnolie *Magnolia acuminata*
Haarbirke *Betula pubescens*
Hainbuche *Carpinus betulus*
Hängebirke *Betula pendula*
Highclere-Stechpalme *Ilex* x *altaclerensis*
Japanischer Schnurbaum *Sophora japonica*
Jersey-Ulme *Ulmus* x *sarniensis*
Kamelie *Camellia japonica*
Kaukasische Flügelnuß *Pterocarya fraxinifolia*
Kirschpflaume *Prunus cerasifera*
Kobusmagnolie *Magnolia kobus, M.* x *soulangiana*
Linde *Tilia* x *euchlora*
Linde *Tilia* x *europaea*
Lucombe-Eiche *Quercus* x *hispanica* ‹Lucombeana›
Mandelbaum *Prunus dulcis*
Mispel *Mespilus germanica*
Papier-Birke *Betula papyrifera*
Pappel *Populus* (die meisten Arten)
Persischer Flieder *Melia azedarach*
Robinie *Robinia pseudoacacia*
Roßkastanie *Aesculus* species
Scheineller *Clethra arborea*
Schirmbergblume *Ulmus glabra*
Schwarzer Maulbeerbaum *Morus nigra*
Sommerlinde *Tilia platyphyllos* ‹Rubra›
Spitz-Ahorn *Acer platanoides*
Stechfichte *Picea pungens*
Stechpalme *Ilex aquifolium*
Steineiche *Quercus ilex*
Traubenkirsche *Prunus padus*
Trompetenbaum *Catalpa species*
Tulpenbaum *Liriodendron tulipifera*
Vogelkirsche *Prunus avium*
Weißdorn *Crataegus* species
Yulan-Magnolie *Magnolia denudata*
Zierapfel *Malus* species
Zierkirsche *Prunus* species
Zürgelbaum *Celtis* species
Zwergmispel *Cotoneaster* x *watereri*

Für kleine Gärten geeignet
Blasenbaum *Koelreuteria paniculata*
Bunges Kiefer *Pinus bungeana*
Dawyck-Rotbuche *Fagus silvatica* ‹Dawyck›
Eberesche *Sorbus* (die meisten Arten)
Felsenbirne *Amelanchier* species
Franklinia *Franklinia alatamaha*
Ginster *Genista* species
Glanzmispel *Photinia* species
Goldregen *Laburnum* species
Grauahorn *Acer griseum*
Hartriegel *Cornus* species
Haselnuß *Corylus* species
Heide *Erica* species
Japanischer Fächerahorn *Acer japonicum, A. palmatum*
Japanischer Storaxbaum *Styrax japonica*
Judasbaum *Cercis canadensis*
Judasbaum *Cercis siliquastrum*
Kanadische Hemlocktanne *Tsuga canadensis*
Katsurabaum *Cercidiphyllum japonicum*
Magnolie *Magnolia salicifolia*
Mannaesche *Fraxinum ornus*
Mispel *Mespilus germanica*
Obassia-Storaxbaum *Styrax obassia*
Ölweide *Elaeagnus angustifolia*
Quitte *Cydonia oblonga*
Rhododendron *Rhododendron* species
Sanddorn *Hippophae rhamnoides*
Sauerbaum *Oxydendrum arboreum*
Scheinkamelie *Stewartia* species
Schneeglöckchenbaum *Halesia carolina*
Seideneiche *Grevillea* species
Stechpalme *Ilex* species
Weide *Salix* (manche Arten)
Weidenblättrige Birne *Pirus salicifolia* ‹Pendula›
Weißdorn *Crataegus* (die meisten Arten)
Zaubernuß *Hamamelis* species
Zierapfel *Malus* species
Zierkirschen *Prunus* (die meisten Arten)
Zwerg-Koniferen
Zwergmispel *Cotoneaster* x *watereri*

Große Alleebäume
Abendländische Platane *Platanus occidentalis*
Ahornblättrige Platane *Platanus* x *hybrida*
Ginkgo *Ginkgo biloba*
Gleditschie *Gleditsia triacanthos*
Grünesche *Fraxinus pensylvanica lanceolata*
Kalopanax pictus
Kiefer *Pinus* (viele Arten)
Robinie *Robinia pseudoacacia*
Rotahorn *Acer rubrum*
Roteiche *Quercus rubra*
Samtesche *Fraxinus velutina*
Scharlacheiche *Quercus coccinea*
Spitzahorn *Acer platanoides*
Sumpfeiche *Quercus palustris*
Weideneiche *Quercus phellos*

Alleebäume für enge Straßen
Acer capillipes
Blumenesche *Fraxinus ornus*
Blumenhartriegel *Cornus florida*
Evodia *Evodia daniellii*
Feldahorn *Acer campestre*
Grauahorn *Acer griseum*
Hainbuche *Carpinus betulus* ‹Columnaris›
Japanische Hainbuche *Carpinus japonica*
Japanischer Hartriegel *Cornus kousa*
Libanoneiche *Quercus libani*
Montpellier-Ahorn *Acer monspessulanum*
Persischer Flieder *Melia azedarach*
Surenbaum *Cedrela sinensis*
Tartaren-Ahorn *Acer tataricum*
Weißdorn *Crataegus* (die meisten Arten)
Zierkirsche *Prunus* (die meisten Arten)

Windiger Ort (abschirmend)
Bruchweide *Salix fragilis*
Eukalyptus *Eucalyptus* species
Großfrüchtige Zypresse *Cupressus macrocarpa*
Hemlocktanne *Tsuga heterophylla*
Leyland-Zypresse x *Cupressocyparis leylandii*
Monterey-Kiefer *Pinus radiata*
Pyramidenpappel *Populus nigra* ‹Italica›
‹Robusta›-Pappel *Populus* ‹Robusta›
Weide *Salix* x *caerulea*
Westamerikanische Balsampappel *Populus trichocarpa*

Ertragen dunkle, schattige Standorte
Bergahorn *Acer pseudoplatanus*
Buche *Fagus* (manche Arten)
Eibe *Taxus baccata*
Hemlocktanne *Tsuga heterophylla*
Kamelie *Camellia japonica*
Kirschlorbeer *Prunus laurocerasus*
Kopfeibe *Cephalotaxus* species
Küstensequoie *Sequoia sempervirens*
Portugiesischer Kirschlorbeer *Prunus lusitanica*
Riesenlebensbaum *Thuja plicata*
Schwarzer Holunder *Sambucus nigra*
Stechpalme *Ilex* (manche Arten)
Steineiche *Quercus ilex*
Wacholder *Juniperus* (manche Arten)

Pflanzung in Topf möglich
Buchsbaum *Buxus sempervirens*
Chamaecyparis thyoides ‹Andelyensis›
Chinesischer Lebensbaum *Thuja orientalis* ‹Elegantissima›
Eibe *Taxus baccata* ‹Standishii›
Kamelie *Camellia* species
Lawsons Zypresse *Chamaecyparis lawsoniana* ‹Ellwoodii›
Lorbeer *Laurus nobilis*
Stechpalme *Ilex* (manche Arten)
Zitrone *Citrus* (die meisten Arten)

Ertragen das Umpflanzen als Jungbaum schlecht
Amerikanischer Amberbaum *Liquidambar styraciflua*
Birke *Betula* species
Erdbeerbaum *Arbutus* species
Fichte *Picea* species
Geweihbaum *Gymnocladus dioicus*
Großfrüchtige Zypresse *Cupressus macrocarpa*
Hickorynuß *Carya* species
Kalopanax pictus
Kiefer *Pinus* species (ausgenommen fünfnadlige Kiefern)
Magnolie *Magnolia* species
Stechpalme *Ilex* species
Scharlacheiche *Quercus coccinea*
Tanne *Abies* species
Tulpenbaum *Liriodendron tulipifera*
Tupelobaum *Nyssa silvatica*
Walnuß *Juglans* species
Weißeiche *Quercus alba*
Zeder *Cedrus* species

Widerstandsfähig gegen Krankheiten und Schädlingsbefall
Amerikanischer Amberbaum *Liquidambar styraciflua*
Araukarie *Araucaria* species
Blasenbaum *Koelreuteria paniculata*
Chinesisches Rotholz, Metasequoie *Metasequoia glyptostroboides*
Eibe *Taxus* species
Erle *Alnus* species
Eukalyptus *Eucalyptus* species
Geweihbaum *Gymnocladus dioicus*
Ginkgo *Ginkgo biloba*
Gleditschie *Gleditsia triacanthos*
Goldregen *Laburnum* species
Götterbaum *Ailanthus altissima*
Hainbuche *Carpinus* species
Highclere-Stechpalme *Ilex* x *altaclerensis*
Japanischer Schnurbaum *Sophora japonica*
Kalopanax pictus
Katsurabaum *Cercidiphyllum* species
Liguster *Ligustrum lucidum*
Magnolie *Magnolia* species
Mammutbaum *Sequoia sempervirens*
Mandschurischer Korkbaum *Phellodendron amurense*
Parrotie *Parrotia persica*
Scheinzypresse *Chamaecyparis* (die meisten Arten)
‹Schirmtanne› *Sciadopitys verticillata*
Schmalblättrige Ölweide *Elaeagnus angustifolia*
Silberpappel *Populus alba*
Stechpalme *Ilex aquifolium*
Steineibe *Podocarpus* species
Storaxbaum *Styrax* species
Sumpfzypresse *Taxodium* species
Taubenbaum *Davidia* species
Wacholder *Juniperus* species
Weihrauchzeder *Calocedrus decurrens*

Die Bedeutung der botanischen Namen

In mittelalterlichen botanischen Werken sind die Pflanzen mit Hilfe beschreibender Sätze in Latein dargestellt. Linné (1707–1778) ging noch genauso vor, teilte jedoch jeder Pflanze (oder jedem Tier) einen Kurznamen in zwei lateinischen Wörtern zu: zuerst die Familie, dann die Art. Seine Bücher waren so gründlich und unüberbietbar, daß dieses vortreffliche Zwei-Namen-System sich nach und nach überall durchsetzte. Heute ist es weltweit in Gebrauch bei all denen, die sich beruflich mit lebenden Organismen beschäftigen.
Jede bekannte Pflanze hat einen lateinischen Namen, der sie in jedem Land ausweist. Die Vorteile dieses Systems sind offensichtlich. Manche freilich klammern sich trotzdem immer noch an die ortsüblichen Namen der wenigen Pflanzen, die sie kennen. Und aus diesem Grund haben nur wenige Pflanzen ortsübliche Namen, an die man sich halten kann. Und das Schlimme an den alten Namen ist, daß sie verschiedene Dinge für verschiedene Leute an verschiedenen Orten bedeuten. Früher oder später ist man dann doch gezwungen, letztlich um sie zu verstehen, sich mit den lateinischen botanischen Namen zu beschäftigen.

A

Abies: Alter lateinischer Name für Tanne; von ***abire*** = aufstreben, was auf den hohen Wuchs mancher Arten hindeutet.
Abramsiana: Zu Ehren von LeRoy Abrams 1874–1956, Professor für Botanik an der Universität Stamford USA.
Acacia: Griechischer Name für eine afrikanische Art von ***Acacia;*** von ***akis*** = scharfe Spitze.
Acer: Lateinischer Name für Ahorn. Bedeutet auch scharf; aus Ahorn stellte man Speere her.
«Aconitifolium»: Sturmhutblättrig ***(akonitum*** von ***Akonai,*** Felsgebiet in Kleinasien).
acuminata: Lang zugespitzt.
acuta: Spitz, scharf.
acutifolia: Spitzblättrig.
acutissima: Sehr spitz.
adamii: Zu Ehren von M. Adam, Leiter einer Baumschule bei Paris.
«Adpressa»: Angedrückt.
Aesculus: Lateinischer Name für Wintereiche, die roßkastanienblättrige.
aetnensis: Vom Aetna (Vulkan in Sizilien) stammend.
agrifolia: Blätter mit rauher Oberfläche.
Ailanthus: Von ***ailtos,*** Baum des Himmels, Götterbaum, Molukken.
alatamaha: Indianischer Name für Fluß.
alba: Weiß.
albertiana: Beheimatet in Alberta, Kanada.
albicaulis: Weißstengelig.
albidum: Weißlich, mattweiß.
Albizia: Zu Ehren von F. del Albizzi, einem florentinischen Edelmann, der 1749 mit der Kultur des Seidenbaums in Europa begann.
«Albolimbatum»: Weißgesäumt.
albosinensis: Chinaweiß.
Aleurites: Von griech. ***aleuron,*** mehlig, mit Mehl bestreut.
alexandrae: Zu Ehren der englischen Königin Alexandra 1844–1925, Gemahlin von Eduard VII.
alnifolia: Blätter der Erle ähnlich.
Alnus: Lateinischer Name der Erle.
alpinum: In alpinen Regionen beheimatet.
altaclerensis: Von High Clerc (Großbritannien), wo die so benannte Rhododendron-Hybride gezüchtet wurde.
altissima: Sehr hoch.
amabilis: Lieblich.
ambigua: Unsicher oder unbeständig.
Amelanchier: Vom provenzalischen Namen ***amelancier*** für ***A. ovalis,*** Felsenmispel.
americanus: Aus Amerika stammend.
amurensis, -e: Aus dem Gebiet des Amur (Fluß in der Mandschurei) stammend.
amygdalo-persica: Eine Kreuzung von ***Prunus amygdalus*** (dulcis), der Mandel, und ***Prunus persica,*** dem Pfirsichbaum.
amygdaloides: Dem Mandelbaum ähnlich.
amygdalus: Griechischer Name für Mandel (vermutlich nach der phönizischen Göttin Amygdale).
anagyroides: Ähnlich dem Anagyris.
«Andelyensis»: Von ***Andelys,*** Ort bei Paris.
andinus: In den Anden (Südamerika) beheimatet.
andrachne: Alter griech. Name, Wolfsmilchgewächse.
andrachnoides: Ähnlich dem ***Arbutus andrachne,*** Erdbeerbaum.
angustifolia: Schmalblättrig.
«Annularis»: Ringförmig.
antarctica: Vom Südpol-Gebiet stammend. Allgemein gebräuchlich für Pflanzen, die jenseits des südlichen 45. Breitengrades beheimatet sind.
apiculata: Blätter fein zugespitzt oder mit kleiner Spitze versehen.
aquatica: Im oder in der Nähe des Wassers wachsend.
aquifolium: Vom lateinischen Namen der Stechpalme. Blätter mit Nadeln.
Aralia: Latinisiert aus dem kanadisch-französischen Namen ***Aralie.***
araucana: Aus der Provinz ***Arauco, Concepcion*** (mittleres Chile) stammend. Dort wurden die Pflanzen dieser Art zuerst entdeckt.
Araucaria: → araucana.
arborea, -escens, -um: Baumartig, wie ein Baum aussehend.
Arbutus: Name für Erdbeerbaum.
Archontophoenix: Dattelpalme. Vom griechischen ***Archont*** = Herrscher und ***Phoenix*** = sagenhafter Vogel. Der Name wird dem prächtigen Aussehen dieser Palme gerecht.
Arecastrum: Die Endung ***-astrum*** heißt ähnlich. Der Baum ist ähnlich dem ***Areca*** = Betelnuß-Baum.
argentea, -um: Silberglänzend, silberweiß.
«Argenteomarginata»: Mit silberglänzenden Rändern.
aria: Altrömischer Name für Weide.
aristata: Vom lat. ***arista*** = Granne. Mit Grannen versehen.
arizonica: Aus dem Staate Arizona, USA.
armandii: Nach dem französischen Missionar und Naturforscher Abt Armand David benannt, der in China wirkte.
armeniaca: Aus Armenien (Sowjetrepublik am Schwarzen Meer) stammend.
articulata: Gegliedert oder mit Gelenk versehen.
ascendens: Lat. aufsteigend.
Asimina: Vom indianischen ***assimin.***
asperata: Lat. scharf, rauh.
«Aspleniifolia»: Milzfarnblättrig, fein gefiederte Blätter.
Athrotaxis: Griech. ***athros*** = überfüllig und ***taxis*** = angeordnet.
atlantica: Atlantisch, westafrikanisch, libysch, vom Atlas-Gebirge stammend.
«Atropurpurea»: Dunkel-, purpurrot.
attenuata: Schlicht, einfach, auch enger, schmäler werdend.
aucuparia: Altlateinischer Name der Eberesche. ***Aucupor*** = Vogelfang; die Vogelfänger benützten Ebereschenzweige als Leimruten.
«Aurea», -um, -us: Lat. ***aurum*** = Gold. Goldglänzend, goldgelb.
«Aurea Nana»: Goldgelb zwergwüchsig.
Aureomarginatum: Mit goldgelben Rändern.
«Aureospica»: Mit goldgelben Spitzen.
«Aureovariegata»: Goldschillernd.
«Aurora»: Hinweis auf eine gewisse Ähnlichkeit mit dem Nordlicht, das in nordischen Ländern auch Aurora genannt wird.
australis: Südländisch.
Austrocedrus: Südländische Zeder.
«Autumnalis»: Im Herbst blühend.
avellana: Nach der süditalienischen Stadt Avella Vecchia benannt.
avium: Für die Vögel, von Vögeln gern gefressen.
ayacahuite: Mexikanischer Name für ***Pinus ayacahuite.***
azedarach: Aus dem persischen ***azaddhirakt*** für ***Melia azedarach.***
azorica: Von den Azoren-Inseln stammend.

B

babylonica: Aus der Umgebung von Babylon stammend.
baccata: Mit Beeren versehen.
«Bacciflava»: Mit gelben Beeren.
baileyana: Zu Ehren von Frederick Manson Bailey 1827–1915, australischer Botaniker.
bakeri: Zu Ehren von John Gilbert Baker 1834–1920, englischer Botaniker, 1890–1899 Leiter des Kew-Herbariums.
balsamea: Balsamduftend.
balsamifera: Balsam liefernd.
banksiana: Zu Ehren von Sir Joseph Banks 1743–1820, englischer Naturforscher, der Captain Cook auf seiner Erdumseglung 1768–1771 auf der Endeavour begleitete.
barbatum: Bärtig.
battandieri: Zu Ehren von Jules Aimé Battandier 1848–1922, französischer Botaniker, Spezialist für die Algerische Flora.
«Baumannii»: Zu Ehren von E.N. Baumann, Bolivien.
«Belgica»: Von Belgien oder den Niederlanden stammend.
Betula: Altrömischer Name für Birke.
betuloides: Der Birke ähnlich.
betulus: Der Birke ähnlich.
bicolor: Zweifarbig.
bidwillii: Zu Ehren von J.C. Bidwill 1815–1853, Direktor des Botanischen Gartens in Sidney. Sammelte Pflanzen in Neuseeland und Australien.
«Biflora»: Zweiblumig.
bignonioides: Ähnlich der Bignonia.
biloba: Zweilappig.
blanda: Mild, angenehm.
boaria: In Chile gebräuchlicher Name für vom Vieh bevorzugt, bezugnehmend auf ***Maytenus boaria.***
borealis: Aus nördlichen Gegenden stammend. ***Boreas*** = Norden, Nordwind.
bracteata: Deckblatt tragend.
brevifolia: Mit kurzen Blättern.
brewerana: Zu Ehren von William Henry Brewer 1828–1910, amerikanischer Botaniker, Pionier in Kalifornien, Professor für Agrikultur an der Yale-Universität.
«Brilliantissimum»: Sehr stark glänzend.
«Briotii»: Zu Ehren von Pierre Louis Briot 1804–1888, französischer Gärtner.
Broussonetia: Zu Ehren von Pierre Marie Auguste Broussonet 1761–1807, Botanik-Professor in Montpellier, F.
brunonii: Zu Ehren des Botanikers Robert Bruon 1773–1858.
buergeranum: Zu Ehren von Heinrich Bürger 1804–1858, deutscher Pflanzensammler.
bungeana: Zu Ehren von Alexander von Bunge 1803–1890, russischer Botaniker und Professor in Dorpat, Estland.
Buxus: Klassisch lateinischer Name für Buchsbaum.

C

caerulea: Himmelblau, von lat. ***caelum*** = Himmel.
caesia: Graublau, lavendelblau.
californica: Kalifornisch.
calleryana: Zu Ehren von J.M. Callery 1810–1862, katholischer Missionar und Botaniker in China und Korea.
Callitris: Von griech. ***kalos*** = schön und ***tris*** = hinweisend auf die Dreizahl bei Laub, Zweig, Zapfenschuppen usw.
Calocedrus: Von griech. ***kalos*** = schön und lat. ***cedrus*** = Zeder.
calophytum: Von griech. ***kalos*** = schön und ***phytum*** = Pflanze.
camaldulensis: Benannt nach Camaldule, Australien.
Camellia: Cameli 1661–1706, Jesuitenpater, Apotheker und Botaniker, der die Pflanzenwelt der Philippinen studiert und beschrieben hat.
«Camellifolia»: Blätter ähnlich der Kamelie.
campanulata: Glockenförmig, glockig.
campbellii: Zu Ehren von Dr. Archibald Campbell, Oberkommissar in Darjeeling, begleitete Sir Joseph Hooker auf seiner Reise durch Sikkim, Himalaja, 1849.
«Camperdownii»: Schloß in Angus, Schottland, wo die Ulme ***Ulmus glabra*** «Camperdownii» herkommt.
campestre: Auf dem Felde wachsend.
camphora: Kampfer.
canadensis: Kanadisch.
«Canaertii»: Zu Ehren des im späten 19. Jh. lebenden Belgiers Canaerti.
canariensis: Von den Kanarischen Inseln.
candicans: Weißglänzend.
canescens: Weißgrau, aschgrau.
capillipes: Mit feinen Stielen.
Capitata: Kopfförmig.
cappadocicum: Aus Kappadozien, östliches Kleinasien.
caprea: Den Ziegen zur Nahrung dienend.
caramanica: Von Karamania im südlichen Kleinasien.
caribaea: Von den Karibischen Inseln, Mittelamerika.
carica: Von Caria in Kleinasien.
carnea: Fleischfarbig.
carolina, -iniana: Von Nord- oder Südkarolina USA.
carpinifolia, -um: Dem Hornbaum, ***Carpinus,*** ähnliche Blätter.
Carpinus: Hornbaum, Kopfholz. Aus dem keltischen ***car*** = Holz, ***pin*** = Kopf. Das Holz wurde für Joche benützt.
Carya: Von griech. ***karyon,*** Walnußbaum.
cashmiriana: Von Kaschmir.
cassine: Name für Baum bei den Florida-Indianern.
Castanea: Lat. Edelkastanie, nach der Stadt Kastana in Thessalien.
castaneifolia: Mit Blättern ähnlich der Kastanie.
Castanopsis: Mit der Edelkastanie verwandt.
Casuarina: Die Blätter sind gefiedert, ähnlich der ***Casuarie*** (Känguruhbaum).
Catalpa: Eingeborenenname nordamerikanischer Indianer für ***Catalpa bignonioides,*** Trompetenbaum.
Cedrela: Verkleinerungsform des lat. ***cedrus.*** Kommt von der Ähnlichkeit des Holzes und des Wohlgeruchs.
Cedrus: Lat. Zeder.
Celtis: Zürgelbaum.
Cembra: Aus dem Cembratal, Tirol. Name für Zirbelkiefer oder Arve.
cembroides: Ähnlich der Zirbelkiefer.
cephalonica: Von der griechischen Insel Kephallonia im Ionischen Meer.
Cephalotaxus: Griech. ***kephale*** = Kopf und ***taxus*** = Eibe.
cerasifera: Kirschen oder kirschartige Früchte tragend.
Cerasus: Lat. Kirsche.
Ceratonia: Griech. ***keratonia*** = Johannesbrotbaum.
Cercidiphyllum: Blätter ähnlich dem Judasbaum, ***Cercis.***
Cercis: Judasbaum.
cerifera: Wachs bildend, – tragend.
cerris: Zerr-Eiche. Nach den Cerretani, iber. Volk in Spanien benannt.
Chamaecyparis: Von griech. ***chamai*** = Zwerg und ***kuparissos*** = Zypresse. Der Name scheint von jungen Zwergformen herzukommen.
Chamaerops: Zwergpalme. Von griech. ***chamai*** = Zwerg und ***rhops*** = Busch.
«Charles Raffill»: Zu Ehren von C.P. Raffill 1876–1951, Vorsteher der Kew Gardens.
«Chermesina»: ***Salix alba*** «Chermesina». Die jungen Schoße sind von gleicher rötlicher Farbe wie das Insekt ***Chermes*** (gallenbildende Blattlaus).
chilensis: Aus Chile.
chinensis: Aus China.
Chionanthus: Schneeweiß blühend. Von griech. ***chion*** = Schnee und ***anthos*** = Blüte.
chrysocoma: Mit goldglänzenden Haaren.
chrysolepis: Mit goldschillernden Schuppen.
chrysophylla: Mit goldglänzendem Laub.
cinerea: Aschgrau.
Cinnamomum: Zimtbraun, von griech. ***cinnamon*** = Zimt.
circinatum: Schneckenförmig eingerollt. Von lat. ***circinus*** = Zirkel.
citriodora: Nach Zitronen duftend.
Citrus: Lat. Zitrone, ***Citrus medica.***
Cladrastis: Gelbholz. Von griech. ***klados*** = Ast und ***thraustos*** = zerbrechlich. Weist auf die leicht brechenden Zweige hin.
Clethra: Scheinerle. Vom griech. ***klethra*** = Weißerle, welche zum Verwechseln ähnliches Laub trägt.
cliffortioides: Ähnlich der ***Cliffortia,*** einem südafrikanischen Strauch aus der Familie der Rosen.
coccifera: Scharlachrote Beeren tragend.
coccinea, -um: Scharlachrot.
Cocos: Kokospalme. Von portugies. ***Cocos*** = Affe; hinweisend auf das einem Affengesicht ähnliche Aussehen der Kokosnuß.
coerulea: Himmelblau.
coggygria: Eine sprachl. Verbildung aus dem griech. ***kokkugia,*** dem Namen für ***Cotinus,*** Perückenstrauch.
«Colorata»: Farbig, gefärbt.
«Columnaris», -e: Säulenartig.
colurna: ***Entstanden aus corulnus*** = Haselnußstaude.
«Commelin»: Zu Ehren der deutschen Botaniker Johann Commelin 1629–1692 und Kaspar Commelin 1667–1731.
commixta: Miteinander gemischt.
communis: In Gemeinschaft wachsend oder gewöhnlich, gemein.
commutata: Umgeändert.
«Compressa»: Zusammengedrückt, platt.
concolor: Gleichfarbig.
conferta: Zusammengedrängt.
«Conica»: Kegelförmig.
conradinae: Zu Ehren von Conradine, Frau des deutschen Botanikers B.A.E. Koehne, 1848–1918.
conspicua: Von lat. ***conspicuus*** = in die Augend fallend, auffallend, ansehnlich.
contorta: Von lat. ***contortus*** = verwickelt, verdreht, geschraubt.
controversa: Widersprüchlich, zweifelhaft oder fraglich.
cordata: Herzförmig.
cordifolia: Mit herzförmigen Blättern.
cordiformis: Herzförmig.
Cordyline: Von griech. ***kordyle*** = Keule.
cornubia: Von Cornwall, Großbritannien.
cornubiensis: Von Cornwall, Großbritannien.

Cornus: Altlateinischer Name für Kornelkirsche, ***Cornus mas.***

coronaria: Kranzartig; lat. ***corona*** = Kranz, Krone.

Corylus: Griech. Name für Haselstrauch, ***Corylus avellana.***

Costata: Gerippt.

Cotinus: Von griech. ***kotinos*** = wilde Olive; auch gebräuchlich für Büsche, die keine wirtschaftliche Bedeutung haben. Perückenstrauch ***Cotinus coggygria.***

Cotoneaster: Von lat. ***cotoneum*** = Quitte und ***aster*** = oberflächliche Ähnlichkeit. Alle Arten des Cotoneaster haben im Laub eine Ähnlichkeit mit der Quitte.

coulteri: Zu Ehren von Thomas Coulter 1793–1843, irischer Botaniker, der die westlichen Staaten bereiste.

coxii: Zu Ehren von E.H.M. Cox, Pflanzensammler und Verfasser botanischer Bücher.

crataegifolium: Mit Blättern ähnlich dem Weißdorn, ***Crataegus.***

Crataegomespilus: Pfropfbastard, zusammengesetzt aus ***Crataegus*** = Weißdorn und ***Mespilus*** = Mispel. Auch Hagebuttenbirne genannt.

Crataegus: Griech. für Weißdorn.

crenata: Gekerbt, ***crena*** = Kerbe.

«Crippsii»: Zu Ehren des Züchters Cripps of Tunbridge, Wells, Kent GB.

«Crispa»: Gekräuselt.

«Cristata»: Kammartig.

crus-galli: Hahnensporn.

Cryptomeria: Von griech. ***krypto*** = verborgen und ***meris*** = Teil. Teile der Blüte sind verborgen.

Cunninghamia: Zu Ehren von James Cunningham, Arzt bei der Ostindien-Gesellschaft und Pflanzensammler.

«Cuprea»: Kupferrot.

cupressinum: Ähnlich der Zypresse, ***Cupressus.***

Cupressocyparis: Zusammengesetzt aus ***Cupressus,*** Zypresse, und ***Chamaecyparis,*** Scheinzypresse, aus welchen dieser Bastard gekreuzt wurde.

cupressoides: Der Zypresse ähnlich.

Cupressus: Lat. Name für ***Cupressus sempervirens,*** Echte Zypresse.

cuspidata: Von lat. ***cuspidatus*** = zugespitzt; ***cuspis*** = Spitze, Stachel.

Cyathea: Von griech. ***kyatheion*** = kleiner Becher, Tasse. Die Membrane, welche die Sporenkapsel auf der Unterseite des Blattes bedeckt, bricht oben auf und formt sich zu einem kleinen Gefäß.

Cydonia: Lat. Name der Quitte; benannt nach Cydonia, einer Stadt auf Kreta.

Cytisus: Von griech. ***kytisos*** = Besen. Einige dieser Leguminosen lassen sich als Besen verwenden; ***Cytisus scoparius,*** Besenginster.

D

dacrydioides: Ähnlich ***Dacrydium.***

Dacrydium: Von griech. ***dakrydion*** = Träne. Einige Arten sondern kleine Tropfen klaren Harzes ab.

dactylifera: Fingerartig.

Dactylis: Von griech. ***daktylos*** = Finger.

«Dalecarlica»: Von der schwedischen Provinz Dalarna.

daniellii: Zu Ehren von Daniel, einem Chirurg und Pflanzensammler, der 1860–1862 Tientsin bereiste.

daphnoides: Seidelbastähnlich; griech. ***daphne*** = Lorbeer.

dardarii: Zu Ehren von M. Dardar von Bronvaux, Metz, F, in dessen Garten der Pfropfhybride Crataegomespilus dardarii entstand.

Davidia: Zu Ehren von Abt Armand David 1826–1900, französischer Missionar und Naturforscher, der in China wirkte.

davidii → Davidia.

«Dawyck»: Von den sehr schönen schottischen Gärten am Ufer des Tweed.

dealbata: Weißlich, weiß bestäubt.

«Decaisneana»: Zu Ehren von Joseph Decaisne 1807–1882, Direktor des Jardin des Plantes in Paris, erfolgreicher Botaniker und Pflanzenzüchter.

decidua: Abfallend, auf die Blätter im Winter bezogen.

decora, -um: Dekorativ, zierlich.

decurrens: Lat. herablaufend. Gebräuchlich, wenn die Blätter flügelartig hinuntergestreckt sind.

delavayi: Zu Ehren von Abt Jean Marie Delavay 1834–1895, Missionar, sammelte Pflanzen in Westchina.

Delonix: Von griech. ***delos*** = offen und ***onyx*** = Kralle; bezieht sich auf lange ausgespreizte Blumenblätter.

deltoides: In Dreiecksform; vom griech. Buchstaben Delta.

densiflora, -us: Dicht blühend.

dentata: Gezähnt.

denudata: Nackt, entblößt.

deodara: Einheimischer Name der Indianer für ***Cedrus deodara,*** Götterbaum oder Himalaja-Zeder.

deppeana pachyphlaea: Mit dicker Rinde oder Schale.

diabolicum: Teuflisch, wegen der gehörnten Früchte.

Dicksonia: Zu Ehren von James Dickson 1738–1822, englischer Botaniker und Züchter.

dicksonii → Dicksonia.

dioicus: Zweihäusig, Blüten beiderlei Geschlechts befinden sich auf zwei verschiedenen Bäumen.

Diospyros: Von griech. ***dios*** = göttlich und ***pyros*** = Weizen; übertragen auf ***Diospyros kaki,*** Dattelpflaume.

Disanthus: Blüten paarig; von ***dis*** = doppelt und ***anthos*** = Blume.

discolor: Zweifarbig, auch mehrfarbig.

«Dissectum»: Tief eingeschnitten, in Teile zerschnitten.

distichum: Von lat. ***distichus*** = zwei Zeilen, zwei Reihen.

diversifolia: Von lat. ***diversus*** = verschieden und ***folium*** = Blatt; verschiedene Blätter tragend.

dolabrata: Beilförmig.

dombeyi: Zu Ehren von Joseph Dombey 1742–1794, französischer Botaniker.

domestica: Von lat. ***domus*** = Haus; oft in Hausgärten zu finden.

«Donard Gold»: Aus der Baumschule Slieve Donard Nursery Co. Ltd., Irland.

«Dovastonii», -iana: Cephalotaxus x media «Dovastonii» aus der Züchtung von John Dovaston in Westfelton, Shrewsbury GB.

«Drummondii»: Zu Ehren von Thomas Drummond † 1835, Züchter.

drupacea: Steinfruchtartig. Früchte mit einem Samen im Stein wie Kirschen, Pflaumen oder Oliven.

dulcis: Süß.

E

ebenum: Ebenholzschwarz.

echinata: Borstig, stachlig, igelähnlich.

edulis: Eßbar.

Ehretia: Zu Ehren von Georg Dionysius Ehret 1708–1770, erfolgreicher deutscher Botaniker.

Elaeagnus: Abgeleitet von griech. *elaia* = Olivenbaum und *agnos* = Name für Keuschbaum, Vitex. Wahrscheinlich stammt der Name aber von *heleagnos* oder *helodes* ab = sumpfig oder weiß, rein (auf die Blüten bezogen).

elata: Hoch, erhaben.

«Elegans»: Zierlich, fein.

elegantissima: Ital. sehr fein.

«Ellwoodii»: Zu Ehren von Ellwood, der *Chamaecyparis pisifera* «Ellwoodii» entdeckte und 1920 in den Swanmore-Park, Bishop's Waltham GB, übersiedelte, wo er Gärtner war.

Embothrium: Von griech. *en* = in und *bothrion* = Grübchen, kleine Vertiefung. Die Staubblätter sitzen in kleinen Vertiefungen der Blütenblätter.

engelmannii: Zu Ehren von Georg Engelmann 1809–1884, Arzt, Deutschamerikaner, großer Pflanzenfreund. Hat viele Pflanzen gesammelt, aber sein Verdienst ist, andere Leute dazu angeregt zu haben.

«Erecta» -um: Aufrecht, gerade.

«Erecta Viridis»: Aufrecht, gerade und grün.

Erica: Heidekraut.

«Ericoides»: Erika-ähnlich.

ermanii: Zu Ehren von G. A. Erman 1806–1877, Berlin, sammelte Pflanzen u.a. in Ostasien.

erubescens: Rot werdend.

«Erythrocladum»: Rote Zweige tragend; von griech. *erythro* = rot und *klados* = Zweig.

erythroflexuosa: Rot geflammt.

Eucalyptus: Von griech. *eu* = wohl und *calypto* = zugedeckt mit einem Deckel. Bezugnehmend auf die Kelch- und Blütenblätter, welche oben zu einer Kappe zusammengewachsen sind. Dieser Hut fällt ab, wenn sich die Blüte öffnet.

euchlora: Schöngefärbt; von griech. *eu* = gut und *chlora* = grün.

Eucommia: Von griech. *eu* = gut und *kommi* = Gummi; nur für Bäume, die Hartgummi produzieren, gebräuchlich.

Eucryphia: Von griech. *eu* = wohl und *kryphios* = bedeckt. Hinweis auf Kelchblätter, welche an den Spitzen zusammenhalten und so eine schützende Hülle für die Knospe bilden.

«Eugenei»: Zu Ehren von Prinz Eugen von Savoyen 1663–1736, hat die Botanik stark gefördert.

Euodia: Griech. Wohlgeruch. Die Blätter duften sehr gut, wenn sie zerrieben werden.

europaea: Europäisch.

excelsa: Hoch oder erhaben.

excelsior: Höher oder erhabener; Steigerung von *excelsa.*

F

Fagus: Lat. Buche, *fagus sylvatica.*

falcata: Lat. sichelförmig.

falconeri: Zu Ehren von Hugh Falconer 1808–1865, Schottischer Arzt, Geologe und Botaniker in Indien.

fargesii: Zu Ehren von Paul Guillaume Farges 1844–1912, französischer Missionar und Naturforscher, wirkte in Zentral-China.

«Fastigiata», -um: Aufrechter Wuchs, Säulenform. Von lat. Giebel, welchem es aber nicht! ähnlich sieht.

«Ferox»: Stark bewehrt.

«Femina»: Weiblicher Baum.

ficifolia: Feigenbaumblätterig.

fictolacteum: Von lat. *fictus* = falsch und *Rhododendron lacteum*, eine Art, mit welcher *Rhododendron fictolacteum* ehemals verwechselt worden ist.

Ficus: Lat. Feigenbaum.

«Filicifolia»: Farnähnliche Blätter.

«Filicoides»: Ähnlich dem Farn; *filix* = Farn.

filifera: Fadentragend.

«Filiformis»: Fadenartig.

filipes: Mit fadenförmigen Stielen.

Fitzroya: Zu Ehren von Vizeadmiral Robert Fitzroy 1805–1865, Kommandant der fünfjährigen Expedition auf der Beagle, wo Charles Darwin als Naturforscher mitwirkte.

flava: Reingelb, hellgelb.

«Fletcheri»: Benannt nach Fletchers Baumschule in Kent. Fletcher hat den Mutanden *Chamaecyparis lawsoniana* «Fletcheri» zuerst vertrieben. Er wuchs erstmals 1913 in der Ottershaw-Baumschule Chertsey, Surrey GB.

floribunda: Reich blühend.

florida: Blühend.

fordii: Zu Ehren von Charles Ford 1844–1927, Leiter des Botanischen Gartens Hongkong.

formosana: Von der Insel Formosa, Taiwan.

forrestii: Zu Ehren von George Forrest 1873–1932, Schotte, sammelte unzählige Samen und Pflanzen in Westchina.

fortunei: Zu Ehren von Robert Fortune 1812–1880, schottischer Gartenbaumeister, der in Japan und China Pflanzen sammelte. (Führte den Tee in Indien ein.)

Fortunella: Kumquat, ein immergrüner Strauch, benannt nach Robert Fortune → *fortunei.*

fragilis: Zerbrechlich.

fraimetto: Einheimischer Name der Ungarischen Eiche.

Franklinia: Zu Ehren von Benjamin Franklin 1706–1790, amerikanischer Gelehrter und Staatsmann.

franklinii: Zu Ehren von John Franklin 1786–1847, Flottenkapitän und Nordpolforscher (entdeckte die Nord-West-Passage), Gouverneur in Tasmanien 1836–1843.

fraseri: Zu Ehren von John Fraser 1750–1811.

fraxinifolia: Blätterähnlich *fraxinus* = Esche.

Fraxinus: Alter lat. Name für Esche *(Fraxinus excelsior).*

frigidus: In kalten Gegenden heimisch.

«Frisia»: Aus Friesland kommend; Norddeutschland und nordöstliche Niederlande.

«Fructu-luteo»: Gelbe Früchte tragend.

fulvum: Gelbbraun bis orange, lohfarben.

funebris: Trauernd, Trauerform, auf Friedhöfen. Von lat. *funus* = Leiche.

fusca: Rotbraun.

G

garryana: Zu Ehren von Nicholas Garry, Sekretär der Hudsons Bay Company, begleitete 1820–1830 David Douglas im Westen Nordamerikas.

«Generosa»: Von vornehmer Erscheinung.

Genista: Lat. Ginster. Von kelt. *gen* = Strauch oder *gaiune* = Schilf.

germanica: Aus Deutschland.

giganteum: Riesenhaft, riesig; von griech. *giganteios, gigas* = Riese.

Ginkgo: Aus dem japanischen Namen *ginkyo* = Silber-Aprikose. Dieser Baum hat aber nichts mit einer Aprikose zu tun. Der Name wurde irrtümlich auf diesen Baum übertragen und ist seither gebräuchlich.

ginnala: Einheimische Bezeichnung für eine Ahornart im Amur-Gebiet SU.

giraldii: Zu Ehren von Giuseppe Giraldi, italienischer Missionar in China, der 1890–1895 in der Shensi-Provinz Pflanzen sammelte.

glabra, -ata: Glatt, kahl, ohne Haare.

glauca: Blaugrau, blaugrün, graugrün.

Gleditsia: Zu Ehren von Johan Gottlieb Gleditsch 1714–1786, Direktor des Botanischen Gartens Berlin.

«Globosa», -um: Kugelförmig, kugelrund.

globulus: Kügelchen.

glutinosa: Klebrig, klebrige Knospen und junge Blätter. Von lat. *glutinum* = Leim.

glyptostroboides: Der Glyptostrobos (→) ähnlich.

Glyptostrobos: Von griech. *glypto* = schnitzen und *strobilos* = Zapfen. Hinweisend auf die Kerben der Zapfenschuppen der *Glyptostrobus*, einer chinesischen, laubwerfenden Zypresse.

gmelinii: Zu Ehren von Gottlieb Gmelin 1709–1755, deutscher Naturforscher, der ausgedehnte Reisen in Sibirien und auf der Halbinsel Kamtschatka unternahm.

«Goldsworth Purple»: Aus der Goldsworth Old Nursery, Baumschule in Surrey, GB.

Gordonia: Zu Ehren von James Gordon † 1781, Züchter in Mile End, London GB, Briefwechsel mit Linné.

goveniana: Zu Ehren von J. R. Gowen von Highclere GB, 1845–1850 Sekretär der Königl. Gartenbaugesellschaft.

gracilistyla: Schlankwachsend, grazil.

grandidentata: Groß gezähnt.

grandiflora: Mit großen Blumen.

grandifolia: Mit großen Blättern.

grandis, -e: Groß, ansehnlich.

Grevillea: Zu Ehren von Charles Francis Greville 1749–1809, Mitbegründer der Londoner Gartenbaugesellschaft und Vizepräsident der Royal Society.

griffithiana, -um: Zu Ehren von William Griffith 1810–1845, englischer Arzt und Botaniker, der in Indien und Afghanistan Pflanzen sammelte.

griffithii: → *griffithiana.*

grignonensis: Nach einem Ort in Frankreich benannt, wo *Crataegus grignonensis* zuerst entdeckt worden ist.

griseum: Grau.

grosseri: *Acer grosseri* wurde von Giraldi (→ giraldii) in Shensi, China entdeckt und 1927 nach England gebracht.

gunnii: Zu Ehren von R. C. Gunn 1808–1881, Tasmanien.

Gymnocladus: Von griech. *gymnos* = nackt und *klados* = Zweig. Der Baum ist im Winter unbelaubt.

H

Hakea: Zu Ehren von Baron Christian von Hake 1745–1818, deutscher Pflanzenkenner.

halapensis: Von Aleppo (Halep), Syrien.

Halesia: Zu Ehren von Stephen Hales 1677–1761, Pfarrer in Teddington GB, Physiologe, Chemiker und Erfinder.

halliana: Zu Ehren von Georges Rogers Hall 1820–1899, amerikanischer Arzt, der zahlreiche Pflanzen von Japan in Amerika einführte.

Hamamelis: Zaubernuß, griech. Name.

harrowiana: Zu Ehren von George Harrow, Direktor der Veitch's Coombe Wood Baumschule, wo zahlreiche chinesische Pflanzen von E. H. Wilson aus Samen gezüchtet wurden.

«Hastata»: Spießförmig; von lat. *hasta* = Spieß.

Hebe: Immergrüne Sträucher von Südamerika und Australien; benannt nach *hebe* = griech. Gott der Jugend.

henryae: Zu Ehren der Gemahlin von Henry, → henry.

henry, -ana: Zu Ehren von Augustine Henry 1857–1930, irischer Arzt und Pflanzensammler, der China und Formosa (Taiwan) bereiste, ehemaliger Professor für Forstwirtschaft.

«Heptalobum»: Siebenlappig.

hersii: Zu Ehren von Joseph Hers, der während seines Chinaaufenthaltes in den 20er Jahren zahlreiche Pflanzen ans Arnold Arbooretum sandte.

heterophylla: Von griech. *heteros* = anders, verschieden und *phyllum* = Blatt.

«Hibernica»: Aus Irland stammend.

highdownensis: Nach Sir Frederick Sterns Garten in Highdown Towers, Sussex GB, benannt.

hillieri: Nach der berühmten Baumschule Hillier & Sons Winchester, Hampshire GB, benannt.

hippocastanum: Lat. Pferdekastanie. So benannt wegen der Hufeisenfom der Blattnarben an den Zweigen.

Hippophae: Altgriech. Name für ein dorniges Wolfsmilchgewächs; wurde später auf den Sanddorn übertragen.

hispanica: Aus Spanien.

hispida: Mit steifen Haaren, borstig.

Hoheria: Latinisierte Version des neuseeländischen Maori-Namens für die immergrünen Bäume und Büsche *houhera.*

hollandica: Aus den Niederlanden.

holophylla: Von griech. *holo* = ganz und *phyllum* = Blatt.

homolepis: Von griech. *homo* = gleich, und *lepis* = Schuppe. Mit gleichen Schuppen versehen.

horizontalis: Waagrecht.

«Hudsonia»: Zu Ehren von William Hudson 1730–1793, Londoner Apotheker.

humilis: Niedrig.

hupehensis: Von Hupeh, China.

hybrida: Durch Kreuzung entstanden; Bastard. Von griech. *hybris* = Zuchtlosigkeit.

I

Idésia: Zu Ehren von Eberhard Ides † 1720, holländischer oder deutscher Erforscher von Nordasien.

Ilex: Stechpalme. Vom lat. Namen für Stecheiche.

illinoensis: Vom Staate Illinois USA.

imbricaria: Regelmäßig überlappend; wie Dachziegel angeordnet. Lat. *imbricis* = Dachziegel.

«Imperialis»: Kaiserlich, großartig.

incana: Grau, weißlich.

«Incisa»: Eingeschnitten.

indica: Aus Indien stammend.

«Inermis»: Unbewehrt, ohne Stacheln. Lat. *arma* = Waffen.

insignis: Ausgezeichnet.

intermedia: Mittelständig. Lat. *medius* = in der Mitte.
«Intertexta»: Verwebt.
involucrata: Umgeben, eingehüllt (in Schuppen oder Blätter). Lat. *involucrum* = Hülle.
ioensis: Vom Staate Iowa USA.
irroratum: Mit Tau besprengt. Von Lat. *ros* = Tau.
«Italica»: Aus Italien stammend.

J

Jacaranda: Latinisierte Form des bras. Namens für diese anmutigen Palisander-Arten.
jacquemontii: Zu Ehren von Victor Jacquemont 1801-1832, französischer Naturforscher, der Asien besuchte.
japonica, -um: Aus Japan stammend.
«Jaspidea»: Dem Jaspis (Edelstein) ähnlich.
jeffreyi: Zu Ehren von J. Jeffrey, schottischer Gärtner, der 1850 in Oregon USA Pflanzen sammelte.
jessoensis, jezoensis: Von Jezo, Japan, stammend.
«John Downie»: Zu Ehren des schottischen Blumen- und Baumzüchters.
Jubaea: Benannt nach König Juba von Numidia (Nordwestafrika), der sich das Leben nahm, als römische Legionen 46 v. Chr. sein Reich einnahmen.
Juglans: Walnußbaum. Von lat. *jovis* = Jupiter und *glans* = Kernfrucht.
julibrissin: Von pers. *gül-i-abrischim* = Flockseide, Seidenbaum.
Juniperus: Altlat. Name für Wacholder.

K

kaempferi: Zu Ehren von Engelbert Kämpfer 1651–1716, deutscher Arzt, der den Fernen Osten bereiste und zwei Jahre in Japan lebte.
kaki: Abgekürzte Form des jap. Namens *kaki-no-ki* für Kakifrucht.
Kalopanax: Von griech. *kalos* = schön, anmutig und *panax* = verwandte Art.
kelloggii: Zu Ehren von Albert Kellogg 1813–1887, amerikanischer Arzt und Botaniker.
«Kiftsgate»: Benannt nach dem Garten in Kiftsgate Court, Gloucestershire GB.
«Kilmacurragh»: Benannt nach einem irischen Garten gleichen Namens.
kobus: Latinisiert aus jap. *kobushi*, Magnolien-Art.
Koelreuteria: Zu Ehren von Joseph Gottlieb Koelreuter 1733–1806, Professor für Naturgeschichte und Pionier der Pflanzenzüchtung durch Pfropfen.
koraiensis, koreana: Von Korea stammend.
kousa: Jap. Name für diese Kornelkirsche.

L

Laburnocytisus: Zusammengesetzt aus *laburnum* (Bohnenbaum) und *Cytisus* (Geißklee), den Stammpflanzen dieses Pfropfhybriden.
Laburnum: Altlat. Name für Bohnenbaum.
laciniata, -um: Ausgefranst, zipfelig.
laeta: Lebhaft, gefällig.
laevigata: Geglättet.
laevis: Glatt, eben.
lamarckii: Zu Ehren von Jean Baptiste Antoine Pierre Monet de la Marck 1744–1829, ausgezeichneter französischer Botaniker, der in seinem Werk die Darwinsche Entwicklungslehre vorausgenommen hat.
lambertiana: Zu Ehren von Aylmer Bourke Lambert 1761–1842, englischer Botaniker und Autor des Werks The Genus Pinus.
lanata: Wollig.
lanceolata, -um: Lanzettförmig, von lat. *lancea* = Lanze.
«Lanei»: Benannt nach der Lane-Baumschule Berkhamsted, Hertfordshire GB.
lantana: Altlat. für Wandelröschen.
laricina: Der Lärche *(Larix)* ähnlich.
Larix: Altlat. Name für Lärche; *L. decidua* = Europäische Lärche.
lasianthus: Wollig behaart.
lasiocarpa: Behaarte Früchte tragend.
latifolius, -a: Mit breiten Blättern. Von lat. *latus* = breit und *folium* = Blatt.
Laurelia: Vom span. Namen für Lorbeerbaum *(laurus)*; weist auf den Wohlgeruch der Blätter hin.
laurifolia: Mit lorbeerähnlichem Laub.
laurina: Dem Lorbeerbaum ähnlich.
laurocerasus: Lorbeerkirsche, zusammengesetzt aus lat. *laurus* = Lorbeer und *cerasus* = Kirsche.
Laurus: Lat. Name für Lorbeerbaum.
lavellei: Zu Ehren von M. Lavalle, französischer Baumzüchter, † 1870.
lawsoniana: Zu Ehren von Charles Lawson 1794–1873, Baumzüchter. Seine Baumschule erhielt als erste 1854 die Chamaecyparis lawsoniana, welche aus Oregon USA stammt.
laxifolia: Offen und luftig; das Laub betreffend. Von lat. *laxus* = locker und *folium* = Laub.
«Lemoinei»: Zu Ehren von Victor Lemoine 1823–1911 und seines Sohns Emile 1862–1942, französische Baumzüchter, die viele neue Gartenpflanzen gezüchtet haben.
«Lennei»: Zu Ehren von M. Lanné, königlicher Gärtner in Preußen.
lenta: Zäh und biegsam; die Zweige betreffend.
leucodermis: Mit weißer Rinde. Von griech. *leukos* = weiß und *dermis* = Haut.
leucoxyla, -um: Mit weißem Holz.
leylandii: Zu Ehren von C. J. Leyland von Haggarston Hall, Northumberland GB (→ S. 101).
libani: Aus dem Libanon stammend.
Libocedrus: Flußzeder.
Ligustrum: Liguster.
likiangensis: Aus dem Li-chiang-Gebiet stammend, Yunnan Westchina.
liliiflora: Lilienblumig.
«Linearilobum»: Mit fadentragenden Hülsen oder Schoten. Von griech. *linon* = Faden und lat. *lobum* = Lappen, Hülse oder Schote.
linearis: Fadenförmig, linienförmig; auch für parallele Blattränder verwendet.
Liquidambar: Amberbaum; von lat. *liquidus* = Flüssigkeit und arab. *ambar* = Bernstein; Hinweis auf die wohlriechende, bernsteinfarbige Flüssigkeit, welche aus diesen Bäumen austritt.
Liriodendron: Tulpenbaum; abgeleitet von griech. *leirion* = Lilie und *dendron* = Baum.
Lithocarpus: Eichenverwandte Gattung. Name von griech. *lithos* = Stein und *karpos* = Frucht; hinweisend auf die nußartige Frucht.
Litsea: Latinisierter altjapan. Name.
Livistona: Zu Ehren des Barons von Livinstone, Gründer des Botanischen Gartens in Edinburgh GB.
«Lobbii»: Zu Ehren von Thomas Lobb † 1894, der 1843–1860 für die Baumschule James Veitch in Java, Indien, Borneo und Singapur Pflanzen sammelte.
loebneri: Nach Max Löbner benannt, einem preußischen Baumzüchter.
longaeva: Langlebig, hohes Alter erreichend.
longifolia: Mit langen Blättern.
lowiana: Zu Ehren von Henry Stuart Lowe 1826–1890, Baumzüchter von Clapton, London.
lucidum: Glänzend, licht, hell.
«Lucombeana»: Ursprung in der Baumschule Lucombe & Pince, Exeter, Devon.
lusitanica: Aus Lusitania = Portugal stammend.
lutea: Gelb.
«Lutescens»: Gelb werdend.
lyallii: Zu Ehren von Dr. David Lyall 1817–1895, Botaniker auf dem Entdeckerschiff «Terror», sammelte Pflanzen in Neuseeland.
lycopodioides: Ähnlich dem *Lycopodium* (Bärlapp).
lyrata: Leierförmig; *Lyra* = Leier.

M

Maackia: Zu Ehren von Richard Maack 1825–1886, russischer Naturforscher, der das Gebiet des Ussuri-Flusses in Ostasien erforschte.
maacki: → Maackia.
Maclura: Zu Ehren von William Maclure 1763–1840, amerikanischer Geologe.
macranthera: Lange oder große Staubbeutel tragend.
macrocarpa: Große Früchte tragend.
macrophyllus, -a, -um: Großblätterig.
magnifica: Großartig, übergroß.
Magnolia: Zu Ehren von Pierre Magnol 1638–1751, Botanikprofessor und Direktor des Botanischen Gartens in Montpellier.
«Majestica»: Erhaben, vortrefflich.
major: Größer.
Malus: Lat. Name für Apfelbaum.
mandshurica: Aus der Mandschurei (Asien) stammend.
margarita: Perlenähnlich.
mariana: Aus Maryland USA stammend.
mariesii: Zu Ehren von Charles Maries † 1902, Pflanzensammler, der für die englische Veitch-Baumschule in China und Japan Pflanzen sammelte.
«Marilandica»: Aus Maryland USA stammend.
maritima: Den Meeresstrand bewohnend.
mas: Männlich.
matsudana: Zu Ehren von Sadahisa Matsudo 1857–1921, japanischer Botaniker, der die Flora Chinas beschrieb.
maxima, -um: Größter.
maximowicziana, -ii: Zu Ehren von Karl Iwanowitsch Maximowicz 1827–1891, russischer Botaniker, Spezialist für die Pflanzen Ostasiens.
Maytenus: Vom chilenischen Namen *maitén* für *M. boaria*.
media: Mittlerer, in der Mitte befindlich, zwischen zwei Arten stehend.
medullaris: Markig.
Melia: Melie; griech. Name für Esche, im Hinblick auf die eschenähnlichen Blätter.
menziesii: Zu Ehren von Archibald Menzies 1754–1842, schottischer Schiffsarzt, begleitete 1790 eine Expedition im Nordwestpazifik auf dem Segler «Vancouver».
mertensiana: Zu Ehren von Franz Karl Mertens 1764–1831, Botanikprof. in Bremen.
Mespilus: Lat. Name für Mispelfrucht.
Metasequoia: Von griech. *meta* = hernach; deutet darauf hin, daß dieser Baum ursprünglich nur aus Versteinerungen bekannt war, 1941 aber in Hu-peh (China) als lebendes Exemplar gefunden wurde.
«Meyen»: Zu Ehren von Franz Julius Meyen 1804–1840, deutscher Arzt und Pflanzensammler.
«Meyeri»: Zu Ehren von Frank N. Meyer, † 1918, holländisch-amerikanischer Pflanzensammler.
michauxii: Zu Ehren von André Michaux 1746–1803, französischer Entdecker und Pflanzensammler, der Nordamerika, Persien und Madagaskar bereiste.
microphylla: Mit kleinen Blättern.
mimosifolia: Mimosenähnl. Blätter.
miniata: Menningfarbig.
«Minima»: Kleinster.
mitchellii: Zu Ehren von Dr. John Mitchell 1711–1768, amerikanischer Arzt.
«Moorheim», -ii: Benannt nach einer holländischen Baumschule.
molle: Von *Rhus molle*, peruanischer Name für diesen Baum.
mollicomata: Mit weichen Haaren.
mollis: Weich.
mollissima: Am weichsten.
monogyna: Mit einem Griffel.
monophylla: Einblätterig.
monosperma: Einsamig.
monspessulanum: Aus Montpellier F stammend.
montezumae: Zu Ehren von Montezuma, Kaiser von Mexiko im 16. Jh.
monticola: In den Bergen beheimatet.
Morus: Maulbeerbaum.
moupinensis: Aus Moupin in Omishan-Distrikt von Mittel-Szechwan China.
mucronatum: Mit einer Spitze versehen.
mugo: Auch *mugho*, alter Name aus dem Tirol für *Pinus mugo* (Zwergkiefer).
muehlenbergii: Zu Ehren von Gotthilf Henry Muehlenberg 1753–1815, Minister in Pennsylvania USA, bedeutender Amateur-Botaniker.
mume: Vom japan. Namen *ume* (pfirsichfarben) für *Prunus mume*.
muricata: Schneckenförmig gewunden, ähnlich der Meermuschel *Murex*; den Zapfen betreffend.
Myrtus: Myrte.

N

«Nana»: Zwerghaft; von lat. *nanus* = Zwerg.
«Nana Gracilis»: Zwerghaft schlank, grazil; von lat. *nanus* = Zwerg und *gracilis* = schlank.
negundo: Von Sanskrit und bengalisch *nirgundi*, gebräuchlich für einen Baum mit ähnlichem Laub wie *Acer negundo* (Eschen-Ahorn).
«Nidiformis»: Nestförmig.
niedzwetzyana: Zu Ehren des russischen Kenners Niedzwetzky.
nigra, -um: Schwarz.
nikoense: Aus Nikko, Honshu Japan stammend.
niphophila: Schneeliebend; von griech. *niphas* = Schnee und *phileo* = lieben.
nitida: Blinkend, glänzend.
nivalis: Schneeweiß.
nobilis: Vornehm, stattlich.
nootkatensis: Vom Nootka-Sund, Britisch Kolumbien, Kanada stammend.
nordmanniana: Zu Ehren Alexanders von Nordmann, Zoologie-Professor in Odessa und Helsinki.
Nothofagus: Scheinbuche; von griech. *nothos* = falsch und *fagus* = Buche.
nucifera: Nußtragend.
numidica: Aus Algerien stammend.
nuttallii: Zu Ehren von Thomas Nuttall 1786–1859, englischer Botaniker, der 1811–1834 in Nordamerika Pflanzen sammelte.
nymansensis: Nach Nymans, einem hervorragenden Garten in Sussex GB benannt.
Nyssa: Nach der Wassernymphe Nysa oder Nyssa benannt.

O

obassia: Japanische Bezeichnung einer *Styrax-Art*: *Styrax obassia*, Storaxbaum.
obliqua: Schief, schräg.
oblonga: Länglich, länglich oval.
obovatus, -a: Umgekehrt eiförmig.
obtusa: Stumpf.
occidentalis: Aus dem Westen, Abendland stammend; von lat. *occidere* = untergehen der Sonne.
odorata: Wohlriechend.
Olea: Lat. Name des Olivenbaums.
oleracea: Gemüseartig, für die Küche verwendbar.
oliveri: Zu Ehren von David Oliver 1830–1916, 1864–1890 Leiter des Kew-Herbariums.
omorika: Einheimischer Name der serbischen Fichte *(Picea omorika)*.
opaca: Dunkel, trübe oder glanzlos.
opalus: Von *opulus*, altlat. Name für Feldahron; auch beim gemeinen Schneeball zu finden *(Viburnum opulus)*, wegen der Ähnlichkeit des Laubes.
opulus: → opalus.
orientalis: Aus dem Osten, Orient stammend; von lat. *oriri* = aufgehen der Sonne.
ornus: Altlat. Name für Blumen- oder Mannaesche *(Fraxinus ornus)*.
osteosperma: Mit harten (knochenartigen) Samen; von griech. *osteon* = Knochen und *sperma* = Same.
ostrya: Von griech. *ostrys* = Hopfenbuche.
ovalis: Oval, von lat. *ovum* = Ei.
ovata: Eiförmig.
oxyacantha: Mit spitzen Stacheln.
oxycarpa: Spitze Früchte tragend.
oxyzedrus: Zederähnliche Wacholder-Art *(Juniperus oxyzedrus)*; mit spitzen *(oxys)*, der Zeder ähnlichen Blättern.
Oxydendrum: Sauerbaum; von griech. *oxos* = Essig; weist auf den säuerlichen Geschmack der Blätter hin.

P

padus: Griech. Name für eine wildwachsende Kirsche.
palmatum: Handförmig, wie eine Hand mit ausgesteckten Fingern; von lat. *palma* = die ausgestreckte Hand.
palmetto: Span. Name für Palmette *(Sabal palmetto)*.
palustris: Im Sumpf wachsend; feuchte Stellen bevorzugend.
paniculata: Blütenstand in Rispen. Name von lat. *panicum* = Hirse.
papyrifera: Papier tragend, liefernd.
paradisi: Paradiesisch.
«Parkmanii»: Zu Ehren von Fracis Parkman, amerikanischer Gärtner.
Parrotia: Zu Ehren von F. W. Parrot 1792–1841, russischer Naturforscher, der 1834 den Ararat bestieg.
parviflora: Kleine Blüten tragend.
parvifolia: Kleine Blätter tragend; von lat. *parvus* = klein.
patula: Ausgebreitet.
Paulownia: Zu Ehren von Prinzessin Anna Paulowna 1795–1865, Tochter Zar Pauls I. von Rußland.
pavia: (auch pawia) Roßkastanie; zu Ehren des holländischen Prof. Peter Paaw, † 1617.
pedunculosa: Mit stark entwickelten Blumenstengeln.
«Pembury Blue»: Von diesem Gutsbesitz in Kent GB stammend.
pendula, -um: Herabhängend; Trauerform.
pensylvanica, -um: Von Pennsylvania USA stammend.
pentandra: Blüten mit fünf Stempeln tragend; von griech. *Penta* = fünf und *andros* = Mann.
pernyi: Zu Ehren von Paul Hubert Perny 1818–1907, französischer Missionar in China.
persica: Aus Persien stammend.
petiolaris: Blätter mit Stielen.
petraea: Felsliebend, auf steinigen Böden wachsend.
peuce: Griech. Name für Balkankiefer *(Pinus peuce)*.
«Pfitzeriana»: Zu Ehren von Ernst Hugo Heinrich Pfitzer 1846–1906, Leiter einer Suttgarter (D) Baumschule.
phaenopyrum: Birnenähnliches Aussehen.
Phellodendron: Von griech. *phellos* = Kork und *dendron* = Baum; diese Bäume besitzen eine korkige Rinde.
phellos: Griech. Name für Korkeiche *(Quercus suber)*, welchen Linné gebraucht für *Quercus phellos*.
Phillyrea: Von griech. *philyra* = Linde.
Phoenix: Griech. Name für Dattelpalme; bedeutet auch feuerrot. (Phoenix, ein sagenhafter Vogel der Ägypter, der sich selber verbrennt und neugeboren der Asche entsteigt.)
Photinia: Von griech. *phos* oder *photos* = Licht; hinweisend auf das lichtglänzende Laub dieser Bäume.
Picea: Fichte, Pechkiefer; von lat. *picis* = Harz, Pech.
Picrasma: Von griech. *picrazein* = bitter.
pictus: Bemalt, farbig, gezeichnet.
pinaster: Altlat. Name für Strandkiefer, wilde Kiefer *(Pinus pinea)*.
pindrow: Einheimischer Name aus Himalaja für *Abies pindrow*.
pinea: Kieferähnlich; auch auf Kiefern wachsend (als Parasit).
pinnatifida: Gefiedert.
pinsapo: Span. Name für Spanische Tanne *(Abies pinsapo)*.
Pinus: Altlat. Name für Kiefer, besonders für die Steinkiefer *(Pinus pinea)*.
pisifera: Erbsen tragend.
«Pissardi»: Zu Ehren von M. Pissard, französischer Hofgärtner beim Schah von Persien vor ca. 100 Jahren.
Pistacia: Pistazie oder Pistaki-Nuß.
Pittosporum: Klebsame; von griech. *pitta* = Pech und *spora* = Same; die Samen dieser Art sind in eine klebrige, harzige Substanz eingehüllt.
plantierensis: Benannt nach der Plantier-Baumschule bei Metz F.
platanoides: Der Platane ähnlich.

Platanus: Griech. Name für orientalische Platane.
platyphylla, -os: Mit breiten Blättern.
«Plena»: Volle oder gefüllte Blüten.
plicata: Gefaltet.
«Plumosa»: Federig.
Podocarpus: Früchte gestielt; von griech. *podos* = Fuß und *karpos* = Frucht.
pohuashanensis: Von Po hua shan, China stammend.
polita: Glatt, glänzend.
polycarpa: Viele Früchte tragend.
pomifera: Äpfel tragend.
Poncirus: Von franz. *poncire* = Zitronat.
ponderosa: Schwer, gewichtig.
populifolia: Pappelähnliches Laub tragend.
Populus: Lat. Name für Pappel.
postelense: Nach der Stadt Postelberg in Schlesien benannt.
potaninii: Zu Ehren von Grigori Potanin 1835–1920, russischer Entdecker, der in Asien und speziell in China Pflanzen sammelte.
praecox: Frühblühend, frühzeitig reifend.
pratii: Zu Ehren von Antwerp E. Pratt, englischer Zoologe, der 1880 China bereiste.
prinus: Griech. Name für Stiel- oder Sommereiche, auch Gerbereiche, *(Quercus robur)* bei Linné für *Quercus prinus*.
procera: Schlank, hochragend.
procumbens: Niederliegend.
prunifolia, -um: Blätter dem Pflaumenbaum ähnlich *(Prunus)*.
Prunus: Lat. Name für Pflaume.
pseudoacacia: falsche oder Scheinakazie; besser Robinie genannt, → Robinia.
pseudocamellia: Falsche Kamelie.
Pseudolarix: Goldlärche, sehr ähnlich der echten Lärche *(Larix)*.
pseudoplatanus: Die Ähnlichkeit (des Bergahorns mit der Platane andeutend.
Pseudotsuga: Douglasie oder Douglastanne: ähnlich der Sprossentanne → *(Tsuga)*; beide Bäume zählen nicht zu den Tannen.
Ptelea: Griech. Name für Ulme. Möglicherweise stammt der Name von den ulmenähnlichen platten Flügelfrüchten.
Pterocarya: Flügelnußbaum; von griech. *ptero* = Flügel und *karyon* = Nuß.
Pterostyrax: Flügelstorax; von griech. *ptero* = Flügel; die Blüten dieses japan. Storaxbaumes hängen wie kleine weiße Flügel am Zweig.
pubescens: Flaumartig, weich behaart.
pumila: Zwergartig; von lat. *pumilis* = Zwerg.
punctata: Punktiert; von lat. *punctum* = Stich.
pungens: Stechend; von lat. *pungere* = stechen.
purpurascens: Purpurrötlich.
purpurea, -um: Purpurrot.
«Pygmaea»: Zwerghaft; von griech. *pygmaios* = Däumling.
«Üyra,odaöos»: Pyramidenartig.
pyraster: Wildbirne. Von lat. *pyrus* = Birne und *aster* = unvollkommen; gebräuchlich zur Bezeichnung von Wildformen oder untergeordneten Arten.
Pyrus: Lat. Name für Birnbaum.

Q

quadrangulata: Vierkantig, viereckig.
Quassia: Zu Ehren von Graman Quasi, einem Negersklaven, der diese Baumrinde als erster gegen Fiebererkrankung angewendet hat.
quercifolia: Mit eichenähnlichen Blättern *(Quercus)*.
Quercus: Lat. Name der Eiche.

R

racemosa: Blüten hängen in Trauben.
radiata: Radial, strahlig.
reclinata: Zurückgebogen.
recurva: Zurückgekrümmt.
regia: (regina) Von königlicher Erscheinung.
rehderana: Zu Ehren von Alfred Rehder 1863–1949, deutsch-amerikanischer Baumkenner, Leiter des Herbariums am Arnold-Arboretum und Autor des ausgezeichneten Nachschlagewerkes «Manual of Cultivated Trees and Shrubs».
resinosa: Harzreich.
reticulata: Mit netzartigem Muster.
retusus: Mit abgerundeter oder schwach gekerbter Spitze.
rhamnoides: Dem Kreuzdorn *(Rhamnus)* ähnlich.
Rhododendron: Von griech. *rhodon* = Rose und *dendron* = Baum.
rhombifolium: Rautenförmige Blätter.
Rhus: Griech. Dialektwort für Sumach, vor allem für den Gerbersumach *(Rhus coriana)*.
«Richardii»: Zu Ehren von L. C. Richard 1754–1821, französischer Botaniker.
rigida: Starr oder steif.
«Riversii»: Gezüchtet in der ältesten Baumschule Thomas Rivers in Hertfordshire GB.
«Rivers Purple»: Eine Buche aus der Rivers-Baumschule → «Riversii».
Robinia: Zu Ehren von Jean Robin 1550–1629, königlicher Gärtner bei Henri IV. und Louis XIII. von Frankreich und seinem Sohn Vespasian Robin, welcher diesen Baum als erster in Europa anpflanzte.
robur: Lat. = Stärke, Kraft; eigentlich Hartholz, speziell Eiche.
robusta: Stark, kernig, → *robur*.
romanzoffianum: Zu Ehren von M. P. Romanzoff 1754–1826, russischer Naturforscher.
Rosa: Lat. Name der Rose.
rosacea: Aus Rosen, rosenähnlich.
«Rosea», -um: Rosenfarbig, vor allem rosarot.
«Roseoplena»: Rosenfarbig und gefüllt.
Roystonea: Zu Ehren von General Roy Stone 1836–1905, Pionier in der amerikanischen Armee in Puerto Rico.
rubens: Lat. = rot, rötlich.
rubra, -um: Rot.
«Rubrifolia»: Mit roten Blättern.
rufinerve: Mit fuchsroten (lat. *rufus*) Adern.
rugosa: Runzlig; lat. *ruga* = Falte.
rupestris: Liebt felsigen Standort; lat. *rupis* = Felsen.
«Rustica Rubra»: Von lat. *rusticus* = ländlich, bäuerlich und *ruber* = rot.

S

Sabal: Südamerikan. für Sabalpalme.
saccharinum: Zuckerig, zuckerrohrartig.
saccharum: Zucker; Artname des Silber- oder Zuckerahorns *(Acer saccharum)*; von griech. *sakcharon* = Zucker.
salicifolia: Blätter der Weide ähnlich.
salignus: Der Weide *(Salix)* ähnlich.
Salix: Lat. Name der Weide.
Sambucus: Altlat. Name für Holunder (Flieder).
Sapium: Lat. Name für harzende Fichte; gebräuchlich wegen klebrigem Saft, der ausgeschieden wird.
sargentiana, -ii: Zu Ehren von Charles Sprague Sargent 1841–1927, amerikanischer Botaniker und Baumkenner, erster Direktor des Arnold-Arboretum.
sarniensis: Von der britischen Kanalinsel Guernsey (einst Sarnia genannt) stammend.
sasanqua: Vom japan. Namen *sasankwa* oder *sazanka* für eine japan. Kamelienart ***Camellia sasanqua.***
Sassafras: Aus Nordamerika stammender Name indianischer Herkunft.
sativa: Kultiviert, angepflanzt.
Saxegothaea: Zu Ehren von Prinz Albert von Sachsen-Coburg-Gotha 1819–1861, Gemahl der Königin Viktoria.
Schinus: Falscher Pfefferbaum; dieser Art ähnlich, indem er das mastixähnliche Harz hervorbringt.
schrenkiana: Nach dem russischen Botaniker Schrenk 1816–1876 benannt.
Sciadopitys: Japanische Schirmtanne; von griech. *skiados* = Schirm und *pitys* = Tanne.
Scindapsus: Gitterpflanze; kletternder, rankender Stengel; Name aus dem Griech.
scopulina: Besen-, bürstenartig; oft auch die Verwendung zu Besen betreffend.
scopulorum: Auf Felsen wachsend; von griech. *skopelos* = hoher Ort, von wo man in die Ferne sehen *(skopein)* kann.
selaginoides: Moospolsterähnlich.
«Semiplena»: Halbgefüllte Blüten tragend.
sempervirens: Immergrün.
septentrionalis: Nördlich, von Norden stammend; so benannt nach dem Siebengestirn (lat. *septemtrio)*, damit waren aber nicht wie heute die Plejaden gemeint, sondern der große Bär, der in Rom sieben Ochsen genannt wurde *(trionis* = Ochse).
sepulcralis: Auf Friedhöfen stehend.
Sequoia: Dialektname der Cherokee-Indianer für eine Beutelratte *opossum)*, nach George Gist 1770–1843, der als Mischling diese Indianersprache erforschte.
Sequoiadendron: Wellingtonia; Name → Sequoia.
«Sericea»: Seidenglänzend, mit feinen Seidenhaaren.
serotina: Spät wachsend, blühend oder reifend.
serrata: Gesägt.
serrula, -ata: Klein oder schwach gesägt; von lat. *serra* = Säge, *serrula* = kleine Säge.
shastensis: Aus Shasta, Kalifornien USA stammend.
shumardii: Zu Ehren von Benjamin Franklin Shumard 1820–1869, Geologe in Texas.
«Sibirica»: Aus Sibirien stammend.
sieboldii: Zu Ehren von Phillip Franz von Siebold 1796–1866, deutscher Arzt, der in Japan Pflanzen sammelte.
siliqua, -astrum: Mit «unechten» Schoten. Mit unterteilten Schoten, ähnlich den Früchten gewisser Kreuzblütler.
simonii: Zu Ehren von Gabriel Eugene Simon * 1829, französischer Diplomat und Pflanzensammler.
sinensis: Aus China stammend.
sinogrande: Große Baumart aus China.
sitchensis: Von Sitka, Alaska USA stammend.
smithiana: Zu Ehren von James Edward Smith 1759–1828, Gründer und erster Präsident der Londoner Linné-Gesellschaft.
smithii: Zu ehren von John Smith 1798–1888, schottischer Gärtner und Spezialist für Farnkräuter im königlichen Botanischen Garten in Kew GB.
solandri: Zu Ehren von Daniel Carl Solander 1736–1782, Schüler von Linné und mit Sir Joseph Banks zusammen als Botaniker auf der ersten Pazifikfahrt mit Cook.
Sophora: Schnurbaum; vom arab. Namen *sofera*.
Sorbus: Von lat. *sorbum* = Frucht des Spierlings *(Sorbus domestica*, Ebereschenart) Spierapfel, aus welchem im Altertum auch ein minderwertiger Wein hergestellt wurde: *«Acidis sorbis»* (Vergil).
soulangiana: Zu Ehren des Adeligen Etienne Soulange-Bodin 1774–1846, französischer Gartenfreund.
«Spaethii»: Nach der Berliner Späth-Baumschule benannt.
speciosa: Prächtig, ansehnlich.
spectabilis, -e: Ansehnlich; von lat. *spectare* = anschauen.
«Spek»: Nach dem deutschen Baumzüchter Spek benannt.
Spinosa: Dornig, stachelig.
«Spiralis»: Spiralig gewunden.
splendens: Glänzend.
spontanea: Wildwachsend.
squamata: Mit Schuppen versehen.
«Squarrosa»: Sparrig, knorrig.
standishii: Zu Ehren von John Standish 1809–1875, Baumzüchter in Surrey GB, der neuentdeckte Pflanzen aus China und Japan in der Baumschule von Robert Fortune ansiedelte.
stellata: Sternstrahlig.
stenoptera: Mit schmalen Flügelgebilden.
Stewartia: (auch Stuartia) zu Ehren von John Stuart 1713–1792, Earl of Bute, begeisterter Pflanzen- und Baumfreund.
«Stricta»: Straff, dicht.
strobus: Altlat. Name für Weihrauch liefernden Baum. Heute für Weymouths-Kiefer *(Pinus strobus)*.
styraciflua: Storax liefernd.
Styrax: Griech. Name für Storaxbaum, abgeleitet aus dem Hebräischen.
suaveolens: Wohlriechend; von lat. *suavis* = süß und *olens* = duftend.
suber: Kork.
subhirtella: Mit kurzen Borsten versehen; lat. *hirtus* = borstig.
«Suecica»: Schwedisch.
sylvatica, sylvestris: Von Linné gebrauchte Form für lat. *silvestris* = in Wäldern wachsend; *silva* = Wald.

T

taeda: Altlat. Name für harzende Bäume, deren Holz für Fackeln verwendet wurde; *taeda* = Fackel.
Taiwania: Von Taiwan (Formosa).
tataricum: Aus der Tatarei (mittelalterl. Name für Inner-Hochasien) stammend.
Taxodium: Sumpfzypresse; von lat. *Taxus* = Eibe und griech. *eidios* = Ähnlichkeit. Das Laub vieler Sumpfzypressen-Arten ist dem der Eibe ähnlich.
Taxus: Altlat. Name für Eibe.
Tetraclinis: Von griech. *tetra* = vier und *kline* = Bett; hinweisend auf die Blätter, die zu viert zusammenliegen.
«Tetragona Aurea»: Von griech. *tetragonia* = Viereck und lat. *aurum* = Gold.
tetraptera: Vierflügelig; von griech. *tetra* = vier und *pteron* = Flügel.
thomsonii: Zu Ehren von Thomas Thompson 1817–1878, schottischer Arzt und Oberaufseher des Botanischen Gartens Kalkutta.
Thuja: Lebensbaum.
Thujopsis: Ähnlich → Thuja
thunbergii: Zu Ehren von Carl Peter Thunberg 1743–1828, studierte bei Linné und war später Botanik-Professor an der Universität Uppsala S, sammelte Pflanzen in Japan und Batavia.
thuringiaca: Aus Thüringen D stammend.
thyoides: Dem → Thuja ähnlich.
tibetica: Aus Tibet stammend.
Tilia: Lat. Name der Linde.
tobira: Japan. Name für den Chinesischen Klebsamen *(Pittosporum tobira)*, *tobira* = Türflügel.
tomentosa: Filzig.
toringoides; Ähnlich dem Toringo
torminalis: Lindert Magen- und Darmkolik; von lat. *tormentum* = Bauchweh.
Torreya: Zu Ehren von John Torrey 1796–1873, einer der hervorragendsten amerikanischen Botaniker, welcher viele Tausende von Pflanzen beschrieben hat, die Entdekker und Sammler aus unerforschten Gebieten gebracht hatten. Mitautor des Buches von Asa Gray *The Flora of North America*.
torreyana → Torreya.
«Tortuosa»: Gewunden.
totara: Neuseeländischer Dialektname.
Trachycarpus: Hartfrüchtig; von griech. *trachys* = hart und *karpos* = Frucht.
tremula: Zitternd; lat. *tremere* = zittern.
tremuloides: Ähnlich der Zitterpappel, Espe *(Populus tremola)*.
triacanthos: Dreistachelig.
triandra: Jede Blüte hat 3 Staubgefäße.
Arichocarpa: Mit behaarten Früchten; lat. *thrichos* = Haar.
trichotumum: Unterteilungen in der Dreizahl.
triflorum: Dreiblumig; lat. *tri* = drei und *flora* = Blume.
trifoliata: Dreiblätterig.
triloba: Dreilappig.
«Triomf van Boskoop»: Baumschule in Holland.
«Tristis»: Traurig.
tschonoskii: Zu Ehren von Tschonoski (Chonosuke Sukawa) 1841–1925, sammelte Pflanzen in Japan für Maximowicz.
Tsuga: Japan. Name für Sprossentanne. In Amerika *Hemlock* (= Schierling) genannt; nichts mit giftigem Schierling zu tun.
tulipifera: Tulpen tragend.
turbinata: Kreiselförmig; lat. *turbo, turbinis* = Kreisel.
typhina: Ähnlich dem Rohrkolben *(Typha)*.

U

«Ukon»: Aus dem Japan. für gelb.
ulmoides: Ähnlich der Ulme *(Ulmus)*.
Ulmus: Lat. Name der Ulme.
Umbellularia: Dolden bildend; der Blütenstand ist als Dolde ausgebildet.
«Umbraculifera»: Schirmtragend; von lat *umbraculum* = Sonnenschirm.
undulatum: Wellig gebogen; von lat *undula* = Welle.
unedo: Lat. Artname des Erdbeerbaumes *(Arbutus unedo)*; aus folgenden Wörtern zusammengesetzt (nach Plinius): *«unum tantum edo»* = man ißt nur eine (der sauren Früchte).
ussuriensis: Aus dem Gebiet des Ussuri (Fluß in Ostasien) stammend.

V

variabillis: Wechselnd, veränderlich.
variegata, -um: Bunt, gescheckt.
vegeta: Frisch, lebhaft.
veitchii: Zu Ehren der Familie Veitch, Baumschulbesitzer in Exeter, Devon und Chelsea, London. Die ursprüngliche Baumschule ist seit 1854 in Exeter, die zweite seit 1854 in Chelsea.
velutina: Samtartig; von franz. *velours* = Samt.
vera: Echt.
verniciflua: Firnis abscheidend; lat. *vernix* = Firnis.
verticillata: Quirlständig.
vestita: Bekleidet.
Viburnum: Lat. Name für Schneeball.
vilmoriniana, -ii: Zu Ehren des französischen Baumzüchters Vilmorin-Andrieux.
viminalis: Rutenförmig.
«Violaceae»: Veilchenblau.
virginiana: Aus Virginia USA stammend.
virginicus → virginiana.
viridis: Grün.
viscosa: Klebend.
«Vitellina»: Eigelbfarben; lat. *vitellus* = Eidotter.
«Vitifolium»: Blätter ähnlich der Weinrebe *(Vitis)*.
vomitoria: Brechreiz hervorrufend.
vossii: Zu Ehren von Andreas Voss 1857–1924, deutscher Baumzüchter.
«Vranja»: Benannt nach Vranje, Jugoslawien.

W

wallichiana: Zu Ehren von Nathaniel Wallich 1786–1854, dänischer Arzt und Botaniker, der 1814–1841 die Oberaufsicht über den Bot. Garten in Kalkutta bekam.
Washingtonia: Zu Zu von George Washington 1732–1799, erster Präsident der USA.
watereri: 1. Nach der Baumschule John Waterer Sons & Crisp Ltd. Twyford, Berkshire im Falle von *Laburnum anagyroides* x watereri. 2. Zu Ehren des Baumzüchters Waterer in Surrey im Falle von *Cotoneaster frigidus* x watereri.
wilsonii: Zu Ehren von Ernest Henry Wilson 1876–1930, erfolgreicher Pflanzensammler, der ausgedehnte Reisen nach China unternahm und später Leiter des Arnold-Arboretums wurde.
«Wissellii»: Zu Ehren des deutschen Baumzüchters Wissel.

X

«Xanthocarpa»: Gelbe Früchte tragend.

Y

yedoensis: Von Tokio (früher Yedo) Japan.
«Youngii»: Zu Ehren der Familie Young, Baumschulbesitzer in Epsom Surrey GB seit der ersten Hälfte des 19. Jh.
Yucca: Vom karibischen Namen für *cassava*, einer Pflanze aus der Familie der *Euphorbia*.
yunnanensis: Von Yunnan stammend.

Z

«Zebrina»: Zebraartig gestreift.
Zelkova: Dialektname aus dem Kaukasus-Gebiet, wo dieser Baum seine Heimat hat.

Register der Personen, Orte und Begriffe

Register der deutschen und lateinischen Baumnamen

Dieses Register enthält die deutschen und die botanischen (lateinischen) Namen der Bäume. Den **Riesenlebensbaum** zum Beispiel findet man zunächst unter dem Stichwort Lebensbaum. Dahinter ist mit «→» (siehe) auf den botanischen Namen *Thuja* verwiesen. Unter diesem Stichwort folgen sodann allgemeine Angaben zu dieser Gattung. Die Beschreibung der speziellen Art **Thuja** *plicata* folgt unter – *plicata.* Die Seitenzahlen – bei unserem Beispiel ***102–103*** – verweisen auf die ausführliche Darstellung im Hauptteil des Werks.
Die Winterhärte-Zonen – zum Beispiel «Zone 9» –, auf die bei den meisten Arten hingewiesen wird, sind auf den Seiten 30 und 31 zusammengestellt.
Das Zeichen «x» vor einem Namen bezeichnet natürliche Hybriden, das Zeichen «+» Pfropfbastarde.
Die Klassifizierungen «groß», «mittel» und «klein» für die Blattgröße bedeuten:
groß: größer als 17 cm,
mittel: 5 bis 17 cm,
klein: bis zu 5 cm.
Die angegebene Höhe entspricht dem ausgewachsenen Baum in seiner Heimat. Aus Platzgründen sind einzelne geographische Abkürzungen verwendet worden, zum Beispiel Z = Zentral, O = Ost.

A

Abies ***78–81,*** 262, 263 Tannen. Immergrüne Nadelhölzer, groß, meistens konisch. Nadeln entweder verteilt um den Zweig oder zweizeilig bis kammförmig, vorwärts gerichtet, oft gekerbt an der Spitze, nach Terpentin riechend, wenn zerrieben. Geschlechter getrennt am gleichen Baum: männliche Blüten in Büscheln auf der Unterseite der Zweige, oft hell gefärbt; weibliche Blüten aufrecht, einzeln, endständig, kugelig bis länglich. Zapfen mit gespreizten Schuppen, zylindrisch, aufrecht auf den Zweigen, am Baum zerfallend und eine Spindel hinterlassend. Zapfenbildung von Jahr zu Jahr verschieden, kann auch ausbleiben. Samen geflügelt. Borke gewöhnlich harzhaltig. Tannen meiden flachgründige Kalkböden. Empfindlich gegen Insektenschäden wie Wolläuse und Nadelrost in Europa und Amerika.

– alba ***80, 81,*** 254 Weißtanne, Europa, Zone 4, oft bis 45 m hoch werdend, mit weitausladenden waagrecht abstehenden Ästen. Nadeln kammförmig gescheitelt, obere Nadeln etwas kürzer (als untere). Dunkelgrün glänzend. Zapfen rund um den Gipfel des Baumes, blassgrün braunrot werdend. Junge Nadeln empfindlich gegen Spätfrost. Heute vom «Tannensterben» bedroht. In 20 Jahren 10 m.

– amabilis ***79,*** 83, 255 Purpurtanne, W. USA, Zone 5, bis 75 m. Nadeln abgeflacht, gehäuft auf der Oberseite der Zweige, mit stechender Spitze, unterseits mit 2 leuchtend weißen Stomatabändern, stark aromatisch duftend. Zapfen dunkel purpur. Auf den meisten Böden, außer auf Kalk. Verlangt tiefgründigen Boden oder hohe Niederschläge. In 20 Jahren 10 m.

– balsamea 42, ***78,*** 255 Balsamtanne, O. Kanada, USA, Zone 3, bis 25 m. Schmale Krone. Nadeln flach, dunkelgrün oberseits, weißlich an der Spitze, silbrigweiß unterseits, sehr wohlriechend (aromatisch). Zapfen purpur. Nicht geeignet auf Kalk. In 20 Jahren 4–5 m.

– borisii-regis ***255*** Kräftiger, großer Baum von der Balkan-Halbinsel.

– bracteata ***79,*** 255 Santa-Lucia-Tanne. Gebirge von S. Kalifornien, Zone 7, bis 45 m. Breit-konische Form mit hängenden Zweigen. Knospen hell, dünn, konisch. Nadeln lang, kammförmig gescheitelt, starr, mit stechender Spitze, weiße Spaltöffnungslinien unterseits. Auf tiefgründigen Böden. In 20 Jahren 9 m.

– cephalonica ***80, 81*** 254 Griechische Tanne. Gebirgsregionen Griechenlands, Zone 5, bis 30 m, breit-konisch, meist mehrstämmig. Nadeln teils radial, teils gescheitelt, etwas nach vorn gerichtet, dunkelgrün glänzend auf der Oberseite, unten 2 weiße Stomatalinien, stechend. Männliche Blüten in dichten Büscheln an den Trieben. Zapfen oft im Gipfel, braun bis hellrot, stark harzig. Jungtriebe meist mit Frostschäden. Ziemlich krankheitsresistent, erträgt Kalk. In 20 Jahren 8–9 m.

– cilicica ***254*** Vom Mount Lebanon (Kleinasien), ähnlich wie *A. nordmanniana.* Schmale Krone, bis zum Boden beastet.

– concolor ***79,*** 255, 263 Coloradotanne, Gleichfarbige Tanne SW. USA, Zone 4, bis 50 m, schmal. Nadeln 5–8 cm lang (länger als bei anderen Tannen), blaugrau, mattgrün mit dem Alter. Zapfen länglich, violett, werden zuerst olivegrün. In 20 Jahren 9 m.

«Candicans» ***72, 263*** Stattliche Form. Nadeln silbergrau bis weißlich.

lowiana ***79,*** 255 Lowtanne, SW. USA, Zone 6, bis 75 m. Nadeln horizontal abstehend und aufwärts gebogen, dunkel blaugrau oder grün; Zapfen grün, mit dem Alter braun, groß, glatte Walzen. In 20 Jahren 14 m.

«Violacea» ***79*** Nadeln wächsern blaugrün.

– delavayi ***254*** W. und Z. China, Zone 7, bis 40 m. Dichte Anordnung der Nadeln, hellgrün auf der Oberseite, unterseits weiß schimmernd. Zapfen dunkel bläulich-violett (später schwarzbraun). Knospen harzig.

– delavayi forrestii ***80, 81*** Forrests Tanne, W. China, Zone 7, 18–20 m. Zapfen tief blau. In 20 Jahren 12 m.

– fargesii ***81*** W. und Z. China, Zone 5, bis 30 m. Mit dicken Ästen. Nadeln lang, horizontal zwei- oder mehrzeilig, obere Reihe halb so lang wie untere. Zapfen purpur bis rotbraun. In 20 Jahren 10 m.

– firma ***255*** Momi-Tanne, S. und Z. Japan, bis 50 m. Habitus pyramidal. Nadeln glänzend grün, dick und steif. Borke rötlich.

– fraseri ***78,*** 255 Frasertanne, SO. USA, Zone 4, 15–20 m, offen. Nadeln kurz, dunkel, glänzend blaugrün, unterseitig mit 2 breiten Stomatalinien. Zapfen purpur. Krankheitsanfällig.

– grandis 26, 27, ***78, 79,*** 255 Große Küstentanne, Kalifornische Tanne, W. USA, Zone 6, bis 75 m. Kegelförmige Krone, mit dem Alter abgerundet, manchmal mehrstämmig. Nadeln gescheitelt, flachstehend, hellgrün oberseits, unten 2 weiße Stomatabänder. Zapfen grünlichbraun, im Sommer braun. Mäßig kalkliebend. Außerordentlich kräftig, auf verschiedenen Böden. In 20 Jahren 17 m.

– holophylla ***81,*** 255 Mandschurei, Korea, Zone 5, 30–45 m, schmal kegelförmig oder auseinanderwachsend. Nadeln mittellang, hellgrün, 2 graugrüne Stomatabänder auf der Unterseite, scharf spitzig. Zapfen grün, wenn reif braun.

– homolepis ***80, 81,*** 262 Nikkotanne, Japan, Zone 4, bis 40 m. Nadeln unterseits streng gescheitelt, die oberen V-förmig angeordnet, oben dunkelgrün glänzend, unten mit 2 auffallend weißen Streifen. Zapfen purpur, braun im Zustand der Reife. Robust, anpassungsfähig, widerstandsfähig gegen Randimmissionen. In 20 Jahren 8 m.

– kawakamii ***254*** Formosa; eher klein mit weißer Borke.

– koreana ***80, 81,*** 254 Koreanische Tanne, Korea, Zone 5, bis 12 m, kegelförmig oder niederliegend buschig. Nadeln fast ganzen oberen Teil des Sprosses bedeckend, aufwärts gekrümmt, oberseits schwarzgrün, 2 weiße Stomatabänder unterseits. Männliche Blüten an Seitenästen, eiförmig, dunkel rotbraun; weibliche Blüten dunkelrot bis purpur oder rosa bis hellgelb. Zapfen in reichlicher Anzahl von Jugend an, dunkelpurpur. In 20 Jahren 3 m.

– lasiocarpa 26, 27, ***78, 79*** Felsengebirgstanne, Westamerikanische Balsamtanne, W. USA, Zone 2, oft bis 40 m. Schmale bis säulenförmige Krone. Nadeln nicht deutlich gescheitelt, mittlere Länge, kürzer an höheren Zweigen, matt blaugrün. Zapfen dunkelpurpur. Samen mit einem glänzenden purpurnen Flügel. Gedeiht nicht gut auf Kalk, da *Adelges* gichtartige Schwellungen an den Trieben verursacht.

arizonica ***79*** Arizonatanne, Korktanne, Arizona, Zone 2, 30–40 m, zierlich kegelförmig, blauer Baum. Nadeln 2,5 cm lang, blaugrau gestreift auf beiden Seiten, flach, aufwärts gekrümmt, kammförmig gescheitelt. Zapfen dunkelpurpur. Samen mit purpurnem Flügel. Auf verschiedenen Böden gedeihend. In 20 Jahren 4–5 m.

– magnifica ***79,*** 255 Pracht-Tanne, W. USA, Zone 5, bis 60 m, schlank. Nadeln blau bis blaugrün, später viereckig, untere horizontal, obere Nadeln aufwärts gekrümmt. Zapfen purpurbraun. Meidet Kalk. In 20 Jahren 9 m.

shastensis ***79*** Shastatanne, Zone 5, bis 38 m. Nadeln mit rautenförmigem Querschnitt, gekrümmt.

– mariesii ***81*** Japan, Zone 5. Bis 24 m. Nadeln 2,5 cm lang, glänzend dunkelgrün, 2 weiße Stomatalinien unterseits. Zapfen violettblau am Anfang, später dunkelbraun oval.

– nebrodensis ***254*** Kleine Tannenart von Sizilien.

– nordmanniana ***80, 81*** 254, 262 Nordmannstanne, W. Kaukasus, Zone 4. Bis 60 m, pyramidal, säulenförmig werdend, mit Spitze oder abgeflacht. Hellgrüne Nadeln vorwärtsgerichtet, 2 Reihen auf den unteren Seiten der Zweige, obere Reihe kürzer. Zapfen blaßgrün, braun werdend, harzig. Leidet an Trieblaus und z.T. an Spätfrösten. In 20 Jahren 10 m.

– numidica ***80,*** 254 Numidische Tanne, O. Algerien, Zone 6, 21–30 m, pyramidal. Nadeln kurz, Spitze abgerundet bis ausgerandet, abgeplattet, steif, breit und dick, dunkelgrün glänzend, weitgehend grau um den Zweig herum, nach oben gekrümmt. Zapfen braun. Beste *Abies*-Art in Siedlungsgebieten.

– pindrow ***81,*** 254 Afghanistan bis Neapel, Zone 6. Bis 60 m. Schmal, pyramidal mit kurzen Ästen, breitere Form mit dem Alter. Nadeln dünn, 5–7,5 cm lang, oft zweispitzig, dunkelgrün glänzend. Zapfen tief purpur, braun werdend. Verlangt hohe Niederschläge und kühle Sommer.

– pinsapo ***80,*** 254 Spanische Tanne. Südspan. Gebirge 1100 m bis 2000 m ü.M., Zone 6. Bis 30 m, breite, pyramidale Krone, mit der Zeit unregelmäßiger werdend. Nadeln rund um den Zweig, sehr kurz, stumpf, breit, gerade oder wenig gebogen, auffällige Stomatalinien beidseitig. Männliche Blüten reichlich, rund, unterhalb des Triebes, dunkelrot, im Spätfrühling blühend. Zapfen in eine Spitze verlaufend, purpurbraun. Erträgt Kalk und Trokkenheit. In 20 Jahren 7–8 m.

– procera ***78, 79,*** 255 Amerikanische Edeltanne, Silbertanne, W. USA, Zone 5. Bis 90 m. Kuppelförmig gewölbt. Nadeln leicht viereckig im Querschnitt, flacher als bei *A. magnifica;* mit Spitze, gehäuft auf der Oberseite der Zweige, blaugrün. Zapfen olivgrün bis purpur. Meidet Kalk. In 20 Jahren 9–15 m.

– religiosa ***255*** Tannenart von Mexiko und Guatemala. Winterhart in S. England und ähnlich milden Gebieten.

– sibirica ***255*** Sibirische Tanne.

– spectabilis ***81,*** 254 Himalaja-Tanne, Himalaja, Sikkim, Bhutan, Zone 7. Bis 45 m (60 m), säulenförmig ähnlich wie Zypresse, z.T. Spitze abgeflacht. Nadeln ziemlich steif, dicht, meist zweizeilig, leicht nach vorne gebogen. Zapfen blaß graublau, mit zunehmendem Alter matt werdend, dunkelpurpur im Winter. Spätfrostempfindlich. In 20 Jahren 10 m.

– squamata ***254*** W. China, kleinere Tannenart mit abschilfernder brauner Borke.

– sutchuenensis ***254*** «Szechwan Tanne», kleine Tannenart, aus W. China, selten in Kultur.

– veitchii ***81*** Veitch-Tanne, Z. Japan, Zone 3, 18–21 m (bis 40 m). Nadeln wie *A. nordmanniana,* aber weicher. Männliche Blüten orange, sehr klein, rund und rotbraun werdend. Weibliche Blüten rot und zylinderartig. Zapfen purpurblau bis braun. Stamm tief gefurcht. Meidet Kalk, gedeiht in halbstädtischen Bedingungen. In 20 Jahren 12 m.

– vejari ***255*** «Silbertanne» von Mexiko, ähnlich wie *A. religiosa.*

Acacia ***208, 209, 211,*** 262 Akazien. Meist immergrüne Laubbäume und -sträucher. Blätter gewöhnlich doppelt gefiedert, oft ersetzt durch abgeflachte Phyllodien, die aus Blattstielen hervorgegangen sind. Blüten zweigeschlechtig, gelb; Winter oder Frühling. Voll Sonne, saure oder neutrale, trockene Böden. Empfindlich.

– baileyana ***211,*** 263 Cootamundra-Akazie. Australien, Zone 10. 6 m oder mehr, oft Trauerwuchs. Blätter aus unzähligen, langen, schmalen Fiederblättchen zusammengesetzt, schräg zugespitzt, immergrün, wachsig, silbrige Blüten: Büschel von kleinen rundlichen Köpfchen. Früchte 5–8 cm lang, in Hülsen.

– dealbata 209, ***210, 211,*** 252, 255, 263 Silberakazie. Australien, Zone 8/9. Bis 15 m. Schirmförmig. Blätter farnartig, flaumig, silbriggrün. Blüten: Büschel von kleinen, runden Köpfchen, wohlriechend. Samenhülsen flach, 5–7,5 cm lang, blauweiß. Sonne liebend, frostempfindlich bei starken und langen Frösten. In 20 Jahren 15 m.

– longifolia ***211,*** 263 Sydney-Akazie. Australien, Zone 8/9. Bis 6 m, schirmförmig. Blätter lang, lanzettlich, einfach, immergrün, lederig, dunkelgrün. Blüten klein, runde Köpfchen, hellgelb, in 5–8 cm langen Ähren. Samenhülsen 7–10 cm lang. Ziemlich kalkertragend.

Acer ***226–233, 263*** Ahorne. Laubwerfende oder selten immergrüne Bäume. Blätter gegenständig, einfach, meist gelappt, manchmal handförmig oder gefiedert, oft mit leuchtender Herbstfärbung. Gattung polygam oder zweihäusig. Blüten in Rispen, Trauben oder Dolden, ein- oder zweigeschlechtig. Früchte aus 2 einsamigen Spaltfrüchten (Nüßchen) zusammengesetzt. Wenig krankheitsanfällig. Auf den meisten Böden.

– amplum ***254*** Kleine Ahornart von Z. China mit glänzendgrünen Stämmen.

– argutum ***255*** Kleine japanische Ahornart mit 5lappigen Blättern. Auffällige Blattrippen.

– buergeranum ***231,*** 254, 262 Dreizackahorn. O. China, Japan, Zone 6. 6 m, rundlich. Blätter 3lappig, einfach, hellgrün oben, blasser, wächsern auf der Unterseite, gezähnt, gestielt. Blüten in flachen Rispen.

– campbellii ***254*** Mittelgroße himalajische Ahornart. Blätter gelappt.

– campestre ***233,*** 263 Feldahorn, Maßholder. Europa (inkl. Brit. Inseln), W. Asien, Zone 5–6. Bis 15 m. Rundliche Krone, dicht, 5lappige Blätter, 10 cm im Querschnitt, unterseits flaumig, gelblich im Herbst. Kleine grüne Blüten in kleinen Rispen: anfangs Mai. Flügel 2,5 cm lang, behaart. Wächst auf Kalk. In 20 Jahren 9 m.

postelense ***233*** Europa (inkl. brit. Inseln), W. Asien, Zone 5–6. Bis 8 m, rundliche Krone. Blätter goldgelb im Frühling, im Herbst sich reingelb, manchmal mit Rotschimmer verfärbend.

– capillipes ***255,*** 263 Kleine Ahornart aus Japan (Schlangenhautborke).

– cappadocicum ***233,*** 254 Kappadozischer Ahorn. Kaukasus, W. Asien bis Himalaja, Zone 5 oder 6. Bis 20 m, auseinanderstrebend. Blätter 5–7lappig, 7,5–15 cm

Herbst. Kleine gelbe Blüten. Früchte in Rispen. Schattenertragend. In 20 Jahren 90 m.

«Rubrum» *233* Neue Triebe blutrot.

– ***carpinifolium*** *230, 231,* 255 Hainbuchenahorn, Japan, Zone 5. Bis 10 m, vasenförmig, häufig mehrstämmig. Blätter gegenständig, sonst hornstrauchähnlich ungelappt, 7,5–10 cm lang, goldbraun im Herbst. Grüne Blüten in ährigen Rispen. Spaltfrüchte mit gekrümmten Flügeln. In 20 Jahren 4–5 m.

– ***caudatum*** *254 (A. papilio)* O. Himalaja. Ahorn mit 5lappigen, gezähnten Blättern.

– ***circinatum*** *228, 229,* 255, 262 Weinblattahorn W. USA, Zone 5. Kleiner Baum bis 12 m, strauchförmig, oft mehrstämmig. Blätter fast kreisrund, 7–9 Lappen, orange bis rot im Herbst. Blüten weiß bis purpur in hängenden Trauben: Ende April. Rote Früchte. Schattenertragend. In 20 Jahren 4–5 m.

– ***cissifolium*** *255* Kleine japanische Ahornart mit 3teiligen bronzefarbigen Blättern.

– ***crataegifolium*** *255* Japan, Zone 5. Klein, vasenförmig, bis 10 m. Blätter variabel, flache Lappen. Gelblichweiße Blüten in kleinen aufrechten Rispen: April. Gestreifte Borke. In 20 Jahren 4–5 m.

– ***davidii*** *231,* 254, 263 China, Zone 6. Bis 15 m, rundliche Krone. Ovale gespitzte, bis 20 cm lange Blätter, dunkel glänzendgrün, gelb und purpur im Winter. Früchte grün mit Rotschimmer im Herbst, an den Zweigen hängend. Borke grünweiß gestreift. In 20 Jahren 9 m.

– ***diabolicum*** *231,* 255 Japan, Zone 5. Bis 12 m, groß, 5lappige Blätter, gelbe Blüten: April, in hängenden Trauben. Stachlige, rote Früchte.

purpurascens *231* Japan, Zone 5. Bis 9 m, runde Krone, junge Blätter, purpur im Herbst. Hängende Trauben von rosaroten Blüten im Frühling. Junge Früchte purpur, stachelig. In 20 Jahren 4–5 m.

– ***distylum*** *255* Größere japanische Ahornart, einfache Blätter, anfangs rosarot.

– ***divergens*** *254* Ähnlich wie *A. campestre*. Blätter 3- oder 5lappig.

– ***ginnala*** *231* Amur-Ahorn. China, Zone 2. Bis 6 m, aufrecht, rundliche Krone, dicht beastet, kräftig; 3lappige Blätter mit gezähntem Rand, leuchtend dunkelgrün oberseits, scharlach im Herbst. Früchte rot und auffällig. Blüten gelblichweiß, sehr wohlriechend: Mai. In 20 Jahren 4–5 m.

– ***giraldii*** *231* Yunnan, Zone 6. Mittelgroßer bis großer, ziemlich plumper Baum. Breitgelappte Blätter, platanenähnlich, bläulich-weiß und gerippt unterseits. Hängende Trauben von großen Früchten. Helle Herbstfarbe. In 20 Jahren 7–5 m.

– ***griseum*** *230, 231,* 263 Grauahorn, Z. China, Zone 5. Bis 9 m, Blätter zusammengesetzt, 3 Blättchen an einem flaumigen Stiel, scharlach im Herbst. Behaarte Flügel. Auffälligster 3blättriger Ahorn. In 20 Jahren 4–5 m.

– ***grosseri*** *231,* 263 Z. China, Zone 6. Klein, bis 6 m. Blätter manchmal gelappt, gezähnt. Schöne Herbstfärbung. Früchte in langen hängenden Trauben.

– ***heldreichii*** *254* Ahorn mittlerer Größe mit tief 3lappigen Blättern.

– ***hersii*** *231,* 254, 263 Z. China, Zone 5. Bis 9 m. Blätter gewöhnlich 3lappig oben, intensiv dunkelgrün, unten blasser. Früchte in hängenden Trauben. Junge Borke weiß gestreift. Sehr ähnlich wie *A. grosseri*, aber häufiger anzutreffen, da weniger frostempfindlich. In 20 Jahren 9 m.

– ***hyrcanum*** *254* Kleine Version von *A. opalus* aus dem östlichen Mittelmeer.

– ***japonicum*** *230, 231,* 255, 262, 263 Japanischer Ahorn. Japan, Zone 5. Kleiner buschiger Baum, bis 9 m, abgerundete Krone. Blätter 5–12 cm lang, rundlich, 7–11 Lappen, hellrot im Herbst. Purpurrote Blüten: April. Früchte in Rispen. Am besten im Schutze anderer Bäume gedeihend. In 20 Jahren 3 m.

«Aconitifolium» *230,* 262 Japan, kleiner Baum oder großer Busch. Blätter tief eingeschnitten und gespalten, weiches grün, im Herbst karmesinrot. Blüten rot, in hängenden Trauben. Gedeiht vorzüglich in feuchten, gut drainierten Böden, windgeschützt.

«Aureum» 230, 262 Japanischer Goldahorn, Japan, 3–4 m. Goldgelbe Blätter (durch Versengen der Blätter in der vollen Sonne). Langsamwüchsig.

«Vitifolium» *230, 231,* 262 Rebenblättriger Ahorn. Große fächerartige Blätter mit 10–12 Lappen. Schöne Herbstfärbung.

– ***lobelii*** *254* Aufrechte Form des kaukasischen Ahorns *(A. cappadocicum)*.

– ***macrophyllum*** *228, 229,* 255, 262 Großblättriger Oregonahorn. W. USA, Zone 6 bis 30 M, rundl. Krone. Blätter 15–30 cm im Querschnitt, dunkelgrün glänzend, orange und scharlach im Herbst. Blüten klein, gelb, in Trauben, wohlriechend: Mai Früchte hängend. In 20 Jahren 10 m.

– ***mandshuricum*** *255* Mandschurei, Japan, ähnlich *A. nikoense*, Blattstiele karminrot, Blätter dreiteilig. Teilblättchen lanzettlich, gekerbt.

– ***miyabei*** *255* Kleinere Version des Spitzahorns.

– ***mono*** *255* Größerer japan. Ahorn mit gelappten Blättern, die sich im Herbst gelb färben.

– ***monspessulanum*** *233,* 254, 263 Montpellier-Ahorn. S. Europa, W. Asien, Zone 5. Bis 9 m, rundlicher Habitus. Blätter 3lappig, einfach, weich, dunkelgrün auf der Oberseite, unten blasser. Blüten in hängenden, losen Trauben, grünlich. Spaltfrüchte rot, reichlich.

– ***negundo*** 42, 64, *228, 229, 230,* 255, 263 Eschenahorn, N. Amerika, Zone 2. Bis 20 m, ausgebreiteter Habitus. Blätter zusammengesetzt aus 3–5 Blättchen, hellgrün oberseits, unten blasser, zweihäusig. Männliche Blüten in dichten Büscheln, weibliche in dünnen hängenden Trauben. Früchte mit spitzwinklig zueinander stehenden Flügen. In 20 Jahren 6 m.

«Elegans» (oder **«Elegantissimum»**) *228,* 262 Blätter mit hellgelbem Rand. Junge Zweige weißglänzend.

«Variegatum» *228* Blätter weiß und grün.

– ***nigrum*** *228* Schwarzahorn. O. Nordamerika, Zone 3. Bis 36 m. Blätter 3-, zeitweilig 5lappig, einfach, unterseits behaart, blaß, oberseits matt grün. Blüten in hängenden Trauben, blaß grün. Früchte glatt.

– ***nikoense*** *231,* 254, 262 Nikko-Ahorn. Japan, Z. China, Zone 5. Bis 15 m, rundliche Krone, vasenartige Stämme. Blätter zusammengesetzt mit kräftigem, behaartem Blattstiel, leuchtend rot oder purpur im Herbst. Gelbe Blüten zu dritt an behaartem, hängendem Stiel. Spaltfrüchte mit behaarten Nüßchen. In 20 Jahren 6 m.

– ***opalus*** *233,* 252, 254, 262, 263 Stumpfblättriger oder Schneeballblättriger Ahorn. S. Europa, Zone 5. Bis 15 m, rundlicher Habitus. Blätter 6–12 cm breit, 5 flache Lappen, gezähnt, dunkelgrün und unbehaart oben, blasser und behaart unterseits. Büschel von kleinen gelben Blüten: März. In 20 Jahren 6 m.

– ***palmatum*** *230,* 255, 262, 263 Fächerahorn, Japan, Z. China, Korea, Zone 5. Bis 7 m. Kleiner rundlicher Habitus. Hellgrüne Blätter, 5–7 gezähnte Lappen, bronzefarben bis purpur im Herbst. Kleine purpurne Blüten an aufrechten Stielen. Ziemlich kalktolerant, benötigt Windschutz. Bevorzugt feuchte drainierte Lehmböden. In 20 Jahren 4–5 m.

«Atropurpureum» *230,* 262 Blätter mit 5–7 Lappen. Karminrot bis purpur im Sommer. In 20 Jahren 6 m.

«Dissectum» *230,* 262 Bis 3 m. Kuppelartig, farnähnlich. Grüne Blätter mit 7, 9 oder 11 Lappen. Langsam wachsend.

«Dissectum Atropurpureum» *230* wie oben. Blätter tief eingeschnitten, purpur.

«Heptalobum Osakazuki» *230,* 262 Vielleicht der Fächerahorn mit der schönsten Färbung.

«Linearilobum» 230, 262 Blätter geteilt in schmale Lappen, wenig gezähnt, rötlich in jungem Zustand, grün im Sommer.

«Senkaki» 230, 263 Busch oder kleiner Baum. Junge Zweige korallenrot, im Winter zur Geltung kommend. Blätter im Sommer gelb.

– ***pensylvanicum*** *228, 229,* 255, 263 Streifenahorn, O. Nordamerika, Zone 3. Bis 12 m. Offene und unregelmäßige Krone. Junge Stämme grün, später grün-weiß gestreift. Blätter 3lappig. Blüten gelb in hängenden Trauben: Mai. Meidet Kalk. In 20 Jahren 6 m.

«Erythrocladum» *229* Junge Wintersprosse rosarot, kennzeichnend.

– ***platanoides*** *232, 233,* 252, 254, 262, 263 Spitzahorn, Europa, Kaukasus, Zone 3. Bis 30 m. Rundliche Krone. Hellgrüne Blätter, 5lappig, 10–17 cm breit, gelb im Herbst. Kleine gelbe Blüten in Büscheln: später April. In 20 Jahren 10 m.

«Columnare» *262* Aufrechte Säulenform, kegelförmig mit dem Alter; Blätter kleiner mit stumpferen Lappen als *A. platanoides*.

«Dissectum» *262* Gelappte Blätter mit welligen Rändern und geraden Spitzen.

«Erectum» *262* Schmale pyramidale Form mit kurzen aufsteigenden Ästen. Blätter größer und stärker als bei *A. platanoides*. Langsam wachsend.

«Faasen's Black» *233* Blätter wie *A. platanoides* «Goldsworth Purple».

«Laciniatum» *262* Großer, aufrechter Baum. Blätter keilförmig an der Basis: Lappen mit krallenartigen Spitzen.

«Lorbergii» *262* Mittelgroßer Baum, handförmige Blätter, blaßgrün.

«Reichenbachii» *233* Mittlere Größe, Blätter zuerst rot, später grün, im Herbst erneut rot.

– ***pseudoplatanus*** *232, 233,* 254, 262, 263 Bergahorn, Europa, W. Asien, Zone 5. Bis 30 m, ausgebreitete Form. Blätter gewöhnlich 5lappig, oben dunkelgrün, unten blasser. Gelbgrüne Blüten in großen hängenden Trauben. Früchte in Büscheln. Gedeiht auf exponierten Stellen. Bodenansprüche gering. In 20 Jahren 10 m.

«Brilliantissimum» *232, 233,* 262 Kleiner dichter Baum, junge Blätter rosarot, später gelbgrün, dann grün. In 20 Jahren 4 m.

«Purpureum» (**«Spaethii»**) *232,* 262 Blätter dunkel purpurrot auf der Unterseite.

«Worleei» *232,* 262 Baum mittlerer Größe, Blätter gelbgrün in jungem Zustand. Blattstiele rötlich. In 20 Jahren 6 m.

– ***rubrum*** 42, *226, 228, 229,* 255, 263 Rotahorn, O. Nordamerika, Zone 3. Bis 36 m, kugelige Krone, dichtes Blattwerk. Blätter mittellang mit 3 bis 5 gezähnten Lappen, dunkelgrün glänzend oben, unten matt metallisch: Kleine rote Blüten an dünnen Stielen: früher Frühling. Hellrote Früchte in hängenden Trauben. In 20 Jahren 10 m.

«Columnare» *228,* 262 Säulenförmiger roter Ahorn, groß, aufrecht.

– ***rufinerve*** *231,* 255 Japan, Zone 5. Bis 10 m. Junge Triebe blaugrau, ältere Triebe und Stamm grün mit weißen Streifen. Blätter 3lappig, ähnlich *A. pensylvanicum*, hellrot und gelb im Herbst.

albolimbatum *231,* 255 Blätter gesprenkelt oder weiß berandet.

– ***saccharinum*** 43, *228,* 255, 261, 262 Silberahorn. O. Nordamerika, Zone 3. Bis 36 m, auseinanderstrebende Krone. Blätter mittellang, 5 tiefe gezähnte Lappen, hellgrün oberseits, silbrig weiß unterseits. Hellgelb im Herbst. Kleine grünlichgelbe Blüten. Früchte in hängenden Büscheln. In 20 Jahren 15 m.

laciniatum *228* Zweige hängend, Blätter tief gelappt.

«Lutescens» *228* Hellgelbe Blätter.

– ***saccharum*** 43, *226, 228, 229,* 255, 262 Zuckerahorn, Z. u. O. Nordamerika, Zone 3. Bis 36 m. Rundliche Krone. Blätter mittlerer Länge, 3–5 gezähnte Lappen, hellgrün, gelborange oder scharlach im Herbst. Kleine grünlichgelbe Blüten in hängenden Trauben. Graue gefurchte Borke. In 20 Jahren 10 m.

«Globosum» *262* Zwergform, rundlich, dicht. In 20 Jahren 3 m.

«Temple's Upright» *228* Säulenförmig, möglicherweise rundlich oder oval.

«Schwedleri» *233,* 262 Breite Blätter und junge Triebe purpurrot, später bronzegrün.

– ***sempervirens*** *254* ähnlich wie *A. monspessulanum*. Glänzende Blätter, sehr spät.

– ***syriacum*** *254* Vielgestaltiger buschförmiger Baum von Syrien und Zypern.

– ***tataricum*** *254,* 263 Größerer Busch oder kleiner ausgebreiteter Baum. Blätter matt, blaßgrün, doppelt gezähnt.

– ***triflorum*** *254* Seltenere kleinere Ahornart ähnlich *A. nikoense*, leuchtend im Herbst.

– ***truncatum*** *254* Kleiner gelappt-blättriger Ahorn. Blätter an der Basis gestutzt.

– ***velutinum, A. v. vanvolxemii*** *254* Riesig große Blätter, Kaukasus.

– ***villosum*** *254* Himalaja. Blätter sehr groß.

Aesculus *224, 225,* 263 Roßkastanien. Laubwerfende Bäume oder Sträucher. Zusammengesetzte Blätter gewöhnlich mit 5–7 Blättchen. Blüten in großen kegelförmigen Blütenständen: Spätfrühling bis Sommer. 1 oder 2 große Roßkastanien in einer glatten oder stacheligen Hülle. Winterhart. Auf allen nicht all zu trockenen Böden. Offene, sonnige Plätze bevorzugt. Blattfleckenkrankheit in Europa.

– ***californica*** *224* Kalifornische Roßkastanie. Kalifornien, Zone 7. Bis 10 m, auseinanderstrebender Baum oder Strauch. Blätter mittellang. Blüten weiß bis rosarot, 2,5 cm lang, duftend: April bis August. Eiförmige Frucht: August und September.

– ***x carnea*** *224,* 262 Rotblühende Roßkastanie. Kalifornien, Zone 3. Hybrid zwischen *A. hippocastanum* und *A. pavia*. Bis 21 m, pyramidal in jungem Zustand. Rundlicher Wuchs mit dem Alter. Blätter kleiner und dunkler als gewöhnliche Roßkastanie. Keine Herbstfärbung. Blüten rosarot in aufrechten Ähren von 10 Einzelblüten: Mitte Mai. In 20 Jahren 8 m.

«Briotii» *225,* 252 Fast identisch mit dem Typ, doch Blüten dunkler und in größeren Ähren.

«Plantierensis» *225,* 263 Zone 3. Rückkreuzung zwischen *A. carnea* und *A. hippocastanum*, ¾ Gemeine Roßkastanie und ¼ Rotblühende Roßkastanie. Blütenähre wie obige, aber Blüten weicher rosa.

– ***flava*** *224,* 255 Reingelbe Roßkastanie. S. W. USA, Zone 3. Bis 27 m, runde Krone. Blätter gegenständig, mittellang, fein gezähnt, unterseits behaart, gewöhnlich gute Herbstfärbung. Blüte lang, gelb: Mai bis Juni. Früchte glatt. In 20 Jahren 6 m.

– ***glabra*** *224,* 255, 262, 263 Glatte Roßkastanie. S. O. u. Z. USA, Zone 3. Bis 3 m, rundliche Krone. Blätter oval bis keilförmig, glatt mit dem Alter. Blüten grüngelb. Früchte oval, stachelig. In 20 Jahren 6 m.

– ***hippocastanum*** *224,* 252, 254, 259, 262, 263 Gemeine Roßkastanie, Griechenland, Albanien, Zone 3. Bis 36 m, mit abgerundeter auseinanderstrebender Krone. Blätter mittel bis lang, zerstreut behaart auf der Oberseite, unten unbehaart. Blüten weiß: Mai. Frucht stachelig. In 20 Jahren 12 m.

«Baumannii» *224, 225,* 263 Zone 3. Bis 25 m. Abgerundete Krone bei Mannbarkeit. Blüten gefüllt, weiß: Mitte Mai, länger haltend als Typ. Keine Früchte.

– ***indica*** *224,* 254, 263 Indische Roßkastanie. N.W. Himalaja, Zone 7. Bis 30 m. Oft mit einem kurzen, dicken Stamm. Blätter breit, gezähnt, unbehaart, dunkelgrün glänzend oberseits. Blüten 2,5 cm lang, weiß mit rosarotem Schimmer. Frucht rauh. In 20 Jahren 9 m.

– ***parviflora*** *224,* 262 Ährenpavie. SO. USA, Zone 4. 4–5 m. Ein auseinanderstrebender Busch mit verschieden dünnen Sprößlingen. Blätter mittel bis lang, schwach gezähnt, behaart unterseits. Blüten weiß mit roten Antheren: Juli, August. Frucht unbehaart, fast eiförmig. Schatten ertragend. In 20 Jahren 3 m.

– ***pavia*** *224,* 255, 263 Pavie. S. USA, Zone 5. Bis 6 m. Strauch oder kleiner Baum, Blätter mittelgroß. Blüten karminrot: Juni. Frucht fast eiförmig: August.

– ***turbinata*** *224,* 262 Japanische Roßkastanie. Japan, Zone 5. Bis 30 m mit einem dicken Stamm. Teilblätter bis zu 40 cm lang, gezähnt, an einem langen Stiel. Hervorragende Herbstfärbung. Blüten gelblichweiß: Juni. Frucht birnenförmig, rauh. In 20 Jahren 10 m.

Agathis *australis* *255* Neuseeland, Zone 9. Nadeln breit, immergrün, lederig, gestielt, zweizeilig gegenständig, 2,5 cm auseinander, in eine stumpfe Spitze verlaufend, dunkelgraugrün, einhäusig. Zapfen rund bis oval. Samen geflügelt. In 20 Jahren 3–4 m.

Ahorn → *Acer*
- **Amur-** → ***A. ginnala***
- **Berg-** → ***A. pseudoplatanus***
- **Dreizack-** → ***A. buergeranum***
- **Eschen-** → ***A. negundo***
- **Fächer-** → ***A. palmatum***
- **Feld-** → ***A. campestre***
- **Grau-** → ***A. griseum***
- **Großblättriger Oregon-** → ***A. macrophyllum***
- **Hainbuchen-** → ***A. carpinifolium***
- **Japanischer** → ***A. japonicum***
- **Japan. Gold-** → ***A. jap. aureum***
- **Kappadozischer** → ***A. cappadocicum***
- **Kaukasischer** → ***A. cappadocicum***
- **Montpellier-** → ***A. monspessulanum***
- **Nikko-** → ***A. nikoense***
- **Rebenblättriger** → ***A. japonicum vitifolium***
- **Rot-** → ***A. rubrum***
- **Schneeballblättriger** → ***A. opalus***
- **Schwarz-** → ***A. nigrum***
- **Silber-** → ***A. saccharinum***
- **Spitz-** → ***A. platanoides***
- **Streifen** → ***A. pensylvanicum***
- **Stumpfblättriger** → ***A. opalus***
- **Weinblatt –** → ***A. circinatum***
- **Zucker-** → ***A. saccharum***

Ailanthus *altissima* *242, 243,* 253, 254, 262, 263 Götterbaum. N. China, Zone 4. Bis 27 m, gewöhnlich aber kleiner. Blätter bis 60 cm lang, paarig gefiedert, wechselständig, laubwerfend. Teilblättchen oval, mit unangenehmem Geruch, gezähnt an der Basis. Blüten in kleinen Büscheln, grünlichgelb. Art zweihäusig; mit zwittrigen und getrenntgeschlechtigen Blüten, männliche mit unangenehmem Geruch. Früchte geflügelt, rötlich-braun, reichlich, nur an weiblichen Bäumen. Borke mit weißen Längsrissen. Trockenheit ertragend, ebenso Schatten, sauren Boden, aber sonnenliebend. In 20 Jahren 15 m.

Akazie → *Acacia*
- **Cootamundra-** → ***A. baileyana***
- **Silber-** → ***A. dealbata***
- **Sydney-** → ***A. longifolia***

Albizia *julibrissin* *210, 211,* 252, 262, 263 Seidenbaum, Albizzie. Persien bis China, Zone 7. Bis 12 m, breit, auseinanderstrebend. Schirmförmige Krone. Blätter doppelt gefiedert, 22–45 cm lang. Blüten hellrosa, buschig, in runden Köpfchen: Juni, August. Fruchthülsen 12 cm lang, schmal zwischen den Samen, flach: September-November. In 20 Jahren 4–5 m.

«Rosea» *211,* 264 Kleinere Form mit rötlicheren Blüten, winterhart bis Zone 5.

Aleurites *fordii* *235* Holzöl- oder Tungölbaum. Z-Asien. Immergrüne bei uns laubwerfende Bäume. Blätter wechselständig, oft tief gelappt, lang gestielt. Blüten klein, rötlichweiß. Baum Milchsaft enthaltend.

Alnus *168, 169,* 262, 263 Erlen, winterharte laubwerfende Bäume oder Sträucher. Gezähnte Blätter. Einhäusig. Lange männliche Kätzchen, kurze weibliche Kätzchen, hölzige Zäpfchen bildend, die im Herbst reifen. Samen in kleinen flachen Nüßchen. Blüten erscheinen vor den Blättern. Mehrheitlich feuchtigkeitsliebend, einige kalkertragend, empfindlich auf Zweigsterben, Blattfleckenkrankheit, Erlenblattkäfer.

– *cordata* ***168, 169,*** 254, 263 Neapolitanische Erle. Korsika, S. Italien, Zone 5. Bis 24 m. Blätter rundlich mit abgesetzter Spitze, mittellang, hellgrün, glänzend, fein gezähnt. Männliche Kätzchen 5–8 cm lang, in Gruppen von 3–6. Früchtchen aufrecht, eiförmig, ca. 2,5 cm lang, zu dritt. Auf allen Böden gedeihend. In 20 Jahren 15 m.

– ***glutinosa*** ***168, 169*** Schwarzerle, Roterle. Europa (inkl. Brit. Inseln), W. Asien, N. Afrika, Zone 3. Bis 24 m mit zähem Jugendwachstum. Breite, birnenförmige Blätter, mittellang: dunkelgrün und klebrig, oberseits, blaßgrün unten. Männliche Kätzchen in Gruppen, 5–10 cm lang. Eiförmige Früchte. Zäpfchen zu 3–5. Gedeiht auf sumpfigen Böden. In 20 Jahren 12 m.

«Aurea» ***169,*** 262 «Golderle». Blätter goldgelb, besonders im Frühling und Frühsommer.

«Imperialis» ***169,*** 262 Blätter tief und fein gelappt. Lappen dünn und gespitzt, nicht gezähnt. In 20 Jahren 7–8 m.

«Laciniata» ***169*** Geschlitztblättrige Schwarzerle. Kräftige, ziemlich starre Form, Blätter nicht so fein gelappt wie «Imperialis».

– *incana* ***168, 169,*** 254 Grauerle, Weißerle. Europa, Kaukasus, O. Nordamerika, Zone 2. Breiter Busch bis mittelgroßer Baum, bis 20 m. Blätter dumpfgrün oben, unten groß, flaumig, oval. Männliche Kätzchen 5–10 cm lang, in Gruppen. Ovale Fruchtzäpfchen zu 4–8. Geeignet für kalte und nasse Lagen (obere Höhenstufe). In 20 Jahren 15 m.

«Aurea» ***169*** «Golderle». Junge Triebe und Blätter gelb; Kätzchen rot getönt.

«Laciniata» ***169*** Geschlitztblättrige Grauerle. Blätter tief eingeschnitten, grau unterseits. Ausgesprochen winterhart.

– *rubra* ***168,*** 255 Kalifornische Erle. W. USA, Zone 4. Mittelgroßer Baum. Bis 20 m. Schmale pyramidale Krone, hängende Zweige. Ovale Blätter, mittellang, oberseits dunkelgrün, unten blasser oder gräulich. Männliche Kätzchen 10–15 cm lang, in Gruppen. Früchte wie kleine Fäßchen, in Büscheln. In 20 Jahren 12 m.

– *rugosa* ***169*** O-USA, Zone 2. Kleiner Baum oder großer Strauch. Lange Kätzchen im Frühling vor dem Blattausbruch. Ähnlich wie *A. incana,* aber Blätter allmählich eiförmig und grün auf der Unterseite.

– *subcordata* ***254*** Kaukasische Erle, großer Baum mit breiten, ca. 15 cm langen Blättern.

– *viridis* ***254*** Grünerle, aufrechter Strauch, Alpengebiet.

Alpenrose, Große → *Rhododendron maximum*

Amberbaum → *Liquidambar*
  Amerikanischer → *L. styraciflua*
  Formosa- → *L. formosana*
  Orientalischer → *L. orientalis*

Amelanchier 190, 191, 262, 263 Felsenbirnen. Kleine Bäume oder Sträucher, laubwerfend. Blüten in kleinen Büscheln, weiß, mit 5 Blutenblättern: Frühling, blühend vor Blattausbruch. Früchte beerenartig, klein. Einige Arten kalkliebend. Rost- und Feuerbrandpilzen unterworfen.

– *canadensis* ***191,*** 263 Kanadische Felsenbirne. N. Amerika, Zone 4. Bis 20 m, aufrecht, oft schmal. Blätter oval bis herzförmig, einfach, gesägt bis gezähnt, gestielt. Blüten in aufrechten oder hängenden Büscheln, schneeweiß. Früchte rund, fleischig, beerenartig, grünrot bis purpur werdend: Frühsommer. Bevorzugt kalkfreie Böden. Empfindlich auf Mehltau, Schildläuse und Feuerbrand. Sonne oder Halbschatten.

– *x grandiflora* ***191,*** 252, 263 Europa, Zone 4. 6–9 m, Spreizwuchs. Blätter oval bis länglich, einfach, seidenweich, zuerst kupferrot. Blüten in großen schlaffen Trauben. Früchte klein, purpurschwarz, mehrere Samen enthaltend. Bevorzugt kalkfreie Böden. Empfindlich auf ähnliche Krankheiten wie *A. canadensis.*

– *laevis* ***191,*** 263 Alleghany-Felsenbirne. N-Amerika, Zone 4. Bis 12 m, auseinanderstrebend. Blätter oval, einfach, weich; junge Blätter purpur-bronzefarben, reich orangerot werdend. Blüten klein, in Pyramiden, wohlriechend. Früchte beerenhaft, purpur bis schwarzrot werdend: Sommer bis Herbst. Bevorzugt kalkfreie Böden. Sonne oder Halbschatten. Empfindlich auf Rost- und Brandpilze.

– *ovalis* ***191,*** 263 Gemeine Felsenbirne. S- und Z-Europa, Zone 4. Mittelgroßer, aufrechter Busch. Reichliche Blüten, in aufrechten Trauben. Früchte schwarz.

«Andentanne» → *Araucaria*

Angelikabaum, Japan. → *Aralia elata variegata*

Apfel → *Malus*
  Beeren- → *M. baccata*
  Garten- → *M. domestica*
  Holz- → *M. silvestris*
  Hupeh- → *M. hupehensis*
  Reichblühender Zier- → *M. floribunda*
  Sargent- → *M. sargentii*

Apfelsine → *Citrus sinensis*

Aprikose → *Prunus armeniaca*
  Japanische → *P. mume*

Aralia *245* Aralien. Amerikanische und asiatische laubwerfende Sträucher oder Bäume. Blüten zwittrig, in Büscheln. Kleine beerenartige Früchte. Meist winterhart. Alle Aralien gedeihen gut in Stadtverhältnissen.

– *elata* ***253, 262*** Japanische Aralie Japan, Zone 3. Bis 15 m, meistens strauchförmig erneuernd durch Bodenschößlinge. Blätter zusammengesetzt, 7–10 cm lang, 5 cm breit, häufig oval, gespitzte Teilblätter, leuchtend dunkelgrün. Blüten klein, weiß. Schwarze Früchte. Sonnig bis halbschattig. Schnell wachsend.

«*Variegata*» ***254*** Japanischer Angelikabaum. Blätter grünweiß.

– *spinosa* ***262*** Teufelsspazierstock, Herkuleskeule. S.O. USA, Zone 4. Bis 15 m. Stachelige Stämme. Zusammengesetzte Blätter. Feinere Blätter bei guten Böden, aber Markanteil größer und deshalb frostanfälliger. Grünlich-weiße Blüten. Schwarze Früchte. Wächst schnell, in der Sonne oder im Halbschatten.

Araucaria 111, ***116, 117,*** 263 Araukarien- oder «Andentannen». Immergrüne Nadelhölzer, groß, pyramidal oder rundlich. Nadeln oval, spiralig angeordnet, lederig, überlappend, dunkelgrün. Männliche und weibliche Blütenköpfchen, meist auf getrennten Individuen. Männliche Blüten zylindrisch, z.T. gebüschelt. Zapfen rund bis oval. Samen geflügelt.

– *angustifolia* ***117*** Brasilianische Araukarie. S. Brasilien, Zone 9. Bis 33 m, wenige Äste, flache Krone mit langen hängenden Zweiglein. Nadeln schuppenartig mit gekrümmten, stacheligen Spitzen.

– *araucana* ***116, 117,*** 255 Chilenische Araukarie. Chile, Argentinien, Zone 7. Bis 24 m, Nadeln dreieckig, lang, gelbgrün, hart, gespitzt. Männliche Blüten am Ende der Zweige, 15 cm lang, zylindrisch, Pollen im Sommer; weibliche Blüten rund, auf der Oberseite der Zweige, nach 3 Jahren dunkelgrün, mit langen gelblichen Spindeln. Frei von Krankheiten. Verschiedene Böden ertragend, außer ganz trockenen und sumpfigen. In 20 Jahren 6 m.

– *bidwillii* ***117*** «Bunya-Bunya». Queensland, Zone 10. Bis 45 m. Junge Bäume meist pyramidal. Nadeln überlappend, steif. Männliche Blüten bis 17 cm lang. Zapfen aufrecht, rund, 30 cm lang. Ziemlich resistent gegen Insektenschäden.

– *excelsa* ***117*** Norfolktanne, Zimmertanne Norfolk-Inseln, Zone 10. 45–70 m. Hauptäste in Quirlen, regelmäßig, ansteigend. Nadeln in 2 Versionen: weiche, hellgrüne, gekrümmte, 1,3 cm lange an jungen Zweiglein und kurze, überlappende, mit gekrümmter, harter Spitze an älteren Trieben. Zapfen 7–10 cm lang, 8–11 cm breit.

Araukarie → *Araucaria*
  Brasilianische → *A. angustifolia*
  «Bunya-Bunya» → *A. bidwillii*
  Chilenische → *A. araucana*
  Norfolktanne → *A. excelsa*
  Zimmertanne → *A. excelsa*

Arbutus ***104, 105,*** 262, 263 Erdboorbäume Kleine bis mittelgroße immergrüne Bäume. Blätter einfach, dunkel, glänzendgrün, lederig. Blüten weiß oder rosa, krugförmig, in Rispen. Früchte orangerot, kugelig, fleischig, eßbar, aber geschmacklos. Empfindlich auf Kronensterben und Blattkrebs in Amerika.

– *andrachne* ***185,*** 254 O. Mittelmeergebiet, Zone 7. Bis 10 m, mit zimtbraunem Stamm. Blätter einfach, oval. Blüten mattweiß, in großen Büscheln: März, April. Früchte 1,2 cm im Durchmesser.

– *x andrachnoides* ***185*** Hybrid zwischen *A. andrachne* und *A. unedo,* 6–9 m, mit zimtroten Zweigen. Blätter dunkelgrün, gezähnt. Blüten weiß, krugförmig, 5 mm lang, in Büscheln: Spätherbst oder Frühling. Früchte kleiner und weicher als A. unedo. Kalkertragend.

– *menziesii* ***185,*** 252 Madrona W. Nordamerika, Zone 7. Bis 27 m. Blätter oval, mittellang, gewöhnlich ganzrandig, oberseits dunkelgrün, bläulich-weiß unten. Blüten: Mai, in endständigen Rispen, 8–22 cm lang, weißlich, klein. Frucht: erbsengroße Beeren. Borke rot, glatt. Schwer verpflanzbar. Kalkfreie Böden, aber sonst anspruchslos. Sonne oder Halbschatten. In 20 Jahren 10 m.

– *unedo* ***184, 185, 252,*** 263 Erdbeerbaum, Mittelmeergebiet. S. W. Irland, Zone 8. Bis 12 m. Blätter mittellang, schmal, oval. Blüten: Spätherbst. Sonne oder Halbschatten. Trockenheit und Kalk ertragend. In 20 Jahren 4–5 m.

Archontophoenix *alexandrae* *123* Palme Australien, Zone 9. Bis 25 m, Stamm bis 1,8 m dick, Oberfläche ringförmig mit Blattnarben. Kurz gestielte Blätter, 7–13 cm lang, grün oberseits, grauweiß unterseits. Weiße oder crèmefarbige, eingeschlechtige Blüten am gleichen Baum. Rundliche Frucht, 1,2 cm lang, rot.

Arecastrum *romanzoffianum* *123* Palme Brasilien, Zone 10. Bis 14 m, Stamm 30 – 60 cm dick, glatte ringförmige Oberfläche, 2 – 4 m lange, gefiederte Blätter an 90 cm langem Stiel. Teilblätter grün. Kleine, crèmefarbige, eingeschlechtige Blüten an 90 cm langem Stiel. Frucht 2,5 m lang, oval, gelb, fleischig.

Armeniaca *200*

Arve → *Pinus cembra*

Asimina *triloba* *131* Dreilappiger Papau, S. O. USA, Zone 5. Bis 12 m, laubwerfend. Blätter gegenständig, lang, oval, in den Stiel verlaufend; gelb im Herbst. Purpurne Blüten im Mai. Kleine, flaschenförmige, eßbare Früchte. Erfordert nährstoffreiche Böden.

Aspe → *Populus tremula*

Athrotaxis *117* Tasmanien. Immergrüne Nadelhölzer. Kleine, schuppenartig überlappende Nadeln, einhäusig, Zapfen klein, holzig, Samen geflügelt. Bedingt kalkertragend.

– *cupressoides* *117* Tasmanien. 6–12 m. Nadeln winzig, dicht anliegend, stumpf, dunkelgrün. Keilförmige Zapfen.

– *laxifolia* *117* Bis 21 m, oval bis breitpyramidal. Nadeln kurz, grün, nur an den eingebogenen Spitzen frei. Zapfen in Büscheln oder einzeln an Kurztrieben, blaß oder hellgelb. In 20 Jahren 4–5 m.

– *selaginoides* *117* Bis 30 m, hager, Nadeln lanzettlich, kurz, länger als bei andern Arten, lederig, gekielt auf der Außenseite. Zapfen 1,2 bis 2 cm lang, länger als bei anderen Arten. Weniger winterhart als *A. laxifolia.*

Austrocedrus *chilensis* *104* Chile, Argentinien. Bis 28 m, aufrecht, auseinanderstrebend, immergrün. Nadeln grün oder graugrün, kurz, flache Büschel von überlappenden Schuppen, 4zählig, auffällige weiße Zeichnung: schmales Band oben, breites Band unten. Männliche Blütenköpfchen rund bis länglich. Zapfen mit 4 Zapfenschuppen, einzeln, klein. Ein wenig empfindlich. In 20 Jahren 4–5 m.

B

Baumheide → *Erica arborea*

Berglorbeer → *Umbellularia californica*

Betula *164–167,* 262, 263 Birken Laubwerfende Bäume oder Sträucher, meist mit glänzender, abblätternder, ornamentaler Borke. Ovale, in Spitze verlaufende, gezähnte Blätter, mit gelber Herbstfärbung. Lange männliche Kätzchen, die im Herbst schon gebildet werden und sich im Frühling entfalten. Rundliche weibliche Kätzchen am gleichen Baum. Früchte kleine 2flügelige Nüßchen. Hauptsächlich auf armen, sandigen oder sumpfigen Böden. Winterhart. Schnellwüchsig in jungem Zustand. Empfindlich auf Gallen, Bronzebirkenbohrer, Birkenblattminiermotten, Rost, Hexenbesen.

– *albo-sinensis-«septentrionalis»* ***167,*** 254 Chinesische Weißbirke China, Zone 5. Bis 30 m. Blätter behaart an den Adern der Blattunterseite. Schöne Borke, orangebraun mit rosa und graumetallischer Farbe. In 20 Jahren 10 m.

– *alleghениensis* ***255*** → ***Betula lutea***

– *costata* ***165,*** 255 N. O. Asien, Zone 5. Bis 30 m. Kleine Blütenbüschel und Fruchtkätzchen. Auffällige crèmeweiße Borke.

– *ermanii* ***165, 167*** N. O. Asien, Zone 5. Bis 10 m, Zweige orangebraun. Blätter mittellang, glatt, außen flaumige Rippen. Fruchtkätzchen fäßchenartig, 2,5 bis 3 cm lang.

– *forrestii* ***164*** Forrestbirke, Zone 5, 12–15 m, Baum oder Strauch. Blätter oval bis länglich, einfach, oben glänzend, kurz gestielt. Kätzchen 2,5 cm lang. Borke braunpurpur.

– *grossa* ***255*** Japan, dunkelgraue Borke.

– *jaquemontii* ***164, 167*** Indische Birke W. Himalaja, Zone 7. Mittelgroßer Baum. Blätter oft doppelt gezähnt, beide Oberflächen ziemlich glatt. Männliche Kätzchen 5–6 cm. Fruchtkätzchen zylindrisch, 6 cm lang. Borke weiß und schälig. In 20 Jahren 10 m.

– *lenta* ***164,*** 255 Zuckerbirke, O. Nordamerika, Zone 3. Bis 24 m. In Europa kleiner. Blätter mittellang, dunkel glänzend, grün oberseits, heller unterseits. Männliche Kätzchen 5–8 cm. In 20 Jahren 9 m.

– *alleghaniensis* ***164, 165*** Gelbbirke O. Nordamerika, Zone 3. Bis 30 m. Blätter mattgrün, grün, mittellang, zuerst flaumig. Fruchtkätzchen aufrecht, 2,5–3,5 cm lang. Borke goldbraun. In 20 Jahren 9 m.

– *mandshurica* → *B. platyphylla*

– *maximowicziana* ***164, 167,*** 255 Maximowicz-Birke Japan, Zone 5. Bis 30 m in Amerika, mittelgroß in Europa. Weite Krone. Blätter herzförmig, am größten von allen Birken. Männliche Kätzchen 10–12 cm. Fruchtkätzchen 5–6 cm, in Gruppen zu 2 bis 4. Samenflügel groß. In 20 Jahren 10 m.

– *medwediewii* ***254*** Kaukasus. Kleiner, aufrechter, erlenartiger Baum, dunkelrindig, mit tiefgrünen großen Blättern.

– *nigra* ***164, 165,*** 255, 263 Schwarzbirke, Z., O. USA, Zone 4. Bis 30 m, pyramidale Form. Blätter mit eckigem Umriß, mittelgroß oben, glänzend, deutlich mattgrau unten. Männliche Kätzchen 5–7 cm. Fruchtkätzchen aufrecht, 2,5–3 cm lang, mit behaarten Schuppen. Borke weißlich, mit der Zeit zottig, schwarz abschälend. Bester Baum auf sumpfigen Boden, gedeiht überall. In 20 Jahren 9 m.

– *papyrifera* ***164, 165, 166, 167,*** 255, 263 Papierbirke. USA, Zone 2. Bis 40 m, mit geöffneter Krone. Blätter mittelgroß, unregelmäßig gezähnt. Oberseite intensiv grün, mit zerstreuten Haaren. Unterseite blasser. Männliche Kätzchen bis 10 cm. Fruchtkätzchen am gleichen Baum, hängend, etwa 4 cm. Weiße Borke, abschilfernd in dünnen, papierartigen Schichten. Auf den meisten Böden gedeihend. In 20 Jahren 12 m.

– *pendula* ***164, 165, 166, 167,*** 258, 263 Warzenbirke, Hängebirke, Weißbirke. Europa, Kleinasien, Zone 2. Bis 22 m. Zweige am Ende hängend. Blätter dreieckig bis rautenförmig und doppelt gezähnt. Zylindrische Fruchtkätzchen. Borke weiß. Trockenheit ertragend. In 20 Jahren 12 m. Empfindlich auf Bronzebirkenbohrer.

«Dalecarlica» ***167,*** 262 Schweden. Dünn, mit hängenden Zweiglein und Blättern. Blätter tief gelappt, grob gezähnt, mit langen schwachen Spitzen. In 20 Jahren 12 m.

«Fastigiata» ***262*** Säulenförmig; mit geraden aufrechten Zweigen. Blätter dunkelgrün.

«Youngii» ***167,*** 262 Youngsche Trauerbirke Kleiner Baum, Trauerwuchs, kuppelförmig.

– *platyphylla* ***262, 263*** Mandschurei, Korea, Zone 5. Bis 18 m. Borke weiß. Blätter oval, mittelgroß.

«japonica» ***167*** Japanische Weißbirke Japan, Zone 4, zierliche Form. Blätter breit, mittel. Weiße Borke. In 20 Jahren 15 m.

– *populifolia* ***164, 165*** Graubirke O. USA, Zone 3 bis 4. Bis 9 m mit enger pyramidaler Krone. Blätter mittelgroß, glänzig auf beiden Seiten. Männliche Kätzchen 5–8 cm lang, kleinere Fruchtkätzchen mit flaumigen Schuppen. Borke gräulich-weiß. Gedeiht gut auf armen, nassen oder trokkenen Böden. In 20 Jahren 12 m.

– *pubescens* ***166,*** 263 Haarbirke, Moorbirke. Europa, N. Asien, Zone 2. Bis 20 m. Blätter mittelgroß, grob gezähnt, manchmal behaart unterseits. Borke weiß, abschilfernd, z.T. schwarz und gefurcht an der Stammbasis. Gedeiht auf den meisten Böden, besonders auf nassen. In 20 Jahren 9 m.

– *utilis* ***164, 167,*** 254 Himalaja, Zone 7. Bis 18 m. Blätter dunkelgrün oberseits, heller, behaart unterseits, gröber gezähnt, gestielt. Borke abschilfernd, papierend, crème-weiß oder braun.

– *verrucosa* Ehrh. → *Betula pendula* Roth.

Birke → *Betula*
  Chinesische Weiß- → *B. albo-sinensis*
  Felsen- → *B. ermanii*
  Forrest- → *B. forrestii*
  Gelb- → *B. alleghaniensis*
  Grau- → *B. populifolia*
  Haar- → *B. pubescens*
  Hänge- → *B. pendula*
  Indische → *B. jacquemontii*
  Japanische Weiß- → *B. platyphylla «japonica»*
  Kanadische Gelb- → *B. alleghaniensis*
  Maximowicz- → *B. maximowicziana*
  Moor- → *B. pubescens*
  Papier- → *B. papyrifera*
  Schwarz- → *B. nigra*
  Warzen- → *B. pendula*
  Weiß- → *B. pendula*
  Youngsche Trauer- → *B. pendula «Youngii»*
  Zucker- → *B. lenta*

Birnen → *Pirus*
  Gemeine → *P. communis*
  Schnee- → *P. nivalis*
  Weidenblättrige → *P. salicifolia*

Bitterorange → *Citrus aurantiacum*

Blasenesche → *Koelreuteria*

Blauglockenbaum → *Paulownia tomentosa*

Broussonetia *papyrifera* *142, 143,* 262 Papiermaulbeerbaum. O. Asien, Zone 6. Bis 13 m, spreizwüchsiger, breitovaler, knorriger Baum. Blätter verschieden, oval oder gelappt, dunkelgrün und oben rauh, unten wollig, laubwerfend. Art zweihäusig. Männliche Blüten in wolligen Kätzchen, 3–7 cm; weibliche in kleinen runden Büscheln: Mai. Runde, orangerote Fruchtstände, 2 cm im Durchmesser. Bodenvag.

Buche → *Fagus*
  Großblättrige → *F. grandifolia*
  Rot- → *F. silvatica*
  «Kupfer-» → *F. cuprea*
  «Purpur-» → *F. purpurea*
  Trauer- → *F. «Pendula»*

Trauerpurpur- → F. «*Purpurea Pendula*»
Verschiedenblättrige → F. «*heterophylla*»
Buchs → *Buxus sempervirens*
Buxus *sempervirens* *223,* 263 Buchs. S. Europa, N. Afrika, W. Asien, Zone 5. Bis 10 m. Immergrüner Busch oder kleiner Baum. Blätter oval, gekerbt an der Spitze, kurz, zahlreich, ledrig. Blüten hellgrün, unscheinbar. Männliche gebüschelt um die weiblichen Früchte, kleine ovale oder rundliche Kapsel. Auf den meisten Böden gedeihend. Sonne oder Schatten. In 20 Jahren 4–5 m.

C

Callitris robusta 97 Queensland, Tasmanien, Zone 9. 5–21 m, immergrün. Zweige spreizwüchsig oder aufrecht. Kleine Nadeln in Quirlen zu dritt, schmal oder schuppenartig. Männliche und weibliche Blüten getrennt, männliche zylindrisch, weibliche konisch. Zapfen einzeln oder in Büscheln, 2,5 cm lang. In 20 Jahren 3 m.
Calocedrus *104* Weihrauchzeder. Immergrünes Nadelholz. Nadeln abgeflacht, schuppenartig überlappend. Männliche und weibliche Blüten auf verschiedenen Zweigen des gleichen Baumes. Männliche länglich bis oval, weibliche oval bis länglich, hölzig. Zapfen verholzt. Samen geflügelt.
– *decurrens* 85, 90, *104,* 262, 263 Weihrauchzeder S. W. USA, Zone 5. In der Heimat kegelförmig, säulenförmig in Kultivation, 30–45 m. Sproß überdeckt mit Schuppen, rotbraun werdend, aufwärts gerichtete Zweige, tiefgrün außen, gelb unterseits. Männliche Blüten blaßgelb. Zapfen hellgelb bis braun, rotbraun mit der Zeit. Borke dunkel rotbraun, wohlriechend. Meidet flachgründige Böden oder sehr trockene, exponierte Lagen. In 20 Jahren 10 m.
Camellia *172, 173,* 262, 263 Kamelien. Immergrüne Bäume oder Sträucher. Blätter wechselständig, gezähnt, einfach. Blüten zweigeschlechtig, meist einzeln, weiß oder rot, auffällig. Samen groß, ölig, in hölzernen Kapseln; selten in kultivierten Formen. Neutrale, schwach saure Böden. Schattenliebend. Empfindlich auf Blattfleckenkrankheit.
– *japonica* *173,* 252, 254, 263 Kamelie, China, Japan, Zone 7. Bis 6 m. Blätter oval, langgespitzt, glatt, oft schwarzgefleckt unterseits, ledrig, dunkelgrün, kurz gestielt. Blüten einfach, rot, wächsern, z. T. schwach duftend: Spätwinter. In 20 Jahren 4–5 m.
«Haku-rakuten» *173* Aufrechte Form, kräftiger Wuchs; Blüten groß, weiß, halb gefüllt mit gekrümmten Blütenblättern.
«Yours Truly» *173* Buschig. Blätter gewellt. Blüten halbgefüllt, rosa mit dunkelrosaroten Streifen, am Rande weiß.
– *reticulata* *127, 128* Yunnan, China, Zone 8. Bis 10 m, immergrüner Baum oder kompakter Strauch. Steifledrige Blätter, matt dunkelgrün. Blüten rosarot: März. Bevorzugt schwach saure Böden.
– *sasanqua* *172, 173* Japan, Zone 7. Busch oder kleiner Baum. Bis 6 m. Blätter schmal-oval, dunkelgrün, ledrig. Blüten weiß, wohlriechend: Frühwinter. Braucht Schirm. In 20 Jahren 3–4 m.
– *sinensis* *172* Teestrauch, Assam bis China, Zone 7. Bis 14 m, buschig oder baumförmig. Blätter verschieden, breit bis lanzettlich. Blüten weiß, nickend: Frühling. Langsam wachsend.
Carpinus *170, 171,* 263 Hainbuchen, Hagebuchen oder Weißbuchen. Winterharte, laubwerfende Bäume oder Sträucher. Blätter gezähnt, zweizeilig. Hängende männliche Kätzchen: Frühling. Schmale weibliche Kätzchen. Früchte in kleinen gerippten Nüßchen: reif im Herbst. Borke glatt oder schuppig, grau. Gut gedeihend auf Ton und Kalk.
– *betulus* 64, *170, 171,* 263 Gemeine Hagebuche oder Hainbuche, Europa, Kleinasien, Zone 5. Bis 22 m, pyramidal, mit der Zeit runder. Blätter oval, zugespitzt; dunkelgrün, unterseits behaart, gelb werdend und glatt im Herbst. Eingeschlechtige Blüten. Männliche Kätzchen 3–4 cm, Fruchtkätzchen 3–7 cm lang mit großen 3lappigen Nüßchen. In 20 Jahren 10 m.
«Columnaris» *263* Klein, rundliche Form, konisch werdend bis säulenförmig, kleiner als «Fastigiata».
«Fastigiata» *171* Mittelgroßer Baum, aufrecht, säulenförmig, mit dem Alter breiter werdend. In 20 Jahren 9 m.
«Incisa» *262* Blätter klein, schmal, tief gezähnt, schlägt gern zurück.
«Intertexta» *262* Aufstrebend, nach oben geöffnete Form. Zweiglein fallend. Blattwerk blaugrün, in flachen Rispen.
– *caroliniana* *170* Karolinische Hainbuche, O. USA, Zone 2. Bis 12 m, Äste ausgebreitet, bogenförmig an der Spitze. Blätter oval, hellgrün, in jungem Zustand flaumig, später spärlich behaart; scharlachrot und orange im Herbst. Männliche Kätzchen 3–4 cm lang, Früchte in Büscheln, 8 cm lang. In 20 Jahren 4–5 m.
– *cordata* *170, 171* Japan, N. O. Asien, N. und W. China, Zone 5. Bis 15 m. Blätter herzförmig, gespitzt, einfach, stark geädert, behaart unterseits, oben schwach behaart. Männliche Kätzchen mit langen Haaren, weibliche Kätzchen 4–8 cm lang. Früchte klein, grün, in Büscheln.
– *laxiflora* *255* Japan, ornamentale Früchte.
– *orientalis* *254* Kleiner, buschiger Baum oder Strauch von S. O. Europa und Kleinasien. Blätter klein, scharf gezähnt.
– *turczaninowii* *254* Graziöser, schmaler, spindelförmiger Wuchs.
Carya 132, *144, 145, 146, 147,* 262, 263 Hickorynüsse Große laubwerfende Bäume, verwandt mit der Walnuß. Gefiederte Blätter. Baum zwittrig. Männliche Blüten in verzweigten, dünnen Kätzchen; weibliche Blüten in kleinen Büscheln. Frucht: Nuß mit Schale. Tiefgründige, lehmige Böden. Empfindlich auf Krebs, Blattfleckenkrankheit und Schorf in Amerika; keine Krankheiten in Europa. Nicht gut verpflanzbar.
– *cordiformis* *147,* 255 Bitternuß. O. USA, Zone 4. Bis 27 m, weit ausgebreitete, rundliche Krone. Knospenschuppen gelb. Blätter lang, gefiedert, 5–10 ovalen gezähnten Fiederblättern, gelb im Herbst. Männliche Blüten behaart, 2 oder 3 Früchte zusammen. In 20 Jahren 7 m.
– *glabra* *147,* 255, 262 O. USA, Zone 4. Bis 36 m, schmal bis rund. Blätter lang, 5 bis 7 ovale, gezähnte Blattfiedern, gelb im Herbst. Nüsse verschieden in Größe und Aussehen.
– *illinoensis* *146, 147,* 262 Pecannuß. O. USA, Zone 5. Bis 45 m, rundliche Form, lange Äste. Fiederblättrig mit 11–17 gezähnten, gespitzten Blättchen, gelb im Herbst. Früchte gebüschelt, länglich.
– *laciniosa* *255* O. USA, mit zottiger Borke.
– *ovata* *146, 147,* 255, 262, 263 O. USA, Zone 4. Bis 36 m, schmal und aufrecht, unregelmäßig. Blätter lang, 5–9 Fiederblätter, unterseits behaart, intensiv gelb bis goldbraun im Herbst. Männliche Kätzchen flaumig, zu dritt. Früchte rundlich. In 20 Jahren 6 m.
– *tomentosa* *147,* 255, 262 Spottnuß, S. O. Kanada, O. USA, Zone 4. Bis 27 m, aufrecht, mit rundlicher Krone. Blätter lang, 5–9 gezähnte zugespitzte Fiederblätter, dunkelgrün auf der Oberseite, gelb, flaumig auf der Unterseite. Männliche Kätzchen flaumig, 7–12 cm lang. Frucht rundlich. In 20 Jahren 6 m.
Castanea *162, 163,* 263 Kastanien. Laubwerfende Bäume mit gezähnten Blättern. Blüten: Geschlechter in getrennten Kätzchen; männliche lang, hängend; weibliche kürzer, beide blaßgelb: Juli. Frucht: Kastanie, mit stacheliger Hülle. Schatten ertragend, nicht geeignet für flachgründige, kreidige oder sandige Böden. Empfindlich auf Kastanienrindenkrebs, Blattschrotschuß, u. a. in Europa.
– *crenata* *163* Gekerbte Kastanie, Japan, Zone 5. Bis 9 m. Blätter schmaloval, oft unterseits behaart. Nüsse 2,5 cm im Durchmesser, 2 oder 3 in jeder Schale. Weitgehend resistent gegen Rindenkrebs.
– *dentata* *163* Amerikanische Kastanie, O. USA, Zone 4. Bis 30 m, aufrecht, breit. Blätter unbehaart, dumpf grün, schmal bis oval, zugespitzt. Blüten in Kätzchen, eingeschlechtig. Früchte mit 1–3 Nüssen. In 20 Jahren 4–5 m.
– *mollissima* *163* Weichkastanie, China, Korea, Zone 4. Bis 20 m, dicht, rundliche Krone. Blätter oval, zugespitzt, manchmal behaart, mit kurzem, behaartem Stiel. Gewöhnlich 2 oder 3 Nüsse in Schale. In 20 Jahren 3 m. Resistent gegen Kastanienrindenkrebs.
– *sativa* 64, 132, 148, *162, 163,* 253, 259, 261, 262 Europäische Edel- oder Eßkastanie, S. Europa, N. Afrika, Kleinasien, Zone 5. Bis 30 m. Spreizwuchs. Blätter länglich, zugespitzt, behaart unterseits am Anfang. Blüten gelbgrün, unangenehm riechend. Schmuckvoll, speziell in Blüten. In 20 Jahren 10 m.
«Aureomarginata» 262 Blätter mit gelben Rändern.
«Marron de Lyon» *162* Trägt in frühem Zustand schon Früchte.
Castanopsis *chrysophylla* *162, 163,* 254, 262 Goldkastanie, Goldblättrige Castanopsis. W. USA, Kalifornien, Zone 7. Bis 30 m, pyramidal. Blätter ledrig, zugespitzt, oben dunkelgrün, unten gelb, immergrün. Blüten cremigweiß, eingeschlechtig, flaumige Stacheln: Juni, Juli. Früchte grün, stachelige Hülle, mit 1–3 Nüssen. Bevorzugt neutrale bis saure, gut durchlüftete Böden. Trockenheit ertragend.
Casuarina *nana* *215* Australien, Zone 8. Kleiner, buschiger, immergrüner Baum oder Strauch. Zweige dünn, fadenförmig, schachtelhalmartig, überhängend. Blätter zu spitzen Schuppen zurückgebildet. Blüten klein. Früchte zapfenförmig.
Catalpa 64, *244, 245,* 263 Trompetenbäume Große laubwerfende Bäume mit gegenständigen, langgestielten, manchmal gelappten Blättern. Fingerhutähnliche Blüten in endständigen Rispen, aufrecht stehend, weiß, innen gelb. Früchte: lange, 2klappige, röhrenförmige Samenkapseln. Auf gut durchlüfteten Böden und sonnigen Standorten.
– *bignonioides* *244,* 253, 255, 262 Catalpa, O. USA, Zone 4. Bis 20 m, breite Krone. Blätter breit oval, in Spitze verlaufend, hellgrün oben, blasser auf der Unterseite, behaart. Unangenehmer Geruch, wenn zerrieben. Blüten aufrecht, weiß und purpur. In 20 Jahren 6 cm.
«Aurea» *245,* 262 Zone 4, Blätter intensiv gelb und samtig.
– *x erubescens* *255* Bis 9 m, Blätter oval, 3lappig und ganzrandig am selben Baum, purpur beim Entfalten. Blüten ähnlich denen von *C. bignonioides*, aber kleiner und zahlreicher: Spätjuli.
«J.C. Teas» *245* Blüten doppelter Größe.
«Purpurea» *245* Zweige und Blätter schwarzpurpurn, grün werdend.
– *fargesii* *254* Kleinblättrigere Catalpa mit besonders hübschen Blüten.
– *ovata* *254* Bis 12 m. Blätter gewöhnlich 3lappig. Kleine weiße Blüten mit gelben und roten Tupfen.
– *speciosa* *244,* 253 Z. USA, Zone 4. Bis 30 m. Blätter herzförmig, in Spitze verlaufend, unterseits flaumig. Blüten größer als bei *C. bignonioides*, weniger mit Purpurfärbung. In 20 Jahren 6 m.
Cedrela *242, 243* Laubwerfende oder immergrüne Bäume. Blätter wechselständig, gewöhnlich gefiedert. Blüten klein, weißlich oder grünlich, zweigeschlechtig, in großen Rispen. Frucht als Kapsel mit vielen geflügelten Samen.
– *odorata* *242* Westindische «Zeder».
sinensis *242, 243,* 254, 262, 263 Surenbaum. N. und W. China, Zone 5. Bis 21 m, rundlich und dicht. Blätter gefiedert, bis 60 cm lang, 5–12 Fiederpaare, gelb im Herbst, laubwerfend, Zwiebelgeruch. Blütenbüschel 30 cm lang, wohlriechend: Juni. Bodenvag.
Cedrus 69, 70, 83, 85, *90, 91,* 94, 97–100, 112, 114, 263 Zedern. Winterharte, immergrüne Nadelhölzer, zuerst pyramidal, dann abflachend. Nadeln an alten Trieben in Rosetten, einzeln an Jungtrieben. Einoder zweihäusig, männliche Blüten gelb, reichlich. Zapfen fäßchenartig, öffnen sich am Baum nach 2 Jahren. Samen geflügelt. Wenig Pilzkrankheiten, empfindlich auf Trockenheit.
– *atlantica* *91,* 254, 262 Atlaszeder, Atlasgebirge, Zone 6. Bis 36 m, in jungem Zustand pyramidal. Nadeln kürzer, aber ähnlich wie bei *C. libani*, wächserner und zahlreicher. Männliche Blüten aufrecht, zuckerhutförmig, blassgrün im Sommer, purpur im September; weibliche grün, rosarot getönt im Zentrum der Rosette. In 20 Jahren 12 m.
«Aurea» *263* Nadeln kürzer als beim Typ, goldgelb.
«Fastigiata» *262* Schmal, pyramidal, aufsteigende Äste. Nadeln oberseits hellgrün, bläulichgrün unterseits, an Kurztrieben.
glauca *91,* 163 Bis 36 m, spitzigere Form, seltener mehrstämmig. Nadeln bläulich oder wächsern. Borke hellgrau. In 20 Jahren 12 m.
«Pendula» *262* Klein, Trauerform mit langen, grünen oder graugrünen, dünnen Nadeln.
– *brevifolia* *91,* 254 Gebirge von Zypern, Zone 7. Schmal konisch. Nadeln intensiv grün bis blau- oder gelbgrün. Zapfen glatt, hellgrün. In 20 Jahren 6 m.
– *deodara* *91,* 254, 262 Himalajazeder, Himalaja, Zone 7, bis 60 m, mit hängenden Ästen. Nadeln kurz, dunkelgrün, wächsern oder silbrig, scharf zugespitzt. Gewöhnlich zweihäusig. In 20 Jahren 13 m.
– *libani* 41, 43, *90, 91,* 254, 261, 262 Libanonzeder, Kleinasien und Syrien, Zone 5, 21–30 m, oft aufrecht oder mit aufstrebenden Ästen, Krone abgeflacht mit dem Alter. Nadeln kurz, grün oder wächsern. In 20 Jahren 9 m.
Celtis *140, 141,* 263 Zürgelbäume. Mittlere bis große Laubbäume aus der Familie der Ulmaceae. Laubwerfend, Blätter einfach. Blüten klein, grünlich. Zweigeschlechtig, männliche Blüten in Büscheln, weibliche in Gruppen zu zweit und zu dritt. Frucht fleischig, mit einem Stein, süß, reif im Herbst. In der Heimat anfällig auf Blattkrankheiten. Bodenvag.
– *australis* *141,* 254, 263 Südlicher Zürgelbaum. S. Europa, N. Afrika, Kleinasien, Zone 6, bis 24 m, rundliche Krone. Blätter gezähnt, lanzettlich, weich behaart unterseits, rauher auf der Oberseite, kurzgestielt. Sonne liebend. In 20 Jahren 3 m.
– *laevigata* *141* SO. USA, Zone 5, bis 30 m, ausgebreitet, manchmal Trauerform. Blätter oval bis lanzettlich, glatt, dunkelgrün oben, blasser, spärlich behaart auf der Unterseite, wenig gezähnt. Männliche Blüten getrennt von weiblichen Einzelblüten, Früchte klein, oval, orange bis schwarz. Bevorzugt sonnigen Standort. In 20 Jahren 4 m.
– *occidentalis* *140, 141* 255 Abendländischer Zürgelbaum. N. USA, Zone 2, gewöhnlich bis 12 m, gelegentlich wesentlich höher. Blätter oval bis länglich, z. T. flaumig, kurzgezähnt an der Basis. Blüten: früher Frühling. Früchte: in reifem Zustand purpur, klein, reichlich. Borke warzig, korken, rauh. In 20 Jahren 4 m.
– *sinensis* *141* Chinesischer Zürgelbaum. O. China, Korea, Japan, Zone 6, bis 20 m, ausgebreitet. Blätter glänzend dunkelgrün, breit-oval. Blüten wie bei *C. laevigata*. Früchte klein, rot oder gelb, eßbar. Sonniger Standort bevorzugt. In 20 Jahren 6 m.
– *tournefourtii* 254 Kleiner Baum aus dem Orient, mit glänzenden Blättern und gelbroten Früchten.
Cephalotaxus *110, 111,* 263 Kopfeiben. Winterharte, immergrüne Büsche oder kleine Nadelbäume. Nadeln schmal, spitz, unterseits dunkelgrün, auffällige Mittelrippe. Gattung zweihäusig, männliche Blüten rund, weibliche spärlich, becherartig. Samen steinfruchtartig, fast pflaumengroß, mit fleischiger Samenschale. Kalkmeidend, schattenertragend.
– *fortunei* *110* Chinesische Kopfeibe, Z. und SW. China, Zone 6, bis 9 m, strauchförmig. Mittelgroße Blätter. Männliche Blüten an kurzen Stielen unterhalb des Zweiges, weibliche auf getrennten Individuen. Kleine Früchte, oval, grünweiß, senkrecht grün gestreift, kalkertragend. In 20 Jahren 4 m.
– *harringtonia* *110,* 255 Japanische Kopfeibe. Japan, Z. China, Zone 5. 6–12 m, stark ausgebreitet, buschige Krone, rundlich. Nadeln kurz, zweizeilig, mit V-förmigem Profil auf der Zweigoberseite. Männliche Blüten klein, schuppige Stiele, Samen birnenförmig, ölig, braun oder olivgrün. Gedeiht auf Kalkböden. In 20 Jahren 2–3 m.
Ceratonia *siliqua* *208, 210,* 262 Johannisbrotbaum, Mittelmeergebiet, Zone 10, bis 15 m, rundlicher Busch oder kleiner Strauch. Blätter immergrün, wechselständig, paarig gefiedert, mit welligem Rand, glänzend dunkelgrün. Blüten getrenntgeschlechtig, klein, rot, in Büscheln: Frühling. Früchte: Hülsen, 30 cm lang, 2 cm breit, eßbar: Frühherbst. Erträgt Trockenheit.
Cercidiphyllum *japonicum* *132, 133,* 262, 263 Judasbaumblatt, Katsurabaum, Japan, China, Zone 4, bis 15 m, hängende Äste, oft mehrstämmig. Blätter einfach, laubwerfend, ähnlich wie *Cercis*, aber gegenständig und kleiner, herrliche unterschiedliche Herbstfärbung. Zweihäusige Blüten, weibliche klein, mit grünen Kelchblättern. Früchte: kleine Hülsen an kurzen Stielen. Erträgt Trockenheit und Kalk. Sonne oder Halbschatten. In 20 Jahren 12 m.
Cercis *211* Judasbäume. Kleine Gattung von Bäumen und Sträuchern. Blätter einfach, wechselständig, laubwerfend, herzförmig, mittelgroß, ungezähnt. Zweigeschlechtig. Blüten gewöhnlich in dichten Büscheln am Stamm (Kauliflorie) vor oder mit den Blättern. Früchte: schmal, flache Hülsen, verschieden flache Samen enthaltend. Bevorzugt wohldrainierte, lehmige Böden, Sonne, winterhart. Anfällig auf Korallenfleckenpilz, Blattfleckenkrankheit und Krebs.
– *canadensis* *211,* 263 Kanadischer Judasbaum. SO. Kanada, O. USA, NO. Mexiko, Zone 4, bis 12 m, breit, rundliche Krone. Blätter hellgrün. Blüten schwach rosa: Frühling. Auf sauren und basischen Böden. In Europa seltener blütend. In 20 Jahren 4–5 m.
– *chinensis* *211* China, Zone 6, bis 15 m, oft strauchartig in Kultivation. Blätter rundlich, glänzend grün, gelb im Herbst. Blüten rosa bis purpur: Mai. Ziemlich empfindlich in Europa. In 20 Jahren 4–5 m.
– *racemosa* *211* China, Zone 7, bis 9 m, Krone abgeflacht. Blätter dunkelgrün oberseits, flaumig unterseits, gelb im Herbst. Blüten rosarot: Mai. In 20 Jahren 6 m.
– *siliquastrum* *211,* 252, 254, 262, 263 Europäischer Judasbaum, O. Mittelmeergebiet, Zone 6, bis 9 m, rundliche Krone, buschförmig. Blätter rundlich, wächsern grün. Blüten rosapurpur: April–Mai, Hülsen rotbraun: Oktober–Winter. In 20 Jahren 7–8 m.
Chamaecyparis *99–101,* 263 Scheinzypressen. Immergrün, pyramidal, mit zunehmendem Alter breiter. Nadeln schuppenartig, klein, ahlenförmig in jungem Zustand. Blüten zweigeschlechtig, männliche oval bis länglich, winzig, rot oder braun, Zapfen rund. Samen geflügelt. Meidet trockene Kalkböden. Empfindlich auf Wurzelfäule und Nadelrost in Amerika.
– *formosensis* *254* Groß in Formosa, in Europa kleiner, aber winterhart.
– *henryae* *100* SO. USA, Zone 3, 21–24 m, pyramidal. Horizontale oder aufrechte Zweige. Jugendnadeln grün, Altersform gelbgrün, Zapfen grün.

– *lawsoniana* 85, 94, *98, 99,* 102, 263 Lawsons Scheinzypresse. SW. Oregon, NW. Kalifornien. Zone 5, bis 60 m. Nadeln zu viert, 2 ungleiche Paare. Zweige flach. Männliche Blüten rosa oder rot. Zapfen 8 mm breit, rotbraun im Herbst. Erträgt Sonne oder Halbschatten. In 20 Jahren 10–12 m.

«Columnaris» *99,* 262 Aufrecht, schmal, bis 9 m. Nadeln blaugrün. In 20 Jahren 7,5 m.

«Ellwoodii» *99,* 100, 118, 263 Bis 8 m, aufrecht. Nadelschuppen juvenil, federig, graugrün mit der Zeit. In 20 Jahren 4–5 m.

«Erecta Viridis» *98, 99,* 262 Bis 27 m. Zweige kurz, aufrecht, tief grün und aufgerichtet, mehrstämmig. Zapfen schmal. In 20 Jahren 9 m.

«Fletcheri» *98, 99,* 119 Säulenförmig, oft mehrgipflig. Nadeln blaugrün und grün, federartig in juvenilem Zustand. In 20 Jahren 6 m.

«Lanei» *99, 100,* 262 Mittelgroß, säulenförmig, dicht. Nadeln goldgelb in farnartigen Fächern. Männliche Blüten rot. In 20 Jahren 9 m.

«Lutea» *99, 100,* 262 Bis 12 m, säulenförmig; waagrechte Äste mit hängenden Zweigen. Schöne Winterfarben. In 20 Jahren 8 m.

«Minima Aurea» *119* Zwergförmig, dicht, konisch, mit Fächern von goldgelben Nadeln.

«Pembury Blue» *99,* 262 Bis 9 m, konisch, mit besonderem Zierwert, locker beasteter Busch. Blätter silbrigblau. In 20 Jahren 4 m.

«Spek» *99* Blaugrau, allgemein säulenförmig. In 20 Jahren 6 m.

«Triomf van Boskoop» *99,* 262 Bis 22 m, rauhe Oberfläche, offene Wedel von graublauen Nadeln, meist säulenförmig, guter Stamm. In 20 Jahren 10 m.

«Wissellii» *118,* 262 18–25 m, säulenförmig, Äste aufwärts gerichtet. Nadeln tief blaugrün, gebüschelt. Männliche Blüten auffällig karminrot. Ziemlich stark nach einem langsamen Start. In 20 Jahren 10 m.

«Wissellii Nana» *118* Kleine Form von «Wissellii». Schlägt gern zurück.

– *nootkatensis* *99, 100, 101,* 255, 262 Nutka-Scheinzypresse. W. USA, Zone 4, bis 36 m, hängende Zweige. Nadeln hart, rauh, mattgrün, farnwedelartige Zweige. Männliche Blüten klein, gelb: Frühling. Zapfen grünbraun: Spätfrühling bis Frühsommer. Erträgt verschiedene Böden, für Solitärwuchs. In 20 Jahren 7–15 m.

«Pendula» *100,* 262 Bis 18 m, aufwärts gerichtete Äste, Zweige hängend. Nadeln mattgrün. Zapfen bläulich im ersten Jahr. In 20 Jahren 9 m.

– *obtusa* *100* Hinoki-Scheinzypresse. Japan, Zone 3, 15–22 m, meist konisch, feines Verzweigungssystem, trägt Nadeln in verschiedenen Paaren: ein gegenüberstehendes Paar größer als andere, glänzend hellgrün, Nadelrand unterseits weiß. Männliche Blüten klein, endständig. Zapfen grün, in reifem Zustand orangebraun. Bevorzugt feuchte Böden und Luft. In 20 Jahren 7 m.

«Crippsii» *100, 101,* 262 Gewöhnlich konisch. Nadeln in Wedeln, gegen die Spitze leicht hängend, hell goldgelb. In 20 Jahren 4–5 m.

«Filicoides» *100* Klein, buschig. Zweige zerstreut. Nadelwerk in hängenden, farnartigen Wedeln. Nadeln oval, oft drüsig. In 20 Jahren 4–5 m.

«Lycopodioides» *100* Klein, wenig beastet, mit offener Krone. Nadeln stark an den Zweig gepreßt, dunkelgrün, spitzig, stechend, moosartig. In 20 Jahren 4 m.

«Mariesii» *119* Klein, konisch, offene Krone. Zweige in losen Fächern. Im Sommer gelblich-weiß gesprenkelt, gelbgrün im Winter.

«Nana» *119* Flach, Zwergform, bis 60 cm. Nadelwerk in muschelartigen Zweigen. Nadeln sehr klein, dunkelgrün.

«Nana Gracilis» *100,* 255 Bis 5 m, muschelartiger Wuchs, dunkelgrüne Nadeln. In 20 Jahren 1,2 m.

«Tetragona Aurea» *100* Bis 10 m. Junge Bäume hager, etagenartige Zweige, aufgerichtet an der Spitze, mit gehäuften Nadeln in dichten Büscheln von goldenen Fäden, weit ausgebreitet. Nadeln hell golden. In 20 Jahren 4–5 m.

– *pisifera* *100* Sawara-Scheinzypresse. Japan, Zone 3, 15–22 m, konisch. Nadeln in aufwärts gerichteten Zweigen, kurzgespitzt, tiefgrün glänzend, mit dem Alter dunkler, weiße Zeichnung unterseits. Männliche Blüten winzig. Pollen im Frühling. Zapfen reichlich, klein, grün, dann braun. Bevorzugt kalkfreie Böden. Ziemlich langsam wachsend.

«Boulevard» *100, 101,* 118 USA, bis 4 m. Nadeln moosartig, dicht gebüschelt, silbrig-blau; im Sommer Färbung am schönsten, leichter Halbschatten. In 10 Jahren 1–2 m.

«Filifera Aurea» *101* 9–12 m, pyramidal oder konisch, ausgebreitete Äste, hängende Wedel von goldgelben Nadeln.

«Plumosa Aurea» *118* bis 9 m, konisch, aufsteigende Äste, goldgelbe Nadeln.

«Squarrosa» *118* Japan, 6–9 m, gewöhnlich pyramidal, etagenartige Äste, äußere Krone dicht. Nadeln blaugrau, auf unregelmäßigen Zweigen. Borke rotbraun. In 20 Jahren 7 m.

– *thyoides* *100,* 255 Weiße Scheinzypresse. O. USA, Zone 3, 21–27 m konisch, kleine Nadeln gescheitelt, scharf gespitzt, mit Harzdrüsen auf der Unterseite der Nadeln, wächsern grün, weiß berandet. Männliche Blüten winzig, dunkelbraun. Zapfen klein, wächsern blaupurpur, rotbraun in reifem Zustand. Keine ernsthaften Schädlinge oder Krankheiten. In 20 Jahren 8 m.

«Andelyensis» *100,* 263 Bis 6 m schmal, säulenförmig, manchmal mit mehrfachen Spitzen, Zweige mit kurzen, blaugrünen, aromatischen Nadeln, im Winter bronzefarben. Rosarote männliche Blüten in großer Anzahl. Zapfen winzig. Bevorzugt kalkfreie Böden, langsamwüchsig.

«Ericoides» *100, 101* Klein, kompakt, pyramidal, gewöhnlich rotbraun im Winter.

Chamaerops *humilis* *112* Zwergpalme. Mittelmeergebiet, Zone 8, bis 6 m, Stamm oft mit alten Stielresten bedeckt. Handförmige Blätter, 60–90 cm lang, dünner Stiel. Getrennt zweigeschlechtig, kleine gelbe Blüten. Braune oder gelbe rundliche Früchte, 2–4 cm.

Chionanthus *241* Laubwerfende Bäume oder Sträucher. Blätter einfach, gegenständig. Blüten getrenntgeschlechtig, rein weiß, in langen, gestielten Rispen. Früchte eiförmig oder länglich, fleischig, dunkelblau, mit einzelnen Samen. Feuchte Lehmböden, Sonne.

– *retusus* *241* China, Zone 5, bis 6 m, verzweigt. Blätter oval, ganz. Blüten in breiten Rispen, Blütenblätter riemenartig: Juni–Juli. Früchte 1,5 cm lang, blau bis hellviolett: September–Oktober. In 20 Jahren 2–3 m.

– *virginicus* *252* Schneeflockenstrauch. O. USA, Zone 4, bis 9 m, Strauch oder Baum, Spreizwuchs. Blätter schmal, länglich, hellgrün auf der Oberseite, heller, leicht flaumig unterseits, gelb im Herbst. Blüten: Mai–Juni. Früchte 1,5–2 cm lang: September. In 20 Jahren 2–3 m.

Chosenia *176* Laubbäume aus der Familie der *Salicaceae*. Heimat: Korea. Selten in Kultur.

«Christusdorn» → *Gleditsia triacanthos*

Cinnamomum *camphora* *130, 131* Kampferbaum, Trop. Asien, China, Japan, Zone 9, bis 30 m, aufrecht. Blätter dünn, oval, einfach, immergrün, dunkelgrün glänzend, duftend, gestielt. Blüten grünlich-weiß, in Trugdolden: Frühling. Braucht sonnige, geschützte Lage.

Citrange → *Poncirus trifoliata* x *Citrus sinensis*

Citrus *236–237,* 262, 263 Immergrüne oder halbimmergrüne Bäume oder Sträucher. Blätter einfach und aromatisch. Blüten gewöhnlich duftend. Früchte: Orangen, Zitronen etc. Sonnige Lagen, mittelgroß. Einige Arten gedeihen in Zone 9, wenn keine Spätfröste.

– *aurantifolia* *237* Limone. Indien, SO-Asien, Zone 10, klein, Spreizwuchs. Blätter eirund, immergrün, glänzend, grün, Blattränder leicht wellig. Blüten in kleinen Rispen, weiß. Früchte rund bis länglich, hellgrün, sauer schmeckend, reifen unregelmäßig. Krankheiten wie *C. sinensis*.

– *aurantifolia x Fortunella* *237* Limequat, Zone 10. Zweige durch Früchte z.T. umgebogen. Blätter lanzettlich, immergrün, dick, oberseits dunkelgrün, heller unten. Früchte oval, hellgelb, glänzende Schale, sauer schmeckend, fast winterhart, benötigt aber langen, warmen Sommer.

– *aurantium* *237* Bitterorange, Pomeranze. S. Europa, Zone 9, 6–9 m, Spreizwuchs. Blätter oval, gespitzt, immergrün, mit geflügeltem Stiel. Blüten klein, weiß, in flachen Köpfchen. Früchte rund, orangerot, aromatisch, bitter, sauer. Winterhärte größer als bei *C. sinensis*.

– *limon* *236–237* Zitrone. Indien, Zone 10, bis 6 m, ausgebreitet. Blätter eiförmig, immergrün, glatt, dunkelgrün, mit welligem Rand. Blüten weiß, rötlich getönt, einfach oder paarig. Früchte reifen unregelmäßig. Krankheiten wie *C. sinensis*.

– *paradisi* *237* Grapefruit. SO. China. Zone 10, 9–15 m, pyramidal. Blätter eiförmig, immergrün, hellgrün, später dunkler, glatt, welliger Rand, gestielt. Blüten in flachen Rispen. Früchte groß, hellgelb bis orange, Geschmack angenehm, sauer, bitter. Krankheiten wie *C. sinensis*.

– *reticulata* *237* Mandarine, China, Zone 10. Klein, ausgebreitete Krone. Blätter schmal bis oval, gespitzt, immergrün, dunkelgrün, gestielt. Früchte an beiden Enden abgeflacht, kleiner als *C. sinensis*, gelb bis orangerot, süß. Härter als *C. sinensis*. Krankheiten aber dieselben.

«Satsuma» *237* Orangequat, Zone 9. Kleiner, buschiger Baum, manchmal dornig. Blätter eiförmig, dunkelgrün glänzend. Blüten klein. Früchte breit, oval, dick, schwammige Schale, saures Fruchtfleisch.

– *sinensis* *236–237* Orange, Apfelsine. China, Zone 10, 7–12 m, pyramidal. Blätter eiförmig, immergrün, glatt, glänzend, dunkelgrün oberseits, heller unterseits. Blüten weiß, einzeln oder in Rispen. Früchte rundlich, orangerot, glatt, groß. Schädlinge: San-José-Schildlaus, Milben sowie Pilz- und Bakterienkrankheiten.

– «Ugli» *237* Zone 10, aufrechter und auseinanderstrebender Baum. Blätter eiförmig, dunkelgrün. Blüten weiß. Früchte gewöhnlich zitronengelb bis gelbgrün, rundlich, mit dicker, trügerischer Schale, süß, Geschmack zwischen Mandarine und Grapefruit.

Cladrastis *209, 262* Gelbholz. Kleine Familie von laubwerfenden Bäumen. Blätter unpaarig gefiedert, wechselständig. Fiederblättchen groß. Blüten zwittrig, weiß, selten rosarot, in achsel- oder endständigen Trauben hängend. Knospen in Blattstielbasis eingeschlossen. Früchte schmal, längliche Hülsen, flach. Holz brüchig. Bevorzugt Sonne.

– *lutea* *209,* 252, 263 Amerikanisches Gelbholz, SO. USA, Zone 3, bis 20 m, rundlich, Spreizwuchs. Blätter lang, mit ovalen Fiederblättchen, unbehaart, vor Blattfall gelb, mit Stiel. Blüten schwach duftend: Juni. Samenhülsen: Herbst. Lehmige Erde; nicht langlebig auf Kalk.

– *sinensis* 253 Chinesisches Gelbholz. China, Zone 5, bis 24 m, Spreizwuchs. Blätter gefiedert, Form variabel, hellgrün oberseits, matt unterseits, auf den Mittelrippen wie rostig. Stiele flaumig. Blüten duftend: Sommer. Hülsen 3–6 cm lang, glatt: September. Lehmige Böden.

Clethra *184–185,* 263 Scheineller. Kleine, erikaartige Bäume oder Sträucher, laubwerfend und ausdauernd oder immergrün und empfindlich. Blätter wechselständig, einfach. Blüten wohlriechend, weiß, gewöhnlich in Rispen. Früchte: Kapseln mit mehreren Samen. Kalkfreie Böden.

– *arborea* *184–185,* 253, 263 Baum-Scheineller. Madeira, Zone 8/9, bis 9 m, großer Busch oder kleiner Baum. Blätter lanzettlich, immergrün, fein gezähnt, dunkelgrün oben, heller mit spärlichen Haaren unterseits. Blüten 1 cm breit. Verlangt mildes Klima, Sonne oder Halbschatten, geschützte Lage. In 20 Jahren 9 m.

Cocos *nucifera* *123* Kokospalme. Tropen, Zone 10, bis 24 m, stets sich neigend. Stamm an der Basis verdickend, Oberfläche geringt. Gefiederte Blätter, 3–6 m lang, gelblich-grün. Eingeschlechtige Blüten auf einem Baum, an 1,2–1,8 m langen Stielen. Früchte: Große Nuß, von faserartiger Schale umgeben.

Cordyline *australis* *255* Neuseeland, Zone 4, bis 12 m, aufrechter Stamm, sich aufgabelnd in aufrechte Äste mit dichten Büscheln, 1,8–2,7 m breit. Blätter schmal, gespitzt, 1,8–2,7 m lang, immergrün. Blüten klein, crèmefarbig-weiß, in hängenden Rispen, wohlriechend. Früchte klein, weiße oder bläulich-weiße Beeren.

Cornus *216–217,* 263 Hartriegel, Hornstrauch. Laubwerfende, selten immergrüne Bäume oder Sträucher. Einfache Blätter, gewöhnlich gegenständig. Kleine, zweigeschlechtige Blüten, meist weiß, in endständigen Trugdolden. Ovale, fleischige Früchte, Stein enthaltend. Normalerweise einfach zu kultivieren. Empfindlich auf Mehltau.

– *capitata* *217,* 262 Immergrüner Hornstrauch, Himalaja, Zone 8, kleiner Baum oder Strauch. Junge Zweige behaart. Blätter ledrig, oval, lanzettlich, dumpf graugrün, behaart. Winzige Blüten, von Hüllblättern umgeben, schwefelgelb. Früchte erdbeerenartig. In 20 Jahren 6 m.

– *controversa* *216, 217,* 262 Chinesischer Riesenhartriegel. Japan, China, Zone 5, bis 20 m, horizontale Äste in Schichten. Blätter wechselständig, oval, gespitzt, glänzend dunkelgrün oberseits, wächsern unterseits. Blüten weiß, in flachen Trugdolden, reichlich. Frucht blauschwarz, rundlich; Kalk ertragend. In 20 Jahren 7–8 m.

«Variegata» *217* Zone 5, kleiner Baum, Form ähnlich wie Typ. Blätter mit silbrig-weißen bis hellgelben Rändern. In 20 Jahren 3–4 m.

– *florida* 42, *216,* 252, 262, 263 Blumenhartriegel. O. USA, Zone 4, bis 12 m, weitausladender Baum. Blätter oval, dunkelgrün, mit zerstreuten Härchen oberseits, blasser unterseits. Blüten unscheinbar: Frühling, aber 4 weiße Hochblätter, 5 cm lang, im Mai sich entfaltend, nachdem sie die Knospe im Winter eingeschlossen hatten. Rote Beeren im Winter. Sonne oder Halbschatten. Meidet arme, flachgründige Böden. In 20 Jahren 3 m.

«Cherokee Chief» *216* Hochblätter rosarot.

«Pendula» *262* Steif hängende Zweige.

«Rubra» *216* Verschieden, Blütenblätter rosarot. Weniger hart als *C. florida*.

– *kousa* *216,* 252–253, 262, 263 Japanischer Hartriegel. Japan, Korea, Zone 5, bis 7,5 m, Busch oder kleiner Baum. Blätter oval, gespitzt, karminbronzefarbig im Herbst. Blüten klein, unscheinbar, attraktive große weiße Hochblätter. Früchte erdbeerenartig. Meidet arme, flachgründige Kalkböden. Einigermaßen sonnige Lage. In 20 Jahren 3–4 m.

chinensis *216* China, größer, offener als *C. kousa*. Blätter etwas größer, Blüten-Hochblätter ein wenig länger.

– *mas* *217,* 252 Kornelkirsche, Z. und S. Europa, Zone 4, bis 8 m. Busch oder kleiner Baum, dicht beastet. Blätter oval, zugespitzt, dunkel-mattgrün, rotpurpur im Herbst. Blüten klein, gelb: Spätwinter, in kurzgestielten, flachköpfigen Trugdolden an blattlosen Zweigen. Früchte hellrot, eßbar. Widerstandsfähig gegen Insekten und Krankheiten. Sonne. Erträgt Trockenheit und Exposition. In 20 Jahren 6 m.

– *nutallii* *216,* 252, 262 Pazifischer Hartriegel. W-USA, Zone 4, bis 24 m. Blätter oval, behaart, schöne Herbstfärbung. Blüten klein, purpur und grün, umgeben von 4 bis 8 großen weißen Hochblättern, rötlich getönt; großer Zierwert. Meidet flachgründige Kalkböden, extreme Kälte. Sonne oder Halbschatten. In 20 Jahren 7 m.

Corylus *171,* 263 Haselnüsse. Laubwerfende Büsche, selten Bäume. Blätter oval, gezähnt. Blüten zweigeschlechtig, einhäusig, männliche Kätzchen hängend: Winter, weibliche Kätzchen in kleinen Büscheln, sich im Frühling öffnend. Früchte: eiförmige Nüße, in einem gezähnten Becher von Hüllblättern, meist eßbar, reifen im Herbst. Kalkertragend. Haselnußbohrer: fast einziger Schädling.

– *avellana* 64, *171,* 262 Gemeine Haselnuß, Waldhasel, Europa, W. Asien, N. Afrika, Zone 3, bis 3,5 m, Busch oder kleiner Baum. Blätter rundlich, endständig halb offen gelappt. Nüsse in schwach gelappter Hülle. Hauptsächlich zierlich wegen der männlichen Kätzchen, obwohl Blätter im Herbst gelb werden. Sonne oder Schatten. In 20 Jahren 4–5 m.

«Contorta» *171,* 262 Korkzieherhaselnuß, bis 3 m, Zweige gedreht und gewickelt. Besonders attraktiv im Winter mit Kätzchen. Langsam wachsend.

– *californica* *171* Kalifornische Haselnuß, Kalifornien, Zone 5, bis 3 m, Busch. Blätter unterseits behaart. Früchte stachelig mit einer kurzen Spitze.

– *colurna* *171,* 262 Baumhasel oder Türkenhasel. SO. Europa, W. Asien, Zone 4, bis 24 m, symmetrisch, kegelförmig. Blätter zugespitzt am Scheitelpunkt, Oberseite dunkelgrün, Unterseite flaumig an der Mittelrippe. Nüsse in Schalen, die mit gelappter Hülle umgeben sind, fein behaart, in Gruppen von 3 oder mehr. Gedeiht in heißen wie in kalten Gebieten. In 20 Jahren 10 m.

– *maxima* «Purpurea» *171,* 262 Bluthasel. Blätter und Kätzchen kupferrot bis purpur.

Cotinus *235,* 262, 263 Laubwerfende Büsche oder Bäume. Einfache, wechselständige Blätter mit dünnen Stielen. Polygam oder 2häusig. Kleine, eiförmige, fleischige Früchte. In 20 Jahren 3–4 m.

– *obovatus* *234, 235* SO. USA, Zone 5, bis 12 m, Strauch oder kleiner Baum. Blätter keilförmig, oval, mittellang, oft rötlich-purpur; hervorragende Herbstfärbung. Blüten klein, in 10 cm langen, grünlichen Rispen. Zweigeschlechtig. Früchte spärlich. Nährstoffreiche Böden ergeben weniger intensive Farben. Erträgt Trockenheit, Sonne.

– *coggygria* *235* Perückenstrauch. Z. Europa, Zone 5. Busch oder kleiner Baum, bis 5 m. Glatte, rundliche, grüne Blätter. Großartige Herbstfärbung. Blüten klein, in 15–20 cm langen Rispen mit langen abstehenden Haaren (baumwollartig), zuerst rehbraun, mit der Zeit rauchgrau. Ist *C. americanus* vorzuziehen.

«Royal Purple» *262* Blätter tief weinfarbig bis purpur.

Cotoneaster *191,* 263 Zwergmispeln. Immergrüne und laubwerfende Bäume und Sträucher. Blätter einfach, ganzrandig, ungelappt. Blüten ziemlich ähnlich, 8–12 mm groß, weiß oder rosa getönt, gewöhnlich in reichlichen Büscheln, für Bienen anziehend. Früchte rund bis oval, z.T. leuchtend rot, unbedornt. Auf allen Böden. Sonne, einige Arten schattenertragend. Winterhart, empfindlich auf Feuerbrand und Rostpilze.

– «Cornubia» *191,* 253 Zone 7, 6–9 m, Spreizwuchs. Blätter schmal, oval, zugespitzt, halbimmergrün, glatt oberseits, spärlich behaart auf der Unterseite. Früchte reichlich, groß. Schnellwüchsig.

– *frigidus* *254* Himalaja, Zone 7, 6–12 m, Spreizwuchs. Blätter elliptisch, laubwerfend, glatt, am Anfang wollig auf der Unterseite, matt grün. Blüten: Spätfrühling oder Frühsommer. Früchte in Büscheln, erbsenförmig, karminrot: Herbst bis Winter. In 20 Jahren 7–8 m.

– *x watereri* *191,* 263 Zone 7, bis 4–5 m, Spreizwuchs, Hybrid. Blätter zugespitzt an beiden Enden, halbimmergrün, glatt, wenn ausgewachsen. Früchte klein, in Büscheln. Schnellwüchsig.

+ Crataegomespilus *dardarii* *193* Weißdornmispel. Zone 5. 4,5–6 m. Spreizwuchs. Pfropfbastard (= Chimäre), besteht aus *Crataegus* als Unterlage und *Mespilus* als Edelreis. Blätter gelb bis orange im Herbst, oval, einfach, laubwerfend, behaart auf beiden Seiten, manchmal fein gezähnt, kurz gestielt. Blüten weiß, in gewölbten Köpfchen, ziemlich flockig. Früchte gebüschelt, wie kleine Mispeln, gelegentlich dornig.

Crataegus *192–193,* 263 Weißdorne. Laubwerfende Bäume oder Sträucher. Gewöhnlich dornig. Blätter einfach, gezähnt oder gelappt. Blüten gewöhnlich weiß, gebüschelt: Spätfrühling, Frühsommer. Früchte apfelähnlich, klein, verschiedenfarbig. Empfindlich auf Feuerbrand, Wacholderrost, Weißdorn-Mehltau, Milben, Blattminiermotten, verschiedene Bohrer und andere. Ausgesprochen winterhart. Bodenvag.

– *crus-galli* *193,* 253, 255, 262 Hahnendorn. O., Z. USA, Zone 4. Bis 12 m, weit ausgebreitet. Blätter keilförmig, glänzend, glatt, dunkelgrün, gestielt. Blüten klein. Früchte karminrot: Winter. Dorne 3–8 cm lag, verzweigt.

– *x grignonensis* *193* Zone 5. Kleiner Hybrid. Blätter mit 2–4 gezähnten Lappen, grün bis im Winter. Blüten weiß: Spätsommer. Früchte hellrot.

– *laciniata (C. orientalis)* *193* S.O. Europa, W. Asien, Zone 5. Bis 6 m, kugelige Form. Blätter mit 5–9 gezähnten Lappen, oberseits behaart, unterseits wollig. Blüten im Juni. Früchte rundlich, behaart, orangerot: Oktober.

– *x lavallei* *193,* 262 Zone 4. 6–8 m, spreizwüchsig bis aufrecht. Hybrid. Blätter lang, glänzend, dunkelgrün, bleiben oft bis Mitte Winter am Baum. Früchte orange bis ziegelrot: Herbst und Winter. Dorne kräftig, vereinzelt. In 20 Jahren 6 m.

– *monogyna* *192, 193* Eingriffeliger Weißdorn. Europa, N. Afrika, W. Asien. Zone 4. Bis 10 m. Spreizwuchs. Blätter 3- bis 7lappig, dunkelgrün, gestielt. Blüten in dichten Büscheln, wohlriechend. Früchte klein, rot, gewöhnlich einsamig: Herbst. Viele kleine, steife Dornen.

«Biflora» *193* Blätter früher als bei *C. monogyna*. Gelegentlich Blüten Mitte Winter (wenn mild) sowie auch im Frühling; weniger Blüten als *C. monogyna*.

«Stricta» *262* Schmale, aufrechte Form.

– *nitida* *193* E. USA, Zone 4. 6–10 m, rundliche Krone. Blätter länglich, glänzend, rauh gelappt, doppelt gezähnt. Früchte rund, dunkelrot, den ganzen Winter hindurch.

– *orientalis,* → *C. laciniata*

– *orientalis sanguinea* *254* Form von C. orientalis, mit roten Früchten.

– *oxyacantha* *192–193,* 262, 263 Zweigriffeliger Weißdorn. Nordwest- und Zentraleuropa Zone 4. Bis 7 m. Spreizwuchs. Blätter 3–5lappig, zuerst weich, dann glatt, glänzend, dunkelgrün, gezähnt, gestielt. Blüten klein, in flachen Köpfchen. Früchte scharlachrot: Herbst, mehrsamig.

«Paul's Scarlet» *193* Gefüllte Form. Früchte spärlich.

«Plena» *252* Weiße, gefüllte Blüten.

– *phaenopyrum* *193,* 253, 262 SO USA, Zone 4. Bis 10 m, aufrecht, schmal. Blätter dreieckig, möglicherweise gelappt, glatt, glänzend, hellgrün, scharf gezähnt, gestielt. Blüten zahlreich, in flachen Köpfchen, klein. Früchte glänzend, scharlachrot, den Winter überdauernd bis in den Frühling. Dornen bis 7 cm lang.

– *pinnatifida major* *193* China, Zone 5. Bis 6 m. Spreizwuchs. Blätter keilförmig rund, behaart entlang der Mittelrippe unten und oben, tief gelappt an der Basis, oft doppelt gezähnt, glänzend dunkelgrün oberseits, heller auf der Unterseite. Blüten klein, in flachen Köpfchen. Früchte glänzend, karminrot, mit kleinen Flecken: Winter. Dornen nicht vorhanden oder kurz.

– *tanacetifolia* *254* Graublättrige Weißdornart, mit großen, gelben Beeren, von Kleinasien.

Cryptomeria 69, 98, 116–117 Cryptomerie oder «Sicheltanne». Immergrüne Nadelhölzer. Sonne, ziemlich winterhart.

– *japonica* *116–117,* 262 Cryptomerie. Japan, Zentralchina, Zone 5. Bis 45 m, schmal-kegelförmig, ältere Bäume breiter und gewölbt. Nadeln spiralig angeordnet, kurz, mit stechender Spitze. Zweihäusig. Männliche Blüten in endständigen Büscheln, rundlich, blaßgrün im Sommer, blaßgelb im Winter; weibliche Blüten in grünen Rosetten. Zapfen kugelförmig, rauh, grün reifend bis hell dunkelbraun. Bevorzugt feuchte Böden. In 20 Jahren 12–15 m.

«Elegans» *116,* 262 Breite, rundliche Bäume, bis 21 m. Nadeln in Jugendform auswärts oder abwärts gerichtet, graublau, weich beim Berühren, kurz, rotbronze im Herbst und Winter. Zapfen selten, kleiner und glatter als bei *C. japonica*. In 20 Jahren 6 m.

«Lobbii» *252* Zone 5. Schmal, kegelförmig. Kurze Äste, an den Spitzen aufgerichtet. Nadeln dicht. Ausgesprochen winterharte Form. In 20 Jahren 10 m.

«Nana» *119* Zwergform, bis 90 cm. Aufrecht gebogene Äste mit gehäuften Zweiglein. Triebspitzen gekrümmt. Langsam wachsend.

«Pygmea» *119* Kompakter, rundlicher Busch, bis 2 m. Nadeln kurz, apfelgrün. Langsam wachsend.

sinensis 254 Häufigste Form von *Cryptomeria* in Kultur in Europa.

Cunninghamia *lanceolata* 112, 117, 254 «Spießtanne». Zentral- und Südchina, Zone 7. Bis 45 m. Spreizwuchs, hängende Astspitzen, immergrün. Nadeln in Spiralen, lanzettlich, hellgrün oder weiß, mit 2 weißen Bändern auf der Unterseite; bronzefarben im Herbst. Männliche Blüten in Büscheln von ca. 12, weibliche Blüten mit blattförmigen Schuppen, beide offen im Frühling. Zapfen einfach oder in Büscheln, oval.

Cupressocyparis *leylandii* 101, 262, 263 Leyland-Zypresse. Zone 4. Bis 27 m, meist kegelförmig, in Spitze verlaufend. Gattungsbastard zwischen *Cupressus macrocarpa* und *Chamaecyparis nootkatensis*. Immergrün. Ziemlich anpassungsfähig. In 20 Jahren 15 m.

«Haggerston *Grey*» *101* Kegelförmig, aber ziemlich offene Form mit unregelmäßigen Wedeln und graugrünen Nadeln.

«Leighton Grey» *101* Schmal, kegelförmig. Nadeln grün, in flachen, farnartigen Wedeln.

Cupressus *94–101,* 263 Zypressen. Immergrün, meist säulenförmig bis pyramidal. Nadeln winzig, schuppenförmig, an den Zweig gedrückt. Einhäusig, getrenntgeschlechtige Blüten; zylindrische Köpfchen auf männlichen Blüten. Zapfen rund bis oval. Bodenvag, aber empfindlich.

– *abramsiana* *96–97,* 255 Kalifornien, Zone 7. Kegelförmig bis säulenförmig. Nadeln stumpfspitzig, blaßgrün. Harzdrüse unscheinbar oder nicht vorhanden. Zapfen grün, in der Reife braun. In 20 Jahren 15–18 m.

– *arizonica* → *C. glabra*

– *bakeri* *97,* 255 Kalifornien, Zone 5. 10–15 m, offen, kegelförmig. Blätter graugrün, kurz, zugespitzt, mit sichtbaren Harzdrüsen. Zapfen graubraun, warzig. In 20 Jahren 4–5 m.

– *cashmeriana* *97,* 262 Kaschmir-Zypresse. Zone 8. Kegelförmig, ausgebreitet, später hängend. Nadeln zweizeilig, blauweiß, scharf zugespitzt, hart, winterhart in geschützter Lage. Wächst schnell unter Glas. In 20 Jahren 7–8 m.

– *forbesii* *255* Seltene, kleine Zypresse von Kalifornien, mit flockiger Borke.

– *funebris* *254* Zentralchina, Zone 9. Bis 18 m, flach hängende Zweiglein. Nadeln bläulichgrün. Zapfen klein, dunkelbraun.

– *glabra* *94–95, 96, 97,* 255 Arizona-Zypresse. Z. Arizona, Zone 6. 8–15 m, kegelförmig. Nadeln gezähnt, gewöhnlich wächsern, drüsenreich. Harz weißlich. In 20 Jahren 9 m.

«Pyramidalis» *97,* 262 Kegelförmig oder pyramidal. Triebe an den Spitzen aufwärts gerichtet. Nadeln blaugrün, schwach weiß gefleckt. In 20 Jahren 8 m.

– *goveniana* *97* Gowen-Zypresse. Kalifornien. 9–20 m. Dicht, hellgrün, säulenförmig in Europa; offen, weit, kegelförmig in Kalifornien. Nadeln hellgrün oder gelbgrün, wohlriechend. Männliche Blüten klein, gelb; weibliche Blüten mit der Zeit grau. Zapfen glänzend braun, in Büscheln am Haupttrieb zurückgebogen. In 20 Jahren 10 m.

– *guadelupensis* *255* Stark, kräftig, aufrecht, ziemlich winterharte Zypresse von Mexiko. Rote Borke.

– *lusitanica* *97,* 255 Mexikanische Zypresse. Mexiko, Guatemala, Zone 9. Bis 30 m. Äste ausgebreitet, schwach hängend. Nadeln zugespitzt, graugrün. Zapfen klein, wächsern, braun in der Reife. Verlangt warmes Klima. In 20 Jahren 12 m.

– *macrocarpa* *96, 97,* 101, 255, 262, 263 Kalifornische Zypresse, Großfrüchtige Zypresse. S. Kalifornien, Zone 7. 21–93 m, säulenförmig oder kegelförmig, breiter werdend mit dem Alter. Nadeln hellgrün, später dunkler, dreieckiger Querschnitt, dicht am Stamm. Zapfen purpur bis braun, kann unter Frost leiden, aber erträgt Exposition, speziell Seewinde. In 20 Jahren 14–20 m.

«Donard Gold» *96* Mittlere Höhe, kegelförmig oder breit säulenförmig. Nadeln goldgelb. In 20 Jahren 12 m.

«Goldcrest» *96, 97* Mittlere Höhe, schmal, säulenförmig. Jugendform der Nadeln reich gelb.

«Lutea» *96* 15–24 m, breit, säulenförmig. Nadeln gelb, später grün. Zapfen gelb. Guter Schutz gegen Seewinde. In 20 Jahren 12 m.

– *sargentii* *255* Sargent-Zypresse. Kleine, reizende Zypressenart, von Kalifornien.

– *sempervirens* *94, 95, 96,* 254, 262 Echte Zypresse. Mittelmeergebiet, Zone 7. Bis 23 m, säulenförmig. Nadeln dunkelgrün, dick und dicht an alten Bäumen. Männliche Blüten endständig, grünlich. Zapfen glänzend grün, später dunkelbraun, jede Schuppe mit zentraler Form. In 20 Jahren 10 m.

– *torulosa* *254* Bhutan oder Himalaja. Groß und zedernartig. Nicht sehr winterhart.

Cydonia *194–195* Quitten. Hauptsächlich laubwerfende Bäume oder Sträucher. Blätter einfach. Blüten in Büscheln oder einzeln. Früchte mit mehrsamigen Zellen. Unterschied zur verwandten Art *Pirus*, wohlriechend, eßbar, wenn gekocht. Bodenvag. Sonne. Winterhart. Monilia, Mehltau und Feuerbrand unterworfen.

– *oblonga* 194, 195, 263 Quitte. Nordpersien, Turkestan, Zone 4. Bis 8 m. Spreizwuchs. Blätter oval, laubwerfend. Unterseite bedeckt mit weißgrauen Haaren. Oberfläche apfelgrün, oft tiefgelb werdend bei Blattfall. Blüten 5 cm im Querschnitt, einfach, mit 5 Blütenblättern, weiß oder blaßrosa: Spätfrühling. Früchte birnenartig, goldgelb, sauer schmeckend, wenn roh gegessen.

Cytisus *battandieri* *211,* 253, 263 Marokko. Zone 3. 5 m oder mehr, aufrecht, selten baumförmig. Blätter zusammengesetzt, mit feinen, silbrigen Haaren. Blüten in ovalen Trauben, goldgelb, grapefruitartiger Duft: Sommer. Hülsen aufrecht, bis 5 cm lang, behaart. Bevorzugt neutrale oder saure Böden, erträgt Kalk, wenn nicht zu trocken. Sonne. Empfindlich auf Rost und durch Pilze verursachtes Zweigsterben.

D

Dacrydium *111* Harzeiben. Immergrüne Nadelhölzer, verwandt mit den Eiben. Jugendform der Nadeln ahlenförmig, Adultnadeln fein, schuppenartig, an hängenden Zweiglein. Gewöhnlich zweihäusig; Samen in fleischigen Bechern. Wenige Arten sind winterhart.

– *cupressinum* *111* Neuseeländischer «Rimu». Neuseeland Zone 9. 18–30 m, pyramidal und zuerst Äste weit überhängend, später rundliche Kronen. Nadeln lanzettlich, anfangs schmal; mit zunehmendem Alter linearisch und gekrümmt, stumpf, mit zentralem Kamm auf der Rückseite. Männliche Blüten klein, grün. In 20 Jahren 3–4 m.

– *franklinii* *111,* 255, 262 «Huon», Tasmanien Zone 9. Bis 30 m, pyramidal, immergrün mit überhängenden Ästen. Nadeln klein, dicht, überlappend, hellgrün. Früchte nußartig. In 20 Jahren 3–4 m.

Dattelpalme → *Phoenix*
Dattelpflaumen → *Diospyros*
Kakipflaume → *D. kaki*
Lotuspflaume → *D. lotus*
Persimone, amerikan. → *D. virginiana*

Davidia *218–219,* 263 Taubenbaum. Winterharte mittelgroße Bäume. Blätter einfach, wechselständig, gezähnt, laubwerfend. Blüten klein, unauffällig, darüber zwei große ungleichförmige Hüllblätter. Männliche und zwittrige Blüten auf gleichem Baum in dichten, runden Köpfchen. Früchte einzeln, birnenförmig, enthalten harte Nuß mit 3–5 Samen. Auf fruchtbaren Böden.

– *vilmoriniana* *219,* 254, 262, 263 Taubenbaum. China, Zone 5. Blätter China Zone 6. Bis 20 m. Blätter mittellang, lebhaft grün, meist oval mit feiner Spitze. Oberfläche behaart. Unterseite blaß filzig. Auffällige große crèmeweiße Hochblätter, manchmal 10 cm lang, rundliche Blüten im Frühsommer. Früchte grün, mit purpurnem Metallglanz. Sonne oder Halbschatten. In 20 Jahren 8 m.

– *«vilmoriniana»* *219,* 254, 262, 263 Taubenbaum. China. Zone 5. Blätter unbehaart. Früchte ovaler als diejenigen von Typ. Fruchtstielring fehlt, sonst aber ähnlich.

Diospyros *188–189* Dattelpflaumen. Immergrüne und laubwerfende Bäume und Sträucher. Blätter einfach. Blüten klein, unauffällig, eingeschlechtig, zweihäusig. Früchte bestehend aus großen, fruchtigen Beeren. Gewöhnlich empfindlich; einige Arten winterhart.

– *kaki* *188,* 253, 254, 262, 263 Kakipflaume. China Zone 7. Bis 13 m. Blätter mittel bis lang, oval, laubwerfend, an beiden Enden in Spitze verlaufend, glänzend grün an der Oberseite, behaart unterseits. Früchte bis zu 8 cm im Querschnitt, orange bis hellgelb, eßbar, erträgt Trockenheit. Sonne. In 20 Jahren 4–5 m.

– *lotus* *254* Lotuspflaume. Weibliche Bäume tragen purpurfarbige oder gelbe tomatenartige Frucht.

– *virginiana* *188–189,* 263 Amerikanische Persimone. N. Amerika, Zone 4. Bis 30 m, mit hängenden Ästen. Blätter mittellang, oval mit stechender Spitze, glänzend grün an der Oberseite, heller unterseits. Männliche einzeln, zu zweit oder zu dritt; weibliche einzeln, gelblichweiß. Frucht gelb mit Orange, eßbar nach Frost. In 20 Jahren 5 m.

Dipteronia *sinensis* *254* chinesischer Busch verwandt mit dem Ahorn; ulmenartige Samenbüschel im Herbst.

Disanthus *cercidifolius* *132,* 262, 263 Doppelblüte. Japan, Zone 7, bis 5 m. Vieltriebiger Strauch. Blätter eirundlich, glatt, bläulich-grün oberseits, unterseits heller. Herbstfärbung orange bis karminrot. Blüten klein, dunkelpurpur, paarig: Oktober. Frucht zweizipflig, ovale Kapsel, verschiedene glänzend schwarze Samen enthaltend. Feuchte, gut drainierte, kalkfreie Böden. Halbschatten. Solitärgehölz.

Doppelblüte → *Disanthus cercidifolius*
Douglasie → *Pseudotsuga*

Drimys *winteri* *255* klein, immergrün mit großen Blättern, wohlriechende weiße Blüten im Frühling. Südamerika

E

Eberesche → *Sorbus aucuparia*

Ehretia *dicksonii* *242* China, Formosa, Zone 7. Bis 10 m, großer Busch oder kleiner Baum, laubwerfend. Junge Triebe wenig behaart. Blätter länglich, flaumig behaart. Blüten in Büscheln, klein, weiß. Früchte grünlichgelb, wachstumsempfindlich bei Frost. In 20 Jahren 4 m.

Eibe → *Taxus*
Gemeine → *T. baccata*
Irische → *T. baccata* «Fastigiata»
Japanische → *T. cuspidata*
Kanadische → *T. canadensis*
Säulen- → *T. baccata* «Fastigiata»
Eibe, Patagonische → *Saxegothaea conspicua*
Eiche → *Quercus*
Chinesische Kork- → *Q. variabilis*
Chinkapin- → *Q. muehlenbergii*
Daimijo- → *Q. dentata*
Färber- → *Q. velutina*
Garry- → *Q. garryana*
Goldschuppige → *Q. chrysolepis*
Großfrüchtige → *Q. macrocarpa*
Japanische → *Q. acuta*
Kalifornische Blau- → *Q. douglasii*
Kalifornische Weiß- → *Q. lobata*
Kanarische → *Q. canariensis*
Kastanien- → *Q. prinus*
Kastanienblättrige → *Q. castaneifolia*
Kaukasische → *Q. macranthera*
Kellogg- → *Q. kelloggii*
Korb- → *Q. michauxii*
Kork- → *Q. suber*
Leierförmige → *Q. lyrata*
Libanon- → *Q. libani*
Lorbeerblättrige → *Q. laurifolia*
Lucombe- → *Q. x hispanica* «Lucombeana»
Maryland- → *Q. marilandica*
Mühlenberg → *Q. muehlenbergii*
Nördliche → *Q. rubra*
Nutall- → *Q. nutallii*
Pyramiden- → *Q. robur* «Fastigiata»
Rot- → *Q. rubra*
Scharlach- → *Q. coccinea*
Schindel- → *Q. imbricaria*
Shumard- → *Q. shumardii*
Sichel- → *Q. falcata*
Spitz- → *Q. acutissima*
Spitzblättrige → *Q. agrifolia*
Stein- → *Q. ilex*
Stern- → *Q. stellata*
Stiel- → *Q. robur*
Südliche Rot- → *Q. falcata*
Sumpf- → *Q. palustris*
Trauben- → *Q. petraea*
Ungarische → *Q. frainetto*
Virginische → *Q. virginiana*
Wasser- → *Q. nigra*
Weiß- → *Q. alba*
Weiden- → *Q. phellos*
Zerr- → *Q. cerris*
Zweifarbige → *Q. bicolor*
«Eisenholz, Transkaukasisches» → *Parrotia persica*

Elaeagnus *angustifolia* *215,* 262, 263 Schmalblättrige Ölweide. S. Europa, W. Asien, Zone 2. Bis 8 m, laubwerfender Busch oder kleiner Baum mit bedornten Ästen. Blätter wechselständig, mittellang, lanzettlich, silbergrün oberseits, unterseits silberweiß behaart, wohlriechend. Blüten zwittrig, klein, außen silbrig, innen gelb, ohne Kronblätter, glockenförmig, wohlriechend. Früchte silbrig bis gelb: ovale schuppige Beeren, fleischig, süß, eßbar. Meidet flachgründige Kalkböden. Erträgt Trockenheit. Fast krankheits- und schädlingsfrei. In 20 Jahren 3 m.

Elsbeere → *Sorbus torminalis*

Embothrium *coccineum* *215,* 252, 262, 263, Chilenischer Feuerbusch. Chile, Zone 8. Bis 12 m. Busch oder kleiner Baum, aufrecht. Blätter mittellang, glänzend-dunkelgrün, ledrig, lanzettlich oder oval, immergrün. Blüten orange-scharlach, in kurzen Büscheln: Mai bis Juni; kurzlebig. Benötigt kalkfreie Böden. Schatten und geschützte Lage. In 20 Jahren 10 m.

lanceolatum *215,* 264. Chile. Blätter lang, schmal, tränenförmig. Blüten rot, reichlich in Büscheln. Meidet alkalische Böden. Winterhart. In 20 Jahren 8 m.

Erdbeerbäume → *Arbutus*

Erdbeerbaum → *A. unedo*
Madrona → *A. menziesii*
Erica *arborea* *184, 185,* 262, 263. Baumheide. Mittelmeergebiet, Zone 7. 5–6 m, rundlicher Busch oder Baum. Blätter winzig, immergrün. Blüten klein, rund, weißlich, duftend, in großen kegelförmigen Büscheln: Frühling. Früchte, schmale rundliche Kapseln, kleine Samen enthaltend. Meidet Kalk, gedeiht auf sandigen, sauren Böden.
Erle → *Alnus*
Geschlitztblättrige Schwarz- → *A. glutinosa* «Laciniata»
Geschlitztblättrige Grau- → *A. incana* «Laciniata»
Grau- → *A. incana*
Grün- → *A. viridis*
Kalifornische → *A. rubra*
Neapolitanische → *A. cordata*
Rot- → *A. glutinosa*
Schwarz- → *A. glutinosa*
Weiß- → *A. incana*
Esche → *Fraxinus*
Blau- → *F. quadrangulata*
Chinesische → *F. sinensis*
Blumen- → *F. ornus*
Gemeine → *F. excelsior*
Grün- → *F. pensylvanica lanceolata*
Manna- → *F. ornus*
Oregon- → *F. latifolia*
Rot- → *F. pensylvanica*
Samt- → *F. velutina*
Schwarz- → *F. nigra*
Trauer- → *F. excelsior* «Pendula»
Weiß- → *F. americana*
Essigbaum → *Rhus typhina*
Eucalyptus 64, 101, 114, *212–214,* 262, 263. Eukalypten. Immergrüne Bäume, selten Sträucher. Jugendblätter gegenständig und oval, Altersblätter wechselständig und sichelförmig, oft wächsern grau-weiß. Blüten kelchblätterlos mit weißen, gelben oder roten Staubblättern, gewöhnlich in kleinen Büscheln; 4 Kronblätter zu deckelartiger Mütze verwachsen. Früchte trichterförmige Kapseln, mehrere kleine Samen enthaltend. Auf tiefgründigen, feuchten Böden. Schnellwüchsig.
– *caesia* *214,* W. Australien Zone 9. Bis 9 m. Borke bräunlich, schälend und durch neue grüne Borke erneuernd. Auf allen gut drainierten Böden.
– *camaldulensis* *213* O. Australien Zone 9. Bis 36 m, oft spreizwüchsig, kurz, dicker Stamm. Jugendblätter eiförmig; im Alterszustand bis zu 30 cm lang, gestielt, schmal, in Spitze zulaufend, matt, oft blaß. Gestielte weiße Blüten.
– *citriodora* *214* Queensland Zone 8. 25–40 m, schmal. Jugendblätter mittellang, länglich, gestielt, borstig; alte Blätter schmal, in Spitze zulaufend. Blüten gebüschelt in den Blattachseln. Früchte an langen Stielen. Borke glatt, weiß bis rosarot.
– *coccifera* *212,* 213, 255 Tasmanien Zone 5. Bis 33 m. Jugendblätter kurz, ungestielt; alte Blätter mittellang mit bläulichgrünem Metallglanz. Blüten gebüschelt in den Blattachseln, 5–7 an kurzem Stiel. Borke glatt, grau. In 20 Jahren 17 m.
– *ficifolia* *213,* 253 S. W. Australien Zone 10. Bis 9 m. Jugendblätter mittellang, gestielt, eiförmig, borstig; alte Blätter länger, schmal oder oval, dunkler auf der Oberseite. Blüten rot, 3–7 an einem langen Stiel.
– *globulus* *212, 213,* 255, 262 Tasmanien Zone 9. Bis 55 m. Jugendblätter mittellang, oval, ungestielt; Altersform länger, schmal, tiefglänzend blaugrün, gestielt. Blüten weiß, einzeln oder zu dritt. Borke blaugrau, glatt. In 20 Jahren 21–27 m.
– *gunnii* *213, 214,* 255, 258 Tasmanischer Eukalyptus. Tasmanien Zone 7. Bis 30 m. Juvenile Blätter kurz, oval, grün oder metallglänzend, ungestielt; adulte Blätter mittellang, schmal oder oval, grün oder metallglänzend, gestielt. Blüten zu dritt an kurzen Stielen in den Blattachseln. Borke glatt, grün und weiß. In 20 Jahren 23 m.
– *leucoxylon* «Rosea» *214* Zone 9. 15–18 m.
– *miniata* *214* N. und W. Australien Zone 9. Bis 27 m. Borke grau bis gelb am Stamm, weiß an den Ästen. Zweige dunkelgrün an der Oberseite, heller auf der Unterseite. Gedeiht auf sandigen Böden.
– *niphophila* *213,* 263 Victoria Zone 4. Gekrümmter Baum bis 6 m. Blätter groß, lederig, graugrün. Stamm grün, grau und crèmeweiß. In 20 Jahren 15 m.
– *obliqua* *214,* 255 S. O. Australien, O. Tasmanien Zone 9. Bis 75 m. Borke faserig, tiefgefurcht. Bevorzugt tiefgründige feuchte Böden.
– *papuana* *213* W. Australien, Papua Zone 9. 9–12 m. Borke glatt, weiß oder grauweiß. Adulte Blätter glänzendgrün oder gelbgrün.
– *perriniana* *213* Tasmanien Zone 9. Bis 9 m. Borke glatt, weiß. In 3 Jahren 6 m.
– *regnana* *214* Victoria, O. Tasmanien Zone 9. 60–80 m. Borke weiß, glatt.
– *woodwardii* *214* W. Australien Zone 9. Bis 10 m, wuchernd. Borke weiß, glatt. Gedeiht auf sandigen Böden in trockenen Zonen.
Eucommia *ulmoides* *141,* 254, 262 Chin. Guttaperchabaum. China Zone 5. Bis 20 m. Blätter einfach, laubwerfend, oval, leicht behaart, später glatt auf der Oberseite, ledrig, glänzend, Gummisaft enthaltend. Blüten, zweihäusig, unscheinbar. Früchte gehäuft, geflügelt. In 20 Jahren 9 m.
Eucryphia *cordifolia* *225* Chile Zone 7. Großer immergrüner Busch oder breiter, säulenförmiger Baum, bis 12 m. Blätter herzförmig. Weiße Blüten, auffällige Staubfäden. Ziemlich kalkertragend.
Evodia *141* Stinkeschen. Laubwerfende oder immergrüne Bäume oder Sträucher. Blätter gegenständig, unpaarig gefiedert. Blüten klein, eingeschlechtig, in achsel- oder endständigen, flachen Rispen oder Dolden. Früchte bestehend aus 2klappigen, lederigen Kapseln mit 1–2 kleinen, glänzend schwarzen Samen. Bodenvag.
– *daniellii* *237,* 253, 263 Koreanische Stinkesche. China, Korea Zone 5. 6–9 m, Spreizwuchs. Blätter laubwerfend, Blättchen oval, glatt oberseits, flaumig auf den Mittelrippen unterseits. Ränder fein gezähnt, kurzgestielt. Blüten weiß, stechend: Spätsommer. Früchte rot bis schwarz: Herbst bis Winter. Sonne.
– *hupehensis* *237* China Zone 5. Bis 18 m, Spreizwuchs. Blätter laubwerfend, Teilblättchen lang, dünn gespitzt, glatt, manchmal auch unterseits behaart. Blüten weiß: Sommer. Früchte rot, gebüschelt, auf weiblichen Bäumen. Sonne.

F

Fagus *150–153,* 262, 263 Buchen. Große, winterharte, laubwerfende Bäume. Blätter ganzrandig oder leicht gezähnt. Männliche Blüten in runden Büscheln, weibliche zu zweit oder zu dritt auf dem gleichen Baum. Früchte in Paaren, dreieckige Nüsse in stachliger Hülle. Auf den meisten Böden vorkommend. Oberflächlich wurzelnd und konkurrenzfähig.
– *engleriana* *254* Z. China. Blätter bläulichgrün.
– *grandifolia* *150* Großblättrige Buche. O. USA Zone 3. Bis 30 m, kegelförmig, verbreitet sich mit Wurzelbrut. Blätter mittellang, oval, in Spitze verlaufend, gezähnt, anfangs behaart, oberseits grün, unterseits heller.
– *orientalis* *254* Buchenart aus dem Orient. Blätter größer als bei *F. silvatica.*
– *silvatica* *148, 149, 150, 151,* 260, 262, 263 Rotbuche. Europa Zone 4. Bis 36 m, dicht pyramidal oder rundlich. Blätter mittellang, oval, gespitzt, glänzend. Adern und Stiele seidig behaart; rotbraun im Herbst. Gedeiht auf sauren und basischen Böden noch gut. In 20 Jahren 10 m.
«Ansorgei» *151* Blätter ziemlich schmal, lanzettlich, dunkelpurpur.
cuprea *150* «Kupferbuche». Blätter kupfrig, weniger stark purpur als *F. s. purpurea.*
«Dawyck» *151,* 262, 263 Mittel bis groß, zuerst streng aufrecht mit säulenförmiger Krone, mit dem Alter sich ausbreitend. In 20 Jahren 10 m.
– *heterophylla* *150–151,* 262 Verschiedenblättrige Buche. Blattform variiert: schmal und gestutzt oder gelappt, mit federigem Aussehen. In 20 Jahren 9 m.
«Pendula» *151,* 262 Trauerbuche. Groß, trauerförmig, große Äste horizontal oder herabfallend, kleinere Zweige schräg. In 20 Jahren 8 m.
purpurea *150* «Purpurbuche». Blätter mattrot, dunkelpurpur werdend. In 20 Jahren 10 m.
«Purpurea Pendula» *262* Trauerpurpurbuche. Klein, kuppelförmig, trauerwuchs. Blätter dunkelpurpur.
«Riversii» *150,* 262 Großer Baum mit purpurnen Blättern während des Sommers.
«Tortuosa» *151,* 262 Klein, Spreizwuchs. Äste korkzieherartig gedreht, an den Spitzen hängend.
«Zlatia» *262* Blätter weich gelb, während des Spätsommers grün werdend.
Feige → *Ficus*
Felsenbirne → *Amelanchier*
Alleghany- → *A. laevis*
Gemeine → *A. ovalis*
Kanadische → *A. canadensis*
Fenchelholzbaum → *Sassafras albidum*
Feuerbusch, chilenischer → *Embothrium coccineum*
Fichte → *Picea*
Blau- → *P. pungens glauca*
Borsten- → *P. asperata*
Brewers → *P. breweriana*
Engelmanns- → *P. engelmannii*
Gemeine → *P. abies*
Himalaja- → *P. smithiana*
Hudson- → *P. rubens*
Likiang- → *P. likiangensis*
Omorika- → *P. omorika*
Orientalische → *P. orientalis*
Rauh- → *P. asperata*
Rot- → *P. rubens*
Sargent- → *P. brachytyla*
Schrenks → *P. schrenkiana*
Schwarz- → *P. mariana*
Serbische → *P. omorika*
Sibirische → *P. obovata*
Siskiyou- → *P. breweriana*
Sitka- → *P. sitchensis*
Stech- → *P. pungens*
Tigerschwanz- → *P. polita*
Trauer- → *P. breweriana*
Weiß- → *P. glauca*
Yedo- → *P. jezoensis*
Ficus *142–143* Feigen. Immergrüne oder selten laubwerfende Bäume oder Sträucher. Blätter wechselständig, manchmal gezähnt oder gelappt. Blüten auf der Innenseite eines fleischigen, krugförmigen Blütenbodens, der sich zu einer Feige entwickelt.
– *carica* *142–143,* 254, 262 Gemeine Feige. Zone 6. Bis 9 m, niedrige rundliche Form, auseinanderstrebende Krone. Blätter groß, rundliche Lappen, rauh mit kurzen, steifen Haaren, laubwerfend. Früchte grünlichbraun und violett.
Fitzroya *cupressoides* *97,* 255 Chile, Argentinien Zone 7. Bis 14 m, überhängend an der Spitze. Nadeln in dreizähligen Quirlen, mehr oder weniger abstehend, lanzettlich, tief blaugrün mit zwei hellen Stomatalinien auf beiden Seiten. Bäume ein- oder zweihäusig, Blüten getrenntgeschlechtig. Zapfen holzig, 6–8 mm breit, nicht abfallend. Samen geflügelt. Braucht viel Niederschlag. In 20 Jahren 5 m.
Flieder, persischer → *Melia azedarach*
Flügelnüsse → *Pterocarya*
Flügelstorax → *Pterostyrax hispida*
Föhren → *Pinus*
Fortunella *margarita* *237* Kumquat. S. O. China Zone 9. 3–5 m, Spreizwuchs. Blätter lanzenförmig, dunkelgrün, unterseits heller, zum Teil mit welligem Rand, immergrün. Blüten einzeln oder in kleinen Büscheln, weiß: Frühling. Früchte oval bis länglich, gelb bis orange, süß, leicht sauer im Geschmack.
Franklinia *alatamaha* *172,* 173, 262, 263 Georgia USA Zone 5. Bis 10 m aufrecht. Blätter mittellang, schmal, länglich, laubwerfend, einfach, glänzend oberseits, dunkelgrün, im Herbst rot, winzig gezähnt. Blüten bis zu 7 cm, weiß, becherförmig, wachsig, einzel, wohlriechend: Spätsommer. Früchte hölzig, rund: Kapseln. Empfindlich in Europa; verlangt heiße Sommer. Saure oder alkalische Böden. In 20 Jahren 3 m.
Fraxinus *238–239,* 263 Eschen. Laubwerfende Bäume oder Sträucher. Blätter weiß gefiedert. Blüten häufig unscheinbar, zwei- oder eingeschlechtig, einhäusig. Früchte schmal eiförmig, einsamige Nüßchen mit lang ausgezogenen, propellerartigen Flügeln. Winterhart.
– *americana* *239,* 254 Weißesche. O. USA Zone 3. Bis 40 m, aufrecht. Blätter gefiedert, Fiederblättchen gestielt, oval oder ähnlich, dunkelgrün oberseits, weißlichgrün und flaumig auf der Unterseite. Spitze des Fiederblättchens gezähnt teilweise. Stiel gerieft, gelblichweiß. Blüten kronblattlos. Bevorzugt lehmige Böden, viel Flüssigkeit. Sonne ertragen. Empfindlich auf Eschenbastkäfer und Eschenkrebs. In 20 Jahren 8 m.
– *angustifolia* *239,* 254 S. Europa Zone 6. Bis 24 m. Fiederblättchen dünn, lanzettlich, glatt, glänzend, dunkelgrün oberseits, gezähnt, gestielt. Blüten spärlich, ohne Kronblätter. In 20 Jahren 9 m.
– *chinensis* *241* Chinesische Esche. China Zone 5. Bis 14 m. Blätter mit 5–9 Fiederblättchen, mattdunkelgrün oberseits, heller auf der Unterseite, oft purpur im Herbst. Blüten in großen losen Büscheln, wohlriechend: Mai. Früchte schmal, 6 cm lang.
– *excelsior* 64, *238, 239,* 261, 263 Gemeine Esche Europa, Kaukasus Zone 3. Bis 39 m, Spreizwuchs. Blätter gefiedert, Fiedern länglich bis linealisch, glatt oberseits, behaart braun auf den unteren Mittelrippen, dunkelgrün, gezähnt; Fiederblättchen ungestielt. Blüten grünlichgelb, gebüschelt: Frühling. Früchte in Büscheln. Gut auf Kalkböden. Leidet an Eschenkrebs (Eschenrosen) und Eschenbastkäfer. In 20 Jahren 9 m.
«Diversifolia» *239* Blätter einfach oder dreiteilig, gezähnt.
«Jaspidea» *239, 262* Gelbesche. Äste gelblich, junge Triebe goldgelb.
+ «Pendula» *238, 239,* 262 Traueresche. Höhe gemäß Pfropfung; Spreizwuchs. Kräftig. Äste und Zweige steif hängend.
– *latifolia* *239,* 255 Oregonesche. W. USA Zone 6. Bis 24 m, schmal, aufrecht bis breit. Blätter gefiedert, Fiederblättchen oval oder länglich, gespitzt, flaumig, dunkelgrün oberseits, pelzig, heller unterseits; Stiele rinnig, blaß. Blüten ohne Kronblätter. Früchte bis 5 cm lang. Empfindlich auf Eschenkrebs. In 20 Jahren 6 m.
– *mariesii* *239,* 254 Z. China Zone 7. Bis 9 m, auseinanderwachsend. Blätter gefiedert, Fiederblättchen oval, in Spitze zulaufend, glatt, dumpf grün, gezähnt oder schwachgezähnt. Blattstiel purpur. Blüten in endständigen Büscheln, crèmeweiß: Spätfrühling oder Frühsommer. Früchte geflügelt, bis 3 cm lang, tiefpurpur: Herbst. Sonne. Empfindlich auf Eschenkrebs. In 20 Jahren 5 m.
– *nigra* *239* Schwarzesche O. USA Zone 2. Bis 23 m. 7–11 schmalspitzige Fiederblättchen, dunkelgrün oberseits, unten heller. Zweihäusig. Früchte 3 cm lang.
– *ornus* *238–239,* 252, 254, 263 Mannaesche, Blumenesche. S. Europa, Kleinasien, Zone 5. Bis 15 m, auseinanderstrebend. Blätter gefiedert, breit, längliche Fiederblätter, rostig behaart auf den Mittelrippen unterseits, dumpf grün, gezähnt. Blüten gebüschelt, gelbweiß: Frühling. Früchte gestaucht an der Spitze. Sonne. Empfindlich auf Eschenkrebs. In 20 Jahren 5 m.
– *oxycarpa* *239,* 254 S. Europa bis Persien, Turkestan, Zone 5. Bis 9 m, aufrecht bis spreizwüchsig, aber kompakt. Teilblättchen schmal, lanzettlich, glänzend dunkelgrün, flaumig auf der Unterseite, scharf gezähnt. Blüten ohne Kronblätter. Sonne. Empfindlich auf Eschenkrebs. In 20 Jahren 9 m.
– *pensylvanica* *239,* 255 Rotesche. E. USA, Zone 3. Bis 18 m. Blätter groß, 7–9 schmal ovale Fiederblätter, dumpf grün, behaart auf der Unterseite. Blüten getrenntgeschlechtig. Früchte bis 5 cm lang. Schnellwüchsig.
– *lanceolata* *239,* 263 Grünesche. E. USA Zone 2. Bis 18 m, spreizwüchsig. Fiederblättchen länglich bis schmal oval, behaart auf der Unterseite, hellgrün auf beiden Seiten, schwach gezähnt; Stiele gerieft und behaart. Blüten getrenntgeschlechtig. Empfindlich gegen Eschenkrebs. In 20 Jahren 5 m.
– *quadrangulata* *239* Blauesche. Z. und E. USA Zone 3. Bis 24 m mit vierkantigen Zweigen. Blätter groß, 7 oder 11 schmalovale Fiederblättchen, gelbgrün. Zweigeschlechtige Blüten in kurzen Büscheln. Früchte länglich, 2–5 cm lang.
– *tomentosa* *255* Esche mit großen behaarten Blättern, O. USA.
– *velutina* 254, *262* Samtesche. S.W. USA, N. Mexiko Zone 5. Bis 14 m, rundliche Krone, spreizwüchsig. Erträgt trokkene basische Böden.
– *xanthoxyloides* *254* Kleine, rundliche, dicht stehende Fiederblättchen an geflügelten Stielen.

G

Gelbholz → *Cladrastis*
Amerikanisches → *C. lutea*
Chinesisches → *C. sinensis*
Genista *aetnensis* *210,* 263 Ätnaginster. Sardinien, Sizilien, Zone 3. Bis 6 m. Winzige, dünne Blätter, grün, binsenartig, spärlich, einfach, laubwerfend. Blüten reichlich, erbsenförmig, goldgelb: Sommer. Bevorzugt nicht allzu feuchten Lehm; erträgt Kalk. Sonne. Empfindlich auf Rost, Zweigsterben.
Geweihbaum → *Gymnocladus dioicus*
Ginkgo *biloba* *68–69,* 254, 260, 262, 263 Ginkgo. E. China Zone 4. Bis 24 m, variiert von schmalen, aufrechten bis breiten, sparrigen Bäumen. Blätter größer und tiefer eingeschnitten im Jugendstadium, grün auf beiden Seiten, laubwerfend. Männliche Blüten selten, dick gelb; weibliche Blüten einfach oder paarig, blaßgelb mit der Zeit orange. Fruchtfleischartige Samenschale gelb; unangenehm riechend beim Zerdrücken. Kerne eßbar. Kalk ertragend. In 20 Jahren 8 m.
«Fastigiata» *69, 262* Säulenförmig, aufrechte Zweige.
Ginster, Ätnaginster → ***Genista aetnensis***
Glanzmispel → ***Photinia serrulata***
Gleditschie → ***Gleditsia triacanthos***
Gleditsia *208–209* Laubwerfende Bäume. Blätter gefiedert. Blüten klein, unscheinbar, grünlich, mit regelmäßigen Kronblättern, nicht erbsenförmig wie andere Leguminosen. Meist mit langen Dornen, manchmal dornenlos. Sonne.
– *caspica* *209* N. Persien Zone 6. Bis 10 m, sehr dornig. Blätter, gefiedert, mit 12–20 ovalen, gezähnten Fiederblättchen, oder doppelt gefiedert. Hülsen dünn, gekrümmt, 10 cm lang.
– *japonica* *209* Japan Zone 5. Bis 21 m, pyramidal, dorniger Stamm. Fiederblättchen lang lanzettlich, Mittelrippe und Stiel schwach behaart. Blüten: männliche und weibliche auf getrennten Trauben, gelbgrün, glockenförmig: Juni. Früchte, Hülsen bis 25 cm lang, gekrümmt, eventuell verdreht. In 20 Jahren 5 m.
– *triacanthos* *208, 209,* 255, 263 Gleditschie, «Christusdorn». Z. und O. USA Zone 4. Bis 42 m, breit, offen. Stamm und Äste dornig. Blätter gefiedert, mittel bis lang, glänzend dunkelgrün. Blüten eingeschlechtig, einhäusig, gebüschelt; männliche grün, weibliche spärlich: Juni. Hülsen rauh, bis 55 cm lang, gekrümmt: Oktober bis Dezember. Erträgt Kalkböden und Trokkenheit. In 20 Jahren 7 m.
«Columnaris» *262* Säulenförmige Form.

«Moraine» *209* Z. und O. USA. Weit spreizwüchsige Form. Blüten wie *G. japonica*. Fruchtlos, dornenlos. Auf vielen Böden.
«Sunburst» 208, *262* Mittelgroß, dornenloser Stamm. Junge Blätter hellgelb.
Gliederzypresse → *Tetraclinis articulata*
Glyptostrobus *lineatus* *113* S. China Zone 8. Kleiner Busch oder Baum. Nadeln entweder kurz in drei Reihen oder schuppenartig, überlappend; beide Typen blaß seegrün, reich braun im Herbst. Zapfen birnenförmig, langgestielt. Samen geflügelt.
Goldkastanie → *Castanopsis chrysophylla*
Goldlärche → *Pseudolarix amabilis*
Goldregen → *Laburnum*
Alpen- → *L. alpinum*
Gemeiner → *L. anagyroides*
Gordonia *172, 173*, 263 Kräftige immergrüne Bäume oder Sträucher aus der Familie der Teestrauchgewächse. Ähnlich wie *Camellia*. Dunkle glänzendgrüne Blätter. Auffällige Blüten im Herbst und Winter. Meidet Kalkböden.
– lasianthus *173* S. O. USA Zone 8. Bis 18 m, schmal. Nadeln länglich, zugespitzt, immergrün, einfach, glänzend, glatt, ledrig, dunkelgrün, schwach gezähnt. Blüten 7–15 cm im Querschnitt, weiß, einzeln, wohlriechend: Mitte Sommer. Früchte länglich, hart.
Grapefruit → *Citrus paradisi*
Grevillea *robusta* *215*, 262, 263 Seideneiche, Grevillea. Australien Zone 10. Bis 45 m in Australien. Blätter fiederig, einfach, immergrün, unterseits weiß behaart. Blüten büschelig, geißblattähnlich, orange bis goldgelb. Früchte schiffchenartige Kapseln. Benötigen gut drainierte, kalkfreie Böden. Sonne.
Gymnocladus *dioicus* *209*, 255 Geweihbaum. E. und Z. USA Zone 4. Bis 27 m, lange Äste, offen. Blätter doppelt gefiedert, bis 90 cm lang grün oberseits, graugrün und behaart unterseits, gelb im Herbst. Art zweihäusig. Kleine Blüten, eingeschlechtig, gebüschelt, grünlichweiß: Juni. Fleischige Hülsen länglich, flach: Oktober bis Winter. Kalk ertragend. In 20 Jahren 5 m.
Götterbaum → *Ailanthus altissima*
Guttaperchabaum, chinesischer → *Eucommia ulmoides*

H

Hagebuche → *Carpinus*
Hahnendorn → *Crataegus crus-galli*
Hainbuche → *Carpinus*
Gemeine → *C. betulus*
Karolinische → *C. caroliniana*
Hakea *laurina* *215* Lorbeerartiger Silberbaum. Neuseeland Zone 8. Bis 9 m, Busch oder kleiner Baum. Blätter länglich bis lanzettlich, schmal, einfach, immergrün. Blüten rot bis rosa, nadelkissenartig. Früchte sind dicke hölzerne Kapseln. Meidet Kalk. Sonne.
Halesia *189*, 263 Sträucher oder kleine Bäume. Blätter einfach, laubwerfend. Blüten hängend, schneeglöckchenartig gebüschelt. Früchte, birnenförmig geflügelte Schtn, blaßbraun. Erträgt Kalk wenn angereichert mit Torf oder Lauberde. Sonne.
– carolina *189*, 255, 263 Schneeglöckenbaum. S.O. USA Zone 4. 17 m. Blätter oval, dicht behaart unterseits. Blüten klein, weiß. Borke schuppig. In 20 Jahren 3–4 m.
– monticola *189*, 252, 255, 263 Maiglöckchenbaum. Gebirge von S.O. USA Zone 5. Bis 27 m, pyramidal. Blätter mittellang, oval, mit der Zeit glatt, spärlich gezähnt, gestielt, gelb im Herbst. Blüten weiß: Frühling. Krankheits- und schädlingsresistent. Sonne oder Halbschatten. In 20 Jahren 8 m.
Hamamelis *132–133*, 263 Zaubernüsse. Laubwerfende Sträucher oder kleine Bäume. Blätter wechselständig, mit welligen oder gezähnten Rändern. Blüten zweigeschlechtig, gebüschelt, dünne gelbe Blütenblätter: Spätherbst bis Frühling. Frucht, Kapseln mit 2 glänzendschwarzen Samen.
– japonica «Arborea» *132–133*, 263 Spreizförmig wachsende Art, manchmal als kleines Bäumchen. Blüten reich gelb. In 20 Jahren 3 m.
– mollis *132–133*, 262, 263 Chinesische Zaubernuß. China Zone 5. Bis 7 m, strauchförmig. Blätter rundlich, einfach, haarig. Blüten wohlriechend. In 20 Jahren 2–3 m.
– virginiana *132–133*, 262, 263 Virginische Zaubernuß, Hexenhasel. O. USA Zone 4. Bis 24 m, oft strauchförmig. Blätter oval bis dreieckig, einfach, behaart auf den Mittelrippen unterseits, gezähnt, bestielt. In 20 Jahren 2 m.
Hanfpalme, Chinesische → *Trachycarpus fortunei*
Hartriegel → *Cornus*
Blumen- → *C. florida*
Chinesischer Riesen- → *C. controversa*
Japanischer → *C. kousa*
Kornel- → *C. mas*
Pazifischer → *C. nuttallii*
Harzeiben → *Dacrydium*
«Huon» → *D. franklinii*
Neuseeländ. «Rimu» → *D. cupressinum*
Haselnuß → *Corylus*
Baum- → *C. colurna*
Blut- → *C. maxima «Purpurea»*
Gemeine → *C. avellana*
Kalifornische → *C. californica*
Korkzieher- → *C. avellana «Contorta»*
Türken- → *C. colurna*
Wald- → *C. avellana*
Hebe *lycopodioides* *119* Strauchveronika. Neuseeland, Zone 7. 60–90 cm mit aufrechten 4kantigem gelbgrünem Stämmchen. Blätter winzig, dreieckig, schuppenartig, immergrün. Blüten klein, weiß in kleinen Büscheln. Früchte kleine Kapseln. Gedeiht in Industriegebieten und am Meer. Auf allen Böden.
Hemlocktanne → *Tsuga*
Carolina- → *T. caroliniana*
Gebirgs- → *T. mertensiana*
Himalaja- → *T. dumosa*
Kanadische → *T. canadensis*
Herkuleskeule → *Aralia spinosa*
Hexenhasel → *Hamamelis virginiana*
Hibabaum → *Thujopsis dolobrata*
Hippophae *rhamnoides* *215*, 253, 262, 263 Sanddorn. Europa, wärmeres Asien, Zone 3. Bis 9 m. Laubwerfender Strauch oder kleiner Baum. Blätter kurz bis mittellang, schmal, lanzettlich, einfach, gräulichgrün oberseits, silbriggrün unterseits. Art zweihäusig. Blüten klein, gebüschelt: März und April (vor den Blättern). Früchte klein, eirundlich, orangerot, saftig, sauer: Winter. Erträgt trockene, sandige Böden, deshalb geeignet in Küstenregionen. Verlangt Sonne. In 20 Jahren 2–3 m.
Hoheria *174, 175* Immergrüne oder laubwerfende kleine Bäume oder Sträucher von Neuseeland. Blätter wechselständig, gezähnt, mittellang, lanzettlich. Wohlriechende weiße Blüten in kleinen Gruppen: Sommer.
Holunder → *Sambucus*
Holzölbaum → *Aleurites fordii*
Honigpalme → *Jubaea chilensis*
Hopfenbuche → *Ostrya*
Hornstrauch → *Cornus*
«Huon» → *Dacrydium franklinii*
Hyckorynuß → *Carya*
Bitternuß → *C. cordiformis*
Pecannuß → *C. illinoensis*
Spottnuß → *C. tomentosa*

I

Idesia *polycarpa* *242*, 253, 254, 262 Orangenkirsche. Japan, China, Zone 6. Bis 14 m, horizontale Äste. Ovale Blätter, mittel bis lang, rot gestielt, tiefgrün oberseits, laubwerfend. Meist getrenntgeschlechtig: klein, grünlichgelb, wohlriechende Blüten in hängenden Büscheln, bis 25 cm lang. Rote erbsenartige Beeren: Herbst. Gedeiht gut in neutralen oder leicht sauren Böden, feuchte Humusböden. In 20 Jahren 9 m.
Ilex *220–223*, 262, 263 Stechpalmen oder Stechhülsen. Immergrüne, zum Teil laubwerfende Bäume und Sträucher. Blätter wechselständig, gestielt, einfach, ganzrandig oder gezähnt, meist mit dornigen Zähnen. Gattung zweihäusig. Blüten klein, weißlich. Früchte klein. Sonne oder Halbschatten; kann in N. Europa durch Fröste leiden. *I. aquifolium* bildet härtere Form als *I. x altaclerensis*. Meist krankheitsfrei. Auf den meisten Böden.
– x altaclerensis *222*, 262, 263 Highclere-Hybrid-Stechpalme, Zone 7. Eine Gruppe von prächtigen Hybriden. Kleine Bäume oder große Sträucher bis 15 m. Blätter immergrün, groß, weniger dornig als *I. aquifolium*. Erträgt Meeresklima und Industriegebiete. In 20 Jahren 8 m.
«Camelliifolia» *222*, 253 Kamelienblättrig, kräftig, kegelförmig. Blätter immergrün, fast unbedornt, purpur am Anfang, später dunkelgrün. Große Früchte. Borke purpur. In 20 Jahren 6 m.
«GoldenKing» 222, 262 Goldenbunte weibliche Form. Blätter grün, Ränder hellgelb, meist unbedornt. In 20 Jahren 6 m.
«J.C. van Tol» *222*, 253, 263 Dunkelgrün belaubte Form, nahezu dornenlos. Große Anzahl von Beeren. In 20 Jahren 6 m.
«Lawsoniana» *222*, 262 Weibliche Form von *I.a. Hendersonii* mit großen, spärlich bedornten Blättern, mittlere Länge, gelb berandet (breit), marmoriertes Zentrum, tief und blaßgrün. Kann zurückschlagen zu Einfarbigkeit: Grün. In 20 Jahren 6 m.
«Purple Shaft» *222* Sehr kräftige pupurtriebige Form. Große Anzahl von Beeren. In 20 Jahren 6 m.
«Silver Sentinel» *222*, 262 Weibliche Form. Blätter dunkelgrün, gesprenkelt grün und grau, Randdornen blaßgelb oder weißlich, schlaff, spärlich bedornt. In 20 Jahren 6 m.
– aquifolium *220–222*, 262, 263 Gemeine Stechpalme. S. Europa, N. Afrika, W. Asien bis China, Zone 6. 14–21 m, kurze, spreizwüchsige Äste, dicht, kegelförmig. Blätter oval, bedornt, glänzend, immergrün. Blüten klein, weiß, wohlriechend: Mai–Juni. Früchte: rote Beeren: September–Winter. Gedeiht in Industriegebieten und Küstenregionen. In 10 Jahren 6 m.
«Argenteomarginata Pendula» *222*, 262 Silbriges Blattwerk an hängenden Ästen. Beeren reichlich. In 20 Jahren 3–5 m.
«Argenteo-Medio Picta» *222* Bis 9 m, kegelförmig. Blätter gedornt, dunkelgrün, mit zentralen crèmeweißen Flecken, immergrün. Blüten unauffällig, männlich. Bodenvag. Stechpalmenminiermotte. In 20 Jahren 3–5 m.
«Aurea Regina» *222* Blätter breit, dunkel, immergrün, blaßgrün und grau schattiert, breite gelbe Ränder. Nur männliche Bäume. In 20 Jahren 3–5 m.
«Bacciflava» *222*, 263 Reichliche gelbe Beeren. In 20 Jahren 3–5 m.
«Crispa» *222* Blätter gedreht und gekräuselt, ledrig; Dornen rückwärts gekrümmt an der Spitze. In 20 Jahren 3–5 m.
«Elegantissima» *221* Grüne Stämme. Blätter dornig, wellige Ränder, crèmeweiße Linie. In 20 Jahren 3–5 m.
«Ferox» *221, 222* «Igel-Stechpalme». Blätter mit Büscheln von kurzen, scharfen Dornen. Männliche Form, keine Beeren. In 20 Jahren 3–5 m.
«Ferox Argentea» *221* Männliche Form mit purpurnen Zweigen. Blätter mit crèmig weißen Dornen und Rändern. In 20 Jahren 3–5 m.
«Golden Milkboy» *222*, 262 Männlich. Blätter groß, dornig, grün, in der Mitte des Blattes goldgelb. In 20 Jahren 3–5 m.
«Golden Queen» *222*, 262 Männlich. Junge Triebe grün oder rötlich. Blätter breit, dunkelgrün glänzend mit hellgrün schattierten, gelben Rändern. In 20 Jahren 5 m.
«Hastata» *221* Dichte Form mit tief purpurnen Trieben. Blätter klein, steif, wellig; manchmal einzelne Dornen. In 20 Jahren 3 m.
«Silver Milkboy» *222*, 262 Männlich. Blätter dornig, dunkelgrün, mit zentralem, crèmig-weißen Fleck. In 20 Jahren 3–5 m.
«Silver Queen» *221, 222*, 262 Männlich. Blätter breit oval, dunkelgrün, crème-weiße Ränder. In 20 Jahren 3–5 m.
– cassine *223* «Dahoon»-Stechpalme, S. O. USA, Zone 7. Bis 10 m, rundlich und Blätter immergrün, lanzettlich, unbedornt. Früchte rot, reichliche Büschel. Meidet Kalkböden. Frostempfindlich.
– decidua *220* S.O. USA, Zone 6. Bis 8 m. Laubwerfend, stumpf gezähnte Blätter. Früchte orangerot. Bevorzugen feuchte, kalkfreie Böden.
– latifolia *223*, 262, 263 Breitblättrige Stechpalme, Japan, Zone 7. Bis 18 m. Größte Blätter von allen Stechpalmen, länglich, immergrün, gezähnte Ränder, dunkelgrün oberseits, gelb unterseits, gestielt. Früchte rund, orangerot, in reichlichen Büscheln. Schatten ertragend. Am besten in geschützten Lagen. In 20 Jahren 8–9 m.
– opaca *220, 222*, 253, 262 Glanzlose Stechpalme, O. und Z. USA, Zone 5. Bis 15 m, kegelförmig. Blätter immergrün, bedornt, dumpfgrün oberseits, gelblich unterseits, Stiel gerieft. Männliche Blüten mit kleinen Köpfchen, weibliche Blüten einzeln, weiß. Früchte klein, rot. Meidet Kalkböden. In 20 Jahren 2–3 m.
«Xanthocarpa» *220*, 263 Wie *I. opaca*, aber Beeren gelb.
– pedunculosa *223*, 262 Japan, Zone 5. Bis 9 m, kleiner Baum oder Strauch, kegelförmig. Blätter immergrün. Früchte klein, rot, gestielt. Meidet Kalkböden.
– perado *222* Azoren, Kanarische Inseln, Zone 8. Immergrüne Bäume, klein. Blätter dunkelgrün, manchmal bedornt, geflügelte Stiele. Beeren tiefrot, gebüschelt in den Blattachseln.
– pernyi *223*, 262, 263 Z. und W. China, Zone 6. Bis 9 m, schmal pyramidal, mit Winzige Blätter immergrün, dreieckig, mit 2 grossen, seitlichen Dornen, ledrig, dunkelgrün glänzend. Blüten gelb, winzige Büschel. Früchte klein, rot, Beeren in Büscheln. In 20 Jahren 4–5 m.

J

Jacaranda *acutifolia* *244, 245* Jacaranda, Brasilien, Zone 10. Bis 15 m. Blattwerk fein, farnartig. Blüten blau, zahlreich. Heiße, trockene Standorte.
Johannisbrotbaum → *Ceratonia siliqua*
Josuabaum → *Yucca brevifolia*
Jubaea *chilensis* *123* (= *J. spectabilis*) Chilenische Weinpalme, Honigpalme, Chile, Zone 8. Bis 24 m, Stamm bis 1,8 m dick, bedeckt mit Blattstielresten. Gefiederte Blätter bis 3,6 m lang an Stielen. Blütenstiele in Achseln von niedrigen Blättern. Gelbe ovale Früchte.
Judasbaum → *Cercis*
Europäischer → *C. siliquastrum*
Kanadischer → *C. canadensis*
Judasbaumblatt → *Cercidiphyllum japonicum*
Juglans 132, *144–147*, 263 Walnußbäume. Laubwerfende Bäume, manchmal Sträucher. Große, gefiederte Blätter, gezähnt oder ganzrandig. Männliche Blüten in dünnen hängenden Kätzchen, weibliche Blüten spärlich. Einhäusig, zweigeschlechtig. Früchte: hartschalige Nüsse: Herbst. Anfällig für Zweigsterben, empfindlich auf Spät- und Frühfröste. Tiefgründige Böden, aber sonst bodenvag.
– cathayensis *254* China-Walnußbaum. Blätter lang, zusammengesetzt aus vielen Fiederblättchen.
– cinerea *255* Butternuß. O. USA, Zone 3. Bis 18 m oder mehr, weit ausgebreitete Krone. 7–19 gespitzte, gezähnte Fiederblättchen, auf der Unterseite behaart. Männliche Kätzchen 5–10 cm lang. Früchte bedeckt mit klebrigen Haaren. In 20 Jahren 8 m.
– mandshurica *255* Mandschurische Walnußart mit sehr langen Blättern.
– nigra 42, *144, 145*, 255, 262 Amerikanische Schwarznuß. O. und Z. USA, Zone 4. Bis 45 m, rundlich, ausgebreitet bis aufrecht. Blätter bis 60 cm lang, 11 bis 23 Fiederblättchen, behaart unterseits. Früchte rundlich, einzeln oder gepaart. In 20 Jahren 11 m.
– regia *144, 145*, 254, 262, 263 Echter Walnußbaum. S. O. Europa, Himalaja, China, Zone 5–6. Bis 27 m, breitrundliche Krone. Blätter lang, 5–7 ovale Fiederblättchen. In 20 Jahren 11 m.
«Laciniata» *262* Hängende Zweiglein. Blätter zusammengesetzt. Fiederblättchen tief gelappt. In 20 Jahren 6 m.
– rupestris *145* Neu Mexiko, Zone 5. Bis 12 m, manchmal strauchförmig. Blätter lang, 13–20 schmale, gezähnte Fiederblättchen. In 20 Jahren 8 m.
Juniperus 65, 91, 94, 98, *105–107*, 262, 263 Wacholder, immergrüne Bäume und Sträucher. Nadeln anfangs ahlenförmig, ältere Nadeln schuppenförmig. Gewöhnlich zweihäusig. Früchte beerenartig. Gut für Kalkböden. Trockenheit ertragend. Empfindlich auf Pilzkrankheiten. Im allgemeinen langsamwüchsig.
– ashei *255* Großer Strauch, manchmal kleiner Baum. Junge Nadeln salbeigrün; adulte Nadeln dunkelgrün. Früchte tiefblau, süß. Benötigen geschützte Lage.
– chinensis *105, 106*, 118, 119, 254 Chinesischer Wacholder. Himalaja, China, Japan, Zone 4. Bis 22 m, kegelförmig. Junge Nadeln stechend, dunkelgrün, zum Teil vermischt, zum Teil an der Basis von Trieben mit schuppenförmigen Nadeln. Männliche Blüten gehäuft in der Krone: Frühling. Zapfen 8 mm im Querschnitt, wächsern grün, später dunkelpurpur. Fast auf allen Böden. In 20 Jahren 6 m.
«Aurea» 106, 262, 263 Bis 10 m, schmal, säulenförmig mit flacher Spitze. Nadeln hell goldig, männlich. Gut in städtischen Verhältnissen. In 20 Jahren 4 m.
«Columnaris Glauca» 262 Klein, säulenförmig, dicht. Nadeln ahlenförmig.
femina *106* Nadeln gehäuft, manchmal lanzettlich, überlappend. Blüten vollumfänglich weiblich.
«Hetzii» *106* Kleiner als *J. chinensis* «Pfitzeriana». Nadeln wächsern blau.
«Kaizuka» *106, 119*, 262 Klein, Äste weit ausgebreitet in allen Richtungen. Nadeln gehäuft, glänzend grün.
«Keteleeri» *106* Schmal, säulenförmig. Ältere Nadeln dunkel, glänzend graugrün. Zapfen 1,2 cm breit, wächsern, blaugrün. In 20 Jahren 5 m.
«Pfitzeriana» *106* Klein bis mittelgroß, weitausladender Busch. Nadeln grün, manchmal Wedel von jungen Nadeln mit wächsernen Oberfläche. Schatten ertragend.
«Pyramidalis» *106* Säulenförmig. Nadeln meistens in Jugendform, stechend, wächsern blau.
«San José» *118* Zwergstrauch mit niederliegenden Ästen. Nadeln gewöhnlich in Jugendform, graugrün.
«Variegata» *118* Kegelförmiger Busch mit dichten aufsteigenden Ästen und aufrechten Zweiglein. Nadeln metallisch auf der Oberseite, grün auf der Unterseite. Wirre Wedeln von weißen Nadeln.
– communis *105*, 261 Gemeiner Wacholder. N. Amerika, Europa, Asien, Korea, Japan, Zone 2. Klein, selten bis 5 m, sich ausbreitend und aufrecht, säulenförmig. Zapfen klein, blau, wächsern. Erträgt hohe Kalkkonzentrationen. In 20 Jahren 2–3 m.
«Compressa» *105* Zwergform, 45 cm hoch, schmal, säulenförmig, scharf. Nadeln klein, gehäuft. Zapfen klein, sehr langsamwüchsig.
«Hibernica» *105*, 254, 262 Bis 6 m, schmal, glatt, säule- bis kegelförmige Spitze, viel Blau von der Innenseite der Nadeln zeigend. In 20 Jahren 3–4 m.
«Hornibrookii» *119* Dichter nieder-

legender Busch bis 50 cm. Äste kriechend mit unregelmäßigen Nadelbüscheln. Nadeln klein, zugespitzt, dunkelgrün unterseits, breites weißes Band auf der Oberseite.

«Suecica» *105*, 254 Mittelgroß, säulenförmig. Äste aufsteigend, an der Spitze herabhängend. Nadeln blaugrün. Früchte länglich.

– *deppeana* *255* Kleine kegelförmige Bäume. Nadeln wächsern blau. Früchte kugelig, rötlichbraun.

pachyphlaea *105, 106* Alligatorwacholder. Mexiko, Zone 7. 3–10 m, kegelförmig. Nadeln mit weißen Harzdrüsen auf der Unterseite, klein. Blüten getrenntgeschlechtig auf dem gleichen Baum. Früchte rot. Borke interessant, flockig. In 20 Jahren 3 m.

– *distans* *254* Kleiner chinesischer Wacholder, graugrün.

– *drupacea* *106*, 254, 262 Steinfruchtiger Wacholder. Kleinasien, Syrien, Griechenland, Zone 7. Bis 18 m, schmal, säulenförmig. Nadeln schmal, in Quirlen zu dritt, größte Wacholdernadeln; Mittelrippen breit, grün, weiß gerändert. Früchte blauschwarz, wächsern; eßbar wenn reif. In 20 Jahren 4 m.

– *excelsa* *254* Kleiner säulenförmiger Wacholder, graugrün.

– *formosana* *254* Hübsch, klein, hängend; empfindlich in Europa.

– *monosperma* *105* S. USA. Zone 7. 9–15 m, dichte aufrechte Äste. Nadeln an den Trieb anliegend, glänzend graublau. Zapfen rund, 6 mm im Querschnitt, dunkelblau oder kupferfarbig.

– *occidentalis* *105, 106* Kalifornien, Zone 7. 6–18 m, aufrecht. Nadeln in 6 Reihen und Quirle zu dritt, zugespitzt, kurz, dicht an die Zweige anliegend. Harzdrüsen auf der Rückseite. Früchte länglich, wächsern, blauschwarz. Blühen in voller Sonne. Hauptsächliche Krankheiten sind Herzfäule und Wacholderborkenkäfer.

– *osteosperma* *105* S.W. USA, Zone 7. Kleine kegelförmige Bäume mit dünnen, hellgrünen Zweiglein. Männliche und weibliche Blüten am gleichen Baum. Rundliche Zapfen, 6–12 mm im Querschnitt, rötlichbraun.

– *oxycedrus* *106*, 254 Im Mittelmeergebiet vorkommend anstelle von *J. communis*.

– *phoenicea* *107*, 254 Östliches Mittelmeergebiet.

– *procumbens* «Nana» *119* Zwergform, kleiner als *J. procumbens*, dicht benadelte Zweige. Nadeln klein, bläulichgrün.

– *recurva* 254, *262* S.W. China, Nepal, Zone 7. Bis 9 m, breit pyramidal, ausladende Äste mit hängenden Zweiglein. Nadeln dunkelgrün oder gräulich-grün. Früchte glänzend olivbraun.

coxii *106*, 254, 262 Oberburma, Zone 7. Bis 10 m, hängend. Nadeln klein, salbeigrün oberseits, Mittelrippe dunkel in Quirlen zu dritt. Blüten zum Teil getrenntgeschlechtig; männliche endständig, in winzigen Köpfchen. Früchte purpurbraun oder schwarz, oval, klein.

– *rigida* *106*, 254 Tempelwacholder, Steifblättriger Wacholder. Japan, Korea, N. China, Zone 5. 6–12 m, Baum oder Strauch. Nadeln in Quirlen zu dritt, zugespitzt, kurz, graugrün bis grün, weiße Bänder unterseits. Früchte schwarz, rot, wächsern, im 2. Jahr reifend. In 20 Jahren 5 m.

– *sabina* *106* Sevibaum. Niedriger, weit ausgebreiteter Strauch von Z. Europa.

– *scopulorum* Rocky Mountains, Zone 5. Bis 15 m, spreizwüchsig. Nadeln dunkel- oder gelblichgrün. Zapfen wie *J. communis*.

«Columnaris» *105* Bis 9 m, säulenförmig, sehr langsam wüchsig.

«Skyrocket» → *J. virginiana* «Skyrocket»

– *squamata* *106* Himalajawacholder. W.Z. China, Formosa, Zone 4. Form variabel vom niederliegenden Strauch bis zum kleinen buschigen Baum mit hängenden Ästen. Nadeln kurz, weiß oder blaßgrün oberseits; alte Nadeln oft überdauernd, braun. Früchte 8 mm lang, rötlichbraun, später schwarz.

«Meyeri» *106* «Blaustahl-Wacholder», bis 6 m, spreizwüchsig. Nadeln gehäuft, wächsern, bläulich. Kräftig.

– *thurifera* *254* Säulenförmig, ziemlich empfindlich.

– *virginiana* 42, 90, *105, 106*, 255 Virginischer Wacholder. O. und Z. USA, Zone 2, bis 30 m, weitgehend kegelförmig. Nadeln klein, behaart, zugespitzt, wächsern oberseits, an jungen Zweigen; Nadeln an ältern Zweigen braun werdend. Früchte klein, wächsern, braun bis purpur, im 1. Jahr reifend. In 20 Jahren 5 m.

«Canaertii» *105* Klein, säulenförmig. Nadeln hellgrün. Früchte kobaltblau bis violett, wächsern. Frei fruchtend.

«Glauca» *105* Klein bis mittel, säulenförmig. Nadeln silbergrau, wächsern. Farbe am schönsten im Frühling und Herbst.

«Pendula» *262* 10–14 m, offene Krone, hängende Zweiglein. Nadeln hellgrün.

«Pseudocupressus» *255* Schmal, säulenförmige Form.

«Skyrocket» 255, 262 Sehr schmal, säulenförmig, aufrecht, dünn beastet. Blaßgraue Nadeln. Wird dünn, schief neigend. In 20 Jahren 3 m.

K

Kakipflaume → *Diospyros kaki.*

Kalopanax *pictus* *245*, 255, 263 Zone 4. Bis 30 m, gleicht dem Ahorn, aber Blätter wechselständig und Stamm dornig. Blätter 30 cm im Durchmesser an jungen Pflanzen. Kleine weiße Blüten in großen, flachen Dolden. Erträgt alkalische Böden; gedeiht bestens auf tiefgründigen, reichen, feuchten Böden. Schwarze Früchte. In 20 Jahren 8 m.

– *maximowiczii* *255* Blätter tief gelappt.

Kamelie → *Camellia.*

Teestrauch → *C. sinensis.*

Kampferbaum → *Cinnamomum camphora.*

Katsurabaum → *Cercidiphyllum japonicum.*

Keteleeria *davidiana* *254* Z.u.S.W. China. In Europa nur strauchige Nadelbäume mit tannenartigem Aussehen. Zweige quirlig und abstehend, unregelmäßige Krone. Im Alter schirmförmig.

Kastanie → *Castanea*
- **Amerikanische** → *C. dentata*
- **Europ. Edel-** → *C. sativa*
- **Eß-** → *C. sativa*
- **Gekerbte** → *C. crenata*
- **Weich-** → *C. mollissima.*

Kiefer → *Pinus*
- **Aleppo-** → *P. halepensis*
- **Arizona-Nuß-** → *P. cembroides*
- **Armands** → *P. armandii*
- **Arve** → *P. cembra*
- **Banks** → *P. banksiana*
- **Berg-** → *P. mugo*
- **Bischofs-** → *P. muricata*
- **Bosnische** → *P. leucodermis*
- **Bunges** → *P. bungeana*
- **Chinesische Weiß-** → *P. armandii*
- **Coulters-** → *P. coulteri*
- **Dichtblütige** → *P. densiflora*
- **Dreh-** → *P. contorta*
- **Elliott-** → *P. elliottii*
- **Gelb-** → *P. echinata*
- **Gemeine** → *P. silvestris*
- **Gold-** → *P. ponderosa*
- **Grannen-** → *P. aristata*
- **Himalaja-Tränen-** → *P. wallichiana*
- **Höcker-** → *P. attenuata*
- **Japanische Rot-** → *P. densiflora*
- **Japanische Schwarz-** → *P. thunbergii*
- **Jeffrey-** → *P. jeffreyi*
- **Jersey-** → *P. virginiana*
- **Kleinblütige** → *P. parviflora*
- **Koreanische** → *P. koraiensis*
- **Korsische Schwarz-** → *P. nigra laricio*
- **Krim-Schwarz-** → *P. nigra pallasiana*
- **Mädchen-** → *P. parviflora*
- **Mazedonische** → *P. peuce*
- **Mexikanische Strobe** → *P. ayacahuite*
- **Monterey** → *P. radiata*
- **Montezuma** → *P. montezumae*
- **Österreich. Schwarz-** → *P. nigra nigra*
- **Patula** → *P. patula*
- **Pech-** → *P. rigida*
- **Pinie** → *P. pinea*
- **Rot-** → *P. resinosa*
- **Rumelische Strobe** → *P. peuce*
- **Schirm-** → *P. pinea*
- **Schlangenhaut** → *P. leucodermis*
- **Schwarz-** → *P. nigra*
- **Slash-** → *P. elliottii*
- **Stech-** → *P. pungens*
- **Steife** → *P. rigida*
- **Strand-** → *P. pinaster*
- **Strobe** → *P. strobus*
- **Sumpf-** → *P. palustris*
- **Thunbergs** → *P. thunbergii*
- **Torrey-** → *P. torreyana*
- **Tränen-** → *P. wallichiana*
- **Weihrauch-** → *P. taeda*
- **Weißborken-** → *P. albicaulis*
- **Westamerikan. Weymouths-** → *P. monticola*
- **Weymouths-** → *P. strobus*
- **Zirbel-** → *P. cembra*
- **Zucker-** → *P. lambertiana*
- **Zwerg-** → *P. pumila*

Kirsche → *Prunus*
- **Berg-** → *P. serrulata*
- **Felsen-** → *P. mahaleb*
- **Lorbeer-** → *P. laurocerasus*
- **Kirschpflaume** → *P. cerasifera*
- **Portugiesische Lorbeer-** → *P. lusitanica*
- **Sargent** → *P. sargentii*
- **Sauer-** → *P. cerasus*
- **Spätblühende Trauben-** → *P. serotina*
- **Süß-** → *P. avium*
- **Trauben-** → *P. padus*
- **Türkische Weichsel-** → *P. mahaleb*
- **Virginische** → *P. virginiana*
- **Vogel-** → *P. avium*
- **Weichsel-** → *P. cerasus*

Klebsamen → *Pittosporum*

Koelreuteria *paniculata* *225*, 253, 254, 263 Koelreuterie, Blasenesche. China, Zone 5. Bis 10 m, mit flacher Krone. Blätter gefiedert, laubwerfend; Fiederblättchen oval, grob gezähnt, kurz gestielt. Blüten klein, gelb, in Rispen, bis 40 cm lang. Früchte: Kapseln, blasenartig, gelbbraun. Sonne. Trockenheit ertragend. Empfindlich auf Korallenfleckenpilz. In 20 Jahren 5 m.

Kokospalme → *Cocos nucifera*

Königspalme → *Roystonia regia*

Kopfeibe → *Cephalotaxus*
- **Chinesische** → *C. fortunei*
- **Japanische** → *C. haringtonia*

Korkbaum, Mandschurischer → *Phellodendron amurense*

Kornelkirsche → *Cornus mas*

Kumquat → *Fortunella margarita*

L

Laburnum 208, *210*, 262, 263 Goldregen. Laubwerfende Bäume oder Sträucher. Zusammengesetzte Blätter mit drei Teilblättchen. Gelbe Blüten, gewöhnlich in hängenden Trauben. Längliche, mehrsamige Hülsen, leicht geflügelte Ränder.

– *alpinum* *210*, 254 Alpengoldregen. Z.u.S.Europa, Zone 4. Bis 5 m, kurz, kräftiger Stamm, steif aufrechte Zweige. Blätter mittellang, dunkelgrün, glänzend, gestielt; wenig behaart oder blass unterseits. Blüten erbsenartig; Juni. Auf den meisten Böden, gut in städtischen Verhältnissen. Empfindlich auf Wurzelpilze, Blattrost, Mehltau, Pilze allgemein. In 20 Jahren 5 m.

– *anagyroides* *210*, 254 Gemeiner Goldregen. Z.u.S.Europa, Zone 5. 5–6 m, aufrecht, oft mehrstämmig vom Grund auf. Blätter mittellang, oval, behaart auf der Unterseite, mattgrün. Blüten an dünnen behaarten Stielen; Mai bis Juni. In 20 Jahren 6 m.

«Aureum» *262* Blätter gelb im Sommer.

– *x vossii* → *L. x watereri*

– *watereri* *210* Zone 5. Hybrid zwischen *L. alpinum* und *L. anagyroides*. Bis 5 m, steif aufrecht. Blätter glänzend grün, behaart unterseits, elliptisch oder oval. Blüten erbsenhaft; Mai bis Juni. Schoten gewöhnlich nur teilweise entwickelt, teilweise steril. In 20 Jahren 5 m.

Lärche → *Larix*
- **Dahurische** → *L. gmelini*
- **Europäische** → *L. decidua*
- **Himalaja-** → *L. griffithiana*
- **Japan-** → *L. kaempferi*
- **Ostamerikanische** → *L. laricina*
- **Sibirische** → *L. sibirica*
- **Sikkim-** → *L. griffithiana*
- **Tamarak-** → *L. laricina*
- **Westamerikanische** → *L. occidentalis*

Larix 42, 70, *92–93*, 112, 262, 263 Lärchen. Nadelwerfend, säulenförmig. Nadeln flach, schmal, hellgrün, in Rosetten an alten Trieben, einzeln auf Langtrieben. Männliche Blüten gelb, weibliche verschiedenfarbig. Zapfen aufrecht, Samen im Herbst des 1. Jahres ausfallend, Zapfen aber am Baum bleibend. Wachsen auf verschiedenen Böden außer auf trockenen, flachgründigen Kalkböden. Sonne. Empfindlich auf Lärchenwickler, Lärchenkrebs, ausgelöst durch den Pilz *Dasyscypha wilkommii*; außerdem empfindlich auf Lärchenblasenfuß.

– *decidua* *92–93*, 254, 261, 263 Europäische Lärche. Europäische Alpen und Karpaten, Zone 2. Bis 55 m, schmal kegelförmig. Nadeln dunkel im Sommer, im Herbst goldig werdend, weich, dünn. Triebe lederfarbig. Männliche Blüten auf weichen, hängenden Trieben. In 20 Jahren 15 m.

polonica *254* Nordeuropäische Form der Gemeinen Lärche.

– *x eurolepis* *93* Hybrid. Schottland, Zone 4. Bis 30 m. Nadeln klein, dunkelgrau-grün oberseits, 2 graue Stomata-Linien unterseits. Weibliche Blüten rosarot wie bei *L. decidua*. Zapfen wie *L. decidua*, aber größer. Resistenter gegen Insekten und Pilzbefall als andere Formen. Kräftig. In 20 Jahren 16–20 m.

– *gmelini* *255* Dahurische Lärche von Sibirien.

olgensis *255* Lärchen von Sibirien mit roten behaarten Trieben.

– *griffithiana* *93*, 254 Himalajalärche, Sikkimlärche. O. Nepal, Tibet, Zone 7. Bis 21 m, weitgehend kegelförmig bis breitspreizwüchsig, niedere Äste, hängende Triebe. Nadeln in Quirlen, glänzend, 2 schmale grünweiße Bänder auf der Unterseite. Zapfen reichlich, dunkelpurpur am Anfang, schwach spitzige Zylinder bis 12 cm. Benötigt mildes Klima. In 20 Jahren 8 m.

– *kaempferi* 93, 255, 262 Japanlärche. Japan, Zone 7. Bis 30 m, größtenteils kegelförmig. Nadeln dunkelgrüngrün unterseits, 2 breite grünlichgraue Bänder auf der Unterseite, mit der Zeit blaßgelb, dann orange. Männliche Blüten verbreitet auf der ganzen Krone. In 20 Jahren 15 m.

– *laricina* *93*, 255, 263 Ostamerikanische Lärche, Tamaraklärche. O. USA, Zone 1. 12–24 m, kegelförmig. Nadeln dreieckig, hell blaugrün, gelblich bis in den Herbst oder Frühling. Zapfen sehr klein, oval. Erträgt feuchte Moorböden. In 20 Jahren 12 m.

– *occidentalis* *92, 93*, 255 Westamerikanische Lärche. USA, Zone 5. Bis 50 m, offene und ziemlich schmale kegelförmige Form. Nadeln ähnlich wie bei *L. laricina*, aber ein wenig länger. Zapfen bis 3,5 cm lang. In 20 Jahren 10 m.

– *sibirica* *255* Sibirische Lärche, mittelgroß, bedingt winterhart in Europa.

Laurus *130–131* Lorbeer, immergrüne Sträucher oder kleine Bäume. Blüten klein, gelblichgrün in Büscheln, zweihäusig; April. Früchte auf weiblichen Bäumen, schwarz, glänzend. Bevorzugen durchlüftete Böden.

– *nobilis* *130*, 254, 262, 263 Edler Lorbeer. Mittelmeergebiet, Zone 6. Bis 10 m, dichte, oft pyramidale Form. Schmale oder ovale aromatische Blätter, mittellang, dunkel glänzendgrün, einfach. Blüten auf Rispen. Früchte oval, dunkelgrüne Beeren. In 20 Jahren 5–6 m.

angustifolia *130* Blätter lang, schmal, ledrig, blaßgrün, wellig berandet. Härter als *L. nobilis*.

«Aurea» *130*, 262 Goldgelbe Blätter.

– *serrata* *253* Aromatischer, immergrüner Lorbeer von Chile.

Lebensbaum → *Thuja*
- **Abendländischer** → *T. occidentalis*
- **Japanischer** → *T. standishii*
- **Morgenländischer** → *T. orientalis*
- **Riesen-** → *T. plicata*

Lederstrauch → *Ptelea trifoliata*

Leyland-Zypresse → *Cupressocyparis leylandii*

Libocedrus *decurrens* → *Calocedrus decurrens*

Ligustrum *lucidum* *240–241*, 253, 254, 262, 263 China, Zone 7. Bis 9 m, gelegentlich bis 15 m, aufrechter Strauch oder Baum, dicht beastet. Blätter schmal, oval, mittellang, glänzend dunkelgrün auf der Oberseite, einfach, immergrün. Blüten klein, weiß, zweigeschlechtig, in ca. 20 cm langen Rispen; August–September. Früchte länglich, blauschwarz; September–Oktober. Sonne. Schatten ertragend und dürreresistent; erfordert geschützte Lage. Bodenvag. Krankheitsfrei. In 20 Jahren 5 m.

Limequat → *Citrus aurantifolia x Fortunella*

Limone → *Citrus aurantifolia*

Linde → *Tilia*
- **Amerikanische** → *T. americana*
- **Hänge-Silber-** → *T. petiolaris*
- **Holländische** → *T. x europaea*
- **Krim-** → *T. x euchlora*
- **Silber-** → *T. tomentosa*
- **Sommer-** → *T. platyphyllos*
- **Ungarische Silber-** → *T. tomentosa*
- **Winter-** → *T. cordata*

Liquidambar *132–133*, 219, 262, 263 Amberbäume. Kleine laubwerfende Bäume. Blätter ahornartig, aber wechselständig, gezähnt, schöne Herbstfarben. Blüten grüngelb in kleinen runden Büscheln, zweigeschlechtig, ohne Blütenblätter. Fruchtköpfchen rundlich, vierkapselig. Meiden flachgründige Kalkböden. Junge Bäume frostempfindlich im Spätfrühling. Keine Krankheiten in Europa.

– *formosana* *133*, 254 Formosa-Amberbaum, Zone 7. Bis 36 m. Blätter mittellang, 3lappig, oft unterseitig behaart. Früchte hängend, stachelig, wie bei *L. styraciflua*. Nicht kalkliebend. In 20 Jahren 10 m.

– *orientalis* *133*, 254 Orientalischer Amberbaum. Kleinasien, Zone 6. Bis 30 m. Blätter 5lappig, einfach, flach, gelappt oder rauh gezähnt, gestielt. Blüten grünlich; Frühling. Früchte holzig.

– *styraciflua* *133* Liquidambar, amerikanischer Amberbaum. O. USA, Zone 5. Bis 42 m, schmal, pyramidal, kleine Äste. Blätter wechselständig, mittellang, 5–7 Lappen, zugespitzt, glatt und glänzend auf der Oberseite, behaart auf der Unterseite, dünne Stiele. Männliche Blüten an 7 cm langen Stielen; weibliche Blüten am gleichen Baum in größeren Büscheln. In 20 Jahren 6 m. Gewöhnlich krankheitsfrei.

«Aurea» *262* Blätter gestreift und gescheckt mit Gelb.

Liriodendron 42, *126, 130* Laubwerfende Bäume mit wechselständigen Blättern. Blüten einzeln. Braune zapfenartige Früchte, mehrere Schalen enthaltend, jede mit einem oder zwei Samen, geflügelte Nüsse. Bevorzugen tiefgründige Böden.

– *chinense* *254* Chinesischer Tulpenbaum, China, Zone 7. Bis 15 m, ähnlich wie *L. tulipifera*. Blätter mit tieferen Lappen. Blüten kleiner, außen grün, innen gelb. In 20 Jahren 14 m.

– *tulipifera* *126–127*, 253, 255, 262, 263 Tulpenbaum. Nordamerika, Zone 4. Bis 65 m. Sattelförmige Blätter, mittellang, reich gelb im Herbst. Blüten tulpenartig, gelbgrün, auf der Innenseite orange. Blüten Mai–Juni, Früchte Oktober. In 20 Jahren 12 m.

«Aureomarginatum» *262* Blätter gelb berandet.
«Fastigiatum» *262* Hauptsächlich säulenförmig, aufrecht.
Lithocarpus *densiflorus* *162, 163,* 262 Kalifornien, Oregon, Zone 7. Bis 30 m, nahe verwandt mit den Eichen, pyramidal in jungem Zustand, später offene Krone. Blätter immergrün, ansehnlich, ledrig, oval, zugespitzt, gezähnt; wollig behaart am Anfang. Blüten eingeschlechtig, männliche auf aufrechten Spindeln. Früchte einzeln, eichelartig. Verlangt Sonne, geschützte Lage auf feuchten Böden, hauptsächlich neutrale bis saure Böden. Kalkmeidend. In 20 Jahren 5 m.
Livistonia *australis* *122–123* Australien, Zone 5. Bis 18 m. Stamm bedeckt mit Blattresten und Fasern. Palmenförmige Blätter bis 1,20 m im Durchmesser, an 1,8 m langem Stiel; Blättchen glänzend grün mit gelben Streifen. Eingeschlechtige Blüten auf dem gleichen Baum. Kleine rötlichbraune Fruchtbüschel.
Lorbeer → *Laurus*
Lotuspflaume → *Diospyros lotus*

M

Maackia *209* Ausdauernde, laubwerfende Bäume. Blätter unpaarig gefiedert; Fiederblättchen fast gegenständig. Blüten weiß, erbsenförmig, in dichten aufrechten Rispen. Hülsen länglich, gerade, bis zu 5 Samen. Langsamwüchsig. Auf den meisten Böden, auch auf Kalk. Volle Sonne.
– *amurensis* *209* Mandschurei, Zone 4. Bis 6 m. Blätter dunkelgrün oberseits, heller unterseits, hübsch bei Knospenbruch. Triebe silbrig behaart. Blüten: Juli–August. Hülsen 3–5 cm lang: Dezember–Oktober. Bevorzugt leichte Lehmböden. In 20 Jahren 3–5 m.
– *chinensis* *209* Z. China, Zone 5. Bis 21 m, breitkronig. Blätter mit 11–13 Fiederblättchen, behaart unterseits. Blütenhauben 15–20 cm lang: Juli–August.
Maclura *pomifera* *142–143,* 253, 255, 263 Osagedorn. S. und Z. USA, Zone 5. Bis 18 m, rundliche Krone, offen und unregelmäßig, bedornt. Blätter wechselständig, mittellang, oval, zugespitzt, dunkelgrün und unbehaart oberseits. Blasser und behaart unterseits, im Herbst gelb, laubwerfend. Zweihäusig. Fruchtstände brombeerartig, zusammengesetzt aus vielen Einzelfrüchten, gelblich-grün, nicht eßbar. In 20 Jahren 6 m.
Madrona → *Arbutus menziesii*
Magnolia 15, 125, *126–130,* 173, 263 Magnolien, laubwerfende oder immergrüne Bäume oder Sträucher. Große einfache Blätter. Zweigeschlechtige Blüten einzeln aufgehend. Zapfenartige Früchte, rot oder rosarot, Samenkapseln enthaltend, die sich öffnen und glänzende, meist rote Samen freigeben. Neutrale bis saure Böden; einige Arten kalkliebend. Meist schnellwüchsig. Empfindlich auf Blattflekkenkrankheit in Europa und Amerika.
– *acuminata* *128,* 255, 262, 263 Gurkenmagnolie. O. USA, Zone 4. Bis 30 m, aufrecht, pyramidal, spreizwüchsig mit dem Alter. Blätter oval bis länglich, mittel bis lang, zugespitzt, grün, behaart auf der Unterseite, laubwerfend. Blüten unauffällig: Frühsommer. In 20 Jahren 10 m. Gewöhnlich krankheitsfrei.
– *campbellii* *128, 129,* 252, 254, 263 Sikkim, Zone 8–9. Bis 30 m, offen, wenig Äste. Blätter oval, in Spitze zulaufend, lang, glatt oberseits, flaumig unterseits. Blüten becherförmig, später ausgebreitet, muschelrosa, bis 25 cm im Durchmesser: Frühfrühling. Kalkmeidend, geschützte Lage erforderlich; Blüten frostgefährdet in exponierten Lagen. In 20 Jahren 9 m.
mollicomata *128,* 263 Ein wenig winterhärtere Form als Typ; Blüten nach rund 15 Jahren.
– *cordata* *127, 128* S.O. USA, Zone 5. Bis 10 m. Aufrecht, kompakt. Blätter mittellang, laubwerfend. Blüten becherförmig, gelb: Sommer und Frühherbst. In 20 Jahren 8 m.
– *delavayi* *127, 128,* 253, 262 China, Zone 7. Bis 10 m, spreizwüchsig, flachkronig. Blätter doppelt so groß wie bei *M. grandiflora,* dunkel graugrün auf der Oberseite, fein behaart auf der Unterseite, immergrün. Blüten crèmefarbig weiß, bis 20 cm im Durchmesser, becherförmig, wohlriechend: Spätsommer. Ledergelbe bis weiße Borke. Bevorzugt Kalk. In 20 Jahren 6 m.
– *denudata* *129,* 254, 263 Chinesische oder Yulanmagnolie, China, Zone 5. Bis 15 m, rundlich, stark beastet. Blätter mittellang, oval, unterseitig flaumig. Blütenknospen auffällig wegen ihrer grauen, zottigen Haare im Winter. Blüten reinweiß: Frühfrühling. Orange Samen. In 20 Jahren 6 m.
– *fraseri* *255* Ähnlich wie *M. macrophylla,* großblättrige Magnolie, von S.O. USA.
– *grandiflora* 43, *126–127,* 173, 253, 255, 262, 263 Großblütige Magnolie. S.O. USA, Zone 7. Bis 30 m, dicht, pyramidal. Blätter oval bis länglich, lang, glänzend grün auf der Oberseite, oft rötlichbraun unterseits, immergrün. Blüten crèmeweiß, wohlriechend, 20 cm im Durchmesser: Spätfrühling und Sommer. In 20 Jahren 6 m.
«Exmouth» *127* Schmal pyramidale Form. Blätter schmal, lanzenförmig, pelzig weich auf der Unterseite, Haare rostrot. Blüten groß, wohlriechend.
«Goliath» *127* Blätter breit, dunkel glänzendgrün. Blüten bis 30 cm im Durchmesser.
– *x highdownensis* 128 Kleiner Baum, ein Hybrid zwischen *M. sinensis* und *M. wilsonii.* Blüten groß, weiße Blütenblätter, das Blüteninnere purpur: Frühsommer. Gedeiht auf Kalk. In 20 Jahren 5 m.
– *kobus* *128,* 255, 263 Kobusmagnolie. Japan, Zone 5. Bis 12 m, pyramidal, mit der Zeit rundkronig. Blätter länglich oval, mittellang, Blattknospen behaart. Blüten klein, weiß, wenig duftend: Mitte Frühling, nicht blühend vor 12–15 Jahren. Auf allen Böden. In 20 Jahren 6 m.
– *liliiflora* *129,* 263 Lilienmagnolie, Z. China, Zone 5. Bis 3,6 m, wuchernd. Blätter oval, laubwerfend, glänzend, dunkelgrün auf der Oberseite, pelzig behaart unterseits. Aufrechte Blüten 20 cm breit, auf der Außenseite purpur getönt, crèmigweiß auf der Innenseite: Spätfrühling, Frühsommer. Früchte braun, länglich. Meidet Kalk. In 20 Jahren 3 m.
«Nigra» *129,* 263 Japan, Zone 5. Varietät mit geringfügig größeren Blüten, mit Purpurschimmer: Frühling, Sommer.
– *x loebneri* *128–129,* 252 Zone 4. Bis 15 m, pyramidal, offen. Hybrid. Blüten, zahlreiche weiße Blütenblätter, wohlriechend: Frühfrühling. Auf allen Böden.
– *macrophylla* *127–128,* 255, 262, 263 Großblättrige Magnolie. S.O. USA, Zone 5. Bis 18 m, offen, spreizwüchsige Krone. Blätter bis 60 cm lang, hell glänzendgrün auf der Oberseite, metallisch unterseits, laubwerfend. Blüten crèmeweiß, wohlriechend, bis 15 cm Durchmesser: Sommer. Orangerote Samen. Kalk meidend. Verlangt geschützte Lage. In 20 Jahren 8 m.
– *obovata* *128,* 252, 255, 263 Purpurmagnolie, Japan, Zone 5. Bis 30 m, pyramidal und offen. Blätter keilförmig, bis 45 cm lang, grün und metallisch oberseits, bläulichweiß, spärlich behaart auf der Unterseite, laubwerfend. Blüten duftend, weiße Blütenblätter, Staubfäden purpur mit gelben Staubbeuteln: Frühsommer. Orangerote Samen. Kalk meidend. In 20 Jahren 8 m.
– *salicifolia* *129,* 255, 263 Japan, Zone 5. Bis 9 m, pyramidal. Blätter lanzenförmig, laubwerfend, glatt, dunkelgrün oberseits, wächsern, leicht behaart unterseits. Blüten weiß, wohlriechend: Frühfrühling. Frucht gurkenartig: Frühherbst. In 20 Jahren 8 m.
– *sargentiana* *254* Baumförmige Magnolie von W. China; sehr große rosarote Blüten.
– *sieboldii* *128* Japan, Korea, Zone 5–6. Bis 9 m, rundliche Krone. Blätter hauptsächlich oval, laubwerfend, behaart und wächsern unterseits, dunkelgrün auf der Oberseite. Blüten becherförmig, weiß, wohlriechend: Sommer. In 20 Jahren 5 m.
– *sinensis* *128* W. China, Zone 7. Bis 6 m, weit spreizwüchsig. Blätter oval bis rund, laubwerfend, glänzend, hellgrün oberseits, pelzig Unterseite. Nickende Blüten bis 12 cm breit, weiss, schüsselförmig, nach Zitronen riechend: Sommer. In 20 Jahren 5 m.
– *x soulangiana* 28–29, *128, 129,* 254, 263 Zone 5. Bis 8 m. Hybrid zwischen *M. denudata* und *M. liliiflora,* oft mehrstämmig, niedrig und spreizwüchsig. Blätter mittellang, unterseits flaumig. Blüten tulpenartig, weiß, an der Basis rosapurpur gefleckt: Frühling. Andere Klone haben runde Blüten. Erträgt arme Böden, Verschmutzung; gemäßigt kalkliebend. Gedeiht am besten in voller Sonne. In 20 Jahren 3 m. Anfällig für Schildläuse.
«Lennei» *128* Ein kräftiger Klon mit purpurnen Blüten, dunkel auf der Außenseite und heller auf der Innenseite.
– *stellata* *128* Sternmagnolie. Japan, Zone 5. Bis 3 m, rundliche Krone, spreizwüchsiger Strauch. Blätter klein, dunkelgrün. Blüten doppelt, weiß, wohlriechend: April. Langsam wüchsig.
– *tripetala* *255* Große spreizwüchsige Magnolie von O. USA. Blüht im Spätfrühling, außerordentlich wohlriechend.
– *x veitchii* *129,* 252, 263 Zone 7. Bis 21 m, kräftig, offene Krone. Blätter länglich, dunkelgrün. Blüten 15 cm im Durchmesser, weiß, purpur bis rosa getönt: Frühling. Früher Blüten bildend als *M. campbellii.* Kalkmeidend. In 20 Jahren 10 m.
– *virginiana* 42, *127,* 262 Virginische Magnolie, O. USA, Zone 5. Bis 20 m, aber mehr strauchförmig in kältern Gebieten. Blätter oval oder länglich, mittellang, glänzend grün auf der Oberseite, bläulichweiß und behaart unterseits, teilweise immergrün. Blüten bis 7 cm breit, weiß, außerordentlich wohlriechend: Frühsommer.
– *wilsonii* *128,* 252 W. China, Zone 6. Bis 6 m, breit spreizwüchsig, oft strauchig und offen. Klein, zugespitzte Blätter. Blüten weiß mit karminroten Staubfäden, wohlriechend: Mai und Juni. Bevorzugt Halbschatten.
Magnolie → *Magnolia*
Chinesische → ***M. denudata***
Großblütige → ***M. grandiflora***
Großblättrige → ***M. macrophylla***
Gurken- → ***M. acuminata***
Kobus- → ***M. kobus***
Lilien- → ***M. liliiflora***
Purpur- → ***M. obovata***
Stern- → ***M. stellata***
Virginische → ***M. virginiana***
Yulan- → ***M. denudata***
Maiglöckchenbaum → *Halesia monticola*
Malus 64, 190, *194–197,* 263 Apfelbäume, meistens kleine bis mittelgroße laubwerfende Bäume. Blätter einfach, gezähnt, wohlriechend wenn zerrieben. Blüten in kleinen Büscheln, oft zerstäubt, sehr vielfältig in den Farben, oft wohlriechend: Frühling. Früchte variieren von runden bis ovalen, bis zu 5 cm großen, meist zierlichen Formen: Herbst. Viele Arten tragen nicht jährlich Blüten und Früchte. Auf fruchtbaren Böden. Winterhart. Sonne. Empfindlich auf Bohrer, Wollläuse, San-José-Schildläuse, Mehltau, Schorf, Roste usw.
– *baccata* *195, 196, 197,* 254 Beerenapfel, N.O. Asien, Zone 2. Bis 15 m, aufrecht, schmal, dicht beastet. Blüten weiß, außerordentlich wohlriechend: Mai. Früchte winzig, rot oder gelb: August–Oktober. Blüten und Früchte ziemlich variabel. Resistent gegen Apfelschorf.
«Columnaris» *262* säulenförmig, jährlich fruchtend. Empfindlich auf Feuerbrand.
«Mandshurica» *197,* 252 Zone 2. Bis 15 m, aufrecht. Blätter oval, schmal, zugespitzt, glatt oberseits, manchmal behaart auf der Unterseite, gestielt. Blüten weiß, wohlriechend. Früchte klein, rot und gelb. Bevorzugt schwach alkalische Böden. Resistent gegen Apfelschorf.
– *coronaria* «Charlottae» *196, 197,* 252 Zone 4. Bis 9 m, breite spreizwüchsige Krone. Blätter oval bis 3lappig, glatt, weiche Herbstfarben, gestielt. Blüten muschelrosa, violett getönt: Frühling oder Frühsommer. Früchte grüngelb, sauer schmeckend. Bevorzugt schwach alkalische Böden.
– *domestica* 64, *195* Gartenapfel, unterscheidet sich von andern Malusarten durch größere Früchte, oft süßer. Ungefähr 1000 Varietäten.
– «Dorothea» *197* Zone 4. Bis 8 m, spreizwüchsig, Hybrid. Blätter oval, zugespitzt, an der Basis stumpf, gestielt. Blüten karmin bis rosarot, zahlreiche Blütenblätter: Frühling. Früchte gelb. Früchte und Blüten jährlich. Resistent gegen Schorf.
– «Echtermeyer» *197* Zone 4. 3–4 m, weit, spreizwüchsig, einige Äste hängend. Blätter bronzegrün bis purpur. Blüten rosarot. Früchte karmesinrot bis purpur.
– *floribunda* *196, 197,* 252, 262 Reichblühender Zierapfel, Zone 4. Bis 10 m, spreizwüchsig. Blätter variieren von oval bis 3–5lappig, obere Seite glatt, dunkelgrün, untere Seite flaumig, blasser. Blüten rosarot, wohlriechend: Frühling. Früchte klein, rot oder gelb.
– «Golden Hornet» *197,* 253 Zone 4. Bis 7 m, aufrecht, dann hängend. Blüten weiß. Große Ernten von gelben, ausdauernden Früchten.
– *halliana* «Parkmanii» *197* Zone 5. Bis 5 m, aufrecht. Blätter oval, länglich gespitzt, ledrig, glänzend, dunkelgrün, manchmal purpur gefärbt, gestielt. Blüten tief rosarot, an purpurnem Stiel. Früchte rund, erbsenförmig, rotpurpur: Herbst bis Winter.
– *hupehensis* *197* Hupeh-Apfel, China, Japan, Zone 4. Bis 7 m, aufrecht, schmal. Blätter oval, zugespitzt, auf der Mittelrippe der Unterseite behaart, dunkelgrün, am Anfang purpur, gestielt. Blüten mit rosaroten, in Weiß übergehenden Blütenblättern, wohlriechend: Frühling. Früchte rund, grüngelb bis rot, klein: Herbst.
– *ioensis* «Plena» *197* Zone 2. Bis 9 m, spreizwüchsig. Blätter oval, wollig behaart auf der Unterseite. Blüten in flachen Büscheln, weiß oder rosarot gefärbt, wohlriechend: Spätfrühling. Früchte spärlich, gelbgrün. Meidet Kalkböden. Blätter empfindlich auf Juniperusrost.
– «Lemoinei» *196, 197,* 262 Zone 4. Bis 7 m, aufrecht. Blüten oval, purpurrot bis dunkelgrün. Blüten rot bis purpur: Frühling. Früchte purpurrot, klein: Spätsommer oder Herbst. Resistent gegen Schorf.
– *niedzwetzkyana* *197* S.Z. Sibirien, Turkestan, Zone 3. Bis 3 m, spreizwüchsig. Blätter oval, Unterseite flaumig, anfangs mit rötlichem Schimmer, später purpur, Stiel und Mittelrippen rot. Blüten tiefrot bis purpur. Früchte zapfenartig, rot, gefurcht, wächsern.
– «Profusion» *197,* 252 Zone 4. Bis 6 m. Junge Blätter karminrot bis kupferig. Blüten reichlich, purpurrot, schwach duftend: Frühsommer. Früchte klein, dunkelrot.
– *x purpurea* *196,* 262 Zone 4. Bis 7 m, dicht. Purpurgrüne Blätter und Triebe. Blüten karminrot: Mai. Früchte rotpurpur.
– «Red Jade» *197,* 253 Zone 4. Bis 6 m, hängend. Blätter hellgrün. Blüten klein, einzeln, weiß oder blaßrosa: Frühling. Früchte klein, karminrot: Herbst, bis in den Winter am Baum. Früchte jedes zweite Jahr.
– «Red Sentinel» *197,* 253 Zone 4. Bis 5 m, aufrecht. Blüten weiß. Früchte in großen Büscheln, blutrot, über den ganzen Winter am Baum.
– «Red Tip» *197* Blätter breit, schwach gelappt, hell rot am Anfang. Blüten rotpurpur. Früchte rot getönt.
– *x robusta* *197* Zone 3. Bis 12 m, aufrecht, hybrid. Blätter oval, möglicherweise in Spitze zulaufend. Blüten weiß oder weißrosa, wohlriechend: Frühling. Früchte kirschrot oder gelb, jedes 2. Jahr.
– *sargentii* *197* Sargent-Apfel, Japan, Zone 5. Bis 1,80 m, strauchig, spreizwüchsig. Blätter oft 3lappig, am Anfang behaart, später glatt, gestielt, orangegelb im Herbst. Blüten wohlriechend: Frühling. Früchte rund, klein, kirschrot: Herbst.
– *spectabilis* *254* Aufrechte kleine Malusart. Blüten rosarot, groß.
«Riversii» *197* Zone 4. Bis 7 m, offene Krone. Blüten halbgefüllt (9–12 Blütenblätter), rosarot, alternativ blühend: Spätfrühling. Früchte grün.
– *silvestris* *197* Holzapfel. Europa, Zone 3. Kleiner Baum oder Strauch. Blätter oval, mit der Zeit glatt. Blüten blaß rosa oder weiß. Früchte grünlich oder rot gefärbt. Zweige oft bedornt.
«John Downie» *197,* 253 Zone 4. Bis 6 m, aufrecht. Blüten weiß. Früchte groß, konisch, orange bis rot, angenehm riechend.
– *toringoides* *197* W. China, Zone 5. Bis 7 m, spreizwüchsig. Blätter oval bis lanzettlich, tief gelappt, am Anfang behaart, mit dem Alter glatt oberseits, gestielt. Blüten in flachen Dolden, klein, weiß, wohlriechend: Frühling. Alternativ jedes 2. Jahr gelbe und rote Früchte tragend: Herbst bis Frühwinter.
– *trilobata* *254* Aufrechter großer Baum von Griechenland mit ahornartigen Blättern.
– *tschonoskii* *197,* 262 Japan, Zone 5. Bis 12 m, pyramidal, aufrecht. Blätter oval bis rund, gespitzt, am Anfang flaumig, dann glatt. Permanent flaumig unterseits; rot, orange, gelb und purpur im Herbst. Blüten rosarot, mit der Zeit weiß, in flachen Dolden. Früchte schmutziggelb, mit Purpurschimmer.
«Van Eseltine» *262* Hybrid zwischen *M. arnoldiana* und *M. spectabilis,* Zone 4. Bis 6 m, schmal, aufrecht. Blüten doppelt, rosarot: Mai. Früchte gelb und rot: Frühherbst.
Mammutbaum → ***Sequoiadendron giganteum***
Mandarine → ***Citrus reticulata***
Mandelbaum → ***Prunus dulcis***
Manglietia *insignis* *254* Immergrüne Bäume der Gattung *Magnolia;* empfindlich in Europa.
Maulbeerbaum → ***Morus***
Weißer → ***M. alba***
Schwarzer → ***M. nigra***
Maytenus *boaria* *177,* 255 Chile, Zone 8 oder 9. Bis 9 m, immergrüner Busch oder kleiner Baum, dünn, hängende Äste, auseinanderwachsend. Blätter glänzend grün, schmal, oval, zugespitzt, gezähnt. Blüten unscheinbar. Früchte orangerot, winzig. Auf verschiedenen Böden. In 20 Jahren 4 m.
Mehlbeere → ***Sorbus***
Melia *azedarach* *242, 243,* 252, 263 Persischer Flieder, N. Indien, Z. und W. China, Zone 7. Bis 13 m, rundliche Krone, dicht beastet. Blätter wechselständig, doppelt gefiedert, bis 60 cm lang, ovale, gezähnte Fiederblättchen, hellgrün, laubwerfend. Blüten klein, lila, in Rispen: April–Mai. Früchte klein, eiförmig, gelb; am Baum bis nach Blattfall. Benötigt Sommerhitze.
Mespilus *germanica* *194–195,* 253, 263 Mispel. S.O. Europa, Kleinasien, Zone 5. Bis 5 m, spreizwüchsig breit, nahe verwandt mit *Crataegus.* Blätter oval bis lanzettlich, einfach, laubwerfend, behaart, rotbraun im Herbst. Blüten einzeln, weiß, zum Teil mit Rosa: Frühsommer. Früchte rundlich, braun, eßbar wenn im Spätherbst gepflückt und im Frost liegen gelassen. Wilde Form, dornig.
Metasequoia *glyptostroboides* 113, 254, 262, 263 Metasequoje oder Chinesisches Rotholz. Z. China, Zone 5. Bis 33 m, kegelförmig. Äste oft aufwärts gerichtet, laubwerfend. Nadeln gegenständig, abwärts gekrümmt an der Spitze. Winzige männliche Blüten. Zapfen grün, in Reife dunkelbraun. Borke hell orange oder

rotbraun, abschilfernd, später tief gefurcht, etwas spannrückig abschälend in schmalen Streifen. Auf Kalkböden langsamer wachsend. Wasser liebend. In 20 Jahren 15 m.
Mispel → *Mespilus germanica*
Morus *142–143* Maulbeerbäume, laubwerfende Bäume oder Sträucher. Blätter gezähnt, manchmal gelappt. Ein- oder zweihäusig, hängende Kätzchen. Früchte winzig, brombeerenartig zusammengesetzt, rot oder schwarz: Spätsommer. Auf allen Böden. Gedeiht gut in städtischen und Küstengebieten.
– *alba* 143, 254 Weißer Maulbeerbaum. China, Zone 4. Bis 14 m, mit rundlicher Krone, dicht. Blätter herzförmig oder oval, hellgrün. Früchte weiß bis rosa. In 20 Jahren 3–4 m.
– *nigra* *142–143*, 254, 262, 263 Schwarzer Maulbeerbaum. W. Asien, Zone 6. Bis 9 m, dicht, spreizwüchsige Krone. Blätter breit, oval, mittel lang, 2–5 gezähnte Lappen, rauh und tief, glänzend auf der Oberseite, unterseits blasser und flaumig. Blüten klein, getrenntgeschlechtig in kleinen Büscheln auf dem gleichen Baum: Frühling. In 20 Jahren 3m
Myrthe → *Myrtus apiculata*
Myrtus *apiculata* *214*, 253, 255 Myrthe. Chile, Zone 8. Bis 6 m, breit. Blätter klein, oval, dumpfgrün auf der Oberseite, heller unterseits, immergrün. Blüten klein, einzeln, weiß: August–September. Früchte klein, schwarz, eßbar. Hübsche abschälende Borke. Kalk ertragend. Gedeiht am besten in voller Sonne.
Nektarine → *Prunus persica laevis*
Norfolktanne → *Araucaria excelsa*

N

Nothofagus *152–153*, 263 Südbuchen. Immergrüne oder laubwerfende Bäume oder Sträucher der südlichen Hemisphäre. Blätter gewöhnlich klein, männliche Blüten meist einzeln, weibliche zu dritt. Nüßchen ähnlich wie bei *Fagus*. Kalk meidend. Schnellwüchsig. Sonne oder Schatten; verlangt windgeschützte Lage.
– *antarctica* *152, 153*, 255, 262 Antarktische Südbuche. Chile, Zone 7. Bis 30 m, aber oft mehrstämmig und spreizwüchsig. Blätter kurz mit rundlicher Spitze, gezähnt, unbehaart ausser auf den Mittelrippen unterseits, an kurzen, behaarten Stielen, dunkelgrün und glänzend. Blüten eingeschlechtig, klein: Frühsommer. Früchte: 4lappige Hülle mit 3 Nüssen. In 20 Jahren 10 m.
– *betuloides* *255* Immergrüne Art, stark beblättert, von Chile.
– *cliffortioides* *153*, 255, 262 Neuseeland, Zone 7. Bis 15 m. Blätter oval mit welligen Rändern, kurz, wechselständig, unbehaart, an kurzen, sehr flaumigen Stielen. Immergrün. In 20 Jahren 12 m.
– *dombeyi* *153*, 255 Chile, Argentinien, Zone 7. Bis 26 m, weit spreizwüchsig. Blätter oval, immergrün oder halb immergrün, einfach, dunkel, gezähnt, glänzendgrün oberseits, blasser auf der Unterseite, ältere Blätter gelegentlich schwarz gesprenkelt. In 20 Jahren 10 m.
– *fusca* *255* Immergrüne Südbuchenart von Neuseeland. Kräftig.
– *moorei* *255* Immergrün, Neusüdwales. Ziemlich schwach.
– *obliqua* *153*, 255, 261, 262 Chile, Zone 7. Bis 33 m. Blätter wechselständig, oval, stumpfe Spitze, mittellang, gezähnt, dunkelgrün auf der Oberseite, unterseits blasser, gestielt. Blüten eingeschlechtig, klein, gewöhnlich einzeln. In 20 Jahren 18–24 m.
– *procera* *153*, 255, 263 Chile, Zone 7. Bis 24 m. Blätter länglich mit rundlichen Spitzen, fein gezähnt, klein bis mittelgroß, gelblichgrün auf der Oberseite, behaart, blasser unterseits. Auffällige Adern, wie bei Hornstrauch, laubwerfend. Oft mit schöner Herbstfärbung. In 20 Jahren 15–25 m.
– *pumila* *255* Raschwüchsige Art von Chile. Ähnlich wie *N. procera*, aber mit kleinen rundlichen Blättern.
– *solandri* *152, 153*, 262 Neuseeländische Schwarzbuche. Neuseeland, Zone 7. Bis 24 m. Dünn, mit aufsteigenden Ästen, immergrün. Blätter winzig, oval, glänzend auf der Oberseite, behaart unterseits. Blüten eingeschlechtig, klein. In 20 Jahren 13 m.
Nußbaum → *Juglans*
  Amerikan. Schwarz- → *J. nigra*
  Butter- → *J. cinerea*
  China-Wal- → *J. cathayensis*
  Echte Wal- → *J. regia*
Nüsse → *Carya / Pterocarya / Juglans*
Nußeibe → *Torreya*
Linde → *Tilia*
  Amerikanische → *T. americana*
  Europäische → *T. x europaea*
  Hänge-Silber- → *T. petiolaris*
  Krim- → *T. x euchlora*
  Sommer- → *T. platyphyllos*
  Ungarische Silber- → *T. tomentosa*
  Winter- → *T. cordata*
Nyssa *silvatica* *219*, 255, 262, 263 Tupelobaum. S. Kanada, O. USA, Z.S. Mexiko, Zone 4. Bis 30 m, kegelförmig. Blätter sommergrün, einfach, oval mit zulaufender Basis, ledrig, glänzend, dunkelgrün oberseits, unterseits matt, im Herbst orange bis scharlach. Stiele rötlich. Blüten getrenntgeschlechtig; weibliche spärlich: Frühling. Früchte 1–3 zusammen, eiförmige, fleischige Samen, bläulich-schwarz: Herbst. Bevorzugt feuchte, kalkfreie Böden in geschützter Lage. Sonne oder Halbschatten. Erträgt Verpflanzen nicht gut. In 20 Jahren 5 m.

O

Olea *europaea* *240–241*, 262 Olive. Mittelmeergebiet, Zone 9. 6–12 m, spreizwüchsig. Blätter oval bis schmaloval, einfach, immergrün, ledrig, glänzend oder silbrig unterseits. Blüten klein, weißlich, gebüschelt, wohlriechend: Spätsommer. Oliven grün, mit der Zeit purpur und geschrumpft. Erfordert geschützte Lage; erträgt Trockenheit; empfindlich. Langsamwüchsig.
– *excelsa (Notelea excelsa)* *254* Winterharte, mit Olive verwandte Art.
Olive → *Olea europaea*
Ölweide, schmalblättrige → *Elaeagnus angustifolia*
Orange → *Citrus sinensis*
Orangenkirsche → *Idesia polycarpa*
Orangequat → *Citrus reticulata* «Satsuma»
Osagedorn → *Maclura pomifera*
Ostrya *170–171* Hopfenbuche. Mittel- bis großer laubwerfender Baum. Blätter oval, gezähnt. Aufrechte weibliche Kätzchen, hängende männliche Kätzchen. Blüten im Frühling mit Blättern. Früchte 4–6 cm lang. Nüßchen ovoid mit Haarbüscheln an der Spitze, reifen im Herbst. Auf allen fruchtbaren Böden. Leicht kultivierbar.
– *carpinifolia* *171*, 254 Hopfenbuche. S. Europa, Kleinasien, Zone 5. Bis 20 m, rundkronig. Wechselständige Blätter, zugespitzt, mittellang, doppelt gezähnt, dunkelgrün oberseits, spärlich behaart unterseits, klar gelb im Herbst. Männliche Kätzchen 3–8 cm lang. Fruchtbüschel bis 5 cm lang. In 20 Jahren 9 m.
Oxelbeere → *Sorbus intermedia*
Oxydendrum *arboreum* *185*, 253, 262, 263 Sauerbaum. O. USA, Zone 5. Bis 23 m, dünner Stamm. Laubwerfend. Blätter schmal, länglich, mittel bis lang, in Spitze zulaufend, dunkelgrün auf der Oberseite, unterseits heller, rot im Herbst. Kleine zylindrische weiße Blüten, in 12–25 cm langer Rispe: Juli, August. Früchte grau, behaart, in wolliger Kapsel. In 20 Jahren 7 m.

P

Palme → Verschiedene Gattungen S. 123
Palmettopalme → *Sabal palmetto*
Pampelmuse → *Citrus paradisi*
Papau, dreilappiger → *Asimina triloba*
Papiermaulbeerbaum → *Broussonetia papyrifera*
Pappel → *Populus*
  Amerikanische Zitter- → *P. tremuloides*
  Aspe → *P. tremula*
  Großzähnige → *P. grandidentata*
  Grau- → *P. x canescens*
  Hybrid-Balsam- → *P. x candicans*
  Italienische → *P. nigra* «Italica»
  Japan. Balsam → *P. maximowiczii*
  Kanadische → *P. balsamifera*
  Nordamerikan. Balsam- → *P. deltoides*
  Pyramiden- → *P. nigra* «Italica»
  Schwarz- → *P. nigra*
  Silber- → *P. alba*
  Simon- → *P. simonii*
  Weiß- → *P. alba*
  Westamerikan. Balsam- → *P. trichocarpa*
  Zitter- → *P. tremula*
Parrotia *persica* *136, 137*, 254, 262, 263 («Transkaukasisches Eisenholz») Parrotie. N. Persien bis Kaukasus, Zone 5. Bis 15 m, breit spreizwüchsig in Kultivation, mit rundlicher Krone und gewöhnlich mehreren Stämmen; großer, aufrechter Baum in wilder Form. Blätter oval, mittellang, rauh gezähnt, fast unbehaart oberseits, wenig behaart auf der Unterseite, laubwerfend. Blüten, Büschel von karminroten Staubfäden: Frühfrühling. Früchte nußartige Samenschale. Borke abschilfernd. Gedeiht auf Kalk, wenn auch nicht immer so farbig. Meist krankheitsfrei.
Paulownia *244–245* Paulownien. Kleine Gattung von chinesischen Bäumen. Blätter groß. Blüten fingerhutartig, in Doldentrauben hängend: lila bis purpur, im Herbst gebildet, offen im nächsten Frühling. Sonne; benötigt windgeschützte Lage. Tiefe, gut durchlüftete Böden.
– *fargesii* *245* W. China, Zone 7. Bis 20 m, spreizwüchsig. Blätter laubwerfend, einfach. Blüten wohlriechend, dunkelpurpur gesprenkelt, crèmeweiß an der Basis, keine Blüten an jungen Bäumen. Trockenheit ertragend. In 20 Jahren 12 m.
– *tomentosa* *244, 245*, 252, 254, 262 Kaiserpaulownie oder Blauglockenbaum. China, Zone 5. Bis 15 m, spreizwüchsig, dick, steife Äste. Blätter oval bis 5lappig, einfach, laubwerfend, bis 90 cm breit, dunkelgrün oberseits, grau unterseits, behaart, langgestielt. Blüten ähnlich den von *P. fargesii*, violett getönt, gelb gestreift auf der Innenseite: Frühling. Früchte, oval, zugespitzte Kapseln, geflügelte Samen enthaltend. In 20 Jahren 12 m. Blüten empfindlich auf Spätfröste.
Pavie → *Aesculus pavia*
Persimone, amerikanische → *Diospyros virginiana*
Perückenstrauch → *Cotinus coggygria*
Pfefferbaum → *Schinus molle*
Pfirsich → *Prunus persica*
Phellodendron *amurense* 237, 252, 262, 263 Mandschurischer Korkbaum. Japan, Korea, N. China, Ussuri, Amur, Mandschurei, Zone 3. Bis 15 m, breitspreizwüchsige Äste. Blätter gefiedert, mittellang, laubwerfend; Teilblättchen oval, hellgrün, goldgelb im Herbst. Blüten klein, weiß, in kleinen Büscheln, nach Terpentin riechend: Spätfrühling. Früchte schwarz, glänzend, gebüschelt: Herbst. Borke tief gefurcht, wie schwarzer Kork. Liebt Kalk, Sonne. In 20 Jahren 6 m.
Phoenix *canariensis* *123* Kanarische Dattelpalme. Kanarische Inseln, Zone 8. Bis 18 m, sehr dicker Strunk, bedeckt mit alten Blattstielbasen. Dichte Krone. Gefiederte Blätter, 5–6 m lang, kurz gestielte hellgrüne Fiederblätter. Blütenstiele 1,8 m lang. Rundliche, orangerote Früchte, 2,5 cm im Durchmesser, in großen Büscheln.
– *dactylifera* *123* Dattelpalme. N. Afrika, Zone 9. Bis 30 m, dünn. Blätter von der Basis aus. Blattbasen jahrelang am Stamm bleibend, später Blattspuren hinterlassend. Gefiederte Blätter 6 m lang, graugrüne Fiedern. Getrenntgeschlechtig, Blüten weiß, wohlriechend, an 1,2 m langem Stiel. Längliche Früchte 2,5–5 cm lang, tief orange, eßbar. Nicht schattenertragend; verlangt warmes, trockenes Klima.
Photinia *serrulata* *203*, 262, 263 Glanzmispel. China, Zone 7. Bis 12 m, spreizwüchsig. Blätter länglich bis oval, einfach, immergrün, ledrig, dunkel, glänzendgrün, rauh gezähnt; junge Blätter rot kupfrig. Blüten klein, in großen flachen Köpfchen, weiß: Frühling. Früchte klein, rot, fleischige Beeren: Herbst und Frühwinter. Kalkliebend. Auf den meisten Böden. Sonne. Krankheitsfrei in Europa.
Phyllyrea *latifolia* *240*, 254, 263 Breitblättrige Steinlinde. Südeuropa, W. Asien, Zone 7. Bis 9 m, spreizwüchsiger Baum oder Strauch, dicht beastet. Blätter verschieden, oval, gezähnt, dunkelgrün glänzend oberseits, auf der Unterseite heller, immergrün. Blüten klein, grünlichweiß. Früchte klein, rund, blauschwarz. Auf allen Böden.
Picea 69, 70, 73, 78, *84–87*, 93, 98, 263 Fichten. Ausgesprochen winterharte, immergrüne Nadelhölzer, oft kegelförmig. Nadeln kurz, vierseitig, in 2 Reihen. Männliche und weibliche Blüten auf verschiedenen Ästen am selben Baum; männliche Blüten oval, gelb oder rot, weibliche Blüten purpur. Zapfen hängend, zylindrisch bis oval. Samen geflügelt. Auf vielen Böden. Empfindlich auf Blattläuse, Hallimasch und Stammkrebs.
– *abies* *86–87*, 93, 254 Gemeine Fichte. N. Europa, Zone 5. Bis 60 m, schmal kegelförmig, ausgenommen sehr alte Bäume, die säulenförmig oder unregelmäßig sind. Nadeln vorwärtsgerichtet, untere Nadeln abstehend, klein. Männliche Blüten unregelmäßig, häufig, rund, weibliche Blüten verteilt auf die Krone von älteren Bäumen, rosarot. Zapfen 20 cm lang. In 20 Jahren 8 m.
«Procumbens» *119* Zwergform, bis 90 cm, breit. Horizontale Äste. Nadelwerk in flachen, gelbgrünen Wedeln.
– *asperata* *86* Borstenfichte. W. China, Zone 5. Bis 30 m, ähnlich wie *P. abies* im Habitus, aber mehr breit kegelförmig. Männliche Blüten rund, den Pollen im Frühling ausstreuend; weibliche Blüten scharlach. Äste sehr rauh. Zapfen dunkelbraun, 12 cm lang. Nicht auf Kreideböden. In 20 Jahren 9 m.
– *brachytyla* *86* Sargentfichte. W. und Z. China, Zone 5. Bis 24 m, kegelförmig, mit der Zeit rundkronig werdend. Nadeln gehäuft, steif, gelb bis grün, weißlich auf der Unterseite, abgeflacht. Zapfen, bis 8 cm lang, grün, dunkelbraun im Reifezustand.
– *breweriana* 83, *85, 87*, 98, 255, 262 Siskiyou-Fichte, Brewers Fichte. N.W. Kalifornien, S.W. Oregon, Zone 5. 24–30 m, flachkronig, hängend mit gebogenen Ästen und senkrecht hängenden Zweiglein. Nadeln alle rund um den Trieb, dunkelgrün. In 20 Jahren 4 m.
– *engelmannii* *85* Engelmannsfichte. W. USA, Zone 2. Bis 36 m. Nadeln vierseitig, graugrün, klein. Zapfen länglich, zylindrisch, bis 5 cm lang. Meidet trockene und flachgründige Kalkböden. In 20 Jahren 6 m.
«Glauca» *85* Nadeln mehr blaugrau.
– *glauca* 42, *84–85*, 255 Weißfichte. Kanada, N.O. USA, Zone 2. 18–21 m, kegelförmig. Nadeln klein, blaugrün, stechend wenn gebrochen. Zapfen klein, schmal, länglich. In 20 Jahren 10 m.
albertiana «Conica» *85*, 255 Ovoid, kegelförmiger Busch. Nadeln weich, grasgrün, gekrümmt, zugespitzt, empfindlich auf Frost während kalten Wintern und auf rote Spinnmilben.
– *glehnii* *255* Kleine, schmale japanische Fichte, ähnlich wie *P. abies*.
– *jezoensis* *255* Yedo-Fichte. N.O. Asien, Japan, Zone 4. 30–45 m, spiralförmig. Astspitzen aufwärts gerichtet. Nadeln flach, glänzendgrün auf der Oberseite, silbrigweiß unterseits mit 2 weißen Stomatalinien, gehäuft und überlappend auf oberen Teilen der Triebe, untere Nadeln aufwärts gebogen. Zapfen karminrot, ledrigbraun werdend, bis 8 cm lang; Schuppen gezähnt. Frostschäden im Frühling möglich.
– *koyamai* *255* Schmalwüchsige Bergfichte von Japan.
– *likiangensis* *86–87*, 254, 263 Likiang-Fichte. W. China, Zone 5. 15–19 m, kegelförmig. Nadeln vorwärts gerichtet auf der oberen Seite der Triebe, auf der untern Seite zweizeilig. Obere Nadeln blaugrün, untere mit 2 weißen breiten Bändern. Blüten reichlich, männliche Blüten groß, rund, karminrot; weibliche scharlach, klein. Zapfen bis zu 12 cm lang, leicht zugespitzt. Kräftig und anpassungsfähig. In 20 Jahren 10 m.
– *mariana* 42, *84–85*, 255 Schwarzfichte. N.O. Amerika, Zone 2. Bis 30 m, dicht, pyramidal. Nadeln klein, blaugrün, stumpfspitzig. Zapfen klein, purpur, mit der Zeit braun, bis zu 30 Jahre ausdauernd. In 20 Jahren 4 m.
«Doumetii» *85* Zone 2. Klein, dicht, kegelförmig, mit der Zeit rundlich, unregelmäßig. Nadeln dünn, scharf zugespitzt, gehäuft, blaßgrau.
– *obovata* *255* Sibirische Fichte, ähnlich wie *P. abies*.
– *omorika* *86*, 254, 262 Omorika-Fichte, Serbische Fichte. Zone 4. Bis 30 m, schmal kegelförmig. Nadeln mehr oder weniger horizontal gerichtet, abgeflacht, klein, glänzend graugrün mit 2 weißen Linien unterseits. Zapfen eiförmig, gedeiht auf Kalk- und Moorböden. Frostresistent, unempfindlich gegenüber Stadtluft. In 20 Jahren 10 m.
– *orientalis* *86, 87*, 254, 262 Orientalische Fichte. Kaukasus, Kleinasien, Zone 4. Bis 54 m, kegelförmig. Nadeln am kleinsten unter den Fichten, abstehend rund um den Zweig, bis 8 mm lang, tiefgrün glänzend. Männliche Blüten tiefrot. Zapfen frei hängend in der oberen Krone von älteren Bäumen. Anfangs purpur, während der Reife braun. In 20 Jahren 12 m.
«Aurea» *86*, 262 Klein. Nadeln blaßgelb, dann goldgelb, schließlich grün. Besonders schön in 3 Wochen während des Austreibens.
– *polita* *86*, 255 Tigerschwanzfichte. Japan, Zone 5. Bis 30 m, pyramidal. Nadeln dunkel glänzendgrün, steif, ziemlich scharf. Zapfen oval, glänzend gelbbraun, bis 10 cm lang, braun während der Reife. In 20 Jahren 6 m.
– *pungens* *85*, 263 Stechfichte. S.W. USA, Zone 2. Bis 30 m, kräftige, horizontal abstehende Äste. Steife Nadeln, klein, zugespitzt, bläulichgrün. Längliche Zapfen bis zu 10 cm. Erträgt Trockenheit. In 20 Jahren 7–9 m.
«Glauca» *85*, 262 Blaufichte. Zone 5. Bis zu 23 m, schmal, kegelförmig, säulenförmig an der Stammbasis. Nadeln wächsern, graugrün oder grün mit dem Alter. In 20 Jahren 8 m.
«Koster» *85* Klein bis mittel, kegelförmig. Nadeln silberblau.
«Moerheimii» *85* Bis 9 m, kegelförmig, dicht. Nadeln glatt, wächsern blau. In 20 Jahren 5 m.
– *rubens* *84–85* Rotfichte, Hudsonfichte. N.O. USA, Zone 2. 18–21 m, schmal kegelförmig. Nadeln dunkel gelbgrün, drahtig, gekrümmt. Zapfen bis 5 cm lang, braun zur Zeit der Reife, abfallend während des 1. Winters oder im folgenden Frühling. Bevorzugt feuchte Böden, kein Kalk. In 20 Jahren 9 m.
– *schrenkiana* *255* Schrenks Fichte. Fichte von Z. Asien; ähnlich wie *P. smithiana*.
«Globosa» *119* Miniaturform; breit, niedrig, zapfenförmig.
– *sitchensis* 73, 83, *84, 85, 86*, 100, 255, 263 Sitka-Fichte. W. USA, Zone 6. 54–60 m, kegelförmig. Nadeln flach, hell blaugrün oberseits, blauweiß, wächsern unterseits, zugespitzt. Zapfen bis 10 cm lang, im 1. Winter abfallend. Große Baumstücke schlagen an der Basis wieder aus. Bevorzugt kühle, feuchte Sommer; saure oder andere Böden. In 20 Jahren 17–20 m.
– *smithiana* *86, 87*, 254, 262 Himalaja-Fichte. W. Himalaja, Zone 6. Bis 60 m, hängend. Nadeln dünn, gekrümmt, mittel-

lang, dunkelgrün. Männliche Blüten klein, endständig. Zapfen grün, später braun, bis 17 cm lang. In 20 Jahren 10 m.

– *spinulosa* *254* O. Himalaja. Hängende Fichte, ähnlich wie *P. smithiana*, aber mit stechenden Nadeln.

Picrasma *quassioides* *254* Kleine interessante verwandte Art von *Ailanthus*. Schöne Herbstfärbung.

Pinie → *Pinus pinea*

Pinus *70–77*, 263 Föhren, Kiefern, immergrüne Bäume, kegelförmig, mit der Zeit flachkronig oder strauchig. Nadeln in Büscheln von 2–5, gewöhnlich lang, winzig gezähnt, im Querschnitt halbrund dreioder 5teilig. Männliche und weibliche Blüten am gleichen Baum; männliche rot oder gelb, zylindrisch; weibliche schuppig, holzig. Zapfen in reifem Zustand offen oder geschlossen bleibend. Samen zum Teil ungeflügelt. Meiden flachgründige Kalkböden. Sonne. Anfällig für Insektenschäden, Hallimasch, Honigtau, Blasenrost (besonders die 5nadligen Föhren).

– *albicaulis* *73* Weißborkenkiefer. W. USA, Zone 3. Gewöhnlich strauchförmig, manchmal bis 15 m. Stamm und Äste silbrig, gebogen. Nadeln mittellang, 5nadlig, grün oder graugrün. Zapfen bis 7–8 cm lang, oval, purpur, wenn reif hellbraun. Samen eßbar.

– *aristata* *72*, 255 Grannenkiefer. S.W. USA, Zone 5. 5–12 m. Nadeln kurz, 5nadelig, tief grün, oft weiß gesprenkelt mit Harz; Nadeln bis 17 Jahre am Baum; dicht an die Zweige gepreßt. Zapfen bis 8 cm lang. Schuppen dornig. Sehr langsamwüchsig.

– *armandii* *75*, 254 Chinesische Weißkiefer, Armands Kiefer. W. China, Formosa, Korea, Zone 5. Bis 18 m, spreizwüchsig. 5nadlig. Nadeln hängend, bald abfallend, mittellang, zugespitzt, wächsern, grün oberseits. Innerseite weiß. Zapfen in Paaren oder zu dritt, bis 17 cm lang, später hängend.

– *attenuata* *72* Höckerkiefer. S.W. USA, Zone 7. Bis 24 m, aufrechte Krone. Nadeln mittel bis lang, ausdauernd, graugrün, zugespitzt. Zapfen bis 12 cm lang, einzeln oder in Quirlen, scharf gezähnt; bleiben geschlossen für einige Jahre, oft erst durch Waldbrände geöffnet. Kurzlebig in Kultivation, viel heller als in Kalifornien.

– *ayacahuite* *73*, 255 Mexikanische Strobe. Mexiko und Z. Amerika, Zone 8. 30–48 m, spreizförmig. Nadeln mittel bis lang, dünn, ausdauernd, wächsern grün. Zapfen bis 20 cm lang, zylindrisch.

– *banksiana* *71*, 255 Banks Kiefer. N. USA, Kanada, Zone 2. 8–18 m. Äste gekrümmt, manchmal strauchförmig. Nadeln kurz, steif, paarig, olivgrün. Zapfen klein, oval, oft während einigen Jahren noch geschlossen. In 20 Jahren 9 m.

– *bungeana* *75*, 254, 262, 263 Bunges Kiefer. China, Zone 4. 24–30 m. Baum, manchmal kleiner Busch, oft mehrstämmig, kegelförmig. Nadeln mittellang, glatt, steif, abgeflacht, riechen nach Terpentin wenn zerquetscht. Zapfen einzeln oder paarig, oval. Bevorzugt Kalkböden. In 20 Jahren 8 m.

– *cembra* *75, 76, 77*, 254, 262 Zirbelkiefer, Arve. Gebirge von Z. Europa und N. Asien, Zone 4. 18–24 m, schmal, dicht säulenförmig, mit der Zeit offener. Nadeln zu fünft, gehäuft, dunkelgrün glänzend, mittellang. Männliche Blüten gehäuft an der Basis von dünnen Zweigen. Zapfen 8 cm lang, tiefblau bis purpur, aufrecht; Schuppen wie am Baum offen. Anfällig auf Hallimasch. In 20 Jahren 8 m.

– *cembroides* *73* Arizona-Nußkiefer. S. Arizona bis Mexiko, Zone 7. 5–8 m, rundlich, buschige Krone. Nadeln zu dritt oder zu fünft, kurz, gekrümmt, zugespitzt. Zapfen rund bis oval, klein. Kiefernnüsse eßbar.

– *contorta* *72, 73*, 263 Drehkiefer. W. USA, Zone 7. Bis 24 m, säulenförmig, gelegentlich strauchig. Nadeln in Paaren, mittellang, charakteristisch gebogen, gelbgrün. Knospen leuchtend rot. Zapfen oval, fein, paarig oder gebüschelt. Häufig gepflanzt, auf leichten, steinigen oder sandigen Böden. In 20 Jahren 15 m.

latifolia *73* W. USA, Zone 7. Bis 18 m. Nadeln etwas größer, mittellang. Zapfen größer als *P. contorta*. Nicht kalkliebend. Empfindlich auf Föhrentriebspinner.

– *cooperi* *255* Ähnlich wie *P. montezumae*, aber kleinere Nadeln. Mexiko.

– *coulteri* *72, 73* Coulterskiefer. S. Kalifornien, N. Mexiko. Zone 7. 12–15 m. Nadeln in Büscheln zu dritt, 25 cm lang, blaugrau. Zapfen oval, sehr schwer, 25 cm lang (die größten von allen Föhrenarten). Schuppen klauenförmig, bräunlich. In 20 Jahren 12 m.

– *densiflora* *74–75*, 255 Dichtblütige Kiefer, Japanische Rotkiefer. Japan, Zone 4. 21–36 m, oft gebogen oder gekrümmt, breit und unregelmäßig kegelförmig. Nadeln paarig, mittellang, hellgrün, scharf gespitzt. Weibliche Blüten werden purpurbraun, zu 15 cm langen Zapfen werdend; rosarotbraun oder purpur, bleiben am Baum mehrere Jahre. In 20 Jahren 9 m.

«Oculus-draconis» *74, 75* Von der oben beschriebenen Form abweichend durch gelbe und grüne Streifung.

«Umbraculifera» *74*, 262 Kleiner Baum, bis 3,6 m, zahlreiche Stämme aufwärts gerichtet, mit schirmförmiger Krone. Nadeln dünn, dumpfgrün. Zapfen etwas größer als bei *P. silvestris*. Extrem langsamwüchsig.

– *echinata* 43, *71*, 255 Gelbkiefer. O. und S.O. USA, Zone 5. Bis 36 m, schmal, manchmal überhängend. Nadeln gewöhnlich gepaart, ausdauernd, mittellang, dünn, flexibel, graugrün. Zapfen klein, gebüschelt, am Baum bis die Samen herausgefallen sind. Benötigt Kalk. Widerstandsfähig.

– *elliottii* *71, 73* Elliottkiefer, Slashkiefer. S.O. USA. Kleiner Baum. Nadeln zu zweit oder zu dritt, lang. Zapfen kegelförmig, 13 cm lang. Kräftig. Benötigt kalkfreie Böden.

– *griffithii* → *P. wallichiana*

– *halepensis* *77*, 254, 263 Aleppokiefer. Mittelmeergebiet. W. Asien, Zone 7. 15–18 m, unregelmäßig beastet. Nadeln paarig, mittellang, dünn, zugespitzt, hart, grün. Zapfen in Gruppen von 1–3, hängend, bis 11 cm lang, oft mehrere Jahre am Baum. Kalkliebend. In 20 Jahren 9 m.

– *jeffreyi* *71, 72* Jeffreykiefer. S.W. USA, Zone 5. Bis 60 m, kegelförmig. Nadeln lang, kräftig, zu dritt, blaugrün bis grau; riechen nach Grapefruit wenn zerrieben. Zapfen bis 25 cm lang.

– *koraiensis* *75* Koreanische Kiefer. O. Asien, Zone 3. 30–45 m, oft kegelförmig. Nadeln mittellang, rauh texturiert, wächsern, tief blaugrün. Zapfen kegelförmig bis länglich, bis 15 cm, gelbbraun.

– *lambertiana* *72, 73* Zuckerkiefer. Oregon und Kalifornien. Größte Art der Gattung Pinus, 60–75 m mit sehr langen Ästen. Nadeln mittellang, spiralig. Büschel 5nadlig, blau bis graugrün. Zapfen bis 65 cm lang, schmal. Empfindlich auf Strobenblasenrost. In 20 Jahren 12 m.

– *leucodermis* *76, 77*, 254 Bosnische Kiefer, Schlangenhautkiefer. Italien, Balkanhalbinsel, Zone 5. Bis 27 m, schmal, oval. Nadeln paarig, dicht, steif, mittellang, dunkelgrün, zugespitzt. Zapfen oval, blau im Sommer, dunkelbraun. Auf sehr trockenen Kalkböden vorkommend; bevorzugt saure Böden. In 20 Jahren 9 m.

– *massoniana* *255* S.O. China. Ähnlich wie *P. densiflora*, aber mit längern Nadeln und glänzenden, nußbraunen Zapfen. Kräftig.

– *montezumae* *70, 73*, 262 Montezumakiefer. Gebirge von Mexiko. 21–30 m, rundlich und spreizwüchsig. Nadeln graugrün. Knospen orange. Zapfen bis 25 cm lang. Empfindlich auf Spätfröste. In 20 Jahren 8 m.

– *monticola* *72, 73* Westamerikan. Weymouthskiefer. W. USA, Zone 5. 45–48 m, dünn, säulenförmige Krone. Nadeln bis 10 cm lang, blaugrün. Zapfen bis zu 35 cm lang, oft gekrümmt, blaß braun. Empfindlich auf Strobenblasenrost. In 20 Jahren 12 m.

– *mugo* *77*, 262 Bergkiefer. Gebirge von Z. Europa, Zone 2. Klein, buschig, mit mehreren gekrümmten, unregelmäßig sich ausbreitenden Ästen. Nadeln paarig, kurz, dunkelgrün. Zapfen klein. In 20 Jahren 2–3 m.

– *muricata* *71, 73*, 263 Bischofskiefer. Kalifornien, Zone 7. Gewöhnlich breitkronig, mit aufwärts gerichteten Astspitzen, herabhängend mit dem Alter; kann auch groß sein, schmal und kuppelförmig. Nadeln in Paaren, mittellang. Zapfen klein, gebüschelt; bleiben am Baum bis 70 Jahre lang. Ausgesprochen kräftig auf armen, sauren, sandigen Böden und in exponierten Lagen (Meer). In 20 Jahren 12–18 m.

– *nigra laricio* *75, 76, 77*, 254 Korsische Schwarzkiefer. S. Italien, Korsika, Sizilien. 12–42 m. Krone offener. Äste zahlreicher, kürzer, mehr stockwerkartig als bei *P. n. nigra*. Nadeln graugrün. Auf den meisten Böden. In 20 Jahren 8 m.

– *nigra nigra* *75, 76–77*, 254, 263 Österreichische Schwarzkiefer. S. und O. Europa, Zone 4. 36–45 m, kegelförmig, spreizwüchsig, mit der Zeit flachkronig. Nadeln paarig, ausdauernd, mittellang, steif, dicht gebüschelt, dunkelgrün. Zapfen klein, goldgelb. Gedeiht auf Ton und Kalk. In 20 Jahren 9 m.

– *nigra pallasiana* *77*, 254 Krim-Schwarzkiefer. S.O. Europa, W. Asien. Bis 40 m, breit, kegelförmig. Nadeln steif, gebogen, mittellang. Zapfen gewöhnlich größer als bei *P. n. nigra*.

– *palustris* 43, *71, 73*, 255, 262 Sumpfkiefer. O. USA, Zone 7. 24–36 m, mit wenigen kräftigen Ästen, waagrecht, dann aufsteigend. Nadeln zu dritt, bis 45 cm lang, grasgrün. Zapfen bis 25 cm lang, schmal, dunkelbraun; Zapfen zerfallen mit Ausnahme der Schuppen an der Basis.

– *parviflora* *74, 75*, 262 Kleinblütige Kiefer, Mädchenkiefer, Zone 5. 6–15 m, junge Bäume kegelförmig, ältere mit flachen Kronen von kräftigen, spreizwüchsigen Ästen. Nadeln zu fünft, gekrümmt, stumpfspitzig, klein. Zapfen einzeln oder in Büscheln, aufrecht, oval, klein mit wenigen Schuppen. In 20 Jahren 4 m.

– *patula* *73*, 262 Patulakiefer. Mexiko, Zone 9. Weitgehend kegelförmig, spreizwüchsig, dann aufwärts gerichtete Äste. Nadeln zu dritt, dünn, bis 30 cm lang, hell grasgrün. Zapfen in Quirlen von 2–5, hellbraun, ausdauernd. In 20 Jahren 12 m.

– *peuce* *77*, 254 Rumelische Strobe oder Mazedonische Kiefer. Balkanhalbinsel, Zone 4. Bis 30 m, säulenförmig bis kegelförmig. Nadeln zu fünft, mittellang, scharfspitzig, blaugrün, weiß unterseits. Zapfen zylindrisch, 15 cm lang, in Büscheln stehend oder herabhängend. Ausgesprochen gesund und winterhart in strengen Verhältnissen. Krankheitsfrei.

– *pinaster* *77*, 254, 263 Strandkiefer. W. Mittelmeergebiet, Zone 7. 27–36 m. Äste aufwärts gerichtet; alte Bäume mit bloßem Stamm und flacher schirmförmiger Krone. Nadeln paarig, steif, mittellang, kurz gespitzt. Männliche Blüten reichlich; weibliche Blüten an den Enden von Langtrieben, dunkelrot. Zapfen klein, dunkel olivgrün im Reifezustand bis orangebraun. Gedeiht auf Sand. In 20 Jahren 15 m.

– *pinea* *77*, 254, 262 Pinie, Schirmkiefer. Mittelmeergebiet, Zone 9. Bis 24 m, flachkronig oder schirmförmig. Nadeln paarig, leicht gekrümmt, mittellang, scharf gespitzt. Zapfen symmetrisch, klein, blaßbraun, glatt, bleiben 3 Jahre geschlossen.

– *ponderosa* *71, 72, 73*, 114, 255 Goldkiefer. W. USA, Zone 5. Bis 75 m, schmal kegelförmig, variabel im älteren Zustand. Nadeln zu dritt, mittel bis lang, dunkelgrau bis gelbgrün. Zapfen bis 15 cm lang, einzeln oder in Büscheln, dunkelbraun. Bodenvag. Trockenheit ertragend. In 20 Jahren 10 m.

– *pumila* *255* Zwergkiefer. Sibirien bis Japan. Wie kleine Arve.

– *pungens* *255* Stechkiefer. O. USA. Kleiner bis mittelgroßer Baum, oft strauchförmig.

– *radiata* *72, 73*, 255, 263 Montereykiefer. Kalifornien, Zone 7. 33–36 m, gewölbt. Nadeln zu dritt, weit abstehend, mittellang, tiefgrün, dünn, flexibel. Zapfen asymmetrisch an der Basis, braungelb, bis 17 cm lang, mehrere Jahre am Baum bleibend. Auf verschiedenen Böden. Außerordentlich kräftig. In 20 Jahren 14–17 m.

– *resinosa* *71, 73*, 255 Rotkiefer. O. Kanada, N.O. USA, Zone 2. Bis 24 m, symmetrisch ovale Krone. Nadeln mittellang, paarig, dunkel gelbgrün. Zapfen klein. Empfindlich auf Kieferntriebwickler. In 20 Jahren 9 m.

– *rigida* *71, 73*, 255 Pechkiefer, Steife Kiefer. O. USA, Zone 4. Im Norden, klein, wo auf armen Böden; weiter südlich, 15–18 m. Form unregelmäßig wenn exponiert, sonst klein und offen. Nadeln mittellang, zu dritt, gelbgrün, gewöhnlich gebogen. Zapfen klein. In 20 Jahren 8 m.

– *roxburghii* *254* Nadeln ca. 30 cm lang, Himalaja.

– *silvestris* *76, 77*, 112, 119, 260, 262, 263 Gemeine Kiefer, Waldföhre. N. Europa, Sibirien, Zone 2. Bis 45 m, am Anfang kegelförmig, ältere Bäume flachkronig. Nadeln paarig, steif, gekrümmt, kurz bis mittellang, wächsern blaugrün oder gelblich graugrün. Männliche Blüten auf schwachen hängenden Trieben, weibliche Blüten an den Enden von jungen Schoßen, in Quirlen von 2–5. Zapfen grau oder dunkelbraun, klein. Auf verschiedenen Böden. Sehr empfindlich auf Föhrenschütte. In 20 Jahren 12 m.

«Aurea» *262* Nadeln gelbgrau bis grün im Sommer und im Herbst; im Winter goldig. Langsamwüchsig.

«Fastigiata» *262* Schmale säulenförmige Form mit langen aufrechten Ästen.

«Globosa Viridis» *119* Zwergform, bis 90 cm, rund, dicht. Nadeln gekrümmt, grün, langsamwüchsig.

– *strobus* *70, 71, 73*, 111, 255, 262 Strobe, Weymouthskiefer. O. USA, Zone 3. 45–60 m, schmale kegelförmige Krone am Anfang, unter Bestandesschluß federförmig, offen. Nadeln mittellang, dunkel graugrün, zu fünft, biegsam. Zapfen bis 20 cm lang, gekrümmt, gewöhnlich abfallend im 1. Winter. Empfindlich auf Strobenblasenrost. In 20 Jahren 12 m.

– *tabulaeformis* *254* Kurz mit langen waagrechten Ästen. China.

– *taeda* *71, 73*, 255 Weihrauchkiefer. O. und S. USA, Zone 6. 27–33 m, offene Krone. Nadeln mittel bis lang, gelbgrün, dünn. Zapfen bis 15 cm lang, schmal bis oval. In 20 Jahren 10 m. Anfällig für Nadelrost.

– *thunbergii* *74, 75*, 255, 262, 263 Thunbergs Kiefer, Japanische Schwarzkiefer. Japan, Korea, Zone 5. Bis 39 m, lang, vorstehend, gebogene Äste, die zusammen eine unregelmäßige Krone bilden, oft schief im älteren Zustand; alte Bäume mit langen, schweifenden Ästen. Nadeln paarig, scharf zugespitzt, dicht gehäuft, 10 cm lang, leicht graugrün. Guter Windschutz bildend. In 10 Jahren 8 m.

– *torreyana* *73* Torreykiefer. Kalifornien, Zone 7. 9–12 m, kleine Büsche in exponierten Lagen. Nadeln zu fünft, gehäuft, an den Enden von Zweiglein, dunkelgrün, spitz. Zapfen oval, bis 13 cm lang, reif nach 3 Jahren. Samen eßbar.

– *virginiana* *255* Jerseykiefer. O. USA, Zone 4. Bis 14 m, buschig. Knospen harzreich. Nadeln zu zweit, kurz, gebogen. Meidet flachgründige Kalkböden.

– *wallichiana* *75*, 254, 262 (Syn. *P. griffithii*) Himalaja-Tränenkiefer. Gemäßigtes malajagebiet, Zone 5. 15–45 m zierlich. 5nadelig. Nadeln dünn, mittellang, graugrün. Zapfen aufrecht am Anfang, später hängend, bis zu 30 cm lang, hellbraun. In 20 Jahren 15–18 m. Widerstandsfähig gegen Blasenrost.

Pirus 190, *204* Birnen. Laubwerfende Bäume, manchmal Sträucher. Blätter einfach, gezähnt, manchmal gelappt. Blüten weiß; Frühling. Früchte birnenförmig oder rund; unterscheidbar durch fleischigen Stiel, der kuppenartig in die Frucht mündet und nicht in einer Vertiefung wie bei den Äpfeln. Winterhart. Empfindlich auf Mehltau, San-José-Schildläuse, Spinnmilben und Feuerbrand.

– *calleryana* *204* China, Zone 5. Mittelgroße Bäume, bedornte Äste. Blätter breit, oval, glänzendgrün. Blüten weiß. Früchte rund, klein, braun, auf dünnen Stielen.

«Bradford» *204* Bis 14 m, pyramidal. Blätter rot oder hellrot im Herbst. Blüten klein, reichlich. Früchte erbsenförmig. Weniger winterhart als *P. ussuriensis*, aber weniger anfällig für Mehltau. Sonne. Erträgt Trockenheit.

– *communis* *204*, 263 Gemeine Birne. Zone 4. 9–12 m. Blätter glänzend grün, rotbraun im Herbst. Blüten reichlich. Früchte süß schmeckend, angenehm. Über 1000 kultivierte Formen. Sonne. Erträgt Trockenheit. Mittleres Wachstum.

– *nivalis* *204* Schneebirne. S. Europa, Zone 5. Bis 15 m, aufrecht, schmal. Blätter oval, pelzig, speziell am Anfang, silbergrau. Blüten 3,5 cm im Durchmesser, reichlich, in auffälligen Büscheln. Früchte rundlich, gelbgrün; süß wenn überreif. Sonne. Mittleres Wachstum.

– *salicifolia* 204, 254, 262 Weidenblättrige Birne. Kaukasus, Zone 4. Bis 8 m, oft herabhängend. Blätter lanzettlich, zugespitzt, am Anfang behaart, später glänzend, graugrün oberseits. Winzige Blüten in gedrängten flachen Köpfchen. Früchte braun, 2–3 cm lang, unangenehm riechend. Sonne.

«Pendula» *263* Hängende Äste. Silbergraues Blattwerk.

– *ussuriensis* *204*, 252 N.O. Asien, Zone 4. Bis 15 m, mehr oder weniger pyramidal. Blätter rundlich, dünn zugespitzt, glatt, mit der Zeit rotbraun, gestielt. Blüten reichlich. Früchte 4 cm lang, rund, grüngelb, hart, nicht eßbar. Weniger anfällig auf Mehltau als andere Arten. Sonne oder Halbschatten.

Pistacia *234–235* Pistazien. Immergrüne oder laubwerfende Büsche oder kleine Bäume. Wechselständige, zusammengesetzte Blätter. Unscheinbare Blüten, manchmal zweihäusig. Früchte sind ovale Nüsse. Meistens kräftig. Sonneliebend.

– *chinensis* *234* Chinesische Pistazie. Z.W. China, Zone 7. In China bis 24 m, kleiner, oft strauchförmig in Amerika und in England. Blätter gefiedert, mittellang, laubwerfend; schöne Herbstfärbung. Blüten eingeschlechtig. Früchte in der Größe eines Pfefferkorns, rot, mit der Zeit blau. Bodenvag. Meist krankheitsfrei.

– *vera* *234* Echte Pistazie. W. Asien, Zone 9. Kleiner Baum. Blätter gefiedert, 5 Fiederblättchen, behaart. Blüten eingeschlechtig. Früchte (Pistazien) oval, rötlich. Gedeiht am besten in geschützten, trockenen Lagen.

Pittosporum *132, 133*, 263 Klebsamen. Immergrüne Sträucher oder kleine Bäume. Blätter einfach. Blüten wohlriechend. Früchte, runde bis eckige Kapseln, mehrere klebrige Samen enthaltend. Auf durchlüfteten Böden, in geschützten Lagen. Salztolerant.

– *tobira* *133* Chinesischer Klebsame. Japan, China, Zone 9. Strauchförmig. Blätter oval, glänzend grün. Blüten crèmefarbig, wohlriechend; Sommer. Ziemlich trokkenresistent.

Platane → *Platanus*

Abendländische → *P. occidentalis*
Ahornblättrige → *P. hybrida*
Morgenländische → *P. orientalis*
Traubige → *P. racemosa*

Platanus *134–135* Platanen. Große, laubwerfende Bäume. Blätter ahornartig, Lappen von verschiedener Größe. Blüten klein, unscheinbar, in kugeligen Köpfchen; getrenntgeschlechtig, einhäusig. Kugelige Scheinfrüchte, einzeln oder mehrere, gestielt. Sonne. Junge Bäume von einigen Arten sind empfindlich auf Fröste. Ertragen städtische Bedingungen.

– *hybrida* 65, *134*, 254, 260, 262, 263 Ahornblättrige Platane. Zone 5. Bis 42 m, spreizwüchsig, groß, breite, rundliche Krone, tiefere Äste manchmal herabhängend. Blätter 5lappig, breit, einfach, rauh gezähnt, gestielt. Kugelige Scheinfrüchte gewöhnlich in Paaren, kleine Nüßchen enthaltend: Frühsommer bis Frühling. Hält sich gut in Industriequartieren. In 20 Jahren 10 m.

– *occidentalis* ***134, 135,*** 255, 263 Abendländische Platane. S. Ontario, O. USA, N. O. Mexiko, Zone 4. Bis 45 m, spreizwüchsig, hoher Stamm, rundliche Krone. Blätter breit, 3–5lappig, einfach, rauh gezähnt, langgestielt. Blüten grünlich: Mai. Fruchtbüschel gewöhnlich einzel, kleine Nüßchen enthaltend, überdauern den Winter. Crèmeweiße neue Borke. Junge Pflanzen empfindlich auf Spätfröste. Empfindlich auf Krebs in Amerika.

orientalis ***134,*** 254, 262 Morgenländische Platane. S. O. Europa, Zone 6. Bis 30 m, spreizwüchsig, kurz, dicker Stamm, breitrundliche Krone. Blätter 5lappig, einfach, am Anfang behaart, glänzend oberseits, gestielt, breit. Blüten grünlich. Früchte stachelig: Herbst und Winter. Eignet sich gut für trockene Böden, einschließlich Kalk. In 20 Jahren 8 m.

– *racemosa* ***134*** Traubige Platane. Kalifornien, N. W. Mexiko, Zone 7. Bis 36 m, spreizwüchsig unregelmäßig. Blätter 2–5lappig, einfach, dicht behaart unterseits, breit, oft gezähnt. Blüten ballförmig, hängend. Früchte in Büscheln. Empfindlich auf Mehltau.

Podocarpus 110, 111, 263 Steineiben. Immergrüne Bäume und Sträucher. Nadeln spiralig angeordnet, verschieden von schuppenartig bis 30 cm lang, zweihäusig. «Früchte» einsamig heller Schale. Saure und alkalische Böden. Einige Arten winterhart.

– *andinus* ***111,*** 255 Anden von S. Chile, Zone 7. Zugespitzter, aufwärts gerichteter Strauch, oft vielstämmig, selten kegelförmiger Baum. Nadeln vorwärts gerichtet, kurz, mit stechender Spitze. Männliche Blüten gestielt, aus den Blattachseln herauswachsend. «Früchte» gelbweiß, pflaumenartig. In 20 Jahren 5 m.

– *dacrydioides* ***111*** Neuseeland, Zone 9. Bis 45 m, Zweiglein hängend. Nadeln an jungen Bäumen, klein, zugespitzt, in einer einzigen Reihe, bronzegrün, schuppenartig; kleiner, grün mit Bronzetönung, spiralig oder überlappend an älteren Bäumen. Samenschale rot, wächsern.

– *latifolius* ***111*** Breitblättrige Steineibe. S. Afrika, Zone 9. Bis 30 m. Nadeln oval bis lanzenförmig, kurz. Männliche Blüten klein, einzeln. Samenschale grün.

– *macrophyllus* ***110, 111,*** 255 China, Japan, Zone 7. Kleiner Baum oder aufrechter schmaler Strauch. Nadeln mittellang, dunkel glänzendgrün, oft gelblich oberseits, lederig, biegsam. Samenschale purpur. In 20 Jahren 2,5 m.

– *salignus* ***111,*** 255 Weidenblättrige Steineibe. Chile, Zone 7. Gewöhnlich mehrstämmig, strauchförmiger Baum; gelegentlich einzel, unregelmäßig kegelförmig, schmale Krone und einstämmig. Nadeln mittellang, stumpfe Spitze, tief grün glänzend oberseits, auf der Unterseite blasser. In 20 Jahren 6 m.

Pomeranze → *Citrus aurantiacum*

Poncirus *trifoliata* ***237*** Dreiblättrige Zitrone. N. China, Zone 5. Großer Strauch oder kleiner Baum bis zu 5 m. Attraktiv bedornte, grüne Zweige mit dreiteiligen laubwerfenden Blättern. Wohlriechende Blüten, kleine Früchte, eßbar, aber bitter. Winterhärteste Orangenart.

– *trifoliata x Citrus sinensis* ***237*** Citrange. Zone 6. Strauchförmig, gelegentlich aufrechte Bäumchen, steif, eckig, oft stachlige Zweige, dichtes Blattwerk. Blätter gewöhnlich zu dritt. Früchte sehr verschieden, meistens sauer und bitter. Blüten wohlriechend, verschieden von beiden Eltern. Verschiedene Züchter bekannt.

Populus ***180–183,*** 263 Pappeln. Winterharte, laubwerfende Bäume. Blätter einfach, wechselständig, meist gezähnt, ziemlich lang gestielt. Gattung zweihäusig. Blüten in hängenden Kätzchen, vor Blattausbruch blühend. Frucht eine 2–4klappige Kapsel, darin zahlreiche Samen mit vielen langen Haarbüscheln. Oft auf nassen Böden; viele Arten ertragen Freistellung. Kalkmeidend. Schnellwüchsig. Sonne notwendig. Einige Arten empfindlich auf Krebs, Blattrost und Mehltau.

– *alba* ***180, 181, 183,*** 262, 263 Weißpappel, Silberpappel. Z. und S. Europa bis W. Sibirien und W. Asien, Zone 3. Bis 30 m, spreizwüchsig. Blätter verschieden, oval bis 5lappig, einfach, anfangs behaart, später auf der Oberseite glatt, dunkelgrün, auf der Unterseite weiß. Bevorzugt Kalk. Erträgt Trockenheit. In 20 Jahren 12 m.

«Pyramidalis» ***180, 183,*** 262 Bis 21 m, pyramidale Form wie *P. italica*. Blätter, Unterseite weiß, aufleuchtend im Wind.

«Richardii» ***183,*** 262 «Richardpappel». Wenig kleiner als *P. alba*. Blätter goldgelb, wollig weiß auf der Unterseite.

– *balsamifera* 42, ***180, 183,*** 255 Kanadische Balsampappel. USA, Zone 5. Bis 30 m, aufrecht. Blätter breit, oval, einfach, dunkelgrün oberseits, glatt; manchmal schwach behaart, blasser auf der Unterseite. Riecht nach Balsam. Kurzlebig auf trockenen Kalkböden. Empfindlich auf Krebs. In 20 Jahren 15 m.

– *x candicans* ***180, 183*** Hybrid-Balsampappel. USA, Zone 4. Bis 30 m, weit spreizwüchsig. Blätter dreieckig oder breit oval, einfach, pelzig unterseits, weißlich, nach Balsam riechend. Nur weibliche Bäume bekannt. In 20 Jahren 15 m.

«Aurora» ***180, 183*** Varietät. Blätter zuerst crèmeweiß, orange getönt; ältere Blätter grün.

– *x canescens* ***181, 183,*** 263 Graupappel. W., Z. und S. Europa, Zone 4. Bis 30 m. Blätter rundlich, einfach, grau und matt auf der Unterseite, rot und gelb im Herbst. Kätzchen: Spätwinter, rot. Bevorzugt Kalk. Exposition und Trockenheit ertragend. In 20 Jahren 15 m.

– *x* «Eugenei» ***183*** Zone 2. Bis 45 m, Hybrid, säulenförmig. Blätter im großen und ganzen dreieckig, kurz behaart, rauh. Nur männliche Kätzchen, krebsresistent.

– *x* «Marilandica» ***183*** Weit spreizwüchsig. Blätter grün. Nur weibliche Kätzchen, 6–7 cm lang, bevorzugt Kalk.

– *x* «Regenerata» ***183*** Hybrid. Blätter lang, dreieckig. Nur weibliche Kätzchen, 6–7 cm lang.

– *x* «Serotina» ***183,*** 254 Bis 30 m, spreizwüchsig. Blätter oval bis dreieckig, einfach, Blattränder am Anfang behaart, Blattstiele abgeflacht. Nur männliche Bäume bekannt. Ausgesprochen winterhart. In 20 Jahren 20 m.

«Aurea» ***183,*** 262 «Goldpappel». Wie *P. serotina*, aber Blätter reich gelb, mit der Zeit grünlich, dann aber wieder reich gelb werdend.

– *deltoides* ***180, 183*** Nordamerikanische Schwarzpappel. O. USA, Zone 2. Bis 30 m, weit spreizwüchsig. Blätter herzförmig, einfach, glatt, dunkelgrün auf der Oberseite, heller unterseits, Blattränder behaart, Stiel abgeflacht. Männliche Kätzchen dichtblütig, weibliche zweimal so lang, 20 cm. In 20 Jahren 24 m.

– *grandidentata* ***183*** Großzähnige Pappel. O. USA, Zone 3. Bis 18 m. Blätter rund oder oval, grau und anfangs pelzig, später dunkelgrün auf der Oberseite, Stiel zum Teil gestaucht. Kätzchen bis 7 cm lang. In 20 Jahren 20 m.

– *lasiocarpa* ***183,*** 262 China, Zone 5. Bis 20 m, spreizwüchsig. Sehr große Blätter, herzförmig, breit, einfach, anfangs behaart, Oberfläche glatt werdend. Adern, Mittelrippe und Stiel rot, sonst hellgrün. Art einhäusig. Weibliche Kätzchen bis 20 cm lang, doppelt so lang wie männliche. In 20 Jahren 10 m.

– *maximowiczii* ***182*** Japanische Balsampappel. Japan, Korea, Zone 4. Bis 27 m, weit, offen. Blätter rundlich, ledrig, matt dunkelgrün oberseits, weißlich unterseits, gebogene Spitze. Männliche Kätzchen bis 10 cm, weibliche bis 25 cm. Früchte: Juli.

– *nigra* ***181, 182, 183,*** 262 Schwarzpappel. Z. und S. Europa, W. Asien, Zone 2. Bis 39 m, aufrecht, breit. Blätter rautenförmig bis oval, einfach, glatt, grün. Blüten, rote Kätzchen. In 20 Jahren 18–21 m.

«Italica» ***180, 182, 183,*** 259, 262, 263 Pyramidenpappel. Italienische Pappel, Zone 2. Bis 27 m, schmal, aufrecht. Blätter breit an der Basis, einfach. Die meisten Exemplare sind männliche Bäume, nur männliche Kätzchen tragend; weibliche Bäume wenig breiter. Ausgewachsene Bäume empfindlich auf Krebs an den oberen Ästen. In 20 Jahren 12 m.

«Plantierensis» ***183*** Ähnlich wie *P. n.* «Italica», aber breiter mit mehr buschiger Krone.

«Robusta» ***181, 183,*** 263 Groß, aufrecht, am Anfang schmal, später auseinanderwachsend. Blätter dreieckig bis oval, einfach, kupferfarbig am Anfang. Nur männliche Bäume von diesem Hybrid bekannt. Sehr schnellwüchsig. In 20 Jahren 27 m.

– *simonii* ***180, 183*** Simonpappel. N. China, Zone 2. Bis 12 m, schmal. Blätter rautenförmig oder oval, glatt, dunkelgrün auf der Oberseite, heller unterseits, kurzgestielt. Empfindlich auf Krebs. In 20 Jahren 15 m.

– *tacamahaca* → *P. balsamifera* ***255***

– *tremula* ***181, 182, 183,*** 262, 263 Zitterpappel. Aspe. Europa, Asien, N. Afrika, Zone 2. Bis 30 m, gewöhnlich weniger, aufrecht, schmal. Blätter rundlich, einfach, am Anfang wollig, später allmählich glatt, graugrün. Lange Stiele abgeflacht, so daß Blätter im Wind zittern, gelb im Herbst. In 20 Jahren 8 m.

– *tremuloides* ***182, 183,*** 262 Amerikanische Zitterpappel. N. Mexiko bis Alaska, Zone 1. Bis 30 m, breit spreizwüchsig. Blätter rundlich, einfach, glatt, dunkelgrün auf der Oberseite, heller unterseits, zittern in der Brise. Kurze Kätzchen. Größere Bäume sind empfindlicher auf Krankheiten.

– *trichocarpa* ***180, 183,*** 262, 263 Westamerikanische oder Kalifornische Balsampappel. Alaska bis Mexiko, Zone 4. Bis 60 m, pyramidal. Blätter oval, dünn gespitzt, einfach, glänzend, dunkelgrün oberseits, auf der Unterseite weißlich, nach Balsam riechend. Empfindlich auf Krebs. In 20 Jahren 20–25 m.

Poschettchenbaum → *Davidia involucrata*

Prunus ***198–203,*** 263 Große Gruppe von laubwerfenden oder immergrünen Bäumen. Blätter einfach, Blattränder gezähnt, in zerriebenem Zustand oft wohlriechend. Blüten mit 5 Blütenblättern, weiß oder rosa; in gefüllten Formen ist Zahl der Kronblätter größer: Frühling. Früchte einzellig, einsamig, fleischig, reduziert und nicht eßbar bei verschiedenen Zierformen. Gedeiht größtenteils auf Kalk. Sonne. Gewöhnlich sehr ausdauernd. Empfindlich auf Schildläuse, Milben, Mehltau, blattfressende Insekten (Ringelspinner) und Viruskrankheiten.

– *x amygdalo-persica* «Pollardii» ***202, 203,*** 252 Ähnlich wie Mandelbaum, aber Blüten reicher rosa. Frucht intermediär zwischen Pfirsich- und Mandelbaum.

– *armeniaca* ***202, 203*** Aprikose. Z. Asien, China, Zone 5. Bis 10 m, spreizwüchsig. Blätter rundlich, zugespitzt, laubwerfend, glatt, glänzend grün, gestielt. Blüten einzeln, klein. Früchte 3 cm breit, größer in Kultivation, gelborange, rot getönt: Frühsommer, eßbar.

– *avium* ***200,*** 262 Vogelkirsche. W. Asien, Zone 3. Bis 21 m, pyramidal. Blätter oval, lang zugespitzt, laubwerfend, rot im Herbst, gestielt. Blüten in Büscheln, weiß, klein. Früchte klein, rund, rot bis schwarz, bitter oder süß. In 20 Jahren 14 m.

«Plena» ***200,*** 252 Europa, Zone 3. Bis 18 m. Blüten reichlich, klein, Kronblätter doppelt, hängende Büschel. Früchte selten. Ausdauernder als orientalische Kirsche. Gleich groß wie *P. avium*, aber älter werdend.

– *campanulata* ***201*** Formosa, S. Japan, Zone 7. Bis 9 m, schlauchförmig. Blätter mehr oder weniger oval, laubwerfend, glänzend, gestielt. Blüten klein, rosarot, am Anfang glockenförmig, später offen.

– *cerasifera* ***202,*** 254 Kirschpflaume. W. Asien, Zone 3. Bis 8 m, manchmal bedornt, dünne Äste. Blätter oval, gezähnt, hellgrün. Blüten einzeln, weiß: März. Früchte rund, 2,5 cm im Durchmesser, rot oder gelb, auf ausgewachsenen Bäumen.

«Pissardii» ***202, 203,*** 262, 263 Persien, Zone 4. Bis 10 m, aufrecht, spreizwüchsig. Blätter oval, laubwerfend, anfangs rubinrot, mit der Zeit weinrot, dann purpur. Blüten einzeln, klein, reichlich. Früchte purpur, aber selten. In 20 Jahren 8 m.

– *cerasus* ***200, 201*** Kirsche. S. W. Asien, Zone 3. Bis 10 m, spreizwüchsig. Blätter oval, kurz gespitzt, laubwerfend, glatt, glänzend, blaßgrün, gestielt. Blüten in dichten Büscheln, weiß. Früchte rundlich, rotschwarz, sauer schmeckend: Sommer.

«Rhexii» ***201,*** 254 Wie *P. cerasus*, aber Blüten doppelt, ausdauernder. Blüten länger aushaltend.

– *conradinae* ***201*** Z. China, Zone 6. Bis 8 m, zierlich. Blätter oval, mittellang, gezähnt. Blüten weiß oder rosa, reichlich: Februar, vor Blattausbruch. Früchte oval, rot.

«Semiplena» ***201,*** 252 Zone 6. Bis 10 m, spreizwüchsig. Blätter oval, dünn gespitzt, laubwerfend, oberseits glatt, unterseits behaart, kurz gestielt. Blüten doppelt, weiß oder blaß rosa, reichlich, wohlriechend, lang haltend: Spätwinter oder Frühfrühling. Früchte klein, oval, rötlich.

– *cornuta* ***254*** Himalaja-Gebiet, größere Blätter als bei *P. padus*.

– *dulcis* ***200, 202,*** 252, 254, 263 Mandelbaum. N. Afrika bis Z. Asien, Zone 4. 6–9 m, spreizwüchsig. Blätter lanzettlich, laubwerfend, glatt, gestielt. Blüten 5 cm im Durchmesser, einzeln oder paarig: Frühfrühling. Früchte 6–7 cm lang, samtig. Erträgt Trockenheit. In 20 Jahren 8 m.

«Roseoplena» ***202*** Blüten blaß rosa, gefüllt, zahlreiche Kronblätter.

– *x hillieri* «Spire» ***201,*** 252 Zone 5. Bis 8 m, schmal, pyramidal. Blätter im Herbst rot werdend. Blüten reichlich, weich rosa.

– *laurocerasus* ***202–203,*** 254, 263 Lorbeer-Kirsche. Europa, Kleinasien, Zone 6–7. Bis 12 m, weit spreizwüchsig. Blätter lanzettlich oder länglich, in Spitze zulaufend, immergrün, niedrig, glänzend, dunkelgrün, kurz gestielt. Blüten winzig, matt weiß, aufrechte Rispen. Früchte klein, konisch, rot, schwarz werdend. Schatten ertragend. In 20 Jahren 9 m.

«Camelliifolia» ***202–203,*** 262 Strauch oder kleiner Baum. Blätter dunkelgrün, gedreht.

– *lusitanica* ***203,*** 254, 262, 263 Portugiesische Lorbeerkirsche. Spanien, Portugal, Zone 6–7. Bis 18 m, oft strauchförmig. Blätter länglich, mittellang, fein gezähnt, dunkelgrün glänzend auf der Oberseite, heller unterseits. Immergrün. Blüten winzig, becherförmig; in schmalen Büscheln zu 25 cm. Früchte purpur, oval, 1–2 cm lang. In 20 Jahren 8 m.

«Angustifolia» ***203*** Bis 5 m, kegelförmig, dicht. Blätter kleiner als bei *P. lusitanica*, glänzend dunkelgrün.

– *azorica* ***203*** Azoren. Strauch oder kleiner Baum. Blätter größer als bei *P. lusitanica*, hellgrün.

«Variegata» ***203*** Blüten gesprenkelt, weiß, oft mit rosarotem Schimmer im Winter.

– *maackii* ***201,*** 255, 263 Mandschurei, Korea, Zone 2. Bis 15 m, spreizwüchsig. Blätter oval, zugespitzt, laubwerfend, behaart auf den Adern und Mittelrippen. Blüten klein, weiß, in reichen Büscheln. Früchte klein, schwarz. In 20 Jahren 9 m.

– *mahaleb* ***254*** Felsenkirsche, türkische Weichsel. S. Europa. Kleiner spreizwüchsiger Baum. Blüten weiß, wohlriechend.

– *mume* ***202*** Japanische Aprikose. China, Korea, Zone 6. Bis 6 m, spreizwüchsig. Blätter rund bis oval, lang zugespitzt, laubwerfend, mit der Zeit glatt werdend, kurz gestielt. Blüten einzeln oder paarig: Frühfrühling, gelegentlich Winter oder Spätfrühling, nach Mandeln riechend. Früchte bis 3 cm im Durchmesser, rund, gelb, kaum eßbar. Am besten gedeihend an einer Wand in kalten, exponierten Lagen.

«Alphandii» ***202*** Blüten halbgefüllt, rosa: März oder früher.

– *padus* ***201,*** 263 Gemeine Traubenkirsche. Europa, N. Asien bis Japan, Zone 3. Bis 15 m, spreizwüchsig. Blätter oval, zugespitzt, rundlich an der Basis, laubwerfend, glatt, dunkelgrün oberseits, grau unterseits, kurz gestielt. Blüten klein, in Rispen, nach Mandeln riechend. Früchte klein, rund, schwarz, herb, bitter schmeckend: Sommer. Weniger empfindlich auf Ringelspinner als andere Arten. In 20 Jahren 9 m.

«Colorata» ***201*** Blätter am Anfang purpur-braun, Purpurfärbung auch an den Adern und unterseits beibehaltend. Triebe dunkelpurpur.

– *commutata* ***201,*** 262 Blätter hellgrün. Blüten mehrere Wochen vor anderen Varietäten: Frühfrühling. Bezüglich Blattausbruch einer der ersten Bäume.

«Watereri» ***201*** Blüten in speziell langen Büscheln, bis zu 20 cm, kräftig, über den ganzen Baum hervorstehend.

– *pensylvanica* ***201*** USA, Zone 2. Bis 12 m, spreizwüchsig. Blätter oval, zugespitzt, laubwerfend, glatt, hellgrün. Blüten in flachen Köpfchen, klein. Früchte klein, rund: Spätherbst.

– *persica* ***202,*** 252, 254 Pfirsich. China, Zone 4. Bis 8 m, spreizwüchsig. Blätter lampenförmig, laubwerfend, glatt, kurzgestielt. Blüten gewöhnlich einzeln, bis 3 cm im Durchmesser, rosarot. Früchte bis zu 7 cm breit, leicht behaart bis pelzig, rund, gelborange, rot getönt auf der Sonnseite, saftig. Empfindlich auf Pfirsichbohrer und Pfirsichblattroller. Trockene Böden.

«Klara Meyer» ***202*** Blüten vielblättrig, intensiv hellrosa.

«Laevis» ***202*** Nektarine. Früchte glattschalig, sonst identisch mit *P. persica*.

– *sargentii* ***198, 199,*** 262 Sargent-Kirsche. Japan, Sakhalin, Korea, Zone 4. Bis 12 m, aufrecht, spreizwüchsig. Blätter oval, dünn gespitzt, laubwerfend, glatt, bronzerot, orange bis rot im Herbst, gestielt. Blüten intensiv rosa, in kleinen Büscheln; eine der ersten Kirschen bezüglich Blüten und Herbstfärbung. Früchte winzig. In 20 Jahren 9 m.

– *serotina* ***201,*** 253, 255 Spätblühende Traubenkirsche. O. USA, O. und S. Mexiko, Guatemala, Zone 3. Bis 30 m, spreizwüchsig. Blätter oval bis lanzenförmig, in Spitze verlaufend an beiden Enden, laubwerfend, glatt, glänzend oberseits, heller unterseits, blaßgelb im Herbst, gestielt. Blüten in hängenden zylindrischen Büscheln, weiß, klein: Frühsommer. Früchte klein, glänzend, schwarz: Frühsommer, spärlich. In 20 Jahren 12–15 m.

– *serrula* ***201,*** 263 W. China, Zone 5. Bis 10 m, weit spreizwüchsig. Blätter lanzenförmig, laubwerfend, behaart unterseits, manchmal glatt werdend. Blüten klein, weiß, in kleinen Gruppen. Früchte oval, rot, klein. Borke glänzend, dunkelrot, abschilfernd. Auf den meisten Böden. In 20 Jahren 8 m.

– *serrulata* ***198*** «Bergkirsche». China, Zone 5–6. Bis 24 m, weit spreizwüchsig, flache Spitze. Blätter oval bis lanzenförmig, glatt, wächsern unterseits, laubwerfend, kurz, möglicherweise doppelt gezähnt. Blüten bis 6 cm im Durchmesser, einzeln oder paarig. Früchte klein, schwarz.

«Sato Zakura» ***198, 199*** Japan. Herkunft aus Garten.

«Amanogawa» ***198, 199,*** 262 Bis 9 m, aufrecht, schmal. Blätter grünlich bis bronze. Blüten gefüllt, gefranst, rosarot, reichlich, wohlriechend. Früchte klein.

schwarz. Auf den meisten Böden; besonders reich blühend auf Kalkböden.

«**Hokusai**» *198* Kräftig, weit spreizwüchsig. Junge Blätter braun. Blüten groß, halbgefüllt, blaß rosa; Frühling.

«**Kanzan**» *198, 199* Bis 10 m, aufrecht am Anfang, später spreizwüchsig. Blätter am Anfang rotbraun. Blüten gefüllt, groß. Auf den meisten Böden; besonders reich blühend auf Kalkböden.

«**Kiku-shidare Sakura**» *262* Klein, spreizwüchsig mit hängenden Ästen. Blüten gefüllt, intensiv rosa; Frühfrühling.

«**Shimidsu Sakura**» *199*, 255 5–8 m, weit spreizwüchsig. Junge Blätter grün. Blüten gefüllt, groß, gefranst, in langen Büscheln. Auf den meisten Böden.

«**Shirofugen**» *199*, 252, 262 5–8 m, weit spreizwüchsig mit langen waagrechten Ästen. Junge Blätter kupferrot. Blüten gefüllt, purpur in den Knospen, weiß wenn geöffnet, später rosarot, in langen Büscheln, lang haltend; Frühsommer. Auf den meisten Böden.

«**Shirotae**» *199* 5–8 m, weit spreizwüchsig bis hängend. Blätter blattgrün, gefranst. Blüten gewöhnlich einzeln, sehr groß, wohlriechend, weiß. Auf den meisten Böden.

«**Tai Haku**» *199* Bis 10 m, spreizwüchsig. Blätter am Anfang rotbraun, laubwerfend. Blüten einzeln, sehr groß, hellweiß. Auf den meisten Böden.

«**Ukon**» *198* 5–8 m, spreizwüchsig. Blätter kupferbraun, mit der Zeit rostrot oder purpur. Blüten blaßgelb, grün getönt, möglicherweise rosa. Auf den meisten Böden.

spontanea *198–199* Japan, Zone 6. 18–24 m, spreizwüchsig. Blätter am Anfang bronzefarbig getönt. Blüten klein, weiß oder rosa; Frühling. Früchte purpur; Oktober.

– ***spinosa*** *202, 203*, 263 Schlehdorn, Schwarzdorn. Europa, N. Afrika, W. Asien, Zone 4. 3–5 m, spreizwüchsig und mittels Wurzelbrut dichte Gebüsche bildend. Blätter oval, laubwerfend, mit der Zeit glatt. Blüten klein, einzeln oder paarig. Früchte blauschwarz, wächsern, später glänzend, rund. Widerstandsfähig in Freistellung.

– ***subhirtella*** *198–199* Japan, Zone 5. Bis 9 m, dicht beastet. Blätter klein, gezähnt. Blüten klein, leicht rosa, März bis April. Früchte klein, schwarz.

«**Autumnalis**» *198, 253* Zone 5. Bis 9 m. Blätter oval, lang, zugespitzt, laubwerfend, unterseits behaart. Winzige Blüten gefüllt, reichlich; Herbst und den ganzen Winter hindurch bis Frühling. Früchte winzig, glänzend, schwarz.

«**Fukubana**» *198* Klein. Blüten zahlreich, rosarot mit vielen Kronblättern; Frühling. Früchte untypisch.

«**Pendula**» *198*, 262 5–9 m, hängend. Blüten einfach oder gefüllt, rosarot, winzig.

– ***virginiana*** *201*, 263 Virginische Kirsche. O. USA, Zone 2. Bis 10 m, pyramidal. Blätter oval, mit kurzer Spitze. Laubwerfend, glatt, glänzend, dunkelgrün oberseits, heller unterseits, mit der Zeit rotpurpur, gestielt. Blüten in kleinen Büscheln, weiß. Früchte klein, rund, dunkelrot, bitter.

– ***x yedoensis*** *198*, 252, 255 Japan, Zone 5. Bis 8 m, mit abgeflachter Krone. Blätter oval bis keilförmig, laubwerfend, glatt oberseits, pelzig unterseits, dunkelgrün. Blüten in Büscheln, gewöhnlich vor Blattausbruch, klein, leicht duftend. Früchte klein, schwarz, glänzend, sauer.

– ***x rehderana*** *147* Zone 5. Hybrid zwischen *P. fraxinifolia* und *P. stenoptera*. Bis 12 m, mit breiter gewölbter Krone. Blätter mit geflügelten Stielen, Fiederblättchen ungezähnt. Kätzchen lang, hängend, mehrere Monate am Baum bleibend. Früchte kurz, rund. Auf allen Böden, auch Kalk. In 20 Jahren 13–18 m.

– ***stenoptera*** *147*, 254 China, Zone 6. Bis 30 m, spreizwüchsig. Blätter laubwerfend, länglich oder schmal ovale Fiederblättchen, an beiden Enden in Spitze verlaufend, Blattstiele auffällig geflügelt. Männliche Kätzchen 6 cm lang, weibliche Kätzchen 20 cm lang; Sommer. Früchte mit schmalen, aufrechten Flügeln. Gedeiht am besten in feuchten Lehmböden. In 20 Jahren 10 m.

Pseudolarix *amabilis* *91*, 254, 262 Goldlärche. O. China, Zone 5. 30–39 m, aber oft kurz und breit, laubwerfend. Nadeln spiralig angeordnet, an Langtrieben, oder quirlig an Kurztrieben. Männliche Blüten in gebüschelten Köpfchen; weibliche Blüten auf getrennten Ästen am gleichen Baum. Meidet Kalkböden. In den ersten Jahren frieren die Haupttriebe oft durch Spätfröste zurück. Empfindlich auf Zweigsterben und Krebs. In 20 Jahren 6 m.

Pseudotsuga *82–83* Douglasien. Immergrüne Nadelhölzer, breit kegelförmig. Nadeln in zwei Reihen spiralig angeordnet, männliche und weibliche Blüten getrennt, einhäusig. Zapfen hängend, länglich, Samen geflügelt. Meidet Kalk. Anfällig für Mistel in Amerika, Wurzelfäule und Nadelkrankheiten (Douglasienschütte).

– ***japonica*** *255* Japanische Douglasie. Klein, buschig. Nadeln blaßgrün. Zapfen klein.

– ***macrocarpa*** *255* S.W. Kalifornien, Zone 9. Breite Krone mit waagrechten Ästen. Zapfen bis 20 cm lang, die größten der Gattung *Pseudotsuga*.

– ***menziesii*** 80, *82–83*, 85, 88, 255 Douglasie. W. USA, Zone 6. Bis 90 m, obere Äste horizontal, untere Äste abwärts gekrümmt, oft fast bis auf den Boden. Nadeln klein, tiefgrün. Weibliche Blüten rosarot oder crèmeweiß. Zapfen 10 cm lang, hellbraun; 3spitzige Deckschuppen von den Zapfenschuppen abstehend, vorwärts gerichtet. Auf den meisten Böden, ausgenommen Kalk. In 20 Jahren 17 m.

glauca *83* Gebirgsvarietät der Douglasie, Rocky Mountains, Montana bis Mexiko, Zone 4. Bis 39 m, gedrängter, mit aufsteigenden jungen Ästen. Nadeln wächsern, blaugrün, abstehend. Zapfen kleiner, bis 8 cm lang; Zapfenschuppen weiter abstehend oder rückwärts gebogen. Ausdauernder, weniger empfindlich auf Frost als *P. menziesii*. In 20 Jahren 9 m.

Ptelea *trifoliata* *236*, 237, 253 Lederstrauch. O. USA, Mexiko, Zone 4. Bis 8 m, Strauch oder kleiner rundkroniger Baum. Dreiteilige Blätter, laubwerfend, längliche Fiederblätter, übersät mit winzigen Öldrüsen, glänzend dunkelgrün oberseits, blasser unterseits. Blüten klein, grünlichweiß; in flachspitzigen Büscheln bis 8 cm Durchmesser; Juni, wohlriechend. Früchte gebüschelt, geflügelt, grünlich. Bevorzugt Halbschatten. Schnellwüchsig.

Pterocarya *144, 145, 146*, 174, 263 Flügelnüsse. Laubwerfende Bäume, groß, wechselständig, gefiedert, mit gezähnten Fiederblättchen. Gattung einhäusig. Blüten eingeschlechtig auf getrennten Kätzchen; Sommer. Früchte klein, kreiselförmige Nüßchen mit 2 Flügeln an langen hängenden Fruchtständen; Spätsommer. Schnellwüchsig auf den meisten Böden.

– ***fraxinifolia*** *147*, 253, 254, 262, 263 Kaukasische Flügelnuß. Kaukasus bis N. Persien, Zone 5. Bis 30 m, breit, spreizwüchsig. Blätter 20–60 cm lang, länglich. Fiederblättchen laubwerfend, glänzend, behaart entlang der Mittelrippen, dunkelgrün, Fiederblättchen ungestielt. Blüten grünlich, männliche Kätzchen zylindrisch, bis 12 cm lang, weibliche Kätzchen bis 50 cm. Bevorzugt Sonne. In 20 Jahren 10 m.

Pterostyrax *hispida* *189*, 252, 254 Flügelstorax. Japan, Zone 5. Bis 14 m, dünne spreizwüchsige Äste, offene Krone. Blätter länglich, mittelgroß, gezähnt, laubwerfend. Blüten klein, crèmeweiß, in hängenden Büscheln, 25 cm lang; Juni. Früchte winzig, zylindrisch, stachelig. Meidet flachgründige Kalkböden. In 30 Jahren 9 m.

Q

Quassia *242*

Quercus *154–161* Eichen. Laubwerfende und immergrüne Bäume und Sträucher. Einfache Blätter, oft gelappt. Gattung einhäusig, männliche Blüten unscheinbar in hängenden Kätzchen, reichlich; weibliche spärlich auf dem gleichen Baum. Früchte Eicheln, teilweise eingeschlossen in Becher. Meist Kalk ertragend, aber nur auf tiefgründigen Böden. Winterhart. Anfällig für Mehl- und Honigtau und Gallen.

– ***acuta*** 157, 255, 262 Japanische Eiche. Japan, Zone 5. Buschiger Baum, bis 12 m. Blätter oval, immergrün, ledrig, glänzendgrün, Rand wächsern. Eicheln gebüschelt, flaumige Becher. Benötigt kalkfreie Böden.

– ***acutissima*** *157*, 254 Spitzeiche. China, Korea, Japan, Zone 6. Bis 30 m, rundkronig, eher breit spreizwüchsig. Blätter länglich, stachelig gezähnt, glänzend, roßkastanienartig; überdauern den Winter. Früchte ungestielt.

– ***agrifolia*** *159, 161*, 262 Spitzblättrige Eiche. Kalifornien, Mexiko, Zone 9. Bis 30 m in Amerika, kleiner in Europa, spreizwüchsige Äste, rundliche Krone. Blätter hart, oval oder rundlich mit dornigen Randzähnen; glatt, glänzend grün oberseits, heller unterseits; kurz, immergrün. Eicheln ungestielt, zapfenförmig, 2,5 cm lang. Borke glatt, schwarz, im älteren Stadium rauh. Trockenheit ertragend; bevorzugt Sonne. In 20 Jahren 6 m.

– ***alba*** *43, 158, 159, 160, 161*, 255, 262, 263 Weißeiche. S.O. Kanada, O. USA, Zone 4. Bis 30 m, spreizwüchsige Äste, rundliche Krone. Blätter gelappt, weich grün, purpur bis karminrot im Herbst, laubwerfend. Eicheln 2 cm lang, reif in einer Vegetationsperiode. Blaßgrau gefurchte Borke. Erträgt keinen Kalk. Verhältnisse ungünstig in Europa. In 20 Jahren 6 m.

– ***aliena*** *255* Kleine japanische Eiche mit großen gezähnten Blättern.

– ***alnifolia*** *254* Zypern. Strauchförmig, immergrün mit goldenem Filz auf der Unterseite der Blätter.

– ***bicolor*** *159, 161*, 255, 263 Zweifarbige Eiche. S.O. Kanada, O. USA, Zone 3. Bis 30 m, schmal, runde Krone. Blätter mittellang, gelappt, dunkel, glänzend grün oberseits, blaßgrau unterseits, behaart, laubwerfend. Eicheln 2,5 cm lang, gewöhnlich haarig und mit behaartem flaumigem Stiel. Borke lose, schuppenartig. Nicht Kalk ertragend; sonst auf den meisten Böden gedeihend. In 20 Jahren 5 m.

– ***canariensis*** *156*, 254, 262 Kanarische Eiche. N. Afrika, S. Portugal, Spanien, Zone 7. Bis 36 m. Blätter oval, derb gezähnt oder gelappt, mittellang, dunkelgrün und unbehaart oberseits, blasser unterseits mit schwachem Metallglanz, laubwerfend. Eicheln 2,5 cm lang, zu zweit oder zu dritt an kurzen Stielen, Becher geschuppt. Erträgt schwere Tonböden und flachgründige Kreideböden. In 20 Jahren 9 m.

– ***castaneifolia*** *157*, 254, 262 Kastanienblättrige Eiche. Kaukasus, Persien, Zone 7. Bis 30 m, weit spreizwüchsig. Blätter oval bis länglich, mittellang, laubwerfend, glänzend, dunkelgrün oberseits, flaumig unterseits, rauh gezähnt. Eicheln abgeflacht, halb eingeschlossen in stacheligem Becher. In 20 Jahren 13 m.

– ***cerris*** *155, 156, 157*, 254, 262 Zerreiche. S. Europa, Kleinasien, Zone 6. Bis 33 m, breit, pyramidal oder spreizwüchsig. Blätter oval, hart, gezähnt oder gelappt, mittellang, dunkelgrün oberseits, graugrün unterseits, flaumig, laubwerfend. Eicheln einzeln oder paarig oder zu viert, 3 cm lang mit kurzem Stiel, flaumige Becher. Gedeiht gut auf Kalkböden und auf exponierten Lagen. In 20 Jahren 12 m.

– ***chrysolepis*** *159, 160, 161* Goldschuppige Eiche. S.W. USA, Mexiko, Zone 7. Bis 20 m, spreizwüchsig, kurz, dicker Stamm. Blätter oval, kurz bis mittelgroß, stachelig gezähnt an jungen Trieben, flaumig am Anfang, später dunkelgrün glänzend, matt unterseits, immergrün. Eicheln bis zu 2,5 cm, flaumige Becher. Sonne. Erträgt Trockenheit. In 20 Jahren 3 m.

– ***coccinea*** *159, 160, 161*, 255, 260, 262 Scharlacheiche. S.O. Kanada, O. USA, Zone 4. Bis 24 m; rundliche Krone, offen. Laubwerfende Blätter, mittellang, oval, tief gelappt und gezähnt, glänzend grün oberseits, scharlach im Herbst. Eicheln bis zu 2,5 cm. Nicht Kalk ertragend. In 20 Jahren 9–15 m.

– ***dentata*** *157*, 262 Daimjo-Eiche. Japan, Korea, N. und W. China, Zone 5. Bis 23 m, rundliche Krone, oft strauchförmig in Europa. Blätter bis zu 30 cm lang, große Lappen, dunkelgrün oberseits, flaumig unterseits. Früchte klein.

– ***douglasii*** *160* Kalifornische Blaueiche. Kalifornien, Zone 8. Kleine Bäume oder Sträucher, 6–18 m, rundliche Krone. Blätter laubwerfend, blaugrün, heller unterseits. Trockenheit ertragend.

– ***falcata*** *159* Sicheleiche oder Südliche Roteiche. N. Amerika. Langer durchgehender Stamm mit breiter Krone. Blätter elliptisch, 8–20 cm lang, tief und buchtig gelappt, 3–7 spitze, sichelförmige Lappen. Früchte fast kugelig.

– ***frainetto*** *156*, 254, 262 Ungarische Eiche. S.O. Europa, Zone 5. Bis 39 m. Blätter mehr oder weniger dreieckig, mittellang, tief gelappt, kurz gestielt, laubwerfend; dunkelgrün und flach oberseits, graugrün, flaumig unterseits. Eicheln bis 2 cm lang, Becher mit flaumigen Schuppen, kurz gestielt. Alle Böden. In 20 Jahren 9 m.

– ***garryana*** *159, 160, 161*, 255 Garry-Eiche. W. USA, Zone 6. Bis 30 m, spreizwüchsig, dichtes Blattwerk, laubwerfend. Blätter mittellang, glänzendgrün, gelappt, unbehaart oberseits, schwach behaart auf der Unterseite, flaumiger Stiel. Eicheln ungestielt, gewöhnlich einzeln, 2,5 cm lang, flaumiger Becher.

– ***glandulifera*** *254* Kleine laubwerfende Eichenart mit langen, schmalen Blättern.

– ***glauca*** *263* Kleine, immergrüne, oft strauchförmige Eichenart von Japan, Formosa, China, Zone 8.

– ***x heterophylla*** *255* O. USA, Zone 5. Hybrid zwischen *Q. phellos* und *Q. rubra*. Blätter länglich oder oval, ganzrandig oder gezähnt, glatt.

– ***x hispanica*** *262* S. Europa, Hybrid zwischen *Q. cerris* und *Q. suber*. Gelegentlich immergrün. Winterhart. Kalkertragend.

«**Fulhamensis**» *155* Dichte Krone, dünne Äste, hängende Zweige. Blätter breit, rundlich, grau unterseits, rauh gezähnt. Borke korkig.

«**Lucombeana**» *155*, 262, 263 Lucombe-Eiche. Zone 7. Variabler Hybrid (*Q. cerris* x *Q. suber*). Bis 30 m, große rundliche Krone. Blätter oval, manchmal wenig gelappt, in Spitze verlaufend, gezähnt, mittellang, glänzendgrün oberseits, behaart unterseits, kurz gestielt, kann immergrün sein in mehreren Zonen. Eicheln einzeln oder paarig an kurzen Stielen; Becher mit flaumigen Schuppen. Borke tief gefurcht, mit großen Stammanläufen. Bodenvag. In 20 Jahren 6 m.

– ***ilex*** *156, 157*, 254, 258, 262, 263 Steineiche. Mittelmeergebiet, S.W. Europa, Zone 7–8. Bis 24 m; breit, spreizwüchsig, rundliche Krone. Blätter gewöhnlich schmal oval, kurz bis mittellang, zugespitzt, manchmal ganzrandig, ledrig, glänzendgrün oberseits, bläulich, flaumig unterseits, kurz gestielt, immergrün. Eicheln bis 2 cm lang, 1–3 an einem kurzen, flaumigen Stiel. Erträgt Schatten und irgendwelche gutdurchlüftete Böden. In 20 Jahren 3 m.

– ***imbricaria*** *159, 160*, 255 Schindeleiche. O. USA, Zone 5. Bis 30 m, pyramidal, Krone im Alter abgerundet. Blätter schmal oval, mittellang, zugespitzt an beiden Enden, gewöhnlich ungelappt, dunkel, glänzendgrün oberseits, behaart auf der Unterseite, laubwerfend, reiche Herbstfärbung. Eicheln gewöhnlich einzeln, 2 cm lang, kurz gestielter Becher. Nicht kalkertragend. In 20 Jahren 6 m.

– ***incana*** *254* Kleine, kräftige immergrüne Eiche. Blätter schmal, gezähnt, weiß unterseits.

– ***infectoria*** *254* Kleine halbimmergrüne Eichenart mit glänzenden Blättern, von Griechenland und Türkei.

– ***kelloggii*** *159, 160*, 255 Kellogg-eiche. Kalifornien und Oregon, Zone 7. Bis 27 m, rundlich, offen; kräftige, spreizwüchsige Äste. Blätter mittellang, stachlig gezähnt, tief gelappt, glänzendgrün. Erträgt trockene, sandige Böden.

– ***x kewensis*** *155* Zone 7. Klein bis mittelgroß, dichte kompakte Krone. Blätter klein, gelappt; glatt, dunkelgrün oberseits, glänzendgrün unterseits, immergrün.

– ***laurifolia*** *159, 160*, 262 Lorbeerblättrige Eiche. O. USA, Zone 7. Bis 30 m, dicht rundliche Krone. Blätter glänzendgrün, länglich, manchmal gelappt, laubwerfend. Kleine Eicheln an kurzen Stielen. Nicht kalkertragend.

– ***x leana*** *255* Hybrid zwischen *Q. imbricaria* und *Q. velutina*.

– ***libani*** *157*, 254, 263 Libanoneiche. Syrien, Kleinasien, Zone 5. Bis 10 m, rundliche Krone, dünne Äste. Blätter länglich und in Spitze verlaufend, scharf gezähnt, dunkel glänzend grün oberseits, blasser grün auf der Unterseite, gestielt, laubwerfend. Eicheln 2,5 cm lang, einzeln oder paarig an dickem Stiel. In 20 Jahren 8 m.

– ***lobata*** *158* Kalifornische Weißeiche. Kalifornien. Größte Eiche des Westens. Ausladende Krone.

– ***x ludoviciana*** *255* Hybrid zwischen *Q. phellos* und *Q. falcata* von S.O. USA.

– ***lyrata*** *159, 160, 161* Leierförmige Eiche. S.O. USA, Zone 5. Bis 27 m. Rundliche Krone, oft mit hängenden Ästen. Blätter länglich, mittel bis lang, gelappt, glatt dunkelgrün auf der Oberseite, flaumig auf der Unterseite. Eicheln rundlich, manchmal ungestielt, bis zu 2,5 cm lang.

– ***macedonica*** *254* «Mazedonische Eiche». Ähnlich wie eine kleine immergrüne Eiche, aber laubwerfend.

– ***macranthera*** *156*, 254 Kaukasische Eiche. Kaukasus, N. Persien, Zone 5. Bis 20 m. Blätter lang, oval, gelappt, grün oberseits, blaß und flaumig unterseits, laubwerfend. Eicheln 2,5 cm lang an kurzen Stielen, Becher mit flaumigen Schuppen. Auf tiefgründigen Böden. In 20 Jahren 10 m.

– ***macrocarpa*** *159, 160, 161*, 255 Großfruchtige Eiche. N.O. und N.Z. USA, Zone 2. Bis 39 m, spreizwüchsig. Blätter im großen und ganzen dreieckig, mittel bis lang, dunkel glänzendgrün oberseits, flaumig unterseits, flaumiger Stiel, laubwerfend. Zweige korkig. Borke wie bei der Weißeiche. Eicheln bis 3 cm lang, gewöhnlich einzeln, gefranste Becher. Nicht kalkfest. In 20 Jahren 5 m.

– ***marilandica*** *160* Maryland-Eiche. O. USA, Zone 6. Bis 9 m, spreizwüchsig. Blätter mehr oder weniger dreieckig, laubwerfend, breit und dreilappig an der Spitze, mittellang, glänzend, dunkelgrün, gelbbraun unterseits. Eicheln 2 cm lang, einzeln oder paarig. Gedeiht gut auf armen trockenen Böden.

– ***michauxii*** *159, 161* Korbeiche. O. USA, Zone 5. Bis 30 m, rundkronig, gedrängt. Blätter grob dreieckig, rauh gezähnt, hellgrün, reiche Herbstfarben, laubwerfend. Eicheln gestielt, bis 3,5 cm lang. Nicht kalkfest; bevorzugt feuchte Böden.

– ***muehlenbergii*** *159, 161* Mühlenberg-Eiche, Chinkapin-Eiche. S. Kanada, O. USA, N.O. Mexiko, Zone 5. Bis 24 m. Blätter länglich, rauh gezähnt, gelbgrün oberseits, blaß und behaart unterseits mit gelben Mittelrippen und Stielen; reiche Herbstfärbung, laubwerfend. Rundliche Eicheln, 2 cm lang, nicht kalkfest.

– ***myrsinifolia*** *254* Kleine immergrüne Eiche mit gespitzten Blättern und rötlichen Trieben.

– ***nigra*** *159, 160, 161*, 255, 262 Wassereiche. S. USA, Zone 6. Bis 24 m, kegelförmig oder rundkronig, fein texturiertes Blattwerk. Blätter grob dreieckig, manchmal gelappt, manchmal ganzrandig, mittel-

lang, glatt glänzendgrün. Stiele kurz. Eicheln gewöhnlich einzeln, 1,5 cm lang. Nicht kalkfest; bevorzugt feuchten Boden.
– *nuttallii* *159, 160* Nutall-Eiche. Z. und W. USA, Zone 5. Bis 24 m. Blätter mittelgroß, tief gelappt mit scharfer Spitze. Laubwerfend. Rundliche Eicheln.
– *palustris* *159, 160, 161,* 255, 262, 263 Sumpfeiche. S. O. Kanada, O. USA, Zone 4. Bis 36 m; dicht pyramidale Krone, Astenden hängend. Blätter mittellang, gelappt, gezähnt an der Spitze, glänzendgrün, unbehaart außer an zusammenlaufenden Adern unterseits, dünn gestielt, laubwerfend. Eicheln ungefähr 1,5 cm lang; flache, tassenförmige Becher. Nicht kalkfest; bevorzugt feuchte Böden. In 20 Jahren 9 m.
– *petraea* *154, 156,* 263 Traubeneiche. W., Z. und S. O. Europa, Asien, Kleinasien, Zone 4. Bis 30 m. Blätter mittellang, gestielt, oval, tief gelappt, dunkel glänzendgrün oberseits, grau, behaart unterseits, laubwerfend. Eicheln bis 3,5 cm lang, einzeln oder in Büscheln, ungestielt am Zweig. In 20 Jahren 9 m.
– *phellos* *159, 160, 161,* 255, 262, 263 Weideneiche. W. USA, Zone 5. Bis 30 m, kegelförmig oder rundkronig, dünn beastet. Blätter mittellang, schmal, zugespitzt an beiden Enden, ganzrandig, blaßgrün, gelb im Herbst, laubwerfend. Eicheln winzig. Nicht kalkfest. In 20 Jahren 9 m.
– *pontica* *254* Kleine laubwerfende Eiche mit großen gelbgestielten Blättern.
– *prinus* *159, 161,* 255 Kastanieneiche. S. O. Kanada, O. USA, Zone 5. Bis 27 m, offen, spreizwüchsige Krone. Blätter mittellang, gezähnt, Oberfläche dunkel glänzendgrün und unbehaart, Mittelrippen gelb, Unterseite blaßgrau, behaart, reich gelb im Herbst, laubwerfend. Eicheln oval, 3,5 cm lang, einzeln oder paarig in dünnem, gestieltem Becher. Nicht kalkfest; bevorzugt trockene Böden. In 20 Jahren 5 m.
– *pyrenaica* *254* Groß, oft hängend, verwandt mit *Q. robur.* Mittelmeergebiet.
– *robur* *41, 154, 156,* 262, 263 Stieleiche. Europa, Kaukasus, Kleinasien, N. Afrika, Zone 5. Bis 30 m, breit offene Krone, kurzer Stamm. Blätter länglich, mittellang, gelappt, dunkelgrün oberseits, grau, unbehaart unterseits, laubwerfend. Eicheln bis 2,5 cm lang, eiförmig. In 20 Jahren 9–14 m.
«Atropurpurea» *154, 156,* 262 Klein bis mittelgroß. Blätter und Triebe reich purpur. Langsamwüchsig.
concordia *154,* 262 Kleine rundliche Bäume. Blätter goldgelb, in der heißen Sonne oft angesengt.
«Fastigiata» *154* Pyramiden-Eiche. Groß, säulenförmige Krone, aufrechte Äste.
«Pendula» *262* Trauerform. Klein bis mittelgroß, hängende Äste.
variegata *154,* 262 Blätter mit weißen oder gelben Flecken; Blätter von einem Exemplar in Kew, anfänglich grün, später gesprenkelt.
– *x rosacea* «Filicifolia» *154* Blätter fiederförmig in schmale Segmente geteilt. Früchte gestielt.
– *rubra* *43, 158, 159, 160,* 262, 263 (Syn. *Q. borealis*). Nördliche Roteiche. O. USA, Zone 4. Bis 24 m, mit der Zeit breite runde Krone. Blätter oval, mittel bis lang, gelappt, glatt, dunkelgrün auf der Oberseite, grau unterseits mit Haarbüscheln, Stiel gelb, laubwerfend, rot oder rotbraun im Herbst. Eicheln bis 3 cm lang. In jungem Zustand raschwüchsig. Nicht kalkfest.
– *x schochiana* *255* Hybrid zwischen *Q. palustris* und *Q. phellos.*
– *shumardii* *159, 160,* 255, 263 Shumardeiche. S. und Z. USA, Zone 5. Bis 36 m, offen, rundliche Krone. Blätter mittellang, eiförmig mit scharfer Spitze, gezähnte Lappen, glatt, dunkel glänzendgrün oberseits, rot oder goldbraun im Herbst. Eicheln 2,5 cm lang, nicht kalkfest.
– *stellata* *161* Sterneiche. W. und Z. USA, Zone 5. Bis 18 m. Blätter grob dreieckig, gelappt an der Spitze. Mittel bis lang, laubwerfend, dunkelgrün und rauh, blasser, behaart unterseits. Eicheln einzeln oder paarig, flaumige Becher.
– *suber* *155, 156,* 254, 262, 263 Korkeiche. S. Europa, N. Afrika, Zone 8. Bis 20 m, weit spreizwüchsig und rundlich, lange Äste. Blätter oval bis länglich, kurz bis mittellang, gezähnt, dunkel glänzendgrün oberseits, flaumig unterseits. Immergrün. Eicheln 2 cm lang, einzeln oder paarig an kurzen flaumigen Stielen. Borke dick, gerieft, korkig. Benötigt volle Sonne. Ungünstig in kalten, exponierten Lagen. In 20 Jahren 3–4 m.
– *variabilis* *157,* 254 Chinesische Korkeiche. Japan, China, Korea, Zone 5. Bis 24 m, spreizwüchsig. Blätter oval bis länglich, dunkelgrün; stachlige Ränder, behaart unterseits, laubwerfend. Borke korkig.
– *velutina* 43, *158, 160,* 255 Färbereiche. O. und Z. USA, Zone 4. Bis 30 m oder mehr, dichte rundliche Krone. Blätter oval, mittel bis lang, tief gelappt, glänzendgrün oberseits, flaumig unterseits, reiche Herbstfärbung, laubwerfend. Eicheln gewöhnlich einzeln an kurzen Stielen, bis zu 2 cm lang. Borkeninnenseite hellgelb. Nicht kalkfest. In 20 Jahren 9 m.
«Rubrifolia» Attraktive Art, mit bis zu 40 cm langen Blättern.
– *virginiana* *160, 161,* 262 Virginische Eiche. S. O. USA, N. O. Mexiko, W. Kuba, Zone 7. Bis 18 m, sehr breit spreizwüchsig, Äste fast horizontal. Blätter länglich, mittellang, ledrig, glänzendgrün oberseits, blaß filzig unterseits, immergrün. Eicheln oval, 2,5 cm lang.
– *wislizenii* *255* Kleine immergrüne Eichenart von Kalifornien.
Quitte → *Cydonia*

R

Rhododendron *184, 185, 186, 187,* 262, 263 Immergrüne oder laubwerfende Bäume oder gewöhnlich Sträucher. Einfache, ganzrandige Blätter. Blüten gewöhnlich in Doldentrauben an den Triebenden, oft trichterförmig. Früchte, Kapseln, gewöhnlich oval oder länglich, winzige Samen. Nicht Kalk ertragend.
– *arboreum* 48, *187,* 252, 262 Baumrhododendron. Gemäßigtes Himalajagebiet, Kaschmir bis Bhutan, Khasia Hills, Ceylon, Zone 6. 9–10 m in Kultivation; immergrün, dicker Stamm, große Krone. Schmale, längliche Blätter, mittel bis lang, dunkelgrün oberseits, schuppig unterseits. Dunkelrote, glockenförmige Blüten: Frühling.
– *barbatum* *187,* 262, 263 Nepal, Sikkim, Bhutan, Zone 7. Strauch oder kleiner Baum, bis 12 m, immergrün, blasse blaugraue Äste. Längliche Blätter, gespitzt, mittellang, dunkel mattgrün oberseits, blaß unterseits. Dunkelrote glockenförmige Blüten 10 cm im Durchmesser. Schilfernde Borke.
– *calophytum* *262* W. China, Zone 7. Bis 10 m, oft strauchförmig. Blätter lang, schmal. Blüten glockenförmig, weiß oder rosarot mit mennigfarbenen Flecken.
– *falconeri* *187,* 262 Sikkim, Nepal, Bhutan, Zone 7. Bis 9 m. Dick, spärliche Äste. Oval bis längliche immergrüne Blätter, lang, dunkelgrün oberseits, rostfarbig filzig unterseits. Crèmeweiße Blüten schattiert mit Lila, dunkelpurpurne Flecken an der Basis.
– *giganteum* *49* Yunnan, Zone 9, 12–24 m. Blätter lang, immergrün; grün oberseits, rötlichbraun filzig unterseits. Blüten glockenförmig, tief rosarot bis karminrot.
– *hispida* *255* S. O. USA, Zone 5. Kleiner Strauch. Blätter bestehend aus 7–13 glatten rötlichen Fiederblättchen. Blüten groß, rosarot oder blaß purpur, kleine Büschel: Mai und Juni. Braucht geschützte Lage.
– *maximum* *187,* 262 Große Alpenrose. O. USA, Zone 3. Bis 12 m. Schmal, längliche Blätter, mittel bis lang, dunkelgrün oberseits, unten heller. Purpur bis rosarote Blüten, gesprenkelt mit olivgrünen bis orangefarbenen Flecken, klein: Juni/Juli.
– *sinogrande* *49,* 262 Yunnan, Oberes Burma, S. O. Tibet, Zone 7. Bis 14 m. Immergrüne ovale oder längliche Blätter, rundliche Spitzen, bis 50 cm lang; dunkelgrün oberseits, silbergrau unterseits. Crèmefarbig weiße bis gelbe glockenförmige Blüten, groß.
Rhus *235* Sumach. Laubwerfende oder immergrüne Sträucher, manchmal Bäume oder Kletterpflanzen. Zusammengesetzte wechselständige Blätter. Gattung ein- oder zweihäusig. Ein- oder zweigeschlechtige Blüten. Früchte rundlich, fleischig, harte Kerne. Auf fruchtbaren Böden. Wenig krankheitsanfällig.
– *typhina* *235,* 262 Essigbaum, Hirschkolben-Sumach. O. USA, Zone 5. Kleiner Baum oder Strauch, bis 10 m, weit spreizwüchsig; spärliche Äste dick und kräftig, weißer Latex hervortretend, wenn angeschnitten. Blätter behaart am Anfang, groß, mit der Zeit orange, rot, purpur im Herbst. Männliche und weibliche Blüten gebüschelt an getrennten Bäumen. Früchte rot, dicht behaart, in kolbenartigen Ständen, zierlich. Gedeiht gut in Stadtverhältnissen.
– *verniciflua* *235* Chinesischer Lacksumach. Japan, China, Himalaja, Zone 5. Bis 20 m. Große Blätter, flaumig unterseits. Blüten unscheinbar, zweihäusig. Früchte klein, gelblich.
Rimu, neuseeländischer → *Dacrydium cupressinum*
Robinia 42, *208, 209,* 263 Robinien. Laubwerfende Bäume oder Sträucher. Blätter wechselständig, unpaarig gefiedert. Blüten weiß bis rosa oder blaßpurpur, in hängenden Trauben: Sommer. Früchte sind abgeflachte braune Hülsen, mit verschiedenen Samen. Auf zahlreichen Böden. Winterhart. Sonne.
– *x ambigua* «Bella-rosea» *208* Triebe klebrig. Blüten größer und intensiver rosa als Typ
– *pseudoacacia* *208,* 252, 255 Robinie. O. USA, Zone 3. Bis 24 m, aufrecht, offen, wenig Äste. Teilblättchen gegenständig, oval, behaart am Anfang. Blüten weiß, wohlriechend: Juni. Hülsen bis zu 8 cm lang, oberer Rand geflügelt. Borke rauh, gefurcht. Erträgt Trockenheit. Gedeiht gut in Industriequartieren. Empfindlich auf Viruskrankheiten. In 20 Jahren 12 m.
«Frisia» *208, 209,* 262 Klein bis mittel. Blätter goldgelb.
«Inermis» *209* Klein, kompakte rundliche Krone, Äste dornenlos. Blüten selten.
– *viscosa* *208* S. O. USA, Zone 3. Bis 10 m. Zweiglein dunkelrotbraun. Junge Triebe und Blattstiele klebrig. Blüten rosarot mit gelben Flecken: Mai und Juni. Hülsen schmal, bis 8 cm lang.
Rosa *190,* 263 Rosen. Laubwerfende Sträucher. Triebe stachelig. Blätter wechselständig, unpaarig gefiedert. Blüten 5blättrig. Früchte: fleischig werdende Blütenachse, beerenartig (Hagebutte), einsamige harte Früchte enthaltend. Auf den meisten Böden außer auf sauren. Benötigen Sonne. Winterhart. Anfällig für Mehltau und Blattläuse.
– *brunonii* *190* Himalaja, Zone 7. Kletternde Art, bis 10 m. Blätter schlaff, seegrün. Blüten weiß, dicht gebüschelt, sehr wohlriechend.
– *filipes* «Kiftsgate» *190* Kletternde Form, bis 18 m. Blätter blattgrün, am Anfang braun. Blüten weiß, reichlich, in großen Büscheln, wohlriechend. Früchte klein, rot, zahlreich.
Roßkastanie → *Aesculus*
Ährenpavie → *A. parviflora*
Gemeine → *A. hippocastanum*
Glatte → *A. glabra*
Indische → *A. indica*
Japanische → *A. turbinata*
Kalifornische → *A. californica*
Pavie → *A. pavia*
Reingelbe → *A. flava*
Rotblühende → *A. x carnea*
Rotholz → *Sequoia sempervirens*
Rotholz, chinesisches → *Metasequoia glyptostroboides*
Roystonia *regia* *123* Königspalme. Kuba, Zone 10. Bis 21 m, gräulichweiß gepuderter Stamm, in der Mitte aufgeschwollen. Gefiederte Blätter bis 3 m lang, 4 Reihen von Fiederblättchen. Blütenstiele entwickeln sich unter der glatten glänzenden Krone. Purpurne Früchte, 15 m lang.

S

Sabal *palmetto* *122–123* Palmettopalme. Karibien, Z. Amerika, Zone 9. 6–27 m, sehr variabel. Stamm glatt oder bedeckt mit Blattfasern. Handförmig gefiederte Blätter bis 3,6 m lang, grün oder blaugrün. Eingeschlechtige Blüten auf dem gleichen Baum. Blütenstiel bis 90 cm lang. Rundliche glänzend schwarze Früchte bis 8 mm lang.
Salix *176–179,* 263 Weiden. Größtenteils laubwerfende Bäume und Sträucher. Blätter einfach, typisch wechselständig, lang und schmal, zugespitzt, gezähnt, andere Formen auch vorkommend. Gattung zweihäusig. Blüten ohne Kronblätter, in aufrechten seidigen oder behaarten Kätzchen: Frühling; vor oder nach Blattausbruch. Samen in kleinen Kapseln. Feuchtigkeit ertragend; bevorzugt volle Sonne. Ausgesprochen winterhart. Schnellwüchsig. Anfällig für Weidenblattwespen, Zweigsterben, Krebs und Läuse.
– *alba* *176, 177, 178, 179,* 262, 263 Weißweide. Europa, N. Asien, N. Afrika, Zone 2. Bis 24 m, ziemlich aufrecht. Blätter lanzettlich, laubwerfend, weißfilzig, gelb im Herbst, kurz gestielt. Blüten: Frühling. Meidet flachgründige Kalkböden. Anfällig auf blattfressende Insekten. In 20 Jahren 21 m.
«Chermesina» *177, 178, 179* Borke meist im Winter auffällig mit orangescharlacher Färbung.
«Sericea» *262* Eindrucksvolle Form mit silbrigweißen Blättern.
«Vitellina» *177, 178* Dotterweide. Ähnlich wie *S. alba;* nur männliche Bäume bekannt. Triebe hellgelb. In 20 Jahren 15 m.
– *amygdaloides* *179* Pfirsichweide. Kanada, O. und W. USA, Zone 4. Bis 18 m, aber gewöhnlich kleiner. Aufsteigende Äste, Zweige glänzend rotbraun oder orange. Blätter lanzenförmig, gezähnt, blaß unterseits. Männliche Kätzchen bis 5 cm, weibliche bis zu 10 cm lang.
– *babylonica* *176–177,* 180, 254, 260, 262 Trauerweide. China, Zone 6. Bis 12 m, hängend. Blätter linealisch, laubwerfend, glatt, ausgenommen am Anfang, dunkelgrün oberseits, blasser unterseits. Kurz gestielt. Blüten: Frühfrühling.
«Annularis» *179* Eine Form mit spiralig gewölbten Blättern.
– *x blanda* *177* Wisconsin-Trauerweide. Europa, Zone 4. 12–21 m, Hybrid, breitspreizwüchsig, hängend. Blätter lanzettlich, glatt, seegrün unterseits. In 20 Jahren 14 m.
– «Caerulea» *179,* 262, 263 Britische Inseln, Zone 2. Bis 30 m, pyramidal. Blätter lanzettlich, laubwerfend, anfangs behaart, später glatt, blaugrün. Bei den Blüten sind nur weibliche Kätzchen bekannt. In 20 Jahren 25 m.
– *caprea* *177, 178,* 263 Salweide. Europa, W. Asien, Zone 4. Bis 9 m, spreizwüchsig. Blätter breit, länglich, laubwerfend, anfangs behaart, wollig unterseits. Runzlig auf der Oberseite, graugrün, kurz gestielt. Blüten zweihäusig: Frühling; männliche Kätzchen groß, gelb; weibliche silbergrau. In 20 Jahren 10 m.
– *x chrysocoma* *177,* 262 Frankreich, Zone 2. Bis 15 m, Hybrid, Trauerform. Blätter linealisch, Zweiglein sehr lang, reich gelb. Blüten gelegentlich getrennt, gewöhnlich beide, männliche und weibliche, auf den gleichen Kätzchen. Anfällig auf Schorf und Krebs. In 20 Jahren 14 m.
– *cinerea* *177* Aschweide. Europa, W. Asien, Zone 2. Bis 5 m, oft strauchförmig. Blätter oval, dunkelgrün oberseits, grau, wollig unterseits. Kätzchen vor Blattausbruch: Frühfrühling.
– *daphnoides* *178,* 252, 254, 263 Reifweide. N. Europa, Z. Asien, Himalaja, Zone 4. Bis 9 m, aufrecht. Blätter oval bis lanzettlich, laubwerfend, glatt, glänzend, zäh, dunkelgrün, kurz gestielt. Blüten Spätwinter. In 20 Jahren 10 m.
– *discolor* *177, 178* O. USA, Zone 2. Bis 10 m, Strauch oder kleiner Baum. Blätter oval bis länglich, pelzig grau unterseits, hellgrün oberseits, gestielt. Kätzchen im Frühling: vor Blattausbruch.
– *elaeagnus* *262* Z. und S. Europa, W. Asien, Zone 4. Dichter buschiger Strauch. Dünner rötlichbrauner Stamm. Blätter schmal, grün oberseits, weiß unterseits, rosmarinähnlich.
– *x elegantissima* *177* Zone 4. Bis 21 m. Weibliche Form, ähnlich wie *S. blanda;* lange, hängende Äste. Blätter mittellang, hellgrün oberseits, bläulichgrün unterseits. Weibliche Kätzchen 5 cm lang. In 20 Jahren 12 m.
– *x erythroflexuosa* *179,* 262 Zone 4. 6–9 m, Hybrid. Triebe orangegelb. Trauerform, Zweige in zapfenzieherartiger Form gekrümmt, schmale Blätter.
– *fragilis* *177, 179,* 263 Bruchweide. Europa, N. Asien, Zone 4. Bis 30 m, weit spreizwüchsig. Blätter lanzettlich bis länglich schmal, laubwerfend, glatt, dunkelgrün oberseits, blaugrün unterseits, gestielt. Blüten: Frühling. Früchte gestielt. Borke rauh gefurcht, Zweige brüchig. In 20 Jahren 12 m.
– *gracilistyla* *178,* 255 Japan, Korea, Mandschurei, Zone 5. Bis 3 m, buschiger Strauch. Blätter oval bis länglich, am Anfang behaart, glänzendgrün, kurz gestielt, bis in den Spätherbst am Baum. Rote Kätzchen vor Blattausbruch; männliche grau und ölig, mit der Zeit gelb. In 20 Jahren 5 m.
– *lanata* *179* Wollweide. N. Europa, N. Asien, Zone 3. Kleiner Busch. Knospen und junge Äste wollig. Blätter oval, dunkelgrün oberseits, seidig behaart auf der Unterseite. Kätzchen mit den Blättern austreibend: Frühling, gelb, seidig.
– *magnifica* *179* W. China, Zone 6. Bis 5 m, oft strauchförmig. Junge Triebe purpur. Blätter groß, oval; dunkel bläulichgrün oberseits, wächsern unterseits. Kätzchen sehr lang, weibliche bis 30 cm lang: Frühling.
– *matsudana* «Tortuosa» *177, 179* 254, 262 Korkzieherweide. N. China, Mandschurei, Korea, Zone 4. Bis 12 m. Zweige zapfenzieherartig gebogen. Blätter lanzettlich, laubwerfend, glatt, wächsern oberseits, hellgrün. Blüten im Frühling. In 20 Jahren 17 m.
– *moupinensis* *179* China, Zone 5. Bis 5 m, oft strauchförmig. Triebe orange und rotbraun. Blätter groß, glatt, hellgrün. Kätzchen bis zu 15 cm lang.
– *pentandra* *179* Lorbeerweide. Europa, N. Asien, Zone 4. Bis 20 m, spreizwüchsig. Blätter oval, laubwerfend, glatt, glänzend, dunkelgrün oberseits, blasser unterseits, Mittelrippen gelb, kurz gestielt, aromatisch wenn zerrieben. Blüten: Spätfrühling. Männliche Kätzchen hellgelb. Empfindlich auf Insektenschäden. In 20 Jahren 14 m.
– «Sepulcralis» *177,* 262 Zone 4. Bis 12 m. Trauerform. Blätter schmal, lanzenförmig, laubwerfend, glänzend, am Anfang unterseits wächsern, hellgrün. In 20 Jahren 12 m.
– *triandra* *179* Mandelweide. Europa bis O. Asien, Zone 4. Bis 9 m. Strauch oder kleiner Baum. Blätter lanzettlich, rundlich an der Basis, glatt. Männliche Kätzchen aufrecht, wohlriechend. Borke flockig.
Sambucus *246–247,* 263 Holunder. Winterharte laubwerfende Bäume oder Sträucher, zusammengesetzte Blätter mit 3–11 gezähnten Fiederblättchen. Weiße Blüten in Doldentrauben. Früchte sind kleine runde Beeren. Auf den meisten Böden und in verschiedenen Lagen. Anfällig für Blattfleckenkrankheiten.

Low- → *A. concolor lowiana*
Momi- → *A. firma*
Nikko- → *A. homolepis*
Nordmanns- → *A. nordmanniana*
Numidische → *A. numidica*
Pracht- → *A. magnifica*
Purpur- → *A. amabilis*
Santa Lucia- → *A. bracteata*
Shasta- → *A. magnifica shastensis*
Sibirische → *A. sibirica*
Silber- → *A. procera*
Spanische → *A. pinsapo*
Veitch- → *A. veitchii*
Weiß- → *A. alba*
Westamerikanische Balsam- → *A. lasiocarpa*

Tasmanischer Eukalyptus → *Eucalyptus gunnii*

Taubenbaum → *Davidia*

Taxodium *112, 113,* 263 Sumpfzypressen. Nadelwerfende Bäume, meist pyramidal. Nadeln schmal, linealisch oder ahlenförmig, zweizeilig wechselständig, weich, hellgrün. Gattung einhäusig; männliche Blüten in endständigen Blütenrispen, 10–13 cm lang. Zapfen rund oder oval, klein. Samen geflügelt, zu zweit unter jeder Schuppe. Kalk meidend. Benötigt Sonne. Winterhart.

– *ascendens* *112, 113,* 262, 263 S.O. USA, Zone 4. 21–24 m, schmal kegelförmig oder säulenförmig; Stammbasis in feuchten Lagen stark verdickt. Nadeln lanzettlich, pfriemförmig klein, laubwerfend, im Herbst reich braun. Zapfen aufrecht, purpur getönt. In 20 Jahren 5 m.

– *cryptomerioides* *254* Cryptomerienähnlich, pfriemförmig, klein, laubwerfend.

– *distichum* 42, *112, 113,* 262, 262, 263 Sumpfzypresse. S. USA, Zone 4. 30–36 m, schmal pyramidal oder breit schirmförmig, ältere Bäume mit knieförmigen, hohlen Auswüchsen aus den Wurzeln rings um den Stamm (Atemknie). Abfallende Kurztriebe; Nadeln kurz, linealisch, gelbgrün. Zapfen überdauern den Winter. In 20 Jahren 8 m.

– *mucronatum* *113* Mexikanische Sumpfzypresse. Mexiko, Zone 8. Nadeln halb oder gelegentlich immergrün. Im Herbst blühend.

Taxus 64, 65, *108–111,* 263 Eiben. Immergrüne Sträucher und Bäume. Nadeln mit 2 gelben Bändern unterseits. Gattung zweihäusig. Blüten beide klein, kaum sichtbar. Früchte: Samen in fleischigen, scharlachroten Bechern (Arillus). Gedeihen auf den meisten Böden; Kalk ertragend. Ausgesprochen winterhart. Empfindlich auf Triebsterben.

– *baccata* *108, 109,* 259, 263 Gemeine Eibe. Europa, N. Persien, Algerien, Zone 6. Bis 20 m. Junge Bäume breit kegelförmig, mit langen horizontal abstehenden Ästen; alte Bäume unregelmäßig, breit kuppelförmig, oft mehrstämmig. Nadeln 1–3 cm lang, oberseits dunkelgrün glänzend, unterseits mit 2 gelbgrünen Bändern. Blüten zweihäusig. Männliche Blüten unter den neuen Trieben; weibliche Blüten einzeln, dunkelgrün in der Achsel der obersten Schuppe. Roter, fleischiger Samenmantel. Erträgt Trockenheit. In 20 Jahren 6 m.

«Aurea» *262* Buschiger Strauch. Nadeln goldgelb im ersten Jahr, dann grün. Langsamwüchsig.

«Dovastoniana» *108,* 262 Britische Inseln. Aufrecht mit quirligen, waagrecht abstehenden Ästen. Spitzen herabhängend. Art einhäusig. Entstanden um 1777 in England.

«Fastigiata» *108, 109,* 262 Säulen-Eibe, Irische Eibe. Irland. Säulenförmig, dicht verzweigt, 3–5 m erreichend. Fast alle vorhandenen Bäume weiblich, entstanden aus Stecklingen von 2 Originalen, die 1780 entdeckt worden sind.

«Fastigiata Aurea» *109* Bis 3 m. Goldnadelige Sorte. Wie «Fastigiata», aber Nadeln an Jungtrieben gelbrandig, später grün. Männlich.

fastigiata «Standishii» 262, 263 Säulenförmig, bis 2 m. Nadeln goldgelb an dichtstehenden aufrechten Ästen. Weiblich.

– *brevifolia* *108* W. USA, Pazifikküste. 5–15 m, Baum oder Strauch.

– *canadensis* *108* Kanadische Eibe. Kanada, N.O. USA, Zone 2. Kleiner, niederliegender Strauch. Nadeln 1–2 cm lang, gekrümmt, dünn, zugespitzt. Blüten einhäusig. Arillus hellrot. In 20 Jahren 6 m.

– *cuspidata* *108, 109* Japanische Eibe. Japan, Zone 4. 15–20 m, bei uns nur strauchig. Nadeln 1,5–2,5 cm, stachelspitzig, dunkelgrün oberseits, goldgrün unterseits. Roter Arillus. Rinde rot bis graubraun, mehr oder weniger gefurcht. In 20 Jahren 6 m.

– *x media* *109* Hybrid zwischen *T. baccata* und *T. cuspidata*. Zone 4. Aufrechter Strauch. Nadeln kurz, dornig, blaßgrün unterseits. Früchte reichlich, groß, glänzend, hell scharlach.

Teestrauch → ***Camellia sinensis***

Tetracentron *sinense* *254* Seltener, 10–20 m hoch werdender, laubwerfender Baum aus China. Sommerblühend mit gelben 10–15 cm langen Ähren. Blätter zweizeilig, gestielt, oval mit herzförmiger Basis.

Tetraclinis *articulata* *97* Gliederzypresse. Algerien, Marokko, Malta, S.O. Spanien, Zone 8. 12–15 m, kegelförmig. Äste aufsteigend, immergrün. Nadeln in Quirlen zu viert, abgeflacht, schuppenartig, zugespitzt, seitliche Nadeln länger. Blüten getrenntgeschlechtig, einhäusig. Zapfen klein, rund, wächsern, 4 hölzerne Schuppen.

Teufelsspazierstock → *Aralia spinosa*

Thuja *102, 103,* 262 Lebensbäume. Thuja. Immergrüne Bäume und Sträucher, meistens kegelförmig. Nadeln klein, schuppenartig, dicht an die Zweige gedrängt, manchmal nadelartig. Gattung einhäusig. Blüten einzeln, männliche rund, endständig, rot; weibliche klein, grün, purpur getönt. Zapfen klein, einzeln. Samen meist geflügelt. Gedeihen auf den meisten Böden. Winterhart. Anfällig auf Blattläuse, Hallimasch und Nadelrost.

– *koraiensis* *254* Wedel weiß unterseits, Borke rotbraun, abblätternd.

– *occidentalis* *102, 103* Abendländischer Lebensbaum. O. USA, Zone 2. 12–15 m, pyramidal, später mehr länglich, säulenförmig. Schuppen in Wedeln, dunkelgrün oberseits, blaßgrün unterseits. Zapfen klein, überdauern den Winter. Borke dünn, gefurcht, rot bis graubraun, gedeiht auf Kalk; verwendbar auf schlecht entwässerten Böden und schweren Tonen. In 20 Jahren 8 m.

«Lutea» *102, 103* Schlank, kegelförmig, bis 10 m. Junge Zweige im Winter gelbgrün, im 2. Frühling vergrünend. Schnellwüchsige Kulturform von *T. occidentalis*.

«Rheingold» *102, 119,* 262, 263 Klein, selten bis 3,6 m, schmal, kegelförmig, rundliche Spitze. Nadeln goldgelb im Sommer, kupfergolden im Winter. Männliche Blüten im Frühling. Zapfen selten, grün, mit der Zeit purpur, klein. Samen manchmal ungeflügelt. Borke dünnschuppig.

«Spiralis» *102* Schmal säulenförmiger, bis 15 m, dicht schraubig beastet. Farnartige Wedel mit dunkelgrünen Nadeln. Sehr hübsch.

«Wintergreen» *102, 103* Klein bis mittelgroß, säulenförmig. Nadeln grün über das ganze Jahr.

– *orientalis* *102, 103* Morgenländischer Lebensbaum. N. und W. China, Zone 6. 5–10 m hoch. Mehr oder weniger kegelförmig. Äste aufwärts gerichtet. Schuppen dreieckig, stumpfspitzig, in vertikalen Schichten, mittelgrün. Zapfen zahlreich, oft gehäuft. Bevorzugt Kalkböden; kurzlebig auf sehr sauren Böden. Erträgt Trockenheit. In 20 Jahren 5 m.

«Conspicua» *103* Breit säulenförmig, gedrungener Wuchs. Nadeln goldgelb mit grünlicher Tönung.

«Elegantissima» *103, 119,* 262, 263 Schmal, flammenförmig. Zweige steif, fächerförmig, vorjährige Zweige goldgelb, später grünlich bis gelb. Breit mit dem Alter.

– *plicata* *102, 103,* 260, 262, 263 Riesenlebensbaum. W. USA, Zone 5. Bis 60 m, Äste zerstreut, abstehend; Krone spitzkegelförmig. Nadeln in langen, flachen, duftenden Wedeln. Zapfen grün, mit der Zeit braun, oval. Borke rotbraun, mit dem Alter grau, spannrückig. Erträgt Kalk, Schatten. In 20 Jahren 15 m.

«Fastigiata» *262* Große, schmale, säulenförmige Form; dünne aufsteigende Äste.

«Zebrina» *103,* 262 Bis 18 m, kegelförmig. Nadeln grün, verschieden gelb gesprenkelt.

– *standishii* *103* Japanischer Lebensbaum. Z. Japan, Zone 5. Bis 18 m, breit kegelförmig. Nadeln in dichten Wedeln, dunkel graugrün oder gelbgrün, duftend beim Zerreiben. Borke rotbraun. In 20 Jahren 5 m.

Thujopsis *dolobrata* *103,* 263 Hibabaum, Japan, Zone 6. Auffallend breit pyramidaler, buschiger kleiner Baum. Bis 15 m, gewöhnlich mehrstämmiger Busch, aber manchmal einstämmiger Baum mit überhängenden Ästen, Spitzen wieder aufgerichtet. Nadeln breit, schuppig, glänzendgrün berandet, lebhaft weiß auf der Unterseite. Blüten getrenntgeschlechtig; männliche oval, grünschwarz, an Seitentrieben abwärts gekrümmt; weibliche an den Triebenden gebüschelt. Benötigt kühle Sommer, viel Feuchtigkeit. Bodenvag. In 20 Jahren 4–5 m.

Tilia *174, 175* Linden. Laubwerfende Bäume. Blätter wechselständig, gezähnt. Blüten klein, wohlriechend, crèmeweiß, in hängenden Büscheln. Früchte erbsenförmig, gewöhnlich einsamig. Bevorzugt volle Sonne, aber erträgt Halbschatten. Winterhart. Schnellwüchsig im jungen Zustand. Anfällig gegen Blattläuse und damit Honigtaupilze, blattfressende Insekten.

– *americana* *175,* 262 Amerikanische Linde. O. und Z. USA, Zone 2. Bis 40 m, spreizwüchsig. Blätter rundlich, einfach, bis 35 cm im Durchmesser, zum Teil glatt, dunkelgrün oberseits, heller unterseits, gestielt. Blüten Frühsommer. Früchte klein, nußchenartig. In 20 Jahren 7–8 m.

– *chinensis* *254* Kleine Lindenart mit glänzenden gezähnten Blättern.

– *cordata* *174,* 253 Winterlinde. Europa, Zone 3. Bis 30 m, pyramidal. Blätter klein, herzförmig, einfach, glatt oberseits, rotbraun behaart unterseits, dunkelgrün, blasser unterseits, gestielt. Blüten sehr wohlriechend: Sommer. Verwendung für Tee. Früchte rund, dünnschalig, filzig behaart. In 20 Jahren 9 m.

«Swedish Upright» *174,* 262 Schmale und aufrechte Form.

– *dasystyla* *254* Kleine Lindenart mit gezähnten Blättern und roten Zweigen vom Kaukasus.

– *x euchlora* *175,* 262, 263 Krimlinde, Zone 5. Bis 20 m, schwach hängend. Blätter rundlich, einfach, wenig behaart unterseits, sonst glatt, glänzend, dunkelgrün oberseits, blasser unterseits, gestielt. Blüten unscheinbar, narkotisch wirkend auf Bienen: Sommer. Früchte oval, zugespitzt, bedeckt mit brauner Wolle. Weniger anfällig für Blattläuse als andere Lindenarten. In 20 Jahren 6 m.

– *x europaea* *174,* 262, 263 Europäische Linde. Hybrid zwischen *T. cordata* und *T. platyphyllos*, Zone 3. Bis 39 m, aufrecht bis spreizwüchsig. Blätter oval, einfach, glatt außer spärlicher Behaarung auf der Unterseite, hellgrün. Neigung zu Wurzelbrut, unansehnliche Höcker verursachend. In 20 Jahren 9 m.

– *henryana* *175* Z. China, Zone 6. Bis 15 m, selten. Unterscheidet sich durch auffällig gezähnte Blätter, silberflaumig auf beiden Seiten. In 20 Jahren 7 m.

– *insularis* *254* Große koreanische Lindenart mit gezähnten Blättern.

– *kiusiana* *255* Strauchförmige Linde mit kleinen ovalen Blättern von Japan.

– *mandshurica* *255* Kleine sibirische Lindenart mit großen Blättern wie *T. americana*.

– *oliveri* *175* Z. China, Zone 5. Bis 12 m; Triebe beinahe hängend. Blätter oval oder rund, in Spitze zulaufend, glatt oberseits, silbrigweiß filzig unterseits, reich grün oberseits. In 20 Jahren 7–8 m.

– *petiolaris* *175,* 262 Hänge-Silberlinde. Zone 5. Bis 24 m; mehr oder weniger überhängend. Blätter rundlich, einfach, wenig behaart auf der Oberseite, dunkelgrün, silbrig behaart auf der Unterseite, gestielt. Blüten außerordentlich wohlriechend, narkotisch wirkend auf Bienen: Sommer. Früchte rund, gerieft, warzig. In 20 Jahren 10 m.

– *platyphyllos* *174, 175,* 260, 262 Sommerlinde. Z. und S. Europa, Britische Inseln, Zone 3. Bis 40 m, pyramidal. Blätter einfach, rundlich, die größten unter den europäischen Linden, bis zu 13 cm breit, schwach behaart oberseits, auf der Unterseite weiß flaumig, dunkelgrün, gestielt. Blüten: Sommer. Früchte birnenförmig, flaumig, gerippt. In 20 Jahren 10 m.

«Rubra» *174,* 263 Große, kräftige Bäume, Zweige rot, auffällig im Winter. Blätter unregelmäßig herzförmig, dicht filzig unterseits. Blüten: Juni, anfangs Juli.

– *tomentosa* *175,* 262 Ungarische Silberlinde. S.O. und O.Z. Europa, Zone 4. Bis 30 m, pyramidal. Blätter oval, einfach, silberflaumig unterseits. Blüten unscheinbar, narkotisch wirkend auf Bienen: Sommer. Früchte oval, zugespitzt, flaumig, warzig. In 20 Jahren 10 m.

Torreya *110* Nußeiben. Bäume oder Sträucher mit quirlig angeordneten Ästen. Nadeln linealisch, zweizeilig angeordnet, stechend. Einhäusig oder zweihäusig. Fruchtartige Samen mit dünnfleischiger Hülle. Auf Kalk gedeihend. Schatten ertragend.

– *californica* *110* Kalifornische Nußeibe. Kalifornien, Zone 7. 15–20 m. Zweige spiralig angeordnet, Nadeln gewöhnlich zweireihig, in Spitze verlaufend, dunkel gelbgrün oberseits, 2 weiße Bänder und hellgelbe Ränder unterseits, ausdauernd. Blüten getrenntgeschlechtig einhäusig, männliche einzeln, weibliche in Paaren. Samen fleischig mit einzelnen großen «Nüssen». Borke rotbraun, fein gerastert. Aromatisch riechend. In 20 Jahren 5 m.

– *grandis* *254* O. China. Baum bis 25 m, bei uns nur strauchförmig.

– *nucifera* *110* Japanische Nußeibe. Japan, Zone 5. 6–24 m, kleiner Baum oder großer Strauch. Nadeln 2–3 cm lang, linealisch, steif, gekrümmt, stechend beim Berühren, glänzend, dunkelgrün oberseits. Früchte grün, purpur getönt, eßbar. Borke rötlich, glatt. Bevorzugt Kalk. Schattenertragend.

Trachycarpus *fortunei* *122* Chinesische Hanfpalme. Asien, Zone 7. Bis 12 m, Stamm bedeckt mit Bastfasern. Handförmig gefiederte Blätter, 90 cm im Durchmesser, dunkelgrün oberseits, metallisch wächsern unterseits. Eingeschlechtige Blüten einhäusig, gelb, wohlriechend. Früchte klein, blau reifend.

Trompetenbaum → *Catalpa*
Catalpa → *C. bignonioides*

Tsuga *88, 89* Hemlocktannen. Immergrüne Nadelhölzer, breit kegelförmig. Nadeln kurz, meist zweizeilig. Blüten getrenntgeschlechtig einhäusig. Zapfen klein, hängend, lederig beschuppt. Samen geflügelt. Schattenertragend. Größtenteils krankheitsfrei.

– *canadensis* *89,* 262 Kanadische Hemlocktanne. O. USA, Zone 4. 18–30 m, oft mehrstämmig, breit kegelförmig. Borke braun bis schwarz, tief gefurcht im Alter. Bodenvag. In 20 Jahren 9 m.

«Pendula», *89,* 262 Hängeform. Unregelmäßiger, breit aufrechter Strauch. Äste waagrecht abstehend, Spitzen weit überhängend. Langsamwüchsig.

– *caroliniana* *89* Carolina-Hemlocktanne. S.O. USA, Zone 4. Bis 23 m, unregelmäßig kegelförmig. Nadeln spärlich, weniger lang als bei *T. canadensis*. Borke dunkelrotbraun mit großen gelben Poren, mit der Zeit purpurgrau, gefurcht. Meidet Kalk. In 20 Jahren 6 m.

– *diversifolia* *89* Japan, Zone 5. Bis 14 m, gewöhnlich mehrstämmig, kleine gewölbte Krone bildend. Nadeln regelmäßig, länglich mit breiten, rundlichen und zugespitzten Enden. Tief glänzendgrün oberseits, 2 weiße Bänder unterseits. Männliche Blüten hell rostrot. Zapfen oval, glänzendbraun. Borke orangebraun, rosarot gefurcht. Meidet Kalk. In 20 Jahren 4–5 m.

– *dumosa* *254* Himalaja-Hemlocktanne. Anmutige Form, aber frostempfindlich.

– *formosana* *254* Hemlocktanne aus Formosa. Kleiner Baum.

– *heterophylla* 85, *88, 89,* 262, 263 Westamerikanische Hemlocktanne. W. USA, Zone 6. 60 m, der größte aller Hemlocks; regelmäßig breit kegelförmig. Nadeln abgeflacht, dunkelgrün glänzend. Zapfen lang, hellbraun, zahlreich. Borke dünn, schmal gefurcht, rotbraun bis braun. Bodenvag, aber nicht so gut gedeihend auf Kalk. Bevorzugt Feuchtigkeit, geschützte Lagen; Schatten ertragend. In 20 Jahren 15–20 m.

– *mertensiana* *88, 89* Gebirgshemlocktanne. W. USA, Zone 5. 23–30 m hoch, säulenförmig bis kegelförmig. Äste und Zweige dünn und hängend. Nadeln dick, graugrün, alle rund um den Trieb, vorwärtsgerichtet, unverwechselbar unter den Hemlocks. Zapfen 5 cm lang, braunrosa, mit der Zeit dunkelbraun, dann nahezu schwarz, fichtenähnlich. Erträgt Trockenheit und Kalk. In 20 Jahren 7–8 m.

«Glauca» *262* Nadeln wächsern blaugrau.

– *sieboldii* *89* S. Japan, Zone 5. Bis 30 m, bei uns meist strauchförmig. Nadeln gerieft oberseits, glänzend, dunkelgrün; weiße Bänder unterseits. Zapfen oval, glänzend.

Tulpenbaum → *Liriodendron*
Tungölbaum → *Aleurites fordii*
Tupelobaum → *Nyssa silvatica*

U

Ulme → *Ulmus*
Amerikanische → *U. americana*
Amerikanische Rot- → *U. rubra*
Belgische → *U. x hollandica* «Belgica»
Berg- → *U. glabra*
Chinesische → *U. parviflora*
Englische → *U. procera*
Feld- → *U. carpinifolia*
Holländische → *U. x hollandica* «Major»
Huntingdon- → *U. x vegeta*
Jersey- → *U. x sarniensis*
Schmalblättrige → *U. carpinifolia cornubiensis*
Sibirische → *U. pumila*
Trauer- → *U. glabra* «Pendula»
Wheatley- → *U. x sarniensis*

Ulmus *136–139,* 263 Ulmen. Große laubwerfende Bäume. Blätter einfach, Blattränder gezähnt, manchmal doppelt. Blüten winzig, in dichten Büscheln, ohne Blütenblätter, zweigeschlechtig. Früchte, kleine Nüßchen mit plattenartigen papierigen Flügeln. Winterhart. Gedeihen am besten in voller Sonne. Schnellwüchsig. Freistellung ertragend. Auf fruchtbaren, feuchten Böden. Vom Ulmensterben bedroht (s. Seite 256).

– *americana* 43, *136, 138, 139,* 262, 263 Amerikanische Ulme. O. und Z. USA, Zone 2. Bis 39 m, aufrecht. Breite Krone, bestehend aus straußförmig auseinanderwachsenden Ästen, mit hängenden Zweiglein. Blätter oval, behaart, Oberfläche mit der Zeit glatter, kurz gestielt. Blüten grünweiß, behaarte Nüßchen. Borke aschgrau. In 20 Jahren 9 m.

– *carpinifolia* *137, 138, 139,* 262 Feldulme. Europa, N. Afrika, Zone 4. Bis 33 m, spreizwüchsig. Zweige hängend. Blätter schmal, oval, glatt, unterseits behaart, glänzendgrün oberseits, kurz gestielt. Früchte oval, glatt.

– *cornubiensis* *139,* 262 Schmalblättrige Ulme. Britische Inseln, Frankreich. Bis 30 m, pyramidal. Blätter oval, glatt, glänzend dunkelgrün oberseits, heller unterseits, kurz gestielt.